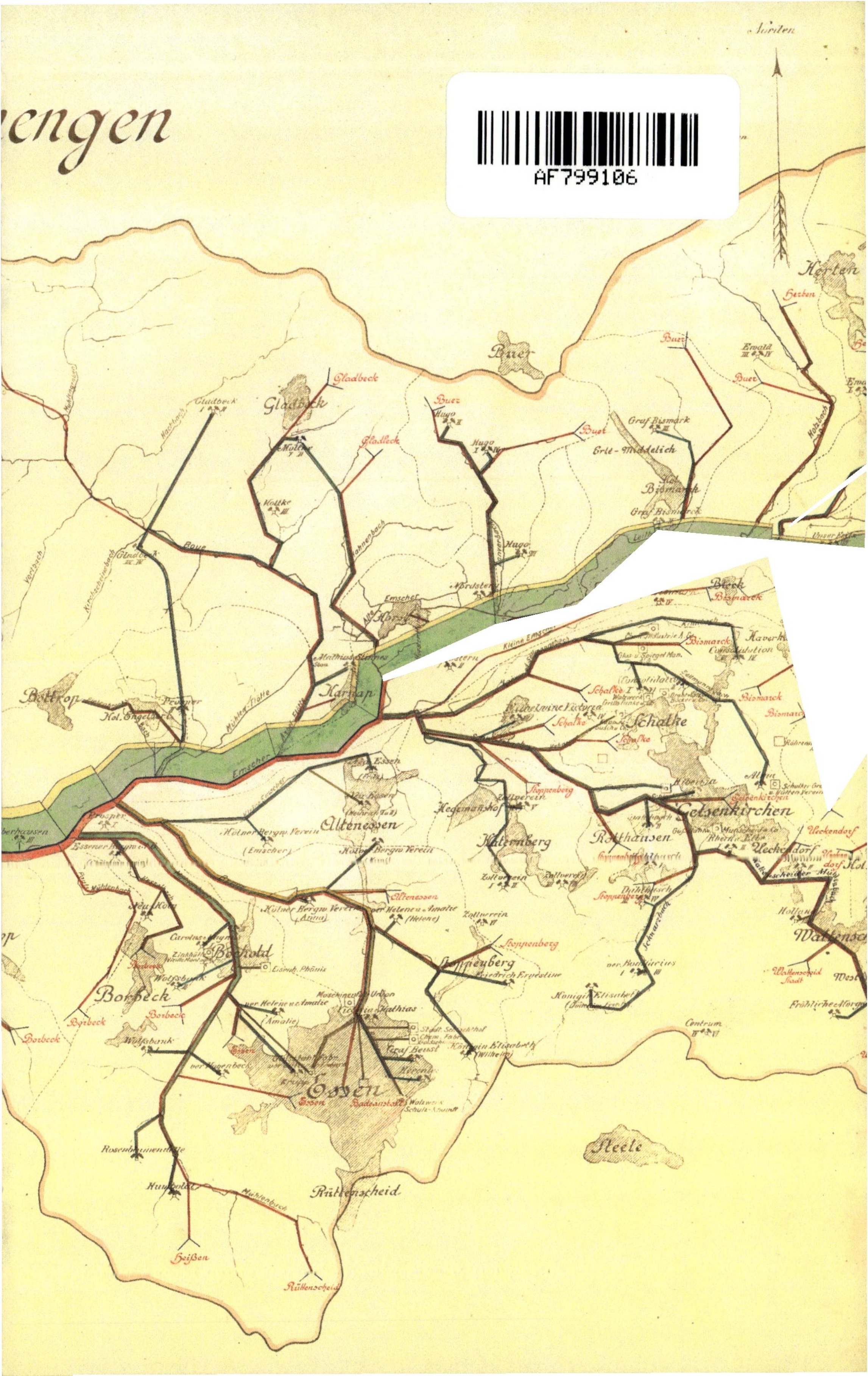
…engen
Norden
Herten
Buer
Gladbeck
Gladbeck
Gladbeck
Buer
Hugo
Graf Bismarck
Erle-Middelich
Bismarck
Emscher
Horst
Karnap
Bottrop
Hol. Engelsburg
Prosper
Emscher
Bleck
Bismarck
Haverkamp
Consolidation
Schalke
Schalke
Bismarck
Hibernia
Gelsenkirchen
Rotthausen
Ueckendorf
Wattenscheid
Hegemannshof
Katernberg
Zollverein
Altenessen
Altenessen
Köln. Bergw. Verein
Stoppenberg
Stoppenberg
Stoppenberg
Königin Elisabeth
Centrum
Borbeck
Borbeck
Borbeck
Bergeborbeck
Wolfsbank
Essen
Essen
Badeanstalt
Steele
Rüttenscheid
Rüttenscheid
Rosenblumendelle
Heißen
Mühlenbach
Frühliche Morgensonne

AF799106

Lutz Budrass, Eva-Maria Roelevink
Die Macht der Entwässerung

Histoire | Band 224

Lutz Budrass (Dr. phil.), geb. 1961, ist wissenschaftlicher Mitarbeiter an der Ruhr-Universität Bochum. Der Historiker ist dort Mitglied des Instituts für Deutschlandforschung, Mitglied im Vorstand der Stiftung Haus Oberschlesien und Mitglied im Beirat Historische Luftfahrt des Deutschen Museums.
Eva-Maria Roelevink (Dr. phil. habil.), geb. 1984, ist Professorin für Wirtschaftsgeschichte an der Technischen Universität Bergakademie Freiberg. Die Historikerin promovierte an der Ruhr-Universität Bochum, habilitierte an der Universität Mainz und ist Mitglied im interdisziplinären Netzwerk Stoffgeschichte und dem internationalen RHINe-Network.

Lutz Budrass, Eva-Maria Roelevink

Die Macht der Entwässerung

Die Emschergenossenschaft und die Erfindung des Ruhrgebiets

[transcript]

Bibliografische Information der Deutschen Nationalbibliothek
Die Deutsche Nationalbibliothek verzeichnet diese Publikation in der Deutschen Nationalbibliografie; detaillierte bibliografische Daten sind im Internet über https://dnb.dnb.de/ abrufbar.

BY NC ND

Dieses Werk ist lizenziert unter der Creative Commons Attribution-NonCommercial-NoDerivs 4.0 Lizenz (BY-NC-ND). Diese Lizenz erlaubt die private Nutzung, gestattet aber keine Bearbeitung und keine kommerzielle Nutzung.
https://creativecommons.org/licenses/by-nc-nd/4.0/
Um Genehmigungen für Adaptionen, Übersetzungen, Derivate oder Wiederverwendung zu kommerziellen Zwecken einzuholen, wenden Sie sich bitte an rights@transcript-publishing.com
Die Bedingungen der Creative-Commons-Lizenz gelten nur für Originalmaterial. Die Wiederverwendung von Material aus anderen Quellen (gekennzeichnet mit Quellenangabe) wie z.B. Schaubilder, Abbildungen, Fotos und Textauszüge erfordert ggf. weitere Nutzungsgenehmigungen durch den jeweiligen Rechteinhaber.

Erschienen 2024 im transcript Verlag, Bielefeld
© Lutz Budrass, Eva-Maria Roelevink
transcript Verlag | Hermannstraße 26 | D-33602 Bielefeld | live@transcript-verlag.de
Umschlaggestaltung: Kordula Röckenhaus, Bielefeld
Umschlagabbildung: Emscher vor der Regulierung, im Hintergrund das Stahlwerk Phoenix-Ost, [Dortmund-]Hörde, 18. Dezember 1913, Fotoarchiv Emschergenossenschaft.
Lektorat und Register: Dr. Jutta Mühlenberg, Hamburg
Druck: docupoint GmbH, Magdeburg
https://doi.org/10.14361/9783839474310
Print-ISBN: 978-3-8376-7431-6
PDF-ISBN: 978-3-8394-7431-0
Buchreihen-ISSN: 2702-9409
Buchreihen-eISSN: 2702-9417

Gedruckt auf alterungsbeständigem Papier mit chlorfrei gebleichtem Zellstoff.

Für das Fach, das es lehrte und Ort war.
Zur Erinnerung an die Wirtschaftsgeschichte an der Ruhr-Universität Bochum (1964–2024).

Inhalt

Ende

Vorbemerkung: Geschichte in Miniatur und Quelle

> »Nichts ist so rücksichtslos praktischen Interessen ausgeliefert wie das Wasser.«
> *(Konrad Guenther, o. D. [1920er Jahre])*[1]

Wenn die Geschichte des »Ruhrgebiets« populär erzählt wird, dann beginnt sie häufig in längst vergangener Zeit. Üblicherweise ist es die Geschichte von dem Hirten, der im Ruhrtal lagernd eines Abends feststellte, dass die schwarzen Steine glühten, und besser noch, dass sie mehr und länger Hitze abgaben als Holz. Wahrscheinlich hatten sich die Bischöfe, allen voran der Erzbischof von Köln, bereits aus dem Herzogtum zurückgezogen, sodass unser Jüngling (selbstverständlich und ohne jede Frage war es ein männlicher Zeitgenosse) just Westfale geworden war. Die Geschichte des Ruhrgebiets wirkt auf diese Weise erzählt traditionsreich und auch sehr westfälisch. Sie ist zentral für unsere Vorstellung vom Ruhrgebiet, weil dann – sind wir doch ehrlich – lange überhaupt nichts passierte. Erst Jahrhunderte später und ausgesprochen rasant kam es durch eben jene schwarzen Steine zum Boom, wirtschaftlich und auch ein bisschen sozial. Ein großes Aufwärts ging von der Fundstelle aus, um bereits ein gutes Jahrhundert später den Absturz des Strukturbruchs durchlaufen zu müssen. Die Geschichte des Ruhrgebiets ist so gesehen eine besonders dynamische Geschichte, wenn sie auch nicht besonders lang ist. Aber sie ist bewegt. Immerhin.

Die Geschichte von dem Hirten ist natürlich mehr Sage als nachweisbare Geschichte, das tut ihrer Wirkung aber keinen Abbruch. Denn sie markiert das wichtige Davor und bannt jenes Vormoderne in ein beschauliches, aber träges Standbild. In der Tat macht es nur wenig Sinn, die Geschichte des Ruhrgebiets im Mittelalter beginnen zu lassen – das wissen wir alle, weil wir die Erzählung von dem großen Auf- und dann Abwärts kennen und verinnerlicht haben. Wir alle wissen ja, dass die bloße Entdeckung glühender schwarzer Steine erst einmal nichts bedeutete, weil Innovation das ist, was passiert, wenn eine Entdeckung diffundiert, über die gewärmten Hände eines jungen Westfalen hinaus. Und wir wissen, das passierte im Ruhrgebiet sehr sehr viel später, nämlich erst

1 Zit. n. Mitteilungsblatt Industrie-Wasser-Verband e.V., Sept./Okt. 1956, S. 120, Montanhistorisches Dokumentationszentrum (montan.dok) beim Deutschen Bergbau-Museum Bochum/Bergbau-Archiv (BBA) (montan.dok/BBA), 18/2339.

seit der Mitte des 19. Jahrhunderts. Bei genauerer Betrachtung fällt allerdings auf: Es ist noch etwas in der Sage angelegt, etwas für die Geschichte sehr Wesentliches und gleichzeitig völlig Falsches. Das wissen wir aber eigentlich nicht. Denn darüber wird kaum nachgedacht. Eigentlich nie. Denn der Jüngling hütete ja nicht irgendwo die Tiere und er blickte auch nicht irgendwo gedankenverloren in sein Feuer, sondern sehr konkret und nirgendwo anders als an der Ruhr. Sie ist es, die Ruhr, die neben der Vorstellung vom Stillstand im Mittelalter den zentralen Ankerpunkt dieser Sage ausmacht. Aber das wird nicht reflektiert, sondern dieser Fluss – die Ruhr – ist als Schauplatz des »Ruhrgebiets« eingefügt, beinahe zementiert in unserer Vorstellung.[2] Und obwohl genau die daraus abgeleiteten Bezeichnungen »Ruhrgebiet«, »Ruhrstadt« und »Ruhrmetropole« allesamt ungenau oder gar völlig falsch sind, ist der räumliche Anker, der Bezugspunkt, der Ort der großen Bewegung, immer einer an der Ruhr. Das festzustellen, ist mehr als Begriffshuberei. Denn die Wirkung dieser nicht reflektierten Festlegung ist so stark, dass die allgemein bekannte Geschichte des Ruhrgebiets sich immer nur auf einen Teil des *rheinisch-westfälischen Industriebezirks* beziehen will, und zwar den südlichen, den an der Ruhr gelegenen, den nämlich, wo Städte wie Essen, Bochum und Dortmund liegen. Der nördliche Teil wird demgegenüber weggelassen oder diskret vereinnahmt. Er erscheint blasser, ja regelrecht geschichtslos, der nördliche Teil des »Ruhrgebiets«. Das ist auch ganz klar: Oberhausen, Bottrop, Gladbeck, Gelsenkirchen, Herten, Recklinghausen, Herne und Castrop, sie sind die hässliche Seite des »Ruhrgebiets«. Das war am Ende des 19. Jahrhunderts so. Und das ist heute immer noch so. Und wenn man es so sieht, ist da eigentlich keine Bewegung, sondern Stillstand, zumindest aber eine eigentümliche Kontinuität. Könnte man sagen. Schärfer gefasst könnte man formulieren, es handelt sich um planvolle Persistenz.

Das erste, wirklich bezirksumfassende Infrastrukturprojekt, das über die Verwaltungsgrenzen hinweg konzipiert wurde und bei dem alle Kommunen, also die Städte und die Gemeinden, alle Stadt- und Landkreise sowie die Unternehmen des Industriebezirks, insbesondere die des Kohlenbergbaus, zumindest augenscheinlich an einem Strang zogen, betraf allerdings nicht die Ruhr, sondern die Emscher.[3] Und das war eine

---

2 Und das bis heute – in die jüngste Zeit, vgl. etwa Bodo Hombach (Hg.): Heimat Ruhr. Fluss, Tal, Siedlung seit Anfang des 19. Jahrhunderts, Essen 2020; ders. (Hg.): Die Ruhr und das Ruhrgebiet. Fluss, Industrieregion, Strukturwandel seit Anfang des 19. Jahrhunderts, Essen 2020.

3 Der »Plastikbegriff« (Dirk van Laak) der Infrastruktur wird in der Forschung stark auf seine integrative Wirkung hin verengt. Etwa ders.: Infra-Strukturgeschichte, in: Geschichte und Gesellschaft 27:3, 2001, S. 367–393, aber auch Günter Ropohl: Allgemeine Technologie. Eine Systemtheorie der Technik, 3. Aufl., Karlsruhe 2009; Edmund N. Todd: Coordinating the Local: Water Regimes in the Ruhr and Louisiana, in: ICON 18, 2012, S. 1–34. Mit Jens Ivo Engels gesprochen sehen wir indes die Notwendigkeit, die *sowohl* integrativen *als auch* »desintegrativen« Wirkungsweisen zu berücksichtigen. Mit Blick auf die bisher fortschrittsorientierte Perspektive auf die Emschergenossenschaft scheint uns die desintegrative – oder, in unserer Perspektive, die sozialräumlich segregierende Wirkung – deutlich unterberücksichtigt. S. ders.: Machtfragen. Aktuelle Entwicklungen und Perspektiven der Infrastrukturgeschichte, in: Neue Politische Literatur 55:1, 2010, S. 51–70. Zur Bedeutung der Organisation und der Institutionen hinter der Infrastruktur bereits: Hermann Korte: Die Entfaltung der Industriestruktur, in: Wolfgang Köllmann/Hermann Korte/Dietmar Petzina/Wolfhard Weber (Hg.): Das Ruhrgebiet im Industriezeitalter. Geschichte und Entwicklung, Bd. 1, Düsseldorf 1990, S. 569–600, hier S. 582.

gleichermaßen westfälische wie rheinische Angelegenheit. Ihr Umbau und ihre Regulierung wurden 1904 in die Hand einer neuen Gesellschaft, der *Emschergenossenschaft*, gelegt. Die Emschergenossenschaft erfüllte ihre Aufgabe, zunächst den Umbau und die Verlegung der Emscher, dann den Umbau ihrer Nebenflüsse und anschließend die Regulierung. Und damit – mit dieser technischen Umsetzung einer infrastrukturellen Großplanung – hat sie das »Ruhrgebiet« gleich mit erschaffen. Denn die Entscheidung, die Emscher zur *Cloaca Maxima*, zum größten Abwasserkanal des Industriebezirks zu machen, war für die Teilung des Bezirks in einen anständigen Gebietsabschnitt, den im Süden an der Ruhr, und einen verkommenen Gebietsabschnitt, weiter im Norden an der Emscher, auf Dauer prägend. So wurde aus der Emscher eine in jeder Hinsicht furchtbare Cloaca Maxima: In ein neues Bett gelegt, offen geführt, begradigt und um mehrere Meter vertieft, führte sie den Dreck, die städtischen genauso wie die industriellen Abwässer, aus dem Industriebezirk heraus und spülte ihn in den Rhein. Aus der Emscher wurde eine flüssigtoxische Demarkationslinie, die den Norden vom Süden abtrennte. Das war etwas ganz beständig Außergewöhnliches – und das ist nicht nur aus heutiger Sicht besonders abstoßend.

Das Außergewöhnliche war nicht etwa die Abführung und damit die bloße Verschickung von Schmutz, Fäkalien und Industrieabfällen. Im bürgerlichen Zeitalter des 19. und 20. Jahrhunderts wurde im sprichwörtlichen Sinn jedwede dreckige Wäsche möglichst ins Private verlagert. Schön und ästhetisch, rein sollten die Lebensumstände sein.[4] Mit der Städtehygiene einher ging daher und konsequent eine Verschiebung des Schmutzes, der nicht sichtbar und nicht olfaktorisch fassbar sein sollte. Das galt besonders für Abwasser. Ein eigenes Wasserklosett – wusch und weg – das wurde einer der Zivilisationsmarker waschechter Bürger. Möglichst verborgen, fand sich im fortschrittlichen und modernen Stadthaus – also längst und lange nicht überall – bald ein Anschluss an ein Abwasserkanalnetz, das zentral verwaltet die vormodernen, vielfältigen und mitunter offenen Beseitigungen des Unrats zur archaischen Vergangenheit machte. In Berlin war das so, auch in Köln, in Düsseldorf und entlang der Ruhr. Nicht aber entlang der Emscher.[5] Dort blieb der Gestank und gefährlich war es auch, denn hier floss der ganze Dreck nicht wie üblich unterirdisch, unsichtbar und luftdicht kanalisiert, sondern offen und oberirdisch. Bald angepflanzte Büsche sorgten, jedenfalls an manchen Abschnitten, dafür, dass man der dieserart deformierten Emscher nicht allzu nahe kam. Wer trotz des Gestanks einmal sehen wollte, was das für eine schnurgerade und nachlässig verdeckte Infrastruktureinrichtung war, hatte eine gefährliche Entscheidung getroffen. Und das nicht etwa wegen des Gestanks. Der war unangenehm und ekelig, aber nicht tödlich. Aber einmal hereingerutscht in dieses höchst unappetitliche Nass und man kam nicht wieder raus. Denn das künstliche Betonbett der Cloaca Maxima war seifig, und dank der vorgenommenen Vertiefung, die für eine ordentliche Vorflut

4 Günther Bayerl: Historische Wasserversorgung. Bemerkungen zum Verhältnis von Technik, Mensch und Gesellschaft, in: Ulrich Troitzsch/Gabriele Wohlauf (Hg.): Technikgeschichte, Frankfurt a. M. 1980, S. 181–211, hier S. 197–202.

5 Vgl. E. H. Brix/Karl Imhoff/R. Weldert (Hg.): Die Stadtentwässerung in Deutschland, 2 Bde., Jena 1934.

sorgte, floss ihr toxisches Gebräu zügig. Das Gemisch aus städtischen Abwässern, salzhaltigen Grubenwassern und Abfallstoffen industrieller Produktion sorgte dafür, dass die Betonschalen überaus glitschig waren. Aber immerhin: So staute sich die kohlenstaubverklebte, schwarze und mitunter zähe Brühe wenigstens nicht mehr auf. Was vor dem Missbrauch der Emscher zur Cloaca Maxima für Überschwemmungen gesorgt, dunkel und schlierig gestanden, durch die Faul- und Reaktionsprozesse unerträglich gestunken und dabei mitunter geblubbert hatte wie der sprichwörtliche Zaubertrank im Hexenkessel, konnte nun wenigstens abfließen.

So weit, so bekannt. Es ist kein Geheimnis, dass die Emscher Ende des 19. Jahrhunderts einen Zustand erreicht hatte, der selbst unter den laxen Gewässerschutzbedingungen des Kaiserreichs nicht weniger als skandalös war. Allerdings und deutlich weniger bekannt ist: Die im Süden verlaufende Ruhr war um 1900 ebenfalls dreckig und verschmutzt, durch Fäkalien und Industrieabwässer; auch die Ruhr blubberte und seifte, schlammte und suppte unter den Einleitungen der boomenden Industrie und den Hinterlassenschaften der explodierenden Bevölkerung. Anders aber als die Emscher konnte die Ruhr schon bald nach der Gründung der Emschergenossenschaft rein, zumindest reiner, werden. Sie wurde getrennt, in eine unterirdisch verlaufende Kanalisation für den Unrat und einen oberirdischen Fluss, der, bald gespeist mit Wasser aus entfernten Talsperren und Flusskläranlagen nicht sprudelnd, aber heller, ja wasserähnlich, durch den Industriebezirk zum Rhein fließen durfte. Richtig idyllisch mutete sie dem einen oder anderen bald schon an, die Ruhr. Die Emscher dagegen blieb die Cloaca Maxima, unverdeckt geführt, auf eine ekelerregende Effizienz getrimmt und dreckig. Sie floss von ihrer Quelle bei Dortmund in ihrem stark verkürzten Lauf offen zum Rhein, 81 Kilometer lang – das gesamte 20. Jahrhundert hindurch.

Das entscheidende Infrastrukturprojekt, das nach 1904 aus der verdreckten Emscher einen offenen Abwasserkanal machte, war keineswegs eine rein westfälische Angelegenheit, sondern die Ministerialinstanz der Rheinprovinz spielte als Unteranlieger eine wichtige, wenn nicht sogar eine ausschlaggebende Rolle. Auch wurde das Vorhaben nicht etwa im Gleichschritt mit der sogenannten Industrialisierung in Gang gesetzt, sondern eigentlich erst im 20. Jahrhundert. 1899, und damit nicht besonders früh, fanden insbesondere die Stadtvorderen des Südens und die Industriellen in Nord und Süd des Industriebezirks, das Vorhaben ließe sich wohl gemeinsam stemmen, das aber bitte, ohne die direkte Verantwortung zu übernehmen. Das hatte weniger mit der großen Menge aus Schmutz und Dreck zu tun als damit, dass das Projekt keineswegs eine einigende, sondern eine im eigentlichen Sinn sozial segregierende Stoßrichtung hatte. Und das war allen Beteiligten auch durchaus klar. Die Emscher wurde daher als gemeinsames, verwaltungsübergreifendes Projekt mittels der sondergesetzlich geschaffenen *Emschergenossenschaft* regelrecht missbraucht, als Abwasserkanal und als soziale Demarkationslinie. Sie trennte fortan den rheinisch-westfälischen Industriebezirk, und zwar in den lebenswerten Süden, das Gebiet, in dem das bisschen Bürgertum in den größeren und auch älteren Städten wohnhaft war und wo es preußisch-deutsch zuging. Der Norden wurde dagegen zum Arbeits- und auch Lebensraum für die nicht bürgerlichen, zugezogenen, vor allem polnischen Arbeitsmigranten, die zwar überwiegend preußisch, aber eben nicht echt deutsch waren. Sie lebten buchstäblich am und mit dem stinkenden Dreck in einer Art Germanisierungszone. Und damit zurück zur Begriffshuberei: Nicht nur unsere Vorstellung von dem einen geeinten und dynamischen »Ruhrgebiet« ist eine Fiktion. Auch die Vorstellung vom hoch integrativen Schmelztiegel, der das Ruhrgebiet bis heute charakterisieren soll, ist grundfalsch.

Die wesentliche These, die diesem Buch zugrunde liegt, ist, dass die effektive Teilung, die nonchalante Ignoranz des nördlichen »Ruhrgebiets«, eine Konsequenz aus dem Missbrauch der Emscher und ihrem Umbau zur Cloaca Maxima war. Dies war keineswegs ohne Intention und Hintergedanken, sondern gezielt vorgenommen worden und bedeutete nichts weniger als eine *innere Kolonisierung*, die die Entstehung des »Ruhrgebiets« überhaupt erst ermöglichte. Sie war nach der Jahrhundertwende leitend bei der Gründung der Emschergenossenschaft und sie wurde erneut leitend, als das Dekadenprojekt der Internationalen Bauausstellung (IBA) Emscher Park in den 1990er Jahren in ihre effektive und raumgestalterische Phase ging. Zwischen 1904 und den 1990er Jahren hat die Emschergenossenschaft die technische Ausführung und dann die Verwaltung der Cloaca Maxima betrieben. Währenddessen hat sie aber noch weitere Herausforderungen als Aufgaben wahrgenommen, die mal mehr und mal weniger mit ihrer sondergesetzlich festgeschriebenen Kernaufgabe zu tun hatten. Angetrieben vom Beschäftigungstrieb einer Gesellschaft, die sich um ihren Erhalt nicht sorgen musste, konnte die Emschergenossenschaft im 20. Jahrhundert auf politische Umbrüche und strukturelle Herausforderungen unabhängiger reagieren als ihre Finanziers. Denn der Druck der Dividendenausschüttung oder der positiven Jahresbilanz stellte sich für sie nicht; und auch die Frage der Herrschaftssicherung oder später der Wiederwahl war für sie nicht entscheidend. Die Emschergenossenschaft war der Versuch, den wirtschaftlichen und sozialen Entwicklungsprozess im Norden zu beherrschen, und zwar auf der Grundlage strikter Selbstverwaltung. Die Emschergenossenschaft war daher nicht bloß der Erschaffer und der Träger einer regionalen Abwasserinfrastruktur, sondern ein raummächtiger Hybrid, eine aus Verschiedenartigem zusammengesetzte Körperschaft, der dazu geeignet ist, eine ganz andere als die bombastische und sozialromantisierende »Ruhrgebietsgeschichte« zu erzählen. Der Blick auf die Geschichte der Emschergenossenschaft zeigt, so unsere zweite These, die Neigungs- und Aneignungsfähigkeit einer Körperschaft, die, einmal erschaffen, eigenständiger agieren konnte als jede Kommune oder jedes Unternehmen. Und damit ermöglicht der Blick auf ihre Geschichte, das Handeln und Unterlassen der komplex, aber tragfähig verschalteten Mächtigen im Industriebezirk ganz anders zu sehen als in der üblichen und bekannten Weise. Die Emschergenossenschaft betrieb im wahrsten Sinne des Wortes Raumgestaltung, weiter noch, sie beherrschte den Industriebezirk.[6] Wir finden, es ist mehr als an der Zeit, die Geschichte des »Ruhrgebiets« neu

---

6 Die Verankerung einer »Raumplanung« wird in der allgemeinen Ruhrgebietshistoriografie erst sehr viel später, nämlich erst für die 1920er Jahren angenommen. Besonders die Schaffung des Siedlungsverbands Ruhrkohlenbezirk (SVR) nach den Ideen von Robert Schmidt, gelten hier als einschlägig. S. Heinz Wilhelm Hoffacker: Entstehung der Raumplanung. Konservative Gesellschaftsreform und das Ruhrgebiet 1918–1933, Essen 1989. Allerdings, eine »überkommunale Planungsinstanz« mit raumgestaltender Wirkung, eine innere Kolonisation usw. bedeutete die Schaffung der Emschergenossenschaft auch. Bloß waren es hier nicht Flächen, die verplant wurden, sondern viel grundlegender ging mit der Errichtung der Emschergenossenschaft eine Zementierung jedweder weiteren Raumordnung einher. Zur Formierung der Raumordnung ausf. Aria-

zu erzählen, ihre Schattenseiten zu sezieren und dabei zu erkennen: Die gern angeführte Einigkeit, den einen Metropolgedanken, den gab es wohl, er war auch Konsens, das aber lediglich in Teilen des bürgerlichen Ruhrgebiets. Dieser Grundkonsens der Wenigen hatte allerdings auch ausgesprochen hässliche Seiten: eine schmutzige, eine nationalistische und eine rassistische.

Das Forschungsprojekt, aus dem das Buch entstanden ist, wurde zwischen 2021 und 2024 von der EGLV, der *Emschergenossenschaft und dem Lippeverband*, initiiert, finanziert und auch unterstützt. Dem Vorhaben wurden nicht nur keine Steine den Weg gelegt, sondern es konnte auch gänzlich ohne inhaltliche Vorgaben oder Leitlinien recherchiert und durchgeführt werden. An keinem Punkt und an keiner Stelle wurde implizit oder explizit in das Vorgehen, die Thesen oder den Text eingegriffen. Die Grundüberlegung, mit der wir als Wirtschafts- und Sozialhistoriker unsere Recherchen begonnen haben, war, dass die Emschergenossenschaft sich nicht mit den etablierten wirtschafts- und sozialhistorischen Ansätzen greifen lässt. Im Übrigen auch nicht mit den geläufigen zeithistorischen Herangehensweisen. Das spannende und für uns reizvolle an dem Format der Emschergenossenschaft ist, dass die maßgeblichen Genossen, die Kommunen, und die maßgeblichen Beteiligten, die Unternehmen, unterschiedlichen Ziellogiken folgten. Die Emschergenossenschaft als eine von zwei Seiten, von politischer Administration wie wirtschaftlichem Unternehmertum eingesetzten, finanzierten und durch ihre Leitungsgremien zumindest überwachten Körperschaft, kann dabei aber keiner der beiden Logiken eindeutig zugeordnet werden. Sie steht in Ausrichtung und Handlungsweise als Hybrid da. Welcher und ob sie einer Seite zuneigte, ist genau die Frage, und sicherlich nicht mit einer simplen Kapitalismuskritik oder Politikverdammung zu beantworten. Ingenieure, »Techniker«, wie man sie zur Gründungszeit der Emschergenossenschaft nannte, mögen hier einwenden, dass die Emschergenossenschaft mit ihrem Auftrag von 1899/1904 eindeutig eine infrastrukturelle und damit technische Aufgabe übertragen bekam. Das ist korrekt. Die Emschergenossenschaft kann als Erbauer und Träger einer wesentlichen Infrastruktureinrichtung gesehen werden. Das aber verdeckt ihre Bedeutung. Zudem ist die technische Geschichte der Emschergenossenschaft eine ausgesprochen ernüchternde und auch schnell erzählte Geschichte: Denn das, was zeitgenössisch machbar war, wurde nie zum leitenden Imperativ der Emschergenossenschaft. Warum das so war, lässt sich nur unter dem Einbezug von Genossen und Beteiligten und der Geschichte, nicht aber allein technisch erklären – Bergsenkungen hin oder her.

Die Arbeit der Emschergenossenschaft war nie eine geheime Veranstaltung. Ganz im Gegenteil. Die Emschergenossenschaft hat praktisch seit ihrer Gründung über ihre Aktivitäten Rechenschaft abgelegt, ihre Leistungen der Öffentlichkeit stetig unterbreitet, in technischen Fachjournalen etwa; aber auch Baumaßnahmen waren Gegenstand der regionalen Berichterstattung in den Zeitungen. Und nicht nur das: Die Emschergenossenschaft hat sich in aufwendig erstellten und sorgfältig verfassten Festschriften präsentiert

ne Leendertz: Ordnung schaffen. Deutsche Raumplanung im 20. Jahrhundert, Göttingen 2008, S. 27–100. Zum »Räumlichen Denken« s. Elisabeth Heidenreich: Fließräume. Die Vernetzung von Natur, Raum und Gesellschaft seit dem 19. Jahrhundert, Frankfurt a. M. 2004, S. 28.

und ihre Aufgaben und Vorgehensweisen dargelegt. Regelmäßig hat die Emschergenossenschaft, und zwar seit ihrer Gründung, die eigens geplanten Anlagen vorgeführt, den Genossen und Beteiligten natürlich, aber auch Interessierten. Selbstbewusst und stolz führten die Beamten durch die Anlagen und leiteten auch viele der wasserwirtschaftlichen Verbände und Zusammenschlüsse – und das bald weit über den Industriebezirk hinaus. Die fotografischen Vorher-Nachher-Vergleiche, die immerzu eingefügt, abgedruckt und an die Hand gegeben wurden, wurden dabei zum bildlichen Signum ihrer Arbeit. Die Emschergenossenschaft hat mit ihrer technischen Performance also nie hinter dem Berg gehalten. Das gilt mit Einschränkung auch für ihre Finanz- und Cashflows. Die Haushaltsberichte der Emschergenossenschaft, die Planungen in ordentlichen, außerordentlichen und weiteren Haushalten waren den Genossen und Beteiligten bekannt, offen und zugänglich, wenn sie auch zügig eine Komplexität annahmen, die selbst die Stadtvorderen und ihre Kämmerer herausforderte. Dennoch und grundsätzlich war die Emschergenossenschaft seit ihrer Gründung eine in ihrer Kernaufgabe, der Schaffung und Verwaltung der Cloaca Maxima, um Transparenz bemühte Gesellschaft.

Insofern hatten und haben Interessierte in Vergangenheit und Gegenwart eigentlich kein Informationsproblem. Und doch erlangte die Emschergenossenschaft nie eine besondere oder überregionale Bekanntheit, und dass, obwohl ihr Format ebenso wie ihre Anlagen vielfach und weit über den Industriebezirk hinaus kopiert wurden. Das »Ruhrgebiet« aber, das verbinden die meisten weiterhin mit Krupp, mit gigantomanischen Industrieanlagen und mächtigen Unternehmern, mit füreinander einstehenden Bergarbeiter- und Solidargemeinschaften und sonderbaren Siedlungsstrukturen, dann mit einer buntstrahlenden Geschichtskultur und natürlich mit der Ruhr, aber nicht mit der Emschergenossenschaft oder der von ihr umfunktionierten Emscher. Zu unappetitlich vielleicht. In der Geschichtswissenschaft ist das nicht so anders. Zwar ist der historischen Zunft die Emschergenossenschaft inzwischen ein Begriff, allerdings eilt ihrer Geschichte ein eher einseitiger Ruf voraus.[7] Insbesondere die umwelthistorische Forschung der ausgehenden 1980er und 1990er Jahre hat sich intensiver mit der durch die Emschergenossenschaft vorgenommenen und zentralisierten Verlagerungslogik des Abwassers befasst.[8] Auch die boomende Forschung zu Unternehmen, Verwaltungen und Ministerien im Nationalsozialismus hat vor der Emschergenossenschaft nicht haltgemacht.[9] Die Geschichte der Emschergenossenschaft ist also keineswegs un*be*- oder un*ge*schrieben. Aber ihr Format als Hybrid und ihre Bedeutung für die Raumordnung ist unterbelichtet – und das ist aus unserer Sicht ein Problem, und zwar für das Verständnis der Entwicklung des »Ruhrgebiets« überhaupt.

Die Überlieferungs- und Quellenlage ist, genauso wie die Geschichte der Emschergenossenschaft, facettenreich und im Wesentlichen in zwei großen Strängen überliefert, insgesamt aber als disparat zu bezeichnen. Jahresberichte und Vorstandssitzungen, also

---

7 S. Korte: Entfaltung der Industriestruktur.

8 Thomas Rommelspacher: Das natürlich Recht auf Wasserverschmutzung. Geschichte des Wassers im 19. und 20. Jahrhundert, in: Franz-Josef Brüggemeier/Thomas Rommelspacher (Hg.): Besiegte Natur. Geschichte der Umwelt im 19. und 20. Jahrhundert, München 1987, S. 42–61.

9 Eva Balz/Christopher Kirchberg: Fließende Grenzen. Abwasserpolitik zwischen Demokratie und Diktatur. Emschergenossenschaft und Lippeverband 1930–1960, Essen 2020.

die Überlieferungen, die alle Genossen und Beteiligten als gedruckte und damit in überarbeiteter und konsensfähiger Schriftform bekamen, sind, wenn auch lückenhaft, im Hause der Emschergenossenschaft/Lippeverband archiviert und einsehbar. Unterhalb der formalen archivierten Schicht zerfällt die Überlieferung dort in eine reine Projektüberlieferung, die wenig über die Hierarchien, die internen Abläufe und Entscheidungsräume preisgibt. Das hauseigene Archiv der Emschergenossenschaft ist damit gewissermaßen ein zwar gepflegtes, aber von einem technokratischen Geist inspiriertes Projektarchiv. Die eigentlichen Leitungs- und Entscheidungskonstellationen sind aus dieser Überlieferung heraus kaum zu bestimmen. Hinzu kommt, dass ein Großteil der Überlieferung während des Zweiten Weltkrieges zerstört wurde.[10] Infolge des Umstands, dass die Emschergenossenschaft in aller Regel Auftraggeber, aber nicht Ausführer des Ausbaus des Abwassersystems war, ist auch die projektbezogene Überlieferung keineswegs umfassend informativ. Indes ist die in zwei großen Strängen verlaufende Gegenüberlieferung, die Überlieferung in den Kommunen und in den Unternehmen, ergiebig. Auch hier überwiegen klar die projektbezogenen Überlieferungen, die die jeweilige Kommune oder das Unternehmen unmittelbar betrafen. Dazwischen finden sich aber Aktensplitter, die Aufschluss über die Entwicklung des Hybrids geben. Diese Aktensplitter sind es, die uns interessiert haben und die wir in den Vordergrund unserer Betrachtung stellen. Entsprechend folgt die Studie keiner konventionellen oder streng chronologischen Gliederung. Die Entwicklung der Emschergenossenschaft wird bewusst nicht linearisiert, sondern vielmehr in Form von Miniaturen und damit problemorientiert präsentiert.

Die Darstellung gliedert sich in drei Teile. Der *Anfang* setzt sich ausführlich und thesenstark mit der Frage auseinander, welche eigentliche Motivation hinter der Gründung der Emschergenossenschaft steckte. Die Frage ist: Welche Umstände erschufen für die zeitgenössisch Raummächtigen einen derartigen Druck, dass sie von ihrer seit Jahrzehnten eingeübten Verschiebe- und Verzögerungstaktik auf eine konkrete Handlungsebene überwechselten? Genauso wie auch das Schlusskapitel befasst sich dieser Abschnitt mit der aus unserer Sicht unterschätzten Bedeutung der Emschergenossenschaft für das, was wir heute so einmütig »das Ruhrgebiet« nennen. Das *Ende* ist ebenfalls thesenstark, aber offener und weniger erklärend als der Anfang. Als Historiker bleiben wir in der Vergangenheit, über Gegenwart und Zukunft muss erst noch entschieden werden. Während der Anfang also die Frage nach der eigentlichen Motivation stellen und auch empirisch begründet beantworten kann, schließt das Endkapitel mit einer Frage an die Zukunft, die sich aus der historischen Entwicklung – wie wir sie schildern – ableitet.

Anfang und *Ende* bilden die Essenz unserer Aktenstudien. Sie wirken mitunter radikal, jedenfalls liegen sie durchaus mit der vermeintlichen Wahrheit über die Geschichte des Ruhrgebiets überquer. Sie verknüpfen infrastrukturelle Planung, sozialräumliche Konsequenzen, wirtschaftliche Logiken und staatliche Steuerungsimpulse und beabsichtigen, auf diese Weise historische Forschungsfelder miteinander zu verbinden, die in einer inzwischen stark ausdifferenzierten Forschungslandschaft kaum mehr zusammen gesehen werden. Die *Miniaturen* – die durch die Zugabe von Quellen angereicherten Hauptkapitel – bilden unsere problemorientierten Langzeitstudien ab. Sie be-

10 Oberste-Brink an Gew. Emscher-Lippe, 1.7.1948, montan.dok/BBA, 35/383.

fassen sich mit Aktivitätsfeldern der Emschergenossenschaft, ohne die Emschergenossenschaft dabei auf eine Perspektive oder Aufgabe zu verengen. Denn als Hybrid war und zeigte sich die Emschergenossenschaft sowohl aneignungs- als auch neigungsstark. Mit einer besonderen Rechtskompetenz ausgestattet, fungierte sie als *Bad Bank*; als *Wurmaustreibende* hatte sie eine große sozialhygienische Aufgaben zu lösen. Sie agierte dabei aber nicht unbedingt als *Technische*. Als *Autonome* gelang es ihr in doppelter Weise, sich gegen Eingriffe durch den nationalsozialistischen Staat zu verteidigen; als *Unternehmerin* entdeckte und bewirtschaftete sie schließlich das Phenol; als *Hybride* moderierte sie den Dauerkonflikt zwischen Kommunen und Unternehmen; zur *Ewigen* wurde sie aufgrund ihrer Geburtshilfe bei der Gründung der Ruhrkohle AG und als *Beharrliche* setzte sie endlich – wenn auch mehr als ein halbes Jahrhundert nach ihrer Gründung – die biologische Klärung im Mündungsabschnitt durch. Unsere dieserart verfassten problemorientierten Miniaturen lassen sich der Reihe nach, quer, nach Interesse oder in diachroner Abfolge lesen und studieren. Wir empfehlen interessierten Schülerinnen, Schülern und Studierenden, die wir besonders ansprechen möchten, zunächst den Blick in die Quellen und erst dann die Lektüre der zugehörigen Miniatur. Die ausgewählten Quellen sollen irritieren, zu Fragen anregen und provozieren. Unsere Hoffnung ist, dass wir etwas von der Irritation in Neugier überführen und einige der großen Fragen zumindest ein Stück weit auflösen können. Dem geneigten Ruhrgebietsinteressierten und besonders Historikern empfehlen wir natürlich, alles zu lesen! Für eine punktuelle Lektüre empfehlen wir die Nutzung des kombinierten Personen- und Sachindex.

Wir danken den Mitarbeiterinnen und Mitarbeitern der Emschergenossenschaft für die Unterstützung, im Besonderen Uli Paetzel für sein reges und kritisches Interesse an der Geschichte. Sehr zum Dank verpflichtet sind wir unzähligen Archivteams. Ein besonderer Dank ist hierbei Brigitte Kikillus auszusprechen, die es trotz der Beschränkungen aufgrund der Coronapandemie fertiggebracht hat, uns immer wieder ein Plätzchen im Montanhistorischen Dokumentationszentrum im Deutschen Bergbau-Museum zu beschaffen. Ein herzlicher Dank gilt darüber hinaus den Mitarbeiterinnen und Mitarbeitern im Historischen Archiv Krupp, in den thyssenkrupp Corporate Archives, im Rheinisch-Westfälischen Wirtschaftsarchiv zu Köln und in den Bayer Archives in Leverkusen, ferner im Kreisarchiv Recklinghausen sowie in den Stadtarchiven Bochum, Bottrop, Essen, Duisburg, Herne und Recklinghausen. Auch den Mitarbeiterinnen und Mitarbeitern im Landesarchiv NRW (Abteilungen Westfalen und Rheinland) danken wir sehr. Ein weiterer und sehr großer Dank gebührt unserer sehr geschätzten Lektorin Jutta Mühlenberg. Jedwede Ungenauigkeiten und Fehler haben selbstverständlich wir allein zu verantworten.

Anfang

Die innere Kolonisierung des Industriebezirks

»Die industrielle Streuung und die dadurch bedingte eigenartige Siedlungsweise gaben dem Vest den Charakter eines Koloniallandes, der sich bis heute in weitem Umfange erhalten hat. Auch volksbiologisch findet dies seine markante Ausprägung in dem starken Solidaritätsgefühl innerhalb einzelner Bevölkerungsgruppen.«
(Edwin C. Abe, Alfons Echterhoff und Hans-Jürgen Seraphim, 1955)[1]

Bis heute gilt die Zusammenkunft des 14. *Dezember 1899* als eigentliches Gründungsdatum der Emschergenossenschaft.[2] Der genossenschaftseigenen Geschichtsschreibung nach waren es schier gigantische »Mißstände«, die jenen ausgesprochen seltenen Reigen eröffneten und die Grundlage schufen für einen außergewöhnlichen Abwasserkanal.[3] Das Treffen am 14. Dezember 1899 war allerdings keineswegs ein feierlicher oder formeller Gründungsakt, wie man zunächst annehmen könnte, sondern eine Verhandlung, eine Sondierung, wie sich präziser formulieren ließe. Sie dauerte wahnsinnig lange und sie hatte es in sich. 36 Herren, die das Who's who der Polit- und Wirtschaftsprominenz des Industriebezirks repräsentierten, darunter auch Vertreter der verschiedenen Regierungs- und Oberpräsidien, waren angereist und hatten sich unter der Verhandlungsführung des Arnsberger Regierungspräsidenten *Wilhelm J. R. Winzer* im Bochumer Ständehaus eingefunden.[4]

1 Edwin C. Abe/Alfons Echterhoff (Bearb.): Das Vest. Ein dynamischer Wirtschaftsraum, hg. v. Hans-Jürgen Seraphim, Recklinghausen 1955, Zit. S. 93.

2 Nicolai Hannig: Kalkulierte Gefahren. Naturkatastrophen und Vorsorge seit 1800, Göttingen 2019, S. 338.

3 Emschergenossenschaft (hg. im Auftrage des Vorstandes v. Baudirektor Helbing): 25 Jahre Emschergenossenschaft. 1900–1925, Essen 1925 (Selbstverlag), Zit. o. S.

4 Protokoll [der Verhandlung], 14.12.1899, Stiftung Rheinisch-Westfälisches Wirtschaftsarchiv zu Köln (RWWA), 130-301170/3.

Die Herausforderung bestand darin, so leitete Winzer ein, die »Kalamitäten«, womit die peinliche Lage der Abwasserabführung im Industriebezirk umschrieben wurde, einheitlich zu regeln. Die Abwasserpraktiken der einzelnen Städte und Gemeinden, der Unternehmen und Gewerbe sollten unter eine zentrale Ausführung und Leitung gebracht werden. Und das war auch bitter nötig. Teilgeklärt oder überhaupt nicht geklärt, mit einem simplen Ablassen des Schmutzwassers in das nächste Nass war die vorhandene Bach- und Flussstruktur im gesamten Industriebezirk heillos überfordert, seit Jahrzehnten schon. Aber, und allen Beteuerungen Winzers zum Trotz, der bekräftigte, seit Jahren habe man von Regierungsseiten nicht weniger als »Alles« getan, um den Anforderungen der Abwasserreinigung und der Abführung der Wasser in »natürliche Flußläufe« gerecht zu werden,[5] war gemessen am Ausmaß des Problems herzlich wenig passiert. Das war möglich gewesen, weil man es in Preußen im Vergleich zu den anderen Bundesstaaten durchaus kalkuliert vermieden hatte, die Wassergesetzgebung zu modernisieren; man hatte es laufen lassen, im wahrsten Sinne des Wortes.[6]

An den verschleppten und dann kassierten Planungen zur Emscherregulierung zeigt sich das ganz deutlich. Schon seit Anfang 1820er Jahre, also bereits einige Zeit vor dem Beginn des Tiefbaus und der Nordwanderung des Bergbaus, war über die »Versumpfung« im Emscherbruch geklagt worden, zumindest war sie schon lange aktenkundig. Anfang der 1850er Jahre wurde regierungsseitig eine Untersuchung angestoßen und 1854 eine Schaukommission gebildet, die Vorschläge und Vorgaben für die Beseitigung der noch vielzähligen Mühlenstauen erarbeitete und sie in ein Polizeireglement goss.[7] Das hatte kurzzeitig, aber langfristig keinen Erfolg.

Wo früher »Heerden wilder Pferde stampften, mühet sich heute eine nach Tausenden zählende Arbeiterbevölkerung ab«,[8] so umschrieb *Karl Michaelis*, 30 Jahre später, in seinem Plan zur »Regulirung« die Sachlage. Michaelis, Meliorationsbauinspektor in Münster, war zu Beginn der 1880er Jahre beauftragt worden, einen großen Plan auszuarbeiten. Michaelis benannte die Verschmutzungsarten und identifizierte die Verursacher der »Kalamität« an der Emscher bereits 1883 sehr klar: Die »Spüljauche« der Städte, insbesondere die von Dortmund, Bochum und Essen, die anorganischen Abfälle der Industrie im gesamten Gebiet, die Abwässer der Kohlen- und Erzwäschen und, und nicht zuletzt, die salzhaltigen Grubenabwässer. Michaelis identifizierte ferner, dass die Versumpfung durch Bergsenkungen, die durch den untertägigen Kohleabbau entstanden und zur Seenbildung und schlimmer noch mitunter zu Rückflüssen führte, verschärft wurde. Gerade die Bergsenkungen, die anhalten würden, solange der Bergbau betrieben werde, machten aus der etwaigen »Regulirung«, das stellte Michaelis eindeutig heraus, eine Daueraufgabe, die sich nicht etwa mit der einen großangelegten Baumaßnahme erledigen lasse. Aus technischer Sicht war die Michaelis'sche Planung

5 Zit. Protokoll [der Verhandlung], 14.12.1899, RWWA, 130–301170/3.

6 Werner Schubert/Claudia Rönnau Einleitung, in: dies. (Hg.): Ausschuß für Wasserrecht (1934–1941), Frankfurt a. M. 2004, S. IX–LIV, hier S. XIII–XVI.

7 Karl Michaelis: Regulirung der Vorfluthverhältnisse im Emscherthale von Herne bis Oberhausen. Vorbericht, Kosten-Anschlag und Festpunkts-Verzeichniss […], Münster 1883, S. 2–4.

8 Ebd., Zit. S. 4.

ausgesprochen ambitioniert: Die Städte müssten verpflichtet (und auch darin kontrolliert) werden, ihre städtischen Abwässer zu reinigen. Rieselanlagen, durch die die stark verunreinigten, städtischen Abwässer bis zu achtmal geleitet werden müssten, bevor sie in die Emscher abgelassen werden dürften, seien anzulegen. Die Reinigungspflicht sollte auch den Unternehmen für ihre Einleitungen auferlegt werden, wobei die Abwässer der Kohlen- und Erzwäschen überhaupt nicht in die Emscher eingeleitet werden dürften.[9] Michaelis benannte auch die »Interessenten« an der Regulierung: die Grundbesitzer, die Personen und die »Corporationen«, die die Überschwemmungen verursacht hatten, insbesondere natürlich die Bergbauunternehmen, aber auch die Königlich Preußischen Staatseisenbahnen und die Städte. Michaelis hatte nicht weniger als das technisch mögliche Maximalziel in eine Planung gegossen: Für ihn ging es um den Erhalt und die »Verbesserung« des Bodens, was auf eine Vollreinigung und die Bewahrung der Emscher als Fluss hinausgelaufen wäre.[10]

Auf der Grundlage seines Planes war schließlich sogar ein Gesetzesentwurf ausgearbeitet worden. Der war zunächst von den klar adressierten Preußischen Eisenbahnen zurückgewiesen worden. Aber auch die Mittelinstanzen lehnten eine Direktbeteiligung ab. Das war durchaus erstaunlich. Denn das Jahrhunderthochwasser des Winters 1882/83 hatte in der Rheinprovinz für Überschwemmungen und Zerstörungen größeren Ausmaßes gesorgt, die die Flussregulierungen zu einem tagespolitisch aktuellen wie zentralen Thema gemacht hatten.[11] Die Tagesrelevanz sorgte dafür, dass die Ministerialinstanzen ihre Zurückweisung nur Zug um Zug vornahmen und damit eine etwaige Lösung verschleppten. Ein zweiter und stark überarbeiteter Entwurf, der das Gros der Finanzierung auf die übrigen Interessenten umverteilte, wurde in Umlauf gebracht. Auch dieser provozierte erheblichen Widerstand, und zwar den der Boden- und Grundbesitzer im Emschertal, dann den der Städte an der Ruhr und schließlich den des Oberbergamtes. Das war auch ganz klar. Grundsätzlich steckte in der Regelung der Abwasserfrage weder politisch verwertbares Prestige noch die Möglichkeit, Gewinn zu machen oder den Ertrag zu steigern. Wenig attraktiv ging es stattdessen um die Aufbringung erheblicher Investitionen, wobei die Frage, wer die Mittel aufzubringen hatte, ohne konkrete Vorgabe oder Lenkung blieb. Denn es waren ja die Staatsinstanzen, die Kommunen und die Provinzregierungen, die die Finanzierung ablehnten; die Verursacher oder Nutznießer zur Regulierung zu verpflichten, verweigerten sich die Instanzen aber auch. Preußisch geordnet, diszipliniert oder durch die gut geölten Rädchen einer wunderbar geschmierten Ministerialbürokratie lief in dieser Hinsicht also überhaupt nichts.[12] Im Gegenteil. Nur scheibchenweise wurde überhaupt deutlich, dass die Ministerialinstanzen es ablehnten, sich an dem Großvorhaben zu beteiligen. Der im zweiten Entwurf von Michaelis unterbreitete Vorschlag, der den Mittelinstanzen einen Anteil von 50 Prozent des erforderli-

9 Ebd., S. 8, 20.

10 Ebd., S. 38–41.

11 Hannig: Kalkulierte Gefahren, S. 347 f.

12 S. zum »Beamtenliberalismus« bereits Rudolf Vierhaus: Liberalismus, Beamtenstand und konstitutionelles System, in: Wolfgang Schieder (Hg.): Liberalismus in der Geschichte des deutschen Vormärz, Göttingen 1983, S. 39–54, s. auch zum preußisch-rheinischen Verhältnis Elisabeth Fehrenbach: Rheinischer Liberalismus und gesellschaftliche Verfassung, in: ebd., S. 272–291

chen Investitionsvolumens pauschal zuordnete, wurde dann immerhin unmittelbar kassiert, obschon Michaelis die Bedeutung der Regulierung für den »Nationalwohlstand[]« – eine der zeitgenössischen Zauber- und Rechtfertigungsvokabeln – wohl nicht grundlos herausgestellt hatte.[13]

Vor dem Hintergrund dieses Wirrwarrs war die 1899 von Winzer formulierte Angabe, »Alles« getan zu haben, krass überzogen. Die vom Regierungspräsidenten damit übermittelte Botschaft war den im Bochumer Ständehaus Anwesenden aber sehr klar: Weder Preußen noch die Mittelinstanzen würden sich an der Beseitigung der »Kalamität« finanziell beteiligen. Winzer trat also lediglich als Initiator auf. Die Ministerialinstanz hatte sich damit nur augenscheinlich eingeschaltet, die eigentliche Lösung der »Kalamität« sollte im Industriebezirk selbst entwickelt und auch selbst gestemmt werden. Das fügt sich zwar nicht ein in die weiterhin vitalen Preußenklischees,[14] ist aber ein typisches Beispiel für den im deutschen Kaiserreich etablierten Umgang mit den Umweltmedien: Ein weitergehendes amtliches Umweltbewusstsein war weder vorhanden, noch war es rechtlich kodifiziert. Die Umwelt wurde keineswegs als eine vom Staat oder seinen Instanzen zu schützende Angelegenheit gesehen, besonders nicht in Preußen. Effektiv reguliert wurde in den Bereichen Wasser, Boden und Luft wenig. Und für den Umgang mit Abwasser galt das in besonderem Maße.[15]

Das eigentlich Bemerkenswerte an der Verhandlung vom 14. Dezember 1899 war, dass noch keineswegs ausgemacht war, dass die Emscher zum offenen Abwasserkanal umfunktioniert werden würde.[16] Diejenigen, die während der Aussprache eindeutigen Bezug auf die Emscher nahmen, kleideten das in die zwar zügig etablierte, aber unscharfe Formel des »Emschergebietes«. Diskutiert wurde also längst noch nicht über eine gemeinsam bewirtschaftete Cloaca Maxima, sondern vielmehr über die diversen Möglichkeiten für die Verlagerung des Drecks, darunter, ob die Abwässer dem Rhein, in den alle Flüsse des Industriegebiets mündeten, überhaupt zugeführt werden durften, ob die vorzunehmende Regelung von Abführung und Reinigung also in eins fallen müsste. Die Errichtung eines Trennsystems stand ebenfalls zur Diskussion. Und sogar ein Radialsystem, ähnlich dem in Berlin angelegten Abwassersystem, wurde als Möglichkeit erwogen, ebenso die Schaffung von schier gigantischen Rieselfeldern im Münsterland.[17]

---

13 Beate Olmer: Wasser. Historisch. Zu Bedeutung und Belastung des Umweltmediums im Ruhrgebiet 1870–1930, Frankfurt a. M. u. a. 1998, S. 161 f., 185–200, Zit. S. 188.

14 S. Thomas Küster: Das Ruhrgebiet in staatlicher Perspektive (1870–1930), in: Karl Ditt/Klaus Tenfelde (Hg.): Das Ruhrgebiet in Rheinland und Westfalen. Koexistenz und Konkurrenz des Raumbewusstseins im 19. und 20. Jahrhundert, Paderborn u. a. 2007, S. 127–162.

15 S. Rommelspacher: Recht auf Wasserverschmutzung.

16 Obschon diese »Arbeitsteilung« – etwa von der später wichtigen Figur in der Emschergenossenschaft – von Karl Gerstein genauso und längst herbeigeschrieben worden war. Gerstein formulierte, aus seinem Interesse als Landrat Bochums und damit klar im kommunalen Eigeninteresse, die Ruhr sei zur Trinkwasserversorgung »bestimmt«, die Emscher dagegen sei »bestimmt, gewissermaßen als *cloaca maxima* [HiO] sämmtliche Abwässer aufzunehmen«. Das war aber 1901 kein Faktum, sondern eine klare kommunale Kirchturmpolitik – und zwar im Interesse der Südkommunen. Zit. o. V.: Denkschrift über die Melioration des Oelbaches und seiner Nebenflüsse nebst eine Uebersichts-Karte, Bochum 1901 [Vorbemerkung des Landraths Gerstein], Zit. S. 3.

17 S. zur zeitgenössischen Unklarheit über die »Reinigungsstandards« Olmer: Wasser, S. 68–88.

Winzer hatte die Sondierung zwar initiiert und er leitete die Sitzung auch, entscheidend waren aber zwei Stimmen aus dem Industriebezirk, die maßgeblich dafür waren, dass am Ende ein Konsens darüber hergestellt war, ein gemeinsames Projekt auf die Schiene zu setzen. Als Spiritus Rector trat *Erich Zweigert* auf. Als Essener Oberbürgermeister genoss er eine große Entscheidungsfreiheit, die sich schlicht daraus ergab, dass Essen zur Rheinprovinz gehörte.[18] Zweigerts Beigeordnete waren ihm klar untergeordnet, in der westfälischen Städteordnung dagegen war der Oberbürgermeister lediglich Vorsitzender des Magistratkollegiums.[19] Zweigert jedenfalls stellte gleich zu Beginn der Sondierung in Aussicht, dass die Stadt Essen den Löwenanteil der Planungskosten zur Verfügung stellen würde. Der Oberbürgermeister verschaffte sich auf diese Weise bereits mit seinem ersten Wortbeitrag die Möglichkeit, auf die weiteren Planungen erheblichen Einfluss zu nehmen. Und er war mit diesem Ansinnen erfolgreich. Tatsächlich sollten die Vorarbeiten der nächsten Jahre im Essener Rathaus zusammenlaufen. Die zweite maßgebliche Stimme war die von *Emil Kirdorf*. In der Liste der Anwesenden war Kirdorf als Vertreter des Kreises Gelsenkirchens aufgeführt. Jedem der Anwesenden aber war klar: Kirdorf war keineswegs ein x-beliebiger Vertreter einer nördlichen Kommune, sondern als mächtigster Vertreter des Steinkohlenbergbaus das maßgebende Sprachrohr der Industrie. Kirdorf war Generaldirektor der Gelsenkirchener Bergwerks-AG und zudem Vorsitzender des Rheinisch-Westfälischen Kohlen-Syndikats. Viel zu meckern hatte der streiterprobte Kirdorf nicht; ohne Zweifel hatte er im Vorfeld der Sondierung bereits eine Vorabsprache mit Zweigert vorgenommen: Denn er pflichtete Zweigert bei, sprach sich für die Einigung und ein gemeinsames Projekt aus und unterbreitete auch gleich einen Vorschlag für die Aufbringung der Projektierungskosten.[20] Kirdorf signalisierte damit: Die Industrie war mit im Boot und mehr noch, sie war auch bereit, sich zu engagieren.

Überraschenderweise war das Ergebnis der Verhandlung des 14. Dezember 1899 der Konsens, die »Kalamität« zu beheben, und zwar auch ohne die finanzielle Beteiligung der Staatsinstanzen. Die Konfliktlinie dieser Verhandlung verlief aber auch keineswegs, wie man zunächst meinen könnte, zwischen den Kommunen und den Mittelinstanzen oder zwischen den Städten und den Unternehmen, sondern zwischen den Südstädten – mit eigenen Wortbeiträgen waren besonders die der Oberbürgermeister von Essen und Bochum auffällig – und den Landkreisen im nördlichen und jüngeren Teil des Industriebezirks. Selbstredend waren die Südstädte nicht grundsätzlich bereit, die Planungskosten allein zu stemmen. Gegen die Umrechnung der auf etwa 60.000 bis 120.000 Mark geschätzten Projektierungskosten auf die Bevölkerung, eine Pro-Kopf-Bemessung also, wandten sie sich aber dennoch. Denn mit einem derartigen Verteilungsschlüssel wären gerade die Landkreise stärker an der Planung beteiligt gewesen, was es aus Sicht der Südstädte unbedingt – wenn auch nicht explizit gemacht – zu verhindern galt. So

18 Alexander Olenik: Die liberalen Oberbürgermeister in der Rheinprovinz, in: Jahrbuch zur Liberalismus-Forschung 30, 2018, S. 159–175, hier S. 160.

19 Wie einer der Nachfolger im Amt feststellte: Hans Luther: Zusammenbruch und Jahre nach dem ersten Krieg in Essen. Erinnerungen des Oberbürgermeisters Dr. jur. Dr. med. h.c. Hans Luther, Essen 1958 (Sonderdruck), S. 8.

20 Protokoll [der Verhandlung], 14.12.1899, RWWA, 130 301170/3.

einigte man sich schließlich darauf, dass die Städte 10.000 Mark und die Landkreise 5.000 Mark für die Projektierung aufzubringen hatten, womit man den klammen Nordkommunen augenscheinlich entgegenkam.[21] Als wesentliches Ergebnis der Sondierung stand am Ende fest: Für das »Emschergebiet« sollte die »Bildung eines *Verbandes*« angestrebt werden, der entsprechend den »Anforderungen« an die »Gesundheitspflege« die »Abführung« der Abwässer des gesamten Industriebezirks vornehmen sollte. Zur Vorbereitung auf eine umfassende Planung wurde eine technische Prüfung beschlossen.[22] Von der Errichtung einer »Genossenschaft« war man aber noch weit entfernt. Deutlich war nur: Die Südstädte waren bereit, nunmehr und endlich auf ein gemeinsam getragenes »Projekt« hinzuarbeiteten. Und auch die Industrievertreter waren willens, sich zu engagieren. Das ›Was genau‹ und das ›Wie genau‹ war aber noch weitgehend unklar und es sollte noch Jahre dauern, bis sich das ›Was‹ und das ›Wie‹ konturieren ließen.

Die eigentliche Frage, die an die Sondierung von 1899 zu stellen ist, lautet deshalb: Warum just zu diesem Zeitpunkt? Schon lange war die Erschaffung eines Abwassersystems diskutiert worden; die technischen Pläne waren längst entwickelt, wenn sie auch schließlich nicht realisiert worden waren. Ohne jeden Zweifel waren die Zustände, die »Kalamität«, katastrophal, das aber eben nicht erst seit gestern, sondern bereits seit Jahrzehnten. Warum also spitzte sich die »Kalamität« für die Zeitgenossen nur wenige Tage vor der Jahrhundertwende so sehr zu, dass die Kommunen und die Unternehmen endlich von einer reinen Problemklage auf eine konkrete Handlungsebene überwechselten?

Da lässt sich zunächst ganz global ansetzen: Der Zeitraum um 1900 bedeutete den Durchbruch einer reflexiven Moderne, eines Zeit- und Gegenwartsverständnisses, in der der eigene Stellenwert im Austausch, vor allem aber in Abgrenzung zu anderen Räumen oder Gruppen bestimmt wurde.[23] Zudem: Die im letzten Drittel des 19. Jahrhundert entfaltete Technikbegeisterung, die sich für viele als Verheißung dargestellt hatte, wurde zunehmend überlagert von dem Gefühl der Ernüchterung. »Sachzwänge« wurden nunmehr sprichwörtlich und sie fanden sich mit einem Mal überall.[24] Das alles gab es auch im rheinisch-westfälischen Industriebezirk, dessen Entwicklung jedoch erheblich von den tatsächlich altehrwürdigen Metropolregionen abwich. Besonders der spe-

21 Bis Anfang April 1900 waren zur Verfügung gestellt: Je 10.000 Mark vom Kreis Bochum-Land, Stadt Bochum, Kreis Gelsenkirchen-Land; je 5.000 Mark waren von Kreis Dortmund-Land, Kreis Essen-Land, Kreis Hoerde, Kreis Mülheim, Kreis Recklinghausen; die Stadt Essen hatte die von Zweigert angeführten 15.000 Mark freigegeben, lediglich 3.000 Mark hatte Gelsenkirchen-Stadt und nur 1.000 Mark die Stadt Dortmund angewiesen. Aufstellung, in: Geschäftsordnung für die Commission zur Aufstellung eines generellen Entwässerungs-Projektes für das Emscherthal, o. D. [April 1900], RWWA, 130–301170/3. Die reduzierte Beteiligung der Städte Gelsenkirchen und Dortmund bedeutete, dass die Städte zwar Vertreter in die eingerichtete Kommission entsenden durften, aber kein Stimmrecht besaßen, bis sie ihren »gerechten« Anteil von je 10.000 Mark voll eingezahlt hatten. Verhandlung, 7.4.1900, RWWA, 130–301170/3.

22 Protokoll [der Verhandlung], 14.12.1899, RWWA, 130–301170/3.

23 Ute Frevert: Jahrhundertwenden und ihre Versuchungen, in: dies. (Hg.): Das neue Jahrhundert. Europäische Zeitdiagnosen und Zukunftsentwürfe um 1900, Göttingen 2000, S. 7–14, hier S. 13.

24 Hartmut Berghoff: »Dem Ziele der Menschheit entgegen«. Die Verheißungen der Technik an der Wende zum 20. Jahrhundert, in: Ute Frevert (Hg.): Das neue Jahrhundert. Europäische Zeitdiagnosen und Zukunftsentwürfe um 1900, Göttingen 2000, S. 47–78, hier S. 70 f.

zifisch bürgerlich überformte Fortschrittsgedanke, das Auseinanderklaffen des bürgerlichen Lebens in einer Stadt wie Frankfurt am Main im Unterschied zum Leben in einer Stadt wie Essen oder Dortmund, trieb manche Blüten, besonders aber suchten und fahndeten die politisch Mächtigen nach Ordnung. Dem Zeitempfinden nach war das Leben im sich rasch ausbreitenden, ja regelrecht explodierenden rheinisch-westfälischen Industriebezirk das eines unkoordinierten Ameisenhaufens, dessen Wachstum von einem starken und wilden Zuzug von irgendwie Fremden begleitet wurde, immer mehr Chaos stiftete und vor allem eins brachte: Unübersichtlichkeit. Die liberale Sicht auf das chaotische Wachstumsgeschehen nahm zum Ende des Jahrhunderts immer mehr ab, die Vorstellung, das Durcheinander koordinieren und regeln und dabei auch dominieren zu müssen, setzte sich durch.[25] Ordnung durch Distinktion wurde zu einer, wenn auch oft nicht ausgesprochenen, so aber doch konsensual verfolgten Richtschnur bei der Bestimmung und dann auch Lenkung der gesellschaftlichen Verhältnisse. Damit einher ging eine differenzierte Zumutung von dem, was unter den bürgerlich Einflussreichen als »Kalamität« galt.

Zum Durchbruch kam diese Verschiebung im Industriebezirk zum Ende des 19. Jahrhunderts, und das gleich auf mehreren Ebenen: Das hatte organisatorisch-wirtschaftliche Gründe; das hatte mit der Reformierung der administrativen Rahmenbedingungen der Städte- und Kommunalordnungen zu tun und mit den Beharrungskräften des grundbesitzenden Adels. Das hatte mit der Arbeiterschaft zu tun, damit, dass sie sozial auseinanderfiel, und damit, dass Rassismus und Ausgrenzung im boomenden Industrierevier gang und gäbe war. Alle diese sich überlagernden Wandlungen sorgten dafür, dass das »Project« am Ende des 19. Jahrhunderts und mit einem Mal Fahrt aufnehmen konnte.

Die *wirtschaftliche Entwicklung* des rheinisch-westfälischen Industriebezirks ist scharf von den bereits längst und lange florierenden Handels- und Gewerbezentren in Sachsen, Berlin oder auch in Schlesien zu unterscheiden. Der rheinisch-westfälische Industriebezirk war in jeder Hinsicht ein Latecomer, kein First Mover. Zu Beginn des 19. Jahrhunderts ging es hier gemächlich und beschaulich zu. Die Märzrevolution fand kaum Ankerpunkte in dem Gebiet; protestiert und für einen politischen Wandel gekämpft wurde woanders, lediglich die »Gewerke«, die Zechenbesitzer, standen in einem offenen Konflikt mit der preußischen Bergwerksdirektion – mit der Gemengelage der Märzrevolution hatte das aber nur ganz am Rande zu tun.[26] Denn der Kohlenbergbau, der seit dem letzten Drittel des 19. Jahrhunderts im Verbund mit der Eisen- und Stahlindustrie aus der polyadministrierten Region die schwerindustrielle Schlagader des Deutschen Reichs machte, war im wörtlichen Sinn noch gefesselt, und zwar bis weit in die 1850er

25 S. Anselm Doering-Manteuffel: Konturen von ›Ordnung‹ in den Zeitschichten des 20. Jahrhunderts, in: ders.: Konturen von Ordnung. Ideengeschichtliche Zugänge zum 20. Jahrhundert, Berlin/Boston 2019, S. 3–32.

26 Harald Wixforth: Der Kampf um die Bergbaufreiheit. Zur Geschichte der preußischen Bergrechtsreform von 1826 bis 1846, in: Hartmut Berghoff/Dieter Ziegler (Hg.): Pionier oder Nachzügler? Vergleichende Studien zur Geschichte Großbritanniens und Deutschlands im Zeitalter der Industrialisierung, Bochum 1995, S. 59–74, hier S. 66 f.

Jahre hinein. Das Direktionsprinzip sorgte dafür, dass es keineswegs die Zechenbesitzer waren, die über die Entwicklung des Kohlenbergbaus, der Fördermenge, der Preisstellung und des Verkaufs entschieden, sondern die zuständigen Bergbehörden. Und das bedeutete, dass es im »Ruhrgebiet« weiterhin verschlafen und auch ein bisschen behäbig zuging. Die Bergbehörden legten die Bergleute an, schützten und bestraften sie auch, und erhoben sie zu einer eigenen Standesgruppe, mit einer eigenen Gerichtsbarkeit und einer Befreiung vom Kriegsdienst und vielem mehr. So gesehen: Der Hirte an der Ruhr, der laut der Sage im Mittelalter seine Tiere hütete, den hätte man auch noch in der Mitte des 19. Jahrhunderts finden können, und dass nicht als Besonderheit, sondern ganz alltäglich, wenn auch im Ruhrtal inzwischen eine ganze Reihe von Mundlöchern den Kohlenbergbau anzeigte. Von einer freien Entfaltung der wirtschaftlichen Kräfte konnte indes noch keine Rede sein. Die preußische Ministerialbürokratie nahm die Forderungen nach einer Liberalisierung des Kohlenbergbaus zwar auf, nach der Märzrevolution aber verschwanden die Vorüberlegungen einstweilen wieder von der Tagesordnung und in den Schubladen der Ministerialbeamten.[27]

Erst 1865 wurde mit dem *Allgemeinen Berggesetz für die preußischen Staaten* (AGB) das sog. Inspektionsprinzip final verankert, womit sich der Staat bzw. die Bergbehörden aus der Betriebswirtschaftsseite des Kohlenbergbaus vollständig zurückzog und sich die Rolle der Bergämter auf eine rein beaufsichtigende Funktion reduzierte. Erst jetzt galt nicht mehr das Bergregal, sondern die Bergbaufreiheit, und erst jetzt konnte das Recht, Steinkohle abzubauen, jedermann verliehen werden.[28] Die Liberalisierung des Bergbaus bedeutete allerdings nicht, dass für den Kohlenbergbau nunmehr dieselben Regeln und Bedingungen galten wie für andere Industrie- und Gewerbezweige. Besonders die Besteuerung blieb eine andere.[29] Solange das Bergregal noch galt, hatten die Zechen keine Gewerbesteuern gezahlt.[30] Die Zechenbesitzer versuchten natürlich, gerade in den jungen Gemeinden und Städten, die erst durch die Ansiedlungen der Zechen im Zuge der Nordwanderung entstanden, der Steuerpflicht möglichst zu entkommen. Und bis kurz vor der Jahrhundertwende waren die Zechen mit dieser Abwehrhaltung auch erfolgreich.[31]

Für den lebensweltlichen Blickwinkel von sowohl Zechenbesitzern als auch Bergleuten ist diese im Vergleich zu anderen Gewerben verlängerte Ständeordnung kaum zu überschätzen. Auf der Seite der Zechenbesitzer bedeutete die Freisetzung zunächst eine

27 Ebd., S. 71 f.

28 Gunther Kühne: Das deutsche Bergrecht von 1865 bis zur Gegenwart, in: Klaus Tenfelde (†)/Stefan Berger/Hans-Christoph Seidel (Hg.): Geschichte des deutschen Bergbaus, Bd. 3: Motor der Industrialisierung. Deutsche Bergbaugeschichte im 19. und frühen 20. Jahrhundert, Münster 2016, S. 495–531, hier S. 495–501.

29 Wolfhard Weber: Entfaltung der Industriewirtschaft, in: Wolfgang Köllmann/Hermann Korte/Dietmar Petzina/Wolfhard Weber (Hg.): Das Ruhrgebiet im Industriezeitalter. Geschichte und Entwicklung, Bd. 1, Düsseldorf 1990, S. 199–319, hier S. 208.

30 Klara von Eyll: Kammern der gewerblichen Wirtschaft, in: Wolfgang Köllmann/Hermann Korte/Dietmar Petzina/Wolfhard Weber (Hg.): Das Ruhrgebiet im Industriezeitalter. Geschichte und Entwicklung, Bd. 1, Düsseldorf 1990, S. 601–653, hier S. 608.

31 Ausführungen Zweigert, in: Verhandlungen der Commission zur Aufstellung eines generellen Entwässerungprojectes für das Emscherthal, 19.1.1903, RWWA, 130–301170/3.

starke und regelrecht anarchische Konkurrenz um die Vorherrschaft im rheinisch-westfälischen Kohlenrevier, die mittels immer stärker steigender Förderkapazitäten ausgetragen wurde. Schlag mit dem Miteigentümergesetz von 1851, mit dem das Direktionsprinzip in Hinblick auf Investitionsentscheidungen der Zechenbesitzer seine erste Aufweichung erfuhr, verschob sich die Niederbringungsaktivität stark vom Ruhrtal in den Norden und bald vor bis zur Emscher. Es waren im Vergleich zum Stollenbau an der Ruhr nun kapitalintensive Tiefbauschächte, die niedergebracht wurden. Die Kohlenförderung stieg nun rasch und v. a. sprunghaft, etwa acht Jahre nach der Verankerung des Miteigentümergesetzes, an. Die geschaffenen Förderkapazitäten, da sich die Zechenbesitzer zum gleichen Zeitpunkt – nämlich mit der Freigabe der Zechenführung und damit auch der Investitionen – für die Expansion entschieden hatten, drückten etwa zeitgleich auf die noch stark vom Handel dominierten Kohlenmärkte. Deshalb konnten die fördernden Zechen ihre Verkäufe nicht auf einem Preisniveau halten, das für sie einträglich war, sondern sie wurden von den Kohlenhändlern in gegenseitige Preisunterbietungswettbewerbe gezwungen, die regelrechte Preisstürze auslösten, und das in wiederkehrender Rhythmik. Die Kohlepreise zeichnete damit nicht etwa eine gleichmäßige Entwicklung aus, sondern sie waren durch heftige Preiskrisen charakterisiert.[32] Die Zechenbesitzer reagierten auf diese durchaus hausgemachte Problematik mit einem zunehmend aggressiven Rivalitätsverhalten. Gestützt zunächst auf Kapital aus Köln, dann aus dem Ausland, v. a. aus England und Belgien, und schließlich dem Engagement der D-Banken, allen voran der Disconto-Gesellschaft, wurde eine Wachstumsspirale in Gang gesetzt, die die Zechen immer wieder in den Zustand akuter Existenzgefährdung brachte, und das, obwohl Steinkohle zu dieser Zeit der Basis- und praktisch einzige Energiestoff für Wirtschaft und Gesellschaft war.[33]

Diese als chaotisch, vor allem aber als unberechenbar empfundenen Entwicklung begegneten die Zechenbesitzer mit ersten Zusammenschlussbestrebungen, die sich zunächst im Verbandswesen des Steinkohlenbergbaus äußerten, dann aber auch in den Versuchen, die Preisstellung oder auch die Absatzorganisation zusammenzufassen. Während der 1858 gegründete *Verein für die bergbaulichen Interessen im Oberbergamtsbezirk Dortmund* (Bergbauverein) sich mit den gemeinsamen strukturpolitischen Belangen etwa im Verkehrswesen und später auch mit der Bergarbeiterpolitik befasste, blieb die betriebswirtschaftliche Seite der Zechen zunächst ohne kooperativen Austausch oder gemeinsam vorgenommene Abstimmung. Bis 1893 blieb es bei punktuellen Versuchen, die an der Beschränkung auf einzelne Reviere des Industriebezirks oder an den selbstauferlegten Teilaufgaben scheiterten. Regelmäßig, wenn die Konjunktur anzog oder auch wenn etwa ein Mitglied einer geschlossenen Preiskonvention eine neue Schachtanlage in Betrieb nahm, konsolidierte oder eine andere Zeche übernommen hatte, wurden die Absprachen aufgekündigt oder unterlaufen. Die Bedingungen blieben für die Zechenbesitzer damit alles andere als sicher. Keineswegs bedeutete der Übergang

32 Grdlg. Carl-Ludwig Holtfrerich: Quantitative Geschichte des Ruhrkohlenbergbaus im 19. Jahrhundert, Dortmund 1973.

33 Eva-Maria Roelevink/Dieter Ziegler: »Bankenmacht« im Ruhrbergbau – Die Disconto-Gesellschaft und die Gelsenkirchener Bergwerks-AG 1873–1904, in: Westfälische Forschungen 67, 2017, S. 117–142, hier S. 123–126.

zum Tiefbau eine per se aussichtsreiche Zukunft für den »Ruhrbergbau«. Im Gegenteil, als die Gründerkrise Mitte der 1870er Jahre auf den Kohlenbergbau durchschlug, waren die Entscheidungen der Zechenbesitzer immer stärker getrieben von einem Krisenbewusstsein und einer eklatanten Zukunftsangst. Dass sich also die Zechen bzw. ihr 1858 mit der Freisetzung gegründetes Sprachrohr, der Bergbauverein, keineswegs enthusiastisch zeigten, als der von Michaelis in den 1880er Jahren ausgearbeitete Plan nebst Gesetzesentwurf kursierte, ist aus Unternehmersicht fast selbsterklärend. Erst nachdem es 1893 – und nach unzähligen Vorversuchen – gelungen war, für die Rivalität der Zechenbesitzer einen Ausgleich zu finden, konnte das *Rheinisch-Westfälische Kohlen-Syndikat* (RWKS) gegründet und damit eine gemeinsame Verwaltung von Preisstellung, Förderquotierung und Absatzorganisation erreicht werden. Das RWKS erwies sich bald als tragfähiges Syndikat und bedeutete für die Zechenbesitzer, dass ein einigermaßen stabiler Rahmen nunmehr hergestellt war. Und erst jetzt erschien den Zechenbesitzern ihre wirtschaftliche Zukunft zwar riskant, aber eben nicht mehr grundsätzlich unsicher.[34]

Mit dem RWKS hatten sich die Zechenbesitzer eine selbst organisierte Rentabilitätsinstitution verschafft. Das hebelte die Konkurrenz untereinander keineswegs aus, harmonisch ging es im Syndikat zu keinem Zeitpunkt zu, aber es verschaffte durch ein selbstgegebenes Regelkorsett eine Planungssicherheit, die die Zechenbesitzer zuletzt unter der Regie der Bergämter erlebt hatten, mit dem Unterschied nur, dass sie nun nicht mehr Regierte waren, sondern selbst regierten. Aus Zechensicht war es daher seit der ersten Syndikatserneuerung 1895 angezeigt, sich an einem großen Vorhaben wie der Schaffung eines einheitlichen Abwassersystems zu beteiligen, konnten sie doch nunmehr weiter in die Zukunft planen. Den Zechenbesitzern ging es dabei keineswegs um die Herstellung hygienischer Verhältnisse. Ihre Zechen und angegliederten Betriebe litten unter den erheblichen und bergbaulich verursachten Bergsenkungen, die dazu führten, dass die Flüsse und Bäche, die sie für die Entwässerung der Zechen – die Abführung des Grubenwassers – benötigten, nicht flossen, sondern standen, und Seen aus Grubenwasser, gemischt mit den sonstigen Abwässern, entstanden. Das mag den einen oder anderen Zechen- und Generaldirektor geekelt haben, vor allem aber störte es den Betriebsablauf, und das motivierte die Zechenbesitzer unter den nunmehr stabilisierten Rahmenbedingungen zu einer aktiven Beteiligung an dem »Project«. Zudem war die verkehrstechnische Entwicklung des Industriebezirks noch keineswegs abgeschlossen. Für die Nutzung von aus Zechensicht gut verlaufenden Eisenbahn- und Kanalverbindungen war das Vorhandensein einer wasserwirtschaftlichen Ordnung im Industriebezirk zentral. Und dafür bildete insbesondere die Schaffung eines Abwassersystems nicht weniger als die Voraussetzung.

Nicht zu unterschätzen ist auch: Der rheinisch-westfälische Industriebezirk war alles andere als eine industrielle Insel, die lediglich nach außen verkaufte oder Rohstoffe – Erze im Besonderen – einkaufte. Außerhalb des »Ruhrgebiets« tat sich zu Beginn der 1890er Jahre entscheidendes. Der *Verein zur Wahrung der Interessen der Chemischen Industrie Deutschlands*, zunehmend unter Druck und konfrontiert mit der toxischen, insbe-

34 Christian Böse: Kartellpolitik im Kaiserreich. Das Kohlensyndikat und die Absatzorganisation im Ruhrbergbau 1893–1919, Berlin/Boston 2018, S. 27–83.

sondere aber sichtbaren Belastung der Flüsse durch die Einleitungen seiner Mitglieder, setzte eine »Flusscommission« ein, die sich mit der »Beseitigung der Industrieabwässer« befasste und mit *Konrad Jurisch*, Chemiker an der Technischen Hochschule Berlin, einen Experten beauftragte, eine gründliche »Denkschrift« zu erarbeiten. Das Ergebnis lag 1890 vor.[35] Jurisch fasste das vorhandene Schrifttum wie auch die erarbeiteten Gutachten und Messungen zusammen, ging axiomatisch davon aus, dass »[d]as Interesse der Industrie [...] mit den sanitären Anforderungen der menschlichen Gesellschaften Hand in Hand« ginge, argumentierte, dass es sowohl eine »Nothwendigkeit« als auch eine »Zweckmäßigkeit« sei, Flüsse als »Ableiter der Industrieabwässer« zu (be)nutzen, führte zwar »schädliche Zonen« – Einmündungsstellen also – auf, an denen die Toxizität und das Fischsterben hoch war, brachte aber als Gegengewicht die Selbstreinigungskraft der Flüsse vor und fand in der Abwägung, dass der »wirthschaftliche Werth« der Industrie »tausendmal größer« sei als der Wert der gesamten Binnenfischerei. Darüber hinaus war, nach Jurischs Auswertung, eine »Schädigung der Gesundheit der Flussanwohner« durch die Industrieabwässer nicht nachweisbar. Jurischs Schlussfolgerungen besagten in sechs Punkten: 1) unmöglich sei es, eine generelle Behandlung der Abwässerfrage vorzunehmen, 2) die Nutzung der Flüsse zur Ableitung industrieller Abwässer sei berechtigt und auch »natürlich«, 3) Grenzwerte, wenn sie denn überhaupt festgelegt werden könnten, seien anzupassen, und zwar nach Fall und regionaler Gegebenheit, 4) die Entstehung und Verbreitung epidemischer Krankheiten durch industrielle Abwässer sei nicht nachweisbar, 5) die Industrie erkenne die »Verpflichtung«, ihre Einleitungen nach »Massgabe der durch Wissenschaft und Praxis gegebenen Mittel« anzupassen, an und schließlich 6) bedürfe es für die Herstellung einheitlicher Verhältnisse einer Reichsbehörde, die zu errichten er empfahl.[36]

Jurisch fasste damit nicht nur den Wissensstand der zeitgenössischen Debatten zusammen, er zog auch die »Wirtschaftlichkeit« in seine Bewertung mit ein und konnte unter Einbezug des Nationalwohlstands daher zu einem für die Chemieindustrie ausgesprochen günstigen Ergebnis gelangen. Ganz abgesehen davon, dass Jurischs Sichtweise sich zügig durchgesetzt hat, war es aber nicht allein diese »Denkschrift«, die für die Mächtigen im rheinisch-westfälischen Industriebezirk eine Rolle spielte. Gutachten, Denkschriften, Eingaben und Klagen gab es zuhauf, wenn auch die wenigsten eine Breitenwirkung entfalteten wie die von Jurisch. Was für den Industriebezirk aber von zentraler Bedeutung war, war zweierlei. Erstens die gärenden Diskussionen um die Errichtung einer staatlichen Versuchs- und Prüfungsanstalt für die Wasserversorgung und Abwasserbeseitigung in Preußen (der späteren WaBoLu) und zweitens – und ungemein wichtiger – die ungefähr gleichzeitig vorgenommene Ansiedlung des Chemiegiganten Bayer am Rhein, im nicht allzu weit entfernten Leverkusen. Bayer profitierte von der Bedeutung des Rheins als Transportader und davon, dass die eigenen Abwässer in diesen mächtigen Strom abgelassen werden konnten – etwa das bei der Anilinproduktion anfallende arsenhaltige Abwasser.[37] Für die kommunalen genauso wie für die industriellen

35 Konrad Jurisch: Die Verunreinigung der Gewässer. Eine Denkschrift im Auftrage der Flusscommission des Vereins zur Wahrung der Interessen der chemischen Industrie Deutschlands, Berlin 1890.

36 Ebd., Zit. S. 55, 77, 95, 103, 107 f.

37 Jurisch: Verunreinigung, S. 93.

Einleiter im rheinisch-westfälischen Industriebezirk hatte die Ansiedlung des Chemiekonzerns in Leverkusen den Charme, dass die Einleitungen chemischer Fabriken in weit stärkerem Maße in Verruf standen als die der Montanindustrie. Mit der Ansiedlung von Bayer in der Nachbarschaft verschob sich die Verursacherkonstellation: Sie wurde uneindeutig. Wer konnte schon nachweisen, an welchem toxischen Stoff die Fische unterhalb der Emschermündung verendeten? Die Ansiedlung Bayers in Leverkusen bedeutete einen neuen und großen Verschmutzer in der Nähe und verhieß damit nicht weniger als eine potenzielle Entlastung des »Ruhrgebiets« vor Kritik.[38]

Damit hatte sich die Ausgangslage für die wirtschaftlichen Interessen – den späteren Beteiligten – zwischen den 1880er Jahren und 1899 entscheidend verändert. Mit der Etablierung des RWKS und mit dem Bekanntwerden des Umzugs von Bayer nach Leverkusen waren die Montanunternehmen bereit, sich an der Lösung der »Kalamität« zu beteiligen. Das hieß natürlich nicht, dass sie sich einfach zur Kasse bitten ließen. Das hieß lediglich, dass insbesondere die Zechen nunmehr bereit waren, überhaupt in Verhandlung zu treten.

Auch das *kommunale Gefüge* im rheinisch-westfälischen Industriebezirk geriet zum Ende des 19. Jahrhunderts mächtig in Bewegung. Lange hatte die preußische Zentralinstanz die überfällige Steuerreform zurückgedrängt. Die bis dahin geltenden Matrikularbeiträge bedeuteten, dass das Reich der »Kostgänger der Länder« war, was besonders Preußen gestärkt und in vielfältiger Form genutzt hatte.[39] Weitreichende Wirkung auf die Finanzlage der Kommunen entfaltete dann die Miquel'sche Steuerreform, die in mehreren Schritten bis 1893 eingeführt wurde. Johannes von Miquel, der selbst Erfahrungen als Oberbürgermeister von Osnabrück und dann Frankfurt am Main hatte, stellte mit seinem *Kommunalabgabengesetz* die Finanzen der Kommunen auf eine neue Grundlage. Miquel erfand keine neuen Steuern, legte aber fest, dass das Reich und die Kommunen ihre Finanzen vorwiegend aus bestimmten Steuerarten beziehen sollten. Für die Kommunen bildeten die Gewerbe- und Grundsteuern nun die wesentlichen Einnahmen, während die Einkommen- und Körperschaftsteuern dem Reich zufielen. Die Kommunen durften nur noch Zuschläge zur Einkommensteuer erheben, generell sollte die Bedeutung der Einkommensteuer für die kommunalen Finanzen aber gesenkt werden. Lieber sollten die Gemeinden Gebühren für ihre Leistungen erheben.[40]

Das Kommunalabgabengesetz brachte den Gemeinden eine größere Einnahmesicherheit und zugleich eine größere Einnahmeflexibilität. Miquels Grundidee war das Prinzip von Leistung und Gegenleistung: Die Steuerlast richtete sich nach den Leistungen, die die Kommune erbrachte. Sollten Leistungen verbessert werden, konnte auf be-

38 Arne Andersen: Historische Technologiefolgenabschätzung. Das Beispiel des Metallhüttenwesens und der Chemieindustrie, in: Werner Abelshauser (Hg.): Umweltgeschichte. Umweltverträgliches Wirtschaften in historischer Perspektive, Göttingen 1994, S. 76–105, hier S. 89–92.

39 Hans-Ulrich Wehler: Deutsche Gesellschaftsgeschichte, Bd. 3: 1849–1914, München 2008 (Studienauflage), Zit. S. 885.

40 Wolfgang R. Krabbe: Die deutsche Stadt im 19. und 20. Jahrhundert. Eine Einführung, Göttingen 1989, S. 157; Heinrich Lücker: Gemeindefinanzen. Zweiter Band, dritter Teil: Die Entwicklung und die Probleme des Gemeindeabgabewesens in den Städten und großen Landgemeinden der preußischen Industriebezirke. Im Auftrag des Vereins für Socialpolitik herausgegeben, Leipzig 1910, S. 33.

stimmte Steuerarten zurückgegriffen werden. Es gab Ausgaben, die vorwiegend durch Zuschläge zur Einkommensteuer gedeckt werden sollten (Schulwesen, Gesundheitspflege, Polizei), weil sie allen Gemeindemitgliedern zugutekamen, und solche, die überwiegend Gewerbetreibenden und Grundbesitzern nützlich waren und deshalb aus Gewerbe- und Grundsteuern gedeckt werden sollten: Wegebau sowie Be- und Entwässerung. Die Regulierung der Steuerbelastung war nun ein zentrales Instrument, um politische Ziele durchzusetzen, diente aber auch dazu, der Gemeinde eine unverwechselbare Kontur zu verleihen, sei es, um ihre Attraktivität zu erhöhen, sei es, um die Steuerbelastung der Gemeindemitglieder zu reduzieren.[41]

Die Grundlagen der kommunalen Finanzen wandelten sich gerade rechtzeitig, um die Phase des Wachstums zu flankieren, in die die Ruhrgebietskommunen um 1890 eintraten. Bis dahin hatte sich das städtische Gefüge – wenig anders als der Kohlenbergbau – höchst gemächlich entwickelt. Es ist gar nicht notwendig, bis an die Wende zum 19. Jahrhundert zurückzugehen, um die Kleinräumigkeit der Stadtlandschaft zwischen Ruhr und Lippe zu charakterisieren: Dortmund, das »große Dorf mit Mauern«, wie die Stadt 1788 bezeichnet wurde, war auch in den folgenden 50 Jahren nicht eben stürmisch gewachsen.[42] Bis 1843 war Soest die größte Stadt am Hellweg, der alten Fernhandelsstraße vom Rhein in den Osten, erst dann wurde sie von Dortmund überholt, das kurz zuvor auch Duisburg hinter sich gelassen hatte. Es war lange Zeit nicht entschieden, welche der Städte den stärksten Wachstumsimpuls erhalten würde. Werden, Kettwig, Steele, Ruhrort und Mülheim im Kreis Duisburg, Hattingen, Witten, Blankenstein und Wattenscheid im Kreis Bochum, Lünen, Castrop und Hörde im Kreis Dortmund hatten längere Zeit ebenso gute Chancen wie die Kreisstädte.[43] Erst seit Mitte des Jahrhunderts zeichnete sich ab, dass weniger die Ruhrstädte, sondern die Kette der Städte am Hellweg die Siedlungsentwicklung des Industriereviers prägen würde, aber auch erst dann. Werden, die größte Stadt im Ruhrtal, hatte 1849 knapp 5.400 Einwohner, war nur wenig kleiner als Essen mit seinen 8.700 Einwohnern und hatte als ehemalige Reichsabtei eine ähnlich große Tradition wie das Stift Essen. Unterdessen war Werden ähnlich stark von Handwerk und Gewerbe geprägt und erhielt 1857 die Rheinische Städteordnung. Aus den »Statistischen und anderen Nachrichten über die Preußische Rheinprovinz nach dem

41 Ernst Scholz: Das heutige Gemeindebesteuerungssystem in Preußen. Unter besonderer Berücksichtigung des Westens der Monarchie, in: Gemeindefinanzen. Erster Band: System der Gemeindebesteuerung in Hessen, Württemberg, Baden, Elsaß-Lothringen, Bayern, Sachsen, Preußen. Im Auftrag des Vereins für Socialpolitik herausgegeben, Leipzig 1908, S. 281–318, hier S. 286 f.

42 Gustav Luntowski: Das Jahrhundert der Industrialisierung, in: Geschichte der Stadt Dortmund, hg. v. Stadtarchiv Dortmund, Dortmund 1994, S. 214–353, hier S. 222.

43 Helmuth Croon: Städtewandlung und Städtebildung im Ruhrgebiet im 19. Jahrhundert, in: Aus Geschichte und Landeskunde. Forschungen und Darstellungen. Franz Steinbach zum 65. Geburtstag gewidmet von seinen Freunden und Schülern, Bonn 1960, S. 484–501, hier S. 486; Heinz Günter Steinberg: Das Ruhrgebiet im 19. und 20. Jahrhundert. Ein Verdichtungsraum im Wandel, Münster 1985, S. 14 f.; Horst M. Bronny/Wilfried Dege: Raumpotential und Raumstruktur an der Schwelle zur Industrialisierung, in: Wolfgang Köllmann/Hermann Korte/Dietmar Petzina/Wolfhard Weber (Hg.): Das Ruhrgebiet im Industriezeitalter. Geschichte und Entwicklung, Bd. 1, Düsseldorf 1990, S. 81–110, hier S. 103.

Zustande am Anfang d.J. 1841« war zu lernen, dass es ganz im Westen an der Saar, außerdem im Landkreis Aachen Steinkohlegruben gab – sonst nur noch im Revier Essen-Werden.[44]

Nördlich der altehrwürdigen, aber wenig bedeutenden Städte an Ruhr und Hellweg schloss sich bis zur Emscher und darüber hinaus ein Raum an, der kulturgeografisch wenig charmant als städteleer bezeichnet wird. Es gab dort nur Dörfer, deren Lage sich von alters her nach der Qualität der Böden richtete, Kotten, Bauernhöfe, wenige Grundherrschaften, ein paar Wasserschlösser. Das war das Emscherland, der Beginn der Westfälischen Bucht, die nach Süden durch die sanft ansteigende Höhenkette des Haarstrangs abgegrenzt ist. Der Haarstrang prägt die Gewässer zwischen Ruhr und Emscher. Schroff zur Ruhr nach Süden hin abfallend, lässt er alle Bäche zum Tal der Emscher fließen. Städtische Funktionen für das feuchte, zur Versumpfung neigende Emscherland erfüllten seit jeher die Siedlungen am leicht erhöhten Hellweg – dafür bot es durch seinen Gewässerreichtum zwar den Ansatz für Gewerbebetriebe wie Mühlen, war aber sonst krass unterentwickelt: Keine einzige Kunststraße führte durch das Emschertal.[45]

Diese archaische Konstellation von Wirtschaft und Siedlung zwischen Ruhr und Emscher, die sich auch zur Mitte des 19. Jahrhunderts noch nicht grundlegend gewandelt hatte, wurde gar nicht einmal durch die Industrialisierung, sondern von zwei anderen Impulsen in Bewegung gebracht. Der eine war eine allmähliche Vereinheitlichung der Definition, was überhaupt eine Stadt war: Bis zur Mitte des 19. Jahrhunderts existierte in den deutschen Ländern ein verwirrendes Nebeneinander von Vorstellungen, was eine Stadt, eine Gemeinde und was Land war. Das galt nicht zuletzt für das Königreich Preußen. Der »Einbruch französischen Rechts« auf dem linken Rheinufer und in den Rheinbundstaaten bis 1815 und die Reformen im Preußischen Kernland jenseits der Elbe entwerteten die ins Mittelalter zurückreichende städtische Rechtsstruktur ebenso wie sie das Verhältnis der Stadt zu ihrem Umland und ihren Bewohnern auf eine neue Grundlage stellten.[46] Es dauerte gut 30 Jahre, ehe durch die Rheinische und die Westfälische Städteordnung 1856 für den Rheinisch-Westfälischen Raum ein gewisses Plateau in der Definition von Stadt erreicht war. Aber auch dann galten in den beiden Provinzen noch unterschiedliche Kriterien, wann die Städteordnung verliehen wurde: Außer den Orten, die sich schon früher Städte nennen durften, wurde die Rheinische Städteordnung solchen Gemeinden automatisch gewährt, die im Landtag der Provinz Rheinland im Stand der Städte vertreten waren und mehr als 10.000 Einwohner hatten. Die Verleihung der westfälischen Städteordnung hingegen war an eine Mindestgröße von 1.500 Einwohnern und das Ausscheiden aus dem Amtsverband mit ländlichen Gemeinden geknüpft.[47] Die

44 Gerhard Adelmann (Hg.): Der gewerblich-industrielle Zustand der Rheinprovinz im Jahre 1836. Amtliche Übersichten, Bonn 1967, S. 305.

45 Bronny/Dege: Raumpotential, S. 91–93.

46 Horst Matzerath: Städtewachstum und Eingemeindungen im 19. Jahrhundert, in: Jürgen Reulecke (Hg.): Die deutsche Stadt im Industriezeitalter. Beiträge zur modernen deutschen Stadtgeschichte, Wuppertal 1980, S. 67–89, hier S. 69.

47 Horst Matzerath: Regionale Unterschiede im Verstädterungsprozeß: Der Osten und der Westen Preußens im 19. Jahrhundert, in: ders. (Hg.): Städtewachstum und innerstädtische Strukturveränderungen. Probleme des Urbanisierungsprozesses im 19. und 20. Jahrhundert, Stuttgart 1984, S. 65–96, hier S. 77 f.; Krabbe: Stadt, S. 30.

Gemeindeordnungen, die um die Mitte des 19. Jahrhunderts in Preußen und anderen deutschen Ländern erlassen wurden, halfen mit ihren immer noch uneinheitlichen Festlegungen, ab welcher Größe eine Gemeinde eine Stadt war, ein wenig weiter, eine einheitliche Definition gaben auch sie aber immer noch nicht vor. Erst die Statistiker legten 1871 die Schwelle fest, ab der eine Landgemeinde im Deutschen Reich eine Landstadt war (2.000 Einwohner). Kleinstädte hatten demnach zwischen 5.000 und 15.000, Mittelstädte zwischen 15.000 und 100.000 Einwohner. Mehr als 100.000 Einwohner machten eine Stadt im statistischen Sinne zur Großstadt.[48]

Lediglich die Kreisordnungen definierten auch kommunalrechtliche Konsequenzen des Stadtwachstums. Schon seit 1815 galt, dass eine »ansehnliche Stadt« mit ihrer Umgebung einen eigenen Stadtkreis bilden konnte und nicht wie alle anderen Gemeinden kreisangehörig sein musste. Das oblag der allerhöchsten Genehmigung, war eine sehr enge Definition und sie traf wirklich nur auf die größten Städte der Monarchie zu. 1820 gab es unter den 338 Kreisen in Preußen ganze 16 Stadtkreise, darunter Düsseldorf und Münster als einzige in der Nähe von Ruhr und Emscher; die verzögerte Stadtentwicklung in diesem Raum erwies sich deshalb auch an der späten Gründung von Stadtkreisen. Elberfeld und Barmen wurden 1861 als erste neue Stadtkreise im Rheinland genehmigt, erst 1872 folgte Krefeld. Essen und Duisburg wurden 1873 Stadtkreise. Dortmund war 1875 knapp vor Bochum der erste neue Stadtkreis in der Provinz Westfalen. Die Bildung eines Stadtkreises beendete die Aufsicht durch den Landrat; sämtliche kommunalen Funktionen konnten von städtischen Behörden wahrgenommen werden. Und erst das bedeutete, zumal wenn der Oberbürgermeister auch Landrat des Stadtkreises war, die Herstellung der vollständigen städtischen Autonomie.[49]

Die »Auskreisung« war Fernziel jeglicher kommunalpolitischen Strategie in Preußen. Sie tauchte so merkwürdig spät am Horizont städtischer Politik auf, da die Kreisordnungen, in denen das Verfahren zur Auskreisung beschrieben war, nur zögerlich erlassen wurden. Die Kreisordnung für die östlichen Provinzen wurde 1872 reformiert. Dabei ging es tatsächlich noch um die Machtverteilung zwischen Bürgertum und Adel; ein Konflikt entzündete sich beispielsweise auch daran, ob ein Jude Oberbürgermeister werden könne.[50] Die Kreisordnungen für die westlichen Provinzen ließen aber noch länger auf sich warten: Westfalen erhielt seine Kreisordnung 1886, das Rheinland erst 1887. Dabei war schon auf den ersten Blick zu sehen, dass die Entwicklung der Gemeinden im rheinisch-westfälischen Industriebezirk den preußischen Behörden verdächtig, ja regelrecht suspekt, war: Während die Auskreisung sonst allen Städten gewährt wurde, die mindestens 25.000 Einwohner nachweisen konnten, lag die Schwelle in Westfalen bei 30.000, im Rheinland sogar bei 40.000 Einwohnern. Dem Königreich Preußen war sehr daran gelegen, durch seine Oberpräsidenten, Regierungspräsidenten und Landräte möglichst lange in die inneren Verhältnisse der Ballungsgebiete im Westen eingreifen

48 Krabbe: Stadt, S. 27 f.

49 Ebd., S. 30.

50 Patrick Wagner: Bauern, Junker und Beamte. Lokale Herrschaft und Partizipation im Ostelbien des 19. Jahrhunderts, Göttingen 2005, S. 292–303.

zu können – und daran sollte sich bis zum Ende des Ersten Weltkrieges auch nicht allzu viel ändern.[51]

Als die wichtigsten Südkommunen in den 1870er Jahren kreisfrei wurden, hatte sich die Raumkonstellation zwischen Ruhr und Emscher allerdings durch einen zweiten Impuls fundamental gewandelt, den Bau der Köln-Mindener Eisenbahn. Das lag recht eigentlich daran, dass ihre Schöpfer zunächst die gewaltigen Profite unterschätzt hatten, die mit dem neuen Verkehrsmittel zu erzielen waren. Dem Bau der ersten – und für das Industriegebiet bedeutendsten – Verbindung der Rheinprovinz zur Ostgrenze der Provinz Westfalen und von dort nach Norden und Berlin ging 1842 eine haushälterische Abwägung der Kosten voraus. Dabei kristallisierte sich eine Trassierung heraus, die zwar »in Bezug auf Gewerbetätigkeit und Bevölkerung« entschiedene Nachteile hatte,[52] aber die bergischen und märkischen Gebirgszüge umging und dadurch wesentlich kostengünstiger war. Diese Strecke führte durch das Emschertal. Es wurde zwar stets betont, dass sie nicht allzu weit von Mülheim und Essen entfernt verlief – die Bereitschaft Essens, sich an den Baukosten zu beteiligen, trug sogar nicht wenig zur Entscheidung für diese Linie bei –, aber die Köln-Mindener Eisenbahn war doch bis weit in die 1860er Jahre nur spärlich mit den Hellwegstädten verbunden.[53]

Als die Köln-Mindener Eisenbahn geplant wurde, hatten ihre Bahnhofsorte im Emschertal mitunter noch nicht einmal Namen, sondern wurden »Mülheim gegenüber«, »Essen gegenüber« und »Bochum gegenüber« genannt. Nur das »Dorf Gelsenkirchen« war verbindlich als Endpunkt eines Teilabschnitts der Bahn durch das Emschertal bezeichnet.[54] Durch die Köln-Mindener Eisenbahn entstand eine Kette von Bahnhofsorten »gegenüber« den Hellwegstädten, und das markierte den Beginn der Konkurrenz der Südstädte gegen die Nordgemeinden im Raum zwischen Ruhr und Emscher, die spätestens durch die Verleihung der Städteordnung an Oberhausen (»Mülheim gegenüber«) 1874 und an Gelsenkirchen 1875 sichtbar wurde. Aus dieser Konkurrenz entstand nicht unmittelbar ein Konflikt über den Zugang zu Ressourcen oder zu Raumreserven: Die Städte im Süden und die Bahnhofsorte im Emschertal waren längere Zeit damit beschäftigt, ihr städtisches Leistungsprofil vor dem Hintergrund der allmählich anlaufenden Industrialisierung und dem einsetzenden Wachstum der Bevölkerung zu entwickeln: 1871 war Essen mit 51.513 Einwohnern die größte Stadt des Raumes, aber Gelsenkirchen (7.825) und erst recht Oberhausen (12.805) hatten schon die kleineren Hellwegstädte wie Wattenscheid (5.074), seit 1876 Stadt, Mülheim (14.267) und Bochum (21.192) erreicht. Und auch die Bevölkerung in Orten wie Altenessen, »Essen gegenüber«, (10.101)

51 Krabbe: Stadt, S. 30; Detlev Vonde: Revier der großen Dörfer. Industrialisierung und Stadtentwicklung im Ruhrgebiet, Essen 1989, S. 146.

52 David Hansemann: Bericht über die Vorarbeiten und Verhandlungen wegen Weiterführung der Rheinischen Eisenbahn von Köln bis zur Landesgrenze bei Minden, Aachen 1842, S. 8; Alexander Bergengrün: David Hansemann, Berlin 1901, S. 231.

53 Heinz Reif: Städtebildung im Ruhrgebiet. Die Emscherstadt Oberhausen 1850–1914, in: Vierteljahrschrift für Sozial- und Wirtschaftsgeschichte 69, 1982, S. 457–487, hier S. 464; Steinberg: Ruhrgebiet, S. 66.

54 Köln-Mindener Eisenbahn-Gesellschaft: Auszug aus den Verhandlungen der am 26. Juli 1844 zu Köln gehaltenen Sitzung des Administrations-Rates, Köln 1844, S. 7.

und Borbeck (16.902), in dem sogar zwei Bahnhöfe der Köln-Mindener Eisenbahn lagen, hatte die Zahl von 10.000 bereits überschritten.[55]

Alle diese Städte und Gemeinden mussten sich um Verkehrswege und Wohnungen, Versorgung und Entsorgung, Gesundheit und Armenpflege und vor allem um Schulen kümmern, und es dauerte seine Zeit, ehe sich überhaupt die Idee durchgesetzt hatte, dass die Initiative dazu von der Kommune ausgehen müsse. Dazu kamen die erwähnten Folgen durch den Bergbau, die sich allmählich einstellten: Bergsenkungen konnten erhebliche Schäden anrichten,[56] sie ließen überdies die Brunnen versiegen, sodass die Kommunen im Emschertal Verträge mit überörtlichen Wasserwerken oder denen der Hellwegstädte schließen mussten, was nicht ohne Konflikte blieb. Nachdem es 1866 in Altenessen zum Ausbruch einer Choleraepidemie gekommen war, dauerte es wegen der Gründerkrise dennoch zwölf Jahre, ehe sich die Gemeinde einen Vertrag mit dem Wasserwerk Essen und den Bau der nötigen Rohrleitungen leisten konnte. Die Essener Lieferung war allerdings so mangelhaft, dass der Vertrag 1887 gekündigt wurde und Wasser fortan von dem »Wasserwerk für das nördliche Westfälische Kohlenrevier« bezogen wurde. Wegen eines schon zuvor verfügten Anschlusszwangs für Privathaushalte konnte die Gemeinde Altenessen gleichwohl aus diesem Vertrag erhebliche Überschüsse erzielen, die die zunächst riskante Infrastrukturinvestition rechtfertigten.[57]

Seit den 1870er Jahren zogen die Städte zwischen Ruhr und Emscher ihre Nachbargemeinden durch die verschiedenen kommunalen Projekte an sich heran. Wenn Sparkassen gegründet, Krankenhäuser errichtet, Gasleitungen verlegt und Straßenbahnen geplant wurden, dann war es günstig, wenn sich eine Nachbargemeinde fand, die diese neuen Einrichtungen mitbenutzte – und irgendwann auch mitbezahlte. Seit der Miquel'schen Steuerreform war allerdings klar, dass die »neuen«, stärker mit Industrie besetzten Städte und Orte an der Emscher bei diesen Vernetzungen finanziell ins Hintertreffen gerieten. Sie mussten einerseits alle kommunalen Leistungen aus dem Nichts schaffen, hatten andererseits aber eine Bevölkerung, die deutlich höhere Ausgaben erzwang, mit der sich aber nur geringe Steuern erzielen ließen. Durch die Dominanz des Kohlenbergbaus und den Rückzug der Landwirtschaft, in der auch Frauen mitarbeiteten, sank der Anteil der Erwerbstätigen an der Gesamtbevölkerung, während der Anteil der Arbeiter, die wenig Steuern zahlten, überdurchschnittlich groß war. Da die Belastungen der Einwohner stiegen, wanderte der Mittelstand in Nachbargemeinden mit günstigeren Steuersätzen ab. Erleichtert wurde das auch durch die Verbesserung der Straßen. Daraus entstanden die »besseren« Wohnviertel, die wegen ihrer Finanzkraft nach der

---

55 Angaben aus: Königlich Preußisches Statistisches Bureau: Die Gemeinden und Gutsbezirke des Preußischen Staates und ihre Bevölkerung nach den Urmaterialien der allgemeinen Volkszählung vom 1. December 1871, Bd. 10: Provinz Westfalen, und Bd. 12: Rheinprovinz, Berlin 1874; Lutz Niethammer: Umständliche Erläuterung der seelischen Störung eines Communalbaumeisters in Preußens größtem Industriedorf oder Die Unfähigkeit zur Stadtentwicklung, Frankfurt a. M. 1979, S. 15; Vonde: Revier der großen Dörfer, S. 26–29.

56 Reif: Städtebildung, S. 472.

57 Vonde: Revier der großen Dörfer, S. 47 f.; Fritz Siebrecht: Altenessen. Ein Rückblick über 1000 Jahre, in: Essener Beiträge. Beiträge zur Geschichte von Stadt und Stift Essen 35, 1913, S. 225–301, hier S. 289 f. Zur Entwicklung im Raum Bochum s. Hans Petermann: Die Eingemeindungen der kreisfreien Städte des rheinisch westfälischen Industriebezirks, Dortmund 1912, S. 16–25

Jahrhundertwende zum Hauptziel der Eingemeindungen wurden, wie etwa Bredeney im Süden von Essen.[58]

Die finanzielle Klemme, in die besonders die Gemeinden im Emschertal gerieten, lässt sich am besten anhand der Entwicklung des Volksschulwesens demonstrieren. Schulen wurden zwar von der Regierung überwacht, waren aber in Preußen eine Angelegenheit der Städte und Gemeinden: Sie errichteten sie nach Bedarf und kamen für alle Kosten auf. Das stetige Bevölkerungswachstum belastete daher alle Kommunen, aber besonders die mit einer jungen Einwohnerschaft und hohen Wanderungsgewinnen, und das waren vor allem Industriestädte. Die Differenz war beträchtlich: 1905 waren in Bonn von 100 Einwohnern 11 Schulkinder im Alter von 5 bis 15 Jahren, in Berlin ebenfalls 11, in Frankfurt am Main 9. Hingegen hatten die Städte im Industriegebiet durchweg eine fast doppelt so hohe Quote: Bochum 17, Gelsenkirchen und Mülheim 18. Da die älteren Städte gleichzeitig höhere Steuererträge erzielten, klaffte die Schere aber noch weiter auf: Bonn erreichte 1905 eine Einkommensteuer von 14,78 Mark pro Kopf, Berlin 17,07, Frankfurt am Main 26,17. An Ruhr und Emscher ließ sich allenfalls die Hälfte einnehmen: in Bochum 7,14 Mark pro Kopf, in Gelsenkirchen 7,95, in Mülheim 7,06. Die jüngeren Gemeinden nördlich und südlich der Emscher lagen aber noch darunter. Borbeck erzielte 1905 eine Einkommensteuer von 6,30 Mark pro Kopf, die Gemeinde Bottrop nördlich der Emscher 5,41, die Gemeinde Buer, ebenfalls nördlich der Emscher, 6,41. In Borbeck gab es aber 20 Schulkinder auf 100 Einwohner, in Bottrop und Buer sogar 21. »In den jüngeren Industrieorten findet sich eine auffallende Ähnlichkeit mit Kolonialgebieten, in denen die geburtenfähige Bevölkerung erheblich größer als in altbesiedelten Strichen ist«, schrieb der Berichterstatter des Vereins für Socialpolitik zur Finanzlage der Industriestädte.[59]

Entwickelte sich das Schulwesen im Kaiserreich schon im Allgemeinen zu einer enormen Belastung für die Kommunen, so waren die Industriegemeinden davon in besonderem Maße betroffen: »Zwischen 1891 und 1911 stieg die vom Schulwesen ausgehende Belastung in den preußischen Gemeinden von 90 Millionen auf 279 Millionen Mark. In den kinderreichen Industriestädten [...] verschlang der Schuletat fast die gesamten Einnahmen aus der Einkommensteuer.«[60] Der Kontrast im Raum zwischen Ruhr und Emscher wird genau an diesem Wert deutlich: 1895 wandte die Stadt Bonn ein Drittel ihrer Einnahmen aus der Einkommensteuer für das Schulwesen auf, Essen knapp 70 Prozent, Gelsenkirchen aber über 90 Prozent.[61] Eine Abwärtsspirale wird sichtbar, die nichts weniger war als eine Signatur für die Entwicklung der Städte und Gemeinden im Emschertal: die explodierenden Kosten für das Schulwesen erzwangen, und ganz gegen die Intention der Miquel'schen Steuerreform, höhere kommunale Zuschläge zur Einkommen-

58 Otto Most: Die Finanzlage der Ruhrgebietsstädte. I. Tatsachen und ursächliche Zusammenhänge, Jena 1932, S. 12–16; Klaus Wisotzky: Wie Essen größer wurde. Die Eingemeindungspolitik der Stadt Essen im Kaiserreich, in: Essener Beiträge. Beiträge zur Geschichte von Stadt und Stift Essen 127, 2014, S. 181–318, hier S. 187; Frank Bajohr: Zwischen Krupp und Kommune. Sozialdemokratie, Arbeiterschaft und Stadtverwaltung in Essen vor dem 1. Weltkrieg, Essen 1988, S. 131 f.

59 Lücker: Gemeindefinanzen. Zweiter Band, dritter Teil, S. 35–42, Zit. S. 39.

60 Krabbe: Stadt, S. 108.

61 Eigene Berechnungen nach Heinrich Silbergleit: Preußens Städte. Denkschrift zum 100jährigen Jubiläum der Städteordnung vom 19. November 1808, Berlin 1908, S. 244–246 u. 464–469.

steuer und trotzdem schärfste Sparsamkeit bei anderen kommunalen Leistungen. Das führte zur Abwanderung des Mittelstands, was wiederum den Steuerertrag noch weiter sinken, die Zuschläge zur Einkommensteuer noch weiter steigen ließ, und so weiter.

Das Chaos und das Provisorische der Emscherstädte vor der Jahrhundertwende, die von Zeitgenossen, aber auch von Historikern herausgestrichen wurden – oft begleitet vom Spott für die kleingeistigen Gemeindebürgermeister, die einen »Mangel an gleichmäßiger Entwicklung, an Grundlageninvestition, an Planung, an Sozialpolitik«[62] hervorgebracht hätten – war hauptsächlich das Resultat der strukturellen Finanzschwäche: »ineinandergekeiltes Gewirr von Fabriken, Zechen, Wohnvierteln, Gärten, Straßen und Eisenbahnen, alles ohne Ordnung«[63], oder »die Straßen blieben selbst im Zentrum [...] ungepflastert, [...]. Hygienische Maßnahmen [...] konnten nur schleppend vorangebracht werden. Die innerörtliche Verkehrserschließung fiel weit [...] zurück«[64] – es ist leicht, das als Resultat einer kleinbürgerlichen »Unfähigkeit zur Stadtentwicklung« zu deuten. Nüchtern betrachtet ging das aber auf die finanzielle Einschnürung der Haushalte zurück. Die rauschhafte Entwicklung von Industrie und Bevölkerung nach dem Ende der Gründerkrise ließ zahlreiche Projekte – Schulen und Schlachthöfe, Wasserleitungen und Kanalisation, Straßenbahnen, Durchgangsstraßen und Stadtparks – entstehen, die in der kurzen Zeit bis zum Ersten Weltkrieg kaum fertig wurden und deshalb wie chaotisch hingeworfen wirkten. Die harte und spottende Bewertung der Leistungen der Städte und Gemeinden im Emschertal verdeckt allerdings auch deren Erfolge: »Überall stellten namentlich die schulischen, Straßen- und sozialen Bedürfnisse Anforderungen in solchem Ausmaße und in solchem Tempo, dass ihre Bewältigung zu den wirklich großen Leistungen deutscher Kommunalpolitik gerechnet werden darf, mögen Einzelheiten menschlicher Unvollkommenheit dabei auch kritische Beurteilung finden.«[65]

Wenn die Geschichte der Städte und Gemeinden im Emschertal als ein Prozess erzählt wird, in dem Menschen, Umwelt und Institutionen allein dem Verwertungsinteresse der großen Industrie unterworfen wurden, ist das allzu statisch und schablonenhaft gedacht. Sicher wurde die Stadtwerdung im Rheinland und in Westfalen durch die anachronistischen Bestimmungen behindert, dass die Meistbegüterten, also die großen Grundbesitzer und Adeligen, natürliche Mitglieder des Gemeinderats waren und dort oft die Mehrheit hatten. Ihnen waren die Schritte zur Stadtwerdung zuwider, da sie in der Folge ihre politische Dominanz einbüßten und möglicherweise höhere Steuern hätten entrichten müssen. Die Industrieunternehmen und Zechen gaben allein durch den Zugriff auf ihre Belegschaften und den heftig umstrittenen Bau der Werkskolonien die Richtung der gemeindlichen Entwicklung vor. Es war aber nicht so, dass es eine unausgesprochene Solidargemeinschaft der alten Eliten, der Industrie und der preußischen Regierung gab. Ganz anders zeichnete sich im letzten Jahrzehnt des 19. Jahrhunderts ab,

62 Niethammer: Unfähigkeit, S. 23.

63 Wilhelm Brepohl: Industrievolk im Wandel von der agrarischen zur industriellen Daseinsform dargestellt am Ruhrgebiet, Tübingen 1957, S. 21.

64 Niethammer: Unfähigkeit, S. 23.

65 Most: Finanzlage, S. 10; s. auch Heinz Reif: Städte und Städteagglomerationen der Montanindustrie in Deutschland, 1840–1914, in: Informationen zur Modernen Stadtgeschichte 1, 2012, S. 15–28, hier S. 21.

dass die strukturelle Finanzklemme wahrgenommen wurde und die staatlichen Behörden zum Eingreifen zwang. Das zeigte sich allein daran, dass der Prozess der Verleihung der Städteordnung nach den frühen Stadterhebungen von Oberhausen, Gelsenkirchen und Wattenscheid Mitte der 1870er Jahre stockte: 1894 und 1896 wurden noch Meiderich und Herne Städte, 1901 Castrop. Die Anträge zur Verleihung der Städteordnung an andere Großgemeinden beidseits der Emscher wurden teils mehrfach abgelehnt. Erst seit 1911 gab es mit Hamborn, Buer und Sterkrade wieder neue Städte. In dem verzögerten Stadtwerdungsprozess bildete sich weniger die defizitäre Urbanisierung als vielmehr ein Konflikt zwischen der Industrie, den Kommunen und den Regierungsbehörden ab, der zur direkten Vorgeschichte der Emschergenossenschaft gehört.

Die Landräte und Regierungspräsidenten hatten ein dezidiertes Interesse daran, Gemeinden unselbstständig zu halten, die nach den geltenden Gesetzen nicht in der Lage waren, ihr Dasein aus eigener Kraft zu gestalten. Deshalb forderten sie – nach wie vor völlig unpräzise –, eine Gemeinde könne nur Stadt werden, wenn sie dem »gleicht, was man mit dem Begriff einer Stadt gemeinhin verbindet«, auch, um deren Einwohner angesichts des minimalen Steueraufkommens zu schützen: »Steuerlich sind 39% aller Zensiten überhaupt nicht staatseinkommensteuerpflichtig, 85% aller Zensiten haben nicht über 1.200 M., 97,5% aller Zensiten nicht über 3.000 M. Einkommen.«[66] Denn die Verleihung der Städteordnung bedeutete zwar größere Selbstbestimmung, aber auch, dass die Einwohner mit dem Minimum an Leistungen auskommen mussten, das sich die Städte zusammenknauserten. Wenn sauberes Wasser fehlte und es weder Müllabfuhr noch Kanalisation gab, konnte das lebensgefährlich sein. Der Kreisarzt des Kreises Dortmund, *Nathanael Wollenweber*, stellte 1912 eine überdurchschnittliche Quote von Infektionskrankheiten wie Diphtherie, Typhus, Meningitis und anderen in den Landgemeinden des »Kohlenreviers« fest, was er auf die beengten Wohnverhältnisse zurückführte, aber auch die minimierten kommunalen Dienste: »Die Höfe sind in der Regel sehr unsauber. Abfallstoffe, Asche, Papier usw. liegen umher; wenn Aschenkäste vorhanden sind, so sind sie häufig undicht oder überfüllt, da es in den Landgemeinden meist an geregelter Müllabfuhr fehlt.«[67]

Bei den Landräten lassen sich differenzierte Strategien erkennen: Während im Landkreis Essen Anträge auf die Verleihung der Städteordnung immer wieder auf die lange Bank geschoben wurden, gehörte der Landrat des Landkreises Gelsenkirchen, *Wilhelm Hammerschmidt*, zu den Initiatoren der Auskreisung Gelsenkirchens 1903, als diese Stadt nicht ganz freiwillig mit sechs umliegenden Gemeinden verschmolz.[68] Am Beispiel Gel-

---

66 Regierungspräsident Düsseldorf an den Minister des Innern, betr. Verleihung der Städte-Ordnung an die Landgemeinde Altenessen, 16.8.1898, in: Niethammer: Unfähigkeit, S. 86; s. auch Detlev Vonde: »Den Mangel verwalten«. Die Finanzierung von Infrastruktur in der Stadt und im Landkreis Essen um die Jahrhundertwende, in: Klaus Wisotzky/Michael Zimmermann (Hg.): Selbstverständlichkeiten. Strom, Wasser, Gas und andere Versorgungseinrichtungen: Die Vernetzung der Stadt um die Jahrhundertwende, Essen 1997, S. 216–230.

67 Nathanael Wollenweber: Mängel im Wohnungswesen im westfälischen Industriebezirk und ihre Bedeutung für die Ausbreitung von Infektionskrankheiten. Vortrag auf der Medizinal-Beamten-Versammlung in Hagen am 18. Mai 1912, Berlin 1913, S. 6.

68 Petermann: Eingemeindungen, S. 40–50; Johann Hinrich Metz: Gelsenkirchen. Entstehung und Entwicklung der Stadt, Gelsenkirchen 1917, S. 19.

senkirchens zeigt sich auch, wie verkürzt das Argument ist, die alten Eliten hätten sich der kommunalen Dynamik entgegenstellen können: Der Gelsenkirchener Stadtrat war gezwungen, Fusion und Auskreisung zuzustimmen, als sich abzeichnete, dass die mittlerweile annähernd so große Gemeinde Schalke anderenfalls gemeinsam mit einer anderen Gemeinde eine Stadt mit dem ehrfurchterweckenden Namen Schalke-Bismarck gründen würde. Jedenfalls spiegelten die Auskreisungen – beispielsweise auch die von Witten 1899 – die Strategien der Landräte und der Regierungspräsidenten: Während »im Landkreis Essen bis zu seiner Auflösung 1929 keine neue Stadt entstand, im Dortmunder Kreis nur eine einzige Castrop, [...] [wurden] die übrigen Landkreise durch die Bildung kreisfreier Städte allmählich ausgehöhlt«.[69]

Das Interesse der Südstädte im Raum zwischen Ruhr und Emscher war anders gelagert als das der Landräte. Sie hatten in erster Linie das Ziel, einen Zugriff auf die steuerstärkeren Gemeinden in ihrer Umgebung zu erhalten und sie einzugemeinden. Da das eine allzu durchsichtige Strategie war und Eingemeindungen nicht verfügt werden konnten, sondern gesetzlich zu regeln waren, mussten sie Eingemeindungspakete schnüren, bei denen diese Filetstücke zwischen den knochigen Industriegemeinden versteckt waren. Die Stadt Dortmund, die so große Raumreserven hatte, dass sie erst um 1910 nach Möglichkeiten suchte, ihr Stadtgebiet zu erweitern, entwickelte dafür dann gleich ein Großprojekt, durch das die Landkreise Dortmund und Hörde ihr zugeschlagen wurden. Denn der Landkreis Hörde umfasste auch die Stahlkocherstadt Hörde, die anerkanntermaßen notleidend war, und so ließ sie sich besser ›verdauen‹.[70]

Die Stadt Essen sah sich mit einem ähnlichen Problem, aber in potenzierter Form konfrontiert. Essen warf schon seit dem Ende der 1880er Jahre begehrliche Blicke auf die Gemeinden südlich der alten Stadt, die allesamt steuerstark und nicht sehr mit Industrie und Bergbau besetzt waren. Damit hoffte der bereits erwähnte Erich Zweigert, seit 1886 Oberbürgermeister, die Eingemeindung von Altendorf, westlich von Essen gelegen und wichtiger Standort der Fried. Krupp-Gussstahlfabrik, ausgleichen zu können.[71] Die Eingemeindung von Altendorf zog sich jedoch ebenso lange hin wie die der »guten, gesunden Wohngegenden«, wie die Rheinisch-Westfälische Zeitung schrieb,[72] im Süden und Südosten Essens. 1887 begannen die Verhandlungen, aber erst 1901 wurde Altendorf formell Essen zugeschlagen. Ursache der Verzögerungen waren zahllose kostenträchtige Zugeständnisse, die die Landgemeinden forderten. Meist ging es dabei um den Bau und die Unterhaltung von Schulen, die Gewerbesteuer und die Zuschläge zur Einkommensteuer, den Schlachthauszwang, den Chausseebau und die Kanalisation. Das Gefälle vom Hellweg zum Emschertal bedingte allerdings, dass die Essener Verhandlungen mit Altendorf sich auch über die Frage der Entwässerung festliefen.

69 Croon: Städtewandlung, S. 490.

70 Wolfgang R. Krabbe: Eingemeindungsprobleme vor dem Ersten Weltkrieg: Motive, Widerstände und Verfahrensweise, in: Die alte Stadt 7, 1980, S. 368–387, hier S. 370–372.

71 Wisotzky: Essen, S. 192 ff.; Hein Hoebink: Mehr Raum – mehr Macht. Preußische Kommunalpolitik und Raumplanung im rheinisch-westfälischen Industriegebiet 1900–1933, Essen 1989, S. 24–33; Petermann: Eingemeindungen, S. 50 ff.

72 Zit. n. Wisotzky: Essen, S. 206.

Wenngleich die Emscher nicht von vorneherein als Cloaca Maxima gedacht war, so wurden ihre linken Nebenläufe doch wie selbstverständlich als natürliche Abwasserkanäle gesehen – und daraus entstanden zahlreiche Konflikte der Hellwegstädte mit den Städten und Gemeinden im Emschertal. Das spielte für Dortmund, das ohnehin halb von der Emscher umflossen wird, weniger eine Rolle, aber für die Stadt Essen war es vital, sich mit den Unterliegern zu arrangieren, wenn ihre Bevölkerung und damit ihr Abwasseraufkommen wuchsen. Zumal wenn durch Bergsenkungen Seen aus Abwässern der Hellwegstädte entstanden wie in Oberhausen, Altenessen und Gelsenkirchen, konnte das überaus kostenträchtig werden: Da die Stadt Essen mit Altenessen über mehrere Jahre hinweg Prozesse über die Abführung der städtischen Abwässer geführt hatte, war sie bereit, der Gemeinde Rellinghausen – allerdings im Vorfeld von deren Eingemeindung – ein Klärwerk für 400.000 Mark zu spendieren, als eine Neuauflage des Konfliktes mit Altenessen drohte.[73]

Nachdem Essen schon seit den 1870er Jahren immer wieder verpflichtet worden war, die durch Altenessen fließende Berne mit wachsenden Kosten zu reinigen, erstritt Altenessen 1897 ein Urteil, durch das es der Stadt Essen nicht mehr gestattet war, ihre Abwässer in die Berne zu leiten.[74] Stattdessen sollte die Stadt ihre Abwässer – ohne Nutzung der Berne – durch geschlossene Röhren direkt zur Emscher und zu einem dort zu errichtenden Klärwerk leiten. Zweigert habe daraufhin sarkastisch geklagt, nun müsse der Hauptkanal zugemauert und Essen unter Wasser gesetzt werden. Diese Geschichte wird gern an den Anfang der Geschichte der Emschergenossenschaft gesetzt, um die Absurdität der fehlenden überörtlichen Regelung des Abwassers anzuprangern: »Es ist heute im Zeitalter einer straffen und einheitlichen Gesamtleitung kaum noch vorstellbar, welche Schwierigkeiten damals die verwaltungstechnische Durchführung eines wichtigen öffentlichen Unternehmens bot, dessen Auswirkung sich über zwei Provinzen, drei Regierungsbezirke, viele Kreise und Stadtbezirke erstreckte und zudem fast der gesamte Bergbau des Reviers unmittelbar interessiert war«, stellte ein enger Mitarbeiter Zweigerts fest, als das organisiert war.[75] In Wahrheit zeigt diese Anekdote, welches Sanktionspotenzial die jungen Städte und Gemeinden im Emschertal in der Abwasserfrage besaßen – unter einigermaßen rechtsstaatlichen Bedingungen konnten sie beliebig Forderungen stellen, denn die Alternative für die Städte am Hellweg aber auch für die Industrie war, nicht mehr wachsen zu können: »Sie waren gezwungen, sich mit den Un-

---

73 Wisotzky: Essen, S. 226; Martin Weyer-von Schoultz: Stadt und Gesundheit im Ruhrgebiet 1850–1929. Verstädterung und kommunale Gesundheitspolitik dargestellt am Beispiel der jungen Industriestadt Gelsenkirchen, Essen 1994, S. 114.

74 Thomas Rommelspacher: Kehricht, Abfall, Abwasser und Fäkalien: Die Regulierung der Stadthygiene in Essen 1850 bis 1920. Die Ausdifferenzierung von Abwasser- und Fäkalienbeseitigung, Straßenreinigung und Müllabfuhr, in: Klaus Wisotzky/Michael Zimmermann (Hg.): Selbstverständlichkeiten. Strom, Wasser, Gas und andere Versorgungseinrichtungen: Die Vernetzung der Stadt um die Jahrhundertwende, Essen 1997, S. 151–176, hier S. 161 f.

75 Paul Brandi: Der Aufstieg Essens zur Industriemetropole. Eine Erinnerung an Oberbürgermeister Erich Zweigert, in: Essener Beiträge. Beiträge zur Geschichte von Stadt und Stift Essen 60, 1940, S. 239–294, hier S. 285; Heinrich Helbing: Die Emschergenossenschaft, in: Emschergenossenschaft (hg. im Auftrage des Vorstandes v. Baudirektor Helbing): 25 Jahre Emschergenossenschaft. 1900–1925, Essen 1925 (Selbstverlag), S. 1–17, hier S. 4; Vonde: Finanzierung, S. 229.

terliegern, koste es was es wolle, zu einigen.«[76] Am Ende gelang es der Stadt Essen, die Erfüllung der Auflagen des Urteils zur Berne bis zur Gründung der Emschergenossenschaft hinauszuzögern.

Da gleichzeitig mit der Zuspitzung der Diskussion über das Abwasser der Hellwegstädte und besonders Essens auch die Erwägung konkret wurde, den Kanal zwischen Rhein und Weser in das Emschertal zu legen, hatten die Kommunen im Süden erst recht ein Interesse daran, sich mit den Gemeinden und Städten im Emschertal zu einigen, um sich einen direkten städtischen Zugang zu dem künftigen Kanal zu sichern.[77] Es sei dahingestellt, wie weit diese Konflikte die Wahrnehmung der »Industriedörfer« prägten. Allein um den Preis für die Einleitung oder gar die Eingemeindung zu deckeln, hatten die Hellwegstädte jedenfalls ein Interesse daran, ihre geografisch bevorzugten Rivalinnen entlang der Emscher schlechtzureden – und eine abschätzige Deutung von deren finanziellen Schwierigkeiten zu verbreiten.

Merkwürdig passiv war die Rolle der Unternehmen, als sich die Konflikte über die Gestalt des kommunalen Systems zwischen Ruhr und Emscher zuspitzten: In den Stadt- und Gemeinderäten waren sie entsprechend ihrem Gewicht vertreten und konnten stets darauf verweisen, dass ihre Steuern Treibstoff der Kommunalpolitik waren. Zwar errichteten sie zahlreiche Kolonien und Siedlungen, gelegentlich stellten sie Einrichtungen, die sie selbst benötigten, auch für die Kommunen zur Verfügung – wie etwa am Beispiel des von Friedrich Grillo gegründeten »Wasserwerks für das nördliche Westfälische Kohlenrevier« zu sehen. Gegen die Defizite der Siedlungs- und Stadtentwicklung, die zum Ende des 19. Jahrhunderts besonders in den finanziell notleidenden Gemeinden im Emschertal sichtbar wurden, gingen sie hingegen nicht aktiv vor.

Auch für die Gemeinden gab es kaum eine Handhabe, die Unternehmen zu einem stärkeren Engagement und einem größeren Beitrag zu zwingen. Die einzige leitete sich aus dem am 25. August 1876 erlassenen Gesetz »betreffend die […] Gründung neuer Ansiedlungen« ab. Dieses Gesetz, nicht zu verwechseln mit dem sogenannten Ansiedlungsgesetz (Gesetz, betreffend die Beförderung deutscher Ansiedlungen in den Provinzen Westpreußen und Posen) von 1886, galt in den östlichen Provinzen des Königreichs Preußen und in der Provinz Westfalen und beschrieb ein Verfahren für die Genehmigung von neuen Wohnhäusern, Siedlungen und Kolonien. Das sollte zunächst Versuche ersticken, eine polnische Siedlungsbewegung in den östlichen Provinzen ins Leben zu rufen, hatte aber in der Ausdehnung auf Westfalen einen anderen Sinn: Eine Gemeinde, aber auch Anlieger, konnten demnach einen Einspruch gegen eine Ansiedlung geltend machen, wenn sie keine Zufahrt hatte und die Nutzung benachbarter Grundstücke für Land- und Forstwirtschaft sowie Fischerei störte. Außerdem mussten Unternehmen einen Plan vorlegen, in dem nachgewiesen wurde, »in welcher Art die Gemeinde-, Kirchen- und Schulverhältnisse geordnet werden sollten«. Das Gesetz begründete damit faktisch einen Entschädigungsanspruch der Gemeinden, schon bevor jegliche Wohnhäuser errichtet wurden: Es »wies die Gemeinden auf die Wahrung ihres Vorteils geradezu hin

76 Helbing: Emschergenossenschaft, S. 4.

77 Olaf Schmidt-Rutsch: Der Rhein-Herne-Kanal. Zur Geschichte der »Pulsader des Ruhrgebiets«, in: Geschichte im Westen 36, 2021, S. 49–70; Leo Sympher: Emscherthallinie und Kanalisierung der Lippe, Berlin 1901.

und verlieh ihnen in seiner Verfolgung eine sehr weitgehende Gewalt«.[78] Die Folge des Gesetzes war allerdings, dass die Unternehmen den Bau von Siedlungen und Kolonien – zumal in finanziellen Schwächephasen – so lange wie es irgend ging hinauszögerten und sich eher darauf verließen, dass ihre Arbeiter und deren Familien sich in bestehende Wohnungen einmieteten. Die oftmals beklagten beengten – und ungesunden – Wohnverhältnisse zwischen Ruhr und Emscher gingen auch auf das kontraproduktive Ansiedlungsgesetz zurück.

Da sich die Absatzlage des Steinkohlebergbaus mit der Gründung des Rheinisch-Westfälischen Kohlen-Syndikats (RWKS) stabilisierte, war zwar zu erwarten, dass sich die Lage bessern würde, doch stand auch eine enorme Expansion der Beschäftigtenzahlen an.[79] In den 1890er Jahren herrschte mithin eine Art Sattelzeitstimmung im rheinisch-westfälischen Industrierevier, die vorher nicht aufgetreten war und so nie wieder auftrat: Der Blick zurück ließ die Gegenwart als Konsolidierung auf höherem Niveau erscheinen, es zeichnete sich aber ein Boom ab, der das Zeug hatte, alle vergangenen Erfahrungen in den Schatten zu stellen. In Erwartung dessen schien es angezeigt, die Defizite zu bereinigen, die aufgetreten waren, sich aber auch großzügig vorzubereiten. Weil die Zahl der Bergleute über alle Maßen weiterwuchs und es erwartbar war, dass die Entwicklung nördlich der Emscher ähnliche Folgen haben würde wie südlich, waren die Fragen, wie das Industriegebiet mit sauberem Wasser versorgt, und vor allem, wie das Abwasser weggeschafft werden könnte, nicht die kleinsten, die sich stellten. Die Dynamik der Wasserpolitik wuchs jedoch, da sie mit einem zweiten Problem in eine Wechselbeziehung trat: Denn es war schon zu Beginn der 1890er Jahre klar, dass ein großer Teil der für den Kohlenbergbau benötigten Beschäftigten nicht aus der Region zu gewinnen, überwiegend noch nicht einmal deutschsprachig und oft Ausländer sein würde. Die Furcht vor der dadurch drohenden Überfremdung stärkte diejenigen, denen die Expansion von Bergbau und Industrie mit ihren politischen und sozialen Folgen ohnehin unbehaglich war, und die die Kosten für Kanalisierung und Entwässerung scheuten. Auch die Wasserpolitik zwischen Ruhr und Emscher hatte etwas mit Herrschaft und Bevölkerungspolitik zu tun.[80]

Die Zählung der Belegschaft der Bergwerke und Salinen im Oberbergamtsbezirk Dortmund, die der Berghauptmann des Oberbergamtsbezirks Dortmund, *Otto Taeglichsbeck*, im Dezember 1893 anstellen ließ, war die erste systematische Erhebung der Beschäftigten in den staatlichen und privaten Bergwerken seines Bezirks überhaupt. Die Fragebögen enthielten aber auch Abschnitte zu den Wohnverhältnissen, zum Besitz, zum Familienstand, zur Konfession, vor allem aber zur Herkunft und zur Muttersprache der Bergleute. Durch diese Erhebung wurde schlagartig sichtbar, wie sehr der Bergbau zwischen Ruhr und Emscher von Polnisch sprechenden Bergarbeitern abhängig war, die überwiegend aus den östlichen Provinzen Preußens, teils aber auch aus dem Ausland stammten; sie waren mit weitem Abstand die größte Gruppe der Fremdsprachigen,

78 Ernst Jüngst: Festschrift zur Feier des fünfzigjährigen Bestehens des Vereins für die Bergbaulichen Interessen im Oberbergamtsbezirk Dortmund in Essen, Essen 1908, S. 113.

79 Steinberg, Ruhrgebiet, S. 53, 75.

80 David Blackbourn: Die Eroberung der Natur. Eine Geschichte der deutschen Landschaft, aus dem Engl. übers. v. Udo Rennert, München 2007, S. 14 f. und S. 307–313.

außer ihnen waren nur wenige Hundert Niederländer und Italiener nennenswert. Hingegen gab es allein unter den rund 154.000 erfassten in Deutschland geborenen Bergleuten 22.000, die Polnisch oder Polnisch und Deutsch als Muttersprachen hatten. Diese 22.000 verteilten sich allerdings nicht gleichmäßig, sondern es gab eindeutige Schwerpunkte bei den jüngeren Zechen im Emschergebiet, nördlich also: Die größten Ballungen waren in den Bergrevieren Gelsenkirchen, Essen-West, Recklinghausen-West, Wattenscheid und Herne. Und in diesen Revieren gab es auch Zechen, in denen Polnisch sprechende Bergleute zwar nicht die Mehrheit, aber doch einen beträchtlichen Anteil an der Belegschaft bildeten. Auf den Bergwerken Consolidation und Pluto im Bergrevier Gelsenkirchen und Prosper im Bergrevier Essen-West gab es 1.000 oder mehr Polnisch sprechende Bergleute, und im Fall von Prosper, das in Sichtweite der Emscher, überwiegend auf dem Gebiet der Gemeinde Bottrop lag, bildeten sie mehr als ein Drittel der Belegschaft.[81]

Der Grund, warum Taeglichsbeck mit der Frage nach der Muttersprache die Aufmerksamkeit auf die Bergarbeiter polnischer Herkunft lenkte, erschließt sich nicht leicht. Polnisch sprechende Bergarbeiter gab es seit 1871 auf den Zechen zwischen Ruhr und Emscher. Die Ballung in Bottrop erklärt sich durch die Kettenwanderung einer Elite von gelernten Bergarbeitern aus Oberschlesien, die nach dem Ende des Deutsch-Französischen Krieges einsetzte und in den nächsten 20 Jahren Verwandte und Bekannte nachzog.[82] Es ist bis heute nicht klar, wie die Häufungen bei anderen Bergwerken entstanden. Jedenfalls gab es keine Möglichkeit, Beschäftigte für die neu abgeteuften Schächte anders zu gewinnen als aus den östlichen Provinzen. Öffentliches Interesse erregten die von dort kommenden Bergarbeiter zunächst kaum.[83] Sie fielen hauptsächlich dadurch auf, dass sie unentwegt um die Entsendung Polnisch sprechender Seelsorger baten, dass ihre immer häufiger mitwandernden Ehefrauen noch ihre ländliche Tracht trugen, und dass sie lokal ab und zu Gegenstand von Zeitungsberichten über Schlägereien und andere kleinere Vergehen waren.

Die Aufmerksamkeit für die Polen an der Emscher wuchs erst als Folge der Auseinandersetzungen über die Zukunft der östlichen Provinzen. Diese gerieten nach dem Ende des Bürgerkriegs in den Vereinigten Staaten und begünstigt durch den Bau der Eisenbahnen in den Sog der Auswanderungsbewegung, die praktisch die gesamte Landbevölkerung erfasste. Angehörige der Schicht von Landarbeitern und Pächtern, die erst nach der Bauernbefreiung entstanden war, wanderten besonders während der Gründerkrise

81 Otto Taeglichsbeck (Hg.): Die Belegschaft der Bergwerke und Salinen im Oberbergamtsbezirk Dortmund nach der Zählung vom 16. Dezember 1893, Teil 2, Essen, Dortmund 1896, S. XIII–XV u. S. 22–31.

82 S. Lutz Budrass: Von Biertultau (Biertułtowy) nach Batenbrock. Oberschlesier in Bottrop, in: ders./Barbara Kalinowska-Wójcik/Andrzej Michalczyk (Hg.): Industrialisierung und Nationalisierung. Fallstudien zur Geschichte des oberschlesischen Industriereviers im 19. und 20. Jahrhundert, Essen 2013, S. 111–146.

83 Aus der umfangreichen Literatur David Skrabania: Keine Polen? Bewußtseinsprozesse und Partizipationsstrategien unter Ruhrpolen zwischen der Reichsgründung und den Anfängen der Weimarer Republik, Herne 2019, S. 61–66, sowie neuerdings die Aufsätze in Andrzej Michalczyk/David Skrabania (Hg.): Migrationsgeschichte Oberschlesiens von 1800 bis zur Gegenwart, Paderborn 2024.

in Scharen aus und schufen auf diese Weise einen Arbeitskräftemangel, der den Großgrundbesitz im Osten in eine Existenzkrise stürzte. Die Gutsbesitzer in Westpreußen und Posen, in geringerem Maße auch in Pommern, Ostpreußen und Schlesien wichen darauf aus, polnische Landarbeiter von jenseits der Grenzen, aus Russland und Österreich einzustellen. Das wiederum wurde in Berlin und namentlich von *Otto von Bismarck* als nationale Bedrohung gedeutet, da die ausgewanderten Deutschen durch diese Strategie quasi mit Polen aus Russland ersetzt wurden und damit der deutsche Charakter der östlichen Provinzen infrage stand. Als Gegenmaßnahme wurden deshalb Polen ungeklärter Staatsangehörigkeit seit 1885 aus den östlichen Provinzen Preußens ausgewiesen, 1886 wurde das erwähnte Ansiedlungsgesetz erlassen, durch das der preußische Staat einer neu geschaffenen Ansiedlungskommission erhebliche Mittel gab, Land für deutsche Bauern zu kaufen. 1892 erschien *Max Webers* Analyse der Lage der Landarbeiter im Ostelbischen Deutschland, in der er erstmals eine These formulierte, die er in den folgenden Jahren auf allen Ebenen der Öffentlichkeit mit Vehemenz vertrat: Die weitere Polonisierung der östlichen Provinzen sei nicht aufzuhalten und Folge der Bedürfnislosigkeit der polnischen Landarbeiter.[84]

Im Jahr darauf, 1893, veröffentlichte *Max Sering*, schon zu dieser Zeit einer der bekanntesten Agrarwissenschaftler, Professor in Berlin und wie Weber einer der führenden Köpfe im Verein für Socialpolitik, seine Darstellung über die »Innere Kolonisation im östlichen Deutschland«. Darin entwickelte er das Programm, die entvölkerten Landstriche im Osten wie Kolonien in Übersee neu zu besiedeln und dabei gleichzeitig einen »ländlichen Mittelstand« zu schaffen, damit eine »von staatlichem Gemeinsinn erfüllte Bevölkerung in den Kolonien für Generationen und Jahrhunderte eine gesicherte Stätte finden« könnte. Bei Sering gab es immerhin – anders als bei Weber und den zahlreichen anderen Analysen, Dissertationen und Darstellungen, die in den kommenden Jahren über das nationalpolnische Vordringen im Osten geschrieben wurden – auch einen Fingerzeig auf Rheinland und Westfalen, die zwischen 1885 und 1890 einen Wanderungsüberschuss von 550.000 Menschen zulasten der östlichen Provinzen verzeichnet hatten, während die Auswanderungsströme nach Übersee dort immerhin noch 330.000 erfassten.[85]

Folgen für die Gemeinden im Emschertal hatte diese Feststellung zunächst nicht. Die Empörung über die Ausweisungen und die Kritik an der Ansiedlungskommission führten indes zu der sogenannten Versöhnungspolitik unter dem Nachfolger Bismarcks, *Leo von Caprivi*. Er sah sich mit Forderungen der Großgrundbesitzer konfrontiert, die eine Lockerung der Ausweisungspolitik anstrebten, weil sie nicht auf polnische Arbeiter aus Russland und Österreich verzichten konnten, und er war überdies politisch auf die polnischen Abgeordneten im Reichstag angewiesen. Deshalb ließ Caprivi sich auf die Zulassung von Saisonarbeitern ein, während der Ansiedlungskommission die Mittel gekürzt wurden.[86] Trotz der Beruhigung der Lage war die Regierung nun allerdings aufmerk-

84 Als Überblick s. Hans-Erich Volkmann: Die Polenpolitik des Kaiserreichs. Prolog zum Zeitalter der Weltkriege, Paderborn 2016, S. 230 f.

85 Max Sering: Die innere Kolonisation im östlichen Deutschland, Leipzig 1893, Zit. S. 1 u. S. 5–7.

86 Robert Spät: Die »polnische Frage« in der öffentlichen Diskussion im Deutschen Reich, 1894–1918, Marburg 2014, S. 27–29.

samer gegenüber den Polen. In der Volkszählung 1890 wurde erstmals wieder nach der Muttersprache gefragt, auch, um die Größe der deutschen und der polnischen Bevölkerung in Posen und Westpreußen vergleichen zu können – und das leitete sicher zu der Frage nach der Muttersprache in der Erhebung von Taeglichsbeck über, möglicherweise auch als Reaktion auf Serings Berechnungen zum östlichen Wanderungsüberschuss in Rheinland und Westfalen.[87]

Mit der Entlassung Caprivis als Reichskanzler 1894 spitzte sich die *»Polenfrage«* jedoch auch zwischen Ruhr und Emscher zu. Wenngleich das auf die Abberufung des polnischen Seelsorgers *Franciszek Liss* zurückging, gründete sich in Bochum der Verband der Polen in Deutschland als erste nicht kirchliche Organisation; 1898 kam ein kurzlebiger polnischer sozialdemokratischer Arbeiterverein »Morgenröte« hinzu, der in Herne gegründet wurde und gleich die ganze Aufmerksamkeit der Behörden auf sich zog.[88] Im Osten entstand 1894 nach einer Wallfahrt von Hunderten Posener Bürgern zu Bismarck eine Vorform des Ostmarkenvereins, der sich die Stärkung des Deutschtums in den östlichen Provinzen auf die Fahne schrieb. Schon seit 1891 gab es den Allgemeinen Deutschen Verband (seit 1894 Alldeutscher Verband) zur Förderung der deutschen nationalen Interessen im In- und Ausland, der im September 1894 einen Forderungskatalog zum Umgang mit der polnischen Minderheit in den östlichen Provinzen verabschiedete.[89] Entsprechend wuchs die Zahl der Veröffentlichungen zur »Polenfrage«; *Hans Delbrück*, der Herausgeber der meinungsführenden Preußischen Jahrbücher, veröffentlichte 1894 ein Heft zu diesem Thema, in dem er seine Gegenposition zum Ostmarkenverein und zum Alldeutschen Verband zusammenfasste: Die Initiativen zur Germanisierung hätten allesamt kontraproduktiv gewirkt – wenn die Entvölkerung der ländlichen Regionen in Ostdeutschland aufgehalten werden solle, müssten Bauerndörfer geschaffen werden, ohne Ansehen der Nationalität der Bauern. Die deutsche Sprache würde sich als Verkehrssprache ohnehin durchsetzen, da ihre Beherrschung Voraussetzung des sozialen Aufstiegs sei. Die Hysterie über die nationalpolnische Strategie zur Überwältigung der Deutschen in den Provinzen Westpreußen und Posen nahm dennoch solche Ausmaße an, dass ein Zeitungsredakteur in Posen 1899 darin einen »Polenkoller« erblickte.[90]

Umfangreichere Darlegungen, die auch die Polnisch sprechenden Bergarbeiter an Ruhr und Emscher berücksichtigten, gab es zunächst nur auf der amtlichen Ebene. Ein Interesse in den Behörden lässt sich immer dann nachweisen, wenn ein höherer Beamter Verwaltungserfahrung aus dem Osten der Monarchie mitbrachte, was regelmäßig der Fall war. Der Oberpräsident von Westfalen zwischen 1889 und 1899, *Heinrich Konrad Studt*, war in den 1860er Jahren Landrat in der Provinz Posen gewesen und legte 1896

87 S. Richard Böckh: Die Verschiebung der Sprachenverhältnisse in Posen und Westpreußen, in: Preußische Jahrbücher 77, 1894, S. 424–437; Philipp Kröger: Die Grenzen des Vergleichs. Die statistische Vermessung der östlichen Grenzregionen des Kaiserreichs und die Unterschiede deutscher Herrschaft in Übersee und Europa, in: Geschichte und Gesellschaft 47:4, 2021, S. 623–647.

88 Krystyna Murzynowska: Die polnischen Erwerbsauswanderer im Ruhrgebiet während der Jahre 1880–1941, Dortmund 1979, S. 120–130, 160 f.

89 Unsere Forderungen in der Polenfrage, in: Alldeutscher Verband (Hg.): Die deutsche Ostmark. Aktenstücke und Beiträge zur Polenfrage, Berlin 1894, S. 42–47.

90 Spät: Die »polnische Frage«, S. 45–60; Hans Delbrück: Die Polenfrage, Berlin 1894; Georg Wagner: Der Polenkoller. Skizze vom »Kriegsschauplatz« in den Ostmarken, Leipzig 1899.

seine Vorstellungen wie das »Polenthum im Westen [...] der Germanisierung zugeführt werden« könne, in einer ausführlichen Denkschrift nieder, die den Forderungskatalog des Alldeutschen Verbandes von 1894 aufnahm: Einschränkung der Verwendung der polnischen Sprache, schärfere Überwachung der Vereine und der polnischen Geistlichen, ausschließlich deutschsprachiger Schulunterricht.[91]

Der erste größere Versuch, das Zunahme der polnischen Bevölkerung in den Ostprovinzen und im rheinisch-westfälischen Industriegebiet im Zusammenhang zu deuten, stammte jedoch von *Arthur Dix*. Dix war in Westpreußen geboren und lebte auf einem Rittergut in der Nähe von Kulm (Chelmno). Er hatte allerdings in Berlin bei Max Sering studiert und legte 1898 und 1899, kaum 24 Jahre alt, in rascher Folge etliche Veröffentlichungen zur politischen Geografie und Statistik, aber vor allem zum »Polenproblem« vor. Dabei genoss er prominente Unterstützung: Ein erster Aufsatz, allerdings zu einem anderen Thema, erschien in Delbrücks Preußischen Jahrbüchern (wofür er sich gleich eine Kontroverse mit *René Kuczynski*, einem der bekanntesten deutschen Statistiker, einhandelte), ein zweiter über das Slawentum in Preußen in den renommierten Jahrbüchern für Nationalökonomie und Statistik.[92] Dix diskutierte seine Überlegungen zur Rolle der Polen aber konzentriert in einem schmalen Band, der die innere und äußere Kolonisation unter einem griffigen Titel zusammenzog: »Die Völkerwanderung von 1900«. Darin ging es zunächst um einige Ideen zur Lenkung der deutschen Kolonialbestrebungen und Siedlungsschwerpunkte (Südbrasilien, Südafrika und Ostasien), daran anschließend entwickelte Dix seine Deutung der »Ausbreitung des Slaventums im Westen«.[93] Seine These war an sich simpel: Die Rekrutierung der polnischen Arbeiter deutscher Staatsangehörigkeit für die Industrie im Westen baue kontinuierlich Druck auf die Großgrundbesitzer im Osten auf, polnische Arbeiter aus Russland und Österreich zu holen. Resultat sei ein endloser, ungebremster Einwanderungszug von Polen, der nicht mehr nur das Deutschtum im Osten, sondern auch das zwischen Ruhr und Emscher unterwandere:

> »Der polnische Arbeiter zieht aus auf den höheren Verdienst, der ihn im Westen lockt, dort macht er deutsche Arbeiter entbehrlich, drückt die Preise und die Kultur herab, verpflanzt das Polentum in rein deutsche Gebiete; daheim kommt die Zeit, da er unentbehrlich ist; hohe Löhne für deutsche Arbeiter kann der Grundbesitzer nicht zahlen – also kommen die russisch-polnischen Hülfskräfte, drücken die Kultur noch mehr herab, vertreiben die deutschen Arbeiter und auch die polnischen Vettern, denen sie an Bedürfnislosigkeit noch überlegen sind – diese gehen wieder nach dem Westen – im Osten fehlen wieder mehr Kräfte – es kommen wieder mehr Slaven über die Grenze.«[94]

91 Christoph Kleßmann: Polnische Bergarbeiter im Ruhrgebiet, 1870–1945, Göttingen 1978, S. 83 f.; Die Denkschrift ist abgedruckt in Hans Jürgen Brandt (Hg.): Die Polen und die Kirche im Ruhrgebiet, 1871–1919. Ausgewählte Dokumente zur pastoral und kirchlichen Integration sprachlicher Minderheiten im deutschen Kaiserreich, Münster 1987, S. 119–128.

92 Erika Behm/Jürgen Kuczynski: Arthur Dix, Propagandist der wirtschaftlichen Vorbereitung des Ersten Weltkrieges, in: Jahrbuch für Wirtschaftsgeschichte 10:2, 1970, S. 69–100; Arthur Dix: Das Slaventum in Preußen, seine Bedeutung für die Bevölkerungsbewegung und Volkswirtschaft in den letzten Jahrzehnten, in: Jahrbücher für Nationalökonomie und Statistik 70, 1898, S. 561–602.

93 Arthur Dix: Die Völkerwanderung von 1900, Leipzig 1898, S. 48.

94 Ebd., S. 53.

Dieser Einwanderungszug unterlaufe auch die antipolnischen Maßnahmen in den östlichen Provinzen. Da die Ausweisungserlasse in den westlichen Provinzen nicht galten und die Industrie nach Arbeitern schrie, konnte ein russischer oder österreichischer Pole in den Westen ziehen und sich auf diese Weise schützen: »es liegt System in jenen Wanderzügen!«[95]

Als Dix' Studie erschien, spitzte sich auch die Debatte über die Polnisch sprechenden Arbeiter im Industrierevier zu. Im Januar 1899 erließ das Oberbergamt Dortmund, vorgeblich aus Sicherheitsinteressen, eine Bergpolizeiverordnung, durch die fremdsprachige Arbeiter nur dann im Bergbau beschäftigt werden durften, wenn sie genügend Deutsch verstanden, um den Anweisungen ihrer Vorgesetzten zu folgen. Seit 1898 gab es eine Außenstelle des Ostmarkenvereins in Dortmund, die ausgesprochen rührig gegen das polnische Eindringen in dieses »altgermanische Gebiet« agitierte,[96] während einer der Gründer des Alldeutschen Verbandes, *Theodor Reismann-Grone*, seit 1890 Pressesprecher des bereits erwähnten Bergbauvereins war. Reismann-Grone wurde in den kommenden Jahren der wichtigste Agitator gegen die polnische Kolonie im Industriegebiet. Er forderte unentwegt eine repressivere Politik gegen die Polen, was umso schwerer wog, da er nach seinem Ausscheiden aus dem Dienst des Bergbauvereins das wichtigste Blatt in der Region beherrschte. 1895 übernahm er die Chefredaktion der Rheinisch-Westfälischen Zeitung, 1897 die Zeitung selbst. Das ursprünglich nationalliberale Blatt vertrat fortan eine nationalistische und expansionistische Linie. Die fremdartigen und bedrohlichen polnischen Kolonien an der Emscher waren offenbar so attraktiv für die Leser der Rheinisch-Westfälischen Zeitung, dass Reismann-Grone sie – und den laxen Umgang der Behörden mit ihnen – seit dem Frühjahr 1899 mit steigender Frequenz zum Thema machte. Er folgte zunächst allerdings noch den konventionellen Bahnen der antipolnischen Argumentation und blieb auf die nationalpolnische Bewegung in den östlichen Provinzen konzentriert. Im September 1899 referierte Reismann-Grone seine Position in der »Polenfrage« auf dem Verbandstag des Alldeutschen Verbandes. Anders als Dix stellte er weder dort noch in den bis dahin erschienenen Artikeln eine Verbindung zwischen den nationalpolnischen Strategien im Osten und im Westen her.[97]

95 Dix: Slaventum, S. 598.

96 Murzynowska: Erwerbsauswanderer, S. 149; Kleßmann: Bergarbeiter, S. 63 f.

97 Zu Reismann-Grone s. Stefan Frech: Wegbereiter Hitlers? Theodor Reismann-Grone. Ein völkischer Nationalist (1863–1949), Paderborn u. a. 2009, S. 83–103, der allerdings die antipolnische Agitation nur kursorisch thematisiert. Theodor Reismann-Grone: Die Slawische Gefahr in der Ostmark. Vortrag, gehalten auf dem Alldeutschen Verbandstage zu Hamburg, München 1899. Eine deutsche Tageszeitung warnt vor dem staatsgefährdenden Charakter der polnischen Kolonien im Rheinisch-Westfälischen Industriegebiet: Rheinisch-Westfälische Zeitung, Essen, 30.3.1899, in: Hans Jürgen Brandt (Hg.): Die Polen und die Kirche im Ruhrgebiet, 1871–1919. Ausgewählte Dokumente zur pastoral und kirchlichen Integration sprachlicher Minderheiten im deutschen Kaiserreich, Münster 1987, S. 146–149.

In der öffentlichen Wahrnehmung war die »Polenfrage« Teil einer multiplen Bedrohung der Gesellschaft des Kaiserreichs, die nicht zuletzt den Kaiser selbst bewegte. Wilhelm II. hatte in seinem »Kampf gegen den Umsturz« die sogenannte Zuchthausvorlage angeregt, ein Gesetz, mit dem Streikende wesentlich härter bestraft werden sollten, wenn sie Arbeitswillige angingen oder zum Beitritt in eine Gewerkschaft zwangen. Anfang Juni 1899 kam es deshalb zu großen Protestversammlungen in Berlin und Hamburg. Es war wenig verwunderlich, dass diese Unruhe auch auf das Industriegebiet übergriff. Am Freitag, den 23. Juni 1899, weigerte sich eine Gruppe von 69 Schleppern und Pferdejungen, auf der Zeche von der Heydt in Herne einzufahren. Sie verlangten eine Kompensation für die kurz zuvor erhöhten Beiträge zur knappschaftlichen Rentenversicherung und fuhren auch am kommenden Tag nicht ein. Mehr noch, erstmals seit 1893 schlossen sich Bergleute auf anderen Zechen in Herne dem Streik an. Spätestens jetzt wurde klar, dass mehr drohte als ein aus jugendlichem Übermut angezettelter Ausstand. Ziemlich genau zehn Jahre später drohte eine Wiederholung der Ereignisse von 1889, als aus einem ähnlich kleinen Anlass der bis dahin größte Streik von Bergarbeitern im Ruhrgebiet entstanden war.[98]

Der Streik vom Juni 1899, vor allem aber der Umgang mit ihm, formte die Erfahrung, die in die Sitzung über die Schaffung eines gemeinsamen »Verbandes« im Dezember 1899 einging. Hier entstanden die Skizzen über eine neue Form der Zusammenarbeit zwischen Regierungsbehörden, Kommunen und Unternehmen, hier wurden aber auch Überlegungen formuliert, wie das weiterwachsende Industriegebiet beherrscht werden könne, wer daran beteiligt und vor allem, wer daran nicht beteiligt sein sollte. Zwar dauerte der Streik von 1899 nur knapp zehn Tage – vom 23. Juni bis Anfang Juli 1899 – und erfasste dabei nur Zechen in oder bei Herne mit insgesamt höchstens 7.000 Streikenden. Gerade weil es aber – wider Erwarten – gelang, die Entstehung eines Streiks abzuwenden, der das ganze Industriegebiet lahmlegte, eröffnete der Streik von 1899 neue Handlungsoptionen für Behörden und Unternehmen. Die Lehren des Bergarbeiterstreiks von 1899 gingen direkt in die Konzeption der Emschergenossenschaft als neue Institution zur Herrschaftsgestaltung im Industrierevier ein und sie drehten sich um die Erfahrung, wie mit den zahlreichen Polen unter den Bergarbeitern umgegangen werden konnte.

An sich ist die Geschichte des Streiks schnell erzählt: Nach der Ausbreitung der Bewegung am Samstag, den 24. Juni, berief der erwähnte polnisch-sozialdemokratische Verein »Morgenröte« für Sonntagnachmittag am 25. Juni eine Volksversammlung in einem der großen Vereinslokale in Herne ein. Zweck dieser Veranstaltung war es wohl, dass die polnische Vereinsführung und auch ein Vertreter des sogenannten Alten Verbandes, des sozialdemokratischen »Verbands deutscher Bergarbeiter«, auftraten, um die Streikenden zur Aufgabe zu überreden; es erschienen aber 500 Personen, sodass der Saal wegen Überfüllung von der Polizei geräumt wurde, noch ehe jemand das Wort ergriffen hatte. Weitere Versuche, die Streikenden zu einer zentralen Versammlung zusammenzurufen,

98 Zum Streik von 1899 s. insbesondere Klaus Tenfelde: Die »Krawalle von Herne« im Jahre 1899, in: Internationale wissenschaftliche Korrespondenz zur Geschichte der deutschen Arbeiterbewegung 15, 1979, S. 71–104; John Kulczycki: The Foreign Worker and the German Labor Movement. Xenophobia and Solidarity in the Coal Fields of the Ruhr, 1871–1914, Oxford, Providence, 1994, S. 105–153.

scheiterten in den folgenden Tagen.[99] Stattdessen gab es nach der Räumung des Lokals am Sonntag die ersten Unruhen, bei denen die Gendarmen am Ende mit flachem Säbel – also unter Vermeidung schwerer Verletzungen – gegen die Menge vorgingen. Am Montag und Dienstag breitete sich die Streikbewegung jedoch weiter aus und eskalierte, als die Polizei zwei verhaftete Bergarbeiter zum Polizeigefängnis in Herne überführen wollte. Es sammelte sich eine Menge, die so bedrohlich war, dass die Gendarmen zu ihren Gewehren griffen. 15 Personen wurden verletzt, drei davon starben. Am Abend des 27. Juni telegrafierte der Bochumer Landrat dem Oberpräsidenten, dass wegen der Unterlegenheit und der Erschöpfung der Gendarmen ein Militäreinsatz notwendig sei. Eine eilig in Herne zusammengerufene hochrangige Versammlung mit den Regierungspräsidenten von Arnsberg und Münster, den betroffenen Landräten und Bürgermeistern sowie Vertretern der Zechengesellschaften unter Leitung des Oberpräsidenten der Provinz Westfalen entschied am Mittag des 28. Juni, Militär anzufordern. Oberpräsident Studt bat den in Kiel weilenden Wilhelm II. persönlich um die Mobilisierung von Truppen in der Region. Um kurz nach 11 Uhr am Abend telegrafierte der Kaiser seine Zustimmung. Knapp 24 Stunden später trafen die ersten Einheiten von schließlich mehr als 2.000 Soldaten in Herne ein. Der Streik versiegte rasch.

Die demonstrative Bitte an den Kaiser machte sich gut in den Biografien der beteiligten Beamten. Oberpräsident Studt wurde wegen seines energischen Eintretens für Recht und Ordnung bald nach dem Ende des Streiks zum preußischen Kultusminister – Minister der geistlichen, Unterrichts- und Medizinalangelegenheiten – berufen und schließlich sogar geadelt. Auch die anderen Beamten und Gendarmen erhielten wegen der erfolgreichen Abwehr Orden, darunter auch der Bochumer Landrat Spude und der Herner Bürgermeister Schäfer. Gleichwohl verband sich mit dem Ruf nach Militär auch das Eingeständnis, mit den eigenen Mitteln am Ende zu sein, und deshalb war er umstritten: »Wenn Militär kommt, so hat der jüngste Leutnant mehr zu sagen wie wir«, habe der Bochumer Landrat eingewandt und daher das Drängen der Zechen auf Soldaten zunächst ebenso abgelehnt wie der Arnsberger Regierungspräsident.[100] Wie weitgehend die zivile Verwaltung entmachtet war, hielt sich das Militär vor Ort auf, zeigte sich, als der Streik kurzzeitig auf Recklinghausen überzugreifen drohte: Die betroffenen Zechen riefen die Offiziere in Herne an, ohne den zuständigen Landrat (im Regierungsbezirk Münster) auch nur zu informieren.[101] Der Streik legte daher Defizite der kommunalen und regionalen Verwaltung angesichts eines Aufruhrs eines großen Teils der ansässigen, aber überwiegend polnischen Bevölkerung offen – und darum ging es implizit bei den Diskussionen über die Lehren des Streiks: Letztlich musste verhandelt werden, wie ein solcher Aufstand in Zukunft verhindert und vor allem wie er ohne Militäreinsatz im Zaum gehalten werden könnte.

---

99 Kulczycki: Foreign Worker, S. 113–116; Deutsche Berg- und Hüttenarbeiter-Zeitung, Nr. 25, 1.7.1899.

100 Rheinisch-Westfälische Zeitung, Nr. 889, 25.11.1899; Kurze Darstellung des Hergangs der am Mittwoch, den 28.6.1899, im Magistratsgebäude zu Herne abgehaltenen Besprechung, Landesarchiv Nordrhein-Westfalen, Abteilung Westfalen (LAV NRW W), Münster, K001/2847, Bd. 6, Bl. 175.

101 Ralph Jessen: Polizei im Industrierevier. Modernisierung und Herrschaftspraxis im westfälischen Ruhrgebiet 1848–1914, Göttingen 1991, S. 133.

Das Versagen der Behörden ließ sich am ehesten am Bochumer Landrat *Carl Spude* demonstrieren. 1852 im östlichen Brandenburg jenseits der Oder geboren, Jurist, war Spude seit 1887 Landrat des Kreises Bochum. Er war schon mehrfach wegen seiner kleinlichen Amtsführung, aber auch wegen seiner überheblichen Art aufgefallen, die sich bevorzugt gegen Katholiken richtete. 1896 hatte er ein Disziplinarverfahren gegen einen Amtmann eingeleitet, weil dieser an der Glaubwürdigkeit von Spudes Ehefrau gezweifelt hatte; 1898 musste sich die Regierung in Arnsberg erneut mit dem Landrat beschäftigen, weil er einen Flugblattverteiler der Zentrumspartei beleidigt und angegriffen hatte.[102] Während des Streiks fiel Spude hauptsächlich durch seine Neigung zur Hysterie, aber auch sein unbedachtes Handeln auf: Er hatte zwar direkt nach Beginn des Streiks etwa 30 Gendarmen aus den umliegenden Kreisen zusammengezogen, gab sich aber keine Mühe, die Lage in Herne zu beruhigen. Im Gegenteil, am 27. Juni ließ Spude eine Bekanntmachung aushängen, die in einem herablassenden und beleidigenden Ton gegen die Streikenden, deren Ehefrauen, aber auch die Arbeitswilligen verfasst war. Sie dürfte nicht wenig zur Empörung der Streikenden beigetragen haben.[103] Wenngleich dem Landrat sogar vom Oberpräsidenten attestiert wurde, »bei Tag und Nacht an Ort und Stelle thätig und bemüht gewesen zu sein«,[104] stellte sich später heraus, dass er seine Gendarmen während der Ausschreitungen am 27. Juni im Stich gelassen hatte und nach Bochum zurückgekehrt war. Möglicherweise war das der Grund, warum Spude trotz der Auszeichnung mit dem Roten Adlerorden IV. Klasse sein Amt als Landrat gegen einen Posten in der Regierung von Arnsberg eintauschen musste.[105]

Es war vor allem ein Anliegen der Rheinisch-Westfälischen Zeitung nachzuweisen, dass der Streik in Herne die Unfähigkeit der kommunalen und Regierungsbehörden offenlegte. Theodor Reismann-Grone hatte in den ersten Tagen noch Urlaub gemacht, weshalb der Ton der RWZ zunächst noch ungewöhnlich gemäßigt war. Das änderte sich, als er am 28. Juni in Herne auftauchte, in die Unruhen hineingeriet und kurzzeitig verhaftet wurde. Am folgenden Tag erschien ein Artikel, der nicht nur von zahlreichen anderen Blättern übernommen wurde, sondern auch den Regierungspräsidenten von Arnsberg zu einer Beleidigungsklage veranlasste. Der Prozess über diese Klage, der im Dezember 1899 mit einer Geldstrafe für Reismann-Grone endete, gab der Zeitung allerdings erst recht die Gelegenheit, über mehrere Tage hinweg Polemiken gegen die Regierung im Industriebezirk zu veröffentlichen. Im ursprünglichen Artikel wurde vor allem die verspätete Entscheidung für den Militäreinsatz beklagt; auf diese Weise habe sich nämlich das peinliche Katz- und Maus-Spiel fortgesetzt, das sich die Gendarmen mit den Streikposten lieferten – zulasten der Bergleute, die weiter arbeiten wollten und wegen

102 Zu den Vorgängen s. die Personalakte Spudes, LAV NRW W, R001/16362, sowie die Akte des Oberpräsidenten zum Landkreis Bochum, LAV NRW W, K001/6209, darin bes. Regierungspräsident Arnsberg an Oberpräsident, betr. Beschwerde des Landraths Spude über den Amtmann Höltje in Bochum, 20.4.1896.

103 Kulczycki: Foreign Worker, S. 125.

104 Oberpräsident an Minister des Innern, 1.7.1899, LAV NRW W, K001/2847, Bd. 6, Bl. 103.

105 Rheinisch-Westfälische Zeitung, Nr. 889, 25.11.1899; Regierungspräsident Winzer an den Minister des Innern, betr. die Beförderung von Landräthen, 28.11.1899, LAV NRW W, R001/16362; Regierungspräsident Winzer an den Minister des Innern, 12.4.1900, LAV NRW W, K001/6209, Bl. 34 f.

der überforderten Kommunal- und Polizeiverwaltung nicht zuverlässig geschützt wurden: »Es ist schon gut, dass die Bevölkerung aus der Herrschaft unfähiger Gendarmen und Polizisten herauskommt, denn Landräte und Bürgermeister sind nicht zu sehen«,[106] hieß es in der RWZ. Im Dezember hingegen nahm die RWZ die anachronistische Aufteilung des Industriebezirks in zwei Provinzen und drei Regierungsbezirke aufs Korn: »Die ›Perle des Sauerlands‹ ist ja ein bevorzugter Platz für Überanstrengte aus dem Industriebezirk, [...] allein, dass diese Idylle der richtige Ort sei für den Sitz des Industrie-Regierungspräsidiums, wird von allen Sachkennern entschieden bestritten. [...] Will man nicht das Präsidium von Arnsberg verlegen, so ist es zweckmäßig, eine neue Regierung für den Industriebezirk zu schaffen.«[107] Das war noch kein umfassendes Programm für eine Reform des Industriebezirks, hatte als Einwand aber einen durchaus grundsätzlichen Charakter.

Die Regierungsbehörden waren allerdings nicht nur schnell beleidigt, sondern spielten den schwarzen Peter gleich weiter: Ganz abgesehen davon, dass die Gendarmen und Beamten ihre Aufgabe vortrefflich gelöst hätten – das zeigten ja die Orden und Belobigungen, mit denen sie förmlich überschüttet wurden – sei der ganze Ärger doch den Zechengesellschaften anzulasten, schrieb der Arnsberger Regierungspräsident:

> »Als die allerbedenklichste der bei dem Ausstande zu Tage getretenen Erscheinungen bleibt die Tatsache, dass sich im hiesigen Kohlenrevier – und in dieser Beziehung fällt die Schuld nicht zum geringsten Theil auf die betreffenden Zechenverwaltungen – durch die massenhafte Heranziehung von Polen ein Staat im Staate eingenistet hat, der eine stete Gefahr für die öffentliche Ordnung bilden wird. Ist es diesem fremden Elemente zu allermeist mit zuzuschreiben, dass dem hiesigen Bergmannsstande die Zierde seines Standes- und Pflichtbewusstseins zum großen Theile abhanden gekommen ist, so wird es seine zersetzende Wirkung in wachsendem Masse weiter ausüben, wenn nicht der weiteren Einwanderung ein machtvolles Halt entgegengesetzt werden kann.«[108]

Das war ein nicht weniger grundsätzlicher Vorschlag als die Gründung eines eigenen Regierungsbezirks für das Industriegebiet: Wenn keine Polen aus dem Osten mehr einwanderten, verhieß das nicht nur ein Ende der Streikgefahr, sondern bedeutete die Lösung einer ganzen Reihe von Sorgen, die gerade die Gemeinden im Emschertal drückten, die teuren Schulen, weil die Polen so viel Kinder bekamen, die beengten und unhygienischen Wohnquartiere, und nicht zuletzt die ungelöste, aber fast am meisten kritische Frage, wo sie das Wasser herholen und wie sie es wieder loswerden konnten – wenn das Wachstum der Bevölkerung beschränkt wurde, dann war es viel einfacher, sich über Ruhr und Emscher, die Berne und die anderen Bäche zu einigen. Das alles war es wert, auch wenn das Tempo der industriellen Entwicklung wegen Arbeitermangels vielleicht gedrosselt werden müsste.

106 Rheinisch-Westfälische Zeitung, Nr. 484, 29.6.1899.

107 Rheinisch-Westfälische Zeitung, Nr. 916, 5.12.1899.

108 Regierungspräsident Arnsberg, Zusammenfassender Bericht der Ereignisse im Herner Bergarbeiterausstande, 17.7.1899, LAV NRW W, K001/2847c, Bl. 11.

Ein Ende der Zuwanderung lag durchaus nicht nur im Interesse der Regierungsbehörden, sondern auch der organisierten Bergarbeiterschaft. Die Überlegung, der Streik untergrabe die Ehrbegriffe des Bergmannsstandes, durchzog die Äußerungen der führenden Gewerkschafter. Allein weil Schlepper und Pferdejungen einen Streik anzettelten, ohne die Gewerkschaften zu fragen, aber auch, weil sie den Streik nicht einstellten, als ihnen nachgewiesen wurde, dass sie ihre Ziele nicht erreichen würden und schließlich, weil sie sich nicht organisieren ließen und Arbeitswillige bedrohten, hielten der Alte Verband aber auch der christliche Bergarbeiterverband eine demonstrative Distanz zum Streik, machten keine Anstalten sich zu solidarisieren, sondern verurteilten ihn scharf.[109] Und diese Kritik machten die Organisationen der deutschen Bergarbeiter in erster Linie daran fest, dass die wild Streikenden in der Mehrheit Polnisch sprachen und aus den östlichen Provinzen stammten.

Die Gewerkschaften hatten zwar auch die Sorge, dass der Streik zugunsten der Zuchthausvorlage wirken würde, zumal die Arbeitswilligen in Herne schlimmer als je zuvor bedrängt wurden. Doch erklärt das nicht die Schärfe, mit der sich gerade auch deren Führungen gegen die Polen wandten. *August Brust*, der Vorsitzende des christlichen Bergarbeiterverbandes (Gewerkverein), erklärte auf einer Versammlung am 30. Juni, dass »die Ausständigen als Polen doch eigentlich den Namen der Bergleute« nicht verdienten und der Verband sich ihnen allein deshalb nicht anschließen könne, während *Otto Hué*, der »eigentliche Führer« des Alten Verbandes,[110] in einem Artikel in der Zeitschrift »Die neue Zeit« der Sozialdemokratie davon ausging, dass die Polnisch sprechenden Bergarbeiter in Herne aus den »kulturell am tiefsten stehenden Bezirken Deutschlands« stammten und von den Unternehmern bewusst eingesetzt würden, um den »rheinisch-westfälischen Bergmann« in einer »Hochfluth von Rückständigkeit« niederzuzwingen. Eigentlich seien die Erfolge der Gewerkschaften der Grund gewesen, Polen zu rekrutieren, die in Zechenkolonien – »Brutstätten kriechender Demuth« – isoliert würden und auf diese Weise zu einer »Phalanx« gegen »die Bestrebungen der organisierten Arbeiter« geformt würden. Die Eskalation sei entsprechend allein darauf zurückzuführen, dass die Arbeiterschaft in den nördlichen Revieren, in denen sich in Gelsenkirchen, Herne, Wanne »polnische Konklaven im deutschen Gebiet« gebildet hätten, gegen die Gewerkschaften abgeschirmt würden und deshalb wegen eines törichten Anlasses in den Ausstand gegangen seien.[111]

Anklänge eines proletarischen Internationalismus waren in den Äußerungen der Gewerkschaften nur selten zu finden. Die Berg- und Hüttenarbeiter-Zeitung (des Alten Verbandes) stellte in einer zusammenfassenden Bewertung des Streiks zwar fett fest: »Die polnischen Proletarier sind unsere Brüder!!!« und kündigte an, dass den verhafteten Bergleuten Rechtsanwälte an die Seite gestellt würden. Das Verbandsorgan, von

109 Vor allem Kulczycki hat herausgestellt, dass diese Haltung auch auf Tenfeldes Analyse des Streiks übergegriffen hat und der wichtigste Grund ist, warum der Streik von 1899 nicht seinen Platz in der Geschichte des Ruhrkohlenbergbaus hat, der ihm zukommt. Kulczycki: Foreign Worker, S. 105 f.; vgl. Tenfelde: »Krawalle von Herne«.

110 Helga Grebing: Art. Hue, Otto, in: NDB 9 (1972), S. 710.

111 Regierungspräsident Arnsberg, Zusammenfassender Bericht der Ereignisse im Herner Bergarbeiterausstande, 17.7.1899, LAV NRW W, K001/2847c, Bl. 7; Otto Hué: Die Krawalle von Herne, in: Die neue Zeit 17:2, 1898/99, S. 534–540.

Hués Deutung inspiriert, behielt jedoch auch dessen herablassenden Ton gegen die polnischen »Kinder« bei, »geistig gebrochen in immerwährender Knechtschaft«.[112] Es gab deshalb bei der Bewertung der streikenden Polen allenfalls marginale Unterschiede zwischen den gewerkschaftlichen Blättern und der RWZ; tatsächlich schoben die Gewerkschaftszeitungen schon den »polnischen« Charakter des Streiks in den Vordergrund, als die Deutung in den bürgerlichen Blättern noch schwankte. Als Reismann-Grone am 29. Juni über seine Erlebnisse in Herne berichtete, das Versagen der Polizei anprangerte, aber den Streik auch rundheraus als nationalpolnisch initiiert bezeichnete, traf er damit so sehr den Nerv der Sozialdemokraten und Gewerkschaften, dass der Vorwärts – das Zentralorgan der SPD – seinen Artikel über »Die Unruhen der polnischen Bergarbeiter im Herner Kohlenrevier« am 30. Juni 1899 in voller Länge abdruckte – allenfalls formal distanziert kommentierend: »Mit den Redensarten der ›Rh.-W. Ztg.‹ wollen wir uns keineswegs identifizieren. Wir weisen aber darauf hin, dass das polnische Element im Ruhrrevier von den Kohlenbaronen zur Lohndrückerei herangezogen worden ist und dass die deutschen Arbeiter unter der Konkurrenz dieser bedürfnislosen, rohen und unwissenden Elemente seit langem schwer zu leiden haben. Alle Versuche, sie zu organisieren und zu klassenbewussten Arbeitern zu erziehen, sind bisher an ihrer Indolenz und Unwissenheit gescheitert.« Es war wenig verwunderlich, dass die sozialdemokratischen Blätter die Überlegung vollkommen teilten, die Einwanderung in den Raum zwischen Ruhr und Emscher zu bremsen, auch wenn die Industrie als Folge gedrosselt werden musste. In einem Artikel Ende Juli 1899 über die Strafverfahren gegen die Teilnehmer des Streiks griff die Rheinisch-Westfälische Arbeiterzeitung (»sozialdemokratisches Organ für den westfälischen Industriebezirk«) die Überlegungen von Arthur Dix auf, dessen Credo es war, die polnische Wanderung in den Westen könne nur durch eine Lenkung von Investitionen in den Osten – für die industrielle Entwicklung, aber auch für bessere Schulen – gebremst werden.[113]

Welche Lehren aus dem Streik im Sommer des Jahres gezogen werden konnten, war ganz sicher eine Frage, die die Vertreter aus Industrie, Regierung und Kommunen bewegte, als sie am 14. Dezember 1899 im Ständehaus zu Bochum zusammenkamen. Durch den Prozess gegen Reismann-Grone waren die verschiedenen Optionen und auch die Alternativen noch einmal ins Gedächtnis gerufen worden, die sich in der Sattelzeit der Ruhrgebietsgeschichte stellten, ehe der Bergbau mit Macht in Richtung der Lippe vorstrebte. Es ging nicht nur um Wasser und Hygiene, sondern mit der Frage nach der Organisation der Abwasserwirtschaft verbanden sich grundlegende Konzepte für die Zukunft des Industriereviers. Allerdings zeigte dieses kleine Industriebezirksparlament im Ständehaus, selbstredend unter Ausschluss der Arbeiterschaft, dass die Beteiligten durchaus gewillt waren zu lernen, denn diese Form der Zusammenkunft von Regierung und Industrie war schon im Sommer auf dem Höhepunkt des Streiks gleich zweimal und einmal sogar am gleichen Ort erprobt worden und hatte sich offenbar bewährt.[114] Und es zeichneten sich zu dieser Zeit auch schon Überlegungen ab, wie kleinere Korrekturen

---

112 Deutsche Berg- und Hüttenarbeiter-Zeitung, Nr. 25, 1.7.1899.

113 Rheinisch-Westfälische Arbeiter-Zeitung, Nr. 173, 27.7.1899.

114 Die Protokolle der Sitzungen am 28.6.1899 in Herne und am 4.7.1899 in Bochum, LAV NRW W, K001/2847, Bd. 6, Bl. 172–178 u. Bl. 233–238.

an der Verwaltungsstruktur des Industriegebiets vorgenommen werden könnten – beispielsweise durch eine Stärkung der Landräte.

Das Ausscheiden des Bochumer Landrats Spude aus seinem Amt gab dem Arnsberger Regierungspräsidenten Winzer bereits die Möglichkeit, durch die sorgfältige Auswahl eines Kandidaten eine gewisse Wende in der Verwaltung eines der wichtigsten Landkreise des Industriebezirks einzuleiten, aber auch zu beweisen, dass das von Arnsberg aus dirigiert werden konnte:

> »Unzweifelhaft erscheint, dass die Verwaltung des Landkreises Bochum mit seiner hoch entwickelten, in stetiger Erweiterung begriffenen Industrie und seiner rapide anwachsenden, dazu noch konfessionell gemischten Bevölkerung schon unter gewöhnlichen Verhältnissen eine besonders tüchtige Kraft erfordert. In außerordentlichem Maße steigern sich aber die Anforderungen an die Leistungsfähigkeit der leitenden Beamten, wenn Zeiten der Unruhe oder der wirtschaftlichen Bedrängnis eintreten, wie es während des letzten Jahrzehnts in Folge der Ausstandsbewegungen der Bergarbeiter wiederholt der Fall gewesen ist.«[115]

Glücklicherweise war Winzer in der Lage, einen Kandidaten zu präsentieren, der mit 36 Jahren zwar nicht über die mehrjährige Erfahrung in der Landkreisverwaltung verfügte, die für den Posten eigentlich nötig gewesen wäre, dafür aber aus dem Westen stammte und durch seine Tätigkeit als Assessor am Dortmunder Gewerbegericht mit der Schwerindustrie und dem Kohlenbergbau vertraut war, *Karl Gerstein*. Das Besondere an der Berufung Gersteins, der als Assessor im Regierungspräsidium in Arnsberg schon an den Verhandlungen am 14. Dezember 1899 teilgenommen hatte, war allerdings nicht bloß dessen Energie und Tüchtigkeit, sondern, dass mit seiner Berufung die Reform der Polizei im Industriebezirk Fahrt aufnahm. Eine Konferenz des Preußischen Innenministers mit den regionalen Behörden in Dortmund hatte im August 1899 unter dem Eindruck des Streiks in Herne »Grundsätze [...] über die Regelung des Polizei- und Gendarmeriewesens in den industriellen Bezirken« verabschiedet, die in den kommenden Jahren durchgesetzt wurden: eine größere Polizeidichte, eine bessere Ausbildung und Auswahl sowie eine höhere Besoldung der Beamten – vor allem aber ein stärkerer Zugriff des preußischen Staates auf die Polizei, die eigentlich eine kommunale Aufgabe war.[116]

Die Verstaatlichung der Polizei hatte den Zweck, bei künftigen Ausständen möglichst auf den Einsatz von Militär verzichten zu können – was während des großen Streiks 1905 auch gelang –, zudem aber der Entstaatlichung durch die Auskreisungen und Eingemeindungen entgegenzuwirken. Je weiter sich das Industrierevier in zwei Ketten von Städten am Hellweg und im Emschertal konsolidierte, die die verbliebenen Landgemeinden absorbierten, desto mehr wurde das Amt des Landrats zurückgedrängt. Da er jedoch den ungeschmälerten Willen der preußischen Regierung repräsentierte, während die Oberbürgermeister auch ihren Wählern und den einflussreichsten Unternehmen verpflichtet waren, konnte durch die Konzentration der Polizeigewalt in der Hand der Landräte die Präsenz des preußischen Staates erhalten werden. Das war der Zweck der Er-

---

115 Regierungspräsident Arnsberg an Minister des Innern, betr. Landrathsamt im Landkreise Bochum, 12.4.1900, LAV NRW W, K001/6209.

116 Jessen: Polizei, S. 87–91.

richtung von königlichen Polizeidirektionen in Bochum, Essen und Gelsenkirchen, zu deren Präsidenten die Landräte ernannt wurden, als erste 1909 Karl Gerstein und der Gelsenkirchener Landrat *Alfred zur Nieden*. Es war eine Bevormundung der Städte und konnte deshalb erst nach langen Verhandlungen durchgesetzt werden; im Ergebnis waren die Landräte aber erneut »Schlüsselfiguren der Staatsverwaltung im Industriegebiet«.[117]

Gerstein begründete seine herausgehobene Position als Landrat und königlicher Polizeipräsident seither stets mit den besonders schwierigen politischen Verhältnissen in seiner Reichweite, namentlich der großen Zahl von Bergleuten polnischer Herkunft; so 1911, als er einen Nachtrag zum Etat anmeldete, der teils von den Städten aufgebracht werden musste:

> »Der Polizei-Direktions-Bezirk Bochum bildet kein geschlossenes Ganzes. Die Städte Bochum und Herne sind vielmehr umgeben von einer großen Anzahl stark bevölkerter Landgemeinden mit Industrie- und Bergarbeiterbevölkerung. Für diese und einige in der Nähe liegenden kleineren Städte ist die Stadt Bochum der wirtschaftliche und politische Mittelpunkt. [...] In den großen Sälen der Stadt werden die unpolitischen und politischen Versammlungen abgehalten, die massenhaft aus der Umgebung besucht werden. Bochum ist die Centrale der gesamten Polenbewegung der westlichen Monarchie.«[118]

Als Gerstein 1900 zum Landrat berufen wurde, stand allerdings immer noch eine Entscheidung darüber aus, welcher Kurs in der Entwicklung des Industriebezirks überhaupt eingeschlagen werden sollte, denn nach dem Streik von 1899 wurden antagonistische Positionen vertreten: Hier die Zechengesellschaften und Unternehmen, die nach weiteren Arbeitern schrien, dort die Regierungsbehörden, Landräte und Städte, die für eine Verlangsamung der Zuwanderung waren, weil sie die Kosten für die Belastungen zu tragen hatten, die im Schulwesen, aber auch in der Daseinsfürsorge im weiteren Sinne entstanden, nicht zuletzt bei der Frage wie Wasser herbeigeschafft und wie Abwasser abgeleitet werden konnte. Und auf diesem Antagonismus beruhte die bemerkenswerteste Lehre des Streiks in Herne, dass die deutsche Gewerkschaftsbewegung in einer unausgesprochenen Koalition mit denen stand, die ein Ende der Zuwanderung forderten, selbst wenn dadurch die industrielle Entwicklung gebremst werden würde. Der Widerspruch zwischen den verschiedenen Positionen entspannte sich nach dem Ende des Streiks nicht, im Gegenteil. Während der Oberpräsident in seinem zusammenfassenden Bericht im Oktober 1899 über die Ereignisse in Herne den Zechengesellschaften »Skrupellosigkeit« bei der Rekrutierung ihrer Arbeiter vorwarf, wurde in einer Sitzung des Bergbauvereins, die am 8. Juli in Dortmund stattfand, mit keinem Wort erwähnt, dass die Mehrheit der Streikenden Polen gewesen waren – die Unternehmer weigerten sich, das überhaupt als Problem wahrzunehmen.[119] Unterdessen gingen Berichte ein, dass die Einwanderung

117 Ebd., S. 97–99, Zit. S. 99; Vonde: Revier der großen Dörfer, S. 170–174.

118 Königliche Polizei-Direktion Bochum, Anmeldung von Mehrforderungen zum Etat für das Etatjahr 1912, 18.4.1911, Stadtarchiv Herne, V/3021, Bd. 2, Bl. 241.

119 Denkschrift über den Arbeiterausstand auf mehreren Steinkohlenbergwerken in der Umgegend von Herne im Sommer 1899, Entwurf Oktober 1899, LAV NRW W, K001/2847, Bd. 7, Bl. 155, Steno-

der Polen auch im rheinischen Teil des Industriegebiets überhandnehme: »In einzelnen Ortschaften wie Caternberg, Berge-Borbeck (Kreis Essen) hört man auf den Straßen, in den Wirtschaften und Wartesälen in weit verbreitetem Maße polnisch sprechen«, berichtete der Regierungspräsident in Düsseldorf im Juni 1900 an den Oberpräsidenten der Rheinprovinz. Die Polen seien im Übrigen »dem Rheinländer« sehr »unsympathisch«, sodass sie die rheinischen Bergleute aus dem Bergmannsberuf verdrängten: »Viele Söhne alter einheimischer Bergleute« hätten »einen anderen Beruf gewählt«, weil sie »ungern mit Polen zusammen« arbeiteten.[120]

Sowohl die Rheinisch-Westfälische Zeitung als auch die Arbeiterpresse agitierten unterdessen weiterhin gegen die polnische Zuwanderung. Im August 1899 veröffentlichte die RWZ einen Artikel unter dem Titel »Einiges vom Polentum im Rheinisch-Westfälischen Industriebezirk« der sich von den anderen abhob, weil darin polnische Geschäfte und Buchhandlungen, aber auch deutsche Geschäfte und Selbstständige mit Namen und Wohnort genannt wurden, die in polnischer Sprache inserierten.[121] Die Bielefelder Volkswacht, das Organ der SPD für Ostwestfalen, fragte hingegen im Juni 1900 unter dem Titel »Ein Hexenkessel«, was denn mit den »Hunderttausenden« geschehen werde, die von den »Versprechungen der industriellen Agenten« gelockt worden seien, wenn eine Krise ausbreche. »Sie sind dann ein gefährliches Werkzeug des Lohndruckes in den Händen des Unternehmertums«.[122]

Es gab mithin an der Wende zum neuen Jahrhundert etliche Anzeichen, dass die Debatte zwischen den Regierungsbehörden, Landräten, Kommunen und Gewerkschaften auf der einen und den Unternehmen auf der anderen Seite in einen offenen Konflikt münden könnte, sollte sich nicht eine Formel finden, mit der die Sorge um die soziale und politische Stabilität im Raum zwischen Ruhr und Emscher und das wirtschaftliche Interesse an weiteren polnischen Arbeitern vereinbart werden konnten. Diese Formel fand sich dann erstaunlicherweise in einer Publikation des Alldeutschen Verbandes, und ihr Verfechter war niemand anderes als der wichtigste Agitator gegen die Polen im Ruhrgebiet, Theodor Reismann-Grone.[123]

Unter den Bewertungen des Herner Streiks fand sich eine Überlegung, die das Selbstbild infrage stellte, das sich aus der geradezu hysterischen Polenfurcht ergab. Der Westfälische Merkur, eine dem Zentrum nahestehende Zeitung, stellte in ihrer Gesamtbewertung des Streiks die Fragen, ob die Ausstände der Polen in Herne nicht in Wahrheit »Gelegenheitsstreiche« von »dummen Jungen« gewesen seien, vor allem aber, ob die »Bevölkerungs-Mehrheit« im Industriegebiet nicht »die Kraft hätte, eine solche Einwanderung von 10 oder auch 20 Prozent langsam und sicher zu assimiliren«. Ostmarkenverein und Alldeutscher Verband stellten die deutsche »Nation und Cultur

---

graphischer Bericht der 41. General-Versammlung des Vereins für die bergbaulichen Interessen am 8.7.1899, ebd., Bl. 33–37.

120 Regierungspräsident Düsseldorf, betr. Polenbewegung, 29.6.1900, Anlage zu Oberpräsident Rheinprovinz an den Minister des Innern, 7.9.1900, LAV NRW W, K001/2748, Bd. 4, Bl. 12.

121 Rheinisch-Westfälische Zeitung, Nr. 639, 25.8.1899.

122 Volkswacht, Nr. 106, 8.5.1900.

123 S. dazu Die Polen im rheinisch-westfälischen Steinkohlen-Bezirke. Mit einem statistischen Anhange, einer Sammlung polnischer Lieder und zwei Karten, hg. v. Gau »Ruhr und Lippe« des Alldeutschen Verbands, München 1901; sowie die nachfolgenden Ausführungen.

als schwächlich, wehr- und lebensunfähig« hin, »indem sie ein so fürchterliches Angstgeschrei wegen der paar Millionen Polen [...] erheben«.[124] Das war der wunde Punkt der antipolnischen Agitation: Sie produzierte eine Idee der deutschen Nation, die ihrem kraftstrotzenden Selbstbild am Beginn des neuen Jahrhunderts so gar nicht entsprach.

Der Hinweis auf die unterschätzte Fähigkeit, die Polen im Industriegebiet in das deutsche Volk zu integrieren, war indes nicht neu: Hans Delbrück, der Herausgeber der Preußischen Jahrbücher, konservativer Historiker und Politiker, Prinzenerzieher und Militärexperte, hatte 1897 in einem weiteren Kommentar zur preußischen Ansiedlungspolitik ein regelrechtes Germanisierungsprojekt beschrieben; illustriert, wie es sich gehörte, mit einem angemessenen historischen Beispiel:

> »Um einen Damm gegen die immer höher steigende polnische Fluth aufzuwerfen, betreibt die preußische Regierung mit Eifer die Verbreitung der deutschen Sprachkenntnisse unter den Polen, siedelt mitten unter ihnen deutsche Bauern an, und wackere Deutsche bemühen sich, den Nationalsinn der dortigen deutschen Bevölkerung zu beleben, damit sie der fortschreitenden Polonisierung besser widerstehe. Andere Mittel, die wohl in alten Zeiten angewandt worden sind, ist man schon zu ängstlich geworden, wieder zu gebrauchen. Karl der Große z.B., indem er fränkische Kolonien in das unterworfene Sachsen führte, siedelte gleichzeitig massenhaft Sachsen auf fränkisches Gebiet an. Man könnte auch heute Ähnliches erreichen, indem man den Zug polnischer Arbeiter in die westlichen Industriegegenden auf jede Weise beförderte, in der Sicherheit, dass sie dort in ein bis zwei Generationen germanisiert sein werden. Aber ganz im Gegentheil, man kann in unseren Zeitungen warnende Hinweise lesen, daß das Polenthum schon bis nach Westphalen vorgedrungen ist und dort anfängt, eigene Gemeinden zu bilden [...].«[125]

Das war das Gegenteil der Argumentation von Arthur Dix. Statt einen »Damm« gegen die endlose Flut von Polen zu errichten, die das Industriegebiet zu überschwemmen drohte, wollte Delbrück den Raum zwischen Ruhr und Emscher in eine Germanisierungsmaschine verwandeln, die den Bevölkerungsdruck von den östlichen Provinzen in das Industriegebiet ablenkte und dort eine unerschöpfliche Quelle genügsamer und fleißiger, vor allem aber deutscher Arbeiter schuf.

Es ist nicht zu klären, inwieweit Delbrücks Idee und die Kritik des Westfälischen Merkur Theodor Reismann-Grone anleiteten, als er 1899 bei *Ernst Schaper* und *Oskar Einecker*, zwei jungen Bergassessoren, eine Studie über die Polen im Rheinisch-Westfälischen Steinkohlen-Bezirk in Auftrag gab. Reismann-Grone finanzierte einen Teil der Studie aus eigener Tasche, einzelne Zechengesellschaften gaben nur kleinere Beträge dazu. Er habe bei verschiedenen Zechen um jeweils 200 bis 300 Mark »gebettelt«, schrieb Schaper an Reismann. Die größte Ausgabe entstand durch eine Auszählung der Polen, die beim Knappschaftsverein in Bochum in Auftrag gegeben wurde und 307 Mark kostete – nicht zu viel für die Riesenarbeit, klagte der Knappschaftssekretär.[126] Mit

124 Westfälischer Merkur, Nr. 345, 11.7.1899.

125 Hans Delbrück: Der neue Polenfonds, in: Preußische Jahrbücher 90, 1897, S. 570–578, hier S. 572.

126 Schaper an Reismann-Grone, 24.2.1900; Joest, Knappschaftsverein Bochum, an Schaper, 30.1.1900, Stadtarchiv Essen, 652/29.

diesen Daten konnte ein statistischer Bogen zu der Zählung von Taeglichsbeck von 1893 und den Volkszählungen geschlagen und die Entwicklung der polnischen Wanderung ins Industriegebiet recht gut bewertet werden. Aus der Erhebung ließ sich ablesen, dass Polnisch sprechende Arbeiter in zwei Bergrevieren (Gelsenkirchen und Herne) und auf 19 (von 237) Zechen mehr als 50 Prozent der Belegschaft stellten. Diese Zechen reihten sich nördlich und südlich entlang der Emscher auf, und einen entsprechenden Eindruck machten die Gemeinden, in denen diese Zechen lagen: »Geht man in den Orten Buer, Bruch, Herten, Castrop, Bottrop, Erle, Gladbeck, Borbeck, Schalke, Oberhausen, Stoppenberg, Caternberg, Recklinghausen, Herne, Eickel, Riemke, Wattenscheid, Marten, Crange bei Schichtwechsel [...] durch die Straßen, so schlagen einem nur ganz vereinzelte deutsche Worte ans Ohr [...].«[127]

Der statistischen Analyse waren zwei Texte an die Seite gestellt: Einer resümierte eher knapp die Lage und Entwicklung in den östlichen Provinzen, während auf rund 60 Seiten einiges über die »Polen im Westen« verkündet wurde – darin fand sich auch ein Kapitel über »die Eindeutschung«. Das sollte wohl die wichtigste Innovation des Bandes sein, aber die beiden Bergassessoren waren damit überfordert, der Germanisierung der Polen überhaupt irgendetwas abzugewinnen. Ihr Text rutschte deshalb immer wieder in die antipolnische Agitation ab, die Delbrück so beklagte:

> »Es kann, wie gesagt, fraglich erscheinen, ob es wünschenswert ist, dass die deutsche Bevölkerung mit einem so starken Zusatze polnischen Proletariats eine Vermischung eingeht. Nun, die Sache liegt unseres Erachtens einfach so: Die Polen sind einmal im Industriebezirk vorhanden. [...] Unter diesen Umständen ist es doch gewiss trotz aller kulturellen und sozialen Bedenken vorzuziehen, dass sich die Fremden den Bewohnern des Landes assimilieren, als dass sie auf die Dauer im preußischen Staate eine polnische Enklave bilden. [...] Also mindestens die nächsten 50 Jahre wird, wenn nicht ganz besondere Ereignisse eintreten, Rheinland-Westfalen die Geister nicht mehr los werden, die es rief.«[128]

Das war nicht im Sinne der Führung des Alldeutschen Verbandes. *Julius Friedrich Lehmann*, in dessen Verlag die Schrift erscheinen sollte, beklagte die »Stümperhaftigkeit« des »Schaper'sche[n] Polenprogramm[s]«, während *Alfred Hugenberg*, einer der Gründer des Alldeutschen Verbandes, vorschlug, überhaupt nur den statistischen Teil zu veröffentlichen.[129] Theodor Reismann-Grone, der sich Delbrücks Idee – »dieses kleine Völkchen [...] aufzusaugen«[130] – zu dieser Zeit auch in öffentlichen Vorträgen zu eigen gemacht hatte, verfasste deshalb ein eigenes Programm zum Umgang mit den Polen an der Emscher, das der Schrift von Schaper und Einecker als »Gutachten« beigegeben wurde, und wenige recht klare Richtlinien enthielt.[131]

---

127 Die Polen im rheinisch-westfälischen Steinkohlen-Bezirke, S. 54.

128 Ebd., S. 55 f.

129 Hasse an Hugenberg (Durchschlag), 18.8.1900; Hasse an Reismann-Grone, 20.8.1900, Stadtarchiv Essen, 652/29.

130 Regierungspräsident Düsseldorf, betr. Polenbewegung, 29.6.1900, Anlage zu Oberpräsident Rheinprovinz an den Minister des Innern, 7.9.1900, LAV NRW W, K001/2748, Bd. 4, Bl. 16.

131 Die Polen im rheinisch-westfälischen Steinkohlen-Bezirke, S. IX–XI, danach auch das folgende; vgl. den Entwurf in Stadtarchiv Essen (Nachlass Reismann-Grone), 652/29: Das Gutachten ist in der

Zu erwarten waren die Standardformeln des Alldeutschen Verbandes, die polnische Presse, polnische Agitatoren und Versammlungen, die polnischen Vereine, die polnische Seelsorge und die Verwendung der polnischen Sprache überhaupt nach Kräften zu behindern und zu überwachen. Daneben traten jedoch neue Überlegungen: Die Deutschen dazu zu erziehen, sich nicht abschätzig über die Polen zu äußern und sie wegen ihres Akzents zu verspotten; die Aufnahme der polnischen Einwanderer in Krieger- und Turnvereine »deutscher Gesinnung« zu fördern; die Verdeutschung polnischer Namen zu erleichtern und zu unterstützen. Überhaupt ging Reismann-Grone davon aus, dass die Gefahr einer Polonisierung des Industriebezirks nicht bestehe, dass aber »die *Eindeutschung* [HiO] der Polen sich im Industriebezirk wesentlich rascher vollziehen wird, als im Osten«. Deshalb seien keine Hindernisse gegen die Einwanderung von Polen mit deutscher Staatsbürgerschaft zu errichten – die Einwanderung von Polen aus Russland und Österreich müsse aber stärker als zuvor unterdrückt werden.

Das war eine stärker praxisbezogene Umsetzung der Idee der Germanisierungsmaschine von Delbrück; in einem letzten Punkt nahm Reismann-Grone jedoch eine Idee auf, die er selbst im Herbst 1899 formuliert hatte: »Es erscheint zweckmäßig, dass der *Kohlen- und Eisenbezirk* [HiO], welcher 4/5 aller Polen beherbergt, zu einem Verwaltungsbezirk vereinigt wird, um eine gemeinsame Behandlung der Polen zu erleichtern.« Das war eine Variante seiner Polemik gegen die Schläfrigkeit der Arnsberger Bezirksregierung, allerdings mit einem entscheidenden Unterschied. Im Entwurf hatte es tatsächlich noch geheißen, den Kohlen- und Eisenbezirk zu einem »*Regierungsbezirk*« [HiO][132] zu vereinigen. Das war offenbar der Versuch, die Germanisierung auch den Regierungspräsidenten schmackhaft zu machen: Reismann-Grone versuchte eine Sonderzone zu definieren, in der die Maßnahmen zur Eindeutschung der polnisch sprechenden Migranten hauptsächlich zu Wirkung kommen sollten, aber nicht gegen die Bezirksregierungen in Rheinland und Westfalen, sondern im Zusammenwirken mit ihnen. Diese Wendung erklärt sich durch die Konturen, die dieser Verwaltungsbezirk in den Statistiken von Schaper und Einecker annahm. Sie hatten in einer etwas gewagten statistischen Operation die Polenanteile aus den Knappschaftsdaten auf die Verwaltungsgrenzen übertragen und daraus ließ sich klar ablesen, was mit dem Kohlen- und Eisenbezirk, in dem vier Fünftel der Polen lebten, gemeint war. Das waren die Landkreise im Emschertal ohne die bis dahin ausgekreisten Städte: Dortmund, Bochum, Gelsenkirchen und Essen südlich der Emscher, Recklinghausen nördlich davon. In diesen Landkreisen lebten nach der Berechnung der beiden Assessoren 88.066 von 108.566 Polen im Industrierevier.[133]

Es war Reismann-Grone offenbar wichtig, dass dieses Programm möglichst weite Kreise zog und auch bei den zuständigen Bezirksregierungen aufmerksam gelesen wurde. Deshalb verzichtete er darauf, seinen und die Namen der Verfasser im fertigen Werk

---

Druckfassung ungezeichnet – im Entwurf sollte es den Untertitel »nach den Vorschlägen des Dr. Reismann-Grone« tragen.

132 Gutachten des Arbeitsausschusses des alldeutschen Gaues Ruhr und Lippe zur Polenfrage im Industriebezirk (Entwurf), o. D., Stadtarchiv Essen, 652/29.

133 Die Polen im rheinisch-westfälischen Steinkohlen-Bezirke, S. 54. Woher die Angaben zur Bevölkerung der Stadt und Landkreise stammen ist nicht klar – offenbar fehlten aber Daten für den Landkreis Ruhrort.

zu nennen. Immerhin klaffte ein ziemlicher Widerspruch zu den antipolnischen Tiraden der Rheinisch-Westfälischen Zeitung, die mit dem Erscheinen des Bandes zu den »Polen im rheinisch-westfälischen Steinkohlen-Bezirke« keineswegs ein Ende fanden. Die bösartigen Artikel über die polnischen Einwanderer waren offenbar so beliebt, dass darauf wirtschaftlich schlecht verzichtet werden konnte. Vermerkt wurde deshalb nur, dass das Buch vom Gau »Ruhr und Lippe« des Alldeutschen Verbandes herausgegeben sei; Eingeweihten war ohnehin klar, dass Reismann-Grone mit diktatorischen Vollmachten über diesen Regionalverband verfügte.[134]

Die Studie erregte jedenfalls Aufmerksamkeit weit über das vaterländische und alldeutsche Milieu hinaus. Die liberale Frankfurter Zeitung beispielsweise widmete ihrer Besprechung zweimal drei Spalten auf der ersten Seite und rieb sich vor allem ungläubig die Augen, dass die Gefahr der Polonisierung im Norden des Industriegebiets nicht stärker herausgestellt wurde: »Aus alledem gewinnt man den Eindruck, dass es den ›alldeutschen‹ Wortführern nicht ernst sein kann mit ihren ›Eroberungen für das Deutschtum‹ […].«[135]

Reismann-Grones Eindeutschungsformel war eine Lösung des latenten Konflikts über den Fortgang der industriellen Expansion. Da nun darauf verwiesen werden konnte, dass die Eindeutschung der Polen auch bedeutete, dass die Belastung der staatlichen Stellen zeitlich überschaubar blieb, legte sich auch die Empörung über die »skrupellose« Rekrutierungspolitik der Unternehmen. Gleichzeitig konnten mit dem Hinweis auf die nach wie vor drohende Gefahr der Verdrängung der preußischen Behörden aus der regionalen Verwaltung die Stadtrechtsverleihungen unterbunden werden: Die Eindeutschungsformel rechtfertigte dabei eine gewisse Zurückhaltung. Die mit dieser Argumentation agierenden Beamten konnten so darauf verweisen, dass sie bei einer der zentralen Aufgaben der preußischen Monarchie – die Sicherung der östlichen Provinzen gegen die polnische Flut – mitwirkten, was sicher auch karrierefördernd eingesetzt werden konnte.

Als ein direkter Anknüpfungspunkt für das Verwaltungshandeln im Industriegebiet eignete sich die Studie des Alldeutschen Verbandes jedoch nicht: Wenngleich Reismann-Grone allenthalben konkrete gesetzliche Maßnahmen vorschlug, gab es selbst im Kaiserreich keine Möglichkeit, offiziell einen Verwaltungsbezirk innerhalb Deutschlands zu bilden, dessen Bewohner Objekte einer Germanisierungspolitik waren und deshalb geringere Rechte hatten als andere Staatsbürger. Das musste unterschwellig, begleitet von anderen politischen Maßnahmen, durchgesetzt werden, und es wurde oftmals in Chiffren kommuniziert: Wenn der Arnsberger Regierungspräsident Winzer, sei es beim Vorschlag von Karl Gerstein zum Landrat, sei es bei der Sitzung im Ständehaus am 14. Dezember 1899, das Bild der »riesenhaft« wachsenden Bevölkerung zeichnete, war allen Zuhörern klar, dass er in erster Linie die riesenhaft wachsende Polnisch sprechende Bevölkerung meinte, die einen politischen Wandel erzwang. Jedenfalls gibt es etliche Anzeichen dafür, dass die Idee von Delbrück und Reismann-Grone, eine Germanisierungszone im Emschertal einzurichten, schon direkt nach der

134 Frech, Wegbereiter Hitlers?, S. 103.

135 Frankfurter Zeitung, Nr. 234, 24.8.1902. Der zweite Teil des Artikels erschien in Nr. 236, 26.8.1902.

Jahrhundertwende Regierungspolitik wurde und sich so auch in die innere Logik der Emschergenossenschaft eingeschrieben hat.

Ein wichtiges Indiz dafür ist, dass der Oberpräsident der Provinz Westfalen die alldeutsche Studie zum Anlass nahm, seit 1902 jährlich selbst eine Art professionalisierte Variante zu produzieren: eine Erhebung über die Zahl der Polen, in der die polnische Bevölkerung und »ihre Bedeutung auf den verschiedenen Gebieten des öffentlichen Lebens« in den betroffenen Regierungsbezirken Münster und Arnsberg systematisch ausgemessen wurden.[136] Diese ›Polenzählungen‹ enthielten nicht nur Angaben zu Geschlecht, Konfession und Beruf, sondern auch etliche weitere Indikatoren, aus denen der Grad der Eindeutschung abgelesen werden konnte: Wie viele polnische Frauen waren mit deutschen Männern, wie viele polnische Männer mit deutschen Frauen verheiratet? Wie viele Polen waren Mitglieder in Kriegervereinen? Gehörten Sie Presbyterien und Kirchenvorständen an? Die Erhebungen ließen auch Bewertungen beispielsweise zu der Frage zu, die die Frankfurter Zeitung umtrieb, ob die Gemeinden im Emschertal die Polen aus dem südlichen Teil des Industriegebiets anzogen usf.

Im Laufe der Zeit wurden die Erhebungsmethoden verfeinert. Im Hinblick auf die Frage, ob es leichter einzudeutschende Gruppen unter den Polen gäbe, hatte schon die alldeutsche Studie die überwiegend evangelischen, Polnisch sprechenden Bergarbeiter aus dem Süden Ostpreußens, die sogenannten Masuren, die deutschfreundlich und königstreu und daher leichter zu assimilieren seien, herausgestellt. Das ließ sich jetzt beispielsweise daran ablesen, dass Masuren viel häufiger Mitglieder in Kriegervereinen waren als katholische Polen, was von der Rheinisch-Westfälischen Zeitung, die regelmäßig Material aus den Erhebungen zugespielt bekam, beifällig kommentiert wurde.[137] Das führte wiederum dazu, dass Polen und Masuren schließlich ganz getrennt erfasst wurden. Seit 1908 fand die Erhebung auch im Regierungsbezirk Düsseldorf der Rheinprovinz statt, und schließlich wurde die im gleichen Jahr beim Präsidium von Karl Gerstein in Bochum gegründete Polenüberwachungsstelle mit der Federführung in der sogenannten Polenstatistik insgesamt beauftragt, die somit eine der ersten Institutionen war, die das gesamte Industrierevier über die Grenzen der Provinzen hinweg erfasste.[138]

Nicht zuletzt aus der Polenstatistik ließ sich ablesen, dass die Germanisierungszone überwiegend nördlich der Emscher liegen würde. Hier erstreckte sich der Landkreis Recklinghausen, im Prinzip Nachfolger des Vests, eines Territoriums des Erzbistums Köln und deshalb größtenteils katholisch. Der Landkreis wurde seit den 1870er Jahren vom Bergbau aufgeschlossen, zur Jahrhundertwende war aber absehbar, dass die neuen Zechen überwiegend dort abgeteuft würden – es sollten über hundert neue Schächte

136 Oberpräsident Westfalen an Regierungspräsident Münster, 25.2.1902, LAV NRW W, K001/6037, Bl. 1. Die Ergebnisse der Erhebungen 1902, 1904 und 1906 finden sich in diesem Aktenband, die Erhebungen 1908 und 1910 (einschließlich der Daten aus der Rheinprovinz) in LAV NRW W, K001/6351. Die Erhebung 1912 wurde wegen des erheblichen Aufwands zunächst um ein Jahr verschoben, fand dann aber offenbar nicht mehr statt: Regierungspräsident Arnsberg an Oberpräsident, betr. Polenstatistik, 11.2.1912, LAV NRW W, K001/6351, Bl. 358 f.

137 Rheinisch-Westfälische Zeitung, Nr. 805, 27.9.1903.

138 Regierungspräsident Arnsberg an Oberpräsident, betr. Polenstatistik, 11.2.1912, LAV NRW W, K001/6351, Bl. 358 f.

bis 1914 werden. Gleichzeitig erleichterte die flächendeckende katholische Seelsorge die Ansiedlung von polnischen Bergarbeitern. Der Streik 1899 hatte durchaus auf den Landkreis übergegriffen: Die Gemeinde Bruch, nördlich der Emscher, zwischen Herne und Recklinghausen gelegen (heute Recklinghausen-Süd), war sogar eines seiner Zentren: »Hier wohnt die rücksichtloseste und zuchtloseste polnische Bevölkerung«, hatte ein Reporter der Kölnischen Zeitung geschrieben.[139] Bei der ersten ›Polenzählung‹ 1902 ermittelte der Oberpräsident unter den 154.671 Bewohnern des Landkreises Recklinghausen 32.232 Polen; das war nach der Stadt Gelsenkirchen die höchste Quote in der Provinz.[140]

Die Verwaltungsstruktur im Landkreis Recklinghausen unterschied sich deutlich von der südlich der Emscher. Weil die industrielle Entwicklung später eingesetzt hatte, war bis zur Jahrhundertwende keine einzige Stadt neu entstanden – Recklinghausen selbst hatte seit dem Hochmittelalter Stadtrechte und wurde 1901 ausgekreist. Eine tendenzielle Entmachtung der Landräte wie in den südlichen Landkreisen gab es nicht. Im Landkreis Recklinghausen, schon zu dieser Zeit einer der bevölkerungsreichsten der gesamten Monarchie, herrschten der Regierungspräsident von Münster und der Landrat: Seit 1894 war das *Felix Graf von Merveldt*.

Merveldt, 1862 geboren, stammte aus einer der angesehensten (katholischen) Adelsfamilien von Westfalen und legte deshalb Wert darauf, dass er persönlich kaum über Grundbesitz verfügte (und nicht etwa nur die Interessen des grundbesitzenden Adels vertrat). Er galt als fähiger Verwaltungsjurist, sodass er 1913 zum Regierungspräsidenten von Münster ernannt wurde.[141] Neben Gerstein sollte er einer der wortmächtigsten Vertreter des preußischen Staates in der Emschergenossenschaft werden; er war aber vor allem damit beschäftigt, seinen riesigen Landkreis unter Kontrolle zu halten – das hieß in erster Linie, die Polen möglichst genau zu beaufsichtigen. Merveldt war dabei so erfolgreich, dass die Zechen mit großer polnischer Belegschaft vermieden, ihm Anzeichen von Streiks zu melden.[142] Kontrolle der Polen hieß aber auch, zu verhindern, dass im Kreis Recklinghausen neue Städte entstanden, die die Ressourcen des Kreises, aber auch dessen Bevölkerung, dem Zugriff der Provinzregierung entwanden. Eine der wichtigsten Ressourcen waren die Bäche, die von Norden in die Emscher mündeten – denn solange das rechte Ufer des Flusses weniger vom Kohlenbergbau besetzt war, verdünnten die zahlreichen Gewässer aus dem Münsterland den Schmutz aus dem Süden. Die Bäche allein waren ein Grund, die Gemeinden im Landkreis Recklinghausen im Griff des Landrats zu halten.

Im Kreis Recklinghausen gab es neben der Kreisstadt, die nach der Volkszählung vom Dezember 1895 20.644 Einwohner hatte, noch eine weitere Stadt, Dorsten (4.234), die auf eine ähnlich lange Tradition zurückblicken konnte. Gleichzeitig gab es nicht weniger als sechs Gemeinden im Kreis, die eine größere Bevölkerung als Dorsten hatten: Horst (5.063), Herten (6.698), Osterfeld (7.424) und Gladbeck (7.827), vor allem aber die

139 Kölnische Zeitung, Nr. 513, 3.7.1899.

140 Zahlenmäßige Angaben über das Polentum in dem Industriegebiet in der Provinz Westfalen, 21.11.1903, LAV NRW W, K001/6037, Bl. 111.

141 Dietrich Wegmann: Die leitenden staatlichen Verwaltungsbeamten der Provinz Westfalen 1815–1918, Münster 1969, S. 307 f.

142 Landrat Recklinghausen an Regierungspräsident, 3.5.1902, LAV NRW W, K001/2847, Bd. 8, Bl. 95.

beiden Gemeinden, die annähernd so groß waren wie die Kreisstadt selbst: Buer (16.031) und Bottrop (18.015). Hinzu kam noch die Landgemeinde Recklinghausen (8.776), deren Kirchspiele sich halbkreisförmig um die Kreisstadt legten, und die Gemeinden Datteln, Waltrop und Kirchhellen, die nur unwesentlich kleiner als Dorsten waren. Nach der ›Polenzählung‹ von 1902 waren Polen in fünf von diesen Gemeinden »besonders stark vertreten«, machten also nach der Verwaltungsdefinition entweder mehr als ein Fünftel der Bevölkerung aus oder bildeten einen ›Block‹ von mindestens 2.000 Personen. Das waren Recklinghausen-Land, Horst, Herten, Buer und schließlich Bottrop, das wegen der erwähnten Einwanderung von Oberschlesiern seit den 1870er Jahren als Hochburg des Polentums galt. 9.341 Einwohner zählten dazu, die 1902 knapp 36 Prozent der Bevölkerung ausmachten. Aber auch in Herten und Horst gab es rund 34 Prozent Polen, während Buer (28,6 Prozent) und die Landgemeinde Recklinghausen (14,1 Prozent) weniger belastet schienen.[143]

Die großen Gemeinden des Landkreises Recklinghausen wurden allesamt Städte, aber weit überwiegend erst nach dem Ende des Kaiserreichs. Vor dem Ersten Weltkrieg stellten Buer, Bottrop und Horst Anträge auf Verleihung der Städteordnung, aber allein Buer gelang der Sprung zur Stadtwerdung – im zweiten Anlauf. Diese Konstellation ist umso bemerkenswerter, da die Ablehnungen vom preußischen Innenminister verfügt wurde, und zwar paradoxerweise, bevor die Gemeinden überhaupt einen Antrag auf Stadterhebung gestellt hatten – und in jedem der drei Fälle ging es um die polnische Bevölkerung. Der Ausgangspunkt für den ministeriellen Erlass war tatsächlich die Frage, wie der stetig weiterwachsende Landkreis Recklinghausen dauerhaft unter Kontrolle gehalten werden könnte. Seit Anfang 1905 drängte das preußische Innenministerium auf eine Konzeption für die langfristige Entwicklung, »da bei der raschen Bevölkerungszunahme eine ordnungsgemäße Verwaltung des Kreises auf die Dauer kaum gewährleistet erscheint«.[144] Eine Idee war rasch bei der Hand – die Teilung des Kreises in einen östlichen um die Kreisstadt Recklinghausen und einen westlichen mit der neuen Kreisstadt Dorsten. Nur stellte sich die Frage, ob der neue Kreis Dorsten lebensfähig bleiben würde, wenn die Bergbaugemeinden Bottrop, Osterfeld, Gladbeck, Buer und Horst ausscheiden, neue Städte oder gar Stadtkreise bilden würden. Zwar schätzte das um eine Bewertung der wirtschaftlichen Zukunft gebetene Oberbergamt Dortmund die Aussichten auch eines Restkreises Dorsten nicht ungünstig ein, doch ein letzter Zweifel blieb. Deshalb reiste ein Kommissar des preußischen Innenministers am 24. November 1905 an, um den Kreis Recklinghausen und besonders die Gemeinden Buer und Bottrop an diesem nasskalten Novembertag gemeinsam mit dem Regierungspräsidenten und dem Oberpräsidenten der Provinz in Augenschein zu nehmen. Das Ergebnis der Bereisung war vernichtend. Der Innenminister, seit März 1905 war das *Theobald von Bethmann-Hollweg*, schrieb am 4. Dezember, geradezu entsetzt in seinen Erlass, es erscheine

143 Zahlenmäßige Angaben über das Polentum in dem Industriegebiet in der Provinz Westfalen, 21.11.1903, LAV NRW W, K001/6037, Bl. 112.

144 Minister des Innern an Oberpräsident, betr. Teilung des Kreises Recklinghausen, 4.12.1905 (Abschrift), Kreisarchiv Recklinghausen (KA Recklinghausen), vorläufige Nr. 382.

> »ausgeschlossen, daß für die beiden Landgemeinden Buer und Bottrop in absehbarer Zeit die Verleihung der Städteordnung in Antrag gebracht werden kann. Bei Buer ist für diese Stellungnahme vor allem entscheidend die zerstreute Bauart der Gemeinde, welche aus drei verschiedenen, in großen Zwischenräumen von einander entfernt liegenden Ortschaften besteht. Bei Bottrop kommt noch in Betracht, daß sich die Einwohnerschaft zu einem Drittel aus polnischen Arbeitern zusammensetzt, und daß deshalb die Beibehaltung der intensiveren Aufsicht des Landrats über die Gemeindeverwaltung aus politischen Gründen wünschenswert erscheint.«[145]

Der Erlass war derart radikal, dass schlagartig alle Alternativen zum Umgang mit der polnischen Bevölkerung im Landkreis ausschieden. Zeitweise hatte der Regierungspräsident in Münster daran gedacht, die Stadterhebungen an die Bedingung zu knüpfen, dass die neuen Städte des Kreises es hinnahmen, dass in Recklinghausen eine königliche Polizeidirektion unter der Leitung des Landrats ähnlich wie in den Kreisen südlich der Emscher eingerichtet wurde.[146] Wenn es aber keine neuen Städte gab, bedurfte der Landrat allerdings keine Stütze durch das Amt des Polizeipräsidenten.

Die braven Bürger von Bottrop und Buer erfuhren von dem Erlass des Innenministers zunächst nichts, obwohl dort Anträge zur Stadtrechtsverleihung schon bearbeitet wurden, in Bottrop seit Dezember 1904. Immerhin mussten städtisches Gepräge und städtischer Verkehr nachgewiesen werden, und das dauerte seine Zeit.[147] Anfang 1906 machte Merveldt jedoch die Amtmänner beider Gemeinden bei verschiedenen Gelegenheiten auf den an sich vertraulichen Erlass des Innenministers aufmerksam. Dummerweise »verharr[t]en die Vertretungen beider Gemeinden auf dem früheren Standpunkt« einen Verleihungsantrag zu stellen, weil sie naiv an eine freie Willensbildung im Kreistag glaubten; das wiederum zwang Merveldt dazu, nun den Kreisausschuss, der vor der Weiterleitung des Antrags an den Kreistag gehört werden musste, ebenfalls in den ministeriellen Erlass einzuweihen.[148] Die Gemeinden hatten sich unterdessen abgesprochen und Verbündete gesucht, sodass im November und Dezember 1906 gleich drei Anträge auf Verleihung der Städteordnung beim Landrat eingingen, neben denen von Bottrop und Buer auch der von Horst. Die kleinste der drei Gemeinden konnte mit einem besonderen Clou aufwarten, denn es war eine Urkunde aufgetaucht, durch die Horst schon im Mittelalter das Stadtrecht verliehen worden war, was die Gemeinde zu einer sogenannten Titularstadt machte. Dadurch versprach ihr Weg zur Städteordnung weniger holprig zu sein. Trotzdem scheiterten alle drei Anträge kläglich – in jedem Fall gab es da und dort Widerstände, aber der ministerielle Erlass gegen Bottrop und Buer zeigte so sehr

145 Ebd.

146 Regierungspräsident Münster an Landrat Recklinghausen, 8.8.1905, KA Recklinghausen, vorläufige Nr. 382.

147 Heike Biskup: Von der Landgemeinde zur Industriestadt. Bottrops langer Weg bis zur Verleihung der Stadtrechte, unveröffentlichter Vortrag beim »Tag der Westfälischen Geschichte«, 11.5.2019. Wir danken Frau Biskup für die Überlassung des Vortragsmanuskripts; Lutz Budrass: Der Abstimmungskampf im Rheinland und in Westfalen: Das Beispiel Bottrop, in: David Skrabania/Sebastian Rosenbaum (Hg.): Die Volksabstimmung in Oberschlesien 1921. Nationale Selbstbestimmung oder geopolitisches Machtspiel? Paderborn u. a. 2023, S. 232–262.

148 Landrat Recklinghausen an den Regierungspräsidenten in Münster, betr. Teilung des Landkreises Recklinghausen, 10.12.1906, KA Recklinghausen, vorläufige Nr. 382.

Wirkung, dass sich die Wortwahl des abschlägigen Bescheids des Kreistages daran orientierte.[149] Weil im Fall von Horst kein ministerieller Erlass vorlag, musste improvisiert werden, und hier wurde neben dem Umstand, dass Horst »von den verbrieften Rechten bisher niemals Gebrauch gemacht« habe, auch angeführt, dass die »Zusammensetzung der Bevölkerung« zuungunsten des Antrags wirke, erneut eine Chiffre für eine zu große Quote von Polen.[150]

Wie sehr die Stadterhebungspolitik der Logik der Germanisierungspolitik folgte, zeigte sich, als Buer 1910 den zweiten Antrag auf Verleihung der westfälischen Städteordnung stellte. Der Antrag war nicht nur besser vorbereitet und illustriert, sondern Landrat, Kreisausschuss, Kreistag und auch der Regierungspräsident leiteten ihn befürwortend an den Innenminister weiter; der allerdings wollte vor einer endgültigen Entscheidung doch noch wissen, wie viele Polen in Buer ansässig seien. Merveldt, vom Regierungspräsidenten mit der Antwort betraut, entgegnete, dass das nahe gelegene Gelsenkirchen zwar Verteilerzentrum für die Einwanderer aus den östlichen Provinzen bilde, aber Buer seit jeher von masurischen Einwanderern überschwemmt worden sei, die zu den Polen Distanz hielten, aber mit den Einheimischen gut zusammenlebten.[151] Die Prognose einer erfolgreichen Germanisierung konnte auch im Landkreis Recklinghausen zur Entlassung aus der Aufsicht des Landrats führen.

Die Verweigerung der Stadtrechte im Kreis Recklinghausen rundete die Entwicklungen ab, die sich seit den dramatischen Ereignissen in Herne 1899 ergeben hatten. Der sogenannte Polenaufstand hatte die latenten Konflikte fast zum Ausbruch kommen lassen, die sich im rheinisch-westfälischen Industrierevier aufgestaut hatten: wie weit die Industrialisierung noch getrieben werden konnte, wenn Arbeiter nur noch aus der überwiegend polnischen Bevölkerung der östlichen Provinzen des Königreichs Preußen geschöpft werden konnten; wer dafür aufkam, wenn die Städte und Gemeinden unter den Kosten einzuknicken drohten, die die zusätzliche Bevölkerung verursachte – in Schulwesen, Gesundheitsfürsorge, Versorgung mit Wasser, Wohnungen und Straßen und der Entsorgung von allerlei Schmutz und Unrat. Die von Hans Delbrück und Theodor Reismann Grone konzipierte Germanisierungszone im Emschertal bot eine Lösung: Sie legitimierte durch den Vorbehalt der öffentlichen Sicherheit die Präsenz der preußischen Regierungsbehörden und namentlich der Landräte in der Debatte über die Zukunft des Industriereviers. Sie schuf aber auch eine Art Gemeinwohlfiktion, insoweit im Emschertal eine Germanisierungsmaschine aufgebaut wurde, die den Druck eines Problems ableitete, von dem allgemein angenommen wurde, dass es zu den wichtigsten der preußischen Monarchie gehörte. Die Germanisierungszone war der heimliche Zwilling der Emschergenossenschaft. Dieselben Akteure schufen zur gleichen Zeit eine Körperschaft,

149 Beschluss des Kreisausschusses, betr. Antrag Bottrop, 7.12.1906; Auszug aus den Kreistagsverhandlungen, betr. Antrag Bottrop, 16.3.1907, KA Recklinghausen, vorläufige Nr. 383; Wolfgang R. Krabbe: Die Verleihung der Städteordnung an die Vestische Gemeinde Buer. Sozial- und verfassungspolitische Probleme der Entwicklung des Ruhrgebietes vor dem Ersten Weltkrieg, in: Die Alte Stadt 14, 1987, S. 341–351.

150 Auszug aus den Kreistagsverhandlungen, betr. Antrag Horst-Emscher, 16.3.1907, KA Recklinghausen, vorläufige Nr. 383.

151 Krabbe, Städteordnung, S. 349.

durch die die Industrie und der Bergbau für alle Zeit verpflichtet wurden, über ihre Steuern hinaus einen erheblichen Teil der Kosten zu tragen, die durch die zusätzliche Bevölkerung entstanden. Gleichzeitig war sie Genossenschaft der Südstädte, die den Norden des Industriereviers als Ressource für ihr eigenes Wachstum verwendeten – Raumreserve, Kanalanschluss, Abwasserentsorgung – und keinen angemessenen Betrag dafür entrichten wollten. Die Südstädte profitierten indirekt, aber am allermeisten von der Polenhysterie, da sich durch das Reetablissement der Landräte – namentlich Karl Gerstein und Felix Graf von Merveldt –, die Errichtung der Germanisierungszone und die damit verbundene Behinderung und Unterbindung des Stadtwerdungsprozesses keine zweite Städtekette im Emschertal als vollwertige Konkurrenz entfalten konnte, die ihre Interessen zu verteidigen wusste. Das Ungleichgewicht zwischen Süd und Nord, Ruhr und Emscher war das Resultat des Sattelzeitjahrzehnts im Industrierevier. Als es so ungleichgewichtig war, dass der Norden sogar seinen Namen verlor, war das »Ruhrgebiet« geboren.

Nun bleibt noch – ehe Schlaglichter auf die Geschichte der Emschergenossenschaft geworfen werden – die Frage zu klären, warum sich die, die eigentlich dazu berufen gewesen wären, die Organisationen und die Partei der Arbeiterschaft, sich nicht gegen die Kumpanei richteten, aus der das Zwillingspaar von Emschergenossenschaft und Germanisierungszone, die innere Kolonisierung des Industriebezirks, emporwuchsen. Bei der Beschäftigung mit der Emschergenossenschaft fällt umgehend auf, dass es keine Körperschaft dieser Bedeutung gibt, die so wenig Aufmerksamkeit in der Arbeiterbewegung gefunden hat und so wenig kontrovers war. Ihre Aufgabe schien so technisch zu sein und ihr Wirken so segensreich, dass es auch die Arbeiterbewegung nicht so genau mit den Beweggründen nahm, aus denen sie entstand. Das ist wohl mit dem ernüchternden Argument zu erklären, dass gerade die Mitglieder der organisierten Bergarbeiterschaft keineswegs immun gegen das Gift von Chauvinismus und Nationalismus waren, das sich an der Jahrhundertwende in Deutschland ausbreitete, sondern sich im Gegenteil als willige Leser der antipolnischen Hetze erwiesen. Vielleicht hängt das auch damit zusammen, dass eine der wichtigsten Theoretikerinnen des deutschen Sozialismus, *Rosa Luxemburg*, eine eingeschworene Gegnerin der polnischen Nationalbewegung war.[152] Immerhin lässt sich feststellen, dass die Sozialdemokratie spät im Kaiserreich allmählich einen Begriff davon entwickelte, welche Rolle das Ruhrgebiet für die Stabilisierung des Ostens der Monarchie spielte. *Hans Gabriel Jentzsch*, einer der Starzeichner des »Wahren Jakob«, der Satirezeitschrift der SPD, stellte den einen Landrat, den Germanisierer der Ostprovinzen mit seinen Gendarmen, ins Zentrum; mitgedacht werden müssen allerdings die Gerstein und Merveldt, die es als ihre Aufgabe ansahen, die Ausgewiesenen und ihre Nachkommen im Ruhrgebiet zu guten Deutschen zu machen.[153]

152 Holger Politt: Die polnische Frage bei Rosa Luxemburg, in: Utopie kreativ 129/130, 2001, S. 604–613.

153 Hans Gabriel Jentzsch: Aus Preußisch-Polen. Die beginnende Enteignung, in: Der Wahre Jacob, Nr. 687, 16.11.1912, https://doi.org/10.11588/diglit.8272#0375 [11.5.2024].

Karikatur »Aus Preußisch-Polen. Die beginnende Enteignung«

Die Auswanderer:	Weshalb werden wir von Haus und Hof gejagt, Panje Landrat, und wohin sollen wir ziehen? Kein Mensch wird uns aufnehmen!
Der Landrat:	Geht nur ins Kohlengebiet – da ist Platz für euch alle. Hier wird jetzt germanisiert!

Miniaturen aus der Geschichte

Die ›Bad Bank‹: Die sondergesetzliche Gründung der Emschergenossenschaft (1899–1913)

»Sicher ist, daß wir mit einer mechanischen Klärung *das* erreichen, daß wir die Erlaubnis bekommen, unsere Wasser in den Rhein abzuführen.«
(Alfred von Gescher, Regierungspräsident von Münster, 1900)[1]

Emscher*genossenschaft*, das klingt zunächst einmal nach Selbstlosigkeit durch gemeinsame Verwaltung, das klingt nach Hermann Schulze-Delitzsch und Friedrich Wilhelm Raiffeisen. Irgendwie gut, auch in moralischer Hinsicht, diese vor allem mit dem Bankwesen verknüpfte Vorstellung. Keineswegs deutet »Genossenschaft« auf einen rauen und harten Manchesterkapitalismus hin, genauso wenig ist »Genossenschaft« mit rivalisierender Städte- und Kirchturmpolitik assoziiert. Eine Genossenschaft, das ist »Zusammenarbeit auf dem Boden der Gleichheit«,[2] solidarische Haftung und Selbsthilfe statt Staatshilfe. Total gut! Eigentlich. In der idealen Welt sind Genossenschaften in der Lage, unabhängiger von tagtäglichen Sachzwängen zu agieren. Und noch weiter abstrahiert, impliziert die Genossenschaft ein hübsches Versprechen, nämlich, dass auch diejenigen in Wirtschaft und Gesellschaft, die keine Stimme haben und abgehängt sind, Hilfe erhalten, ja am Ende sogar partizipieren können.[3] Die Gesellschaftsform der Genossenschaft schafft bessere Bedingungen für alle![4]

1 Zit. Stenographischer Bericht über die Verhandlungen der Kommission zur Aufstellung eines generellen Entwässerungsprojektes für das Emscherthal, 4.10.1900, im Rathaussaale zu Dortmund, montan.dok/BBA, 55/2000.

2 Helmut Faust: Geschichte der Genossenschaftsbewegung. Ursprung und Aufbruch der Genossenschaftsbewegung in England, Frankreich und Deutschland sowie ihre weitere Entwicklung im deutschen Sprachraum, 3. Aufl., Frankfurt a. M. 1977, Zit. S. 36.

3 Markus Raasch: Der Hybrid. Das 19. Jahrhundert und die Idee der Genossenschaft, Stuttgart 2022, S. 8 f., 25–40.

4 Dazu klassisch Gerhard Albrecht: Die soziale Funktion des Genossenschaftswesens. Abhandlungen und Vorträge, Berlin 1965, v. a. S. 102–124.

Soweit die Theorie. Das alles lässt sich für die Emschergenossenschaft durchaus und irgendwie in Anschlag bringen, den Kern und den eigentlichen Gründungskonsens, der zur Etablierung der Emschergenossenschaft führte, trifft das aber nicht. Dabei ist der Umstand, eine Genossenschaft zu sein, für die Emschergenossenschaft bis heute von zentralem und auch grundlegendem Wert.[5] Selbstredend erlangte der skizzierte und allgemein bekannte Genossenschaftsgedanke eine große Bedeutung für das eigene Geschichtsbild der Emschergenossenschaft. Demnach trafen sich die Stadtvorderen und die Industrievertreter am 14. Dezember 1899 in großer, handlungsermächtigender Einigkeit und beschlossen, die Planung des gemeinsamen Infrastrukturprojektes nunmehr und endgültig anzugehen: *»Von diesem Tag ab wurde genossenschaftliche Arbeit geleistet«*, so wurde es in der ersten Festschrift der Emschergenossenschaft 1925 prätentiös formuliert.[6] Das kann man so, das kann man aber auch ganz anders sehen. Denn die Emschergenossenschaft als den Idealtyp einer »Genossenschaft« zu begreifen, ist formal sicherlich korrekt, aber historisch betrachtet unvollständig. Eine andere Bezeichnung ist da passender: die der *Bad Bank*. Darunter versteht man eine Gesellschaft, die, in Krisenzeiten gegründet, nicht einlösbare Forderungen, toxische Papiere usw. inkorporiert, um den Bestand einer Bank oder einer Bankengruppe zu sichern. Ihr Zweck besteht darin, zu externalisieren, darin, die existenzbedrohenden Außenstände aus den Büchern der Gründerunternehmen herauszuschreiben. Die Bad Bank übernimmt die Entsorgung, das ist ihr Auftrag. Die Externalisierung toxischer Papiere in eine Bad Bank kann allerdings nur funktionieren, wenn ein Gewährleister vorhanden ist und die Besicherung übernimmt. In aller Regel ist das der Staat.[7]

Die Emschergenossenschaft war zu ihrer Gründung genau das: Nur galt es hier nicht toxische Papiere, sondern den echten Dreck zu entsorgen, und das in einer aus der direktverantwortlichen Zuständigkeit der Städte und Unternehmen herausgelösten hybriden Form, nämlich rechtlich inkorporiert in eine eigene und selbstverwaltete Genossenschaft. Das gelang, weil der Staat sonderrechtlich ›zwang‹ und die Schaffung einer öffentlich-rechtlichen Körperschaft ›verordnete‹, die es ermöglichte, dass die Kommunen als »Genossen« und die Unternehmen als »Beteiligte« auftreten konnten, und auf diese Weise die Aktivitäten der Genossenschaft bestimmten. Damit wurde die Verantwortung für die Tätigkeit wie auch für die Nicht-Tätigkeit der Emschergenossenschaft konsensual externalisiert, und zwar – und das ist wesentlich – von der Zentralinstanz in Berlin genauso wie von den Mittelinstanzen in Düsseldorf, Arnsberg und Münster, von den Kommunen, vom Oberbergamt und auch von den Unternehmen. Das war sehr praktisch für alle Interessenten, besonders da die Emschergenossenschaft bald als Eigentümerin und Rechtsträgerin der Emscher jedwede Einleitungsrechte hielt. Das Format war aber dennoch alles andere als eine Win-win-Situation für jedermann. Und das lag daran, dass die Struktur und die Organisation der »Interessenten« ausschließlich von den Mächtigen im Industrierevier vorgenommen worden waren, und dass die Gestaltung nicht

5 Uli Paetzel/Alexander Knickmeier: Zusammen ist man weniger allein, in: Frankfurter Allgemeine Zeitung, 11.4.2023.

6 Emschergenossenschaft: 25 Jahre Emschergenossenschaft, o. S.

7 Franziska Runzer: Die Bad Bank. Eine Lösung für Deutschlands Banken?, Bremen 2011, S. 25–36.

nach Köpfen, sondern nach Einfluss vorgenommen wurde. Ganze Bevölkerungsgruppen und -gebiete wurden auf diese Weise benachteiligt. Und hier war es zur Gründung weniger eine von ›der Industrie‹ pauschal verordnete Sparlogik, sondern vielmehr die Herrschaftsambition der Südkommunen über die Nordkommunen, die maßgeblich dafür war, dass die Aufwendungen für den wasserwirtschaftlichen Ausbau des nördlichen »Ruhrgebiets« möglichst geringgehalten wurden. Das traf freilich auf die Unterstützung der Unternehmen, sodass der erreichte und verhandelte Kompromiss frühzeitig die Eingrenzung der technischen Detailplanung bedeutete.

Die Emschergenossenschaft wurde keineswegs 1899, sondern erst 1904 auf der Grundlage eines Spezialgesetzes, dem *Gesetz betreffend die Bildung einer Genossenschaft zur Regelung der Vorflut und zur Abwässerreinigung im Emschergebiete (Emschergenossenschaftsgesetz, EGG)* geschaffen. Dieses Gesetz wurde oft falsch eingeordnet und die Emschergenossenschaft deshalb als »Zwangsgenossenschaft« einsortiert und damit als vom und durch den preußischen Staat ausgeübten Zwang, die »Kalamität« im Industriebezirk zu beheben, interpretiert.[8] Tatsächlich aber war der »Zwang« ein sehr anderer. Tatsächlich war die auf der Grundlage des EGG gegründete Emschergenossenschaft weniger das Ergebnis staatlich auferlegter Abwasserpolitik als vielmehr eine von den Stadtvorderen und Industriellen des Industriebezirks durchaus gewieft vorgeschlagene Rechtskonstruktion. Diese Konstruktion lehnte sich an die bestehende Wassergenossenschaftsgesetzgebung an,[9] hatte am Ende aber ein gänzlich neues Format. Aus dem sondergesetzlich gewährten Format folgte, dass sich die schließlich geschaffene Emschergenossenschaft selbst überwachen konnte – und das wiederum hatte den entscheidenden Vorteil, dass der Staat, und zwar in jeder Instanz, lediglich über Aufsichtsrechte verfügte, die auf einer etwaigen Nicht-Übereinstimmung von EGG und dem selbstgegebenen Statut begründet werden mussten.[10] Eine Möglichkeit, in die Emschergenossenschaft hineinzuregieren oder sie zu irgendetwas zu »zwingen«, besaß der Staat aufgrund des Selbstverwaltungsrechts gerade nicht. Schon sehr bald war es die Emschergenossenschaft, die Einleitungsrechte vergeben konnte, weil sie nicht nur über Steuerhoheitsrechte zur Deckung ihrer Kosten verfügte, sondern unter Ausnutzung eines ihr ebenfalls verliehenen Enteignungsrechts zügig die Eigentümerin der Emscher geworden war.[11]

Ermöglicht wurde das dadurch, dass der König der zu gründenden Genossenschaft mit dem EGG den Status einer *öffentlich-rechtlichen Körperschaft* zuerkannte: Die Emscher-

8 Frank Uekötter: Strukturwandel des Ökologischen, in: Axel Goodbody/Berbeli Wanning (Hg.): Wasser – Kultur – Ökologie. Beiträge zum Wandel im Umgang mit dem Wasser und zu seiner literarischen Imagination, Göttingen 2008, S. 125–146, Zit. S. 127 f.

9 Lt. dem Gesetz betr. die Bildung von Wassergenossenschaften vom 1.4.1879; s. zur Erläuterung August Heinrichsbauer: Die Wasserwirtschaft im Rheinisch-Westfälischen Industriegebiet, Essen 1936, S. 43, 109–118.

10 EGG, § 20, Abs. 2: »Die Aufsicht [des Staates] ist darauf beschränkt, dass die Angelegenheiten der Genossenschaft in Uebereinstimmung mit dem Statut und den Gesetzen verwaltet werden.« Zit. Heinrich Helbing/Walter Selbach (Erl.): Das Gesetz betreffend die Bildung einer Genossenschaft zur Regelung der Vorflut und zur Abwässerreinigung im Emschergebiet vom 19. Juli 1904, Essen 1907, S. 33.

11 Behmer (Hibernia) an Vorstand des Bergbauvereins, 15.1.1903, montan.dok/BBA, 32/4215.

genossenschaft unterstand damit dem öffentlichen Recht, nicht dem Privatrecht.[12] Die Konsequenzen dieses Status sind wenig geläufig. Die wohl bekannteste und im weitesten Sinne vergleichbare öffentlich-rechtliche Körperschaft, die in unseren Tagen existiert und die die Konsequenzen dieses Rechtsformats unmittelbar verdeutlicht, ist der ARD ZDF Deutschlandradio Beitragsservice: Die Zahlung der Beiträge an diese öffentlich-rechtliche Körperschaft sind für den Bürger verpflichtend, ohne dass ein direkter oder separat geschlossener Vertrag zwischen Nutzer und Beitragsservice bestünde. Die Rechtsbeziehung zwischen dem Beitragsservice und dem einzelnen Bürger ist eine allgemeingültige und sie ist verbindlich. Bei privatrechtlich gegründeten Gesellschaften dagegen, privaten Genossenschaften etwa, werden die Rechtsbeziehungen auf der Ebene von Privatperson oder juristischer Person zur Privatperson oder juristischer Person strukturiert; das macht sie dehnbarer, aber auch angreifbarer. Die Beteiligung an einer privaten Genossenschaft kann von einem Genossen gekündigt werden, durch den Verkauf der Anteile beispielsweise. Bei einer Genossenschaft, die das Format einer öffentlich-rechtlichen Körperschaft hat, geht es das nicht. Auch die Gerichtsbarkeit ist eine andere: Über Streitigkeiten in privatrechtlich geschlossenen Genossenschaften wird in Zivilgerichten entschieden; die Emschergenossenschaft untersteht dem öffentlichen Recht und damit den Entscheidungen von Verwaltungsgerichten.

Die Erhebung der Emschergenossenschaft zur öffentlich-rechtlichen Körperschaft wurde mit dem Sondergesetz festgeschrieben. Sie bedeutete nichts weniger, als dass die Emschergenossenschaft in Vertretung des Staates die Aufgabe *»der Regelung der Vorflut nach Massgabe eines einheitlichen Projektes und der Abwässerreinigung im Emschergebiete sowie der Unterhaltung des Betriebes der ausgeführten Anlagen«*[13] zu übernehmen hatte. Und anders als bei einer einfachen und privat gegründeten Genossenschaft, waren die »Genossen« der Emschergenossenschaft nicht diejenigen, die die Beiträge zu zahlen hatten. Die Genossen, die Kreise, reichten die Beiträge lediglich an die »Beteiligten«, die Unternehmen, durch. Um die Zahlungen gemäß der Veranlagung zu garantieren, war der der Emschergenossenschaft gewährte Status einer öffentlich-rechtlichen Körperschaft daher zentral, die Unternehmen hätten sonst schlicht nicht gezahlt, denn sie wären dazu nicht verpflichtet gewesen. Gleichwohl: Der für die Gründer zentrale Clou der Rechtskonstruktion der Emschergenossenschaft lag gerade nicht darin, dass sie mit staatlichem Zwang gegründet wurde – womit gemeinhin eine starke staatliche Kontrolle oder Überwachung assoziiert ist –, sondern darin, dass der Staat der zu gründenden Genossenschaft auf dem Weg des Sondergesetzes Zwangsvollstreckungskompetenzen übertrug, die sowohl von Genossen als auch von Beteiligten selbst verwaltet wurden und das, ohne einer engen oder festgelegten staatlichen Aufsicht zu unterstehen. Bis diese kniffelige Konstruktion erdacht und 1904 durch die Bekanntgabe des Gesetzes Rechtsgültigkeit erlangte, war es ein langer Weg, der am 14. Dezember 1899 längst noch nicht feststand. Weiter noch, er war noch nicht einmal in Ansätzen erkennbar.

12 EGG, § 12, Abs. 2: »Die von den in § 6 Absatz 1 unter Ziffer 1 und 2 genannten Veranlagten einzuziehenden Beiträge gelten als eine gemeine öffentliche Last […]. Sie unterliegen der Beitreibung im Verwaltungszwangsverfahren.« Zit. Helbing/Selbach: Gesetz, S. 30.

13 § 1, EGG. Zit. Helbing/Selbach: Gesetz, S. 8 f.

Das Ergebnis der Verhandlung vom 14. Dezember 1899 war lediglich die Entscheidung, an einer gemeinsamen Lösung der »Kalamität« zu arbeiten. Beschlossen wurde, dass eine Kommission zu bilden sei, die den Rahmen für die technische Detailplanung abstecken sollte. Diese zu ermöglichen, war ihr Auftrag. Dazu gehörte es, die rechtlichen Anforderungen an die etwaigen Reinigungsaufgaben besonders in städtehygienischer Hinsicht zu prüfen und einen Modus Vivendi für die Zusammenarbeit der Kommunen und der Unternehmen zu entwickeln. Aus dem nicht weiter spezifizierten »Emschergebiet« wurde während der Kommissionsarbeit das »Emscherthal«, aber erst sehr langsam schälte sich heraus, dass in der Emscher der natürliche Kanal für die Ableitung des Fluss- und Regenwassers, der industriellen Abwässer und der Kanalwässer der Kommunen gesehen wurde, und dabei auch die aus dem »Ruhrthal« der Emscher zufließenden Nebenbäche einbezogen werden würden.[14]

Gezielt wurde der Begriff »Genossenschaft« das erste Mal in der Augustsitzung des Jahres 1900 verwendet: *Erich Zweigert*, der als Kommissionsvorsitzender die bisherigen Diskussionsergebnisse zusammenzufassen vorgab, formulierte ihn, anstatt den Diskussionsgang wiederzugeben: Für die Realisierung des Vorhabens *»müssen wir eine öffentliche Genossenschaft bilden«*. Nur auf diese Weise würde »[a]lles gemeinschaftlich«, besonders die Finanzierung des gewaltigen Vorhabens. Den anderen Kommissionsmitgliedern fiel der von Zweigert damit artikulierte Vorstoß durchaus auf, er war ihnen in seiner Bedeutung aber wohl nicht klar: *Bruno Schulz Briesen*, Generaldirektor der Zeche Dahlbusch, reagierte als erstes und nahm den Vorschlag des Essener Oberbürgermeisters dankbar auf: Für die Regulierung eines Baches, der bei Gelsenkirchen in die Emscher mündete, hätten die angrenzenden Zechen bereits ein derartiges Format gewählt, führte Schulz Briesen aus. Dieser »Verband«, so fand der Generaldirektor, könnte zum Muster für die von Zweigert ins Gespräch gebrachte »Genossenschaft« werden.[15]

Der Schwarzbachverband,[16] auf den Schulz Briesen hier Bezug nahm, war für die Zechen deshalb besonders attraktiv, weil er als ausschließliche Angelegenheit der Zechen geschaffen worden war. Die beteiligten Zechen hatten sich um die Regulierung des Schwarzbaches bemüht, konkret um die Vorflut, um den Abfluss ihrer Grubenabwässer zu ermöglichen. Mehr aber auch nicht. Vereinzelt waren durch den Schwarzbachverband Holzrinnen gelegt worden, um den Kohlenschlamm aus den Kohlewäschen mit ablassen zu können. Auf jedwede Reinigung war dabei aber verzichtet worden. Für Schulz Briesen ging es mit seinem Hinweis vor allem um die Konzeption: Der Schwarzbachverband war als *privater* Zusammenschluss einer staatlichen Anforderung nicht unterstellt; es handelte sich um ein Zweckbündnis, das sich rein privatrechtlich und auf der Grundlage eines selbst gegebenen Statuts ausschließlich mit der Vorflut befasst hatte, andere Fragen der

14 Bauprogramm für die Aufstellung eines Entwässerungsprojektes des Emscherthales, o. D. [Frühjahr 1900], RWWA, 130–301170/3.

15 Versammlung der »Commission zur Aufstellung eines generellen Entwässerungsprojectes für das Emscherthal«, 8.8.1900, RWWA, 130–301170/3.

16 Der Verband galt als der »bedeutendste« unter den privat organisierten Teilregulierungsprojekten vor der Gründung der Emschergenossenschaft. Der Schwarzbachverband war 1884 von den Bergwerksgesellschaften Dahlbusch, Gelsenkirchener Bergwerks-AG (GBAG), Hibernia und Shamrock, Zollverein, Consolidation, ver. Bonifacius, Königin Elisabeth, Holland und Fröhliche Morgensonne gegründet worden und erstreckte sich über Teile der Landkreise Essen und Gelsenkirchen.

Abwasserwirtschaft, die Reinigung, aber auch die Einmündung des Schwarzbaches in die Emscher und die einzelnen Ablasspunkte, hatten ihn nicht gekümmert.[17]

Dieses Format der privatrechtlichen Genossenschaft kannte Zweigert nur allzu gut und sie war ihm aus seiner Sicht als Essener Oberbürgermeister ein Graus. Er ergänzte daher zügig: Ob eine Reinigung erfolgen oder – wie in den Ausführungen von Schulz Briesen impliziert – lediglich die Vorflut Zweck der »Genossenschaft« sein könne, das ließe sich erst nach der Erstellung der technischen Planung abschätzen. Zweigert wusste, dass die Abwässer der Industrie, insbesondere die Grubenwässer, im Vergleich zu den städtischen Abwässern als hygienisch unbedenklich galten. In der zeitgenössischen Wahrnehmung waren es v. a. die städtischen Abwässer, die es zu reinigen galt. Für die Kommunen, und gerade für den Oberbürgermeister der Stadt Essen, musste es daher darum gehen, über das gemeinschaftliche Vorhaben nicht nur den Schmutz aus den Südstädten herauszubekommen, sondern möglichst auch die Kosten für die Reinigungs- und Kläranlagen zu vergemeinschaften. Die Zechenbesitzer hatten dagegen kaum Veranlassung, die etwaige Abwasserreinigung als ihre Aufgabe zu begreifen. Für sie war zentral, ihre Grubenwasser aus den Schächten pumpen und ungehindert ablassen zu können, damit ihre Schachtanlagen nicht absoffen.

Die Frage nach dem Mindestmaß der Reinigung, für das sich besonders die Südkommunen interessierten, wurde zum Gegenstand der nächsten Sitzung, zu der auch Sachverständige der Wasserbautechnik und der Stadthygiene eingeladen wurden. Damit sie sich ein eigenes Bild von der »Kalamität« machen konnten, fand die nächste Kommissionssitzung im Anschluss an eine Bereisung des »Emscherthales« im Oktober 1900 statt.[18] Zu diesem Zeitpunkt wurde über das rechtliche Format bereits nicht mehr diskutiert. Waren »Verband« und »Genossenschaft« zunächst noch synonym gebraucht worden, hatte sich zunehmend die »Genossenschaft« durchgesetzt, gleichwohl eine offen geführte Debatte über eine öffentliche oder private Körperschaft nicht geführt, sondern die Vorteile einer öffentlichen Körperschaft wohl von Zweigert subkutan verbreitet worden waren.[19] Auch hatte sich, wohl während der Bereisung, die Überzeugung durchge-

---

17 In dem von Middeldorf'schen Plan war der Schwarzbach zunächst nicht mitgeplant worden; das schließlich erlassene Emschergenossenschaftsgesetz sah allerdings eine Erweiterung vor, sodass der Schwarzbach später in die Regulierung und die Verwaltung der Emschergenossenschaft integriert wurde.

18 Versammlung des Vorstandes der Commission zur Aufstellung eines generellen Entwässerungsprojektes für das Emscherthal, 3.10.1900, RWWA, 130–301170/3.

19 Auch *Gunther Annen*, ein ehemaliger Geschäftsführer der Emschergenossenschaft, bewertete die Bedeutung von Zweigert bei der Gründung der Emschergenossenschaft als hoch. Seine Interpretationen, die aber die Rahmenbedingungen kaum berühren, v. a. aber die Interessen der Industrie weitgehend ignorieren, sodass Zweigert als großer Macher erscheint, teilen wir indes nicht. Auch lassen sich die Bewertungen von Annen nicht mehr überprüfen; die in dem Artikel zitierten Akten sind in der hauseigenen Überlieferung der Emschergenossenschaft nicht mehr vorhanden. Unserer Ansicht nach dürfte es sich um ein aus Gegenüberlieferungen zusammengestelltes Aktenpaket handeln, das also nicht aus der Provenienz der Emschergenossenschaft stammen kann, weil diese Unterlagen während des Zweiten Weltkrieges zerstört wurden. Vgl. Gunther Annen: Erich Zweigert und die Gründung der Emschergenossenschaft, in: Essener Beiträge. Beiträge zur Geschichte von Stadt und Stift Essen 110, 1998, S. 69–134; vgl. dazu weiter Schriftw. Behrens (Hibernia), Krabler (Bergbauverein), Hammerschmidt und Zweigert, Frühjahr 1903, montan.dok/BBA, 32/4215.

setzt, dass »selbstverständlich« die Emscher zum »Hauptvorfluter« umgebaut werden würde, ja sogar müsse. Auch hier stellte sich eher schleichend ein Grundkonsens unter den Kommissionsmitglieder ein, als dass darüber eine offene Aussprache vorgenommen worden wäre.[20]

Die Stellungnahmen der externen Sachverständigen – insbesondere die von *Carl Fraenkel*, einem Bakteriologen, der zu der Zeit am Hygieneinstitut in Halle (Saale) tätig war – sollten sich als ausschlaggebend erweisen. Fraenkel erklärte den Kommissionsmitgliedern, dass man von der bis dahin vorherrschenden Befürchtung, eine getrennte Abführung der städtischen und industriellen Abwässer vornehmen zu müssen, mit gutem Gewissen Abstand nehmen könne. Das fand »[l]ebhaften Beifall« und war deshalb von besonderem Gewicht,[21] weil Fraenkel ein vielbeachteter und von der Zentralinstanz in Berlin bereits mehrfach entsendeter Hygieniker war, der sich – und hier lag auch der Grund für seine Einladung als Experte in die Kommission des Industriebezirks – gutachterlich und mit Erfolg für die Durchsetzung der sogenannten *Mischkanalisation* starkgemacht hatte. Dieser Auffassung nach war es ausreichend, die Abwässer von Gewerbe und Industrie nebst den Abwässern der Städte, wenn auch nach erfolgter mechanischer Klärung, gemeinsam in die Flüsse zu leiten.[22] Hätten er oder die anderen Experten sich für die schärfere Auffassung, ein Trennsystem etwa, ausgesprochen und im Anschluss an die Bereisung die Meinung vertreten, die Aufteilung nach Abwasserart wäre die einzig denkbare Möglichkeit, die »Kalamität« zu lösen, wäre dies unweigerlich darauf hinausgelaufen, dass es nicht eine Genossenschaft, sondern zwei hätte geben müssen, womit auch die Finanzierung eine geteilte, nämlich eine kommunal- *und* eine industriegetragene geworden wäre. Mit den Ausführungen Fraenkels aber, die gleichzeitig als gutachterliche wie auch rechtskonforme Einschätzung gewertet wurden, konnte der Weg des gemeinsamen Vorgehens von Kommunen und Industrie weitergeführt werden. Und weiter noch, er konnte sogar mit gutem Gewissen und Hinweis auf die Anforderungen an die Hygiene forciert werden.

Darüber hinaus ließen sich Fraenkels Aussagen nutzen, um eine bis dahin stetig vorgebrachte, aber keineswegs unstrittige Überlegung aus den Reihen der Industrie abzuwehren. Insbesondere die Zechenbesitzer mit Schachtanlagen in unmittelbarer Nähe zur Emscher waren seit Verhandlungsbeginn von den Kommunalvertretern damit geködert worden, dass sich der in Aussicht genommene Abwasserkanal zugleich als »Schiffahrtskanal« planen und bauen lasse. Die Zechenvertreter, und damit besonders diejenigen, die unter der mangelnden Lastenfähigkeit der Ruhr litten oder mit ihren Schachtanlagen zu weit im Norden und damit weit entfernt von der Ruhr lagen, machten sich bereits seit den 1870er Jahren für einen Schifffahrtsweg stark, der nicht nur die Transportkapazitäten im Industriebezirk erhöhen sollte, sondern gleichzeitig als Korrektiv für

20 Versammlung des Vorstandes der Commission zur Aufstellung eines generellen Entwässerungsprojektes für das Emscherthal, 3.10.1900, RWWA, 130–301170/3.

21 Stenographischer Bericht über die Verhandlungen »der Kommission zur Aufstellung eines generellen Entwässerungsprojektes für das Emscherthal« im Rathaussaale zu Dortmund, 4.10.1900, montan.dok/BBA, 55/2000, S. 8.

22 Versammlung des Vorstandes der Commission zur Aufstellung eines generellen Entwässerungsprojektes für das Emscherthal, 3.10.1900, RWWA, 130–301170/3.

die Frachtenpolitik der inzwischen in Preußen verstaatlichen Eisenbahn fungieren sollte. Ein geschlossenes Interesse bestand in der Erweiterung der Transportmöglichkeiten; tief gespalten aber waren die Industriellen in der Frage, wo und welche Transportadern erschlossen und ausgebaut werden sollten.

1888 hatten die Industriellen, die stärker im Süden und an der Ruhr verwurzelt waren, gegen die jüngere Generation der stärker nördlich verorteten Industriellen eine halböffentliche Debatte angestrengt. Hintergrund war, dass mit dem Bau des *Dortmund-Ems-Kanals* eine Transportverbindung des Industriebezirks mit einem deutschen Seehafen just im Entstehen war. Insbesondere die Erzzufuhr sollte so vom Rhein und von Rotterdam abgelenkt und über einen deutschen Seehafen abgewickelt werden. Für die Durchsetzung des Vorhabens war das nationale Argument zentral gewesen.[23] Entschieden war über die weitergehende Kanalschaffung im Inneren des Industriebezirks damit aber keineswegs. Im Gegenteil. Wie der Dortmund-Ems-Kanal im Industrierevier angebunden werden würde, das war hoch umstritten. Für den gesamten Industriebezirk ging es hierbei um eine zentrale Standortfrage, die für die Bergbauindustriellen deshalb so ausschlaggebend war, weil sich die Förderung ja nicht verlagern ließ, sondern an die ihnen verliehenen Kohlenfelder gebunden war. Für die Industriellen lautete die Frage: Sollte die Ruhr oder die Emscher weiter kanalisiert werden?[24] Die älteren Zechen und Werke des Industriereviers bevorzugten aufgrund der Lage ihrer Zechen und auch, weil sie den Handel über die Ruhr praktisch monopolisiert hatten, die Ruhr. Für die Besitzer der neueren Tiefbauanlagen unterhalb und oberhalb der Emscher war es dagegen und selbstredend die Emscher, die zum Transportkanal ausgebaut werden sollte.[25] Als der Dortmund-Ems-Kanal im August 1899 schließlich feierlich eröffnet wurde, ging die Debatte um den Ausbau des Kanalnetzes in die nächste und heiße Runde. Entschieden war aber noch nichts.

Nachdem nun Fraenkel, im Oktober 1900, die kommunale Befürchtung zerstreut hatte, dass die Abwässer getrennt werden müssten, veränderten sich die Rahmenbedingungen für die Transportdebatte der Industriellen. Umgehend machten sich die Vertreter der Südstädte dafür stark, dem Vorschlag, die Emscher gleichzeitig zum »Schiffahrtskanal« zu erweitern, die Grundlage zu entziehen. Dahinter stand keineswegs eine geheime Hinterzimmerpolitik von im wahrsten Sinne des Wortes ›Ruhrstädten‹ und ›Ruhrindustriellen‹, sondern eine kalte Kostenabwägung. Denn für die Städte hätte der Dual Use von »Hauptvorfluter« und »Schiffahrtskanal« bedeutet, ihre städtischen Abwässer, und zwar *vor* der Ablassung in die Emscher oder einen ihrer Nebenbäche, einem aufwendigen Reinigungsverfahren unterziehen zu müssen. Die technischen Möglichkeiten für derartige Reinigungsverfahren, die biologischen im Besonderen, waren längst entwickelt, nur waren sie eben »sehr kostspielig« und deshalb

23 Andreas Kunz: Gütertransport und Güterumschlag auf dem Rhein, Bonn 2006, S. 4.

24 Paul Rohns: Ruhr-Canalisirung oder Emscher-Canal. Entgegnung auf die Denkschrift über die Bedeutung der Ruhr-Canalisirung und über den gegenwärtigen Stand der Vorarbeiten, Hannover 1888; Julius Greve: Die Canalisirung der Ruhr: Antwort auf die Entgegnung »Ruhr-Canalisirung oder Emscher-Canal« des königlichen Wasser-Bauinspektors Paul Rohns zu Ruhrort. Im Auftrage des Vereins zur Canalisirung der Ruhr, Mülheim a. d. Ruhr 1888.

25 A[ugust] Heinrichsbauer: Kohlenkontor Weyhenmeyer & Co. und die Süddeutsche Kohlenwirtschaft, o. O., o. D. [1939], S. 73 [unveröffentl. Ms., Ex. im montan.dok/BBA].

für die Städte maximal unattraktiv.[26] Eine mechanische Reinigung der städtischen Abwässer allein, die die Experten – namentlich Fraenkel – für die städtischen Abwasser als ausreichend bewerteten, hätte für eine Doppelnutzung, für den Abtransport des städtischen Unrats und die gleichzeitige Nutzung als Schifffahrtskanal, aber nicht ausgereicht. Es wäre an den Städten gewesen, die erforderliche Reinigung vorzunehmen, die Industrie hätte eine finanzielle Beteiligung daran aber kategorisch abgelehnt, das war allen Kommissionsmitgliedern klar. Gerade weil ›die Industrie‹ in dieser Frage nicht geeint war, sondern sich die Industriellen in Ruhrlage und die in Emscherlage krass gegenüberstanden, war die Ablehnung wahrscheinlich. Die Südstädte, mit ihrer bereits bestehenden Kanalisation, strebten danach, den Kostenaufwand für die dezentrale biologische Reinigung einzusparen, und sie setzten sich damit auch durch. Aber auch die Industriellen, die mit ihren Werken entlang der Emscher lagen, gaben in dieser Frage erstaunlich schnell nach.[27] Für sie bedeutete diese Vorentscheidung in der Emscherkommission den Beginn der Verhandlungen für den später, zwischen 1906 und 1914, erbauten Rhein-Herne-Kanal. Und dieser sollte schließlich genau das leisten, was die Emscher in ihrer Form als »Schiffahrtskanal« hätte leisten sollen: Denn während die Emscher in ihrer Umfunktionierung zur Cloaca Maxima verkürzt und auch verlegt wurde, wurde der Rhein-Herne-Kanal zu großen Teilen in das alte Emscherbett gelegt.

Die Industriellen trieb aber noch etwas anders um. Für die laxe Abwasserpolitik, die keineswegs nur im Industriebezirk betrieben wurde, war im Kaiserreich die Formel der »Gemeinüblichkeit« zentral. An ihr hing eine spezifisch örtliche Festlegung der Einleitungserlaubnis, mit der Folge, dass industrielle oder gewerbliche Abwassereinleitungen mit dem Hinweis auf die Gemeinüblichkeit fast immer gewährt wurden.[28] Die Anwendung der Gemeinüblichkeit wurde seit dem Ende des 19. Jahrhunderts aber zunehmend hinterfragt.[29] Das merkten besonders die Zechen, mehr aber noch die Eisen- und Stahlunternehmen im Industriebezirk. Schon seit Ende der 1870er Jahre galt laut einer Verfügung des Reichskanzleramtes (dem späteren Reichsamt des Innern, dann Reichsministerium des Innern), dass »umfänglichere, zur Abführung von unreinen Abgängen bestimmte Kanalisationsunternehmungen erst zur Ausführung gebracht werden dürfen, wenn die betreffenden Projekte unsere [die Zustimmung des Reichskanzleramtes] gefunden haben.« Für die Genehmigung waren Angaben über die Entwässerungsverhältnisse, die Gesundheitsverhältnisse der dort lebenden Bevölkerung, die Verhältnisse der Wasserober- und -unterläufe in einem Radius von 15 Kilometern, die Wasserversorgung der Gemeinde und auch die Zahl und das Ausmaß der umgebenden Anlagen so-

26 Zit. Fraenkel, Versammlung des Vorstandes der Commission zur Aufstellung eines generellen Entwässerungsprojektes für das Emscherthal, 3.10.1900, RWWA, 130–301170/3. Fraenkel formulierte sehr klar: »Stellen Sie uns die erforderlichen Mittel zur Verfügung, so können wir die Abwässer in eine spiegelklare und unschädliche Flüssigkeit verwandeln, die in einem Kanal zu weiteren Störungen keine Veranlassung geben würde.«

27 Versammlung des Vorstandes der Commission zur Aufstellung eines generellen Entwässerungsprojektes für das Emscherthal, 3.10.1900, RWWA, 130–301170/3.

28 Rommelspacher: Recht auf Wasserverschmutzung, S. 48.

29 Ausfl. Jürgen Büschenfeld: Flüsse und Kloaken. Umweltfragen im Zeitalter der Industrialisierung (1870–1918), Stuttgart 1997.

wie detaillierte Planungszeichnungen zu übermitteln.[30] Gerade weil mit der Gründung des RWKS eine Stabilisierung der wirtschaftlichen Verhältnisse eingesetzt hatte, setzten viele der schwerindustriellen Unternehmen seit der Mitte der 1890er Jahre zu einer weiteren Expansion an. Das auch, weil nach der Disconto-Gesellschaft nun auch die Berliner Handelsgesellschaft, dann die Deutsche Bank und die Dresdner Bank in das Geschäft der Industriefinanzierung im rheinisch-westfälischen Industriebezirk eintraten. Auf der Grundlage der stabilisierten Kohlepreise wurde das Geschäft mit den Nebenprodukten, besonders von denen aus den Kokereien, Ammoniak, Benzol und dergleichen, ausgesprochen attraktiv,[31] unterlag dieser Geschäftsbereich doch nicht der Organisation durch das RWKS. Die neuen Anlagen erzeugten nicht nur mehr Grubenwässer, sondern darüber hinaus in ihren Nebenproduktgewinnungsanlagen auch toxische Abwässer, deren Einleitung zusätzlich genehmigt werden musste. Obwohl die Formel der Gemeinüblichkeit weiterhin Verwendung fand, motivierte die drohende Verschärfung der Bedingungen für die Einleitungskonzessionen die Unternehmen, sich an dem Vorhaben der Genossenschaft weiter zu beteiligen, versprach eine derartige Gesellschaft doch für sie, die Verwaltung der Abwässer inklusive der aufwendigen Genehmigungsverfahren nach eigener Regelgebung zu inkorporieren. Für die Unternehmen, und zwar alle, war das der wesentliche Grund, das kommunale Interesse an einer öffentlichen Genossenschaft zu teilen. Und das sollte sich als vorausschauende, aber für die Bevölkerung an der Emscher fatale Haltung erweisen. Als öffentlich-rechtliche Körperschaft war es nach ihrer Gründung die Emschergenossenschaft, die über die Wassereinleitungsrechte in die Emscher verfügte. Und ihr Verständnis der Gemeinüblichkeit kannte praktisch keine Grenzen.[32]

Die konkreten Planungen für die formale Ausgestaltung der zu errichtenden Genossenschaft wurden von zwei Seiten vorgenommen, sie liefen aber beide in Essen zusammen: Die eine Initiative wurde im Essener Rathaus unter der Leitung von Zweigert koordiniert, die andere wurde von den Bergbauinteressenten im Bergbauverein vorgenommen.[33] Anfang 1903 waren die Überlegungen für das rechtliche Format so weit fortgeschritten und die Claims der beiden großen Interessengruppen so weit aufeinander abgestimmt, dass die große Kommission unter Anwesenheit der Vertreter der Mittelinstanzen zusammenkommen konnte, um die Zustimmung der Ministerialinstanzen für die Durchbringung des Gesetzesentwurfs durch die Parlamente zu erbeten und um Unterstützung bei der Genehmigung durch die Staatsregierung zu ersuchen. Aus Sicht der Kommissionsmitglieder ging es darum, die gesetzliche Genehmigung dafür zu erhalten, »die *Emscher* [!] auf einmal hinter einander nach einem einheitlich aufgestellten Projekte zu reguliren« und dann »die fernere Unterhaltung dieses Emscherflusses sowohl mit Bezug auf die Erhaltung der einmal hergestellten Vorfluth, als auch die Herstellung von

30 Zit. Ministerium des Innern, 30.3.1896 (Abschrift), thyssenkrupp Corporate Archives (tkCA), Duisburg, TLi 2503. Vorausgegangen war 1877 eine Verfügung, die lt. Rommelspacher einem faktischen »Einleitungsverbot« gleichkam; ders.: Recht auf Wasserverschmutzung, S. 242 f. Die Verfügung wurde allerdings und besonders im rheinisch-westfälischen Industriebezirk schlicht ignoriert, und zwar von den Unternehmen wie von den Städten.

31 Weber: Entfaltung der Industriewirtschaft, S. 219, 239–241.

32 Zur Wirkung und Handhabung der »Gemeinüblichkeit« s. auch Olmer: Wasser, S. 377 f., 516.

33 Schriftw. Behrens (Hibernia) mit Bergbauverein (Krabler), Zweigert, 1901 f., montan.dok/BBA, 32/4215.

Wasserreinigungsanlagen« zu gewährleisten. Beides sollte, so stellte man zu Beginn der Zusammenkunft deutlich heraus, auf »gemeinsame Kosten« von Kommunen und Industrie erfolgen. Alle anderen »Differenzpunkte«, so berichtete Zweigert den anwesenden Vertretern der Ministerien mit einigem Stolz, seien inzwischen ausgeräumt. Lediglich in Hinblick auf die »juristische Form« der Umsetzung bestünde unter den Mitgliedern noch Uneinigkeit. Konsens sei, dass es nur eine »Genossenschaft« sein könne und sich nur diese Gesellschaftsform für die Realisierung des Vorhabens eigne. Die Festsetzung aber, wer »Genosse« sein sollte, das sei ein Problem, bei dem man den »Rath« der Ministerialvertreter benötige. Zwei Vorschläge habe die Kommission erarbeitet: Denkbar sei zum einen, dass die Kreise, also die Stadt- und Landkreise (insgesamt zehn), Genossen würden. In diesem Falle aber seien die Unternehmen nicht direkt beteiligt, auch nicht an den Selbstverwaltungsorganen der Genossenschaft.[34] Zum anderen ließe sich eine Genossenschaft gründen, an der alle Interessenten, also die Städte, die Gemeinden und die Unternehmen (und damit mehrere Hundert) als Genossen beteiligt würden.[35] Im Falle der reinen Kreisbeteiligung wäre es aber unwahrscheinlich, eigentlich sogar ausgeschlossen, so Zweigert, dass eine Gründung auf freiwilliger Basis gelänge, weil insbesondere die Zechen die Gründung nicht unterstützen würden.[36] Im Falle der Beteiligung aller Interessenten als Genossen sei indes fraglich, wie und auf welcher Grundlage die Finanzierung vorgenommen werden könnte, da die jeweiligen Realitäten der Anwendung des Kommunalabgabegesetzes auseinanderfielen. Aus diesem Grund nun habe die Kommission darüber nachgedacht, so Zweigert, und präsentierte damit die eigentliche und inzwischen von den Kommissionsmitgliedern präferierte Lösung, um die Errichtung einer *»Zwangsgenossenschaft«* zu ersuchen, die es ermögliche, aus den Kreisen »Genossen« und aus den Unternehmen »Beteiligte« zu machen, wobei die »Beteiligten« an den Entscheidungen der Genossenschaft durch die Bestimmungen im Statut der Genossenschaft partizipieren sollten.[37] Der »eigentümliche und rechtlich schwer« in eine Form zu bringende Vorschlag lautete gerafft:

---

34 Zum Begriff der Selbstverwaltung aus rechtshistorischer Sicht s. Peter Collin: Durch Zwang zur Freiheit? Wirtschaftliche Selbstverwaltung im deutschen Kaiserreich zwischen Regulierung und Selbstregulierung, in: Rechtsgeschichte 18, 2011, S. 96–118, insbes. S. 101 f.

35 Verhandlungen der Commission zur Aufstellung eines generellen Entwässerungsprojectes für das Emscherthal, 19.1.1903, RWWA, 130–301170/3.

36 Dazu Behrens: »Wenn der Versuch gemacht werden sollte, daß die Stadt- und Landkreise Genossen werden und die Umlage auf Grund des Communalabgabengesetzes, auf Grund der bestehenden gesetzlichen Bestimmungen vorgenommen werden sollte, so kann ich mich nur im Namen des ganzen Bergbaues dagegen erklären.« Zit. Verhandlungen der Commission zur Aufstellung eines generellen Entwässerungsprojectes für das Emscherthal, 19.1.1903, RWWA, 130–301170/3.

37 Verhandlungen der Commission zur Aufstellung eines generellen Entwässerungsprojectes für das Emscherthal, 19.1.1903, RWWA, 130–301170/3.

> »Wir konstruieren eine Genossenschaft aus den Stadt- und Landkreisen, die im Bezirke der Emscher belegen sind, verteilen aber die Genossenschaftslasten nicht auf die Genossen, wie dies sonst jede Genossenschaft macht, sondern wir verteilen die Lasten auf dritte, außerhalb der Genossenschaft stehende Interessenten.«[38]

Mit diesem Zuschnitt wurde die Emschergenossenschaft zur »Anomalie«, die von der gängigen Normalkonstruktion einer Wassergenossenschaft, die alle Interessenten zu Genossen machte, grundlegend abwich.[39] Allerdings, und darum ging es vor allem: Aus der von Zweigert vorgestellten Problemdarstellung heraus war die Zustimmung zu dieser Konstruktion, und zwar in Form eines Sondergesetzes, alternativlos. Denn die Kommunen waren weder in der Lage noch willens das Vorhaben finanziell zu stemmen, und der Staat, die Provinzialregierungen und auch die preußische Regierung wollten die »Kalamität« um jeden Preis ohne eine eigene finanzielle Beteiligung beseitigt wissen. Die geladenen Regierungsvertreter und -repräsentanten sahen daher nach einigen Nachfragen und Ergänzungen zügig ein, dass die Gewährung eines sondergesetzlichen Formats wohl angezeigt war. Die Regierungsvertreter aus Arnsberg, Düsseldorf und Münster sprachen sich, wenn auch »unverbindlich«, noch in der Sitzung für den Lösungsweg über die »Zwangsgenossenschaft« aus, ebenso die Vertreter der preußischen Ministerien für öffentliche Arbeiten, für Medizinal-Angelegenheiten, des Innern, für Landwirtschaft und für Handel; auch die Vertretung des Oberbergamtes äußerte, ein Zwangszusammenschluss sei der einzig gangbare Weg, um die Einigung zu ermöglichen und die Lösung der »Kalamität« zu erreichen.[40]

Erst nachdem die grundsätzliche Zustimmung eingeholt war, wurde der erarbeitete Gesetzesentwurf zur Lesung den Ministerialvertretern wie auch den Kommissionsmitgliedern vorgetragen und diskutiert. Der Entwurf formulierte als Zweck der Genossenschaft unter Paragraf 1:

> »Zum Zwecke der Regulirung der Vorfluth und zur Abwässerreinigung im Emschergebiete nach Maßgabe eines einheitlichen Projectes, sowie zum Zwecke der Unterhaltung der danach ausgeführten Anlagen wird kraft dieses Gesetzes eine Genossenschaft gegründet, deren Mitglieder (Genossen) alle ganz oder theilweise im Entwässerungsgebiet der Emscher und ihrer Nebenläufe belegenen Land- und Stadtkreise sind.«[41]

Damit war nicht nur das gesamte »Ruhrgebiet« eingefasst, sondern die Reinigung – jede Reinigungsanlage – sowie die gesamte Emscher inklusive aller ihrer Nebenbäche war zur Freude der Ministerialvertreter in das Aufgabenfeld der zu gründenden Genossenschaft inkludiert. Als wesentliche Organe der Genossenschaft wurden die *Genossenschaftsversammlung* sowie eine *Veranlagungskommission* vorgeschlagen, in der

38 Stenographischer Bericht über die Verhandlungen der General-Versammlung der Kommission zur Aufstellung eines generellen Entwässerungsprojekts für das Emschertal, 18.5.1903, RWWA, 130–301170/3; versch. Statutsentwürfe, montan.dok/BBA, 4/1003.

39 S. Collin: Selbstverwaltung, S. 96–118.

40 Verhandlungen der Commission zur Aufstellung eines generellen Entwässerungsprojectes für das Emscherthal, 19.1.1903, RWWA, 130–301170/3.

41 Zit. ebd.

die Interessen der Genossen, besonders aber die der Beteiligten vertreten sein sollten. Mit Erreichen der Zustimmung zu dieser Rahmenkonstruktion wurde von Zweigert bei jedweder Detailfrage auf das zu schließende *Statut* verwiesen, das dazu dienen sollte, die »näheren Rechtsverhältnisse« zwischen den Genossen und Beteiligten zu regeln. Das damit im Grunde ausschlaggebende Statut, das das operative Geschäft der Emschergenossenschaft definieren sollte und aus der sondergesetzlich verfügten Genossenschaft erst eine arbeitsfähige Gesellschaft machte, wurde den Anwesenden aber nicht vorgestellt.[42] Die »Genossen«, die Kreise also, hatten, so der Entwurf, die von der Veranlagungskommission mitgeteilten »Theilbeträge den Veranlagten«, also den Beteiligten, mitzuteilen, die diese dann zu entrichten hatten. Die rechtliche Grundlage für die Durchreichung der Kosten an die Beteiligten bildete das Kommunalabgabengesetz. Dies war wohl möglich, aber nicht unproblematisch, wie sich zeigte, als wohl vorbereitet die Frage gestellt wurde, ob und wie denn Beschwerde gegen die Veranlagung eingelegt werden könne und welche Beschwerdeinstanz hier anzurufen sei.[43] Mit dieser soufflierten Frage war der Punkt, der die Notwendigkeit der Schaffung einer öffentlichrechtlichen Genossenschaft regelrecht bewies, nunmehr für die entscheidenden Anwesenden kleinschrittig und nachvollziehbar ausgebreitet und entwickelt worden. Denn den Vertretern der Ministerialinstanzen war vor dem Hintergrund der Klagewellen im Feld der Wasserwirtschaft unmittelbar plausibel, dass eine private und nur von den Kreisen gegründete Genossenschaft wohl kaum in der Lage sein würde, die Industriellen zur regelmäßigen und widerspruchslosen Zahlung zu bewegen. Eindeutig wurde daher im Entwurf vorweggenommen und festgestellt: *»Die Zahlungspflicht [der Veranlagten] gilt als gemeine öffentliche Last.«* Die Kommunen respektive die Veranlagten, und damit die Beteiligten, würden zahlen müssen, wenn die Genossenschaft als öffentlich-rechtliche Körperschaft verfasst würde. Zudem, und ebenfalls von weitreichender Bedeutung, sah bereits der erste Entwurf die Beschränkung der Staatsaufsicht vor. Lediglich die Aufsicht darüber, ob der sondergesetzliche Auftrag und das Statut in einem sachgemäßen Verhältnis standen, war den Staatsorganen zugebilligt. Darüber hinausgehende Befugnisse waren im diskutierten Entwurf nicht aufgeführt. Auch war der Staat oder seine Instanzen weder als »Genosse« noch als »Beteiligter« überhaupt Teil der in Aussicht genommenen Genossenschaft; für die Staatsinstanzen war also nicht einmal ein Mitgliedstatus vorgesehen. Es ist bemerkenswert, dass die Kommunal- wie die Bergbauvertreter zum Ende des Durchgangs durch den Entwurf herausstellten, dass zwar die finanzielle Unterstützung des Staates im Gesetzesentwurf nicht vorgesehen sei, man es sich aber doch vorbehalten werde, bei dem »Königlichen Staatsministerium« in Berlin zu einem späteren Zeitpunkt in dieser Frage vorstellig zu werden. Die gut vorbereiteten Kommissionsmitglieder brachten damit zum Ausdruck, dass sie die finanzielle Nicht-Beteiligung zwar akzeptierten, die grundsätzliche Forderung einer staatlichen

42 Zit. ebd.

43 Zum Dauerproblem der sog. Doppelbesteuerung, das sich aus dieser Rechtsbeziehung ergab, s. das Kap. »Die ›Hybride‹«.

Beteiligung aber aufrechterhielten, schon allein um zum Ausdruck zu bringen, dass sie bei der effektiven Ausgestaltung weitgehende Beinfreiheit erwarteten.[44]

Die bis Anfang 1903 geleistete Vorarbeit und die Vorabsprachen, die insbesondere Zweigert, aber auch *Wilhelm Hammerschmidt*, Landrat des Landkreises Gelsenkirchen, und *Karl Behrens*, Generaldirektor der Hibernia AG, im Vorfeld dieser Zusammenkunft geleistet hatten, waren derart, dass alle im Detail informiert und von dem vorgeschlagenen Format überzeugt waren. Und die logische und schrittweise Entfaltung der Argumentation für eine sonderrechtlich begründete Genossenschaft als öffentlich-rechtliche Körperschaft erwies sich dann auch für die Vertreter der Staatsinstanzen als vollständig überzeugend. Kleinere Probleme bereitete lediglich *Joseph Hoevel*. Hoevel war in den 1870er Jahren Landrat in Essen gewesen, seit 1899 war er Regierungspräsident in Koblenz, der Rheinprovinz also. Hoevel stand mit Zweigert oftmals überquer und wähnte, dass »die Westfalen« sich eine vorteilhafte Position in der zu gründenden Genossenschaft auf Kosten der ›Rheinländer‹ verschaffen würden. Der Regierungspräsident hatte explizit moniert, dass die Konzeption, wie sie nunmehr entwickelt und vorgeschlagen worden war, nichts anderes bedeute, als dass »die Westfalen [...] ihren Riemen aus dem rheinischen Leder schneiden« wollten.[45] Zweigert gelang es aber durch Fühlungnahme, Hoevel zu besänftigen. Der Antrag wurde ohne viel Federlesen durch den Rheinischen Provinzialtag gebracht;[46] dort wie auch im Westfälischen Provinziallandtag wurde der Antrag einstimmig angenommen. Auf eine weitere Anhörung wurde verzichtet.[47]

In dem Gesetzesentwurf wurde der »Landstrich« des Industriebezirks im Norden durch die Lippe und im Süden durch die Ruhr abgegrenzt, sodann festgestellt, dass ein »großer Teil« der Kommunen und Industriewerke in die Emscher entwässere, der längst von einem »kleinen Bache« zu einem »großen Flusse« geworden sei. Die »Entwässerungsverhältnisse« aber seien »mangelhaft«. In den Erläuterungen wurden die »Vorarbeiten« seit 1820 zusammengefasst; auch die gescheiterten Vorhaben der 1850er Jahre und die durchaus konkreten Planungen der 1880er Jahre wurden aufgeführt und positiv gewürdigt, das selbstredend, ohne weiter darauf einzugehen, dass die Realisierungen gescheitert waren, weil die Instanzen einer Finanzbeteiligung schließlich eine Absage erteilt hatten. Das Gebiet, etwa 800 Quadratmeter groß, mit einer Bevölkerungszahl von mehr als 1,4 Mio. Menschen und 150 Kohlenzechen, so lautete es in der Begründung weiter, habe sich seit den 1850er Jahren derart rasant entwickelt, dass die »Verunreinigung [...] infolge der Besiedlung« und die »Bodensenkungen infolge

44 Verhandlungen der Commission zur Aufstellung eines generellen Entwässerungprojectes für das Emscherthal, 19.1.1903, RWWA, 130–301170/3.

45 Zit. Zweigert an Hammerschmidt, 3.2.1903, montan.dok/BBA, 32/4215.

46 43. Rheinischer Provinziallandtag, 8. Sitzung, 18.2.1903: Antrag der Kommission zur Vorberatung eines Gesetzesentwurfs betreffend Bildung einer Genossenschaft zur Regelung der Vorflut und zur Abwässerreinigung im Emschergebiet, montan.dok/BBA, 32/4215.

47 Protokoll, Sitzung des Westfälischen Provinzial-Landtages, 4.5.1903; dazu auch: Behrens (Hibernia) an den Königlichen Staatsminister a. D. und Oberpräsident der Provinz Westfalen, Freiherrn von der Recke von der Horst, 14.10.1903, montan.dok/BBA, 32/4215.

des Bergbaues« einen bedrohlichen Zustand verursacht hätten.[48] Die damit erzeugten »Uebelstände« hätten sich zur »Unerträglichkeit« gesteigert, so die Begründung. Einer einheitlichen Lösung habe die administrative Zergliederung bisher entgegengestanden: Durch die Zuständigkeit zweier Provinzen und die Unterstellung unter drei Regierungspräsidien sei die Schaffung eines »größeren Kommunalverbandes« im Industriebezirk entscheidend erschwert worden. Darüber hinaus seien die Interessen an dem Vorhaben höchst unterschiedlich: Für die Industrie habe die Reinigung der Abwässer eine geringe Bedeutung, für die Gemeinden dagegen sei das Interesse an der Vorflut ein nachgeordnetes. Die Begründung erläuterte genau, welche Leitlinien dem ausgewählten »Techniker«, *Wilhelm Middeldorf*,[49] für die Erstellung des Planes an die Hand gegeben worden waren, und auch in den weiteren Erläuterungen nahmen die Ausführungen zur »Reinigung« großen Raum ein. Die Abwasserreinigung als zugedachte Aufgabe der zu gründenden Genossenschaft wirkte damit zentral. In der Erläuterung des technischen Vorgehens wurde ferner die in Aussicht genommene Verbesserung der Vorflut durch die Verlegung und Begradigung, die Beseitigung der Stauwerke und die Vertiefung der Sohle um drei Meter beschrieben. Auch die Begründungen für die Genossenschaft als öffentlich-rechtliche Körperschaft und die Notwendigkeit sondergesetzlicher Bestimmungen wurden erläutert, besonders die Frage der Veranlagung und das Verhältnis von Genossen und Beteiligten wurde breit und in den diskutierten Alternativen dargelegt.[50]

Eine weitere Verhandlung, die vom 18. Mai 1903 – also nachdem der Entwurf übermittelt und das Gesuch gestellt worden war –, ist hier erwähnenswert, denn Middeldorf berichtete in dieser Versammlung über seine Planungsfortschritte, die er nach den Vorgaben der Kommission erarbeitet hatte. Die ihm gemachten Vorgaben sahen vor, dass die Abwässer dem »Emscherthal aus fremden Flußgebieten«, insbesondere aus dem Ruhrtal zugeleitet werden sollten. Offen war indes noch, ob die Emscher »in einen gemauerten Kanal verwandelt« oder »offen« geführt werden würde. Auch war zumindest noch fraglich, ob »es nicht zweckmäßiger und billiger ist, durch die Anlage eines oder mehrerer offener oder geschlossener Vorfluthgräben die Emscher zu entlasten«.[51] Das Schicksal der Emscher und ihr Charakter als Cloaca Maxima war also längst noch nicht besiegelt, jedenfalls war die Form, die die Emscher schon bald annehmen würde, noch nicht festgesetzt. Middeldorfs Ausführungen zur »Reinigung«, die in der Begründung für das Gesetzesvorhaben noch einen so großen Raum eingenommen hatten, waren aber bereits deutlich zusammengeschmolzen: »Ich bin der Meinung, wenn wir die Abwasser mit gutem Gefälle und in Folge dessen auch mit einer ziemlichen Geschwindigkeit abführen, schon hierdurch allein eine erhebliche Verbesserung der jetzigen Zustände

48 Begründung des Gesetzesentwurfs betreffend Bildung einer Genossenschaft zur Regelung der Vorflut und zur Abwässerreinigung im Emschergebiet u. Antrag der Kommission zur Vorberathung [...] (Drucksache), 17.2.1903, RWWA, 130–301170/3.

49 Zur technischen Planung durch Wilhelm Middeldorf s. ausfl. das Kap. »Die durch und durch ›Technische‹?«.

50 Begründung des Gesetzesentwurfs betreffend Bildung einer Genossenschaft zur Regelung der Vorflut und zur Abwässerreinigung im Emschergebiet u. Antrag der Kommission zur Vorberathung [...] (Drucksache), 17.2.1903, RWWA, 130–301170/3.

51 Zit. Bauprogramm für die Aufstellung eines Entwässerungsprojektes des Emscherthales, o. D. [1900], RWWA, 130–301170/3.

herbeigeführt wird.« An den Stellen, so fuhr Middeldorf fort, an denen die »Gemeinden« [!] ihre Abwässer der Emscher zuleiteten, sollten »Kläranlagen« geschaffen werden: im Ganzen 24. In ihnen sollte die erforderliche mechanische Reinigung vorgenommen werden, die eigentliche und dann etwaig vorzunehmende biologische Reinigung sollte indes erst dann erfolgen, »wenn eine weitere Verschmutzung nicht mehr eintritt« – also erst unmittelbar vor der Einmündung in den Rhein.[52] Im Vergleich zum Michaelis-Plan war die Reinigung also stark herunterkorrigiert worden. Aus einer technischen Betrachtung war es naheliegend, gewissermaßen am Ende und dann zentralisiert zu reinigen; aus der Perspektive der Südstädte aber machte dies das Vorhaben nur unnötig teuer. Was hatten sie von einer großen biologischen Reinigungsanlage vor der Rheineinmündung? »[Z]u hoch gestellt«, kommentierte daher Zweigert diese von Middeldorf entworfene und vorgestellte Reinigungslogik. Darüber hinaus fand Zweigert offensichtlich keinen Gefallen daran, dass die Genossenschaft die vorzunehmende Abwasserkanalisierung, die in den Nordkommunen mitunter noch überhaupt nicht existierte, dadurch zu verteuern, dass dort Reinigungsanlagen erbaut werden sollten. Nachdem bekannt gegeben worden war, dass sowohl der westfälische als auch der rheinische Provinzialtag die Zustimmung erteilt hatten, endete diese Sitzung mit dem Beschluss, den Entwurf der Königlichen Staatsregierung zur Genehmigung zuzusenden.[53] Ohne weitere Diskussionen passierte der Entwurf die Regierungsstellen und wurde am 14. Juli 1904 bekannt gegeben. Kommissionsintern waren die tatsächlichen Aufgaben allerdings bereits erheblich heruntergestutzt worden: Die Kanalisierung war vordergründig, die Reinigung bereits jetzt von den Südkommunen zur Sekundäraufgabe erklärt worden. Die erste Versammlung der nach der Veröffentlichung des Gesetzes zügig gegründeten »Emschergenossenschaft« fand erst am 17. Juni 1905 in Essen statt. De facto war die »Kommission« aber bereits zuvor handlungsfähig, denn sie war liquide. Die drei großen Bergbaugesellschaften, die *Harpener Bergbau AG*, die *Hibernia AG* und die *Gelsenkirchener Bergwerks-AG*, sicherten der Industrie den Einfluss auf das Vorhaben, indem sie der zu gründenden Emschergenossenschaft ein Startkapital – als Darlehen – zur Verfügung stellten. 60.000 Mark, zu 3 $\frac{1}{2}$ Prozent verzinst, sollte der Kommission unter Zweigerts Leitung zur Verfügung stehen, bis »eine Genossenschaft oder eine andere Vereinigung mit Rechtspersönlichkeit« geschaffen war und »über eigene Einnahmen« verfügte.[54]

Nachdem das Gesetz in Kraft war, ging es darum, das längst ausgearbeitete *Statut* der Emschergenossenschaft von der Versammlung entsprechend der geltenden Satzungsautonomie genehmigen zu lassen. Der Statutenentwurf fußte auf der Idee, die Möglichkeit der Staatsaufsicht in dem Rahmen zu gewähren, die in dem Gesetz verankert worden war, aber keinen Schritt weiter. Tatsächlich hatte sich erst nach der Annahme

52 Stenographischer Bericht über die Verhandlungen der General-Versammlung der Kommission zur Aufstellung eines generellen Entwässerungsprojekts für das Emschertal, 18.5.1903, RWWA, 130–301170/3. Die Errichtung einer großen biologischen Kläranlage realisierte die Emschergenossenschaft erst deutlich nach dem Zweiten Weltkrieg; s. dazu ausfl. das Kap. »Die ›Beharrliche‹«.

53 Stenographischer Bericht über die Verhandlungen der General-Versammlung der Kommission zur Aufstellung eines generellen Entwässerungsprojekts für das Emschertal, 18.5.1903, RWWA, 130–301170/3.

54 Kreditvertrag, Juli 1903; gleichlautender Vertragsentwurf, o. D. [April 1903], montan.dok/BBA, 32/4215.

und der Veröffentlichung des Gesetzes der Widerstand der Mittelinstanzen gegen die vorgesehenen Bestimmungen des Status geregt.[55] Zweigert, der das Vorhaben weiterhin koordinierte, war mit zahlreichen Änderungsvorschlägen und sogar einem alternativen Statut von den Provinzregierungen regelrecht bombardiert worden. Zweigert allerdings fand:

> »Das von der Aufsichtsbehörde vorgelegte Statut geht bedeutend über den Rahmen des Gesetzes hinaus und legt der Emschergenossenschaft einerseits Beschränkungen in der Selbstverwaltung, andererseits Pflichten [in der Abwasserreinigung; d. Vf.] auf, die vielfach unausführbar und besonders im Gesetz nicht vorgesehen sind.«[56]

Das von den Mittelinstanzen zum Ausdruck gebrachte »Mißtrauen« gegen die Genossenschaft, etikettierte er als vollkommen ungerechtfertigt. Das war es natürlich nicht. Während die Emschergenossenschaft sondergesetzlich gegründet wurde, tobte mit der Hibernia-Affäre just einer der größten Konflikte zwischen ›Berlin‹ und den Montanindustriellen im Industriebezirk. Die Regierung hatte sich ausgehend vom Handelsministerium an einer geheimen Übernahme der Hibernia – eins der drei großen Montanunternehmen – versucht und war krachend an der von der Industrie organisierten Abwehr gescheitert.[57] Bereits Ende 1904 und dann in den ersten Monaten des Jahres 1905 kam es zudem zu heftigen Konflikten zwischen den Zechenleitungen und den Arbeiterschaften, die sich zur großen Streikbewegung auswuchsen.[58] Es brodelte – und aus Sicht der Mittelinstanzen genauso wie aus Sicht von ›Berlin‹ – gehörig im Industriebezirk. Trotzdem konnten sich die Organisatoren der Emschergenossenschaft mit ihrer Forderung nach einer praktisch ausschließlichen ›Selbstverwaltung‹ durchsetzen. Den passenden Abwehrhebel gegen eine nachträgliche Ausdehnung der staatlichen Einflussnahme brachte Zweigert vor diesem Hintergrund wohlüberlegt vor: Erstens rechtfertigte das Gesetz keinen direkten Einfluss.[59] Dieser Hinweis alleine hätte vielleicht nicht ausgereicht, in Kombination mit dem zweiten Argument aber, das da lautete: »*Das Unternehmen [die Emschergenossenschaft] ist aus der freiwilligen Initiative der Interessenten hervorgegangen ohne Inanspruchnahme staatlicher Hilfe*«, war die Abwehr jedweder staatlicher Einflussnahme in die Emschergenossenschaft perfekt. Regelrecht genüsslich wurde dann von den Genossen – den Kommunen also, und das keineswegs verschleiert – eine der gesetzlich fixierten Kernaufgaben der Emschergenossenschaft glatt auf das absolute Minimum reduziert: Im Entwurf für das Statut sei die Passage »in welchem der Genossen-

---

55 Behrens an von der Recke, 10.11.1903, montan.dok/BBA, 32/4215.

56 Protokoll über die erste Versammlung der Emschergenossenschaft in Essen, 17.6.1905, RWWA, 130–301170/3.

57 Ausfl. Dietmar Bleidick: Die Hibernia-Affäre. Der Streit um den preußischen Staatsbergbau im Ruhrgebiet zu Beginn des 20. Jahrhunderts, Bochum 1999.

58 Willy Buschak: Gewerkschaftliche Organisierung, in: Wolfgang Köllmann/Hermann Korte/Dietmar Petzina/Wolfhard Weber (Hg.): Das Ruhrgebiet im Industriezeitalter. Geschichte und Entwicklung, Bd. 1, Düsseldorf 1990, S. 729–806, hier S. 751 f.

59 Im Vorfeld hatte Zweigert bereits ventiliert: »davon, dass Vorschriften über die ›Abwässerreinigung‹ vorzunehmen seien, sagt es [das EGG] kein Wort.« Zit. Zweigert (Vorsitzender) an o. Adr. [Beteiligte], 2.12.1905, tkCA, DHHU 2237.

schaft die Reinigung der Abwässer zur Pflicht gemacht wird« nicht annehmbar.[60] Zweigert erläuterte: Das EGG schreibe lediglich fest, dass sich die »Interessenten« zusammentun *könnten*, »um gemeinschaftliche Abwässerreinigungsanlagen zu bauen und zu betreiben«. Daher müsse auch für das Statut eine Formulierung gefunden werden, die dem Gesetz entspräche und die, so formulierte Zweigert an anderer Stelle, verhindere, dass die Aufsichtsbehörden das Recht erhielten, der Genossenschaft Klärungs- und Reinigungsaufgaben in der Weise aufzuerlegen, dass »darin [der Emscher] Bachforellen ihr Leben fristen könnten«.[61] Von lustigen Bachforellen im Emschernass konnte natürlich schon lange keine Rede mehr sein. Die oft bemühte Rede von den »Bachforellen« verdeckte sehr viel Grundlegenderes und nunmehr Geltendes: Jede ›übliche‹ Verwendung von Wasserläufen – für die Berieselung, für die Tränkung von Vieh, für die Fischerei, für die Wäsche usw. – war mit dem Ausschluss der Reinigung der Emscher nicht mehr möglich, im Übrigen war auch die Verwendung des Emscherwassers für industrielle Zwecke ausgeschlossen. Sie würde damit auf Dauer zu dreckig für jedwede Verwendung.[62] Zweigert schlug daher vor, dahingehend umzuformulieren, dass die Emschergenossenschaft *»für die Reinigung der zufließenden Abwässer Sorge zu tragen«* habe.[63] Selbstverständlich, so beschwichtigte er, werde die Genossenschaft Kläranlagen bauen und sie auch betreiben. Aber wie und in welchem Umfang, das wollte man aber nicht in die Hand der »Aufsichtsbehörden« geben. Und das passierte auch nicht. Das Statut wurde in der detailreduzierten Form, wie Zweigert sie vorgeschlagen, erläutert und im Vorfeld mit den Interessenten abgestimmt hatte,[64] im März 1906 von der Versammlung genehmigt.[65]

Die Kombination von EGG und Statut schützte die Südstädte, die eine weitergehende Reinigung ablehnten, weil sie ihnen zu teuer war, genauso wie die Interessen der Industrie. Auch ein weiterer Vorstoß des Staates und der Mittelinstanzen, eine stärkere

---

60 Protokoll über die erste Versammlung der Emschergenossenschaft in Essen, 17.6.1905, RWWA, 130–301170/3.

61 Das Statut war demnach zentral; dazu Zweigert: »Wenn also beispielsweise seitens der Aufsichtsbehörde in dem Reglement [dem Statut] eine Bestimmung aufgenommen werden sollte, dass die Wässer der Emscher derartig zu klären seien, dass darin Bachforellen ihr Leben fristen können, so würde eine derartige Bestimmung statutarische Kraft haben, weil sie in einem im Statut vorgesehenen Reglement Aufnahme gefunden hat und somit zu den statutarischen Verpflichtungen der Genossenschaft gehört. Wenn nunmehr die Genossenschaft ihrer Verpflichtung nicht nachkommen sollte, und das würde sie der Kosten wegen zweifellos nicht können, so würde die Königliche Staatsregierung berechtigt sein, die Mittel zu einer derartigen weitgehenden Klärung zwangsweise in den Etat einzusetzen, und wenn die Genossenschaft hiergegen Klage beim Oberverwaltungsgericht erheben würde, so würde diese Klage zweifellos abgewiesen werden, weil die Aufsicht des Staates sich nicht weiter erstreckt hat, als auf die Erfüllung der Genossenschaftsstatuten bzw. reglementsmässig obliegenden Verpflichtungen. Die Klärung der Abwässer bis zu einem solchen Grunde, dass Bachforellen darin ihr Leben fristen können, ist dann eine der Genossenschaft durch das Reglement auferlegte statutenmässige Verpflichtung.« Und diese Art der »Verpflichtung« galt es aus Sicht Zweigerts unbedingt zu verhindern. Zweigert an o. Adr. [Fahrenhorst/Phoenix], 2.12.1905, tkCA, DHHU 2237.

62 Wie Helbing später auch sehr deutlich formuliert; ders.: Emschergenossenschaft, v. a. S. 11.

63 Protokoll über die erste Versammlung der Emschergenossenschaft in Essen, 17.6.1905, RWWA, 130–301170/3.

64 Etwa Zweigert an o. Adr. [Fahrenhorst/Phoenix], tkCA, DHHU 2237.

65 Helbing/Selbach: Gesetz, S. 12–14.

Überwachung mittels »Zwangsmaßregeln« in Hinblick auf die durch den Bergbau verursachten Bergsenkungen zu verankern, konnte abgewehrt werden. In diesem Fall war es das Oberbergamt, das sich gegen den etwaigen Kompetenzzuwachs der Instanzen stemmte und den damit drohenden eigenen Kompetenzverlust ablehnte. Die Emschergenossenschaft, die in einer dazu eingerichteten Kommission mit dem Oberbergamt zusammengearbeitet hatte, konnte auf der Grundlage ihres Status als öffentlich-rechtliche Körperschaft und damit auch in der Funktion als Gutachterin feststellen, »daß ein behördlicher Schutz durch Zwangsmaßregeln jedoch zunächst weder erforderlich noch wünschenswert« sei. Die fortlaufende Kontrolle der Bergsenkungen durch die Emschergenossenschaft sei also vollkommen ausreichend. Festgestellte übermäßige Senkungen würden direkt von der Emschergenossenschaft an die Bergwerksbesitzer weitergegeben. Auch die Einführung einer Versatzpflicht, also der Ausfüllung der ausgekohlten Leerräume, wurde abgelehnt.[66]

Ende 1906 wurden die Schuldverschreibungen der Emschergenossenschaft vom Bundesrat für mündelsicher erklärt. Als öffentlich-rechtliche Körperschaft hatte die Emschergenossenschaft fortan die Möglichkeit, Kredite zu den günstigsten Bedingungen zu bekommen.[67] Und auch das war wesentlich. Der Ausbau der Emscher, der der Nebenbäche und auch der der diversen Anlagen wurden nicht aus einem eingezahlten Vermögen finanziert, sondern auf Basis langfristiger Kredite vorgenommen. Die laufende Zahlungsverpflichtung der Beteiligten sorgte für die entsprechende Sicherheit. Das Vermögen also, über das die Emschergenossenschaft mit der Zeit verfügte, musste nicht aus einem eigenen Gründungsvermögen, wie bei Kapitalgesellschaften, grundfinanziert werden.

Mit der Feststellung ihrer Mündelsicherheit war sie 1906 als *Hybrid* fertiggestellt: Die Emschergenossenschaft hatte als einzige derartige Wassergenossenschaft den Status einer öffentlich-rechtlichen Körperschaft. In ihrer Rechtstaxonomie war sie entsprechend den Bestimmungen des Sondergesetzes begründet worden, nach innen aber war die Beziehung von Genossen und Beteiligten durch das Statut geregelt, das die »Interessenten« weitgehend selbst gestaltet hatten und das viele »Kann«-, aber wenige »Muss«-Aufgaben feststellte. Der gesetzliche Zweck der Genossenschaft ließ sich auf diese Weise so auszulegen, dass es den Interessenten, und zwar besonders den Südkommunen und den Industriellen passte. Eine staatliche Einflussnahme war dabei ausgeschlossen. 1906 wurde der erste Spatenstich getan, Teile der im Süden verlegten Emscher wurden 1910 in Betrieb gesetzt, im Norden indes war noch wenig passiert. Während die Emschergenossenschaft 1910 ein eigenes Verwaltungsgebäude in der Essener Kronprinzenstraße bezog, sollte es noch Jahre dauern, bis die Emscher zu der bis in den Rhein mündenden Cloaca Maxima umgebaut worden war. Immerhin: Im Süden, der nun schön werden konnte, war man bereits fertig.

Die geschaffene Konzeption Emschergenossenschaft erwies sich als ausgesprochen beharrungsmächtig. Das nach langem Gezänk 1913 schließlich erlassene *Preußische*

66 S. Denkschrift [der Emschergenossenschaft] über die Frage, ob und etwa welche Maßnahme zum Schutze der Vorflut gegen übermäßige Bodensenkungen infolge Bergbaues zu treffen sind, Mai 1907, montan.dok/BBA, 55/2000.

67 Helbing/Selbach: Gesetz, S. 10.

Wassergesetz[68] bedeutete für die Emschergenossenschaft keinerlei Einschränkung. *Karl Gerstein*, zu der Zeit Vorsitzender der Emschergenossenschaft, hatte sich mit Erfolg für den Erhalt des sonderrechtlich gewährten Status des Hybrids eingesetzt. Das von ihm vorgebrachte Argument, das dafür sorgte, dass der Emschergenossenschaft weder die Steuerhoheit noch das Enteignungsrecht genommen wurde – kurz, dass ihr sonderrechtlicher Status erhalten blieb –, lautete: Die Emscher und ihre Nebenläufe, die seien »nichts anderes als die Hauptsammler für die Kanalisation«. Die Emscher, so Gerstein, sei kein Fluss [!] mehr, wie sie in den Entwürfen für das Wassergesetz behandelt würde, sondern eine gänzliche neue Kategorie, ein »Abwasserfluss«. Und, so fuhr Gerstein fort, über den Charakter derartiger »Abwasserflüsse« sei in den Bestimmungen des entworfenen Wassergesetzes nichts gesagt.[69] Im preußischen Wassergesetz blieb, anders als in einigen anderen Bundesstaaten, die privatrechtliche Verfügung über die Ressource Wasser erhalten. Flüsse, wie die Emscher, konnten damit weiterhin Privateigentum sein, waren aber nicht per se öffentliches oder Gemeineigentum. Die preußische Zentralinstanz verschaffte sich mit dem Gesetz also keineswegs die Entscheidungsgewalt über die Emscher oder ihre Nebenbäche (zurück). Die Erlaubnis und die Verleihung der Einleitungsrechte verblieben damit allein bei der Emschergenossenschaft. Und während in anderen Bundesstaaten Wasserabgaben oder Einleitungsgebühren zumindest ermöglicht wurden, wurden sie in Preußen mit dem Wassergesetz von 1913, wenn auch nach langen Verhandlungen, rundweg verboten. Das die Zechen besonders interessierende »unterirdische Wasser«, also die Grubenwässer, blieben im Eigentum des Grundstückeigentümers. Eine Schadensersatzpflicht, etwa Einleitungen durch die Errichtung von Kläranlagen oder Ähnlichem zu kompensieren, wurde nicht verankert.[70] Das sondergesetzliche Format, die effektive Selbststeuerung durch das Statut und damit die Rechtskonstruktion der Emschergenossenschaft überstand die Veränderung 1913 und auch alle weiteren in Deutschland vorgenommen Änderungen im Umgang mit der zentralen Ressource Wasser. Die Südkommunen und die Industrie hatte sich eine *Bad Bank* verschafft, die sie dank der besonderen Rechtskonstruktion selbst überwachen konnten.

68 Ausfl. Nadja Straub: Die Entwicklung des Wasserrechts in Preußen im 19. Jahrhundert. Zugleich ein Beitrag zur Frage der Fortgeltung alter Rechte nach § 20 WHG, Berlin 2019, S. 233–314.

69 Zit. Gerstein an Oberpräsidenten der Provinz Westfalen, 13.2.1908, RWWA, 130–3001170/7.

70 Vortrag Selbach bei der Reichsgruppe Industrie, 14.10.1936, montan.dok/BBA, 15/633.

Quellen

Die Verhandlung, 1899

(Protokoll, 14.12.1899, Bochum, RWWA, 130–301170/3)

Anwesend:

Behrens, Bergrath, Herne.
Bennhold, Oberbergrath, Dortmund.
Breidenbach, 2. Bürgermeister, Gelsenkirchen.
Bluth, Stadtbaurath, Bochum.
Gerstein, Regierungs-Assessor, Arnsberg.
Graff, 1. Bürgermeister, Bochum.
F. Hentzen, Regierungs-Assessor, Hörde,
H. Hentzen, Regierungs-Assessor, Bochum.
V. Holleuffer, Regierungs-Präsident, Düsseldorf.
Kirdorf, Kommerzienrath, Gelsenkirchen.
Kötter, Landrath, Ruhrort.
Dr. Krummacher, Reg.- und Medizinalrath, Arnsberg.
Laar, Landes-Bauinspektor, Bochum.
Larenz, Geheimer Bergrath, Dortmund.
Lembke, c. Landrath, Mülheim-Ruhr.
Lieckfeldt, Reg.- und Baurath, Düsseldorf.
Limper, Sanitätsrath, Gelsenkirchen.
Graf v. Looz, Amtmann, Altenbochum.
Lünzner, Baurath, Bochum.
Graf Merveldt, Landrath, Recklinghausen.
Müller, Ober-Regierungsrath, Arnsberg.
Nakonz, Wasserbau Inspektor, Düsseldorf.
Nuyken, Meliorations-Bauinspektor, Münster.
Prüsmann, Baurath, Ruhrort,
Dr. la Roche, Amtmann, Baukau.
Rötger, Landrath, Essen,
Frhr. v. Rynsch, c. Landrath, Dortmund.
Schäfer, Bürgermeister, Herne.
Spude, Landrath, Bochum.
Tenholt, Medizinalrath, Bochum.
Thielen, Regierungs- und Baurath, Arnsberg.
Dr. Weddige, Geheimer Regierungsrath, Münster.
Winzer, Regierungs-Präsident, Arnsberg. V
v. Wolff, Regierungs-Assessor, Düsseldorf.
Zweigert, Oberbürgermeister, Essen.

Auf ergangene Einladung hatten sich die oben aufgeführten Herren heute Nachmittag zu einer Konferenz im hiesigen Ständehause eingefunden.

Herr Regierungs-Präsident Winzer aus Arnsberg eröffnete dieselbe um 3 1/4 Uhr mit folgenden Worten:

Meine Herren! Ich habe mir gestattet, Sie auf heute nach hier einzuladen, um eine Frage zu besprechen, die sowohl für das Industriegebiet des Regierungsbezirks Arnsberg wie des Münsterlandes und der Rheinprovinz von der allergrößten Wichtigkeit ist. Ich bin Ihnen herzlich dankbar, daß Sie meiner Einladung so zahlreich gefolgt sind. Mein Dank gilt auch dem hochverehrten Herrn Regierungs-Präsidenten v. Holleuffer, den wir die Ehre haben, heute zum ersten Male auf westfälischem Boden zu begrüßen. Mein Dank gilt nicht minder den Herren, die von dem Regierungspräsidenten in Münster und Düsseldorf hierher kommitirt sind, um sich an der Besprechung zu betheiligen und uns durch ihren Rath zu unterstützen.

Meine Herren! Es handelt sich, wie Sie aus der Einladung ersehen haben, um die Frage, *ob und in welcher Weise es möglich ist, den Kalamitäten, welche sich in dem Industriebezirk aus der jetzt vorhandenen Art der Abwässerabführung ergeben, durch ein einheitlichen Unternehmen Abhülfe zu verschaffen* [HiO]. Ich habe die Ehre, 10 Jahre lang in meiner jetzigen Stellung zu sein und ich muß sagen, daß kein Gegenstand uns in Arnsberg mehr und eingehender beschäftigt hat, als die Frage der Kanalisation der Industriestädte. Wir dürfen uns rühmen, daß von Seiten der betheiligten Städte Alles geschehen ist, um der Aufgabe, die Abwässer genügend gereinigt in die öffentlichen resp. Privaten natürlichen Flußläufe zu leiten, gerecht zu werden; aber wenn wir ehrlich sein wollen, müssen wir gestehen, daß trotz aller Versuche, Besserung zu schaffen, doch das eigentlich Ziel noch nicht hat erreicht werden können.

Wir haben immer von Neuem mit Klagen zu kämpfen, die von Seiten der Anwohner der natürlichen Wasserläufe erhoben werden über die mangelhafte Beschaffenheit der ihnen zugeleiteten Abwässer. Diese Klagen haben leider Berechtigung. Wissenschaft und Praxis haben seit Jahren alles Mögliche versucht, um durch künstliche Vorrichtungen die Abwässer, die den Flußläufen zugeführt werden, zu klären, und wir müssen Alle anerkennen, daß bis zu dieser Stunde sehr viel erreicht ist. Wenn wir aber trotzdem immer von Neuem Klagen hören, so liegt das – abgesehen von den Schwierigkeiten, die sich aus den örtlichen Verhältnissen ergeben, an der mangelhaften Vorfluth – *vor Allem daran, daß diese künstlichen Kläreinrichtungen sich eigentlich mehr oder weniger als ein großartiges Spielzeug darstellen* [HiO]. Bei der außerordentlich großen Entwicklung des Industriegebietes, bei der riesigen Zunahme der Bevölkerung darf man ruhig sagen: es ist nicht mehr möglich, durch derartige künstliche Einrichtungen der Kalamität abzuhelfen. Dazu kommt als zweiter Uebelstand der, daß, wenn eine größere Stadt selbst mit den besten Einrichtungen versehen ist, dennoch schließlich wenig geholfen ist; denn sobald die Emscher, die ich vorzugsweise im Auge habe, eine andere Gemeinde betritt, stellt sich durch die Zuleitung anderer Abwässer die Kalamität sofort von Neuem ein. Das ist ja gerade der Uebelstand, daß wir hier im Industriegebiet der Emscher fortlaufend eine einzige Stadt bilden, um mich kurz auszudrücken, da das platte Land mehr oder weniger einen städtischen Charakter angenommen hat. Die Folge davon ist, daß nicht bloß in den Städten die Nothwendigkeit einer gehörigen Ableitung und Reinigung der Wässer hervortritt, sondern ebenso gut in den benachbarten Landgemeinden.

Was ist also zu thun? Wir wollen uns nicht verhehlen, daß, wenn die Bevölkerungszunahme und die ganze Entwicklung so fortschreitet, wie in den letzten 10–20 Jahren, wir in ein Stadium kommen werden, wo wir sagen: die ganze wirthschaftliche Entwicklung unsers Industriegebiets ist lahm gelegt, wenn nicht der Schmutz in gehöriger Weise abgeleitet werden kann, und zwar in einer Weise, die den wirthschaftlichen und sanitären Interessen entspricht. Ich frage also: Was ist zu thun? Sollen wir der Sache ruhig zuschauen? Sollen wir es darauf ankommen lassen, ob die chemische Wissenschaft nicht noch Mittel findet, um durch Einzelkanalisation, Einzelklärvorrichtungen den Uebelständen abzuhelfen? Man erfindet in jetziger Zeit alles Mögliche; wir schreiten mit den technischen Hülfsmitteln so weit vor, daß man sagen kann: die Chemiker oder Ingenieure werden es schon dahin bringen, für die nöthige Klärung erfolgreiche Mittel zu finden, die auch der vermehrten Bevölkerungszunahme gerecht werden. Damit ist aber noch nicht Alles geschehen; denn, wie ich schon andeutete, reiht sich hier Gemeinde an Gemeinde, Ortschaft and Ortschaft, und wenn wirklich an den großen Orten Magistrat und Stadtverordnete bereit sind, zur Verbesserung der Verhältnisse große Mittel zu bewilligen, so werden wir in den Landgemeinden auf große Schwierigkeiten stoßen. *Wenn der Bezirk nicht durch ein einheitliches Hauptkanalnetz entwässert wird* [HiO], werden wir nie dahin gelangen, wirklich gute Zustände zu erzielen.

Da hat man nun schon seit Jahren den Gedanken in's Auge gefaßt, *einen einheitlichen Sammelkanal herzustellen, der die Wässer nach irgend einem Punkte leitet, wo sie nicht weiter schaden können* [HiO]. Der Kanal würde *verdeckt* [HiO] sein müssen, um die Umgebung, die angrenzenden Bewohner, vor den Miasmen zu bewahren. Wohin ihn leiten? Das ist die große Frage, die wir heute nicht beantworten, an die wir aber herantreten wollen. Es ist in Anregung gebracht, nach dem Muster der Stadt Dortmund einen gemeinsamen Sammelkanal nach Norden zu leiten *in's Münsterland* [HiO]; andererseits hat man gesagt, man solle diesen Sammelkanal auf den Rhein lenken und zwar an eine Uferstelle, wo er den Ortschaften weniger schaden kann, das wird unterhalb Ruhrort sein oder bei Wesel.

Das sind die beiden Hauptideen.

Es hat mich gefreut, als ich vor etwa 5–6 Jahren mit dem Regierungs- und Baurath Hamel, dem jetzigen Strombaudirektor in Breslau, zusammentraf, der zum ersten Male von dieser Idee sprach. Später habe ich gefunden, daß die Idee schon vorher ventilirt ist, daß man aber davon abgesehen hatte, weil die Schwierigkeiten zu groß waren. Die Schwierigkeiten – das dürfen wir uns nicht verhehlen – sind allerdings außerordentlich groß.

Der Gedanke, den Kanal nach dem Münsterlande zu leiten, wird bei den Bewohnern der dortigen Haideflächen auf den allergrößten Widerspruch stoßen. Andererseits müssen wir bei der Ableitung der Wässer in den Rhein berücksichtigen, daß wir dabei mit der Rhein-Schifffahrts-Verwaltung zu rechnen haben und daß die Anwohner des Rheins ein Wort mit zu reden haben, daß auch die Holländer sehr aufmerksam sein und Protest erheben werden. Aber, meine Herren, soweit ich die Sache vorläufig übersehen kann, sind die Schwierigkeiten durchaus nicht so unüberwindlich, wie es den Anschein hat. Was speziell die Ableitung nach dem Rhein betrifft, so ist es ja selbstverständlich, daß es nicht beabsichtigt sein kann, nur diese Schmutzwässer incl. Fäkalien mit ihrer ganzen Fülle ohne Weiteres in den Rhein zu leiten, sondern es würde den Städten und Ortschaften, die sich mit ihrem Spezialkanalisationssystem anschließen wollen, aufgeben werden, zunächst durch entsprechende Klärbecken eine gewisse Reinheit zu schaffen. Außerdem würden entsprechende Vorrichtungen am Rhein im großen Maßstabe unter einheitlicher Leitung zu treffen sein. Durch eine große Anlage unterhalb Ruhrort könnte kontrollirt werden, ob in der That ordnungsmäßig verfahren wird, ob man dem alten Vater Rhein nicht zuviel zumuthet.

Im Uebrigen darf nicht vergessen werden, daß unsere jetzigen Schmutzwässer auch heute schon durch die Emscher in den Rhein geleitet werden und zwar ohne gehörige Kontrolle, ohne Aufsicht, und daß auf diese Weise jetzt schon viele Gemeinden mit ihrer Masse von Schmutz sich an der Verunreinigung des Rheins betheiligen. Wir dürfen ferner nicht vergessen, daß schon jetzt auch die Städte Duisburg, Düsseldorf, Köln und weiter hinauf Coblenz, Mainz, Mannheim und Frankfurt ihre Schmutzwässer dem Rhein zuführen. Der Rhein aber fließt noch heute gerade so ruhig und klar dahin, wie vorher. Ich halte also die Schwierigkeiten, die sich uns entgegenstellen werden, für ganz außerordentlich groß, aber nicht für unüberwindlich, namentlich wenn die Technik uns im Kampfe unterstützt. Wir haben dann den Vortheil, daß wir durch einen *geschlossenen, keine Miasmen* [HiO] erzeugenden Kanal ein Mittel schaffen, das von allen anliegenden größeren und kleineren Gemeinden benutzt werden kann, und mit Hülfe ihrer speciellen Kanalisation ihre Schmutzwässer in unschädlicher Weise abzuleiten.

Was soll nun geschehen, um diesem Gedanken näher zu treten? Wir wollen nicht darüber beschließen, ob das Eine oder Andere möglich ist, wir wollen auch nicht darüber beschließen, ob die Aufgabe überhaupt zu lösen ist, dazu gehört eine eingehende technische Untersuchung, der sich ein Mann mit seiner ganzen Kraft widmen muß. Das Ergebnis dieser Untersuchung würde die Grundlage bilden für einen Entschluß, ein bestimmten Projekt aufzustellen. Dieses Projekt muß dann mit einer eingehenden Begründung nach Berlin geschickt werden, damit dort die betheiligten Ministerien – die Centralinstanz – sich darüber schlüssig werden, ob sie ihrerseits das Unternehmen genehmigen wollen.

Ich hatte vor etwa zwei Monaten, als ich die Ehre hatte, mit fünf Ministerialkommissarien ein Specialprojekt zu prüfen – es war das der Stadt Herne –, die Freude, von den Herren zu hören, daß sie eine etwaige Vorlage eines solchen Projektes ihre vollsten Sympathien zuwenden würden und daß sie hofften, bei ihren Chefs dasselbe Entgegenkommen zu finden. Sie sagten, sie machten keine Hehl daraus, daß auch sie davon überzeugt wären, daß auf dem bisherigen Wege das anzustrebende Ziel nicht zu erreichen wäre, ja daß die ganze Zukunft unseres Industriegebietes an der Emscher wesentlich davon abhinge, ein Mittel zu finden, wodurch eine endgültige Beseitigung der jetzt vorhandenen Uebelstände erreicht werden kann. Das hat mich in dem Gedanken bestärkt, die Sache einmal in Fluß zu bringen, vorläufig zu dem Zwecke, um von den Herren zu hören, wie sie zu der Sache stehen und ob es nicht möglich sein würde, nach dem Vorbilde des Vereins für die Thalsperren eine Vereinigung zu Stande zu bringen, die die Sache betreibt, einen Techniker engagirt und eventuell auch die Mittel von den betheiligten Gemeinden resp. Kreisen oder Aemtern beschafft, um eine eingehende Prüfung der Frage eintreten zu lassen und eventuell mit der Aufstellung eines Projektes vorzugehen.

Um das Ziel zu markiren, das wir in der heutigen Besprechen feststellen könnten, habe ich mir erlaubt, folgenden Entwurf einer Resolution aufzustellen:

„Die nachbenannten Gemeinden und sonstigen Kommunalverbände des rheinisch-westfälischen Industriebezirks treten zu einer Vereinigung zusammen, welche sich die Aufgabe stellt, durch Herstellung eines gemeinsamen Sammelkanals die Abwässer der sich betheiligenden Gemeinden in einer den Anforderungen der öffentlichen Gesundheits- und Wohlfahrtspflege entsprechenden Weise einer größeren zur Berieselung geeigneten Haidefläche oder dem Rheinstrom zuzuführen. Zu diesem Zwecke wird zunächst die Frage der Ausführbarkeit und Zweckmäßigkeit des Unternehmens einer technischen Vorprüfung unterzogen und je nach dem Ergebnis von den Vertretern der betheiligten Gemeiden pp. über die Aufstellung eines Projekts Beschluß gefaßt. Die Kosten dieser Vorarbeiten werden von den Gemeinden pp. nach Verhältnis ihrer Bevölkerungszahl aufgebracht. Die Ausführung des Projekts erfolgt auf Kosten derjenigen Kommunalverbände, welche sich mit ihrem besonderen Kanalsystem dem gemeinsamen Sammelkanal anschließen wollen."

Meine Herren! Zunächst bin ich bereit, wenn über die eine oder andere Frage Auskunft verlangt wird, diese zu ertheilen. – Es scheint nicht der Fall zu sein, dann bitte ich die Herren, sich über den Gegenstand und über meine Proposition zu äußern.

Oberbürgermeister *Zweigert* [HiO]: Die Anregung des Herrn Regierungspräsidenten in Arnsberg habe ich mit außerordentlich lebhafter Befriedigung begrüßt. Ich habe bereits vor wenigstens 8 Jahren in amtlichen und außeramtlichen Verhandlungen wiederholt darauf hingewiesen, daß nach meiner Meinung alle Klär- und Reinigungseinrichtungen im rheinisch-westfälischen Industriebezirk durchaus unzulänglich seien, und niemals zu einem guten Resultat führen würden. Ich habe speciell darauf hingewiesen, daß die einmal gereinigten Abwässer sofort wieder einer Verschmutzung unterliegen und daß nach meiner Auffassung nur dann eine Besserung zu erwarten sei, wenn es gelänge, sämmtliche Gemeinden und unter einen Hut zu bringen und ein gemeinsames Projekt aufzustellen.

In welcher Weise das gemacht werden muß, darüber eine Ansicht auszusprechen, ist für den Laien außerordentlich schwierig. Ich möchte mir aber doch gestatten, daß ich in einigen Punkten etwas abweiche von der Ansicht, die vom Herrn Regierungspräsidenten vorgetragen ist. Nach meiner Auffassung muß man, wenn ein solches Projekt aufgestellt werden soll, nicht von vornherein Stellung nehmen gegen Kläranlagen oder Stellung nehmen gegen Rieselfelder; wir müssten beides in's Auge fassen. Es ist ganz unzweifelhaft, daß ein Theil der Abwässer des rheinisch-westfälischen Industriebezirks und des Emscherthals sehr wohl auf Rieselfelder geleitet werden kann, während dies bei einem großen Theil der Abwässer nicht der Fall ist. Ich denke mir die Sache so: Wie in der Stadt Berlin für ein Gebiet, welches ja allerdings nicht den geographischen Umfang hat, um den es sich hier handelt, ein Kanalisationssystem aufgestellt ist, das in verschiedene Radialsysteme eingetheilt wird, so kann im rheinisch-westfälischen Industriegebiet ein Radialsystem eingerichtet werden mit ganz bestimmten Entwässerungsflächen, die an einzelnen Punkten Klärvorrichtungen bekommen. Es würde nicht richtig sein, wenn man die Vorkläreinrichtungen jeder einzelnen Gemeinde überlassen wollte. Ob man nun hinterher die so vorgeklärten Wässer in den Rhein ableitet oder auf Rieselfelder bringt, dies zu erörtern würde zu weit führen und kann für einen Laien auch gar nicht möglich sein; nur das Eine glaube ich hervorheben zu dürfen, daß nach meiner Meinung zwei verschiedene Arten von Technikern nebeneinander arbeiten müssen. Einmal handelt es sich darum, die Vorfluth zu schaffen, die sehr im Argen liegt, unter der viele Gemeinden furchtbar leiden. Es muß also ein tüchtiger Vorfluthtechniker gewonnen werden, neben dem Vorfluthtechniker müssen wir einen Spezialisten haben, der die Sedimentirung der Abwässer studirt, wie sich die Abwässer in den einzelnen Gemeinden verhalten und welcher Theil derselben zu Rieselfeldern brauchbar ist und welcher nur der künstlichen Klärung unterliegen kann. Ich bin der Ansicht, daß kein Spezialtechniker in der Lage ist, ohne die eingehendsten Studien ein Projekt aufzustellen. Wir brauchen kein vorläufiges Gutachten, sondern wir müssen uns sofort nach der Richtung hin schlüssig machen, ein vollständiges Projekt aufstellen zu lassen. Nach den mir eingezogenen Erkundigungen wird das Projekt ungefähr 50 bis 60 000 Mark kosten. Ich habe bereits in meiner Finanzkommission über die Angelegenheit Vortrag gehalten und bin ermächtigt, 15 000 Mark für das Projekt zur Verfügung zu stellen. Ich bin überzeugt, daß die übrigen Gemeinden, welche bei der Sache interessirt sind, sich ebenfalls mit einem entsprechenden Beitrag betheiligen, ich würde aber nicht rathen, von vornherein eine jede Gemeinde heranzuziehen, denn da müssen wir zu viele Gemeindevertretungen hören. Diese großen leistungsfähigen Gemeinden werden bereit sein, für dieses Werk Opfer zu bringen und die schnelle Aufstellung des Projekts zu ermöglichen.

Kommerzienrath *Kirdorf* [HiO]: Ich sage dem Herrn Regierungspräsidenten den verbindlichsten Dank, daß er diese Frage in's Rollen gebracht hat. Wir würden es im Kreise Gelsenkirchen, den ich hier vertrete, dankbar empfinden, wenn ein weiterer Kreis, der auf dieselbe Vorfluth angewiesen ist, sich zusammenfindet; denn nur dann kann den wirthschaftlichen Bedürfnissen unserer Gegend in vollem Umfange Rechnung getragen werden. Die sanitäre Frage ist hier mit der wirthschaftlichen auf das allerengste verbunden. Ich habe nun die Ausführungen des Herrn Regierungs-Präsidenten nicht als gegensätzlich zu denjenigen des Herrn Oberbürgermeisters Zweigert gefunden; ich habe die Aueßerung des Herrn Regierungs-Präsidenten dahin aufgefaßt, daß es sich um die Aufstellung eines Projektes zur Lösung der Frage handelt, ob durch Benutzung der Emscher oder durch Rieselfelder der jetzigen Kalamität abgeholfen werden kann. Bei uns im Kreise Gelsenkirchen haben wir uns gedacht, daß eine Genossenschaft gebildet würde aus den betreffenden Stadt- und Landkreisen. Es wird sich fragen, wie man mit der Bildung dieser Genossenschaft vorangeht. Mein Vorschlag geht dahin, daß wir uns vereinigen, um zunächst ein grundlegendes Projekt aufzustellen, daß wir dann nachher an der Hand des Projektes nach Einholung der Genehmigung der Minister an die Gründung einer Genossenschaft gingen, und ich glaube, es würde die Sache außerordentlich erleichtern – darin bin mit dem Landrath von Gelsenkirchen einverstanden –, wenn wir die Kosten des Projekts auf die Stadt- und Landkreise ohne weitere Vertheilung auf die Unterverbände unternähmen und für die Vertheilung der Kosten das Steueraufkommen der Kreise zu Grunde legten. Mein nächster Antrag wäre, um die Sache zu fördern, uns der Resolution des Herrn Regierungs-Präsidenten anzuschließen, aber auch zu beschließen, sofort ein Projekt aufstellen zu lassen und die Kosten dieses Projektes auf die Stadt und Landkreise nach Maßgabe des Steueraufkommens zu vertheilen.

Bergrath *Behrens* [HiO]: Ich bin als Vertreter der Zechen erschienen. Für die Zechen, die meiner Direktion unterstehen, ist die Frage der Reinhaltung der Wässer und die Frage der Vorfluthbeschaffung von einer ganz besonderen Bedeutung. Wichtiger als die Frage der Reinhaltung der Wässer ist ohne Zweifel die Beschaffung und Aufrechterhaltung der Vorfluth und dieser Frage der Vorfluth wird von den Zechen eine große Sorgfalt zugewendet. Es wird kaum eine Zeche im Oberbergamtsbezirk Dortmund geben, die nicht bereits eine Kläranlage für sich besitzt. Neulich bei dem Versuche der Ministerialkommissare in Herne ist für die Zeche Shamrock ausdrücklich festgestellt worden, daß das Wasser, welches von der Zeche abgegeben wird, in einer solchen Beschaffenheit abfließt, daß es die übrigen Wässer verbessert. *Wichtiger ist entschieden die Frage der Aufrechterhaltung der Vorfluth* [HiO] und es sind in dieser Richtung Seitens der meisten Zechen des Oberbergamtsbezirks ganz erhebliche Aufwendungen gemacht worden. Es haben sich besondere Zechengruppen vereinigt zu Verbänden, die sich die Aufgabe gestellt haben, die Vorfluth herzustellen und aufrecht zu erhalten. Das ist geschehen hauptsächlich auf der Grundlade des bekannten Michaelis'schen Projektes. Nun ist Seitens dieser Verbände mit ganz erheblichen Kosten Bedeutendes geleistet worden, das wird Herr Meliorations-Bauinspektor Nuyken, der jetzt als oberster Beamter die Ausführungen dieser Arbeiten überwacht, bezeugen können. Der Schwarzbach-Verband hat mindestens einen Aufwand von 8–9 Millionen Mark gemacht. Trotzdem hat sich, weil die Verbände und die außerhalb der Verbände stehenden Zechen für sich arbeiten, herausgestellt, daß in Bezug auf das Ziel, welches wir verfolgen, die Einheitlichkeit gefehlt hat. Es hat dies nicht vermieden werden können, weil einige Zechen Projekte aufgestellt haben, die den Projekten von anderen Zechen theilweise entgegenstanden; es sind hierdurch große Ausgaben umsonst aufgewendet [worden]. Zum Theil hat sich auch die Regelung der Vorfluthverhältnisse nicht in dem Maße erreichen lassen, wie wir es gewünscht hätten. – Es würde sich jetzt darum handeln, nicht allein die Zechen, sondern auch die an der Reinhaltung und der Vorfluth der Gewässer interessirten Gemeinden zusammenzuschließen. Auf die Details, welche Wege einzuschlagen sind, ob Rieselfelder in Aussicht genommen werden sollen oder ob wir einen neuen Kanal herstellen oder den alten Vorfluther, die Emscher, benutzen, will ich nicht eingehen; dies soll die Arbeit des Technikers sein; ich will nur meiner großen Freude darüber Ausdruck geben, daß einmal der Versuch gemacht werden soll, alle Interessenten unter einen Hut zu bringen. Nach meiner Ansicht muß von einem großen gemeinsamen Gesichtspunkte aus ein Plan aufgestellt werden, der für die Reinigung und die Vorfluth der Gewässer für die Zukunft maßgebend sein soll. Es ist nicht das erste Mal, daß die Sache in der Richtung sich bewegt. Im Jahre 1884 ist ein Gesetz für die Provinz Westfalen über die Reinhaltung der Gewässer und der Vorfluth im Gebiete der Emscher zur Vorlage gekommen. Es mag wohl der Hauptgrund der Ablehnung gewesen sein, daß der Gesetzesentwurf lediglich den Zusammenschluß der Zechen in's Auge faßte; den Entwurf haben die Bergwerke abgelehnt, weil er als ein Sondergesetzentwurf gegen die Zechen aufgefaßt wurde. Wenn nun heute die Absichten des Herrn Regierungs-Präsidenten ein andres Gesicht haben und wenn man thatsächlich dazu kommt, die sämmtlichen Interessenten zu vereinigen, dann ist das Richtige geschaffen und dann wird der Bergbau diesen Bestrebungen nicht entgegentreten, sondern im Gegentheil bereit sein, die Anregung nach Kräften zu fördern.

Meliorations-Bauinspektor *Nuyken* [HiO]: Es ist hier allseitig anerkannt worden, daß die Reinigung der Gewässer nicht ausreichend ist und daß die Sache auf eine größere Basis gestellt werden muß. Die Ansichten darüber, *wie* [HiO] das gemacht werden muß, gehen weit auseinander. Ich kann dem beipflichten, daß wohl heute Niemand in der Lage ist zu sagen: so und so muß die Sache gemacht werden; das ist vollständig unmöglich. Jedenfalls halte ich den Vorschlag, einen Kanal zu bauen, der das ganze Gebiet entwässern soll von Holzwickede über Dortmund hinaus bis zum Rhein nicht für durchführbar, weil ein derartiger Kanal, der überwölbt werden müßte, nicht durchgeführt werden kann durch ein Gebiet, welches so außerordentlich stark vom Bergbau durchzogen ist. Die Frage der Entwässerung des Emschergebietes ist schon vor Jahren angeregt worden; Michaelis hat sich damit bereits im Jahre 1881 beschäftigt, man ist damals auf andere Mittel gekommen. Die Sache ist neuerdings besprochen, als es sich darum handelte, für Dortmund Rieselfelder anzulegen. Von Dortmund war der Vorschlag gemacht, einen großen Kanal nach dem Rhein hinzuführen. Es hat eine Versammlung in Dortmund stattgefunden, in der die Frage erörtert wurde. Man war der Ansicht, daß ein derartiger Kanal nicht gebaut werden könne. Sie werden sich nicht verhehlen, daß ein derartiger Kanal heute viel schwieriger durchzuführen ist, als er vor 9 Jahren durchzuführen war. Die Frage der Einlassung dieser Gewässer in den Rhein wird auf den größten Widerstand stoßen.

Der Herr Regierungs-Präsident hat mit Recht darauf verwiesen, daß den größten Kalamitäten abgeholfen werden [müsse]. In welcher Weise kann nun hier Abhülfe geschaffen werden? Nach meiner Ansicht kann es sich in erster Linie nur darum handeln, daß das thatsächlich in der Emscher vorhandene Gefälle möglichst ausgenutzt wird. Zu diesem Zwecke müssen zunächst die sämmtlichen Stauwerke in der Emscher beseitigt werden – es sind 14 Stauwerke vorhanden –. Ferner müßte die Emscher begradigt werden. Es würden dann sämmtliche Abwässer – abgesehen von den Fäkalien – der Emscher zugeführt werden können. – Eine weitere Frage ist die: wie sollen die Fäkalien behandelt werden? Da ist folgende Möglichkeit gegeben: man führt das Trennungssystem ein; d.h. man trennt das Regenwasser von den übrigen Abwässern und führt mit diesen die Fäkalien durch Vermittlung mehrerer Radialsysteme in das Münsterland hinein, wo sie in eminenter Weise der Landwirtschaft nutzen können. Ein derartiges Vorgehen wird bei den betheiligten Grundinteressen keinen Widerspruch finden, denn die Grundstücke erlangen dadurch einen bedeutend höheren Werth. Etwas anders ist die Kostenfrage –. Die Kosten werden nach meiner Ansicht außerordentlich hoch sein.

Wenn man wegen der Höhe dieser Kosten den von mir gemachten Vorschlage nicht näher treten kann, dann bleibt uns nur übrig, größere Kläranlagen – radialweise eingetheilt – zu schaffen. Die Abwässer würden vielleicht zu verdampfen oder so zu gestalten sein, daß sie auch auf diese Weise der Landwirtschaft nützbar gemacht werden könnten.

Das sind die beiden Wege, die sich bieten, um eine gründliche Reinigung der Abwässer des Industriegebietes herbeiführen zu können und diejenigen Störungen zu beseitigen, welche der Bergbau in den Vorfluth-Verhältnissen verursacht hat. Daß eine derartige Lösung gewaltige Mittel erfordert, ist klar. Um einen Ueberblick zu geben, möchte ich mittheilen, daß ich mindestens 20–30 Millionen für erforderlich erachte, um die Emscher in einem derartigen Zustand zu versetzen, daß sie die Abwässer der Städte – *abgesehen von den Fäkalien* [HiO] – aufnehmen kann.

Herr Bergrath Behrens hat sich dahin geäußert, daß bei der Regulirung der Emscher bisher nicht Alles nach einheitlichen Gesichtspunkten ausgeführt worden sei. Dem gegenüber muß ich bemerken, daß bis jetzt das Michaelis'sche Projekt mehr oder weniger maßgebend gewesen ist, es sind von mir keine Ausführungen gemacht, die nicht in den Rahmen dieses Projektes paßten. Was bis jetzt gemacht ist, hat auch durchschnittlich befriedigt.

Oberbürgermeister *Zweigert* [HiO]: Ich bitte um Entschuldigung, wenn ich mir noch eine kurze Bemerkung gestatte. Von sämmtlichen Herren, die gesprochen haben, ist anerkannt worden, daß die Frage in zwei Theile zerfällt: in eine Frage der Vorfluth und in eine Frage der Reinigung der Abwässer. Die Vorfluthfrage wird verhältnißmäßig leichter projektmäßig zu lösen sein, wenn sie auch höhere Kosten verursacht, während die andere Frage sehr viel schwieriger technisch zu lösen ist, wenn auch ihre Ausführung nicht den Umfang der Kosten in Anspruch nehmen wird, der eben genannt ist. Es sind zwei verschiedene Interessengruppen vorhanden: die eine, die nur ein Interesse an der Vorfluth hat, und die andere, bei der die Vorfluth gegen die Reinigung zurücktritt. Ich bin aber wieder weiter der Meinung, daß beide Fragen nur gemeinschaftlich gelöst werden können und daß sie, wenn sie einheitlich in die Hand genommen werden, zu einem günstigen Resultate führen können. Wie das nun gemacht werden muß, darüber kann meines Erachtens heute nicht gesprochen werden. Ich will nur erwähnen, daß einer unserer hervorragendsten Hygieniker mir gesagt hat, daß seiner Auffassung nach ein überwölbter Kanal, der Abwässer dieses Umfanges und von dieser Verunreinigung aufnehmen, ganz undenkbar sei, schon wegen seines langen Weges; die Abwässer würden in einem überwölbten Kanal derartig zersetzt werden, daß sie für die Rieselzwecke überhaupt nicht mehr brauchbar wären; es würden hierdurch viel schlimmere Zustände herbeigeführt werden, als wenn die Abwässer in einem offenen Kanal geleitet würden. Das ist die Auffassung eines Hygienikers, der andre Auffassungen entgegenstehen. Es kann sich aber jetzt nur darum handeln: wollen wird den Versuch machen, ein einheitliches Projekt über beide Fragen aufzustellen? Wenn wir ein solches Projekt machen lassen wollen, da fragt es sich: wie sind die Kosten aufzubringen? und da ist es erfreulich, von den Vertretern der Industrie zu hören, daß die Industrie bereit ist, sich an den Kosten, welche durch den Entwurf eines Projektes entstehen, zu betheiligen. Ich nehme immer Geld, wo ich es erhalte, aber ich würde doch nicht rathen, die Industrie sich betheiligen zu lassen. Erstens sind die Kosten nicht so bedeutend, daß nicht die Gemeinden und Kreise in der Lage wären, sie selbst zu übernehmen, zweitens – und das scheint mir der allerwichtigste Grund zu sein – unser Kommunal-Abgabengesetz bietet uns eine vollkommene Handhabe, die Untervertheilung der Kosten auf die Hauptinteresssenten zu bewirken. Es wird daher nothwendig sein, zunächst als eigentliche Träger des gesamten Unternehmens die Kreise oder die Gemeinden zu wählen; es bleibt dann diesen überlassen, die Untervertheilung auf die Schultern der leistungsfähigen Interessenten vorzunehmen. Die Aufstellung des Projekts würde nach meinen Erkundigungen einen Kostenaufwand von 60 000 Mk. erfordern. Bei dieser Schätzung ist man davon ausgegangen, daß eine große Anzahl von Vorarbeiten bereits gemacht ist. Ich nehme an, daß die Königliche Regierung bereit sein würde, die Nivellements und die verschiedenen jetzt schon vorliegenden Projekte dem Techniker zur Verfügung zu stellen, so daß er an der Hand derselben arbeiten könnte. Es würde sich nach meiner Ansicht im Wesentlichen darum handeln, ein Projekt aufzustellen, in welchem die Wässer, welche unbedenklich dem Rhein zugeführt werden können, von denen getrennt werden, bei welchem das nicht der Fall ist; denn wir bekommen wohl niemals die Erlaubnis, sämmtliche Abwässer in den Rhein einzuführen.

Wenn wir uns heute entschließen, einem solchen Projekt näher zu treten, so wird es sich darum handeln, daß wir so bald wie möglich zur Aufbringung der Kosten eine Vereinigung gründen, die, wenn irgend möglich, nur aus Stadt- und Landkreisen besteht. Was die Art der Aufbringung der Kosten in den betr. Kreisen betrifft, so würde ich eine Vertheilung derselben nach der Bevölkerungszahl für unangebracht halten. Es heißt hier: Freiwillige vor! Es müssen die einzelnen Kreise sich zur Zahlung von großen

Summen bereit erklären. Zeigt es sich, daß die Sache geht, so werden sich weitere Mittel finden. Ich möchte mich dem Vorschlage des Herrn Kommerzienraths Kirdorf, daß die Kreise als Träger des Unternehmens angesehen werden, anschließen, aber die Kosten dürfen nicht nach der Bevölkerungszahl vertheilt werden, sondern da müssen wir einen anderen Maßstab finden, und diesen Maßstab finden wir sehr leicht und bequem, wenn wir das Abwasser, welches die einzelnen Gemeinden ableiten werden, zu Grunde legen.

Sich hierüber zu einigen, wird sehr leicht sein, namentlich da es sich vorläufig nur um geringe Summen handelt. Selbst wenn die Summe von 60 000 Mk. verdoppelt werden sollte, wäre dies kein Grund, von der Aufstellung des Projektes Abstand zu nehmen; auch diese Summe würde sich aufbringen lassen. Ich habe, wie ich schon erwähnte, die Angelegenheit in unserer Finanzkommission vorgetragen und diese hat die Summe von 15 000 Mk. zur Verfügung gestellt; ich bin aber selbst überzeugt, daß meine Stadtverordneten-Versammlung, wenn ich erkläre: das Projekt kostet nicht 60 000 Mk., sondern 120.000 Mk., keinen Augenblick Bedenken tragen wird, zu sagen: Gut, dann geben wir 30 000 Mk. Die uns zur Berathung vorgelegte Frage ist von einer so eminenten Bedeutung für die Gemeinden, daß die Frage der Kostenvertheilung gar keine Rolle spielt. Wir geben für unsere jetzige Kläranlage allein an laufenden Betriebskosten jährlich etwa 50–60 000 Mk. aus, und diese Summen sind in der wahren Bedeutung des Wortes in den Dreck geworfen. Ich möchte vorschlagen zu beschließen, daß die betheiligten Kreise ein gemeinschaftliches Entwässerungsprojekt aufstellen, um sowohl die Vorfluthfrage wie die Frage der Reinigung der Abwässer zu lösen, und daß die Kosten vertheilt werden auf die einzelnen Gemeinden nach dem Quantum, welches dieselben an Abwasser der Emscher bezw. andern Vorfluthern zuführen.

Kommerzienrat *Kirdorf* [HiO]: In Bezug auf die Aufstellung des Projektes ist vollständige Uebereinstimmung vorhanden; das Einzige, worin wir auseindergehen, ist die Vertheilung der Kosten für das Projekt. Ich möchte empfehlen, der Kostenvertheilung das Steueraufkommen der betheiligten Stadt- und Landkreise zu Grunde zu legen, dann haben wir eine feste Unterlage. Rechnen wir mit freiwilligen Beiträgen, so haben wir keine Unterlage, weil ja das Projekt, wie aus den Ausführungen des Herrn Oberbürgermeisters Zweigert hervorgeht, statt 60 000 Mk. 100 000 Mk. kosten kann; wir würden mit den freiwilligen Beiträgen nicht ausreichen.

Regierungs-Präsident *Winzer* [HiO]: Es würde zur Vereinfachung unserer Verhandlungen dienen, wenn ich kurz zur Deklaration meines vorläufigen Vorschlages Folgendes anführe: In der Hauptsache stimme ich mit den Herren Vorrednern darin überein, daß es sich darum handelt, die Kosten für die erforderliche technische Voruntersuchung und zur Aufstellung eines Projektes sicher zu stellen. Um gleich diese Sache zu erledigen, habe ich die Erfahrung bei der Ruhrtalsperre gemacht, daß am allereinfachsten der Weg ist, wenn man sich an die betheiligten Kommunalverbände wendet; es hat dies den großen Vortheil, daß man nur mit Behörden zu tun hat und leichter zum Ziele kommt. Den einzelnen Kommunalverbänden bleibt es überlassen, im Wege der Pracipualforderung die Werke heranzuziehen; das kommt aber jetzt kaum in Betracht, denn es handelt sich um die Vorarbeitungskosten und um die Aufstellung eines Projekts, und wenn diese Kosten auch an 120 000 Mk. kommen sollten, so wird es doch bei der Leistungsfähigkeit der betheiligten Gemeinden nicht schwer fallen, diesen Betrag sicher zu stellen. Es entspricht ganz meinen Wünschen, daß bei dieser Gelegenheit nicht allein die

Frage, die meinerseits zur Erörterung gestellt ist, verhandelt wird, sondern auch andere Wünsche berücksichtigt werden, und da bin ich dem Oberbürgermeister Zweigert sehr dankbar, daß er uns darauf hingewiesen hat, daß die Spezialentwässerung der einzelnen Ortschaften mit berücksichtigt wird. Er sprach auch von einem Radialsystem; das ist auch mein Gedanke gewesen. Ich habe jedoch zunächst als ein gemeinsames Werk nur den einheitlichen Kanal angesehen, mag er nun offen sein, mag er geschlossen sein –, der entweder nach Norden ins Münsterland oder eventl. nach dem Rhein geführt wird. Nur das habe ich als gemeinsames Unternehmen betrachtet und angenommen, daß es Sache der einzelnen Ortschaften sei, nun mit ihrem Spezialsystem sich diesem ganzen Unternehmen anzuschließen. Wenn ich den Herrn Oberbürgermeister richtig verstanden habe, sollen die einzelnen Ortschaften mit in's Bereich gezogen werden, das würde unendlich schwierig sein. Es geschieht schon genug, wenn den Gemeinden Gelegenheit gegeben wird, auch ohne diese penibelen Reinigungsvorrichtungen ihre Abwässer einem größeren Kanal zuzuleiten, der sie dann einer großen Rieselfläche oder dem Rhein zuführt. Der Herr Oberbürgermeister wird vielleicht die Güte haben, sich darüber noch zu äußern. Wenn wir uns die Einzelentwässerung der verschiedenen Gemeinden vertiefen wollen, kommen wir wohl niemals zum Ziel.

Was die Aufbringung der Kosten betrifft, so habe ich gesagt, ich würde es für ganz angemessen halten, daß die einzelnen Kommunalverbände die Träger des ganzen Unternehmens werden unter dem Vorbehalt der Prazipualleistung Seitens der größeren Betheiligten.

Ich verfehle es nicht, daß ich bei meinen Ausführungen in erster Linie nicht an die Werke, sondern vorzugsweise an die städtische Bevölkerung gedacht habe. Damit will ich jedoch nicht sagen, daß sich die Bergwerke nicht anschließen und zu entsprechenden Beiträgen herangezogen werden sollen; ich bin im Gegentheil der Meinung, wenn dieser gemeinsame Kanal seinen Zweck erfüllen soll, dann muß er die Möglichkeit bieten, daß daran überall angeschlossen werden kann. Den Standpunkt, den ich einnehme als Vertreter der Landespolizeibehörde, ist wesentlich der, im sanitären und allgemein wirthschaftlichen Interesse die Ortschaften von diesen Uebelständen zu befreien, es ist Sache des Oberbergamtes uns hierbei die Hand zu reichen.

Denn ist noch erwähnt worden ein Vertheilungsmodus nach dem Umgange der abzuleitenden Wässer. Ich möchte diese Frage außer Betracht lassen. Ich nehme gern den Vorschlag an, daß die vorläufigen Kosten der Aufstellung des Projekts nach Maßgabe der Steuerkraft übernommen werden, wenn möglich von den Städten und Kreisen evtl. von den einzelnen Bürgermeistereien und Aemtern.

Es wurde weiter vorgeschlagen, später eine Genossenschaft zu gründen. Zu einer Zwangsgenossenschaft bietet die jetzige Gesetzgebung keinen Anhalt; also muß eine freie Genossenschaft gebildet werden. Die Städte, die sich anschließen wollen, müssen zusammen eine Vereinigung bilden, die sich die Aufgabe stellt, auf ihre Kosten das Werk herzustellen. Das wäre es, was ich vorläufig zu erwähnen habe.

Landrath Graf von *Merveldt* [HiO]: Ich habe gewisse Bedenken gegen den Vertheilungsmaßstab, den Herr Generaldirektor Kirdorf vorgeschlagen hat. Der Kreis Recklinghausen hat ganz andere wirthschaftliche Verhältnisse, als der Kreis Gelsenkirchen. Der Kreis Recklinghausen ist sehr groß, er hat eine sehr große Einwohnerzahl, er hat aber an der Abführung der Abwässer ein verschiedenartiges, theilweise sehr geringes Interesse. Das Hauptinteresse würde haben die Stadt Recklinghausen, diese strebt danach, aus den Kreise Recklinghausen auszuscheiden und einen eigenen Kreis zu bilden. Ein weiteres Interessen würden nur noch haben die Gemeinden Bottrop und Buer; die Gemeinde Herten hat Kanalisation, ebenso die Gemeinde Gladbeck, event. würde noch die Gemeinde Osterfeld in Betracht kommen. Ich glaube kaum, daß der Kreistag, der außerdem noch so und so viel andere Gemeinden zu vertreten hat, bereit ist, einen Beitrag zur Aufstellung des Projekts zu bewilligen; ich würde einen derartigen Antrag auf dem Kreistage nicht befürworten können. Ich würde vorschlagen, die Kosten auf diejenigen Gemeinden abzuwälzen, die ein Interesse daran haben. Man wird sagen können: der Kreis kann sich schadlos halten durch die Mehrbelastung der einzelnen Interessenten. Ich sehe nicht ein, warum diese Kosten, die mehr städtische Verhältnisse und die Gemeinden in unserem Industriebezirk, die ein städtisches Aussehen haben, betreffen, nicht auf die interessirten Städte und Gemeinden abwälzen will. Es ist auch richtig, wenn man die Zechen und industriellen Werke mit zu den Kosten heranzieht. Es ist ganz zweifellos, daß die industriellen Werke ein größeres Interesse an der Abführung der Abwässer haben, als die Kommunalverbände. Die Zechen haben wesentlich ein Interesse an der Vorfluth. Man kann auch hier wieder auf Grund des Kommunal-Abgaben-Gesetzes die Zechen zu Mehrleistungen heranziehen; das ist aber vom steuertechnischen Standpunkt aus nicht so leicht. Es würde nicht so leicht sein, die 10 oder 20 000 Mark so umzulegen, daß sie genau auf die industriellen Werke entfielen; man würde sie legen müssen auf die Realsteuern und da muß wieder die Untervertheilung auf die Grund- und Gemeindesteuer und die Gewerbesteuer erfolgen. Ich möchte mir deshalb den Vorschlag gestatten, daß sowohl die Kommunalverbände als auch die industriellen Werke zu den Kosten herangezogen werden und daß man nicht als Prinzip aufstelle, daß die Kreise die Kosten hergeben. Mag man versuchen, das im Wege der Verhandlung zu erreichen. Ich für meinen Person bin sehr gerne bereit, mit denjenigen Gemeinden, die ein Interesse daran haben, über die Aufbringung der Kosten zu verhandeln, und glaube, daß sie entgegenkommen werden, aber ich möchte es nicht auf dem Kreistage vorbringen.

Stadtbaurath *Bluth* [HiO]: Die Frage, in welcher Weise die Kosten aufgebracht werden, ob nach dem Vorschlage des Kommerzienraths Kirdorf oder nach dem des Herrn Oberbürgermeisters Zweigert ist meines Erachtens nicht so sehr wichtig. Ich würde dem Vorschlage zustimmen, der am raschesten ausführbar ist. Wenn die Gemeinden sich zu dem Vorschlage des Herrn Kirdorf nicht verstehen, würde der Weg des Herrn Zweigert gangbarer sein. Worüber aber noch nicht gesprochen ist, das ist die Frage: Wer soll das Projekt aufstellen? Das ist die wichtige Frage. Ich bin der Ansicht, daß von der Auswahl der Person des Technikers die Ausführbarkeit des Projekts abhängt. Es gehört dazu ein tüchtiger, intelligenter Techniker, der sich nicht auf gewisses System verschworen hat. Es könnte vielleicht dem Herrn Minister überlassen werden, eine Person zu bestimmen, oder aber eine Kommission ernannt werden, die einen Techniker auswählt; den letzteren Weg würde ich für gangbarer halten, weil die Kommission den betr. Techniker über die einschlägigen Verhältnisse informiren kann.

Regierungs-Präsident *Winzer* [HiO]: Es ist die Frage: Wie soll die Sache nun gefördert werden? und da bin ich der Ansicht, daß wir uns dahin einigen, ein Komitee zu bilden, das als Vertreter der künftigen Interessenten mit den einzelnen Kommunalverbänden in Verbindung tritt und feststellt, ob sie geneigt sind, und zwar unter welchen

Bedingungen, zu den Kosten beizutragen; da würde es ganz gut möglich sein, daß man zunächst nur nach einem bestimmten Modus feststellt, welche Beiträge die einzelnen Kreise aufzubringen haben, dann bleibt es den Vertretern der einzelnen Kreise überlassen, von vornherein durch freiwillige Leistungen einen Theil des Bedarfs zu decken und einen Theil auf die Kreiskommunalkasse zu übernehmen. Die Bildung eines derartigen Komitees halte ich auch noch aus einem anderen Grunde für wichtig. Es ist gesagt, man müßte einen Techniker engagiren und sagen: Prüfe Du und stelle ein bestimmtes Projekt auf! Ich bin der Meinung, daß das Komitee bei dieser Arbeit doch ein Wort mitreden muß. Wenn der Techniker die Prüfung an Ort und Stelle vorgenommen hat, dann ist es Zeit, daß das Komitee zusammentritt, und ich glaube, wir mögen einen Techniker herholen, woher wir wollen, einen Techniker ersten Ranges, es wird beiderseits nur willkommen sein, wenn der Techniker Fühlung hält mit den Vertretern der Gegend, in deren Interesse das Projekt aufgestellt wird. Es ist die Aufgabe des Komitees, Fühlung mit dem Techniker zu halten und event. ihn zu dirigiren und nach dieser oder jener Richtung, dann kommen wir zu einem entsprechenden Ziel. Als Mitglieder des Komitees wollte ich bestimmte Herren in Vorschlag bringen, die dann die Güte haben möchten, die Leitung der Verhandlungen in die Hand zu nehmen. Der Eine oder Andere wird vielleicht wünschen, die Sache bureaukratisch zu behandeln und einen der Regierungs-Präsidenten damit zu beauftragen; aber Sie dürfen nicht vergessen, daß es sich um zwei Provinzen und um drei Regierungsbezirke handelt, daß vorher sehr umfangreiche, wichtige Verhandlungen nöthig sein würden um diese Bezirke unter einen Hut zu bringen, und es empfiehlt sich deshalb, daß sich die Gemeinden und sonstigen Interessenten vereinigen und ein Komitee wählen, welches die Leitung der Verhandlungen in die Hand nimmt. Ich habe mir gedacht, daß die Vertreter der Stadt- und Landkreise und außerdem vielleicht noch der Bürgermeister der Stadt Herne, der der Sache von jeher ein ganz besonders Interesse entgegengebracht hat und praktische Erfahrung besitzt, dem Komitee beitreten und daß dann von den Herren im Wege der Kooptation ein geeigneter Techniker des Bergfachs und des Ingenieurfachs zugezogen würde.

Regierungs-Präsident v. *Holleuffer* [HiO]: Es besteht vollständige Einigung darüber, daß zur Abhülfe der Mißstände etwas geschehen muß, und es herrscht nur eine Meinungsverschiedenheit darüber, in welcher Weise die Kosten aufzubringen sind.

Der Vorschlag des Herrn Oberbürgermeisters Zweigert ist sehr komplizirt, während der Vorschlag des Herrn Kommerzienraths Kirdorf mir nicht ganz gerecht scheint. Es kommt darauf an, einen Weg zu beschreiten, der zum Ziele führt. Ich möchte vorschlagen, eine Summe zu Grunde zu legen, die keinesfalls überschritten wird. Da ist die Summe von 120 000 Mk. genannt worden. Diese Summe würde meines Erachtens so zu vertheilen sein, daß die Städte das Doppelte von dem aufbringen, was die Landkreise aufbringen. Es handelt sich hier um 7 Landkreise und 3 Städte; wenn man die Städte doppelt nimmt, würden auf diese je 20 000 Mk. und auf die Landkreise je 10 000 Mk. entfallen. Dies würde eine Summe von 130 000 Mk. ergeben. Ich glaube, daß wir auf diesem Wege am schnellsten zum Ziele kommen würden.

Kommerzienrath *Kirdorf* [HiO]: Die Sache, um die es sich handelt, ist so bedeutend, daß es auf ein kleines Mehr oder Weniger nicht ankommt. Ich bin gerne bereit, auf meinen Vorschlag bezüglich des Vertheilungsmodus zu verzichten.

Auch ich bin der Ansicht des Herrn Oberbürgermeisters Zweigert: unbedingt muß darauf Rücksicht genommen werden, wie die Abwässer für die einzelnen Gemeinden gegenüber dem Hauptprojekte geregelt werden.

Landrath *Rötger* [HiO]: Ich wollte darum bitten, daß die Herren Vertreter der einzelnen Kommunal-Verbände sich hier zu der Frage äußern, inwieweit sie interessirt sind. Die finanzielle Vorfrage halte ich für erledigt. Ich bemerke für meinen Kreis, daß der Landkreis Essen an der Sache im Wesentlichen indirekt betheiligt ist, insofern als er ein Interesse daran hat, daß die Abwässer welche die Stadt Essen uns auf den Hals schickt – der Herr Oberbürgermeister Zweigert wird mit diese Bemerkung nicht übel nehmen –, nach Verlauf von einigen Jahren uns in einem annehmbaren Zustande zugeschickt werden. Dieses Interesse ist für uns Geld werth, natürlich nicht für den ganzen Kreis. Ich würde auch nicht in der Lage sein, dem Kreistag eine Vorlage zu machen dahin, daß der Kreis 10 000 Mk. übernimmt, sondern ich würde zunächst versuchen, diese 10 000 Mk. durch freiwillige Beiträge der Gemeinden resp. der betheiligten großen industriellen Werke aufzubringen, und ich glaube, daß die Mehrzahl der betheiligten Kreiskommunal-Verbände und Städte in derselben Lage ist. Ich glaube, für den Landkreis Essen die Zusicherung geben zu können, daß im Landkreise Essen für die Aufstellung des Projektes ein Betrag von 10 000 Mk. zur Verfügung gestellt wird.

Oberbürgermeister *Zweigert* [HiO]: Es ist allerdings richtig, daß ein Theil des Landkreises Essen mehr negativ betheiligt ist, dagegen ist ein anderer Theil dieses Kreises sehr lebhaft interessirt.

Beigeordneter *Breidenbach* [HiO]: Die Stadt Gelsenkirchen kann die Betheiligung an den Kosten nicht zusichern, weil die Kanalisation unserer Stadt zu Dreiviertel bereits ausgeführt ist. Das letzte Viertel ist auch schon vollständig ausgearbeitet und wartet nur auf die höhere Genehmigung der Centralinstanz. Sobald diese Ausführung genehmigt sein wird, wird die Stadt Gelsenkirchen an diesen letzten Theil der Kanalisation herantreten. Die Stadt Gelsenkirchen hat deshalb kein Interesse an dem Zustandekommen des Projektes.

Regierungs-Assessor *Lembke* [HiO]: Das Interesse, welches der Kreis Mülheim a. d. Ruhr an der Sache hat, ist begrenzt durch die Wasserscheide der Emscher und Ruhr. Der weit größte Theil liegt nördlich derselben, und zwar die Stadt Oberhausen. Ich würde deshalb, wenn die Frage der Beitragsleistung zu erörtern ist, nicht an den Kreis herangehen, sondern an die Stadt Oberhausen, und ich glaube, daß diese sich betheiligen würde. Bei diesem verhältnißmäßig geringen Interesse halte ich den Betrag von 10 000 Mk. für etwas zu hoch; ein Betrag von 5 000 Mk. würde dem Interesse, welcher der hier in Betracht kommende Theil meines Kreises hat, mehr entsprechen.

Regierungs-Präsident *Winzer* [HiO]: Mein Vorschlag geht dahin, daß wir die Repartion dieser Vorarbeitskosten dem Komitee überlassen, und daß sich dieses mit den Vertretern der Kommunal-Verbände in Verbindung setzt.

Bürgermeister *Graff* [HiO]: Namens der Stadt Bochum kann ich erklären, daß wir sehr großes Interesse an der Sache haben. Diese Frage kam für uns in's Rollen, als Bochum sich um die Beschaffung von geeignetem Grund und Boden für die Anlage von Rieselfeldern bemühte und zur Expropriation höheren Orts die Erlaubnis nachgesucht hatte; da sprang das jetzt neu auf und es wurde mit großer Freude aufgenommen. Den Vorschlag des Herrn Regierungs-Präsidenten von Düsseldorf, die Stadtkreise mit

20 000 Mk. und die Landkreise nur mit 10 000 Mk. zu den Projektkosten heranzuziehen, halte ich für nicht zutreffend. Wir würden geneigt sein, diesen Beitrag wohl zu holen, weil wir selbst in unserer Stadt aus sanitären und anderen Gründen unter den jetzigen Mißständen leiden: aber unsere Landkreisverhältnisse rechtfertigen nicht dieses Verhältniß von 10 000 : 20 000 Mk. Ich möchte vorschlagen, daß wir das Komitee, welches heute eingesetzt wird, für berechtigt erklären, die Kosten auf die einzelnen Gemeinden nach Maßgabe des Interesses zu vertheilen.

Bürgermeister *Schäfer* [HiO]: Ich bin in der Lage, erklären zu können, daß die Stadt Herne sich an der Kostenaufbringung betheiligen wird. Ich mache aufmerksam, daß noch mehrere Städte vorhanden sind, die an der Lösung der Frage ein Interesse haben, beispielsweise die Stadt Hörde. Der Unterschied zwischen Stadt und Land verwischt sich im hiesigen Industriebezirk ganz; ich möchte glauben, daß die Landgemeinden ganz genau dasselbe Interesse an der Sache haben, wie die Städte; denn nicht die Städte führen den größten Schmutz in die Emscher, sondern die Landgemeinden. Während die Städte durch ihre Kläranlagen die Abwässer erst einer Reinigung unterziehen, führen die Landgemeinden die Abwässer in ungeklärtem Zustande zur Emscher. Ich möchte noch die Thatsache anführen, daß man früher stets sagte, die Stadt Dortmund sei diejenige, welche die Emscher durch ihre Rieselfelder verunreinigt. Die Emscher ist jedoch heute so schmutzig, wie dies zur Zeit, als Dortmund die Rieselfelder noch nicht angelegt hatte, nicht der Fall war. Die Bevölkerung der Landgemeinden nimmt immer mehr zu; es dürfte also das Interesse der Landgemeinden ein recht erhebliches sein. Wenn nun der Herr Landrath von Recklinghausen erwähnt, daß ein Theil seines Kreises nicht dabei interessirt wäre, so ist das zuzugeben, ich meine aber, Interessenten sind alle Stadt- und Landgemeinden, die ihre Abwässer in die Emscher fließen lassen, und auf diese müssen die Kosten vertheilt werden. Es ist als Maßstab für die Kostenvertheilung das Steueraufkommen und die Quantität des Abwassers hervorgehoben worden, dürfte es keinem andern Maßstab geben, z. B. 50 Prozent der Bevölkerung und 50 Prozent der Steuerkraft? Das dürfte auch zu erwägen sein. Die Bevölkerung spielt insofern wesentlich mit, als Arm und Reich die Abwässer der Emscher zuführen. Ich erinnere daran, daß die Stadt Recklinghausen ihre Abwässer vollständig ungeklärt in die Emscher leitet, während andere Städte für die Klärung große Opfer bringen.

Oberbürgermeister *Zweigert* [HiO]: Wir streiten uns um den Vertheilungsmodus herum. Es handelt sich zur Zeit noch um keine Summen, die auf den Etat unserer jetzt so außerordentlich leistungsfähigeren Gemeinden Einfluß haben können. Es wird sich jetzt noch nicht darum handeln, ein Projekt bis in's letzte Detail hinein aufzustellen, sondern ein generellen Projekt. Ich glaube, daß wir uns heute rasch über irgendeinen Vertheilungsmodus einigen. Ich bin mit jedem einzelnen Modus einverstanden, wenn Sie nicht beschließen, daß Essen die ganzen Kosten allein zahlen soll. Bis jetzt sind Anträge gestellt worden, die Kosten zu vertheilen:

1) nach Maßgabe der Bevölkerung,
2) nach Maßgabe des Aufkommens der direkten Steuern,
3) nach Maßgabe der direkten Steuern und der Bevölkerungszahl der Gemeinden, welche im Emschergebiet liegen.

Dann ist 4. der Vorschlag von dem Herrn Regierungs-Präsidenten v. Holleuffer gemacht, die Städte sollten das Doppelte übernehmen gegenüber den Landkreisen. – Die Städte sollten bei diesem Projekte, bei dem es sich um ihre vitalsten Interessen handelt, nicht den Pfennig ansehen, sondern kurzer Hand die nöthigen Beträge hergeben. Nehmen wir den Vorschlag des Herrn Regierungs-Präsidenten auf ein Maximum von 120 000 – 130 000 Mk. an, oder wenn Sie es billiger machen wollen, nehmen Sie ruhig 60 000 Mk., man kann damit schon viel projektieren, und sagen Sie: die Städte übernehmen 10 000 Mk. und die Landkreise 5 000 Mk. Ich will mich verpflichten, Ihnen einen Techniker allerersten Ranges zu besorgen, der das Projekt für 60 000 Mk. aufstellt. Der Techniker wird das Projekt billig anfertigen, weil er annimmt, daß ihm dasselbe demnächst zur Ausführung übertragen wird. Der weitere Weg, der einzuschlagen ist, ist der: es müssen 1) ein erfahrener Vorfluth-Techniker und 2) ein Techniker, der von städtischen Abwässern etwas versteht, unter Leitung irgend eines der Regierungs-Präsidenten oder unter Leitung des Komitees zusammenarbeiten; als sachverständige Beiräthe bedürfen wir des Meliorations-Bauinspektors und des Wasserbauinspektors aus Ruhrort, der wegen des Mittellandkanals außerordentlich interessirt ist. Ich möchte mir gestatten, direkt vorzuschlagen, die Projektkosten auf 60 000 Mk. anzunehmen und die Städte bis zu 10 000 Mk., die Landkreise bis zu 5 000 Mk. zu diesen Kosten heranzuziehen.

Landrath *Rötger* [HiO]: Wenn wir uns mit dem einzelnen Kommunal-Verbänden über die Frage, was sie leisten sollen, schriftlich in's Benehmen setzen, so wird es, da die Frage erst in den Stadtverordneten-Sitzungen erörtert wird, monatelang dauern, bis wir mit der Frage fertig sind, die wir mit ein paar Worten erledigen können. Die Herren Bürgermeister und Landräthe, die hier sind, können ohne Weiteres eine bestimmte Summe zusagen; unter Zugrundelegung eines Bedarfs von 60 000 Mk. kann jeder Landrath 5 000 Mk. und jeder Bürgermeister 10 000 Mk. dem Vorschlage des Herrn Oberbürgermeisters Zweigert gemäß übernehmen, dann sind wir über den ersten Anfang hinweg.

Regierungs-Präsident *v. Holleuffer* [HiO]: Ich würde meinen Vorschlag dahin erweitern, daß die Herren innerhalb einer Frist von 3 Wochen anzeigen, ob sie diese Mittel aufgebracht haben oder nicht. Erst wenn der Eine oder Andere im Rückstande bleibt, so ist der Weg der Correspondenz gegeben.

Regierungs-Assessor *Lembke* [HiO]: Ich würde bis zu 5 000 Mk. für den Kreis Mülheim im Aussicht stellen können.

Regierungs-Präsident *Winzer* [HiO]: In Bezug auf die Vertheilung der Summe von 60 000 Mark oder 120 000 Mark ist mir der Vorschlag gemacht worden, dem Komitee *plein pouvoir* [HiO] zu geben und ihm zu überlassen, unter Berücksichtigung der örtlichen Verhältnisse und der Vortheile, die die einzelnen Verbände davon haben, die Kosten der Vorarbeiten zu vertheilen. Ich betonte dabei, daß es sich zunächst nur um die Kosten des *Projekts* [HiO] handelt; die Aufbringung der späteren Ausführungskosten ist eine andere Frage. Man kann keinem Kreise zumuthen, sich der Ausführung des Projektes anzuschließen; es handelt sich nur darum, die Sache in Fluß zu bringen und höchstens um 120 000 Mark. Aus diesem Grunde könnte man dem Komitee vollständig *plein pouvoir* [HiO] geben, aber auch von vornherein festsetzen, daß die Stadtkreise zwei Drittel und die Landkreise ein Drittel der Kosten übernehmen.

Inzwischen hatten auf einem Circular die Vertreter der betreffenden Städte und Kreise für die Herstellung eines Projektes den Betrag von zusammen 70 000 Mark gezeichnet beziehungsweise in Aussicht gestellt (cfr. Anlage.)

Allseitig wurde sodann vom Regierungs-Präsidenten *Winzer* [HiO] vorgetragene Resolution angenommen.

1. Im Hinblick auf die Unzulänglichkeit der in dem Industriegebiete des Emscherthales bestehenden Einrichtungen zur Abführung der Abwässer (Tage-, Gebrauchs-, Schmutz-, Grubenwasser pp.) soll die Bildung eines Verbandes angestrebt werden, welcher sich die Aufgabe stellt, durch Herstellung einer ausreichenden Vorfluth, Errichtung von Sammelkanälen und sonst geeigneten Mitteln eine dem öffentlichen Interesse und insbesondere den Anforderungen der Gesundheitspflege entsprechende Abführung jener Abwässer zu sichern.
2. Zu diesem Zwecke soll zunächst die Ausführbarkeit und die Art der Ausführung einer technischen Prüfung unterzogen und je nach dem Ergebnis zur Aufstellung eines Projektes beschritten werden.

Das Emschergenossenschaftsgesetz, 1904

(Gesetz betreffend Bildung einer Genossenschaft zur Regelung der Vorflut und zur Abwässerreinigung im Emschergebiete vom 14. Juli 1904 [EGG], in: Emschergenossenschaft [hg. im Auftrage des Vorstandes v. Baudirektor Helbing]: 25 Jahre Emschergenossenschaft. 1900–1925, Essen 1925 [Selbstverlag], S. 18–22.)

Wir Wilhelm, von Gottes Gnaden, König von Preußen etc. verordnen, mit Zustimmung beider Häuser des Landtags Unserer Monarchie, was folgt:

§ 1.
Zum Zwecke
der Regelung der Vorflut nach Maßgabe eines einheitlichen Projektes und der Abwässerreinigung im Emschergebiete sowie der Unterhaltung und des Betriebes der ausgeführten Anlagen
wird auf Grund dieses Gesetzes eine Genossenschaft gegründet. Mitglieder der Genossenschaft (Genossen) sind alle Land- und Stadtkreise, die ganz oder teilweise nach der Emscher und ihren Nebenläufen entwässern.
Das Projekt sowie später erforderlich oder zweckmäßig erscheinende Änderungen und Ergänzungen unterliegen der Genehmigung des zuständigen Ministers.

§ 2.
Die Genossenschaft kann unter ihrem Namen Rechte erwerben und Verbindlichkeiten eingehen, Eigentum und andere dingliche Rechte an Grundstücken erwerben, vor Gericht klagen und verklagt werden. [...]

§ 3.
Die näheren Rechtsverhältnisse der Genossenschaft werden durch ein Statut geregelt.
Das Statut muss enthalten:

1. den Namen der Genossenschaft,

[...]

5. Vorschriften über die Wahl, die Zusammensetzung, die Amtsdauer des Vorstandes, seine Befugnisse und die Formen für die Legitimation seiner Mitglieder und ihrer Stellvertreter; jeder der in § 6 Absatz I genannten drei Gruppen und der Landwirtschaft muß mindestens je ein Mitglied angehören,
6. die näheren Bestimmungen über die Zusammensetzung der Genossenschaftsversammlung (§ 4) und über die Art ihrer Abstimmung, über die Amtsdauer der Abgeordneten, über die Voraussetzungen und die Form der Zusammenberufung der Genossenschaftsversammlung,

[...]

8. die Bestimmung über die Veranlagung gemäß § 6 Absatz 3 und 4,
9. die näheren Bestimmungen über die Zusammenberufung, die Beschlußfähigkeit und die Tätigkeit der Berufungskommission sowie über die Berufung der Stellvertreter,

[...].

§ 4.
Die Genossenschaftsversammlung besteht aus Abgeordneten, welche von den Kreistagen, in den Stadtkreisen mit Bürgermeisterverfassungen von der Stadtverordnetenversammlung und in den Stadtkreisen mit Magistratsverfassung von dem Magistrat und der Stadtverordnetenversammlung in gemeinschaftlicher Sitzung unter dem Vorsitz des Bürgermeisters zu wählen sind. Jeder Genosse entsendet mindestens einen Abgeordneten und für eine durch das Statut festzusetzende Einheit des auf den Kreis entfallenden Jahresbeitrages (§ 10) je einen weiteren Abgeordneten. Entsendet ein Genosse zwei Abgeordnete, so muß der eine beruflich dem Bergbau angehören, der andere aus den sonstigen Kreis- und Gemeindeangehörigen gewählt werden. Bei einer größeren Abgeordnetenzahl sind die im § 6 genannten Gruppen sowie die Landwirtschaft tunlichst zu berücksichtigen.
Jeder Abgeordnete hat in der Genossenschaftsversammlung eine Stimme. [...]

§ 5.
Die durch Einnahmen nicht gedeckten Ausgaben bilden eine Genossenschaftslast, die durch Beiträge zu decken ist.

§ 6.
Der Genossenschaftsvorstand hat ein Kataster aufzustellen. In diesem sind die Beteiligten zu Beiträgen zu den Genossenschaftslasten zu veranlagen. Als Beteiligte im Sinne dieses Gesetzes kommen in Betracht.

1. Bergwerke,
2. andere gewerbliche Unternehmungen, Eisenbahnen und sonstige Anlagen,
3. Gemeinden.

Die Veranlagung erfolgt durch den Genossenschaftsvorstand, getrennt für den Hauptvorfluter und die Nebenläufe. Bei der Veranlagung sind einerseits die durch den Veranlagten in dem Emschergebiete herbeigeführte Schädigungen, andererseits die durch die Ausführung, die Unterhaltung und den Betrieb der genossenschaftlichen Anlagen zu erwartenden mittelbaren und unmittelbaren Vorteile zu berücksichtigen. Dem Statut bleibt es überlassen, nähere Grundsätze hierfür festzustellen.
[...]
Das Kataster ist in regelmäßigen Zwischenräumen, die durch das Statut bestimmt werden, durch den Genossenschaftsvorstand neu aufzustellen.
[...]

§ 7.
Das Kataster ist nebst den erforderlichen Erläuterungen offenzulegen.
Der Genossenschaftsvorstand hat unter der Angabe, wo und während welcher Zeit das Kataster zur Einsicht offen liegt, bekannt zu machen, daß Einsprüche gegen das Kataster binnen einer bestimmt zu bezeichnenden Frist von mindestens vier Wochen bei dem Genossenschaftsvorstande schriftlich anzubringen sind.
[...]

§ 8.
Die eingegangenen Einsprüche sind vom Genossenschaftsvorstande nach Ablauf der Frist zu entscheiden. Der Vorstand berichtigt erforderlichenfalls das Kataster und teilt seine mit Gründen versehenden Entscheidungen den Widersprechenden mit.
Der Genossenschaftsvorstand ist befugt, über die erhobenen Einsprüche mündlich oder schriftlich zu verhandeln.
Für den Fall einer Berichtigung des Katasters ist das letztere nochmals während einer mindestens vierzehntägigen Frist offenzulegen.

§ 9.
Nach Erledigung der Einsprüche und nach Ablauf der nach § 8 Absatz 4 bezeichneten Frist ist das Kataster der Aufsichtsbehörde der Genossenschaft zur Festsetzung vorzulegen.
Die Aufsichtsbehörde hat sich bei Festsetzung des Katasters auf die Prüfung zu beschränken, ob bei seiner Aufstellung die in diesem Gesetz und dem Statute gegebenen Formvorschriften erfüllt sind.

§ 10.
Von dem Genossenschaftsvorstande sind die festgestellten Beiträge kreisweise zusammenzustellen und den Genossen mitzuteilen.

§ 11.
Die von dem Genossenschaftsvorstande festgestellten Jahresbeiträge der Genossen sind von ihnen in vierteljährlichen Beiträgen in der ersten Hälfte des zweiten Monats eines jeden Vierteljahres an die Kasse der Genossenschaft abzuführen.
Wird der Beitrag eines Genossen infolge eines Ausfalls bei der Einziehung oder infolge von Rechtsmitteln ermäßigt, so ist ihm der betreffende Betrag auf den nächsten Jahresbeitrag anzurechnen.

§ 12.
Die Genossen haben die von dem Genossenschaftsvorstande verlangten Beiträge den Veranlagten schriftlich mitzuteilen und von ihnen einzuziehen. Die von den im § 6 Absatz 1 unter Ziffer 1 und 2 genannten Veranlagten einzuziehenden Beiträgen gelten als eine gemeine öffentliche Last und sind in vierteljährlichen Raten in der ersten Hälfte

des zweitens Monats eines jeden Vierteljahres zu bezahlen. Sie unterliegen der Beitreibung im Verwaltungszwangsverfahren. Die Beitreibung kann auch gegen die Pächter und sonstigen Nutzungsberechtigten, vorbehaltlich ihres Regresses gegen die Verpflichteten, gerichtet werden.

§ 13.
Die auf die Gemeinden veranlagten Beiträge sind ebenfalls in der im § 11 genannten Frist zu bezahlen. Auf sie finden die Bestimmungen des §§ 9 und 20 des Kommunalabgabengesetzes vom 14. Juli 1893 mit der Maßgabe Anwendung, daß die im § 6 unter Ziffer 1 und 2 gegenwärtigen Gesetztes genannten Veranlagten wegen des ihnen aus den Genossenschaftslasten erwachsenden mittelbaren und unmittelbaren Vorteils nicht mehr mit kommunalen Beiträgen oder Vorausleistungen belegt werden dürfen.
Den von den Gemeinden Herangezogenen stehen die Rechtsmittel zu, die gegen die Heranziehung kommunaler Lasten gegeben sind.

§ 14.
Den gemäß § 6 Veranlagten steht innerhalb vier Wochen nach Mitteilung der Veranlagung (§ 12) die Berufung an die Berufungskommission zu.

§ 15.
Die Berufungskommission besteht:

1. aus einem von der Aufsichtsbehörde der Genossenschaft zu ernennenden Staatsbeamten, der den Vorsitz führt und keinem der beteiligten Kreise durch Wohnsitz, Grundbesitz oder Gewerbebetrieb angehören darf,
2. aus einem von dem Oberbergamte zu Dortmund zu bezeichnenden Mitgliede des Oberbergamtes,
3. aus einem von der von der Aufsichtsbehörde zu bestimmenden Meliorationsbaubeamten,
4. aus sechs von der Genossenschaftsversammlung zu wählenden Mitgliedern, welche nicht Mitglieder des Genossenschaftsvorstandes sein dürfen, und von denen mindestens zwei den Kreis- und Gemeindevertretungen und zwei beruflich dem Bergbau und eines beruflich der Landwirtschaft angehören müssen.

[...]

§ 16.
Die Sitzungen der Berufungskommission finden am Sitze der Genossenschaft oder an einem anderen in dem Statut festzusetzenden Orte statt.
Die Sitzungen sind öffentlich.
Das Verfahren vor der Berufungskommission hat der zuständige Minister nach Maßgabe der Vorschriften dieses Gesetzes und des Statuts durch ein von ihm zu erlassendes Reglement zu regeln.

§ 17.
Die Berufungskommission ist befugt, den Genossenschaftsvorstand zu hören und über die Berufung mündlich oder schriftlich zu verhandeln. Die ergehenden Entscheidungen sind mit Gründen zu versehen und denjenigen mitzuteilen, die Berufung eingelegt haben. Die Entscheidungen sind endgültig.

§ 18.
Die Verpflichtung zur Zahlung der Beiträge wird durch die Berufung nicht aufgehalten.

§ 19.
Die Kosten der Veranlagung und Berufung sind von der Genossenschaft zu tragen.
[...]

§ 20.
Die Genossenschaft ist der Aufsicht des Staats unterworfen. Die Aufsicht wird von einem durch den zuständigen Minister zu bestimmenden Oberpräsidenten, in der Beschwerdeinstanz von einem zuständigen Minister ausgeübt.
Die Aufsicht ist darauf beschränkt, daß die Angelegenheiten der Genossenschaft in Übereinstimmung mit dem Statut und den Gesetzen verwaltet werden.

§ 21.
Wenn die Genossenschaft es unterläßt oder verweigert, die ihr gesetz- oder statutenmäßig obliegenden Leistungen und Ausgaben in den Haushaltsplan aufzunehmen oder außerordentlich zu genehmigen, so kann die Aufsichtsbehörde unter Anführung der Gründe die Aufnahme in den Haushaltsplan verfügen oder die außerordentliche Ausgabe feststellen.
Gegen die Verfügung oder Feststellung findet innerhalb vier Wochen nach der Zustellung die Klage beim Oberverwaltungsgericht statt.

§ 22.
Zur Aufnahme von Anleihen, durch welche der Schuldenbestand vermehrt wird, bedarf die Genossenschaft vorgängiger Genehmigung der Aufsichtsbehörde.
Durch das Statut kann die vorgängige Genehmigung auch für andere Fälle vorbehalten werden.

§ 23.
Über das Statut und jede Abänderung desselben beschließt die Genossenschaftsversammlung. Kommt innerhalb einer von der Aufsichtsbehörde auf mindestens sechs Monate zu bemessenden Frist das Statut nicht zustande, so erläßt es die Aufsichtsbehörde. [...]

§ 24.
Die Genossenschaft kann die Auflösung beschließen. Der Auflösungsbeschluß erfordert zu seiner Gültigkeit eine Mehrheit von zwei Dritteln der Stimmen und Königlichen Genehmigung.

[...]
Im übrigen findet die Auflösung und Liquidation der Genossenschaft die für die öffentlichen Genossenschaften gegebenen Vorschriften des Wassergenossenschaftsgesetzes vom 1. April 1879 entsprechende Anwendung.

§ 25.
Zum Zwecke der Bildung der ersten Genossenschaftsversammlung ist von der Aufsichtsbehörde ein vorläufiges Kataster (§ 6) anzufertigen und festzustellen. Die Aufsichtsbehörde stellt hiernach unter sinngemäßer Anwendung der in diesem Gesetze gegebenen Bestimmungen die Zahl und Art der von den Genossen zu wählenden Abgeordneten fest, veranlaßt ihre Wahl und beruft und leitet die erste Genossenschaftsversammlung. In dieser Versammlung ist über das Statut zu beschließen und ein vorläufiger Genossenschaftsvorstand zu wählen, der die erste ordentliche Veranlagung vorzunehmen hat.
[...]

Die erste Versammlung der Emschergenossenschaft, 1905

(Protokoll, Die erste Versammlung der Emschergenossenschaft in Essen, 17.6.1905, RWWA, 130–301170/3)

Nachdem durch Schreiben vom 4. Juni d. Js. die von den Genossen gewählten Abgeordneten durch den Herrn Oberpräsidenten der Provinz Westfalen ordnungsmäßig eingeladen waren, fand heute die erste Versammlung der Emschergenossenschaft unter dem Vorsitz des Oberpräsidenten, Freiherrn von der Recke, im städtischen Saalbau (Kruppsaal) statt.

Der *Vorsitzende* [HiO] eröffnete die Versammlung um 11,15 und ernannte den Bureauvorsteher Wortmann zum Protokollführer. Ferner wurden die Herren Oberbürgermeister Zweigert-Essen und Landrat Gerstein-Bochum zur Mitvollziehung des Protokolls, sowie die Herrn Landrat Florschütz-Hattingen und Landrat zur Nieden-Gelsenkirchen zur Zählung der abgegebenen Stimmen gewählt. Anwesend sind ca. 140 Abgeordnete.

Der *Vorsitzende* [HiO] wies daraufhin, daß die Einberufung der Versammlung gemäß § 25 des Emscher-Genossenschafts-Gesetzes erfolgt sei und daß auf Grund des von ihm aufgestellten Katasters 170 Abgeordnete gewählt und Einwendungen gegen die Wahlen nicht zur seiner Kenntnis gelangt seien. [...]

Vor Eintritt in die Tagesordnung bemerkte der *Vorsitzende* [HiO], daß er selten mit größerer Genugtuung eine Einladung erlassen habe, wie die zu der gegenwärtigen Versammlung; bedeute diese doch einen gewaltigen Fortschritt auf dem Gebiete der Emscherregulierung. Es sei ihm ein Herzensbedürfnis, der bisherigen Emscherkommission und besonders ihrem verdienten Vorsitzenden für alle Mühe und Arbeit, die sie auf die Förderung dieses so hochwichtigen Unternehmens verwandt haben, seinen herzlichen Dank auszusprechen.

Da in dem Gesetz Vorschriften nicht enthalten wären, bat der *Vorsitzende* [HiO] die Versammlung zu bestimmen, daß die Abstimmungen entweder durch Aufstehen und Sitzenbleiben oder durch Stimmzettel vorzunehmen wären. Die Versammlung erklärte sich hiermit einverstanden und beschloß, daß zur Gültigkeit einer Abstimmung absolute Stimmenmehrheit erforderlich sein sollte.

Sodann stellt der *Vorsitzende* [HiO] der Versammlung anheim, zunächst in eine Generaldiskussion über das Statut einzutreten, da von Herrn Oberbürgermeister Zweigert und Genossen Abänderungsvorschläge zu dem von der Aufsichtsbehörde aufgestellten Statut eingegangen seien. Es wäre von Wichtigkeit, die Grundsätze zu hören, von welchen bei Stellung der Abänderungsanträge ausgegangen sei.

Gegen das Statut in der Fassung der Aufsichtsbehörde wären von den beteiligten Herrn Ministern keine Einwände erhoben worden. Dasselbe würde voraussichtlich die landesherrliche Genehmigung finden; ob ein Gleiches bei Annahme aller Abänderungsanträge zu erhoffen sei, könne er nicht mit derselben Sicherheit in Aussicht stellen. Nachdem beschlossen war, zunächst in eine Generaldiskussion über das Statut einzutreten, ergriff Herr Oberbürgermeister *Zweigert* [HiO] das Wort und führte zur Begründung seiner Anträge etwa folgendes aus:

„Die Abänderungsvorschläge haben eine bestimmte Tendenz. Diese geht dahin, die Befugnisse der Aufsichtsbehörde gegen die Genossenschaft nicht weiter auszudehnen, als wie es durch das Gesetz vorgeschrieben ist. Das von der Aufsichtsbehörde vorgelegte Statut geht bedeutend über den Rahmen des Gesetzes hinaus und legt der Emschergenossenschaft einerseits Beschränkungen in der Selbstverwaltung, andererseits Pflichten auf, die vielfach unausführbar und besonders im Gesetz nicht vorgesehen sind.

Das Unternehmen ist aus der freiwilligen Initiative der Interessenten hervorgegangen ohne Inanspruchnahme staatlicher Hilfe.

Das in der Erweiterung der Befugnisse der Aufsichtsbehörde gegenüber der Genossenschaft ausgedrückte Mißtrauen der Staatsbehörde ist in keiner Weise gerechtfertigt. Wenn wir uns genau an das Gesetz halten, kann die Aufsichtsbehörde nicht mehr verlangen und muß das Statut genehmigen. Dem Gesetz ist das Middeldorf'sche Projekt zugrunde gelegt, während nach den Bestimmungen des Statuts ein einzelner Genosse durch die Aufsichtsbehörde ohne Weiteres das Arbeitsfeld der Genossenschaft ausdehnen kann. Diese Bestimmungen sind daher meines Erachtens für uns unannehmbar.[“]

[…]

[… Zweigert: „]Ferner ist der Absatz VI des § 1 des Statuts, in welchem der Genossenschaft die Reinigung der Abwässer zur Pflicht gemacht wird, nicht annehmbar. Nach den Gesetzesbestimmungen können sich die Interessenten zusammentun, um gemeinschaftliche Abwässerreinigungsanlagen zu bauen und zu betreiben. In dem Statut sind in dieser Beziehung die Befugnisse und Verpflichtungen der Genossen untereinander zu regeln, dagegen nicht die Verpflichtungen der Genossenschaft der Landespolizeibehörde gegenüber. Diese sind durch die gesetzlichen Bestimmungen festgelegt. Eine solche Regelung sucht das Statut einzuführen, indem es der Genossenschaft die Verpflichtung auferlegt, ‚für die Reinigung der zufließenden Gewässer Sorge zu tragen‘. Nehmen wir dies an, so hat es die Aufsichtsbehörde in der Hand, festzustellen, was ‚Reinigung‘ ist und damit nicht blos [sic] den bisher Verpflichteten, sondern auch der Genossenschaft den Grad der Reinigung vorzuschreiben und die Mittel eventuell zwangsweise in den Etat zu stellen. Die Genossenschaft wird ja Kläranlagen bauen und auch unterhalten. Aber es liegt keine Veranlassung vor, der Aufsichtsbehörde die Befugnis zu geben, gegen die Genossenschaft mit Zwangsmaßregeln vorzugehen.

Die weitere Vorschrift, daß der Oberpräsident die Befugnis haben soll, eine General-Versammlung einzuberufen, wenn der Vorsitzende eine solche nicht einberufen will, steht ebenfalls nicht im Gesetze und stelle ich den Antrag, auch diese Bestimmung zu streichen, da wir solches Mißtrauen nicht verdienen. Außer diesen Abänderungsvorschlägen möchte ich noch auf eine Lücke des Statuts aufmerksam machen. Nach § 3 Abs. II Ziff. 4 des Gesetzes muß das Statut Vorschriften über die Benutzung und Unterhaltung der genossenschaftlichen Anlagen enthalten. Die Vorschriften können zurzeit noch nicht erlassen werden, da die hierzu nötigen Erfahrungen fehlen. Wahrscheinlich wird die Genossenschaft erst nach längerer Zeit – etwa in 10 Jahren – in der Lage sein, ein derartiges Reglement vorzulegen. Ich habe mir daher erlaubt, zu § 13 Absatz V des Statuts einen entsprechenden Vorschlag zu machen.“

Der *Vorsitzende* [HiO] erwiderte hierauf:

„Wenn Herr Oberbürgermeister Zweigert hervorgehoben hat, daß eine Reihe von Bestimmungen in dem von der Aufsichtsbehörde aufgestellten Statutenentwurf auf ein Mißtrauen der Königlichen Staatsregierung gegen die Genossenschaft zurückzuführen sei, welches sie nicht verdient habe, so möchte ich darauf erwidern, daß der Königlichen

Staatsregierung nichts ferner gelegen hat, als Mißtrauen gegen die Genossenschaft oder gegen den Vorstand. Sie erkennt das Bestreben, auf genossenschaftlichem Wege Besserung in den zum Teil unleidlichen Verhältnissen des Emschergebietes herbeizuführen, als besonders dankenswert an und beabsichtigt in keiner Weise dem Unternehmen unnötige Schwierigkeiten zu bereiten. Wenn in dem Statut einige Bestimmungen enthalten sind, die Herrn Oberbürgermeister Zweigert bezüglich der staatlichen Aufsichtsbefugnisse zu weitgehend erscheinen, so habe ich hierzu zu bemerken, daß angesichts der weitgehenden Befugnisse, welche das Gesetz der Genossenschaft gibt, es angemessen erschien, auch der Aufsichtsbehörde gewisse Rechte zu wahren, welche – ohne den gesetzlichen Vorschriften zuwider zu laufen, im Wesentlichen dazu bestimmt sein sollen, die Rechte der einzelnen Interessenten gegenüber der Genossenschaft und deren Organe zu sichern. Ich verweise in dieser Beziehung auf § 1 Absatz V. Sollte die heutige Versammlung den Anträgen des Herrn Oberbürgermeisters Zweigert in dieser Beziehung ganz oder teilweise stattgeben, so würden die Aufsichtsbehörde und die zuständigen Herren Minister zu prüfen haben, ob und inwieweit den Wünschen der Versammlung entgegengekommen werden könne."

Nunmehr erfolgt die Einzelberatung über das Statut.

[…]

[§ 1] Abs. V. erhält auf Antrag des Oberbürgermeisters *Zweigert* [HiO] folgende Fassung: „Der Genossenschafts-Versammlung bleibt vorbehalten, die Vorflutverbesserung über den Rahmen des generellen Bauplans hinaus auszudehnen." Der Antragsteller bemerkt hierbei, daß durch Aenderung der Worte „Dem Vorstande" in „Der Genossenschafts-Versammlung" eine Berufungsinstanz gegen die Beschlüsse des Vorstandes über die Ausdehnung des Entwurfs geschaffen und damit den vorher ausgesprochenen Wünschen des Herrn Vorsitzenden Rechnung getragen sei. Der Aufsichtsbehörde könne eine solche Befugnis nicht zugestanden werden; sie der Genossenschafts-Versammlung einzuräumen, dagegen habe er im Interesse der Selbstverwaltung keine Bedenken."

[…]

[§ 4] Zu Absatz VII bemerkt Oberbürgermeister *Zweigert* [HiO], daß die Worte „in jedem Falle" überflüssig und zu streichen seien, was geschieht.

Ferner müsse es gegen die Entscheidung des Oberpräsidenten ein Rechtsmittel geben. Der Fall sei möglich, daß auf Grund einer falschen Anzeige ein Abgeordneter ausgeschlossen würde, ohne daß ihm eine Beschwerdeinstanz offen stände. Er schlägt daher für Absatz VIII und für einen neuen Absatz IX folgende Fassung vor:

„VIII[.] Das Erlöschen des Mandats ist seitens der Genossen sowohl dem Genossenschaftsvorstande wie dem ausscheidenden Abgeordneten mitzuteilen."

„IX[.] Ueber Einsprüche gegen die Anwendung dieser Bestimmungen entscheidet die Aufsichtsbehörde der Genossenschaft und auf Beschwerde, die innerhalb vier Wochen zu erheben ist, der zuständige Minister unter Ausschluß des Rechtsweges."

Dem Antrage wird entsprochen.

[…]

Zu § 6 Abs I stellt Generaldirektor Kamp-Ruhrort den Antrag, die Zahl der Vorstandsmitglieder auf 12 zu erhöhen, da in dem Vorschlage des bisherigen Vorstandes zur Wahl des neuen Vorstandes der Kreis Ruhrort zu wenig vertreten sei.

Ein gleicher Antrag auf Erhöhung der Zahl der Vorstandsmitglieder auf 12 wird vom Ehrenamtmann Westermann-Lütgendortmund gestellt mit der Begründung, daß nach der Vorschlagsliste kein der Landwirtschaft beruflich angehöriges Mitglied aufgestellt sei und auch die Vertreter der Landgemeinden nicht genügend berücksichtigt wären.

Beide Anträge wurden mit der Begründung abgelehnt, daß durch die beantragte Vergrößerung die Geschäftsführung des Vorstandes erschwert würde und Abs. 1 wird wie vorgeschlagen angenommen.

[...]

Es gehören demnach dem Vorstande an:

Oberbürgermeister Zweigert, Vorsitzender,
Landrat Gerstein, stellvertretender Vorsitzender,
Bergrat Behrens-Herne,
Bergassessor Randebrock-Marten,
Bergassessor Lüthgen-Baukau,
Bergassessor Winkhaus-Altenessen,
Regierungsrat d.D. Scheidtweiler-Oberhausen,
Oberbürgermeister Machens-Gelsenkirchen,
Landrat Graf Merveldt-Recklinghausen.

[...]

Ehrenamtmann *Westermann* [HiO] bemerkt, daß nach seinem Dafürhalten dem § 3 Ziff. 5 des Gesetzes nicht entsprochen sei, weil die Landwirtschaft in dem Vorstande nicht vertreten wäre.

Oberbürgermeister *Zweigert* [HiO] erwidert hierauf, daß nach seiner sowie der Auffassung der Mehrheit der Anwesenden, Landrat Graf Merveldt als Vertreter der Landwirtschaft anzusehen sei.

Zum Schluß stellt Oberbürgermeister *Zweigert* [HiO] den Antrag, den Vorstand zu ermächtigen, etwaige von den Herren Ministern gewünschte im wesentlichen redaktionelle Aenderungen des Statuts selbstständig vornehmen zu können; selbstverständlich würden Aenderungen materieller Natur erheblicher Art der Versammlung vorgelegt werden.

Diese Genehmigung wird erteilt.

Hierauf schließt der Vorsitzende die Versammlung.

Bergassessor Randebrock spricht darauf den Vorsitzenden für die Leitung der Versammlung den Dank der Anwesenden aus.

Das Statut der Emschergenossenschaft, 1906

(Statut für die Emscher-Genossenschaft vom 19.3.1906, in: Emschergenossenschaft [hg. im Auftrage des Vorstandes v. Baudirektor Helbing]: 25 Jahre Emschergenossenschaft, 1900–1925, Essen 1925 [Selbstverlag], S. 22–52.)

[...]

§ 1. Name, Sitz, Mitglieder und Zweck und der Genossenschaft.

I. Durch das Emschergenossenschaftsgesetz [...] ist eine Genossenschaft begründet. Die Genossenschaft ist nach Maßgabe dieses Gesetzes verpflichtet zur Regelung der Vorflut nach einem einheitlichen Projekte und zur Abwässerreinigung im Emschergebiete, sowie zur Unterhaltung und zu Betriebe der ausführten Anlagen.

II. Diese Genossenschaft führt den Namen „Emschergenossenschaft" und hat ihren Sitz in Essen. Ihre Mitglieder sind die Kommunalverbände:

Landkreis Hörde,
Landkreis Dortmund,
Stadtkreis Dortmund,
Landkreis Bochum,
Stadtkreis Bochum,
Stadtkreis Witten,
Landkreis Gelsenkirchen,
Stadtkreis Gelsenkirchen,
Landkreis Hattingen,
Landkreis Recklinghausen,
Stadtkreis Recklinghausen,
Landkreis Essen,
Stadtkreis Essen,
Stadtkreis Oberhausen,
Landkreis Mülheim a.d. Ruhr.

III. Entsteht innerhalb des Gebietes dieser Kreise ein neuer Land- und Stadtkreis, so wird er ohne weiteres Mitglied der Genossenschaft, sofern er ganz oder teilweise nach der Emscher oder ihren Nebenläufen entwässert. Das gleiche gilt in dem Falle, wenn ein Teil des Gebietes einem anderen Stadt- und Landkreis einverleibt wird.

IV. Der am 27. November 1903 landespolizeilich genehmigte generelle Entwurf des Wasserbauinspektors Middeldorf bildet die Grundlage des einheitlichen Bauplans. Dieser Bauplan muß geändert und ergänzt werden, wenn sich dies zur Erreichung des Genossenschaftszweckes als erforderlich herausstellt. [...]

V. Der Genossenschaftsversammlung bleibt vorbehalten, das Unternehmen über den Rahmen des generellen Bauplanes hinaus zu erweitern.

VI. Für die Benutzung und Unterhaltung der genossenschaftlichen Anlagen ist das von der Genossenschaft zu erlassende Reglement maßgeblich, welcher der Genehmigung der Aufsichtsbehörde unterliegt.

[...]

§ 3. Organisation der Genossenschaft.
Organe der Genossenschaft sind:

1. die Genossenschaftsversammlung,
2. der Vorstand,
3. die Berufungskommission.

[...]

§ 7. Obliegenheiten des Vorstandes, Geschäftsordnung, Kommissionen.

I. Der Vorstand vertritt die Genossenschaft gerichtlich und außergerichtlich; seine Legitimation wird durch eine Bescheinigung der Aufsichtsbehörde geführt. Er erledigt sämtliche Geschäfte der Genossenschaft, welche nicht ausdrücklich der Genossenschaftsversammlung vorbehalten sind, hat die Vorlagen an die Genossenschaftsversammlung vorzubereiten und deren Beschlüsse auszuführen; insbesondere den Haushaltsplan zu entwerfen sowie Rechenschaftsbericht zu erstatten.
II. Die Anstellung der Genossenschaftsbeamten einschließlich des ersten Baubeamten liegt dem Vorstande ob.
III. Schriftliche Erklärungen des Vorstandes, welche die Genossenschaft verpflichten sollen, sind von dem Vorsitzendem und einem anderen Mitgliede zu unterzeichnen. Im übrigen vertritt der Vorsitzende die Genossenschaft nach außen und leitet die Geschäfte, er ist der Dienstvorgesetzte aller Genossenschaftsbeamten einschließlich des dem Vorstande angehörigen ersten Baubeamten.

[...]

§ 8. Haushaltsplan, Bauerneuerungsfonds.
[...]

II. Die durch Einnahme nicht gedeckten Ausgaben bilden eine Genossenschaftslast, die durch Beiträge zu decken ist. Zu den im Haushaltsplane vorzusehenden ordentlichen Ausgaben gehören neben den Aufwendungen für laufende Unterhaltung und den Betrieb der genossenschaftlichen Anlagen sowie der Verzinsung und angemessenen Tilgung von Anleihen regelmäßig Beiträge zum Bauerneuerungs- und Hilfsfonds.
III. Der Bauerneuerungs- und Hilfsfonds ist zur Deckung unvorhergesehener Ausgaben, namentlich zur Ausbesserung elementarer Schäden bestimmt. Bei der jeder Inanspruchnahme dieses Fonds hat der Vorstand der nächsten Genossenschaftsversammlung über die Gründe und die Art der Verwendung Rechenschaft zu geben. Der Fonds soll allmählich mindestens auf die Höhe einer Jahresumlage – nach dem Durchschnitt der drei letzten Jahre berechnet – gebracht und in jederzeit realisierbaren Werten angelegt werden.

§ 9. Aufstellung des Katasters, Veranlagung der Beteiligten.

I. Der Genossenschaftsvorstand hat ein Kataster aufzustellen. In diesem sind die Beteiligten mit Beiträgen zu den Genossenschaftslasten zu veranlagen. Als Beteiligte in diesem Sinne kommen in Betracht:
   (a) Bergwerke,
   (b) andere gewerbliche Unternehmen, Eisenbahnen und sonstige Anlagen,
   (c) Gemeinden.

II. Die Veranlagung erfolgt durch den Genossenschaftsvorstand getrennt für den Hauptvorfluter und die Nebenläufe. Die Emscher von der Quelle bis zum früheren Hörder Mühlenstau und die alte Emscher von Oberhausen bis zur Mündung gelten als Nebenläufe. Bei der Veranlagung sind einerseits die durch den Veranlagten in dem Emschergebiete herbeigeführten Schädigungen, andererseits die durch die Ausführung, die Unterhaltung und den Betrieb der genossenschaftlichen Anlagen zu erwartenden mittelbaren und unmittelbaren Vorteile zu berücksichtigen.

III. Die in Absatz I zu 2 genannten Beteiligten sind nur dann in das Kataster aufzunehmen, wenn sie zu einem jährlichen Mindestbeitragssatze von 1000 M veranlagt werden können.

[...]

V. Neue Anlagen der zu 1 und 2 erwähnten Art sowie wesentliche Umänderungen, welche eine Erhöhung der Genossenschaftsbeiträge um mehr als ein Viertel rechtfertigen, werden durch Katasternachträge besonders veranlagt und von dem der Betriebseröffnung folgenden Quartalsersten herangezogen.

VI. Nach Verlauf der ersten fünf Jahre soll die Genossenschaftsversammlung beschließen, ob die Grundsätze der Veranlagung durch ein Reglement festzusetzen sind. Dieses Reglement bedarf der Genehmigung der Aufsichtsbehörde.

[...]

§ 11. Berufung gegen die Veranlagung, Zusammensetzung der Berufungskommission.

I. Dem gemäß § 9 Veranlagten steht innerhalb vier Wochen nach Mitteilung der Veranlagung die Berufung an die Berufungskommission zu.

[...]

V. Die Vorschriften [...] dieses Statuts über Anfechtung der Wahl sowie über den Verlust des Mandates von Vorstandsmitgliedern sowie über die Reihenfolge des Ausscheidens der Gewählten und die Dauer der Ersatzwahlen finden auch auf die gewählten Mitglieder der Berufungskommission Anwendung. Sie können wegen gröblicher Verletzung der ihnen als Mitglieder der Berufungskommission obliegenden Pflichten auf Antrag des Vorstandes durch Beschluß der Aufsichtsbehörde ihres Amtes enthoben werden. Gegen den Beschluß ist die Beschwerde, welche innerhalb 4 Wochen anzubringen ist, an den zuständigen Minister zulässig.

[...]

§ 12. Verfahren in der Berufungskommission.

I. Die gewählten Mitglieder der Berufungskommission und deren Stellvertreter werden durch den Vorsitzenden der Berufungskommission verpflichtet.
II. Die Vorschriften über Ausschließung und Ablehnung von Gerichtskosten finden mit der Maßgabe entsprechende Anwendung, daß an Stelle des im Instanzenzuge höheren Gerichtes die Aufsichtsbehörde der Genossenschaft tritt.
III. Die Berufungskommission ist beschlußfähig, wenn mit Einschluß des Vorsitzenden 7 Mitglieder anwesend sind. Die Beschlüsse werden nach Stimmenmehrheit gefaßt; bei Stimmengleichheit gibt die Stimme des Vorsitzenden den Ausschlag.
IV. Die Sitzungen der Berufungskommission finden im Sitze der Genossenschaft statt. Die Berufungskommission kann beschließen, Sitzungen an einem anderen Orte abzuhalten. Auf Verlangen des Vorsitzenden der Berufungskommission ist jeder Genosse verpflichtet, ein Sitzungslokal bereit zu stellen. Die Verhandlungen sind öffentlich.
V. Das Verfahren vor der Berufungskommission hat der zuständige Minister durch ein Reglement zu regeln.
VI. Die Berufungskommission ist befugt, den Genossenschaftsvorstand zu hören und über die Berufung mündlich oder schriftlich zu verhandeln. Sie kann die Akten der Genossenschaft einsehen, von den Genossenschaftsbeamten Aufklärung fordern und sie zur Unterstützung bei den Arbeiten des Berufungsgeschäfts heranziehen. Die ergehenden Entscheidungen der Berufungskommission sind mit Gründen zu versehen und denjenigen mitzuteilen, die Berufung eingelegt haben. Die Entscheidungen sind endgültig

[...]

§ 13. Verhältnis zu den Staatsbehörden.

I. Die für das Genossenschaftsgebiet zuständigen Oberpräsidien und Regierungspräsidenten sind befugt, an den Genossenschaftsversammlungen und Vorstandssitzungen in Begleitung der ihnen beigegebenen Beamten mit beratender Stimme teilzunehmen oder sich vertreten zu lassen. Die gleiche Befugnis steht dem Oberbergamte zu. [...]
II. Die Genossenschaft ist der Aufsicht des Staates unterworfen. Die Aufsicht wird von einem durch den zuständigen Minister zu bestimmenden Oberpräsidenten, in der Beschwerdeinstanz von dem zuständigen Minister ausgeübt.
III. Die Aufsicht ist darauf beschränkt, daß die Angelegenheiten der Genossenschaft in Übereinstimmung mit dem Statut und den Gesetzen verwaltet werden. [...]

IV. Zur Aufnahme von Anleihen, durch welche der Schuldenbestand dauernd vermehrt wird, bedarf die Genossenschaft vorgängiger Genehmigung der Aufsichtsbehörde.

[...]

§ 15. Statutänderungen.

I. Über Änderungen der Statuten beschließt die Genossenschaftsversammlung. Abänderungen, welche den Sitz, die äußere Vertretung der Genossenschaft betreffen, unterliegen Königlicher Genehmigung.

[...]

Die ›Wurmaustreibende‹: Die Volksseuchen im Ruhrgebiet und die Konzeption der Emschergenossenschaft (1901-1904)

»Epidemien gleichen grossen Warnungstafeln, an denen der Staatsmann von grossem Styl lesen kann, dass in dem Entwickelungsgange seines Volkes eine Störung eingetreten ist, welche selbst eine sorglose Politik nicht länger übersehen darf.«
(Rudolf Virchow, 1848)[1]

Als *Rudolf Virchow* im Oktober 1901 seinen 80. Geburtstag feiern konnte, wurde er mit Glückwünschen und Ehrungen förmlich überhäuft. Angefangen bei dem höchsten »wissenschaftlichen« Orden, den er von Wilhelm II. erhielt, über Adressen anderer »Fürstlichkeiten« und führender Politiker, erwähnte er in seiner Danksagung allein 800 telegrafische Depeschen, die er erhalten habe, zudem Adressen von Einzelpersonen, aber auch von nationalen Ärztevereinigungen, sogar aus Australien – es sei »wohl das erste Mal, dass ein ganzer Continent seine Huldigung in einem einzigen Document vereinigt« – und Japan, aber auch aus zahlreichen europäischen Staaten. Dies und die »festspielwochenartigen Feierlichkeiten« die sich anschlossen, galten einem der prägenden Mediziner seiner Zeit, dem »Erfinder« der Zellularpathologie, dem Anthropologen, aber auch dem Politiker und einem der führenden Köpfe der Sozialhygiene.[2]

An Virchows Arbeiten für die Entwicklung einer Wasserversorgung und Abwasserentsorgung für Berlin ließ sich ablesen, wie groß der Fortschritt in der sanitären Gestaltung der Städte in der zweiten Hälfte des 19. Jahrhunderts gewesen war.[3] Virchow

---

1 Rudolf Virchow: Die Epidemien von 1848, in: ders.: Gesammelte Abhandlungen aus dem Gebiete der öffentlichen Medicin und der Seuchenlehre, Bd. 1, Berlin 1879, S. 117–123, hier S. 119.

2 Rudolf Virchow: Zur Erinnerung. Blätter des Dankes für meine Freunde, in: Virchows Archiv 167, 1902, S. 1–15; Constantin Goschler: Rudolf Virchow. Mediziner, Anthropologe, Politiker, 3. Aufl., Wien u. a. 2021, S. 12.

3 Shahrooz Mohajeri: 100 Jahre Berliner Wasserversorgung und Abwasserentsorgung 1840–1940, Stuttgart 2005, S. 83–92.

kehrte deshalb auch in seiner Danksagung noch einmal zu Wasserzuleitung, Kanalisation und Rieselfeldern, der »Regulierung und Nivellierung sämmtlicher Strassen« zurück, die Berlin zu einer der »reinlichsten und schönsten, aber auch der gesundesten Grossstädte« gemacht hätten. Den stärksten Akzent in seinen Erinnerungen legte Virchow allerdings auf eine »Mission« ganz am Anfang seiner Karriere als Arzt, als er im Auftrag der preußischen Regierung am Beginn des Jahres 1848 nach Oberschlesien reiste, um Informationen über die dort ausgebrochene Typhusepidemie zu ermitteln. Dort sei er zu der Überzeugung gekommen, dass die Ursachen der Seuchen »in socialen Missständen beruhten und dass der Kampf gegen diese Missstände nur auf dem Wege tiefgreifender, socialer Reformen geführt werden könne«.[4]

Die »Mittheilungen über die in Oberschlesien herrschende Typhus-Epidemie«, die Virchow während der Revolution 1848 veröffentlichte, lebten von dem darin ausgebreiteten Kontrast: Auf der einen Seite standen drastische Schilderungen der bitteren Armut, der Unreinlichkeit – »[d]er Oberschlesier wäscht sich im allgemeinen gar nicht« –,[5] der Trägheit und Faulheit des überwiegend Polnisch sprechenden Volkes in Oberschlesien, die alle zusammen die Ausbreitung der Epidemie beschleunigt hätten. Auf der anderen Seite präsentierte er aber die Schlussfolgerung, dass alles das Folge der grotesken Ausbeutung der Leute war, die ihnen jede Energie und Chance nahm, sich um ihr Wohlergehen zu kümmern. Virchow verkündete deshalb immer wieder, dass Freiheit, Bildung und Wohlstand die wichtigsten Voraussetzungen im Kampf gegen Seuchen waren, und er sorgte selbst dafür, dass sein Bericht von 1848 mit dieser Schlussfolgerung noch mehrfach aufgelegt wurde und zu seinen bekanntesten Texten gehörte.

Möglicherweise irritierte es auf Virchows Geburtstagsfeier dann doch ein wenig, dass sich seine Idee der sozialhygienischen Seuchenbekämpfung keineswegs so flächendeckend durchgesetzt hatte, wie es im Völkerfrühling von 1848 den Anschein gemacht hatte, sondern sogar auf dem Rückzug war. Die Diskussion über den Umgang mit Seuchen wurde in Deutschland von zwei Denkschulen beherrscht, die völlig unterschiedliche Vorstellungen von der Entstehung von Seuchen hatten und sich hart befehdeten. Die Führer dieser Schulen waren einmal *Max (von) Pettenkofer*, der seit den 1850er Jahren seine Bodentheorie entwickelte und sich auf seine Fahnen schreiben konnte, dass die nach seinen Ideen durchgesetzte Abwasserkanalisation in München – parallel zu Virchow in Berlin – ebenfalls eine der am stärksten von Seuchen aller Art belastete Großstadt zu einer der gesundesten gemacht hatte.[6] Pettenkofer, wenig älter als Virchow, gehörte noch zu der Generation der Universalgelehrten, die sich erst allmählich in die differenzierende Wissenschaftslandschaft einordneten. Wenngleich er als Begründer der Hygiene in Deutschland gilt, war seine Bodentheorie aber empirisch gewonnen und trug noch starke mystische Züge – er glaubte zwar daran, dass

4 Virchow: Zur Erinnerung, S. 3; Anne I. Hardy: Ärzte, Ingenieure und städtische Gesundheit. Medizinische Theorien in der Hygienebewegung des 19. Jahrhunderts, Frankfurt a. M./New York 2005, S. 112–119.

5 Rudolf Virchow: Mittheilungen über die in Oberschlesien herrschende Typhus-Epidemie, Berlin 1848.

6 S. Peter Münch: Stadthygiene im 19. und 20. Jahrhundert. Die Wasserversorgung, Abwasser- und Abfallbeseitigung unter besonderer Berücksichtigung Münchens, Göttingen 1993; Hardy: Ärzte, S. 120–128.

es Erreger von Seuchen gab, hing aber noch der Lehre über die Miasmen an, wobei er deren Entstehung von »Dispositionen« abhängig machte. Orte mit einer Disposition für Typhus und Cholera waren beispielsweise solche, in denen eine starke Durchfeuchtung und hohe Luftdurchlässigkeit des Bodens mit einer Verschmutzung durch Fäkalien und Abfälle kombiniert waren. Wenngleich Pettenkofer eigentlich eine gewisse Abkehr von der Sozialhygiene im Verständnis Virchows markierte, ließ sich seine Theorie aber durch weitere »Dispositionen« anpassen – sozial etwa durch eine »individuelle« Disposition für Krankheit durch Armut. Allerdings zeigten sich die Schüler von Pettenkofer durchaus anfällig für die Idee einer »rassischen« Disposition für bestimmte Seuchen.[7]

Überhaupt kein Verständnis für die soziale Dimension von Krankheiten, aber immerhin auch keine direkte Neigung zu ihrer rassistischen Erklärung, hatte die mit Pettenkofer konkurrierende Schule von *Robert Koch* und der medizinischen Bakteriologie.[8] Koch, fast eine Generation jünger als Virchow und Pettenkofer, hatte sich nach langer Tätigkeit als praktizierender Arzt 1880 an die Spitze der jungen bakteriologischen Forschung gesetzt, als er in das kurz zuvor gegründete kaiserliche Gesundheitsamt berufen wurde und hier sein »bakteriologisches Denkkollektiv« begründete, dessen Mitglieder nach und nach an die Spitzen einer Reihe von bakteriologischen Instituten berufen wurden, die durch Kochs Initiative im ganzen Deutschen Reich entstanden, erst recht, nachdem er an die Universität Berlin berufen worden war.[9]

Begründete sich Virchows Ruhm unter anderem durch die Kanalisation Berlins, Pettenkofers durch die Entwässerung Münchens, so war eine von Kochs Großtaten die Entdeckung des Choleraerregers im Leitungswasser von Hamburg und die Bekämpfung der dortigen Seuche 1892,[10] während sich die Erklärung der Hamburger Cholera mit Pettenkofers Dispositionen als nicht stichhaltig erwies. Der Erfolg in Hamburg überdeckte allerdings auch den Karriereknick Kochs, der sich nach den Darstellungen der Erreger von Tuberkulose und Cholera 1882 und 1884 eingestellt hatte: Denn Kochs Untersuchungsprogramm war jenseits der erfolgreichen Erregerjagden ausgesprochen schmal, sein Verständnis der Ausbreitung von Erkrankungen ebenso begrenzt wie seine therapeutische Forschung. Es sollte im Wesentlichen dabei bleiben, dass der Lockdown Mittelpunkt von Kochs Seuchenbekämpfung war – Desinfektion, Trennung und keimdichte Absperrung der Infizierten von den Gesunden. Seine »Erfindung« eines Mittels gegen die Tuberkulose endete dagegen in einem Desaster und beschädigte seinen Ruf auf Dauer.[11]

Es ist wichtig, auf die unterschiedlichen Konzepte der Seuchenerklärung und -therapie von Virchow bis Koch hinzuweisen, da die Emschergenossenschaft seit ihrer Entstehung gemeinhin als Antwort auf die Volksseuchen »Typhus, Ruhr und Malaria« verstanden wird, die sich in den »Niederungen des Emschergebiets« eingenistet

7 Münch: Stadthygiene, S. 29; Sylvia Berger: Bakterien in Krieg und Frieden. Eine Geschichte der medizinischen Bakteriologie in Deutschland, 1890–1933, Göttingen 2009, S. 46 f.

8 Paul Weindling: Epidemics and Genocide in Eastern Europe, 1890–1945, New York 2000, S. 23 f.

9 Berger, Bakterien, S. 44–48.

10 Richard Evans: Tod in Hamburg. Stadt, Gesellschaft und Politik in den Cholera-Jahren 1830–1910, aus dem Englischen übers. von Karl A. Klewer, Reinbek 1990, S. 348–353.

11 Christoph Gradmann: Robert Koch. Bakteriologe, Hygieniker und Mediziner, in: ders. (Hg.): Robert Koch. Zentrale Texte, Berlin 2010, S. 1–15, hier S. 8.

hatten.[12] So heißt es noch in einer Darstellung der Geographischen Kommission für Westfalen von 2014, »das rheinisch-westfälische Industriegebiet wurde als der mit Abstand am stärksten von Epidemien heimgesuchte Teil Preußens gebrandmarkt und die Verseuchung der Emscher als nicht mehr steigerungsfähig angesehen«, und deshalb die Emschergenossenschaft gegründet.[13] Üblicherweise wird auf die Typhusepidemien 1900 in Bochum und besonders die in Gelsenkirchen 1901 verwiesen, um zu unterstreichen, dass die Entwässerung des Industriereviers notwendig geworden war, um die Seuchengefahr zu bannen.

In Wahrheit folgte aus der Epidemie von 1901 die Gründung einer ganz anderen Einrichtung – nämlich die des Instituts für Hygiene und Mikrobiologie in Gelsenkirchen, das auf eine direkte Intervention von Robert Koch zustande kam. Mit der Entwässerung hatte dieses Institut zunächst einmal nichts zu tun. Die Typhusepidemie war allerdings noch einmal Anlass, die verschiedenen Modelle zur Erklärung der Ursachen und der Bekämpfung von Seuchen gegeneinanderzuhalten, gerade noch rechtzeitig, ehe ein Parasitenbefall eskalierte, der den Bergbau an Emscher und Ruhr in seiner Existenz bedrohte: die *Hakenwurmkrankheit* (Ancylostomyasis). Es war die Erfahrung dieser Epidemie – und das Versagen der herkömmlichen Seuchenbekämpfung, die die Konzeption der Emschergenossenschaft prägten.

Die Gelsenkirchener Typhusepidemie brach im Spätsommer 1901 aus und erfasste von Buer nördlich der Emscher bis nach Steele im Süden große Teile der Kreise Essen, Gelsenkirchen und Recklinghausen sowie die Stadt Gelsenkirchen, also ein Gebiet, das von knapp 400.000 Menschen bewohnt wurde. Im Stadt- und Landkreis Gelsenkirchen (225.000 Einwohner) erkrankten 2.493 Menschen, also gut ein Prozent aller Einwohner, von denen wiederum 213 starben. Die erste Erkrankung wurde am 29. August gemeldet, der Höhepunkt der Seuche war am 20. September erreicht, als 113 Erkrankungen auftraten, danach flachte die Ansteckungskurve ab.[14] Allein die Zahl der Erkrankungen war etwa sechsmal so groß wie während der Typhusepidemie in Bochum im Jahr zuvor, sodass die überregionalen Gesundheitsbehörden sich zwar nicht übermäßig früh, aber doch energisch einschalteten. Der Arnsberger Regierungspräsident sandte am 24. September den Medizinal- und Regierungsrat *Arthur Springfeld* in das Seuchengebiet, der möglichst Gegenmaßnahmen ergreifen und die Ursachen der Typhusepidemie ermitteln sollte. Springfeld fand schnell heraus, dass die Epidemie vom Pumpwerk Steele des »Wasserwerks für das nördliche westfälische Kohlenrevier« ausgegangen war. Er ließ deshalb das gesamte von dieser Pumpstation bediente Rohrnetz mit insgesamt 15 Tonnen Schwefelsäure ausspülen, wodurch die akute Verseuchung beseitigt wurde. Weniger erfolgreich war Springfeld mit seiner Suche nach dem Ursprung der Epidemie –

---

12 Helbing: Emschergenossenschaft, S. 4.

13 Hans-Werner Wehling: Städte und Gemeinden in Westfalen: Gelsenkirchen. Stadtentwicklung, Strukturwandel und Zukunftsperspektiven, Münster 2014, S. 83 f.

14 Zur Geschichte der Epidemie s. Arthur Otto Springfeld: Die Typhusepidemien im Regierungsbezirk Arnsberg und ihre Beziehungen zu Stromverseuchungen und Wasserversorgungsanlagen, in: Klinisches Jahrbuch 10, 1903, S. 323–460; Olmer: Wasser, S. 292–320; Martin Weyer-von Schoultz: Die Gelsenkirchener Typhusepidemie und ihr gerichtliches Nachspiel, in: Jörg Vögele/Wolfgang Woelk (Hg.): Stadt, Krankheit und Tod. Geschichte der städtischen Gesundheitsverhältnisse während der Epidemiologischen Transition (vom 18. bis ins frühe 20. Jahrhundert), Berlin 2001, S. 317–335.

es sich ließ sich keine stichhaltige Hypothese formulieren. Unterdessen traf jedoch am 16. Oktober Robert Koch ein, den der preußische Minister der geistlichen, Unterrichts- und Medizinalangelegenheiten, Konrad Studt, zu seinem Kommissar für die Gelsenkirchener Epidemie ernannt hatte. Kochs Autorität war wohl so groß, dass umgehend eine Wendung eintrat. Bei einer Besichtigung in Steele am 17. Oktober gaben zwei Direktoren des Wasserwerks spontan zu, bereits seit mehreren Jahren ein Stichrohr zu unterhalten, durch das bei allzu trockener Witterung ungereinigtes Wasser direkt aus der Ruhr in das Versorgungssystem gepumpt wurde. Wenig flussaufwärts davon mündete ein Bach in die Ruhr, der Abwasser von einigen Gemeinden führte, unter anderem aus Freisenbruch, wo Ende 1900 etliche Typhusfälle registriert worden waren.[15]

Die Gelsenkirchener Epidemie ließ sich damit restlos durch die Kriminalität der Leitung des Wasserwerks erklären: Die durch den Bergbau im Emschertal wachsenden Gemeinden waren wegen der Bergsenkungen auf das Rohrsystem angewiesen, das mit Wasser aus den Brunnen an der Ruhr gespeist wurde. Neue Brunnen ließen sich wegen der gestiegenen Grundpreise kaum noch finanzieren – das war aber überhaupt nicht nötig, da die Städte und Gemeinden ohnehin alles abnehmen mussten, was ihnen zufloss. Das Gelsenkirchener Wasserwerk erwirtschaftete fantastische Erträge – die Dividende stieg von 11 Prozent 1891 auf 16 Prozent 1899 – und dehnte sein Rohrnetz immer weiter aus, auch wenn darunter Wasserdruck und Versorgung litten. Die Gemeinden zwischen Ruhr und Emscher konnten sogar mit der Drohung, die Verträge zu kündigen, gezwungen werden, weitere Rohrverlegungen zu dulden.

Am Ende war es unvermeidlich, dass das Wasser direkt aus der Ruhr geschöpft wurde. Der erwähnte, von dem früheren Landrat Spude drangsalierte Amtmann schrieb zwei Romane über die Verhältnisse im Industrierevier, in denen er auch das offene Geheimnis des Stichrohrs erläuterte. Um Ausgaben für neue Brunnen zu vermeiden,

> »ging man daher dazu über, den vorhandenen Brunnen aus dem auf alle denkbare Weise ständig verunreinigten Flusse das fehlende Wasser direkt zuzuführen. Es wurde dadurch zum gleichen Betrage eine minderwertige Ware verkauft und die Handlungsweise selbst war strafbar, allein: wer klagte oder murrte, dem drohte man mit Entziehung des Wassers. – So sah es unter gewöhnlichen Verhältnissen aus, doch wehe! Wenn im Sommer oder bei sonst anhaltender Trockenheit der Wasserspiegel der Brunnen zugleich mit dem des Flusses sank und dann die Rohrnetze fast ausschließlich mit Schlammwasser oder, wie die Eingesessenen sagten, mit ›Bouillon‹ gespeist wurden!«[16]

Die Typhusepidemie ging deshalb ursprünglich auf eine ungenügende Wasserversorgung des Industriereviers zurück, der durch Wasserbauten abgeholfen werden konnte, also beispielsweise durch Talsperren, deren Bau allerdings lange dauerte, oder auch durch sogenannte Anreicherungsbecken, in denen Ruhrwasser gefiltert und gereinigt

---

15 Springfeld: Typhusepidemien, S. 383 f.; Ernst Grahn: Die Gerichtsverhandlungen über die Gelsenkirchener Typhusepidemie im Jahr 1901, in: Journal für Gasbeleuchtung und Wasserversorgung 48, 1905, S. 447–457, 475–502, 516–546, hier S. 496.

16 Karl Höltje: Wo soll das hinaus? Weitere Zeitbilder aus dem Rheinisch-Westfälischen Industriebezirke, Braunschweig 1905, S. 29.

wurde – sie waren auch schneller fertig. Eine erste Anlage dieser Art entstand am Pumpwerk in Steele 1902.[17]

Dass die Epidemie durch Kriminalität entstanden war und der Gefahr weiterer Epidemien durch Wasserbauten vorgebeugt werden könne, lag jedoch nicht im Interesse von Robert Koch. Er schickte am 21. Oktober, vier Tage nach der Entlarvung der Wasserwerksdirektoren einen Bericht an seinen Auftraggeber, Kultusminister Studt, der in eine ganz andere Richtung zielte. Kochs Bericht gipfelte in der Forderung nach Errichtung eines »Instituts zur fortlaufenden Seuchenbekämpfung«. Das kann als Impuls für die Gründung des Instituts für Hygiene und Mikrobiologie in Gelsenkirchen verstanden werden, das am 7. November 1901 auf einer vom Regierungspräsidenten in Arnsberg einberufenen Versammlung beschlossen wurde, und bereits rund ein halbes Jahr später seine Arbeit aufnahm. Koch konnte sogar damit aufwarten, dass er seit seinem Eintreffen in Gelsenkirchen am 16. Oktober 1901 sich nicht nur vor Ort einen Überblick verschafft und die Wasserwerksdirektoren entlarvt, sondern auch am 18. Oktober einen Vortrag vor dem ärztlichen Verein in Gelsenkirchen über die Grundzüge des Hygiene-Instituts gehalten,[18] die Gründung des Instituts bereits im größeren Kreis besprochen und sogar dessen Finanzierung gesichert habe – das alles innerhalb von vier Tagen, oder besser dreien: Den 20. Oktober, einen Sonntag, brauchte er für die Rückreise nach Berlin.

Koch konnte allerdings in seinem Bericht nur schwer plausibel machen, wofür ein solches Institut dienen sollte: Mit der »projektierten Kanalisation des gesamten Industriegebiets« – damit spielte er wohl auf die Emschergenossenschaft an – hatte er nichts zu tun. Die Bekämpfung und Vorbeugung von Seuchen waren sicher wichtig, aber der Befund, dass die Epidemie auf die kriminellen Machenschaften im Wasserwerk zurückging, dämpfte die Dringlichkeit schon ein wenig. Koch war anscheinend klar, dass seine Forderung und die Ursache der Epidemie nicht richtig zusammenpassten – deshalb walzte er über weite Strecken Springfelds ursprüngliche Hypothese (der einen Rohrbruch vermutet hatte) aus, obwohl sie sich als falsch erwiesen hatte, was Koch auch einräumte. Die kurze Feststellung aber, dass die Epidemie Folge von Machenschaften des Wasserwerks gewesen sei, passte Koch ganz und gar nicht.

Diese Einsicht lässt allerdings nur den Schluss zu, dass Robert Koch mit der festen Absicht und dem Wissen des Kultusministers in das Industriegebiet gereist war, die Gelsenkirchener Epidemie zum Vorwand zu nehmen, ein solches Institut zu gründen – deshalb wand er sich so, als herauskam, dass sie dafür gar nicht zu gebrauchen war. Der eigentliche Grund für das Institut für Hygiene und Mikrobiologie in Gelsenkirchen versteckte sich in einem dürren und vergleichsweise klaren Satz im letzten Drittel des Berichts:

»Durch den gewaltigen Verkehr, und besonders durch die zuströmenden Arbeiter, werden fortwährend ansteckende Krankheiten, namentlich Typhus und Ruhr, einge-

17 Olmer: Wasser, S. 229–262, 321 f.

18 Lars Bluma: Die Hygienisierung des Ruhrgebiets: Das Gelsenkirchener Hygiene-Institut im Kaiserreich, in: Carl Christian Wahrmann/Martin Buchsteiner/Antje Strahl (Hg.): Seuche und Mensch. Herausforderung in den Jahrhunderten. Ergebnisse der internationalen Tagung vom 29.–31. Oktober 2010 in Rostock, Berlin 2012, S. 347–367, hier S. 357.

schleppt und finden einen ungewöhnlich günstigen Boden zum Einnisten und zur Ausbreitung.«[19]

Konrad Studt, der frühere Oberpräsident von Westfalen, ließ auch als preußischer Minister für geistliche, Unterrichts- und Medizinalangelegenheiten nicht davon ab, dass die Polnisch sprechenden Arbeiter im Emschertal eine Gefahr darstellten. Deshalb hatte er offenbar mit Robert Koch die Gründung dieses Instituts verabredet, das ähnlich wie die Emschergenossenschaft von den Unternehmern bezahlt werden sollte; das war auch der Grund, warum Emil Kirdorf bei Kochs Besuch dauernd präsent war.[20] Wenn die Industrie weitere Arbeiter aus den östlichen Provinzen einstellen wollte, musste sie dafür bezahlen, daran glaubte Studt seit 1896. Da selbst ein Robert Koch das Institut nicht eigenmächtig auf die Beine stellen durfte, brauchte Studt jedoch einen Bericht, durch den das Institut und Studts Entscheidung dafür plausibel gemacht wurden – allerdings nur bei flüchtigem Lesen.

Kochs Bericht ist daher ein Beispiel für die Tarnsprache, die sich für den Umgang mit den polnischen Bergarbeitern eingebürgert hatte: Es konnte nicht offen gesagt werden, dass im Industriegebiet eine Zone zur Ansiedlung von Menschen minderen Rechts zum Zwecke ihrer Eindeutschung geschaffen wurde, deshalb gab es nur Andeutungen, dass die Polen quasi regierungsoffiziell als Krankheitsträger verstanden wurden. Deutlicher als Koch war jedenfalls Arthur Springfeld, als er 1903 wiederum seinen Bericht über die Epidemien im Regierungsbezirk Arnsberg vorlegte. Springfeld führte ungerührt die nach wie vor nur intern verfügbaren Ergebnisse der ›Polenzählung‹ an, um die besonders gefährdeten Gegenden des Industriereviers zu kennzeichnen: Die Zuwanderung habe »nach amerikanischen Vorbildern ein Völkerchaos« gestiftet, mit einer hohen »Geburtenziffer der slavischen Rasse. [...] Das slavische Element ist das unruhigste und an dem Wechsel der Belegschaft, der von Jahr zu Jahr zugenommen hat, stark beteiligt. Die guten Verkehrsbedingungen gestatten dem Arbeiter, weitab von der Arbeitsstätte zu wohnen [...] Unter diesen Verhältnissen gesunde Lebensbedingungen zu schaffen, ist ein Kunststück [...].«[21] Springfeld machte im Kostgängerwesen, der Untervermietung von Zimmern mit und ohne Kost, eine besondere Eigentümlichkeit des Völkerchaos im Industrierevier und eine entsprechende Gefährdung für Gesundheit (und Moral) aus: Während in Arnsberg 345 Kostgänger auf 10.000 Einwohner kamen, lag der Wert zwischen Ruhr und Emscher regelmäßig über 500, im Landkreis Bochum bei 638, im Landkreis Gelsenkirchen bei 744. Entsprechend hoch waren die Geburtenraten, deutete Springfeld an: Kamen in Arnsberg 37 Geburten auf 1.000 Einwohner im Jahr, lag der Wert im Landkreis Bochum bei 53, im Landkreis Gelsenkirchen sogar bei 58. Wenig verwunderlich ist, dass Springfeld die Gründung des Hygiene-Instituts in Gelsenkirchen nicht weniger begrüß-

19 Robert Koch: [an den Minister der geistlichen, Unterrichts- und Medizinalangelegenheiten, Konrad Studt, Bericht betr. Typhus Epidemie in Gelsenkirchen, 21.10.1901], in: J. Schwalbe (Hg.): Gesammelte Werke von Robert Koch, Bd. 2, 2. Tbd., Leipzig 1912, S. 910–914, hier S. 913.

20 Grahn: Gerichtsverhandlungen, S. 496.

21 Springfeld: Typhusepidemien, S. 330.

te als der Arnsberger Regierungspräsident *Ludwig von Renvers*, in dem Springfeld den eigentlichen Initiator sah.[22]

Es war am Beginn des neuen Jahrhunderts kaum noch strittig, dass die Polen die Krankheiten ins Ruhrgebiet einschleppten und verbreiteten. Umstritten war nur, warum sie das taten. Offen kommuniziert wurde die sozialhygienische Erklärung in der Tradition von Virchow, die sich auch bei Springfeld andeutete: Die Polen seien Krankheitsträger, weil sie ungebildet seien und unter erbärmlichen Bedingungen lebten. *Bruno Poersch*, ein führender Vertreter der liberalen Gewerkschaftsbewegung, selbst gebürtiger Ostpreuße, klagte 1908 in einem Artikel der Frankfurter Zeitung, dass »Tausende fremdsprachiger Arbeiter« in der rheinisch-westfälischen Industrie

> »der deutschen Arbeiterschaft gewaltige Hindernisse bei ihren gewerkschaftlichen Bestrebungen in den Weg legen. Diese Arbeiterscharen stehen oft auf dem kulturell denkbar tiefsten Niveau. In einer einzigen Stube hausen in den fremdsprachigen Arbeiterquartieren oft mehrere Familien mit Kindern, Schlaf- und Kostgängern. Die Betten sind übereinandergestellt, um die große Zahl der Personen beherbergen zu können, und da diesen fremden Arbeitermassen meistens die elementaren Begriffe der Reinlichkeit abgehen, so gleichen diese Kolonien oft wahren Pesthöhlen.«[23]

Bei der Erklärung der Verbreitung von Krankheiten durch die Polen hob allerdings auch die Rassenhygiene ihr hässliches Haupt. Bereits in der ersten Ausgabe des Archivs für Rassen- und Gesellschafts-Biologie, fortan Zentralorgan der Rassenhygieniker, platzierte *Ferdinand Hueppe*, Koch-Schüler, Professor in Prag und nebenbei erster Präsident des Deutschen Fußball-Bundes, einen Aufsatz, in dem er die Existenz einer rassischen »Prädisposition« für Infektionskrankheiten unterstellte.[24] Der erwähnte Dortmunder Kreisarzt Nathanael Wollenweber stellte 1912 zwar eine enge Korrelation zwischen der Dichte der Wohnungsbelegung und der Entstehung von Krankheiten heraus, ging aber wie selbstverständlich davon aus, dass »Rasseeigentümlichkeiten« der Polen für die geringe Verbreitung von Tuberkulose und die hohe von Diphtherie und Scharlach im Industriegebiet verantwortlich seien.[25]

Welche Erklärung auch immer herangezogen wurde: Robert Koch war der geeignete Mann, dem »Völkerchaos« zwischen Ruhr und Emscher Ordnung und Kultur einzuflößen. Hygiene und Bakteriologie hatten in Deutschland seit je eine militärische Flanke, da gerade Koch davon ausging, dass es einen unmittelbaren Zusammenhang zwischen Kriegen und der Ausbreitung von Epidemien gab und er unentwegt die Vorbereitung

---

22 Ebd., S. 420 f. Zur Gründung des Instituts s. auch die »Denkschrift über die Errichtung eines Institutes zur Bekämpfung der Volkskrankheiten im Ruhrkohlengebiet« des Gelsenkirchener Landrats Hammerschmidt, in: Emscher Zeitung, Nr. 269B, 15.11.1901.

23 Frankfurter Zeitung, Nr. 86, 20.3.1908; zu Poersch s. Rüdiger Zimmermann: Biographisches Lexikon der ÖTV und ihrer Vorläuferorganisationen, Bonn 1998, https://library.fes.de/fulltext/bibliothek/tit00205/00205i10.htm#LOCE9E139 [9.5.2024].

24 Ferdinand Hueppe: Allgemeine Betrachtungen über die Entstehung der Infektionskrankheiten, in: Archiv für Rassen- und Gesellschafts-Biologie 1, 1904, S. 210–218; zu Hueppe s. Thomas Schnitzler: Fußball und Rassenhygiene. Der DFB-Gründungspräsident Ferdinand Hueppe, in: Beatrix Bouvier (Hg.): Zur Sozial- und Kulturgeschichte des Fußballs, Trier 2006, S. 78–119.

25 Wollenweber: Mängel, S. 18.

auf Epidemien als Teil der Mobilmachungsplanung forderte. Koch behielt seinen 1870/71 erworbenen Rang bei, um auf Augenhöhe mit den Offizieren des Sanitätskorps umgehen zu können, die in wachsender Zahl zu den Institutionen abkommandiert wurden, an denen er wirkte, während ohnehin etliche Mitglieder des »bakteriologischen Denkkollektivs« um Koch aus dem Militär stammten.[26] Gerade Koch konzentrierte sich dabei auf die Seuchengefahr aus dem Osten: Die große Choleraepidemie in den 1830er Jahren und die Typhusepidemie in Oberschlesien hatten die Überzeugung genährt, dass Seuchen aus dem Osten kamen, und als Mitte der 1890er Jahre in Zentralasien sogar die Pest ausbrach, schien das eine albtraumartige Bestätigung dieser Annahme zu sein.[27]

Als langjähriger Kreisarzt in der Provinz Posen war Koch mit der Auseinandersetzung über die östlichen Provinzen des Königreichs vertraut und er richtete seine bakteriologische Forschung und ihre Institutionalisierung gerade an der Jahrhundertwende nach Osten aus. Kurz vor der Gelsenkirchener Epidemie war im oberschlesischen Beuthen eine bakteriologische Station gegründet worden, die den südlichsten Punkt eines »Gürtels« von bakteriologischen Untersuchungseinrichtungen markierte, die an Universitäten und in autonomen Einrichtungen zur »Abwehr eines Seucheneinfalls aus dem Osten« eingerichtet wurden: von Gumbinnen in Ostpreußen über Königsberg, Danzig, Bromberg, Posen, Breslau nach Beuthen.[28] Die damit einhergehende hygienische Aufwertung der Städte im Osten – durch gepflasterte Straßen, Wasserleitungen, Schlachthöfe, Kanalisation und dergleichen – war gleichzeitig eine Demonstration deutscher Präsenz gegen das Abbröckeln der »Ostmark«: ein Zeichen deutscher Kultur an die abtrünnige polnische Bevölkerung an der Grenze zu Russland.[29] Das hatte durchaus eine kolonisatorische Note, wie überhaupt die Erregerjagden Kochs eine in dieser Hinsicht eindeutige Botschaft aussandten: Wer die Krankheitserreger ermitteln, die Gesunden von den Kranken trennen und Ansteckungen verhüten konnte, war auch in der Lage, solche Kolonien zu beherrschen, in denen europäische Siedler normalerweise an endemischen Seuchen zugrunde gingen. Der Sieg über die Malaria sei gleichbedeutend mit der »friedlichen Eroberung der schönsten und fruchtbarsten Länder der Erde«, sagte Koch 1898.[30] Bei seinem Programm ging es um Kolonisierung und Herrschaft; das war auch die Grundidee des Gelsenkirchener Instituts und die Lehre der Typhusepidemie.

Der Prozess gegen die Wasserwerksdirektoren vor dem Essener Landgericht, der im Oktober 1903 begann, gipfelte in einer der allerletzten großen Debatte zwischen Anhängern von Koch und Pettenkofer. Das Hauptverfahren wurde überhaupt so spät eingeleitet, weil nicht nur der Richter ein umfangreiches Gutachten hatte einholen lassen, sondern auch die Angeklagten: Nach Pettenkofers Bodentheorie gaben die Ansteckungsstoffe im Boden den Ausschlag für die Entstehung einer Epidemie, während für Koch die

26 Berger: Bakterien, S. 51; Weindling: Epidemics, S. 50–53.

27 Dörte Lerp: Imperiale Grenzräume. Bevölkerungspolitiken in Deutsch-Südwestafrika und den östlichen Provinzen Preußens, 1884–1914, Frankfurt a. M./New York 2016, S. 230; Max Rubner: Die Pestgefahr, in: Preußische Jahrbücher 88, 1897, S. 21–32.

28 Berger: Bakterien, S. 165 f.; Weindling: Epidemics, S. 58.

29 Weindling: Epidemics, S. 54.

30 Robert Koch: Ärztliche Beobachtungen in den Tropen. Vortrag, gehalten in der Abteilung Berlin-Charlottenburg der Deutschen Kolonial-Gesellschaft, Berlin 1898, S. 311.

Bakterien im Wasser die zentrale Ursache für das Infektionsgeschehen waren. Da dies entscheidend für den Prozessausgang sein konnte, hatten die beschuldigten Wasserwerksdirektoren *Rudolf Emmerich* und *Friedrich Wolter* um Unterstützung gebeten. Emmerich, einer der wichtigsten Schüler und früherer Assistent von Pettenkofer sowie Professor für Hygiene in München, hatte sich selbst als Unterstützung angeboten, da die Bodentheorie in der Berichterstattung über die Epidemie nur nachlässig gewürdigt worden war, während Wolter, praktischer Arzt in Hamburg, wegen seiner Erfahrungen in der Choleraepidemie 1892 hinzugezogen wurde. Die beiden Wissenschaftler waren sich klar darüber, dass das Gutachten eine der letzten Chancen war, die Theorie von Pettenkofer einer breiten Öffentlichkeit zu präsentieren. Entsprechend war es ausgestattet. Ihr Gutachten hatte, als es im Druck erschien, 265 Seiten Länge, war dem Andenken Pettenkofers »in Liebe und Verehrung gewidmet« und wurde als erster Band der Festschrift zum 50. Jahrestag der Bodentheorie Pettenkofers herausgegeben.[31]

Dabei ließen Emmerich und Wolter von Anfang an nicht nur keinen Zweifel daran entstehen, dass die Bodenverhältnisse die Ursache der Epidemie gewesen waren, sondern sie führten sogar die Gründung der Emschergenossenschaft als Beleg dafür an. Das »Seuchengebiet« sei ein

> »geradezu klassisches Typhusterrain, [...] sowohl was die natürliche Bodenbeschaffenheit betrifft, als hinsichtlich der Feuchtigkeitsschwankungen im Boden infolge der mit dem Kohlenabbau verbundenen Bodensenkungen wie im Hinblick auf die ganz exzeptionelle Bodenverunreinigung, wie sie bei den prekären Vorflutverhältnissen des Emscher Tales [sic] aus dem Fehlen resp. der Unwirksamkeit jeglicher Kanalisation und der ganz ungenügenden Beseitigung der Fäkalien und des Kehrichts resultiert, zumal wenn man bedenkt, daß es sich um rapid wachsende städtische Ansiedelungen in einem ursprünglich versumpften und daher früher von der Malaria stark heimgesuchten Gebiet handelt. A priori mußte übrigens die Bedeutsamkeit der Bodenverhältnisse für die Typhusentstehung sich schon daraus ergeben, daß die Epidemie ein Gebiet betraf, zu dessen Assanierung gegenwärtig die großartigsten Kanalisationsprojekte der Durchführung harren, nachdem sie die Zustimmung des preußischen Herrenhauses gefunden haben.«[32]

Emmerich und Wolter waren sich bewusst, dass ihr Gutachten schwer zu verstehen war, da sie streng nach der Lehre von Pettenkofer vorgingen, immer wieder andere Seuchenerfahrungen zum Vergleich heranzogen und die von Pettenkofer betonte »zeitliche« Disposition den Abdruck langer Datenreihen nach sich zog. Dafür begnügten sie sich aber

31 Rudolf Emmerich/Friedrich Wolter: Die Entstehungsursachen der Gelsenkirchener Typhus-Epidemie 1901. Auf Grund der für die Verhandlungen des Gelsenkirchener Prozesses erstatteten Sachverständigen-Gutachten dargestellt, München 1906; N. Howard-Jones: Gelsenkirchen Typhoid Epidemic of 1901, Robert Koch, and the Dead Hand of Max von Pettenkofer, in: British Medical Journal 1, 1973, S. 103–105.

32 Friedrich Wolter: Der Gang des Prozesses wegen der Gelsenkirchener Typhusepidemie von 1901, in: Rudolf Emmerich/Friedrich Wolter: Die Entstehungsursachen der Gelsenkirchener Typhus-Epidemie 1901. Auf Grund der für die Verhandlungen des Gelsenkirchener Prozesses erstatteten Sachverständigen-Gutachten dargestellt, München 1906, S. 11–14, hier S. 12.

nicht mit einer oberflächlichen Begehung des Seuchengebiets, sondern nahmen Bodenproben und stellen intensive Studien zur Verschmutzung des Bodens bis in die Hinterhöfe hinein an. Zur Orientierung bemühten sie sich um die Unterstützung der Provinzialregierung in Münster, die den Meliorationsbeamten *H. Breme* als Begleitung abstellte, der am Projekt von Michaelis mitgewirkt hatte, zur gleichen Zeit, wie noch zu zeigen ist, für den Posten des Cheftechnikers der Emschergenossenschaft im Gespräch war und sich später mit einer fundierten Kritik an Middeldorfs Entwurf zu Wort meldete.[33] Breme verfasste ein eigenes Gutachten und zeichnete eine topografische Karte des Seuchengebiets, das dem Gutachten als Anlage beigegeben wurde. Das alles brachte die wohl genaueste Beschreibung der katastrophalen hygienischen Verhältnisse im Emschertal am Beginn des neuen Jahrhunderts hervor.

Das Problem im Emschertal waren weniger toxische Abwässer oder Kohlenstaub, sondern die Überbelegung in schlecht und billig gebauten Wohnquartieren führte dazu, dass niemand mehr der anfallenden Fäkalien Herr wurde. Durch den Rückzug der Landwirtschaft fehlte der wichtigste Abnehmer für den Inhalt von Abortgruben und die Hausgärten konnten nur einen Bruchteil davon aufnehmen. Wegen der unzureichenden Wasserversorgung und Kanalisation waren selbst in den Städten Spülklosetts verboten, sodass Fäkalien in jedes verfügbare Gewässer gekippt wurden, um die Aborte nicht überquellen zu lassen. Die Gemeinden im Emschertal waren von einem Netz aus nahezu gefällelosen Jauchegräben durchzogen, die sofort metertiefe Jaucheseen bildeten, wenn eine Bergsenkung eintrat:

> »In diesen Gräben bewegt sich kaum merkbar eine schwarze, dicke, breiige, faulende und gärende, stinkende Jauche, auf deren Oberfläche im Sommer große Gasblasen platzen, die Luft im weiten Umkreis verpestend. Ein eigenartiger und wohl nirgends in der Welt wieder zu beobachtender Tatbestand liegt darin, daß die Gärung und Fäulnis dieser gewaltigen Massen entsetzlich schmutziger und schlammiger Abwässer noch dadurch in denkbar höchstem Maße gesteigert wird, daß dieselben durch den Zufluß der heißen Kondensationswasser der zahllosen Dampfmaschinen oft geradezu Bruttemperatur annehmen. Diese Gelsenkirchener Jauche ist die entsetzlichste Flüssigkeit der Welt. [...] Einer der Gräben war abgesunken und die Jauche bildete einen großen Weiher direkt hinter Haus Nr. 16 und 18 der Mittelstraße [in Erle; d. Vf.]. In diesem stinkenden Tümpel lagen zerbrochene Nachtgeschirre, Reste eines verfaulten Strohsackes, Knochen mit faulenden Fleischresten, graue und grüne faulende Darmstücke, Schweineklauen und eine tote Katze.«[34]

Emmerich und Wolter breiteten die Folgen der Fäkalienflut auf über 20 Seiten mit zahlreichen Fotografien aus. Sie wirken apokalyptisch, wenn sich die Bewohner dafür besonders herausgeputzt hatten. Auf einem Foto sind zwei Mädchen in blütenweißen Schür-

---

33 Zu H. Breme s. auch das Kap. »Die durch und durch ›Technische‹?«.

34 Rudolf Emmerich: Die Ursachen der Gelsenkirchener Typhusepidemie des Jahres 1901, in: ders./Friedrich Wolter: Die Entstehungsursachen der Gelsenkirchener Typhus-Epidemie 1901. Auf Grund der für die Verhandlungen des Gelsenkirchener Prozesses erstatteten Sachverständigen-Gutachten dargestellt, München 1906, S. 125–265, hier S. 145.

zenkleidern vor einem Jauchetümpel auf dem Marktplatz von Erle zu sehen.[35] Das Emschertal war eigentlich ein riesengroßes Rieselfeld. Der Eindruck war so entsetzlich, dass Breme überhaupt keine Möglichkeit mehr sah, die Entwicklung zum Besseren zu wenden: »Radikal könnte nur das zuerst von Mephisto dem Faust und jüngst von Breme für Schalke empfohlene Mittel helfen: Die Zechen abzubrechen und statt der Industrie den Ackerbau wieder einzuführen.«[36] Es ist nicht zu ermitteln, wie weit diese drastischen Schilderungen die eher milden Urteile im Strafprozess beeinflussten. Doch verstärkte das weithin verbreitete Gutachten den Druck, einen tiefgreifenden Wandel anzustreben – auch Middeldorf sah in der Fäkalienabfuhr eine der dringendsten Aufgaben für die Emscherregulierung, scheute aber wie auch Koch eine derart radikale Beschreibung.[37]

Stellte die Fäkalienflut schon allein die Zukunft des Bergbaus infrage, so kam bereits zur Zeit der Gelsenkirchener Epidemie ein weiteres Problem hinzu, dessen Lösung auch Koch als eine der ersten Aufgaben des Hygiene-Instituts bezeichnete: die Bekämpfung der Hakenwurmepidemie, bei ihm Ankylostomenkrankheit genannt.

Der *Hakenwurm* ist ein ursprünglich aus den Tropen stammender blutsaugender Parasit, der sich beim Menschen in der Darmschleimhaut einnistet. Die weiblichen Würmer produzieren zahlreiche Eier, die sich aber nicht im menschlichen Körper selbst entwickeln können, sondern ausgeschieden werden und dann mehrere Stadien als Larven durchlaufen, um anschließend auf einen Wirt zu warten und sich dort zum Wurm zu entwickeln. Die Wurmeier sind sehr empfindlich gegen direkte Sonneneinstrahlung, die Larven brauchen eine feuchte und warme Umgebung. Bei Trockenheit verenden sie rasch. Die Erkrankung äußert sich in erster Linie durch Blutarmut und eine drastische Senkung der körperlichen Leistungsfähigkeit. Todesfälle sind aber selten. Äußere Anzeichen sind eine fahle Gesichtsfarbe und Blässe. Wegen der besonderen Bedeutung der Kombination von Wärme, Dunkelheit und Feuchtigkeit für ihre Entwicklung traten Hakenwürmer besonders bei Arbeitern in Tunnelbauten auf, waren aber auch im Bergbau schon im frühen 19. Jahrhundert verbreitet.[38]

Nachdem 1886 und 1892 erste Fälle im Bergbau an der Ruhr aufgetreten waren, wurden allmählich Gegenmaßnahmen eingeleitet. 1896 erstellte der Oberarzt des knappschaftlichen Krankenhauses Bergmannsheil, *Ferdinand Löbker*, ein Gutachten, das bereits etliche Vorschläge enthielt, die in den folgenden Jahren in bergpolizeiliche Anordnungen übersetzt wurden: Ersatz der Badebassins in den Zechen, die für die Weitergabe der Larven verantwortlich gemacht wurden, durch Brausebäder; Aufstellung von dicht schließenden Abortkübeln unter Tage, um die Verbreitung von Fäkalien zu unterbinden, Kontrolle von Arbeitern, die aus wurmbelasteten Revieren im Ausland kamen und neu

35 Ebd., S. 146.

36 Ebd., S. 153.

37 Wilhelm Middeldorf: Entwurf zur Regelung der Vorflut und Abwasser-Reinigung im Emschergebiet, Essen 1904, S. 34 f.

38 Bluma, Hygienisierung, S. 361 f.; o. V.: Verhandlungen, betreffend Maßregeln zur Bekämpfung der im Oberbergamtsbezirke Dortmund herrschenden Wurmkrankheit, Berlin 1903, S. 3–20; Ferdinand Löbker/Hayo Bruns: Über das Wesen und die Verbreitung der Wurmkrankheit (Ankylostomiasis) mit besonderer Berücksichtigung ihres Auftretens in deutschen Bergwerken, in: Arbeiten aus dem Kaiserlichen Gesundheitsamte 23, 1906, S. 421–524, hier S. 423–433.

angelegt wurden: Das richtete sich vor allem gegen Bergleute, die aus dem ungarischen Teil des Burgenlandes stammten, denn eine Zeche in Brennberg bei Ödenburg (Sopron), in der ein besonders heißes Klima und auch eine besonders große Feuchtigkeit herrschten, hatte derart unter Wurminfektionen zu leiden, dass der Betrieb zeitweise eingestellt werden musste. Löbker, der die Zeche in Brennberg besuchte, ging davon aus, dass 80 Prozent der dortigen Bergleute wurmkrank waren. Im Juni 1900 entschied das Oberbergamt in Dortmund, überhaupt keine Bergleute aus Ungarn und den ebenfalls stark betroffenen belgischen Zechen mehr anzunehmen.[39] Schließlich folgte das Oberbergamt auch dem Vorschlag Löbkers, die Belegschaft von Zechen, in denen Infektionen vorgekommen waren, von einem Arzt durchmustern zu lassen. Der Kot auffällig fahler und blasser Bergleute wurde mikroskopisch nach Wurmeiern untersucht; befallene Bergleute mussten sich einer Wurmkur im Krankenhaus unterziehen.

Trotz dieser Maßregeln, die vor allem vom Kreisarzt des Kreises Bochum und Knappschaftsoberarzt *August Tenholt* geleitet wurden, verschwand der Wurm nicht aus dem Ruhrbergbau, im Gegenteil. Die Zahl der gemeldeten Wurmerkrankungen betrug – bei rückläufiger Tendenz – zwischen 1896 und 1899 etwa 100 im Jahr. Von 1899 auf 1900 verdreifachte sich die Zahl der Fälle jedoch auf 275 und von 1900 auf 1901 nochmals auf 1.030. Und so ging es weiter: Bis zum 1. Oktober 1902 wurden 1.355 Fälle gemeldet.[40] Im Ruhrbergbau brach Panik aus. Eine mögliche Ursache des exponentiellen Anstiegs der Wurminfektionen war schnell ausgemacht: Nach einer katastrophalen Kohlenstaubexplosion auf der Zeche Carolinenglück in Bochum 1898, die über 100 Tote gefordert hatte, hatte das Oberbergamt den Einbau von Berieselungsanlagen zur Verhütung ähnlicher Unglücke forciert. Diese Berieselungsanlagen wurden aber überwiegend mit sogenanntem Sumpfwasser betrieben, der Flüssigkeit, die am tiefsten Punkt der Zeche zusammenlief, meist aus Grubenwasser bestand, aber auch mit dem Kot der Bergleute verunreinigt war. Gab es Wurminfektionen, verteilten die Berieselungsanlagen die Eier und Larven ziemlich zuverlässig auf der gesamten Zeche; manche Bergleute steckten sich an, weil sie das Berieselungswasser tranken. Als Tenholt angesichts dieser Eskalation nur auf die Idee kam, Kalkmilch durch die Berieselungsanlagen zu schicken, um die Strecken zu desinfizieren – was zu wenig mehr führte, als die Anlagen zu verstopfen –, rebellierten die Unternehmer. Im August 1902 forderten die Bergwerksgesellschaft Hibernia und die Gelsenkirchener Bergwerks-AG quasi ultimativ vom Knappschaftsverband, das neu gegründete »Seucheninstitut« in Gelsenkirchen um Vorschläge für eine »rationelle und wirksame Bekämpfung der Wurmkrankheit« zu bitten.[41]

Hayo Bruns, der Gründungsdirektor des Gelsenkirchener Hygiene-Instituts, ließ sich nicht lange bitten. In einem neu eingesetzten »Wurmausschuss« des Knappschaftsvereins entwickelte er den Plan, den Kot sämtlicher Bergleute von infizierten Zechen mikroskopisch zu untersuchen, alle Befallenen sofort von der Arbeit untertage auszuschlie-

39 O. V.: Das Verhalten der Besitzer der westfälischen Steinkohlenbergwerke bei der Bekämpfung der bösartigen Wurmkrankheit (Ankylostomiasis), in: Glückauf 39, 1903, S. 241–245.

40 O. V.: Verhandlungen, S. 11.

41 Hayo Bruns: Die Bekämpfung der Wurmkrankheit (Ankylostomiasis) im rheinisch-westfälischen Ruhrkohlenbezirk, in: Münchener Medizinische Wochenschrift 51, 1904, S. 657–662, hier S. 657; O. V.: Verhalten.

ßen, einer Wurmkur zu unterziehen und sie erst wieder zur Arbeit als Bergmann zuzulassen, wenn sie ein ärztliches Attest über ihre Wurmfreiheit vorlegen konnten. Wenngleich Bruns nicht bei Koch studiert hatte und offenbar auch nicht zum engeren Kreis des bakteriologischen Denkkollektivs gehörte, entsprach diese brachiale Vorgehensweise geradezu modellhaft dem Verfahren von Koch, die von Krankheitserregern Befallenen – selbst wenn sie noch nicht krank waren – hermetisch von den Gesunden abzuschotten. Das Ganze hatte die Anmutung eines militärischen Schlachtplans, zumal erhebliche soziale Kollateralschäden in Kauf genommen wurden. In der endgültigen Fassung, die nach einer Konferenz unter Vorsitz des preußischen Ministers für Handel und Gewerbe, *Theodor Möller*, in Berlin verabschiedet und in eine Bergpolizeiverordnung mit Wirkung vom 13. Juli 1903 übersetzt wurde, sollte eine Großstichprobe von 20 Prozent aller untertage beschäftigen Bergleute sämtlicher Steinkohlenzechen untersucht und erst bei Wurmfreiheit wieder zur Arbeit zugelassen werden. Auf Zechen, auf denen Wurmbefall festgestellt wurde, musste die gesamte Untertagebelegschaft mit entsprechenden Konsequenzen untersucht werden. Für die zahllosen Untersuchungen stellte Bruns allein 200 Ärzte ein – über die Kosten hieß es in der Bergpolizeiverordnung nur, dass sie zulasten der Zechenbesitzer fielen.[42]

Kaum ein Wort wurde darüber verloren, welche finanziellen Konsequenzen die Bergleute zu tragen hatten. Der Ausschluss von der Arbeit untertage bedeutete, auch wenn bei Wurmbefall Krankengeld bezahlt wurde, erhebliche finanzielle Einbußen für die Bergleute, was sich fortsetzte, wenn sie nach ihrer Gesundung einstweilen nur in schlechter bezahlten Tätigkeiten übertage eingesetzt werden konnten. Fast noch schlimmer war, dass Bruns, ebenfalls in Kochscher Tradition, für die Kranken nur eine Therapie zur Verfügung hatte, die unter Umständen schädlicher war als der Wurm. Für die Austreibung gab es lediglich Extrakte aus Farnkraut (Wurmfarn), die allerdings mehr oder weniger giftig waren, die Patienten sichtbar erschöpften und Nebenwirkungen bis hin zur Erblindung zeigen konnten. Außerdem wirkten sie nicht zuverlässig: Tenholt schätzte, dass nur etwa 30 Prozent der Wurmkuren erfolgreich waren, sodass die krankmachenden Kuren zwei- und dreimal wiederholt werden mussten – eine Immunität gegen die Wiederansteckung gab es aber auch dann nicht.[43]

Als die Hakenwurmkrankheit 1903 eskalierte, war die Kompensation für die Bergarbeiter keineswegs geklärt und deshalb bestand fast unmittelbar die Gefahr eines Massenstreiks. Einzelne Zechen bezahlten den Bergleuten, die eingewiesen wurden, aber nicht befallen waren, die Fehlzeiten, manche rundeten das Krankengeld auf, manchmal wurden die sogenannten Karenztage bis zur Zahlung des Krankengelds überbrückt – eine allgemeine Regelung gab es aber nicht. Es zeichnete sich jedoch ab, dass die Zechenbesitzer Wert darauf legten, es wegen der Wurmfrage nicht zu einem Arbeitskampf kommen zu lassen, zumal da sie »in Bezug auf Arbeiterzuzug konkurrenzfähig« bleiben mussten und deshalb besser großzügig erstatteten.[44] Das war auch der Ratschlag

42 Löbker/Bruns: Wesen, S. 490.

43 August Tenholt: Ueber die Wurmkrankheit der Bergleute (Ancylostomiasis), in: Berliner Klinik 213, 1906, S. 1–22, hier S. 8.

44 Königliches Oberbergamt Dortmund an Oberpräsidenten Westfalen, betr. Wurmkrankheit, 13.8.1903, LAV NRW W, K001/2847, Bd. 8, Bl. 267.

der Gewerkschaften, deren Vertreter die Wurmfrage schon seit 1896 zur Debatte stellten und seit 1902 in den Reichstag brachten. Namentlich der Vorsitzende des Alten Verbandes, *Hermann Sachse*, trat in mehreren Reichstagsdebatten zu dieser Frage auf, aber auch Otto Hué hielt Reden, die die Konsequenzen der Wurmerkrankung und ihrer Behandlung zum Thema hatten, ebenso der Essener Zentrumsabgeordnete und Krupp-Arbeiter *Gerhard Stötzel*.[45]

Otto Hués Beitrag in der Debatte am 13. Januar 1904 ist charakteristisch für die Auseinandersetzungen über die Volksseuchen im Industrierevier zwischen Ruhr und Emscher, weil er drastisch die sozialen Kosten hervorhebt, die der quasi militärische Einsatz des Gelsenkirchener »Seucheninstituts« forderte, während er auf der anderen Seite die Leichtfertigkeit im Umgang mit den leidenden Bergarbeitern offenlegt. Besonders heraus sticht dabei die Starrsinnigkeit des Handelsministers Möller, den Hué mehrfach in der Rede anspricht, unter anderem weil er sich kategorisch weigerte, einer von deutschen und polnischen Bergarbeitern aufgestellten, von Hermann Sachse unterzeichneten Petition zu entsprechen, die bergpolizeilichen Verordnungen zum Umgang mit der Wurmkrankheit auch in polnischer Sprache auszuhängen.[46] Das unterstreicht abermals den Stellenwert der Germanisierungspolitik an der Emscher, während allerdings auch Hué unterschwellig die Vorstellungen über die Herkunft der Seuchen aus dem Osten bestärkte: Die Behauptung, »daß in dem Ruhrgebiet gerade diejenigen Gruben am stärksten verseucht sind, die einen starken Teil polnischer Belegschaft haben«, war glatt unwahr und wurde auch so von keinem der Ärzte vertreten. In Hués Rede wird im Gegenteil deutlich, dass der Einsatz des Seucheninstituts, das den Arbeitsfrieden im Ruhrkohlenbergbau auf eine Zerreißprobe stellte, hätte vermieden werden können, wenn minimale sozialhygienische Standards befolgt worden wären: In der durchseuchten Zeche in Brennberg in Ungarn wurde die Wurmkrankheit letztlich durch die Entscheidung beseitigt, den Bergleuten sauberes Trinkwasser – mit ein wenig Zitronensäure versetzt – zur Verfügung zu stellen. Entsprechend ging auch Hué mit seiner Forderung nach Trinkwasser in die richtige Richtung, wenngleich er auch forderte, das Gelsenkirchener Hygieneinstitut stärker zu unterstützen

Am Ende war es jedoch die simpelste Idee, die Hué formulierte, die am meisten erfolgversprechend war. Während die Epidemie an Ruhr und Emscher eskalierte, hatte ein in Kairo tätiger deutscher Arzt herausgefunden, dass die Wurmlarven weniger durch Körperöffnungen als vielmehr durch die Poren der Haut in den Wirt eindrangen, was sich in etlichen Selbstversuchen, unter anderem auch von August Tenholt, bestätigte.[47] Bergleute mussten noch nicht einmal das Berieselungswasser trinken, sondern jede Berührung mit infiziertem Material konnte ansteckend sein. In einer Zeit, in der Bergleute in Holzschuhen oder gar barfuß arbeiteten, waren sie alle gefährdet, solange der »Schmutz« nicht aus den »Gruben heraus« war. Die Exkremente und das verseuchte Sumpfwasser mussten ebenso so schnell aus den Zechen entfernt werden,

45 Hermann Sachse, Vorstand des Verbands Deutscher Bergarbeiter an den Vorstand des Vereins für die Bergbaulichen Interessen im OBB Dortmund, 5.8.1903, LAV NRW W, K001/2847, Bd. 8, Bl. 260 f.

46 O. V.: Verhandlungen, S. 49, 52.

47 Tenholt, Wurmkrankheit, S. 13 f.

wie die Fäkalienflut in den Wohnquartieren einzudämmen war. Und das war ein ungeheurer Impuls für die Idee einer radikalen Entwässerung, wie sie zur gleichen Zeit in der Emschergenossenschaft konzipiert wurde.

Quellen

R. Koch an K. Studt, 1901

(Robert Koch: [an den Minister der geistlichen, Unterrichts- und Medizinalangelegenheiten, Konrad Studt, Bericht betr. Typhus Epidemie in Gelsenkirchen, 21.10.1901], in: J. Schwalbe [Hg.]: Gesammelte Werke von Robert Koch, Bd. 2, 2. Tbd., Leipzig 1912, S. 910–914.)

Eurer Exzellenz beehre ich mich über die von mir in bezug auf die *Typhusepidemie in Gelsenkirchen* [HiO] gemachten Wahrnehmungen ganz gehorsamst nachstehenden Bericht zu erstatten:

Die Epidemie hat sich während ihres ganzen bisherigen Verlaufs innerhalb der Grenzen gehalten, welche das Versorgungsgebiet des Wasserwerks für das nördliche westfälische Kohlenrevier umfassen. Ihre Verbreitung innerhalb dieses Gebietes ist auch eine nahezu gleichmäßige gewesen. Es hat sich in der Stadt Gelsenkirchen nicht einmal ein Unterschied zwischen den kanalisierten und den nicht kanalisierten Stadtteilen herausgestellt. Nach den zahlreichen Erfahrungen, welche in dieser Beziehung bei anderen Typhusepidemien gemacht sind, folgt daraus mit aller Sicherheit, daß die Typhusinfektion durch das Wasser der Leitung vermittelt ist und daß Typhusbazillen in demselben vorhanden gewesen sein müssen. Es fragt sich nur, wie dieselben in das Wasser gelangt sind.

Hierfür lassen sich unter den gegebenen Verhältnissen drei verschiedene Annahmen aufstellen.

Erstens kann das Wasser der Ruhr, welches der Verunreinigung mit menschlichen Fäkalien und damit der Infektion mit Typhusbazillen vielfach ausgesetzt ist, ohne vorhergegangene Reinigung in die Leitung gekommen sein. Die Möglichkeit, daß dies geschehen konnte, ist bei der Art und Weise, wie die Wasserwerke an der Ruhr angelegt sind, unzweifelhaft gegeben. Sie erhalten nämlich ihr Wasser durch Brunnen und sogenannte Filterröhren, welche neben dem Fluß in grobkörnigem Kies oder Schotter liegen. Das Gebiet, in welchem diese Brunnen sich befinden, ist der Überschwemmung ausgesetzt, und die Brunnen des fraglichen Wasserwerkes sollen auch tatsächlich im August d. J. überschwemmt gewesen sein. Wenn die Brunnen, was wohl fast immer der Fall ist, nicht vollkommen dicht sind, dann kann bei solcher Gelegenheit infiziertes Wasser hineindringen. Außerdem haben aber diese Wasserwerke, oder sie hatten es noch bis vor nicht so langer Zeit, eine unmittelbare Verbindung mit dem Fluß durch eine nur mit Schotter bedeckte Rohrleitung, vermittels welcher in Zeiten von Wassermangel Flußwasser gepumpt werden kann.

Die zweite Art der Infektion des Leitungswassers kann dadurch zustande kommen, daß, wenn auch kein solches Notrohr vorhanden ist und wenn die Brunnen vollkommen dicht schließen sollten, die Filtration des Wassers im Boden eine ungenügende ist. Da der Boden, in welchem sich das Wasser bewegt, aus einem ganz grobkörnigen Material besteht, und da die Geschwindigkeit, mit welcher die Filtration vor sich geht, nach einer angestellten Berechnung ungefähr vierzehnmal so groß ist als diejenige, welche ein mit feinkörnigem Sand arbeitendes Filterwerk nicht überschreiten soll, so bin ich davon überzeugt, daß auch in dieser Beziehung nicht die geringste Sicherheit gegen das Eindringen von Infektionskeimen in die Wasserleitung gegeben ist. Allem Anschein nach sind schon mehrere Typhusepidemien im Ruhrgebiet infolge der ungenügenden Filtration entstanden, so früher in Essen und im vorigen Jahre im Stadt- und Landkreis Bochum.

Die dritte Möglichkeit, welche für jedes, auch für das beste Wasserwerk gilt, ist die Verunreinigung infolge eines Rohrbruches. Wenn ein größeres Rohr gebrochen ist und ausgewechselt wird, kommen wohl immer mehr oder weniger große Mengen von Schmutz in die Leitung, welche natürlich auch gelegentlich Typhusbazillen enthalten können. Diese letzterwähnte Art der Infektion schien nun die Ursache für die Gelsenkirchener Epidemie gebildet zu haben. Es hatte am 16. August d. J. in einer engen Gasse vom Königssteele ein Bruch des Hauptrohres der Wasserleitung stattgefunden, und kurz vorher sollte in dem unmittelbar neben der Bruchstelle gelegenen Hause Nr. 87 ein Mann an Typhus krank gewesen sein, und seine Ausleerungen sollten in einen von dem ausströmenden Wasser überschwemmten Tümpel geschüttet sein.

Die Annahme, daß die Typhusepidemie auf diese Weise zustande gekommen sei, wurde noch dadurch mehr gesichert, daß in allen Ortschaften, welche das Wasser aus oberhalb der Bruchstelle (nach Gelsenkirchen zu) gelegenen Zweigen der Leitung erhielten, Typhus herrschte, während alle aus Rohrleitungen unterhalb der Bruchstelle (nach dem Wasserwerk zu) versorgten Orte von Typhus frei geblieben waren. Außerdem hatte sich irgendeine andere Art der Infektion trotz eifrigsten Nachforschens nicht nachweisen lassen.

Trotzdem mußte diese Erklärung vom Zustandekommen der Seuche fallen gelassen werden, als ich in Gemeinschaft mit Medizinalrat *Springfeld* [HiO] nochmals eine Untersuchung vornahm und dabei zu abweichenden Resultaten kam. Es stellte sich heraus, daß sich der Typhusfall schon Ende Juni ereignet hatte, daß er nur wenige Tage im Hause gewesen war und daß seine Ausleerungen nicht auf die Gasse, in welcher der Rohrbruch erfolgte, sondern in eine auf der anderen Seite des Hauses gelegene zementierte Grube geschüttet waren. Der fragliche Tümpel existierte überhaupt nicht. Auch die Verteilung des Typhus oberhalb und unterhalb des Rohrbruches war nicht in der geschilderten Weise vorhanden, sondern es fanden sich die unterhalb des Rohrbruches angeschlossenen Ortschaften ebenfalls verseucht. Dazu kam aber noch, daß die Direktion des Wasserwerks nunmehr entgegen den früheren Aussagen das Vorhandensein eines Rohres zugestand, welches zur Entnahme von unfiltriertem Ruhrwasser diente. Mit Hilfe dessen war während der trockenen Zeit im Sommer, und zwar regelmäßig an den 4 letzten Tagen der Woche, gegen 300 cbm unfiltriertes Ruhrwasser täglich in die Leitung gepumpt. Nicht weit oberhalb dieser Stelle mündet auf derselben Seite ein kleiner Bach, welcher alle Schmutzwässer aus den Dörfern Horst und Eiberg aufnimmt, in die Ruhr. Da in Horst schon seit dem vorigen Jahre von Zeit zu Zeit Typhusfälle, wahrscheinlich während der vorjährigen Epidemie, aus dem Bochumer Bezirk eingeschleppt, vorgekommen waren, von denen die letzten noch im Juni dieses Jahres beobachtet wurden, so findet die Annahme, daß die Infektion des Leitungswassers von Gelsenkirchen auf diesem Wege, also durch Verschleppung der Typhusausleerungen von Horst in den Bach, von da in die Ruhr und durch das Notrohr in die Leitung, zustande gekommen ist, eine ausreichende Begründung. Nachdem die Infektion des Leitungswassers einmal geschehen war, hat die Epidemie den gewöhnlichen explosionsartigen Verlauf genommen. Sie ist im Laufe von etwa 2 Wochen zu einem Höhepunkt gediehen und nimmt nunmehr unter Schwankungen langsam ab. Da auch bei dieser Epidemie vielfache weitere unmittelbare Übertragungen von den durch das Wasser infizierten Personen auf ihre Umgebung, sogenannte Kontaktinfektionen, vorgekommen sind und noch vorkommen werden, so wird sich die Epidemie voraussichtlich noch längere Zeit hinschleppen.

Von seiten der Medizinalverwaltung ist unter Leitung des Regierungs- und Medizinalrats *Springfeld* [HiO] alles geschehen, was dazu dienen konnte, sowohl die Zahl der Wasserinfektionen als auch diejenige der Kontaktinfektionen möglichst einzuschränken.

Das Meldewesen ist gut organisiert. Die Kranken werden, soweit es irgend zu erreichen ist, in die Hospitäler geschafft, und zwar unter allen Vorsichtsmaßregeln, welche geboten sind, um eine Verschleppung des Infektionsstoffes auszuschließen. Es war keine leichte Aufgabe, für so viele Kranke in kürzester Frist ausreichende Unterkunft zu schaffen. Da der im Hospital untergebrachte Typhuskranke im allgemeinen keine wesentliche Gefahr mehr für seine Umgebung bietet, so muß die möglichst weitgehende Überweisung der Kranken in die Hospitäler als eine der wichtigsten Maßregeln zur Beschränkung der Seuche angesehen werden. Wie vollkommen aber gerade diese Maßregel ausgeführt ist, geht daraus hervor, daß es gelungen ist, etwa 80% der Kranken in die Hospitäler zu bringen. Ich habe vier Hospitäler besucht und habe den Eindruck gewonnen, daß die Kranken daselbst gut untergebracht sind. Eins dieser Hospitäler war allerdings etwas überfüllt, und es herrschte daselbst keine gute Luft, auch ließ die Ausübung der Desinfektion in allem zu wünschen übrig. Doch sind dies Mängel, die sich, sobald der Andrang von Kranken ein wenig nachläßt, bald beseitigen lassen.

Für die Desinfektion der Abgänge der in ihren Wohnungen verbliebenen Typhuskranken wird durch besonders hierfür angestellte und ausgebildete Desinfektoren gesorgt.

Um die Wasserleitung von den Typhuskeimen zu säubern, ist dieselbe in den letzten Tagen des September mit Schwefelsäure (1 pro mille) behandelt. Diese Desinfektion scheint, soweit es überhaupt möglich ist, gut gelungen zu sein. Wenn aber auch damals nicht alle Typhuskeime abgetötet sein sollten, so ist doch nach den Erfahrungen, die man bei derartigen Wasserinfektionen gemacht hat, nicht anzunehmen, daß jetzt noch Typhusbazillen in dem Leitungswasser vorhanden sind.

Der Direktion der Wasserwerke ist aufgegeben, das direkt mit der Ruhr in Verbindung stehende Rohr schleunigst zu entfernen.

Auch eine andere unzulässige Einrichtung, welche darin bestand, daß das Versorgungsgebiet am Sonntage das Wasser aus einem besonderen Behälter (dem sogenannten Erdbassin) erhielt, in welchem das Wasser eine Woche lang gestanden hatte, ist abgeschafft. Dieses Bassin ist überdies gründlich gereinigt und mit Schwefelsäure desinfiziert.

Wenn somit alles getan ist, was in einem solchen Falle zunächst geschehen muß, so würde es doch nicht richtig sein, wenn man sich hiermit begnügen wollte.

Es ist wohl zu bedenken, daß die Gelsenkirchener Epidemie nur eine Episode, allerdings eine recht traurige, in der Seuchengeschichte des westfälischen Industriegebiets ist.

Ich finde bei allen Berichterstattern die Angabe, daß dieses Gebiet eigentlich niemals seuchenfrei ist. Durch den gewaltigen Verkehr, und besonders durch die zuströmenden Arbeiter, werden fortwährend ansteckende Krankheiten, namentlich Typhus und Ruhr, eingeschleppt und finden einen ungewöhnlich günstigen Boden zum Einnisten und zur Ausbreitung. In der dichtgedrängten Bevölkerung ist die Gelegenheit zu Kontaktinfektionen reichlich geboten. Da die Wasserversorgung, wie bereits angedeutet wurde, eine mangelhafte und die Beseitigung der Fäkalien und sonstigen infektiösen Abgänge noch so gut wie gar nicht geregelt ist, so können gerade diejenigen Krankheiten, welche von der Wasserversorgung und der Fäkalienbeseitigung am meisten abhängig sind, nämlich Typhus, Ruhr und Cholera, in einem solchen Gebiet besonders gefährlich werden. Es ist deswegen auch nicht zu verwundern, wenn im Industriegebiet Typhus und Ruhr niemals verschwinden und wenn es alljährlich zu mehr oder weniger großen explosionsartigen Ausbrüchen dieser beiden Seuchen bald in dem einen, bald in dem anderen Bezirke des Gebietes kommt.

Wollte man sich nun darauf beschränken, nur die augenblicklich herrschende Gelsenkirchener Epidemie zum Gegenstand der Fürsorge zu machen, so würde dadurch dem Entstehen eines ähnlichen Unglücks an einer anderen Stelle des Industriegebietes und auch in Gelsenkirchen selbst in zukünftiger Zeit nicht vorgebeugt werden. Hierzu bedarf es Maßregeln, welche das ganze Industriegebiet umfassen und möglichst bald in Angriff genommen werden müssen.

Dieselben würden nach meinem gehorsamsten Dafürhalten zu bestehen haben:

1. in einer ständigen Überwachung und Verbesserung der Wasserversorgung;
2. in der schleunigsten Durchführung der bereits projektierten Kanalisation des gesamten Industriegebiets;
3. in der Begründung eines Instituts, welchem die Aufgabe zufallen würde, eine fortlaufende Seuchenbekämpfung in dem so sehr gefährdeten Gebiet durchzuführen.

In bezug auf die Wasserversorgung erlaube ich mir gehorsamst zu bemerken, daß es am zweckmäßigsten sein wird, zunächst sämtliche Wasserwerke des Ruhrgebiets, nicht etwa allein das Wasserwerk in Steele, welchem die jetzige Epidemie zur Last fällt, bakteriologisch zu kontrollieren, und zwar müssen die Untersuchungen täglich und an allen vorhandenen Brunnen oder sonstigen Wasserentnahmestellen vorgenommen werden. Es ist dies eine Maßregel, welche zur Zeit der letzten Choleraepidemie auf meine Veranlassung bei allen Wasserwerken eingeführt wurde, welche mit Sandfiltern versehen sind. Dieselbe hat sich damals von größtem Nutzen erwiesen, und es ist nur zu bedauern, daß sie nicht allgemein und namentlich auch für solche Wasserwerke Anwendung gefunden hat, welche so ungenügende Filtrationseinrichtungen haben wie die Wasserwerke an der Ruhr. Erst wenn durch die bakteriologische Untersuchung die Fehler dieser Werke aufgedeckt sind, wird man an eine Erfolg versprechende Verbesserung derselben gehen können.

Die Beseitigung der Fäkalien im Industriegebiete entspricht den hygienischen Ansprüchen in keiner Weise. Sie wird aber nicht eher in einer ausreichenden Weise zu regeln sein, als bis die projektierte Kanalisation verwirklicht wird. Diese letztere sollte deswegen tunlichst beschleunigt werden.

Was nun noch die dritte von mir in Vorschlag gebrachte Maßregel, die Begründung eines Instituts zur fortlaufenden Seuchenbekämpfung im Industriegebiet, betrifft, so habe ich mir in Anbetracht der Dringlichkeit derselben ganz gehorsamst erlaubt, diese Angelegenheit sofort selbst in die Hand zu nehmen. Unter der höchst anerkennenswerten Mitwirkung der Herren Landrat *Hammerschmidt* [HiO] und Regierungs- und Medizinalrat *Springfeld* [HiO] wurde die Gründung des Instituts in einer größeren Versammlung und demnächst im engeren Kreise mit maßgebenden Personen, wie Vertretern der beteiligten Kommunen, der Kreisbehörden, der Knappschaft usw., besprochen. Die Idee fand allseitig Anklang, es wurde die Aufbringung der auf etwa 50 000 Mark jährlich veranschlagten Kosten garantiert und damit das Zustandekommen des Unternehmens gesichert. Die Organisation des Instituts ist so gedacht, daß an der Spitze desselben ein mit Epidemiologie und Bakteriologie vertrauter Arzt steht, womöglich ein Medizinalbeamter, um auf diese Weise die Verbindung der aus privaten Mitteln gegründeten und unterhaltenen Anstalt mit der Regierung zu gewährleisten. Unter diesem Leiter der Anstalt würden drei bis vier Assistenten in einem für den besonderen Zwecke eingerichteten Laboratorium tätig sein.

Zunächst wird sich das Institut an der Bekämpfung der jetzigen Epidemie, und zwar in der Weise zu beteiligen haben, daß die versteckten Typhusfälle, die sogenannten ambulanten oder latenten Fälle, welche gerade zur Verschleppung der Seuche am meisten beitragen, aufgesucht werden. Es hat ferner die fortlaufende Prüfung der Desinfektionsmaßregeln und die bakteriologische Überwachung des Wasserwerks in Steele zu übernehmen.

Später, wenn beim Nachlassen der Epidemie mehr Zeit zur Verfügung stehen wird, sind auch die übrigen Wasserwerke bakteriologisch zu untersuchen, es wird außer dem Typhus auch die Ruhr, Diphtheritis und die in letzter Zeit immer mehr zunehmende Ankylostomenkrankheit zu bekämpfen sein. Im übrigen wird sich das Institut an allen sanitären Maßregeln, soweit dabei wissenschaftliche Untersuchungen erforderlich sind, zu beteiligen haben. Da es von großem Wert ist, die Hilfe des Instituts womöglich sofort für die Bekämpfung der Seuche verwerten zu können, so ist ein Provisorium in der Weise geschaffen, daß die notwendigste Laboratoriumseinrichtung beschafft ist, daß der zum Institut für Infektionskrankheiten kommandierte Stabsarzt v. D., welcher mit den einschlägigen Untersuchungen besonders vertraut ist, sich wieder nach Gelsenkirchen begibt, und daß Regierungs- und Medizinalrat S. die Leitung der Anstalt vorläufig übernimmt.

Rede von O. Hué im Reichstag, 1904

(Maßregeln gegen die Wurmkrankheit. 11. Legislaturperiode, 10. Sitzung, Mittwoch, den 13. Januar 1904, in: Verhandlungen des Reichstags 197, 1904, S. 230–238)

Hue, [HiO] Abgeordneter: Meine Herren, der preußische Staatsminister Möller hat gestern einleitend in seiner Rede gesagt, die Wurmkrankheit wäre eine Angelegenheit, die mit aller Leidenschaftslosigkeit behandelt werden müsse. Ich bin vollkommen dieser Ansicht und habe mich auch bisher in allen meinen Äußerungen zu der Seuche meines Wissens stets sachlich und objektiv verhalten. Ich gebe allerdings zu, daß nach dem, was unsereins in puncto Wurmkrankheit erfahren hat, ein gehörig dickes Fell dazu gehört, um den Gleichmut zu behalten. Die Wurmkrankheit ist eine Kalamität, die nicht nur den Bergmannsberuf angeht, sondern sie bedroht auch den Bergbau in seiner Leistungsfähigkeit.

[...]

Meine Herren, was der Herr Minister Möller gestern hier gemacht hat, halte ich für etwas sehr Gefährliches. Er hat, wie auch die Kommentare in der heutigen Presse lehren, wiederum nach außen hin den Eindruck gemacht, als ob die Seuche erheblich in der Abnahme begriffen sei, als ob die ergriffenen Maßregeln geeignet seien, die Kalamität von der Nationalwirtschaft abzuwenden. Es wiederholt sich das speziell, was wir vor Jahren schon erlebt haben. Es ist nicht etwa so, wie es nach der Aussage des Herrn Ministers Möller scheint, als ob man sich erst seit 1898 oder 99 mit der Angelegenheit beschäftigte, sondern ich konstatiere, daß ich in der „Bergarbeiterzeitung“ schon 1897 an der Hand eines speziellen Gesundheitsberichtes des Oberarztes Dr. Tenholt in Bochum ausführlich die Gefahren der Wurmkrankheit für den Bergbau besprochen und zu energischen Maßnahmen aufgefordert habe. Dieser Artikel wurde nicht nur totgeschwiegen von den amtlichen Stellen, die sich sonst so viel mit uns befassen, sondern wurde obendrein noch in der „Zeitschrift für Bergbau und Hüttenwesen“, der ministeriellen Zeitschrift, im Jahre 1898 insofern desavouiert, als dort im amtlichen Aufträge gesagt wurde, die ergriffenen Maßregeln hätten die Wurmkrankheit schon erheblich zurückgedrängt. Da wollen wir einmal feststellen, daß zu jener Zeit, im Jahre 1897, von Maßregeln gegen die Wurmkrankheit so gut wie gar keine Rede war. Die eigentliche Verordnung gegen die Wurmkrankheit datiert aus dem Jahre 1900, und die spätere Verordnung erst aus dem Jahre 1903. Die im Jahre 1900 erlassene Verordnung gegen die Seuche hat nach dem eigenen Eingeständnis des Herrn Ministers Möller vom gestrigen Tage nicht gewirkt; daher mußte die neuerliche von 1903 erlassen werden. Trotzdem war schon im Jahre 1898 in der ministeriellen „Zeitschrift“ zu lesen, daß die damals noch nicht erlassene Vorschrift von 1900 schon gewirkt hätte!

(Heiterkeit.)

[...]

Meine Herren, ich sagte, es fällt uns schwer, angesichts der Behandlung, die uns zuteil wird, die Angelegenheit recht sachlich und leidenschaftslos zu behandeln. Wären wir nicht die kaltblütigen, ziemlich fischblütigen Westfalen, die wenig erregt werden, dann könnte es allerdings zu recht lebhaften Szenen gekommen sein. Gestern wurde meinem Freunde Sachse von der Bundesratsestrade aus indirekt der Vorwurf gemacht, als ob er durch seine Bemerkungen Aufregung usw. in die Bergarbeiterschaft hineintrage. Ich gebe Ihnen die Versicherung, meine Herren, daß insbesondere mein Freund Sachse, überhaupt die Führer des Bergarbeiterverbandes sich im verflossenen Jahre die größtmögliche Mühe gegeben haben, *um einen gewaltigen Bergarbeiterstreik von Deutschland fern zu halten* [HiO]

(sehr richtig! bei den Sozialdemokraten),

der dem Ausbruch nahe stand lediglich wegen der Wurmkrankheit. Wenn wir nicht Tag und Nacht — möchte man sagen — auf dem Posten gewesen wären, überall, wo ein Erregungsherd entstand, hinreisten, in vertraulichen Konferenzen die Leute beschwichtigten, dann hätten wir im vorigen Jahre im Ruhrgebiet einen Bergmannstreik bekommen, der sich im Nu auf die anderen Reviere ausgedehnt hätte; und deshalb darf man wenigstens wohl erwarten, daß man vom Ministertisch die Anerkennung bekommt, nicht in aufregender Weise in die Bergarbeiterschaft hineinzureden. Daß die Sache gar nicht so ungefährlich ist, hat Ihnen ja der Herr Kollege Stötzel mitgeteilt, der als Vertreter eines Ruhrwahlkreises auch mit der Angelegenheit bekannt ist und Äußerungen getan hat, die zum großen Teil das bestätigt haben, was mein Freund Sachse gestern ausführte.

[...]

Nun wurde vom Ministertische aus gesagt, die ernstesten Maßregeln seien ergriffen. Vom Herrn Kollegen Stötzel ist bereits erwähnt worden, daß die Sauberkeit das wirksamste Mittel gegen die Ausbreitung der Seuche wäre. Was geschieht nun hinsichtlich der Aufrechterhaltung der Sauberkeit auf den preußischen und außerpreußischen Gruben? Die Abortkübel sind zwar vorgeschrieben nach einer Bergbauverordnung des Oberbergamts Breslau, ebenso, wenn auch nur fakultativ, nach einer Bergpolizeiverordnung für den Bezirk Halle. Gehen Sie aber einmal hin in jene Reviere und befragen Sie die Arbeiter, wie es mit der Aufstellung der Abortkübel aussieht. Zum großen Teile fehlen sie an den vorgeschriebenen Stellen, zum Teil sind sie unbrauchbar, weil sie nicht in der vorschriftsmäßigen Weise gereinigt und auch nicht desinfiziert werden. Im großen und ganzen ist der Zustand in den meisten Gruben wie *vor* [HiO] dem Erlaß der vorerwähnten Verordnung, nämlich die Arbeiter verrichten ihr Bedürfnis in den Wassersaigen in den Grubenstrecken. — Verzeihen Sie, daß ich die unappetitliche Sache berühre, aber es geht nicht anders, und wir müssen uns ja auch jeden Tag mit der Sache herumschlagen; Sie werden es also auch etwas hören müssen. — Alle Autoritäten auf dem Gebiete der Wurmkrankheit: Tenholt, Löbker, Goldmann, Bruns und wie sie alle heißen, betonen einstimmig, daß, wenn die Wurmkrankheit erfolgreich bekämpft werden soll, der Schmutz aus den Gruben heraus muß, die Exkremente dürfen nicht in den Grubengängen abgeladen werden, wie es heute aber doch aus Mangel an Aborten geschieht. Ich habe gestern auch zugestimmt, als der Herr Minister auf die Einrichtung von Aborten über Tage hinwies. Ich bin auch der Ansicht: wenn wir dieses System vollständig auf den Gruben einführen und die Bergleute sich allmählich daran gewöhnen, ihre Bedürfnisse über Tage vor der Einfahrt zu verrichten, wird manches gebessert sein. Aber es sind ganz vereinzelte Gruben, wo die erwähnten Übertagsanlagen eingerichtet sind. In den Braunkohlenrevieren, in Braunschweig, in der Provinz Sachsen usw., ebenfalls in Schlesien und in Sachsen, wird aber meistens noch nicht die geringste Rücksicht genommen auf das Bedürfnis des Arbeiters in bezug auf seine natürlichen Entleerungen.

[...]

Es ist nicht wahr, daß erst seit einigen Jahren der Ernst der Krankheit erkannt ist. Schon in den achtziger Jahren hat Leichtenstern die Natur des Parasiten beschrieben; schon im Jahre 1897 ist ausführlich von Herrn Dr. Tenholt in seinem Gesundheitsbericht der Ernst der Krankheit geschildert worden. Was ist dann darauf geschehen? Unseren Mahnungen hat man einfach die Ohren verschlossen; unserer Aufforderung, man solle die Arbeiter mit heranziehen zur Kontrolle der Gruben, weil das das einzige Mittel ist, um in alle die Tiefen hineinzuleuchten, ist man seitens der Werkbesitzer mit Hohn und Spott, seitens der Behörden mit glatter Ablehnung begegnet. Und als die Bergarbeiter in dem Wurmausschuß Vorwürfe erhoben, als insbesondere die Arbeiter sagten, daß die Behörden nicht in der Lage seien, bei ihrem jetzigen Apparat die Seuche so zu bekämpfen, wie es notwendig sei, da hat der damalige, jetzt verstorbene Oberberghauptmann Taeglichsbeck diese Einwürfe zurückgewiesen und sich auf den Standpunkt gestellt, die Bergbehörde sei in der Lage, das zu tun, was ihr gesetzlich übertragen sei. Daß das aber nicht der Fall ist, hat die Ausbreitung der Krankheit genügend bewiesen. Die Behörde ist gesetzlich berufen, über Leben und Gesundheit der Arbeiter zu wachen. Sie hat sich als unfähig erwiesen, diese ihre Obliegenheit voll und ganz zu erfüllen.

Meine Herren, wie gefährlich ist die Wurmkrankheit? Ist sie wirklich so kleinlicher Natur, wie es nach dem Endresultat der Untersuchungen aussieht? Die Untersuchungen, die im Ruhrgebiet gepflogen sind, sind sehr, sehr problematischer Natur.

(Sehr richtig! bei den Sozialdemokraten.)

Herr Oberarzt Dr. Tenholt selbst spricht in einer neuesten Schrift von der *„Verwechselung“* [HiO] der Töpfe mit den Exkrementen! Er spricht von einem *„Massenbetrieb* [HiO] der Untersuchungen“ usw. Mit Ärzten habe ich gesprochen, die der Natur der Sache auf den Leib gehen, aber sagen: wenn wir die Wahrheit gestehen wollen, sind wir ratlos; denn unser Mittel zur Abtreibung wirkt, wie schließlich jede Medizin wirkt, wenn sonst nichts dazwischen kommt. Die Hauptsache ist und bleibt, wenn der Mann heute vom Wurm befreit ist, ist er innerhalb der nächsten 3 bis 4 Tage schon wieder verseucht, und er muß nochmals ins Krankenhaus. So geht das ins Endlose. Es bleibt eben dabei: *der Herd des Wurms in der Grube wird einfach nicht zerstört!* [HiO] Und doch macht man mit den Leuten das Experiment mit dem Farrnkrautextrakt [sic], plagt die Leute, wie der Herr Kollege Stötzel sehr richtig sagte, mit einer „Pferdekur“, bringt sie auf den Hund, zerrüttet ihre Gesundheit. Ich habe Leute gesehen, die 4, 6 und mehr Kuren gemacht, denen das Zahnfleisch verfault, die Zähne locker gewesen sind, und die nicht in der Lage waren, nach Hause zu gehen, sondern per Wagen heimgeschafft werden mußten. So waren sie durch die Kur heruntergekommen. Trotzdem die Ärzte in ihren Organen selbst sagen, daß der Farrnkrautextrakt [sic] ein sehr problematisches und sehr gefährliches Mittel ist

(Widerspruch links),

trotzdem man diese Kur als Experiment bezeichnen muß, gestattet die Behörde, daß man immer weiter an den Menschen experimentiert, als wenn es sich um Kaninchen handelte. Wenn man schließlich die Leute herunter experimentiert, wenn man sie mit bis zu 12 Kuren drangsaliert und noch nicht vom Wurm befreit hat, dann kommen die armen Teufel zur Grube und erfahren dort, daß, weil sie noch nicht befreit vom Wurm sind, *sie auch keine Arbeit bekommen, auch über Tage nicht, und dann liegen sie obendrein noch auf der Straße.* [HiO]

Ja noch mehr. Nach der Bergpolizeiverordnung vom August 1903 dürfen Wurmkranke unter Tag nicht beschäftigt, können aber obertags angelegt werden. Allerdings ist diese Verordnung in Anwesenheit von Bergarbeitern beraten worden, aber man hat die Anregungen der Arbeiter einfach ignoriert.

(Hört! hört! bei den Sozialdemokraten.)

Man hat einfach gar kein Gewicht darauf gelegt, was insbesondere einige Knappschaftsälteste gesagt haben. Und daß die Bergarbeiter Recht hatten mit ihren Befürchtungen, hat uns ja kein Geringerer wie der Minister Möller gestern bestätigt. Die Leute, die über Tag angelegt werden, bekommen um mindestens 30 Prozent geringeren Lohn, und wenn sie sich weigern, über Tag angelegt zu werden, bekommen sie überhaupt keine Arbeit mehr. Andere Zechen nehmen sie nicht an.

Wir haben nun die Auffassung, wie auch der Herr Kollege Stötzel ausführte, daß hinsichtlich der Einschleppung und Verbreitung der Seuche die Bergwerksbesitzer und die Bergbehörden schuldig sind, und folgern: *diese Faktoren sind auch ersatzpflichtig* [HiO], zivilrechtlich nach dem Bürgerlichen Gesetzbuch! Deswegen haben wir durch unsere Leute bei der Beratung der Bergpolizeiverordnung verlangt, daß die Behörden wenigstens ihren Einfluß dahin geltend machen, daß man die wurmkranken Leute, die man über Tag verlegt, doch nicht bei geringerem Lohn beschäftigt, sondern ihnen wenigstens für einige Zeit den alten Lohn gibt. Es gibt viele Fälle, wo eine natürliche Heilung der Verseuchten eintritt, wenn sie obertags bleiben. Auf diese Weise würde wenigstens der materielle Schaden von den Leuten abgewendet. Was ist geschehen? Mit Achselzucken hat man sich von diesen Arbeitervorschlägen abgewendet. Wenn heute eine Erregung unter die Bergleute gekommen ist, wenn sie finanziell und familiär geschädigt werden, so können wir sagen: wir haben in dieser Sache sehr positive Vorschläge gemacht, die negative Politik ist von der anderen Seite getrieben worden.

Meine Herren, in einer Beratung des Wurmausschusses haben die Bergarbeiter auch den Vorschlag gemacht, man solle den Bergleuten Trinkwasser in die Grube schaffen. Können Sie sich vorstellen, meine Herren, daß ein Arbeiter 9, 10, 12 Stunden unter Tage bei einer Hitze von 20 bis 30 Grad arbeiten muß, ohne daß ihm von dem Bergwerksbesitzer auch nur ein Tropfen Trinkwasser geliefert wird?

(Hört! links.)

Und als einer meiner Freunde in der Kommission den Antrag stellte, man solle doch von Zeit zu Zeit einen Hund, einen Wagen voll Gefäßen mit Trinkwasser hinunterschicken, da erklärte der Bergwerksvertreter Assessor *Lüthgen* [HiO]: die Bergleute brauchen kein Trinkwasser, *„sie trinken nur das Berieselungswasser, wenn sie den Kater haben"* [HiO]. — Wenn solche Anschauungen sich nicht scheuen, sich breit zu machen, und öffentlich vertreten werden, so braucht man sich nicht zu wundern, daß in jenen Kreisen die berechtigten Forderungen der Arbeiter einfach zurückgewiesen werden.

Anders hat sich die Bergwerksbehörde im Bezirk *Graz* [HiO] und in *Nordböhmen* [HiO] gestellt; dort hat man den Bergwerksbesitzern die Lieferung von Trinkwasser vorgeschrieben. Ja, warum denn bei uns nicht? Wir marschieren doch an der Spitze der sozialen Reform; aber Trinkwasser wird nicht geliefert, und zwar zum großen Schaden der ganzen Volksgesundheit.

Ich möchte Sie nämlich noch aus Eines aufmerksam machen, was auch vielleicht dem Herrn Staatssekretär Grafen Posadowsky interessieren wird, weil es sich hier um eine Angelegenheit handelt, die zweifellos nach dem Gesetz gegen gemeingefährliche Krankheiten eine Reichssache ist. Nämlich in dem Protokoll über die Sitzung des Wurmausschusses vom 23. September 1902 befindet sich eine Stelle, die ich mit Erlaubnis des Herrn Präsidenten wohl verlesen darf. Es handelt sich da um die Frage: soll Sumpfwasser zur Berieselung genommen und überhaupt in der Grube zu irgend welchem Zweck verwendet werden? Und da machte der Herr Oberarzt Dr. Tenholt, der sich allerdings keines guten Ansehens bei den Bergwerksbesitzern erfreut, folgende Ausführungen:

Die Berieselung verbreitet die Seuchenkeime, insonderheit wenn mit Sumpfwasser berieselt wird.

Jetzt kommt die Stelle, die ich dem Herrn Grafen Posadowsky empfehle:

In letzteren

— den Grubensumpf —

gelangen überhaupt alle von den Grubenarbeitern ausgehenden Infektionskeime, wenigstens zum Teile, insbesondere auch die *Typhuskeime* [HiO] und die Ruhrkeime; ich halte es daher für durchaus unzulässig, daß Sumpfwasser zum Berieseln benutzt wird. Die vor einigen Jahren in Beuthen ausgebrochene, nachweislich auf Grubenwasser zurückgeführte *Typhusepidemie* [HiO] und die vor zwei Jahren auf Zeche Sellerbeck, Schacht Carnall, nachweislich gleichfalls auf Benutzung des Sumpfwassers als Badewasser zurückgeführten zahlreichen *Typhusfälle* [HiO] sollten ein warnendes Beispiel sein.

Hier haben wir es also nicht nur mit der Wurmkrankheit zu tun, die in der Grube entsteht, sondern in der Grube befinden sich nach der Aussage der Autorität Dr. Tenholt auch Herde für die *Typhuskrankheit!* [HiO] Da braucht man sich nicht zu wundern, daß in dem gesegneten Oberschlesien der Typhus gar nicht mehr ausstirbt, und daß vor 2 Jahren in Gelsenkirchen die verheerende Typhusepidemie ausbrach. Denn die *Bergleute benutzen vielfach das Sumpfwasser, das damals und nach meiner Information auch heute noch auf etlichen Schächten zur Berieselung benutzt wird, auch zum Trinken in Ermangelung eines reinen Trinkwassers!* [HiO]

Ich meine, wo derartige Gefahren vorliegen, wo durch die Benutzung von Sumpfwasser zum Trinken auch eine Typhusepidemie entsteht, also zweifellos eine Krankheit, die unter die gemeingefährlichen gerechnet werden muß, die unter die Kontrolle der Reichsbehörde gestellt ist, — ich meine, da dürfte es doch wohl an der Zeit sein, daß sich auch die Reichsgesetzgebung einmal befaßte mit den sanitären Verhältnissen der Gruben; und wenn sie sich damit befaßt, wird sie auch ohne weiteres auf die sonstigen Übelstände treffen, wird sie auch sehen, daß es in der Tat eine sehr gewagte Behauptung ist, zu sagen, die Wurmkrankheit sei eine bloße Berufskrankheit, von einer Volksseuche könne man nicht reden. Womit will man das beweisen? Mit den paar hundert Untersuchungen von Familienmitgliedern wurmkranker Bergleute, die dabei noch in allerhöchstem Maße fraglich ausgefallen sind? Lesen Sie nur die Autoritäten, hören Sie nur, was diese von den Untersuchungen überhaupt sagen. Auf Grund dieser paar hundert Untersuchungen will man sagen, die Wurmkrankheit beschränke sich nur auf die Bergleute. Weshalb hat die Kreishauptmannschaft Zwickau eine Verordnung erlassen für die *Ziegeleiarbeiter* [HiO], um diese gegen die Wurmkrankheit zu schützen? Also beschränkt sie sich nicht auf die Bergleute. Im Gesundheitsbericht des Dr. Tenholt-Bochum von 1897 ist nachzulesen, daß ebenfalls auch Erdarbeiter mit dieser Seuche behaftet gewesen sind. Und wenn diese Leute auch nur in der Grube vorher gearbeitet hätten, berechtigt uns das dazu, zu sagen: nur in der Grube entsteht die Krankheit, und weiter kann sie sich nicht fortpflanzen? Woher kommt das sieben- bis achtjährige Kind, welches durch Verzehren des übrig gebliebenen Butterbrots seines Vaters am Wurm erkrankt ist?

Nun möchte ich Sie auf eines aufmerksam machen, insbesondere diejenigen Herren, die in einer Bergbaugegend wohnen. Was an dem Butterbrot des Vaters geklebt hat, der Grubenschmutz, klebt in den meisten Fällen an dem ganzen Körper des Bergmanns! *In den allermeisten Grubenbezirken befinden sich keine genügenden anständigen Badeanstalten, und daher muß der Bergmann mit „Dreck und Speck" nach Hause wandern.* [HiO] Den Dreck, den das Kind an dem Butterbrot verzehrt hat — welcher genügt hat, um das Kind zu verseuchen —, schleppt der Bergmann mit in seine Wohnung, und dort kommt er mit wer weiß wie vielen Familienmitgliedern in Berührung und in die wer weiß wie elenden Wohnungen in den Bergbaubezirken. Es ist uns in den nichtamtlichen Drucksachen eine Auseinandersetzung eines Herrn Dr. Jüngst mitgeteilt worden, wonach die Ausführungen des Herrn Dr. *Lorenz Pieper* [HiO] über die *„Lage der Bergleute im Ruhrgebiet"* [HiO] tendenziös sein sollen. Wir kommen bei einer anderen Gelegenheit auf den Herrn Dr. Jüngst zu sprechen. Ich will nur sagen: was Dr. Pieper hinsichtlich der Wohnungen ausgeführt hat, kann ich jederzeit als genauer Kenner der Verhältnisse bestätigen; er hat eher die Sache noch zu milde geschildert als übertrieben; und wo solche Verhältnisse sind, wo sechs bis sieben Personen in einem Zimmer wohnen, wie ist es da zu vermeiden, daß bei dem Schmutz, den der Bergmann nach Hause bringt, andere Personen und Familienmitglieder auch mit dem Schmutze behaftet werden und genau wie das betreffende Kind auch an der Seuche erkranken? Im Ruhrgebiet liegen die Verhältnisse noch immerhin relativ günstiger als in Oberschlesien, das überhaupt das Bergwerksidyll von Deutschland ist. Wenn der Vertreter von Oberschlesien, Kollege Krolik, einmal reden und so recht aus des Herzens Tiefe die Verhältnisse in Oberschlesien schildern wollte, dann würden Sie sagen, es wäre doch notwendig, daß man sich auch einmal von dieser Stelle aus um das Idyll dort oben an der russisch-österreichischen Grenze bekümmert.

(Sehr richtig! bei den Sozialdemokraten.)

[…] Wir verlangen, daß man uns endlich einmal reinen Wein einschenkt und uns endlich einmal sagt, ob man gewillt ist, die Experimente weiter zu machen auf Kosten der Bergarbeiter, ob diese weiter ihre sauer zusammengebrachten Groschen in den Knappschaftskassen für die Bekämpfung einer Krankheit ausgeben sollen, welche lediglich durch Schuld der Werkbesitzer und Behörden in das Ruhrgebiet und somit nach Deutschland kam. Ich berufe mich da auch auf die Vertreter der *christlichen Gewerkvereine* [HiO] in der Knappschaftsältesten-Versammlung vom August v. J. Diese haben in aller Öffentlichkeit erklärt: niemand anders als die Werkbesitzer sind die Schuldigen, die haben uns die fremdländischen, verseuchten Arbeiter auf den Hals geschafft, welche sie ausbeuten, als Lohndrücker benutzen wollten, und sie haben den Teufel danach gefragt, wie sie uns sonst damit beglücken. So sagten die christlichen Knappschaftsältesten — ich glaube, wenn die es schon sagen, darf ich es wohl wiederholen.

Aber mehr! Der Herr Minister sagte, alle Maßregeln seien getroffen, um der Sache mit Ernst an den Leib zu gehen. Ich behaupte, das ist jedenfalls sehr, sehr optimistisch gesprochen. Ich erinnere daran, daß wir im deutschen Bergbau ca. 120 000 Arbeiter haben, die der deutschen Sprache entweder gar nicht oder nur mangelhaft mächtig sind; daß wir im Ruhrgebiet circa 70 000 Bergleute polnischer Nationalität haben, daß in dem

Ruhrgebiet gerade diejenigen Gruben am stärksten verseucht sind, die einen starken Teil polnischer Belegschaft haben. Und was geschieht dagegen? Man hat sich von den chauvinistischen Schrullen der alldeutschen Gesellschaft so weit beeinflussen lassen am Regierungstisch, daß man es abschlägt, die so notwendige Aufklärung der Bergarbeiter über die Wurmkrankheit auch in polnischer Sprache zu geben!

(Hört! hört!)

Ist das eine Bekämpfung der Wurmkrankheit, wenn unter den Bergleuten Zehntausende von Polen sind — die in der Tat schon deshalb, weil sie von alldeutscher Seite aufgehetzt sind, sich weigern, deutsch zu reden, deutsch verstehen zu lernen —, ist es eine Bekämpfung der Wurmkrankheit, wenn man diesen Leuten, die zum großen Teil in der Tat die deutsche Sprache nicht lesen und verstehen können, die Möglichkeit verschließt, zu verstehen, was zu ihrem Schutz angeschlagen ist — ? Wenn man das fertig bringt, soll man sich nicht hierherstellen und sagen: es sind ernste Maßnahmen getroffen zum Schutz gegen die Wurmkrankheit.

(Sehr gut! bei den Sozialdemokraten.)

Ich denke, wenn man sich auf den nationalen Standpunkt stellt, wenn man sich als ein besonders national gesinnter Mann aufspielt, so soll man das Recht und die Würde der anderen Nation achten, die Würde der Muttersprache der anderen Nation achten, man soll ihnen das Recht zugestehen, den trauten Laut der Muttersprache auch zu gebrauchen. Mindestens verlangen wir, daß allen bedrohten Berufsgenossen, den polnischen Bergleuten die Möglichkeit gegeben wird, sich über die Maßnahmen zur Bekämpfung der Wurmkrankheit in ihrer Muttersprache zu informieren.

(Sehr richtig! in der Mitte.)

Es liegt mir fern, in irgend einer Weise nationalpolnische oder nationaldeutsche Propaganda zu machen; ich trete hier auf als *Vertreter der Bergarbeiter* [HiO] und verlange den nachdrücklichen Schutz dieser bedrohten Arbeiterschaft.

[...]

Ich möchte dann noch eins erwähnen. Der Herr Minister Möller sagte, die Entwickelungsfähigkeit des Wurms ginge am besten vor sich zwischen 22 und 23 Grad, und unter diese Linie ginge sie nicht weiter. Ja, wer sagt denn das? Der Knappschaftsarzt, Dr. *Worthmann* [HiO], hat die Entwickelungsfähigkeit des Eies bei einer Temperatur bis zu 18 Grad herab studiert; ferner habe ich in dem bakteriologischen Institut zu Gelsenkirchen mich informiert über die Entwickelungsstadien des Wurms und endlich einmal ein solches Tier zu Gesicht bekommen, das nach Ansicht vieler Leute gar nicht existieren soll. Ich habe dort eine *Larve gesehen, die 6 Tage im Eisschrank gelegen hatte* [HiO], und als dann der Herr Laborateur sie über eine Flamme hielt, wurde sie wieder lebendig. Also die Larve lag 6 Tage im Eisschrank und hatte noch nicht das Leben verloren. Ja, meine Herren, wo eine solche Widerstandsfähigkeit vorhanden ist, meine ich, sollte man doch der Angelegenheit mit etwas anderen Mitteln zu Leibe gehen, als es bisher geschehen ist.

Meine Herren, es ist also gar kein Verlaß auf die bisherigen amtlichen Aeußerungen, weil sie sich zum Teil in ganz vagen Ausführungen bewegen und zum Teil auf Informationen beruhen, die, wie ich schon ausführte, durchaus zuverlässige sind.

Nun, meine Herren, die Arbeiter werden von den Maßnahmen am strengsten getroffen. Der Herr Abgeordnete Stötzel hat ja schon darauf hingewiesen und hat ja auch als Kenner der dortigen Verhältnisse auch mit Recht betont, wie notwendig es ist, den geschädigten Leuten wenigstens den materiellen Schaden zu ersetzen. [...] Man kann doch die Leute nicht einfach auf die Straße werfen, kann ihnen nicht einfach sagen: seht zu, wo ihr bleibt! Ich meine, hier wäre es absolute Pflicht der Behörden, einzuschreiten und den Werksbesitzern klar zu machen, daß sie eventuell auch zivilrechtlich für den Schaden, den sie den Bergarbeitern zugefügt haben, haftbar gemacht werden können. Ich bin auch der Ansicht, daß wir auf Grund des Gesetzes gegen die gemeingefährlichen Krankheiten ebenfalls das Recht haben, hier im Reichstage uns dahin auszusprechen und eventuell auch Beschlüsse zu fassen, daß die durch die Maßregel gegen die Seuche geschädigten Personen aus Mitteln derjenigen Faktoren, welche diese Maßregeln angeordnet haben, entschädigt werden. Wenn Typhus, wenn die Cholera, wenn die Pest ausbricht, und es muß jemand sein Haus räumen, es wird ihm vielleicht ausgebrannt, seine Möbel usw. werden vernichtet, dann bekommt er aus den Landes- oder Reichsfonds Entschädigungen dafür. Hier haben wir genau denselben Fall, hier haben wir eine Maßregel, die sich gegen eine Seuche richtet — Herr Minister Möller brauchte das Wort ebenso wie Herr Kollege Stötzel. Ich meine, für das, was an Benachteiligungen der Betroffenen auf Grund dieser Seuche angeordnet wird, dafür hat auch der Anordner die Pflicht Entschädigung zu zahlen. Etwas anderes, glaube ich, gibt es gar nicht nach rechtlicher Auffassung.

Herr Kollege Stötzel wies hin auf die Lohnzuschüsse, die den Wurmkranken gezahlt werden, und sprach von „Wohltaten". Nein, meine Herren, die Bergarbeiter, auch die christlichen, sind gar nicht der Ansicht, daß es sich dabei um Wohltaten handle, sondern um ein gutes Recht des Bergarbeiters, diese Lohnzuschüsse zu erhalten.

(Sehr richtig! links.)

Die christlichen Bergarbeiter haben in einer Eingabe an den Bergbaulichen Verein diese Lohnzuschüsse gefordert, sie haben auch verlangt, daß die Leute, die Schuld daran tragen, daß diese Krankheit über uns gekommen ist, auch die Kosten decken. Also Wohltaten wollen wir nicht, wir verlangen nur unser Recht, und unser Recht ist: wenn man uns eine Plage auf den Hals gebracht hat, wenn die Behörde sich unfähig bewiesen hat, wenn die Werksbesitzer sich zu gleichgültig bewiesen haben, dann haben sie nachher die Verpflichtung, für den entstandenen Schaden auch aufzukommen. [...]

Sie können glauben, daß wir uns alle Mühe gegeben haben, um den Leuten begreiflich zu machen, daß sie sich ruhig verhalten müssen, nicht in einen Streik eintreten dürfen und sich den Anordnungen der Behörden zu fügen haben. Es ist nicht an dem, daß wir uns mit der Sache „bloß beschäftigen, um agitatorisch zu wirken". Ich bin genau so wie jeder andere im Hause, genau so wie jeder Vertreter der Behörde, genau so wie jeder Landesgenosse bereit, mit allen Kräften und Mitteln, die mir zu Gebote stehen, mitzuwirken zur Bekämpfung dieser Seuche, dieser Volkskrankheit, die immer mehr um sich greift trotz der gegenteiligen Behauptung vom Ministertische. Die Untersuchungen werden es später noch erweisen. Wer weiß, was hinter diesen Erörterungen dann noch erfolgt!

Meine Herren, die Vorschläge zur Besserung! Wir haben schon im vorigen Jahre vorgeschlagen, das Reich solle Mittel bewilligen. Ich habe schon ausgeführt, daß wir auf Grund des Seuchengesetzes zweifellos dazu berechtigt sind. Aber weiter: wir haben in *Gelsenkirchen* [HiO] ein ausgezeichnetes Institut für Bakteriologie. Es hat leider den Nachteil, daß es den kolossalen Anforderungen, welche daran gestellt werden, nicht gewachsen ist; es ist infolge des beschränkten Raumes nicht einmal in der Lage, eine genügende Zahl von Knappschaftsärzten bakteriologisch zur Erkennung der Wurmkrankheit auszubilden, Experimente zu machen zur Erfindung eines Mittels gegen die Wurmkrankheit, zur Desinfektion usw. Es wäre Pflicht des Reichs, dieses Institut zu unterstützen, damit es nicht wegen Mangels an Raum und Geldmitteln seine notwendigen gemeinnützigen Ausgaben unerledigt lassen muß.

Ferner hat der Herr Kollege Stötzel den Gedanken wieder aufgenommen, den wir schon im vorigen Jahre ausgesprochen haben: auch er ist der Ansicht, daß von Staats wegen die geschädigten Bergleute unbedingt entschädigt werden müssen. Dasselbe wollen wir auch. Es wird sich bei der Beratung des Reichsamts des Innern in der Budgetkommission Gelegenheit finden, vielleicht eine entsprechende Summe einzusetzen. Wir haben ähnliche Posten zur Untersuchung und Bekämpfung des Typhus, der Tuberkulose im Etat; warum sollen wir nicht auch einen Posten zur Untersuchung und Bekämpfung der Wurmkrankheit und zur Unterstützung der durch sie geschädigten Leute einstellen?

(Sehr richtig! links).

Die etatsrechtliche Grundlage unserer Forderungen ist zweifellos; darüber, meine ich, könnte es gar keinen Streit mehr geben.

[...]

Nun glaube ich, es nicht unterlassen zu dürfen, den Herrn Bergwerksminister darauf hinzuweisen, daß, wenn wir dieser schweren Plage der Bergarbeiter, dieser schweren Bedrohung der Bergindustrie, dieser außerordentlichen Gefährdung unserer Konkurrenzfähigkeit an den Leib gehen wollen, wir den Hebel von unten ansetzen müssen. Es ist nicht mehr statthaft, in unserer Zeit mit den 500, 600, 700, 800 Meter tiefen Schächten, wo in vielen Gruben die Temperatur über 20 bis 30 Grad steigt, Arbeitszeiten von 10 und 12 Stunden unter Tage zuzulassen.

(Sehr richtig! bei den Sozialdemokraten.)

Dadurch wird eben der Körper geschwächt und für alle möglichen Krankheiten disponiert, für Seuchen, für die Tuberkulose, für die Wurmkrankheit usw. Meine Herren, wenn wir von unten anfangen und die Kräftigung des Bergarbeiterstandes durch eine Verkürzung der Arbeitszeit erstreben, wenn wir wirklich sozialpolitisch handeln, — ich glaube, dann ergreifen wir das letzte und wirksamste Mittel, um nicht nur der Wurmkrankheit, sondern überhaupt auch der allmählich fortschreitenden körperlichen Verelendung der Bergarbeiter Einhalt zu tun. Wir haben heute schon in den bergmännischen Krankenkassen eine Krankenziffer von 500 bis 600 pro 1000, während wir in den anderen Krankenkassen nur 350 pro 1000 haben. Und in dem gesegneten Sachsen, wo allerdings die „allerbesten Verhältnisse" sind, wo man die wunderbare Reform der Werkskrankenkassen hat, steigt die durchschnittliche Krankenziffer pro 100 auf 80 und 90 und 100.

(Hört! hört! bei den Sozialdemokraten.)

Gerade das fiskalische Werk *Zanckeroda* [HiO] zeichnet sich durch eine sehr hohe Krankenziffer aus. Ich meine, wir sollten von Grund auf handeln und einfach die Arbeitszeit für die Bergleute auf acht Stunden verkürzen, wenn es auch nicht plötzlich geht, was ich ohne weiteres zugebe. Als Sachverständiger, muß ich sagen, halte ich es für ausgeschlossen, insbesondere in dem idyllischen Oberschlesien, daß man dort die Arbeitszeit von zwölf gleich auf acht Stunden herabsetzen kann. Man wird schon etappenmäßig vorgehen müssen, aber man muß endlich mal den Anfang machen. Das ist schon möglich auf Grund des jetzigen Gesetzes.

Es ist ferner dem Herrn Bergwerksminister nahezulegen, seine unteren Verwaltungsbehörden aufzufordern, ein Verbot der geradezu grandiosen Überschufterei zu erlassen. Es werden heute wieder 30, 35, 40 und über 40 Schichten im Monat gemacht

(hört! hört! bei den Sozialdemokraten),

während der Monat bloß 30 bis 31 Tage hat. Daß bei einer so kolossalen Arbeitszeit der durch die viele Überschichterei geschwächte Arbeiter disponiert ist zur Aufnahme aller möglichen Krankheiten, werden mir die Sachverständigen, die Herren Mediziner bestätigen. [...]

Des ferneren bitten wir den Herrn Staatssekretär Grafen Posadowsky, doch sein Augenmerk auf die fortdauernde Einschleppung ausländischer Arbeiter aus notorisch wurmverseuchten Revieren zu richten. Im Ruhrgebiet gibt es Bergarbeiter genug, ebenso in Schlesien, Brandenburg und im Saargebiet. Wer das Gegenteil sagt, kennt entweder die Verhältnisse nicht oder sagt bewußt die Unwahrheit. Immer wieder sind Zechenagenten auf der Suche in Österreich-Ungarn — Böhmen, Steiermark usw. — nach Arbeitern, und Woche um Woche werden ganze Waggons voll fremdländischer Arbeiter ins Ruhrgebiet hineinbefördert. Man untersucht diese Arbeiter — sicher! Aber wenn sie wurmkrank sind, so beschäftigt man sie über Tage. Damit werden sie auch Mitglieder der Knappschaftskasse; nun werden diese fremdländischen Arbeiter von den Bergwerksbesitzern den Krankenhäusern überwiesen und somit auf Grund der Knappschaftsgelder, die die einheimischen Arbeiter zusammengetragen haben, von der Wurmkrankheit eventuell kuriert, und dann können sie in die Grube einsteigen. So macht man es mit den fremdländischen Arbeitern, aber die einheimischen, die wurmkrank sind, werden in sehr vielen Fällen ungeheilt nicht einmal über Tage beschäftigt. Sie laufen dann arbeitslos herum und kommen auf unser Verbandsbureau, auf unsere Arbeitersekretariate und wollen Himmel und Hölle in Bewegung setzen, um wieder auf ihrer Zeche in Arbeit zu kommen. Ich glaube, wir haben alle Verpflichtung, von dieser Stelle dagegen zu protestieren, daß man wurmverdächtige oder gar wurmkranke Arbeiter von auswärts holt. Wenn die Staatsbehörde dieselbe Aufmerksamkeit, die sie dem verseuchten Vieh zuwendet, auch dem verseuchten Arbeiter entgegenbrächte, dann wäre schon viel gewonnen, und hätten sie es von allem Anfange getan, so wäre jedenfalls diese Seuche nicht zu einer solchen Kalamität geworden, wie jetzt. Heute sagt man, man habe sie jetzt erst erkannt. Aber ich erinnere wiederholt daran, daß man wiederum erklärt hat: in den anderen Revieren — außerhalb des Ruhrgebiets — ist die Seuche noch nicht oder vereinzelt vertreten. Genau dasselbe hat man von dem Ruhrgebiet gesagt, und jetzt muß man eingestehen: man hat sich damals die Geschichte nicht richtig überlegt. Meines Erachtens ist die Angelegenheit der Wurmkrankheit eine Frage, die nicht nur die Bergarbeiter angeht, sondern die Staatsbürgerschaft insgesamt, weil durch die Seuche nicht nur der Bergarbeiter, der immerhin für jeden ein sehr wertvolles Objekt sein muß, sondern auch die gesamte Industrie bedroht ist.

Meine Herren, wenn wir uns herstellen, über die Angelegenheit interpellieren und Vorschläge zur Bekämpfung machen, wenn wir fragen, was ist geschehen, um die Seuche zu unterdrücken, wenn wir angeben, was weiter zu tun ist, dann möchte ich Sie dringend bitten, auf Grund der Ausführungen anzunehmen, daß es von uns wirklich redlich gemeint ist mit der Bekämpfung dieser Seuche, daß es uns wirklich darum zu tun ist, diese Plage von den Arbeitern abzuwenden. Und wenn der Deutsche Reichstag sich auf den Standpunkt stellen will, wie er es im vorigen Jahre getan hat, daß er nämlich die Anregungen der sozialdemokratischen Fraktion ablehnt — aus Versehen, meine Herren, dann könnte dieses Versehen zukünftig ein sehr, sehr hartes Ende für uns nehmen! Einmal haben wir die Bergarbeiter durch alle möglichen Überredungskünste vor dem letzten Schritt des Streiks bewahrt; einmal haben wir es fertig gebracht, die erregten Gemüter zu beruhigen; wenn jetzt nichts anderes geschieht, als mit vagen Redensarten herumzugehen; wenn jetzt nichts Positives getan wird für die geschädigten Arbeiter, meine Herren, dann haben wir keine Verantwortung mehr für das, was kommt. Wir können keinerlei Bürgschaft übernehmen für das, was dann kommen wird, und alle Schuld fällt auf die zurück, die unsre Vorschläge und Anregungen zurückgewiesen haben.

(Lebhaftes Bravo bei den Sozialdemokraten.)

Die durch und durch ›Technische‹? Wasserbauingenieure und Verwaltungsspezialisten in der Emschergenossenschaft (1900–1906, 1926/27)

»Aber, meine Herren, wer? – Davon hängt Alles ab! […]. Ich halte es aber für ganz ausgeschlossen, daß wir einen amtlich thätigen Herrn ersuchen, diese Arbeit neben seinen Amtsgeschäften auszuführen. Der Herr muß […] hier im Industriebezirk wohnen […], es muß daher eine Persönlichkeit sein, die im Privatleben steht.«
(Erich Zweigert, 1900)[1]

Die hausinterne Überlieferung der Emschergenossenschaft ist stark ausgedünnt, weil das Archiv am Ende des Zweiten Weltkrieges zu großen Teilen zerstört wurde. Zudem ist die Überlieferung seit 1945 eine projektorientierte. Von daher wirkt die Emschergenossenschaft – folgt man dieser Aktenlegung – technisch, ja regelrecht hypertechnisch. Unzählige Gutachten, Experimente (etwa über den richtigen Beton für die Auslegung der Emscher und der Nebenbächen), Berechnungen, Dokumentationen und eine unglaubliche Zahl an Vorgängen für Einzelbauten und Auftragsvergaben sind hier zu heben. Eine Vorstandsüberlieferung, die als Wegweiser Hinweise auf die Gewichtung und Problemlagen des Ausbaus hinzugezogen werden könnte, existiert nicht. Aus der Perspektive dieser vorhandenen Überlieferung erscheint die Emschergenossenschaft als Dienstleisterin für die Lösung technischer Aufgaben. Interne Konflikte oder auch Konflikte zwischen der Leitung der Emschergenossenschaft, den Genossen und den Beteiligten sind aufgrund dieser Überlieferungslage nicht zu greifen. Bereits die Gründungsverhandlungen aber belegen einen Planungsrahmen, der weniger auf das technisch Mögliche als auf strikte Kosteneffizienz zugeschnitten war, die nicht zuletzt über die Zweiteilung des Industriebezirks erreicht wurde. Über Konflikte des technischen Führungspersonals

1 Zit. Ausführungen Zweigert, in: Bericht über die Verhandlungen der Commission zur Aufstellung eines generellen Entwässerungsprojectes für das Emscherthal, 8.8.1900, RWWA, 130–301170/3

existieren innerhalb der hauseigenen Überlieferungen kaum Belege. Von großer Bedeutung sind daher zwei Aktensplitter, die als zentral gelten müssen, weil sie sich in den Gegenüberlieferungen der Beteiligten niederschlugen. Der erste dieser Konflikte entspann sich in der Gründungsphase der Emschergenossenschaft. Hier ging es um den Rang des technisch Machbaren für die Emschergenossenschaft überhaupt. Der zweite Konflikt brach sich nach der Hyperinflation Bahn und drehte sich um die Ausdehnung des Aufgabenportfolios der Emschergenossenschaft.

Schon während der Projektierungsphase, als um die Jahrhundertwende darum gerungen wurde wie die »Kalamität« aus Verschmutzung und Versumpfung im Industriebezirk gelöst werden konnte, sorgte die Frage nach dem richtigen »Techniker« für lebhafte Diskussionen. Von der Idee, diese Position einfach auszuschreiben, rückte man in den Beratungen zügig ab. *Erich Zweigert*, der sich frühzeitig die entscheidende und auch lenkende Position in der Kommission verschafft hatte, hatte seinen Favoriten, *L. Mannes* aus Weimar, ins Spiel gebracht. Mannes hatte bei James Hobrecht, der das Berliner Radialsystem entworfen hatte, gelernt, war regierungsnah und damit aus Zweigerts Perspektive wunderbar geeignet. Zweigerts Vorschlag stieß allerdings auf nur wenig Gegenliebe; die anderen Städtevertreter misstrauten dem Essener Oberbürgermeister. Die Bergwerksvertreter ihrerseits brachten *H. Breme* ins Spiel, da er die »Verhältnisse« im Industriebezirk aus eigener Erfahrung kannte. Breme hatte an dem Vermessungs- und Planungsprojekt von Michaelis in den 1880er Jahren mitgewirkt und war später für eine Reihe von Nordkommunen – Gelsenkirchen, Schalke und Herne – tätig geworden und hatte dort an kleineren Abwasserprojekten mitgearbeitet. Die Bergbauvertreter setzten dem Wunschkandidaten Zweigerts mit der Benennung Bremes also aus taktischen Überlegungen einen eigenen Kandidaten entgegen. Sie wollten das Projekt nicht vollständig dem Essener Rathaus überlassen. Insofern sich die Gründungsverhandlungen aber auf dem dünnen Eis eines sehr schmalen Kompromisses bewegten, unternahm keine Interessengruppe in der großen Sitzung im August 1900 den Versuch, den je eigenen Kandidaten durchzusetzen. Zu einer Kampfabstimmung Mannes gegen Breme kam es deshalb nicht. Die Entscheidung über die technische Leitung der Großplanung wurde stattdessen verschoben. Die infrage kommende Kandidaten, so einigte man sich, sollten dem Kommissionsvorsitzenden benannt werden. An der Bedeutung dieser Personalie bestand bei keiner Interessengruppe irgendein Zweifel: »Wir leben und sterben ja mit diesem Mann«, so Zweigert theatralisch.[2] Deutlich war aber schon jetzt: Die Bestenauslese war eine Frage der Passgenauigkeit. Und die ergab sich nicht nur aus der technischen Fähigkeit des Mannes, sondern daraus, dass dieser bereit war, die örtlichen Machtverhältnisse in eine entsprechende Planung zu gießen.

In der nächsten Sitzung, im Oktober 1900, war die Liste der infrage kommenden Persönlichkeiten sehr viel umfangreicher. Bei Zweigert waren auch ohne öffentliche Ausschreibung unzählige initiative Bewerbungen eingegangen. Interesse hatte neben vielen anderen ein »Baumeister Middeldorf« aus Berlin bekundet. Aber auch Firmen, etwa die Allgemeine Städte-Reinigungsgesellschaft aus Wiesbaden, hatten sich um die Planung

2 Bericht über die Verhandlungen der Commission zur Aufstellung eines generellen Entwässerungsprojectes für das Emscherthal, 8.8.1900, RWWA, 130–301170/3.

des Mammutprojektes beworben. Die Bewerbungen von Firmen wurden allerdings nicht berücksichtigt. Der Grund dafür war, dass die Firmen in aller Regel Patente für Klär- und Reinigungsverfahren hielten, die sie in die Planung einbeziehen wollten. Für sie war die Reinigungstechnik der Kern des Vorhabens – was der gewünschten Passgenauigkeit natürlich nicht entsprach. Ein Projekt, das auf die Reinigung und Klärung abhob, war ja genau das, was ausgeschlossen werden sollte, schließlich lag die Reinigung weder im primären Interesse der Kommunen noch der Industrie. Im Zentrum der technischen Planung sollte die Entwässerung stehen, und zwar zu möglichst geringen Kosten. Trotzdem war die Bewerberlage noch zu groß. Um die Entscheidung in großer Runde zu verhindern, um also die Personalwahl zu einer Entscheidung des gewählten Kommissionsvorstands zu machen, argumentierte Zweigert: Aus »Rücksicht auf die Bewerber selbst« wolle er die Auskünfte, die er über die einzelnen Persönlichkeiten eingeholt habe, nicht in der großen, öffentlichen Kommission teilen. Das war gewieft, aber auch ein bisschen vorschnell. Denn praktisch jede Kommune und selbstredend auch die anwesenden Unternehmensvertreter hatten bereits Erfahrungen mit der Entwässerung und daher für die eigenen Interessen passgenaue Wunschkandidaten in der Hinterhand. Zweigerts Vorschlag wurde am Ende zwar angenommen, trotzdem brach in der Sitzung eine bemerkenswert vielstimmige Diskussion über die ›richtige‹ Personalwahl aus. *Wilhelm Middeldorf* stach hervor. Zwei Argumente sprachen aus Sicht der Anwesenden für ihn: Das war erstens seine fachliche und beleumundete technische Expertise und zweitens, nicht weniger relevant, seine Herkunft. Middeldorf brachte es in die engere Auswahl, weil er im Industriebezirk bekannt war, aus Eickel stammte und bereits 1884 als Vertreter seiner Heimatgemeinde an der Debatte über den Michaelisplan teilgenommen hatte. Nach längerer Diskussion endete die Sitzung zwar mit dem Auftrag an Zweigert, die Position doch noch auszuschreiben. Der Kommissionsvorstand erhielt aber gleichzeitig das Mandat, nach der Sichtung der noch eingehenden Bewerbungen die Auswahl der geeigneten »Persönlichkeit« vorzunehmen.[3]

Die Ausschreibung hätte man sich eigentlich sparen können, wäre es nicht darum gegangen, den Provinzialregierungen zu signalisieren, dass man eine Bestenauswahl für den Industriebezirk forcierte. Im Grunde genommen war Middeldorf aber als Kompromisskandidat gesetzt. Der Kommissionsvorstand – bestehend aus Landrat Wilhelm Hammerschmidt, Bauinspektor I. Nuyken, Wasserbauinspektor Carl Prüsmann, Bergassessor Paul Randebrock und Zweigert – entschied sich ohne weiteres Federlesen für Middeldorf. Zum 1. Juli 1901 wurde er mit der Ausarbeitung beauftragt. Middeldorf leitete fortan das »Bureau für die Emscher-Regulirung« und arbeitete als »Königlicher Wasserbauinspektor« die technischen Details aus.[4] In seinen Vorträgen und Präsentationen bekräftigte Middeldorf die Notwendigkeit einer »einheitlichen Regelung«, erläuterte immer wieder die erforderliche Verlegung, die Begradigung und auch die Tieferlegung der Emscher. Middeldorf prüfte auch die Möglichkeit, die zur Cloaca Maxima umfunktionierte Emscher gleichzeitig zum Schifffahrtskanal auszubauen, und kam zu dem Schluss: Technisch möglich sei das schon, allerdings sei die erforderliche

3 Stenographischer Bericht über Verhandlungen des Vorstandes der Kommission zur Aufstellung eines generellen Entwässerungs-Projektes für das Emscherthal, 3.10.1900, RWWA, 130–301170/3.

4 Etwa Middeldorf an Gutehoffnungshütte, Oberhausen (GHH), 15.7.1902, RWWA, 130–301170/3

»gründliche Klärung der Abwässer« ausgesprochen teuer. Zu berücksichtigen sei, dass für die Doppelnutzung der Emscher, als Abwasserkanal und als Schifffahrtskanal, die erforderliche Genehmigung deutlich schwieriger zu bekommen sei. Er riet daher ab.[5]

Middeldorf wurde von der Planungskommission Vorgaben gemacht, die die Arbeit des Bureaus auf die Begradigung und die Vertiefung ausrichtete, die Reinigung aber hintanstellte. Und Middeldorf fügte sich. Er kalkulierte eine Tieferlegung der Emscher von ca. drei Metern bei Hoerde, Herne, Wanne, Eickel, Gelsenkirchen, Rotthausen, Horst, Carnap, Altenessen, Borbeck und Oberhausen. Auch die Verlegung der Emschermündung wurde von ihm geplant. Im neuen Mündungsgebiet, so sah es Middeldorfs Entwurf vor, sollten die bestehenden Polderanlagen beseitigt werden können. Die ohnehin nachrangige Reinigung sollte Stück für Stück über die Regulierung der Nebenbäche vorgenommen werden. Middeldorf rechnete mit 24 »größere[n] Kläranlagen«. Dieser Logik nach sollte die grobe mechanische Reinigung am Entstehungsort, die weitere und aufwendigere biologische Klärung dann an den Punkten, an denen die Bäche in die Emscher mündeten, vorgenommen werden. Die Begründung für diese Reinigungslogik lieferte er gleich mit: Die Verhältnisse, so Middeldorf, seien derart unterschiedlich, dass sich ein »allgemeines Schema« für die zu errichtenden Kläranlagen kaum entwickeln lasse.[6] Mit anderen Worten: Die ›Unterschiedlichkeit‹ und damit die sozialräumliche Segregation im Industriegebiet war in Middeldorfs Planungen von Anfang an mit eingepreist.

Middeldorf genoss keineswegs das unbedingte Vertrauen aller Interessenten. Das hatte wohl etwas mit persönlichen Animositäten, v. a. aber mit der technische Maxime zu tun, die er vertrat und die bedeutet hätte, dass die Städte unter der Leitung der zu errichtenden Genossenschaft eigene biologische Kläranlagen an ihren Einmündungen in die Emscher errichten müssten. Da Middeldorf aber ausgab, dies sei von den Städten selbsttätig und in Eigenregie vorzunehmen, kam es zu keiner Front der Städte gegen Middeldorf. Die vehementere Kritik kam von den Bergbauvertretern. Ihnen war der Entwurf, wie Middeldorf ihn verbreitete, nicht radikal genug.[7] H. Breme, der als Persönlichkeit für die technische Planungsleitung ebenfalls im Gespräch gewesen war, verbreitete massive Bedenken an der Middeldorf'schen Konzeption.[8] Bremes Kritik richtete sich auf den Hochwasserschutz und im Besonderen auf die Entwürfe Middeldorfs für

5 Protokoll, Generalversammlung, 30.7.1902, RWWA, 130–301170/3.

6 Stenographischer Bericht über die Verhandlungen der General-Versammlung der Kommission zur Aufstellung eines generellen Entwässerungsprojektes für das Emschertal, 18.5.1903, RWWA, 130–301170/3.

7 Middeldorf wird bisher einhellig bewertet. Demnach sei die Regulierung der Emscher auf seine »Ideen« zurückgegangen. Bei genauerer Betrachtung ist das nicht haltbar, nicht nur, weil Middeldorf auf den Planungen von Michaelis aufsetzte, sondern auch, weil ›seiner‹ Planung ein starrer Rahmen gegeben wurde; Middeldorf hatte also kaum die Möglichkeit, die eigenen »Ideen« zu verwirklichen. Vgl. etwa Reiner Burger: Von der Köttelbecke zur neuen Flusslandschaft. Erinnerungsort Emscher, in: Stefan Berger/Ulrich Borsdorf/Ludger Claßen/Heinrich Theodor Grütter/Dieter Nellen (Hg.): Zeit-Räume Ruhr. Erinnerungsorte des Ruhrgebiets, Essen 2019, S. 129–147, Zit. S. 130 f.

8 Hibernia (Behrens) an Hammerschmidt, 18.11.1902; BAG Consolidation an Hibernia, 13.2.1903, montan.dok/BBA, 32/4215.

das Mündungsgebiet. Und er sollte recht behalten. Schon vor dem Ersten Weltkrieg wurde offensichtlich, dass die von Middeldorf vorgelegten Planungen in der Tat nicht weitreichend genug waren. Breme lag durchaus richtig mit seiner Einschätzung, dass Middeldorf der fortwährenden Bergsenkung nicht genug Aufmerksamkeit geschenkt hatte.[9] Breme verscherzte es sich aber auch mit den Industriellen. Er übte Kritik an den Bergbaubeteiligten, »[m]erkwürdig« sei es, so Breme, dass »die Bergwerksbesitzer sich nicht gleichmässig zur Wahrung ihrer Interessen in's Zeug« warfen. Für Breme war aus seiner technizistischen Sicht vollkommen klar, dass Vorhaben müsse in »reine Bahnen« gebracht werden und v. a. mit einem pessimistischeren Zukunftsblick entwickelt werden. Middeldorf gelang es, die von Breme vorgebrachte Kritik abzuwehren, das auch, weil die Bergbauindustriellen nicht geschlossen hinter Breme standen, sondern – ganz ähnlich den Städten – durch heterogene Interessen geprägt war. Daher wurde die Diskussion über die technische Ausgestaltung nur in einem ersten Schritt zwischen den Unternehmens- und Städtevertretern geführt und verlagerte sich dann auf eine scheinbar technisch-sachliche Ebene. Auf Bremes Hauptkritikpunkt, durch die unzureichende Vertiefung würden neue Überschwemmungsgebiete geschaffen, reagierte Middeldorf, indem er abwiegelte, dass nach dem Erlass des Gesetzes und dann der Ausführung der mit dem Gesetzesentwurf eingereichten technischen Planung »ein Ueberschwemmungsgebiet an der Emscher überhaupt nicht mehr« existiere und auch später durch weitere Senkungen nicht mehr zu befürchten sei.[10] Middeldorf versteckte sich hinter seinem Amt, argumentierte aber eben nicht technisch-sachlich.

Im September 1904, nachdem das EGG also erlassen war, beschlossen eine Reihe von Zechenvertretern des Nordens doch noch die Revision des Middeldorf'schen Entwurfs zu fordern.[11] Breme wurde beauftragt, die dazu notwendigen »Erwägungen« zu formulieren: Breme nahm die technischen Planungen von Middeldorf ein weiteres Mal auseinander und wiederholte seine bereits mehrfach vertretene Sichtweise: Die Sohle müsse tiefer gelegt werden, als Middeldorf es veranschlagt habe. Mit der Middeldorf'schen Planung müssten neue Polderanlagen schon auf mittlere Sicht errichtet werden. Die Frage sei doch, wer diese erwartbaren gewaltigen Kosten aufzubringen habe, »ob die allgemeine Genossenschaft, oder die Zeche[,] welche so gewaltige Lasten direkt hervorgerufen hat«, diese gewaltigen Ausgaben zu schultern habe.[12]

Bremes Argumente – und damit auch die Einwände der Nordzechen – blieben unberücksichtigt. Middeldorf hatte seine technischen Planungen vor allem den kommunalen Interessen des Südens angepasst. Die spätere Bergsenkung des Mündungsgebiets war für die Südstädte nur von untergeordnetem Interesse. Mehr wog für sie, die Emscher auszubauen und damit in ihr einen sicheren Abfluss erschlossen zu haben. Diese Städte, allen voran Essen, aber auch Bochum und Dortmund, interessierte die Emschermündung wenig; wichtiger war ihnen die Beschränkung der Kosten. Um den Kosten-

9 Besonders im Mündungsgebiet der alten Emscher war schon bald der Polderbetrieb erforderlich, seit 1912 wurde das Gebiet mit dem Pumpwerk Alte Emscher entwässert.

10 Middeldorf an Bergrat (Behrens), 27.6.1904, montan.dok/BBA, 32/4215.

11 Naderhoff (Nordstern) an Behrens, 12.9.1904, montan.dok/BBA, 32/4215.

12 Fortsetzung der Erwägungen zu dem Emscherregulierungsprojekte, vf. v. H. Breme, 20.1.1905, RWWA, 130 301170/3.

rahmen zu begrenzen, setzten sie bei den Klär- und Reinigungsanlagen an. Middeldorf fügte sich und reduzierte seine Klär- und Reinigungsplanungen, die im Aufgabenfeld der zu gründenden Genossenschaft stehen sollten, deutlich und verlagerte diese in die Selbsttätigkeit der Kommunen. Nur auf diese Weise wurde es möglich, die Kosten für die Regulierung der Emscher auf 28 Millionen Mark und die Kosten für die Regulierung der Nebenbäche *und* den Bau von Kläranlagen auf 10 Millionen Mark zu kalkulieren. Das entsprach dem Interesse der Städte, erregte aber immerhin den Tadel der Provinzregierungen. Von dort hieß es, die Vorrichtungen für die Reinigung seien »ungenügend«, man könnte sie »kaum als Versuch zur Lösung der Frage anzusehen«. Auf eine technische Nachbesserung der Planung bestanden die Regierungen aber nicht.[13] Gleichwohl: Es war wohl kaum ein Geheimnis, dass Middeldorf sich bei seiner technischen Planung von den Südkommunen, zuvorderst vom Essener Rathaus, hatte leiten lassen. Die beteiligten Unternehmen hatten damit kein Problem, sie kümmerte die Reinigungsfrage ohnehin nicht. Deutlich schwerer wog für sie, dass Middeldorf die Bergsenkungen – besonders im Mündungsgebiet – vorsichtig kalkuliert hatte. Middeldorf geriet damit zwar unter Druck, zu einer Abänderung seiner Planung kam es aber nicht, weil die Unternehmen nicht geschlossen hinter Breme standen. Ganz eindeutig aber wird hier: Middeldorf hatte keineswegs freie Hand. Vielmehr passte der ortskundige Middeldorf seine technische Planung an, und zwar den Interessen der Südstädte, weniger aber den Unternehmen. Damit war es nicht nur kein technischer Imperativ, der die Großplanung leitete, auch grundsätzlich war die Emschergenossenschaft bei ihrer Gründung keineswegs ein Gebilde, das ein rein technischer Geist durchwehte.[14]

Middeldorf blieb nicht nur der technische Planer des Großprojektes, er führte es auch durch. Nach der erfolgten Gründung der Emschergenossenschaft wurde Middeldorf ab dem 1. Juli 1905 zum ersten Baudirektor ernannt. Zu einer überragenden oder dominierenden Figur in der Emschergenossenschaft brachte er es aber nicht. Das lag maßgeblich daran, dass *Karl Gerstein* dem einen Riegel vorschob. Gerstein, Landrat und später auch Polizeidirektor in Bochum, war während der Projektierungsphase unter Zweigert bereits Mitglied in der Planungskommission gewesen und war 1903 zum stellvertretenden Vorsitzenden gewählt worden. Mit der Gründung der Emschergenossenschaft wurde zunächst Zweigert zum Vorsitzenden gewählt. Nach dessen frühem Tod 1906 wurde Gerstein dann Vorstandsvorsitzender der Emschergenossenschaft. Schon formal war es der Vorstandsvorsitzende, der zugleich auch der Vorsitzende der Genossenschaftsversammlung war, der die zentrale Position innehatte. Besonders für den beständig heiklen Ausgleich der Interessen von Genossen und Beteiligten war er zuständig. Demgegenüber war der »erste Baubeamte« – Middeldorf – lediglich ein Mitglied im Vorstand, er konzentrierte aber keine herausragende, insbesondere keine entscheidende Kompetenz

13 Behrens an von der Recke, 10.11.1903, montan.dok/BBA, 32/4215.

14 Der Umstand, dass technische Strukturen hierarchisch umgesetzt und damit sozial konstruiert werden, ist aus einer stärker technikhistorischen Betrachtung keineswegs überraschend. Das gilt insbesondere für großtechnische Systeme. Dazu bereits und grdl. Thomas P. Hughes: The Evolution of Large Technological Systems, in: Wiebe E. Bijker/Thomas P. Hughes/Trevor Pinch (Hg.): The Social Construction of Technological Systems. New Directions in the Sociology and History of Technology, Cambridge, MA, u. a. 1989, S. 45–76.

auf sich. Das galt besonders für die Veranlagung, die Grundlage für jede Baumaßnahme und -anlage, die der Vorstand nach erfolgter Gründung auf den Weg zu bringen hatte.[15] Obschon im Statut klar geregelt, hatte Middeldorf aber offensichtlich Ambitionen, entscheidend tätig zu sein. Er sah sich selbst als erster Techniker und die frisch geschaffene Emschergenossenschaft als technische Unternehmung. Und genau das brachte ihn in den Konflikt mit Gerstein.

Stein des Anstoßes war eine Beschwerde Middeldorfs. Gerstein hatte eine Vorstandssitzung einberufen und auch abgehalten, obschon Middeldorf verhindert war und nicht an der Sitzung teilnehmen konnte.[16] Gerstein hatte in dieser Sitzung durch andere und Middeldorf zuarbeitende Wasserbaubeamte Bericht erstatten lassen. Der erste Baubeamte beschwerte sich daraufhin bei Gerstein, vergriff sich im Ton und formulierte seine Ansicht, nämlich die, dass »wesentliche Besprechungen mit den Genossenschaftsbeamten« nur unter Hinzuziehung von ihm, Middeldorf, abgehalten werden dürften. Gerstein, der sich als Führungsfigur und Middeldorf lediglich als ausführende Kraft sah, fühlte sich veranlasst, seine »Klarstellung« zu formulieren, eine Zurechtweisung: Als Vorstandsvorsitzender, so Gerstein, erhebe er den Anspruch, jederzeit und mit jedem Beamten der Emschergenossenschaft, und zwar ohne die Hinzuziehung von Middeldorf, zu sprechen. Ob und wen er dabei befrage, das hänge ganz allein von seiner Entscheidung als Vorsitzendem ab, so Gerstein.[17] Middeldorf, der sich gekränkt fand, wies Gersteins Klarstellung sogleich als »sachlich nicht begründet« zurück und forderte, diese Frage in einer eigens dafür einberufenen Sitzung des Vorstands zu klären. Die Sitzung, bei der über diesen Punkt zu verhandeln sei, sei zügig einzuberufen.[18]

Es raschelte gehörig im Blätterwalt, das aber nicht, weil es unter den Mitgliedern des Vorstandes einen Dissens darüber gab, wie dieser Konflikt zu bewerten sei. Vielmehr war für die kontaktierten Vorstandsmitglieder die Verteilung der Befugnisse von sowohl Vorsitzendem als auch erstem Baurat sehr klar: Middeldorf hatte weder die Befugnis noch das Recht, einen dem Vorsitzenden gleichrangigen Rang oder eine gleichrangige Kompetenz zu beanspruchen. Unbedingt aber wollten die Vorstandsmitglieder verhindern, dass Middeldorf sich Unterstützung bei einer der Provinzregierungen oder gar beim Oberbergamt holte, denn hierdurch »würde die Angelegenheit nur verschärft und ein wenig erträglicher Zustand geschaffen«.[19] Der befürchtete »wenig erträgliche Zustand«

15 Statut der Emschergenossenschaft, 1906, § 5, III.

16 Konkret ging es um die Vorstandssitzung am 2. Oktober 1906. Inhaltlich unterschied sich diese Sitzung nicht von den vorhergehenden oder darauffolgenden Sitzungen, jedenfalls nicht, wenn man dem Protokoll der Sitzung folgt: Themen waren die Integration des Schwarzbachverbandes in die Emschergenossenschaft, die Regulierung des Elperbaches, des Dorneburger Baches, die Praxis der polizeilichen Prüfung der Bauvorhaben, die Überführung einer Hafenbahn der GHH, der Entwurf für den Emscherdeich in Duisburg-Ruhrort, die Grundbucheintragungen des alten Emscherbettes, einige kleinere Anträge von Genossen und Beteiligten sowie eine Reihe von Genehmigungen; wie üblich wurde das Protokoll der Sitzung von Gerstein und Middeldorf abgezeichnet, und auch in der Anwesenheitsliste war Middeldorf als »anwesend« vermerkt. Niederschrift über die Sitzung des Vorstandes der Emschergenossenschaft am 2.10.1906, Archiv der Emschergenossenschaft und des Lippeverbands (EGLVA), Essen, o. Sig.

17 Gerstein an Middeldorf, 22.10.1906 (Abschrift), RWWA, 130–3001170/7.

18 Middeldorf an Gerstein, o. D. (Abschrift), RWWA, 130–3001170/7.

19 Lüthgen (Dahlbusch) an Scheidtweiler, 31.10.1906, RWWA, 130–3001170/7.

bestand natürlich darin, dass Middeldorf dieserart eine Stärkung hätte erfahren können, wohingegen die Vorstandsmitglieder die Selbstverwaltung der Emschergenossenschaft gerade in der Anfangszeit, in der aus dem sondergesetzlichen Gerippe eine ausschließlich im Dienste der Genossen und Beteiligten stehende Gesellschaft geformt werden sollte, um jeden Preis bewahren wollten. Die Vorstandsmitglieder setzten sich, ohne ihren Vorsitzenden Gerstein zusammen, um die »Schritte« zu beraten, die eine »amtliche Behandlung« verhindern könnten. Die Runde kam überein, das Gespräch mit Middeldorf zu suchen, den Konflikt also zu bereinigen, bevor es zu einer offiziellen und v. a. außerordentlichen Vorstandssitzung kommen konnte.

Zwei Vorstandsmitglieder suchten Middeldorf auf. Während des Gesprächs stimmte der erste Baumeister breitwillig zu, dass der Vorsitzende unabhängig von ihm – aber nur »gelegentlich« – mit den Beamten verhandeln könne. Einer gezielte »Umgehung« seiner Person stellte er sich aber ausdrücklich in den Weg. »Peinlich berührt« äußerte sich Middeldorf darüber, aus der Rolle gefallen zu sein und mit Gerstein »auf der Straße« lauthals gestritten zu haben. Middeldorf echauffierte sich dann aber auch darüber, dass Gerstein die an ihn gerichtete schriftliche Zurechtweisung nicht »persönlich« adressiert hatte. Es war Middeldorfs Bürovorsteher gewesen, der den Brief geöffnet, wohl auch gelesen und dann offenbar getratscht hatte. Der Baurat war dadurch vor ›seinen Beamten‹ brüskiert worden. Der Vorschlag der Unterhändler sah nun vor, dass Middeldorfs Schreiben, in dem er Gerstein dazu aufforderte, eine außerordentliche Vorstandssitzung einzuberufen, als »nicht geschehen« angesehen werde, und dann darin, dass der Baurat die Führungskompetenz des Vorsitzenden anerkenne. Und Middeldorf – dem wohl sein Ass, die Möglichkeit die Regierungsspitzen einzuschalten, nicht bewusst war – gab nach und sagte zu, auf die Sondersitzung des Vorstandes zu verzichten, sofern auch Gerstein seine Zurechtweisung zurückziehe und als »nicht geschehen« betrachte.[20]

Middeldorf war in der Sache zurückgewichen. Es war Gerstein, dem es nicht ausreichte, »gelegentlich« unabhängig von Middeldorf agieren zu dürfen. Middeldorf verkenne die eigene Stellung dem Vorsitzenden gegenüber und habe wohl weder das Statut noch seinen Anstellungsvertrag studiert, wetterte er. Zu dem Vorwurf, Middeldorf mit seinem Schreiben brüskiert zu haben, fand er: Er habe den Brief nicht an den »Baudirektor«, sondern namentlich an »Middeldorf« adressiert. Hätte er gewusst, dass Middeldorf seine Post öffnen lasse, hätte er den Vermerk »persönlich« hinzugesetzt. »Die Schuld [...] trifft nicht mich, sondern Herrn Middeldorf«, so Gerstein weiterhin ausgesprochen verschnupft.[21]

Und dabei blieb es. Gerstein setzte sich durch und wurde die wesentliche Persönlichkeit der ersten Jahre, die der Emschergenossenschaft ihren Stempel aufdrückte. Middeldorf dagegen hatte sein Gesicht verloren und der Überlieferung zufolge von dem wirksamen Schwert, die Aufsichtsbehörden in die strittige Frage der Kompetenzverteilung hinzuziehen, keinen Gebrauch gemacht. Das bedeutsame dieser Episode liegt also keineswegs in dem durchaus lustigen Umstand, dass sich zwei leitende Herren auf offener Straße in »erregter« Weise angeschrien hatten. Dass dies peinlich berührte, lässt sich

20 Scheidtweiler an Gerstein, 1.11.1906, RWWA, 130–3001170/7.

21 Gerstein (an Scheidtweiler), 2.11.1906, RWWA, 130–3001170/7.

mit der betonten Bürgerlichkeit der Kontrahenten wunderbar erklären. Die Episode verweist auf viel mehr: Keineswegs war die Anfangszeit der Emschergenossenschaft durch einen übermächtigen technokratischen Geist charakterisiert. Im Gegenteil: Middeldorf hatte seine Planung auf die Interessen der Südkommunen ausgerichtet. Den Wünschen insbesondere der Beteiligten aber hatte er kaum Aufmerksamkeit geschenkt. In der Phase der Umsetzung schlug das auf ihn zurück, ihre Vertreter im hybrid besetzen Vorstand schützten ihn nicht. Einen leichten Stand hatte dieser erste Baurat der Emschergenossenschaft deshalb nicht.

Auch der Konflikt, der sich Mitte der 1920er Jahre entspann, gibt Zeugnis von enormen Reibereien und einem hohen Konfliktpotenzial innerhalb der Leitungsebene der Emschergenossenschaft. Während bei dem Konflikt in den Gründungsjahren der Emschergenossenschaft die Entscheidungskompetenz und damit die Frage nach der Führungsstruktur im Vordergrund stand, ging es bei den Auseinandersetzungen in den 1920er Jahren um eine verwandte Frage, nämlich die, wie das technische Zukunftskonzept der Emschergenossenschaft aussehen solle. Damit ging es im Grunde um die Ausweitung der technischen Genossenschaftsaufgaben, aber natürlich auch um die dafür zur Verfügung stehenden Mittel.

Seit 1912 hatten die Vorstöße der Emschergenossenschaft, ihre Aufgaben auszuweiten, zugenommen. Das zeigt sich an ihrem Einschreiten im Umgang mit der durch die Beteiligten verursachten Phenolbelastung,[22] der Ausweitung der Regulierung der Nebenbäche und auch an der Einschaltung zur Auslegung des Paragrafen 13.[23] Ihre rechtliche Bestätigung fand die Emschergenossenschaft in dem Preußischen Wassergesetz von 1913,[24] das die Befugnisse der Emschergenossenschaft keineswegs eingeschränkte, sondern faktisch zementierte.[25] Der Erste Weltkrieg unterbrach diese Expansionsstrategie. Nach dem Krieg knüpfte die Emschergenossenschaft aber zügig an ihre Vorkriegsplanungen an.

Die Inflation und dann die Hyperinflation schlugen natürlich auch bei der Emschergenossenschaft ins Kontor. Verglichen mit den Konzentrations- und Umstrukturierungseffekten, die die Inflationszeit für die Montanunternehmen des Industriebezirks bedeutete, stand die Emschergenossenschaft finanziell aber gar nicht schlecht dar. Zwar verzögerte sich inflationsbedingt bereits 1921 die Veranlagung und die Genossenschaft war zunehmend auf kurzfristige Kredite angewiesen,[26] trotzdem war die Substanz der Emschergenossenschaft in keiner Weise gefährdet. Im Gegenteil: Die Emschergenossenschaft nutzte – wie die meisten großen Unternehmen auch – der aus der zunehmenden Geldentwertung resultierende Entschuldungseffekt. Der Umstand,

22 Zur Phenolbewirtschaftung s. das Kap. »Die ›Unternehmerin‹«.

23 Zur sog. Doppelbesteuerung s. das Kap. »Die ›Hybride‹«.

24 S. dazu Olmer: Wasser, S. 373–406.

25 Stöve, betr. Wasserbucheintragung von Rechten an Wasserläufen im Gebiete der Emschergenossenschaft, o. D. [1914] (Abschrift), tkCA, TLi 2503.

26 Niederschrift über die außerordentliche Versammlung der Emschergenossenschaft am 20.10.1922, montan.dok/BBA, 72/1011.

dass die Emschergenossenschaft 1922 ein »Reglement für die Benutzung und Unterhaltung genossenschaftlicher Anlagen« ausgeben konnte, erklärt sich dadurch, dass die Emschergenossenschaft die Entwertung für die eigentumsrechtliche Übernahme der Nebenbäche zu nutzen verstand und das Recht auf »Benutzung« der nunmehr »genossenschaftlichen Anlagen« den Genossen und Beteiligten nach Paragraf 6 des EGG nach Antrag und nach Abschluss eines separaten Vertrages zugestand.[27] Bis 1921 – so formulierte es der Vorsitzende Gerstein – hatte die Emschergenossenschaft nur dann auf die Nebenbäche ausgegriffen, wenn in den betreffenden Nebenfluss »mehrere Gemeinden« entwässerten. Die »großen Städte«, womit im Genossenschaftsjargon ausnahmslos die Südstädte gemeint waren, hätten darüber »gewacht«, dass dieser »Grundsatz« durch die Emschergenossenschaft nicht verletzt werde. Die Veränderung der Veranlagung 1921 nahm den Städten und Gemeinden den Anreiz, am Eigenbetrieb der kanalisierten Nebenbäche festzuhalten, denn »die Kosten [wurden nun nicht mehr] von der Stadt allein, sondern von der Gesamtheit der Emschergenossenschaft« getragen. Das hatte für die Städte aus Sicht des Vorsitzenden den »Vorteil«, dass sie die Mittel für den Ausbau nicht mehr beschaffen mussten. Der von der Emschergenossenschaft sehr erwünschte Nebeneffekt war natürlich, dass die Emschergenossenschaft auf diese Weise zur Eigentümerin eines Großteils der zu Abwasserkanälen ausgebauten Nebenflüsse wurde.[28] Die Inflation beschleunigte diesen Prozess insofern, als der Vorstand der Emschergenossenschaft per Notverordnung in die Lage versetzt wurde,[29] Beschlüsse zu fassen, ohne diese durch die Genossenschaftsversammlung bringen zu müssen.[30] 1926 konnte die Emschergenossenschaft die »Abgeordneten« daher mit einigem Stolz zu einer mehrtägigen Besichtigungstour einladen: In Hamborn stand die Besichtigung der Emschermündung nebst zwei Pumpwerken auf dem Plan, in Oberhausen waren die Kläranlage und der Hauptkanal zu bestaunen, in Essen standen gleich vier Kläranlagen auf dem Besichtigungsplan, zu bewundern waren aber immerhin auch drei Kläranlagen in Gelsenkirchen nebst dem endlich regulierten Schwarzbach. Auch in Herne standen Kläranlagen, in Dortmund Pumpwerke und Nebenbachausbauten für die Besichtigung bereit.[31] Es handelte sich dabei um Kläranlagen ›in der Stadt‹, aber nicht mehr um ›städtische Kläranlagen‹ – Kläranlagen also, die im Besitz der Städte waren. Die Inflation verdeckte die steigenden Kosten, die dieses Ausgreifen der Emschergenossenschaft bedeutete. Mit dem Währungskollaps, dann mit der Einführung der Reichsmark und final mit der Stabilisierung der Währung wurde das aber offenbar.

---

27 Reglement für die Benutzung und Unterhaltung der genossenschaftlichen Anlagen, o. D. [1922], montan.dok/BBA, 4/1006.

28 Äußerung des Vorstandvorsitzenden [Gerstein] der Emschergenossenschaft zu der Frage: »Wie weit sollen Nebenbäche als Genossenschaftsanlagen ausgebaut werden?«, 9.6.1922, tkCA, TLi 2638. Die Emschergenossenschaft kam bis 1925 in den Besitz von 718 ha; Angabe lt. Helbing: Emschergenossenschaft, S. 12.

29 Etwa im Fall des Holzbaches, Schriftw. zwischen der Emschergenossenschaft und Zeche Ewald, 1923, montan.dok/BBA, 4/1007.

30 Verordnung zur Stützung von Genossenschaften vom 12.3.1923 (Abschrift), montan.dok/BBA, 4/1007; dazu auch Gerstein an Woltmann, 29.9.1923, RWWA, 130–3001170/13.

31 Einladung und Besichtigungsprogramm: Emschergenossenschaft an die Herren Abgeordneten der Emschergenossenschaft, 30.1.1926, montan.dok/BBA, 4/1007.

Die Kosten der Emschergenossenschaft waren im Steigen, manch einer fand sogar, sie gingen durch die Decke. Für die Gemeinden genauso wie für die Beteiligten wurde ihr Hybrid unangenehm teuer.

Maßgeblicher Organisator dieser Expansionsstrategie der Emschergenossenschaft war *Heinrich Helbing*. Helbing war 1906 in die Abteilung für Abwasserbehandlung eingetreten, nach dem Tod von Middeldorf 1911 wurde er dessen Nachfolger und »Baudirektor« der Emschergenossenschaft. Helbing und Gerstein verstanden sich ganz ausgezeichnet, sodass Gerstein Verhandlungen mit den Beteiligten immer mehr Helbing überließ, sich aber im Gegensatz zur Gründungszeit zunehmend aus der Genossenschaftsarbeit zurückzog. Mitte 1924 verstarb Gerstein und hinterließ eine große Lücke. Die Emschergenossenschaft blieb zunächst ohne Vorsitzenden. Helbing übernahm zunächst die Aufgaben des Vorsitzenden und eine Zeit lang schien es auf einen Vorstandsvorsitzenden hinauszulaufen, der zwar Prestige, aber wenig Präsenz im Industriebezirk zeigte: Hans Luther. Luther war seit 1918 Oberbürgermeister in Essen und seit 1919 stellvertretener Vorsitzender der Emschergenossenschaft. Luther bezeichnete sich selbst als Anhänger der »Selbstverwaltung«, lehnte den zeitgenössisch heiß diskutierten Plan, Essen zur »Hauptstadt einer neuen Provinz« zu machen, aber ab. »Das Revier«, so Luther retrospektiv, »ist trotz aller Zusammengehörigkeit ein viel zu lockeres Gebilde, um daraus etwa eine einheitliche Gemeinde zu machen«.[32] Luther wusste sehr genau, dass das ›lockere Gebilde‹ keineswegs die eine »große Gesamtsiedlung« war, sondern sozialräumlich stark segregiert war. Eine ›einheitliche Gemeinde‹ hätte ja bedeutet, gleiche Standards anzustreben. Und das war Essen zu teuer. Wie auch immer und durchaus beachtenswert: Luther sah die Rolle der Emschergenossenschaft für den Industriebezirk sehr klar, sie war die »Schrittmacherin« auf dem »ganzen Entwicklungswege« des Industriebezirks.[33]

Als Essener Oberbürgermeister und in seiner Position als stellvertretender Vorsitzender war Luther für den Posten des Vorsitzenden der Emschergenossenschaft prädestiniert. 1922 ging Luther allerdings nach Berlin, wurde dort zunächst Reichsminister für Ernährung und Landwirtschaft, dann Reichfinanzminister und 1925 schließlich Reichskanzler. Es lässt sich nicht mehr rekonstruieren, ob besonders Helbing – zumindest die herausgehobene Stellung in der von der Emschergenossenschaft aufwendig gestalteten und 1925 veröffentlichten Festschrift lässt das vermuten – darauf setzte, Luther als prestigeträchtigen Vorsitzenden zu halten und selbst die eigentliche Führung zu übernehmen. Die Frage der Besetzung des Postens des Vorstandsvorsitzenden blieb nach Gersteins Tod jedenfalls zunächst offen. Möglich ist, dass Luther sie sich selbst offengehalten hat. Das Amt des Reichsministers für Ernährung und Landwirtschaft und das des Essener Oberbürgermeisters hatte er einige Zeit parallel wahrgenommen. Im April 1925 – nachdem Luther im Januar Reichskanzler geworden war – wurde schließlich *Fritz Winkhaus* zum Vorstandsvorsitzenden gewählt. Das war neu. Erstmals war nicht ein Vertreter einer der wesentlichen Südkommunen gewählt worden, sondern ein Vertreter

32 Luther: Zusammenbruch, Zit. S. 67, 71 f.

33 Hans Luther: Vorwort. Die Emschergenossenschaft als besondere Verwaltungsform des Ruhrgebiets, in: Emschergenossenschaft (hg. im Auftrage des Vorstandes v. Baudirektor Helbing): 25 Jahre Emschergenossenschaft. 1900–1925, Essen 1925 (Selbstverlag), S. V–XII, Zit. S. VII

der Beteiligten, immerhin aber eines Essener (Altenessener) Unternehmens: des Köln-Neuessener Bergwerks-Vereins. Winkhaus war bereits seit 1905 Mitglied im Vorstand der Emschergenossenschaft, war aber bereits in den Anfangsjahren nicht sonderlich aktiv gewesen. In den Überlieferungen taucht er kaum auf. Eine Leitung der Emschergenossenschaft zugunsten der Beteiligten lässt sich an ihm jedenfalls nicht festmachen. Vielmehr verstand Winkhaus seine Position wohl moderierend, und zwar in Präsenz auf den Vorstands- und Genossenschaftsversammlungen. Mehr aber auch nicht. Helbing jedenfalls dürfte das ganz recht gewesen sein. Winkhaus ließ ihn schalten und walten, sodass Baudirektor Helbing zur eigentlichen Führungsfigur der Emschergenossenschaft avancieren konnte.

Bei der Verfolgung seiner Expansionsstrategie verlor Helbing aber den Kontakt zu seiner technischen Expertise im Haus. Bei den »Emscher-Sorgen«, die 1926 und 1927 diskutiert wurden, handelte es sich um einen internen Konflikt unter den führenden Technikern der Emschergenossenschaft. Möglicherweise handelte sich auch um einen persönlichen Konflikt zwischen *Karl Imhoff* und Helbing.

Imhoff war ein studierter und ausgesprochen fähiger Abwassertechniker.[34] Nach dem Studium in München und Karlsruhe und einigen praktischen Stationen hatte er 1905 an der Technischen Universität Dresden promoviert und war 1906 als Leiter der Abwasserabteilung nach Essen und zur Emschergenossenschaft gekommen. Imhoff war ein Mann der neuesten Technik und Spezialist für die biologische Abwasserreinigung. Imhoff entwickelte die bald eingesetzten Emscher-Brunnen für die städtischen Abwässer. Der besondere Vorzug der Emscher-Brunnen bestand darin, dass das Verfahren geruchlos und der Betrieb einfach war. Imhoff formulierte selbstbewusst:

> »Wir wußten schon im Jahre 1907, daß wir für unsere Verhältnisse ausreichende Reinigungsverfahren gefunden hatten, und daß *biologische Körper* [HiO] in unserem Gebiet *nicht* [HiO] mehr *nötig* [HiO] waren«.

Die offene Führung der Abwasserkanäle, das »Gerippe für die Ortsentwässerung aller Emschergemeinden« bereitete kein Problem mehr, ja der Gestank war weg, fand Imhoff, und das überaus kostengünstig.[35] Bis 1914 hatte die Emschergenossenschaft knapp 140 Emscher-Brunnen für die Reinigung der städtischen Abwässer errichtet.[36] Die Wirkung der Emscher-Brunnen wurde aber natürlich beeinträchtigt durch die Raumstruktur, durch den Umstand also, dass die Emscher-Brunnen zwar der effizienten Reinigung

---

34 Bis in die Gegenwart sind Karl Imhoffs Erkenntnisse der Abwässerreinigung einschlägig und in vielen Sprachen erhältlich: ders.: Taschenbuch der Stadtentwässerung, 18. Aufl., München 1960.

35 [Karl] Imhoff: Die Entwicklung der Abwasserreinigung im Emschergebiet, in: Emschergenossenschaft (hg. im Auftrage des Vorstandes v. Baudirektor Helbing): 25 Jahre Emschergenossenschaft. 1900–1925, Essen 1925 (Selbstverlag), S. 200–212, hier S. 203–205, Zit. S. 205, 208.

36 Die Emscher-Brunnen sind zur sog. mechanischen Reinigung zu zählen; entsprechend wertete Olmer ganz zu Recht: Die Entwicklung und Aufstellung der Emscher-Brunnen bedeutete, dass sich die Emschergenossenschaft der bereits 1903 angekündigten Planung der biologischen Klärung entziehen konnte. Ders.: Wasser, S. 414–420. Zur deutlich nach 1945 realisierten biologischen Klärung s. das Kap. »Die ›Beharrliche‹«.

der städtischen Abwässer dienten, der Industriebezirk aber eben sowohl dicht besiedelt als auch stark industriell geprägt war. Die »teerartigen Massen«, die von der Montanindustrie abgelassen wurden, verklebten die Emscher-Brunnen und verstopften die Schlammrohre der Anlagen. Immer wieder, eigentlich recht regelmäßig, mussten die Anlagen stillgelegt, der Schlamm ausgebaggert und der reinigende Schlamm neu aufgesetzt werden.[37]

Imhoff war Mitte der 1920er Jahre seit knapp 20 Jahren in leitender Position in der Genossenschaft. Seine Emscher-Brunnen waren ein großer Erfolg für die städtische Abwasserreinigung, der vielerorts und weit über den Industriebezirk hinaus kopiert wurde. Es ist möglich, dass er den Aufstieg anstrebte und die Position des »Baudirektors« erreichen wollte. Darüber kann aus Mangel an Quellen keine These formuliert werden. 1926 erreichte die beteiligten Unternehmen allerdings ein merkwürdiges Schriftstück. Die Kombination aus Anklage, Denkschrift und Lösungsansatz diagnostizierte eine ›Fehde Ruhr gegen Emscher‹ und war verfasst vom Bochumer Magistratsbaurat Röhr. Er habe, so gab Röhr an, eine Reihe von Oberbürgermeistern über die steigenden Beiträge der Emschergenossenschaft informiert. Offenbar war dem vonseiten der Genossen aber keine Reaktion gefolgt. Der frustrierte Röhr appellierte deshalb in seiner Zusammenstellung an die »innerste Überzeugung« der zahlenden Mitglieder, die Beteiligten also, präsentierte ihnen eine knappe und hochabstrahierte Rechnung, die auswies, dass in der Emschergenossenschaft ein erhebliches Sparpotenzial schlummere, laut Imhoff eines über zwei Millionen RM pro Jahr! Ganz anders lautete die ebenfalls wiedergegebene Einschätzung von Helbing: Keine Einsparung, sondern eine große Erhöhung der Beiträge sei in den nächsten Jahren erforderlich. Röhr informierte den erstaunten Leser über ein »Entwässerungs-Duell« und damit über einen Konflikt zwischen Helbing und Imhoff über die »wirtschaftlichen Fragen« der Emscherverwaltung und unterbreitete auch gleich einen Vorschlag zur Lösung: Es sei eine »Dreimännerkommission« einzurichten, die über die richtige und zukünftige Ausgabenpolitik zu beraten habe.[38]

Winkhaus wurde der Aktenlage nach nicht tätig, genauso wenig wie die anderen angeschriebenen Beteiligten. Es wurde auch keine Dreimännerkommission eingerichtet. Die Beteiligten unterstützten vielmehr die von Imhoff vorgeschlagene Anleihe und damit die Aufnahme von langfristigen Krediten zur Finanzierung der Ausgaben. Das war auch ganz klar und die Bedingungen dafür waren ausgezeichnet. Kapitalimporte aus den USA waren *der* Baustein zur Stabilisierung der deutschen Wirtschaft nach der Hyperinflation. Besonders die Unternehmen im Industriebezirk nahmen Kredite auf und platzierten dazu Anleihen auf dem US-amerikanischen Kapitalmarkt. Und die Emschergenossenschaft verfügte dabei über einen großen Vorteil, der aus ihrer Eigenschaft als öffentlich-rechtliche Körperschaft resultierte.[39] Die Anleihe über 2,5 Millionen Dollar (10,5 Millionen RM) wurde in New York zu 93 Prozent aufgelegt. Für die Emschergenossenschaft war das zentral: Denn die Anleihe würde platzen, sollte das Gesetz, unter

37 Für einen Vorgang dazu s. etwa Schriftwechsel Emschergenossenschaft und Friedrich der Große, Herne, und Constantin der Große, Bochum, 1918–1922, montan.dok/BBA, 10/601.

38 Röhr: Emscher-Sorgen (Drucksache), 3.3.1927, montan.dok/BBA, 4/798.

39 Zur Emschergenossenschaft als rechtlicher ›Anomalie‹ s. ausfl. das Kap. »Die ›Autonome‹«

dem die Genossenschaft »arbeitet, aufgehoben« werden.[40] 1925 hatte die Emschergenossenschaft lediglich 6,2 Mio. RM in ihren Büchern gehabt, entsprechend hoch waren die Beiträge gewesen.[41] Und damit wird deutlich, dass sich weder Imhoff noch Helbing im »Entwässerungs-Duell« durchsetzten: Die Ausgaben der Emschergenossenschaft stiegen weiter, »gespart« wurde nicht. Damit setzte Helbing seine Strategie also sehr wohl durch. Aber die Expansion wurde durch eine Ausweitung der Fremdmittel finanziert. Das, besonders aber die US-amerikanische Anleihe, sollte sich später, während des Nationalsozialismus, als wesentlich herausstellen,[42] denn »[a]uf Anleihen könne die Emschergenossenschaft auch für die Zukunft nicht verzichten«,[43] so formulierte es der im Januar 1933 auf Winkhaus folgende Vorstandsvorsitzende Jakob Haßlacher, der Generaldirektor der Rheinischen Stahlwerke. Und damit hatte sich herausgeschält: Die Erweiterung der Aufgaben der Emschergenossenschaft war weiterhin an die Vorgabe strikter Einsparung gebunden. Erweiterungen konnten zwar vorgenommen werden, sie waren aber fremd zu finanzieren. Und genau das sollte sich als zentral für den Schutz der Emschergenossenschaft herausstellen.[44]

---

40 Auszug aus dem Treuhandvertrag vom 1. Januar 1928 zwischen Wasserwirtschaft im Rheinisch-Westfälischen Industriebezirk (Ruhrkohlenbezirk) GmbH und der Treuhänder (International Acceptance) Trust Company, montan.dok/BBA, 15/633.

41 [Jahresberichte] Die Emschergenossenschaft im Rechnungsjahr 1925; Die Emschergenossenschaft im Jahr 1927, EGLVA, o. Sig.

42 Johannsen an Wirtschaftsgruppe Bergbau, 11.5.1936, montan.dok/BBA, 15/634.

43 Zit. Haßlacher, Niederschrift über die Sitzung des Ausschusses für Reichswasserrecht am 1.2.1936, montan.dok/BBA, 15/633.

44 Zur gescheiterten Neuordnung während der NS-Zeit s. das Kap. »Die ›Autonome‹«.

Quellen

W. Middeldorf zur technischen Ausführung des Entwässerungsprojektes, 1903

(Stenographischer Bericht [Ausschnitt], General-Versammlung der Kommission zur Aufstellung eines generellen Entwässerungsprojektes, Städtische Tonhalle, Düsseldorf, 18.5.1903, montan.dok/BBA, 32/4215)

Verzeichnis der Anwesenden [...].
Generalbauinspektor Middeldorf-Essen [HiO]: Meine Herren! Zwischen den Wassersammelgebieten der Ruhr und der Lippe, welche auf der oberen Strecke durch den Haarstrang begrenzt werden, legt sich von Holzwickede ab das Gebiet der Emscher, zu dem Teile der Kreise Hörde, Dortmund-Stadt und Land, Bochum Stadt und Land, Gelsenkirchen Stadt und Land, Recklinghausen Stadt und Land, Essen Stadt und Land, Mülheim a.d.R., Oberhausen und Ruhrort gehören. Das Gebiet wird abgegrenzt im nördlichen Teil durch den Waltrop-Kirchhellener Höhenzug, im südlichen Teil durch das Ardey-Gebirge und auf der weiteren Strecke bis zum Rhein durch das Ruhrkohlengebirge; letzteres fällt nach dem Rhein zu ziemlich steil ab, während es sich nach der Emscher hin langsam verflacht. Daher kommt es, daß einige Orte, wie Annen, Weitmar und Bredeney, die ungefähr nur einen Kilometer von der Ruhr entfernt sind, doch nach der 10 km entfernt liegenden Emscher entwässern. Das Gefälle des Flusses, besonders auf der Strecke zwischen Herne und Oberhausen, ist nur sehr gering und da das Flußbett nicht tief eingeschnitten ist, sind mehrfach Ueberschwemmungen eingetreten, die große Gebietsteile unter Wasser gesetzt haben.

Die Emscher, welche auf dem Hellweg entspringt, hat bis zur Mündung in den Rhein eine Länge von 109 km; der Lauf der Emscher sehr stark gewunden, namentlich im oberen und unteren Teile, während im mittleren Gebiete bereits früher Begradigungen ausgeführt [worden] sind. Es ist daher zunächst eine Begradigung des ganzen Flußlaufes in Aussicht genommen, die auf der Karte rot eingetragen ist. Die Länge des Flusses beträgt von der Mündung bei Alsum bis nach Hörde jetzt 98 km, demnächst nur noch 72 km.

Ein zweites Mittel zur Besserung der Vorflutverhältnisse ist die Beseitigung der Stauwerke, die mehrfach zu Klagen Anlaß gegeben haben. Das Wasser kommt an den Mühlenstauwerken zur Ruhe, die organischen Stoffe gehen in Fäulnis über und verbreiten einen derartigen Geruch, daß ein längeres Verweilen an diesen Orten gesundheitsgefährlich ist. Es daher notwendig, die sämtlichen Stauwerke zu beseitigen.

Zur weiteren Behebung der Schwierigkeiten ist in Aussicht genommen, das Flußbett entsprechend zu vertiefen und zwar derart, daß die Hochfluten unschädlich abgeführt werden können. Auch die größten Hochwässer werden demnächst bordvoll abgeleitet, eine Ausuferung des Flusses kann dann nicht mehr stattfinden. Die Tieferlegung der Emschersohle um etwa 3 m ist nötig, um auch bei weiteren Bodensenkungen noch genügende natürliche Vorflut zu haben.

Um die Vertiefung der Emscher richtig zu bemessen, war es nötig, sich ein Bild davon zu schaffen, welche Senkungen in der nächsten Zeit zu erwarten sind. Diese Angaben sind mir von dem Königlichen Oberbergamt in Dortmund gemacht und in den vorstehenden Höhenplan eingetragen. Die Senkungen der Emschersohle, die in den nächsten

25 Jahren bei Abbau mit Bergeversatz eintreten, stellt die violette Linie dar, während die grüne Linie die Senkungen angiebt, die wir bei einer Bauteufe bis zu 1000 m Tiefe zu erwarten haben.

Meine Herren! Sie sehen schon aus dem Verlaufe dieser Linien, daß die Senkungen ziemlich ungleichmäßig sind. Auf der oberen Strecke betragen sie in den nächsten Jahren teilweise 2–3 Meter, in dem Grubenfelde von Zeche König Ludwig und Friedrich der Große bis zu 5 m, während sie auf der unteren Strecke, besonders in den Grubenfeldern der Zechen Neuessen, Mathias Stinnes und Nordstern sogar eine Tiefe von 9 m erreichen sollen. Am Rhein sind die Senkungen gleichfalls sehr bedeutend. Das einzig erfreuliche an diesem Bilde ist, daß wir nach unten hin größere Senkungen haben, wie im oberen Gebiete und daher voraussichtlich natürliche Vorflut im Emscherlauf behalten werden, wenn nicht außergewöhnliche Abweichungen von den angegebenen Senkungen eintreten. Da geringe Änderungen immerhin möglich sind, so ist bei der Wahl des Profils darauf Rücksicht genommen, daß ein Aufräumen der Sohle und eine spätere Vertiefung bis zu 2,0 m ohne größere Unkosten ausgeführt werden kann. Auch wenn nach weiteren 25 Jahren noch einmal eine Vertiefung erforderlich werden sollte, kann diese durch Abgraben des anderen Bankettes und durch eine weitere Vertiefung der Sohne um 1,5–2,0 m vorgenommen und Vorflut für einen Zeitraum von mindestens 25 Jahren geschaffen werden. Das Projekt ist daher für eine Gesamtdauer von mindestens 50 Jahren berechnet.

Bei der Feststellung der zukünftigen Emschersohle waren die voraussichtlich eintretenden Bodensenkungen nicht allein maßgebend, sondern es handelte sich auch darum, das Hochwasser gefahrlos abführen zu können und das nötige Gefälle zu schaffen, welches die an der Emscher liegenden Städte und Gemeinden für die Ausführung der Kanalisationen dringend bedürfen. Die meisten Gemeinden, wie Hoerde, Herne, Wanne, Eickel, Gelsenkirchen, Rotthausen, Horst, Carnap, Altenessen, Borbeck, Oberhausen, haben jetzt nur ein geringes Gefälle nach ihrem natürlichen Vorfluter und würden ihre Kläranlagen bei Hochwasser außer Betrieb setzen müssen. Da dies nicht angängig ist, so wird durch die Vertiefung der Emschersohle um 3,0 m den Städten das nötige Gefälle für ihre Kläranlagen geschafft. Durch die Tieferlegung des Emscherwasserspiegels wird gleichzeitig der Grundwasserstand in den Niederungen erheblich gesenkt werden, was in gesundheitlicher Beziehung für die meist dicht bebauten Gegenden von größter Bedeutung ist. Auch die im Industriebezirk geplanten zahlreichen Bahnhofsumbauten lassen sich nach Senkung des Grundwasserstandes mit bedeutend geringeren Mitteln durchführen.

Von den Vorarbeiten ist Folgendes zu erwähnen:

Die Emscher ist, entgegen dem sonstigen Gebrauch, von der Mündung aus stationiert worden, da zunächst nicht ganz zu übersehen war, bis zu welchem Punkt im Quellgebiet die Regulierung sich erstrecken würde. Die Stationierung erfolgt von Alsum bis Hörde und dann wurde ein Feinnivellement zwischen den Nivellementsbolzen der Königlichen Landesaufnahme „Auf dem Höchten“ bei Aplerbeck und dem etwa 100 km entfernt liegenden Nivellementsbolzen Nr. 5260 bei Dinslaken ausgeführt. In dem ganzen Emschergebiete, dessen Oberfläche in Folge des Bergbaues fortwährenden Schwankungen ausgesetzt ist, sind einwandfrei Festpunkte kaum vorhanden und deshalb war es nötig, zwischen diesen beiden entfernt liegenden Punkten Nivellements ausführen zu lassen, von denen das Eine von der Quelle nach der Mündung und das andere in umgekehrter Richtung erfolgte: das Ergebnis des Nivellements war ein durchaus gutes; es wurden überall durch Anbringung von eisernen Bolzen an Brücken, Häusern u.s.w. Festpunkte geschaffen, welche bei der nunmehr erfolgten Aufnahme des Flußlaufes von größter Bedeutung waren. Nachdem die Emscher stationiert und nivelliert worden war, wurden gleichzeitig alle 100 m Querprofile genommen. Nach der Begradigung fand dann eine neue Stationierung der Linie statt, bei der eine Verkürzung des Flußlaufes um 26 km erreicht wurde. Nachdem so die Emscher festgelegt, war die Frage zu lösen, in welcher Weise die abzuführenden Wassermengen zu bestimmen seien. Es wurden an 14 verschiedenen Stellen der Emscher Pegel angebracht und die Wasserstände dort täglich beobachtet; bei Hochwasser täglich 3 Mal. Gleichzeitig sind die Beobachtungen der Niederschläge von 18 Regenstationen im Emschergebiet gesammelt und festgestellt, welche Regenmengen in den letzten 10 Jahren gefallen sind. Aus den Darstellungen geht hervor, daß die jährliche Regenhöhe an der Mündung verhältnismäßig gering ist, nach der Mitte in der Nähe von Castrop aufsteigt, dann wieder heruntergeht und im Quellegebiet die größte Höhe erreicht. Die Schwankungen bewegen sich zwischen 700 und 830 mm.

Die zweite wichtige Frage war die Bestimmung der Schmutzwassermengen; diese sind durch Rückfragen bei den Behörden und den einzelnen Werken ermittelt. Meine Herren! Auf dem vorliegenden Plane sind die Hausabwässer in rot, die aufgepumpten Grubenabwässer in grün und die gewerblichen Abwässer durch ein gelbes Band dargestellt. Man ersieht daraus, daß die Zechenabwässer einen verhältnismäßig großen Teil der gesamten Abwässer stellen. Dies ist insofern von Vorteil, weil diese Wässer zwar stark salzhaltig, sonst aber ziemlich rein sind und dazu beitragen, die sonstigen Schmutzwässer wieder zu verdünnen. Ich habe mir erlaubt, hier auf diesem Plane noch einmal die Menge der der Emscher zugeführten Schmutzwässer zu den Reinwässern der Emscher bei verschiedenen Wasserständen einzutragen; man ersieht hieraus, daß die Schmutzwässer bei niedrigstem Wasserstande ungefähr 6 mal so groß sind, wie die Reinwässer, bei Sommer-Mittelwasser sind beide fast gleich; bei Winter-Mittelwasser betragen sie ein Drittel, bei Sommer-Hochwasser ein Sechstel und bei Winter-Hochwasser etwa ein Zehntel der Gesammtmengen.

Mit der Untersuchung über die Menge der Abwässer fand gleichzeitig eine Untersuchung über die Art der Verschmutzung statt; es wurden aus dem ganzen Emschergebiet Wasserproben entnommen und zwar in jedem Nebenbach an der Stelle, wo die größte Verschmutzung stattfindet, und kurz vor der Mündung in die Emscher und in der Emscher selbst oberhalb und unterhalb der Einlaufstelle. Von den Chemikern Dr. Kirchner in Essen, Dr. Racine in Gelsenkirchen und Dr. Neuhoff in Dortmund sind etwa 140 eingehende Untersuchungen nach einem einheitlichen Plane ausgeführt worden.

Weitere Untersuchungen fanden hinsichtlich der Bodenverhältnisse statt und wurden dabei die Bohrungen 2,0 m tiefer als die demnächstige Kanalsohle geführt. Auf der unteren Strecke am Rhein wurde in den unteren Lagen meist grober Kies angetroffen; auf der Strecke von Oberhausen bis Henrichenburg Fließsand; wenn dieser auch als Baugrund wenig beliebt ist, so ist er andererseits nicht so gefährlich, wenn er durch Absenkung des Grundwassers trocken gelegt und der Rest unter Wasser durch Baggerung beseitigt wird. Auf der oberen Strecke von Henrichenburg bis Hörde ist schwerer Boden,

Lehm und Lette und darunter Mergel angetroffen, sodaß die Arbeiten sich hier etwas günstiger gestalten werden.

Hinsichtlich der Abführung und Klärung der Wassermengen ist zu bemerken, daß für das ganze Emschergebiet die natürliche Vorflut wieder hergestellt werden soll. Zu diesem Zwecke wird die Sohle der Vorfluter so tief gelegt, daß die Polderanlagen, die jetzt im Betrieb sind, beseitigt werden können. Wenn es jetzt auch möglich ist, die Polderanlagen mit erschwinglichen Kosten zu betreiben, so werden doch bei weiterem Abbau die eingepolderten Flächen immer größer und damit auch die Kosten höher. Es liegt die Gefahr vor, daß nach dem Abbau der Kohle die Gemeinden den Betrieb der Pumpwerke übernehmen müssen und dadurch zu hohen Ausgaben veranlaßt werden.

Meine Herren! Die zweite Aufgabe, die mir gestellt worden war, betrifft die Reinigung der Abwässer. Ich bin der Meinung, wenn wir die Abwässer mit gutem Gefälle und in Folge dessen auch mit einer ziemlichen Geschwindigkeit abführen, schon hierdurch allen eine erhebliche Verbesserung der jetzigen Zustände herbeigeführt wird. Es ist nun in Aussicht genommen, an allen den Stellen, wo die Gemeinden der Emscher Abwässer zuführen, Kläranlagen zu schaffen, die von der Genossenschaft beaufsichtigt und geleitet werden. Es kann also nicht mehr der Fall eintreten, daß eine Stadt, eine Ortschaft, ein Bergwerk eine gute Klärung der Abwässer vornimmt, die unterhalb liegende sich weniger damit befaßt und dann durch das ungereinigte Wasser das bereits geklärte wieder von neuem verschmutzt. Es ist nun in Aussicht genommen, nach und nach etwa 24 größere Kläranlagen anzulegen und zwar sollen diese so gelegt werden, daß unterhalb eine weitere Verschmutzung der Wässer nicht mehr stattfindet. Wenn also zum Beispiel der Stadt Bochum aufgeben wird, ihre Abwässer gründlich zu klären, bevor sie dieselben in den Marbach leitet, so würden die Gemeinden Hamme, Eickel, Hordel, Röhlinghausen, Hüllen u.s.w. ihre Abwässer ebenfalls in diesen Bach abführen und so das vorher gründlich geklärte Wasser wieder verschmutzen. Ich halte es für richtiger, daß man an dem Entstehungsort eine grobe mechanische Klärung vornimmt, dann aber die Abwässer sammelt und sie einer gründlichen Klärung erst dann unterzieht, wenn eine weitere Verschmutzung nicht mehr eintritt. Ich glaube, wenn das allein in dem ganzen Gebiete durchgeführt wird, daß die Abwässer jedenfalls bedeutend klarer in die Emscher gelangen werden.

Ein allgemeines für die Kläranlagen anzugeben, ist nicht möglich, überall sind die Verhältnisse verschieden. Man wird darauf sehen müssen, daß die Kläranlagen auch bei eintretenden Senkungen leicht in Betrieb gehalten werden können. Je nach Umständen können Klärbecken oder Klärtürme in Frage kommen. Die Klärung der Abwässer wird so keine großen Schwierigkeiten machen, wie die Beseitigung des Schlammes, den wir bei der Klärung erhalten. Zu diesem Zweck sind verschiedene Versuche gemacht worden. Zuerst ist der Schlamm unter Zusatz von Kohle und Briketts gepreßt worden; die Herstellung des Briketts war unter Zusatz von Hartpech möglich, jedoch so teuer, daß von diesem Verfahren abgesehen werden mußte. Die Brikettmaschine allein kostet 200 000 Mark.

Eine andere Art der Schlammverwertung findet sich in Cassel, wo dem in Klärbecken gewonnenen Schlamm Fett und Stickstoff entzogen wird. Die Casseler Anlage soll sich trotz mehrfacher Störungen im ersten Betriebsjahre bewährt haben. Der von mir nach dort zur Untersuchung geschickte Emscherschlamm hatte nur 4 bis 4,5 % Fett und 1 %

Stickstoffgehalt, während der dortige Schlamm 15 % Fett und 3 % Stickstoff enthält. Da nun die Casseler Anlage im ersten Jahre keine Rente abgeworfen hat, so würden bei dem geringen Fettgehalt des hiesigen Schlammes die Betriebskosten recht hohe werden.

Neuerdings werden von der Firma Gebrüder Körting in Hannover Sauggasapparate erbaut, welche die Schlammmassen unter Zusatz von Magerkohle verarbeiten. Der Schlamm kommt in den Generator, die Gase werden abgesaugt und dann nach bewirkter Reinigung direkt in Energie umgesetzt. Diese Art der Bewertung würde nun, wenn das Ergebnis sich wirklich so günstig darstellt, wie es von der Firma angegeben ist, jedenfalls eine große Bedeutung für unseren Bezirk haben, da die hiesigen Schlammmassen schon einen hohen Prozentsatz an Kohle haben. Die Versuche sind indessen noch nicht abgeschlossen und sollen in nächster Woche mit hiesigem Schlaff in Hannover weitere Versuche angestellt werden.

Meine Herren! Ich habe hier nun noch nebenbei einen kleinen Plan dargestellt, der allerdings nur ein historisches Interesse beanspruchen dürfte. Er zeigt jedoch, daß die Klagen über die schlechten Vorflutverhältnisse im Emschergebiet nicht neueren Datums sind. Dieser Plan ist im Jahre 1789 von dem Ingenierleutnant Kaemmerer aufgestellt und sieht eine Begradigung der Emscher von Carnap bis zum Oberhauser Holz mit 28 Durchstichen vor. Es ist nicht ganz zur Ausführung gekommen, weil die Anlieger einmal die Kosten nicht aufbringen konnten, dann aber auch, weil die Einigung über die Verteilung des bei der Begradigung abgeschnittenen Geländes nicht zu erzielen war; erschwerend war der Umstand, daß das rechte Ufer der Emscher damals zu Kur-Köln, das linke zum Stift Essen gehörte.

Über die späteren Versuche, die gemacht worden sind, die Emscher zu begradigen, enthält die Begründung zum Gesetzesentwurf genügende Aufklärung, sodaß sie hier nicht weiter erwähnt werden brauchen. Ich wollte jedoch nur darauf hinweisen, daß nicht allein in den letzten Jahrzehnten die Not an der Emscher groß gewesen ist, sondern daß man auch früher sich ernsthaft bemüht hat, die größten Übelstände an der Emscher zu beseitigen. [...]

H. Breme: Erwägungen zur Emscherregulierung, 1904

(zu dem Entwurfe zur Regulierung der Vorflut und Abwässerreinigung im Emschergebiete von dem königlichen Wasserbauinspektor Middeldorf, Essen [Ruhr], 1.1.1904, montan.dok/BBA, 32/4215)

Im Auftrage beteiligter Zechenverwaltungen wird nachstehend die Frage erörtert, ob den Interessen des Bergbaues in dem Entwurfe der Regelung der Vorflut im Emschergebiete in ausreichender Weise Rechnung getragen ist. Wie aus dem Vorberichte zu dem Entwurfe und namentlich auch den Begründungen zu dem Gesetzesentwurfe ad §§ 6–9 hervorgeht, sollen die entstehenden Kosten in erster Linie von den beteiligten Kohlenzechen getragen werden. Solches erscheint, sofern die Interessen der Zechen hinreichende Berücksichtigung finden, angemessen und auch praktisch, weil dieser Interessenten ohne Zweifel die breitesten Schultern zur Tragung der Kosten besitzen und in hervorragender Weise zu Vorflutstörungen bereit [sic] sind.

Man muß daher voraussetzen, daß die seither durch den Bergbau entstandenen Unzuträglichkeiten vollständig beseitigt werden, und daß darüber hinaus nach Möglichkeit den in sicherer und naher Aussicht stehenden Schäden durch vorbeugende Maßregeln Rechnung getragen wird. Solches ist leider nicht geschehen. Der Verfasser des Projektes vertritt nach vorausgehenden Äußerungen bei anderer Gelegenheit die Ansicht, daß bei etwaiger Inaussichtnahme von bedeutenden Senkungen eine Regulierung der Vorflut abwärts gerade aus diesem Grunde sehr mäßig zu halten sei, damit den Zechen nachträglich die Möglichkeit einer Vorflutverbesserung gegeben sei. Vernünftiger Weise sollte man vorbauen, die nötigen Vorfluttiefen vorher beschaffen, damit die Schäden der Senkungen mit all ihren kostspieligen Folgen vermieden würden und ist solches seither bei den Einzelunternehmungen dieser Art von den Zechen auch stets angestrebt und befolgt. Es hält schwer, dem jener Ansicht zu Grunde liegenden Gedankengange zu folgen und diese Logik – weil es oberhalb bald sinken wird, muß unterhalb die Vorflut weniger kräftig ausgebildet werden – zu verstehen. Diese Anschauung zieht sich aber teils offen, teils latent als roter Faden durch die ganze Projektvorlage. Mit klaren Worten wird dieselbe [...] in bezug auf Regulierung des Hüllerbaches angesprochen. Die gegenwärtig im Gange befindlichen Baumbachregulierung wird somit die Projektdispositionen überholen und legen die beteiligten Zechen besser Protest gegen die Benutzung ihres Tiefgrabens zur Tracierung des Hüllerbaches ein, weil bei jenen Maßnahmen vorauszusehen ist, daß sie ihre separate Entwässerungsvorkehrung in kurzer Frist wieder notwendig haben werden. Es trennt nämlich die Gelsenkirchen-Manner Straße scharf die unterirdischen Abbauverhältnisse: Aufwärts stehen mächtige Flöze an, deren Abbau bedeutende Senkungen veranlaßt haben und veranlassen werden, abwärts liegt eine Verwerfung vor, sodaß hier das Terrain hoch stehen bleibt. Es ist daher widersinnig, wenn auf der abwärts liegenden Strecke „aus gleichem Grunde (siehe oben) eine Vertiefung der Sohle nur insoweit vorzunehmen ist, wie dies zur Entwässerung des am Tiefgraben des Baumbaches gelegene Gelände und zur guten Abführung der Schmutzwässer nötig ist". Diese Logik klingt doch zu paradox, dieselbe steht mit den Interessen der Zechen und den dort belegenen Grundbesitzer in direktem Widerspruche, und ist von den Beteiligten auch seither nicht befolgt, da die fragliche Barre augenblicklich 5 m tief durchbrochen wird. Jene müssen von der Ausführung des großen Projektes unbedingt Verbesserungen und nicht Verschlechterungen ihrer Vorflutverhältnisse erwarten, weil sie ohne Zweifel in hervorragender Weise zu den Kosten herangezogen werden.

Weil in der Druckvorlage die Seitenzuflüsse nicht besonders dargestellt sind und die Behandlung der großen Emscher als Hauptvorfluter für die Beurteilung des Projektes in erster Linie in die Wagschale fällt, soll nachstehend eine Erörterung der an diesem Flusse getroffenen Maßregeln stattfinden. Es wird vorausgeschickt, daß der Text des Berichtes in bezug auf Wahrung der Interessen der Zechen keine wünschenswerte Klarheit schafft. Es sind nur die späteren voraussichtlichen Senkungstiefen unter dem Bette der künftigen Emscher, nicht aber die mächtigsten, oft in unmittelbarer Nähe, aber seitab gelegenen Gebiete in der eigentlichen Emscherniederung angegeben. Namentlich fehlen auch die Angaben der heute schon vorliegenden Terrainseinsattelungen, nach welchen ein Urteil über die nach dem Projekte zu erwartende Trockenlegung gewonnen werden könnte. Die Angabe [...], daß nahezu alle künstlichen Entwässerungen in dem Gebiete beseitigt und diesem wieder die natürliche Vorflut gegeben werden sollte, steht mit den Tatsachen, wie weiter unter bewiesen werden soll, in krassem Widerspruche. Nicht in weit abgelegenen Gebieten, sondern im Emschertale selbst werden große Poldergebiete bestehen bleiben.

Es würde auch für die Information, sowohl der Laien, als auch von Sachverständigen eine Angabe der Verhältnisse des Wasserspiegels zu den einzelnen Tiefgründen – auch zu den seitab gelegenen – zweckmäßiger gewesen sein, als die Bestimmungen der Sohlenlager unter Terrain.

Auf der neugewählten Ausmündungsstrecke der Emscher von Km. 0–12 fällt es auf, daß bei Km. 0,5 und 7 zwei neue Kraftgefälle gewonnen und ausgenutzt werden sollen. Man muß die Geschichte der Entwickelung der Vorflutverhältnisse im Emschertale der letzten Dezenien vollständig ignorieren, wenn man das seither mit Erfolg und Aufwendung von hohen Kosten befolgte System der Beseitigung der Mühlenstaue durch eine neu herzustellenden Stauanlagen bei Km. 7, an der unglücklichsten Stelle, die sich denken läßt, durchbrechen will. Ein Blick auf die Projektdarstellung zeigt, daß zwischen Km. 7 und 11 eine Barre stehen bleiben wird, welche im Interesse der bereits oberhalb befindlichen Sümpfe und späteren Senkungen sofort im ersten Anlaufe zu durchbrechen ist. Diese Sümpfe erstrecken sich bis Km. 27 herauf und muß auch im Sinne einer gesunden Regulierung der beabsichtigte Abfall soweit verlegt werden. Letzteres um dem Senkungsgebiete von Prosper, Kölner Bergwerks-Verein Matthias [sic] Stinnes, Neuessen und namentlich Nordstern eine bessere Vorflut zu beschaffen. Nach den Darstellungen des Projektes können die Polder von Neuessen und Kölner Bergwerks-Verein nicht aufgehoben werden; dieses hat schließlich weniger Bedeutung, da es sich um abgeschiedenes, unbebauetes Gelände handelt, daß aber der große Polder von Nordstern, welchem eine städtische Bebauung in vollem Gange ist, bestehen bleiben soll, ist unverkennbar ein schwerer Fehler, welcher von Auffsichtswegen nicht geduldet werden darf. Es spinnt sich aber derselbe, oben gekennzeichnete Faden weiter: „Die Barre zwischen Km. 7 und 10 muß bestehen bleiben, weil sonst die Zechen später keine Arbeit behalten", d.i. Prozesse und maßlose Kosten.

Die bei Km. 0.5 eingesetzte Wasserkraft würde vorab weniger störend wirken; einerseits liegt aber die Zeit nicht fern, daß dieselbe zu Grunde gebauet wird, andererseits unterliegt es keinem Zweifel, daß man demnächst die freie Vorflut nach dem Rheine bis zu den gewöhnlichen Fluten suchen wird, um wenigstens zweitweise die kolossale künstliche Wasserlöse einzuschränken. Die Zechen werden in bezug auf Kostentragung die Hauptinteressenten der Genossenschaft bilden und können sie unmöglich ihre Hand dazu leihen, von neuem Vorfluthinternisse aufzutürmen, welche in kurzer Frist in großen Opfern wieder zu beseitigen sind.

Nicht ohne Interesse für die Beurteilung der Projektvorlage ist es, daß die bezeichneten Kraftentwicklungen, welche vernünftiger Weise nicht eingerichtet, nach den eigenen Angaben des Projektaufstellers spätestens in 25 Jahren zu Grunde bebauet werden, nach Lage der Verhältnisse aber überhaupt nur eine ephemere Dauer besitzen können, in der Kostendeckung [...] mit einer jährlichen Einnahme von 210 000 M. auf 50 Jahre eingesetzt werden. Die Kraftausnutzung bei Km. 7 wird überhaupt nicht eingerichtet werden, wenn nicht allen gesunden Grundsätzen der Behandlung der vorliegenden Aufgabe geradezu Hohn gesprochen werden soll.

Doch verfolgen wir die Maßnahme weiter stromauf. Es fällt zunächst in's Gewicht, daß der Polder von Konsolidation [sic] (dessen außergewöhnliche Tiefenlage nicht angegeben ist) unter heutigen Verhältnissen nur eine äußert knapp bemessene Entwässerung finden kann. Die Zeche ist aber in lebhafter Tätigkeit tiefer zu bauen und kann daher ratsamer Weise auch diese Polderanlage nicht aufgegeben werden. Dann erwäge man dabei, daß dieser Polder – Schalke und Braubauerschaft – der städtischen Bebauung unterliegt und kanalisiert werden soll und deshalb eine Senkung der Vorflut bei Km. 27 um 1,5 m aus allgemeinen Landesinteressen dringend geboten ist.

Bei Km. 27 springt dann die Sohle wieder 1,15 m in die Höhe und wird von dort bis Km. 40 sich alsbald wieder eine Barre ausbilden, weil die voraussichtliche Senkung sich dort in mäßigeren Grenzen hält. Die Vorflutverhältnisse für Unser Fritz und Pluto und namentlich die Auswässerungsverhältnisse im Wege der Kanalisation von Bickern (Wanne Nord) werden nicht wesentlich verbessert und ist für weitergehende Senkungen keine Fürsorge getroffen.

Der Km. 40 eingelegte Abfall von 0,9 m müßte bei vorsichtiger Behandlung des Projektes nach Km. 69 verschoben werden, einmal, weil nach den Darstellungen von Km 43 bis 67 sich eine gefährliche Barre ausbilden wird, namentlich aber, weil die vorgesehene Entwässerung schon heute nicht mehr genügt. Wie sollen die Sümpfe sich bei Hause Strünkede, die Senkungen an der Emscher selbst, die Entwässerung der Kanalisation von Herne ihre genügende Vorflut finden? Aber auch diese Barre ist wahrscheinlich nach denselben Grundsätzen, daß die Zechen Stein, Hardenberg und Hansa bei Eintritt der angedeuteten Bodensenkungen vorab in's Unglück geraten müssen, um später Arbeit zu behalten, zu erhalten.

Vom Km. 60 an aufwärts bis zum Schluss bei Km. 72 ist eine gewöhnliche Flußregulierung fast nur im einseitigen Interesse der Grundbesitzer vorgesehen. Die Stau- und Rieselanlagen werden, abgesehen von der Strecke Km. 64–68 erhalten und sollen auch die Winterfluten das Tal überströmen. So wünschenswert auch die Erhaltung der genannten wirtschaftlichen Vorteile für den ersten Augenblick erscheinen mögen, so passen dieselben doch nicht in den Rahmen des vorliegenden Projektes, umsoweniger, als nach den gegebenen Darstellungen infolge der zu erwartenden Senkungen jene Anlage alsbald vernichtet werden. Die Rieselung kann wegen der Zusammensetzung des Wasser rationell nicht mehr in Frage kommen, die glatte Abführung des stark verunreinigten

Wassers, auf welche an anderen Stellen der Projektverfasser mit Recht großen Wert legt, wird durch die Staue schwer geschädigt und bleiben auf dieser Strecke alle Gefahren für den Bergbau voll bestehen. Angezeigt war es daher bei dieser Gelegenheit, wie es schon seither im Emschergebiete üblich war, alle Vorfluthindernisse mit einem Schlage zu beseitigen. Das vorliegende Projekt bedeutet daher in der zweckmäßigen Behandlung dieser wichtigen Fragen keinen Fort-, sondern einen Rückschritt. Nach dieser Hinsicht sind die Interessen der dort belegenen Zechen in keiner Weise berücksichtigt, höchstens kann in betracht kommen, daß letztere wie seither, ihr Zechenwasser zur Emscher ausgießen.

Als Schlußurteil ergiebt sich, daß die [...] angebenen Vorteile sehr vorsichtig aufzunehmen sind, daß an vielen Stellen den gefährlichsten Polderanlagen seine Rechnung getragen wird, und daß ferner im großen ganzen die Interessen des Bergbaues nach Möglichkeit unberücksichtigt gelassen sind. Noch vor Ablauf der Bauzeit von 5 Jahren sind naturgemäß neue Grundstückschädigungen zu erwarten, was doch bei diesem gewaltigen Unternehmen vermieden werden sollte.

Der Eingangs genannte Gedankengang inbetreff der angeblich nutzbringenden Erhaltung der Vorfluthindernisse müßte aufgegeben werden und dürften zu diesem Zwecke die vorgesehenen Abfälle in der Emschersohle nach obiger Angabe stromauf zu verlegen sein. Daraus würde sich eine tiefere Sohlenlage von 1 bis $1\frac{1}{2}$ m im Durchschnitt ergeben, welche von den Zechen nicht teuer genug erkauft werden kann. Man wende nicht ein, daß maßlose Ansprüche nicht befriedigt werden könnten; im Gegenteile: es sind die gestellten Ansprüche in dem Rahmen des unbedingt Erforderlichen gehalten worden, anders würden weitergehende Vorschläge gemacht sein. Die Forderungen sind auch unschwer zu erfüllen, da nach den Projektpositionen Grunderwerb und Bauwerke nicht in Frage kommen, sondern es sich allein um Aushub und Deplazierung von Erdmassen handelt, was jedenfalls billiger ausfallen wird, als wenn nach wenigen Jahren von Neuem die sämtlichen Vorkehrungen an Dampfbaggern getroffen und die kostspieligen Uferbefestigungen beseitigt und von Neuem eingebracht werden müssen. Die späteren Kosten könnten, abgesehen von den Prozeßaufwendungen seitens der Besitzer und Zechen heute mindestens um $\frac{1}{2}$ reduziert werden.

Die fraglichen Mehrarbeiten dienen aber auch nicht allein den Interessen des Bergbaues, sondern kommen weiteren Kreisen zu Gute, weil die fatalen Störungen der Ausnutzung des Grundbesitzes, der Ansiedlungen pp. auf lange Zeit hinausgeschoben wird und namentlich, weil die Kläranlagen für die Wässer der Seitenbäche zweckmäßiger angelegt werden können. Damit hängt auch die in den Seitenbächen zu erringende Vorflut zusammen. Das beigegebene Projekt der Kläranlagen, worin wohl die horizontalen, aber nicht die vertikalen Maße eingetragen sind, absorbiert ein Gefälle von 2,25 m; außerdem ist für die an den Seitenbächen in der Ebene liegenden Ortschaften und Städte eine Kanalisation unbedingt notwendig, welche mit dem Mindestmaß von 2,0 m unter Terrain wenigstens einzusetzen ist. In Folge dessen sind 4,25 m aus den Terraingefällen oder an der Tiefenanlage zum Mittelwasser der Emscher herauszuschneiden, was, wenn solches nicht auf Kosten der wünschenswerten Vorflut in dem unterem Verlaufe der Seitenbäche hinausgeht, wohl an keiner Stelle möglich sein wird. Hierin mag der Grund für die eingeführte seichte Ausbildung der Vorflut in den Seitenbächen zu suchen sein. Gerade die vorgeschlagene größere Absenkung des Wasserspiegels in der Emscher würde dem Reinigungsdienste erhebliche Vorteile bieten, während nach dem Projekte die Kläranlage für die Auswässerung der Städte und für die Vorfutbeschaffung für den Bergbau große Bedenken in sich tragen.

In dem „Verwerfen des Michaelis'schen Entwurfes" wird eine Art Totengericht gehalten, welches im Anfange die gewaltigen Unterschiede zwischen ehemals und jetzt richtig hervorhebt, in weiterem Verlaufe und zum Schlusse aber in scharfe Verurteilungen ausklingt, so daß der mit den Verhältnissen unbekannte Leser einen merkwürdigen Begriff über die Fähigkeiten des genannten Herrn gewinnen muß. Der Unterzeichnete fühlt sich verpflichtet, die Ehre des Verstorbenen, dessen hervorragenden, wasserbautechnischen Kenntnissen von allen Zeitgenossen anerkannt wurden und dessen Vorschläge auch heute noch bei vielen großen Unternehmungen als maßgebend befolgt werden, zu verteidigen. Die damalige Aufgabe war nach allen Richtungen hin anders gartet und war das Feld einer energischen Flußregulierung noch nicht vorbereitet. Die Michaelis'sche Projektvorlage ist niemals weiter verfolgt, die Behörden gaben in Anbetracht der hohen Kosten (4 000 000 Mk.) alle Versuche der Durchführung auf und erließen nur die Vorschrift, daß alle Einzelunternehmungen nach Möglichkeit im Rahmen der Projektvorlage gehalten werden sollten. Die von dem Verfasser der neuen Vorlage zu jenem Projekte beliebten Erklärungen entsprechen wiederum nicht überall den tatsächlichen Verhältnissen. Ferner wird er bei eingehender Bearbeitung des eigenen Projektes auch eine ebenso große Anzahl von Seiten- und Talgräben in tiefeinschneidender Lage erhalten, weil die Emscherregulierung allein nicht die seitwärts gelegenen Sümpfe und Polder trocken legt. Wie aber schon oben ausgeführt, scheinen Seitenentwässerungen im neuen Projekte weder vorgesehen noch berücksichtigt und die notwendige Anordnung der zahlreichen Gräben im Michaelis'schen Projekt über nicht verstanden zu sein.

Nach letzterem ist vor 12 Jahren nur die große Entwässerungsanlage der drei Vereinszechen Pluto, Unser Fritz und Bismarck ausgeführt. Die Auslassungen darüber stimmen wiederum nicht mit den Tatsachen; die Anlagen haben seither tadellos funktioniert, sind nirgends verschlammt und bieten auch heute noch den Zechen ebenso große Vorteile, wie sie durch die Maßregeln des neuen Projektes erreicht werden sollen. Nur ist die Vorflut für den untersten Teil von Bismarck unterdessen bedenklich geworden; solches wird nach den neuen Projektdispositionen sich weit schneller und in erhöhtem Maß herausstellen. Die gesamte Aufsichts- und Unterhaltungskosten der Deiche und Gräben von über 35 km Länge erfordern eine jährliche, minimale Aufwendung von 1 800 Mk. Die Anlagen sind von den segensreichen Folgen begleitet gewesen und ist es unverständlich, wie eine so scharfe Verurteilung Platz greifen konnte, umsomehr, als bei der gegenwärtig gestellten Aufgabe unter den veränderten Verhältnissen von den Vorschlägen des Baurates Michaelis keine Rede mehr gewesen ist und auch nicht sein konnte. Die heutige Projektaufstellung, vom Geiste des Verstorbenen geleitet, würden jedenfalls ganz anders ausgefallen sein.

H. Breme.

K. Gerstein an den Vorstand der Emschergenossenschaft, 1906

([Karl] Gerstein an Vorstand, 2.11.1906 [Abschrift], RWWA, 130–3001170/7)

I. Ich begrüsse es im Interesse der Emschergenossenschaft mit Freude, dass die Herren des Vorstandes Schritte eingeleitet haben, um die Angelegenheit ohne Zuziehung der Behörden zu ordnen.

II. Herrn Middeldorfs Auffassung, dass ich „gelegentlich auch in seiner Abwesenheit" mit den Beamten verhandeln könnte, entspricht nicht der Stellung des Vorsitzenden; dieser allein muss die Entscheidung haben, ob er, falls er es für nötig hält, mit den einzelnen Beamten direkt verhandeln will. Darüber, dass dieses Recht nicht missbraucht werden darf, kann ich keine Erklärung abgeben, denn ich habe es tatsächlich nicht missbraucht.

III. Das Ansinnen, welches Herr Middeldorf an mich gestellt hat, ist sachlich unbegründet, es ist ein Zeichen, dass er seine Stellung dem Vorsitzenden gegenüber völlig verkennt, es steht im Widerspruch mit dem Statut und mit seinem Anstellungsvertrag, auch ist es mir gegenüber deshalb im besonderen Masse unangebracht, weil ich es niemals Herrn Middeldorf gegenüber an Rücksicht, Entgegenkommen und Liebenswürdigkeit habe fehlen lassen; deshalb war ich durch die Zumutung bis zu einem gewissen Grade erregt. […]

IV. Das Schreiben von mir war nicht sachlich, „an den Baudirektor", sondern persönlich […] addressiert. Ich kann nicht wissen, dass Herr Middeldorf Briefe, die an ihn persönlich gerichtet sind, durch den Bureauvorsteher öffnen lässt; hätte ich das annehmen können, würde ich auf das Couvert ein Vermerk „persönlich" gesetzt haben. Die Schuld […] trifft nicht mich, sondern Herrn Middeldorf. […]

V. Die Auffassung der Herrn Vorstandsmitglieder, dass der fragliche Passus „ich kann nicht leugnen etc." einen friedlichen Eindruck macht, entspricht meiner Absicht bei der Abfassung.

VI. Die materielle Seite kann nur erledigt werden, dass Herr Middeldorf seine Berufung an den Vorstand zurücknimmt. Ich kann mein Schreiben nicht als ungeschehen erklären, da mein Schreiben dem Ansinnen des Herrn Middeldorf gegenüber und zur Klarstellung des Verhältnisses zwischen Vorsitzenden und Baudirektor notwendig war.

VII. Diese Erklärung gebe ich nicht Herrn Middeldorf gegenüber ab, sondern allein den Herren des Vorstandes.

Karl Gerstein

Röhr (Magistratsbaurat): Emscher-Sorgen, 1927

(Drucksache, 3.3.1927, montan.dok/BBA, 4/798)

[angeheftet die Notiz:] Die zahlenden Mitglieder der E.G. bitte ich von beifolgenden Zeilen Kenntnis zu nehmen. Sollen Sie aus innerster Ueberzeugung den Vorschlag der Dreimännerkommission bei einem der Herren Vorstandsmitglieder unterstützen können, dann bitte ich im Interesse aller Emscher-Genossen darum.

Der Verfasser.

Emscher-Sorgen [HiO]
Für die Mitglieder der 4 Beitragsgruppen

1926	M	v.H.
Bergbau	= 2 088 000,-	57
Eisen und Stahl	= 567 000.-	16
Gemeinden	= 842 000,-	23
Sonstige Werke und Betriebe	= 137 000,-	4
	zus. 3 636 000.-	100

bestimmt.[45]
(Obige Zahlen sind dem Umlagekataster 1926 Seite 12 letzte Spalte entnommen).

Jede Veröffentlichung verboten!

1927
Durch Genossenschafts-Vers. am 16.3. beschlossen.
siehe Seite 2 d. H.-Planes.

45 Hier ist – ausnahmsweise – eine Kommentierung notwendig, da die Addition fehlerhaft ist. Zusammengerechnet handelt es sich um einen Betrag von 3.634.000 M. Die genannten Prozentzahlen beziehen sich auf diese Summe.

viertletzter Absatz Jahresumlage	3 540 000 M	oben 1926	mehr 1927
hierzu zweitletzter Absatz Wiederherstellungsarbeit 1 673 000 – 423 000 (für 1928 zurückgestellt)	1 250 000 M		
beschlossene Umlage 1927 zus.	4 790 000 M	– 3 636 000 M	= 1 154 000 M
hierzu die vor für 1928 zurückgestellten	423 000 M		
ergibt Summe des 1927 auf Umlage entfallenden Gesamtsolls	5 213 000 M		

Allgemeine Bemerkung für 1924/27 zu 1914
Umlage für Zins und Tilgung 1914 = 2 900 000 M
Davon an Aufwertungsschuld geblieben rund – 400 000 M
Mithin ab 1924 in den Grundabteilungen
A Reinhaltung
B Wasserzuführung ein Umlageinflationsgewinn
C Vorflutverbesserung von alljährl. 2 500 000 M

Entwässerungs-Duell [HiO]
Dr. Imhoff – Dr. Helbing
Dr. Helbing rd. 20 Jahre Geschäftsführer der Emschergenossenschaft, Dr. Imhoff bis Sommer 1925 rd. 15 Jahre stellv. Geschäftsführer der Emschergenossenschaft streiten sich seit Herbst 1926 über die wirtschaftlichen Fragen und Richtlinien bei der Emscherverwaltung. Die Ausarbeitung der beiden Denkschriften behandelt Millionenbeträge. Es muß für alle Emschergenossen und für die Allgemeinheit von Interesse sein, in freier Art die Stellungnahme eines Fachmannes, welcher seit bereits 28 Jahren in der Städteentwässerung tätig ist, und der schon die Gründerjahre der Emschergenossenschaft 1901/04 mit Herrn Landrat Gerstein als ersten Vorgesetzten mitgemacht hat, kennen zu lernen.

Durch einen Sonderfall aufmerksam geworden, muß ich zunächst erklären, bis zum Erscheinen obiger Denkschrift habe ich beide Herren Baudirektoren wissentlich seit 1914 weder gesehen noch sonst auf irgend einem denkbaren Wege mit ihnen in Verbindung gestanden. Wohl bin ich seit Erscheinen des Haushaltsplanes und der Veranlagung 1925 damit beschäftigt, die auffällige Steigerung der Beitragszahlen zu ergründen. Ich habe hiervon erstmalig am 14. Januar 1925 meinem Vorgesetzten Mitteilung gemacht und den beiden Vorstandsmitgliedern der Gruppe Gemeinden, den Herren Oberbürgermeister von Essen und Gelsenkirchen, nach Erscheinen des Haushaltsplanes am 24. April 1926 hatte ich die steigende Kurve der Beitragszahlen unter besonderer Hervorhebung der Gruppe Gemeinden zusammengestellt und nach Essen gesandt. Durch die Urlaubszeit kam die von Herrn Oberbürgermeister Bracht beabsichtigte Besprechung der führenden Beitragszahler der Gruppe Gemeinden in den Sommermonaten nicht zustande. Mitte

September (vom 10.9. datiert) erschien die Denkschrift Dr. Imhoff „*Vorschläge zu Ersparnissen bei der E.G.*“ [HiO] und dann 3 Wochen später, die Gegenschrift Dr. Helbing (in der Sitzung des Gesamtvorstandes der E.G. am 5.10.1926 besprochen).

Nachfolgend sind die Denkschriften kurz „*I*“ [HiO] und „*H*“ [HiO] benannt.

Die Endresultate der Denkschrift sind:
„I“
Jährlich können ab 1927 gespart werden 2 000 000,- RM
Aus Anleihemitteln:
Jährlich einschl. Wiederherstellungsarbeiten erforderlich 1,5 Millionen

„H“
Widerlegung der Ersparung obiger 2 000 000 RM
Aus Anleihemitteln:
Es wird ein erweitertes Neubau-Programm in den kommenden 10 Jahren von zusammen 29 plus 14 = 43 Millionen *ohne* [HiO] Wiederherstellungsarbeiten für erforderlich gehalten. Bei 6 % Zinsen plus Tilgung in 25 Jahren ergibt sich ein Mehr an Jahresumlagen gegenüber „I“ von rund 2 500 000 RM
Zusammen „H“ mehr wie „I“ 4 500 00 RM

Also in den beiden besten Köpfen der Entwässerungstechnik des Ruhrbezirks eine abweichende gutachterliche Darstellung, welche bei „H“ für die Genossen eine *Mehrumlage* [HiO] von
4 500 000,- RM [HiO]
jährlich erfordert.
Bei 8 % Zinsen und Tilgungsdienst entspricht dies einer Kapitaldeckung von rund
50 000 000,- RM [HiO]
Denkt man daran, das in „H“ für die bisherigen Gesamtbauwerke seit Gründung der E.G.
75 000 000,- RM Ausgabe [HiO]
nachgewiesen werden, so muß in jedem Wirtschaftsdenken der Wunsch nach weiterer Klärung aufsteigen.

Außerdem ist in beiden Denkschriften die kommende Notwendigkeit der Verlegung der Emschermündung erwähnt. Die benannte Bausumme von 30 000 000,- RM ist nicht streitig. Wenn auch in etwa 10 Jahren die Geldbeschaffung billiger sein wird, so werden diese 30 Millionen den dann kommenden Haushaltsplan auf ein Menschenalter mit Millionen Jahresabgabe belasten.

In den Jahren 1924 bis 26 ist – ohne die jährlich rund 1 Million für Wiederherstellungsarbeiten – die Jahressumme des Ordentlichen H.-Pl. [...] von 1,9 Millionen auf 3,3 Millionen als rund 1,4 Millionen RM gestiegen (Ausgaben für Besoldung sind nicht erhöht [...]). Für Neubauausgaben sind diesen Jahren aus Anleihe geleistet für 6,2 Millionen. Nach den Ausführungen in „H“ kann daher nicht mehr zweifelhaft sein, daß in etwa 10 Jahren bei den projektierten Millionen Neubauausgaben mit einer
Jahresumlage bis 10 Millionen [HiO]

gerechnet werden muß. Also die dreifache Summe wie heute, hierzu kommen dann noch, von Gruppe Bergbau *allein zu tragen* [HiO], die Ausgaben für Wiederherstellungsarbeiten.

Weiter auf technische oder finanzielle Einzelheiten der beiden Denkschriften einzugehen, ist an dieser Stelle nicht angebracht, da die in Frage kommende Materie nur durch eingehendes längeres Studium vieler Vorgänge zur Stellungnahme begreiflich werden kann.

Es muß versucht werden, die vorliegenden, weitgehenden Gegensätze der beiden fachlichen Spitzenstellen zunächst durch die geeinten Kräfte aus dem großen Kreise der Emschermitglieder einer gründlichen Nachprüfung unterziehen zu lassen.

Zu diesem Zweck geht mein Vorschlag dahin,

daß die maßgebenden Beitragsgruppen

Bergbau,

Eisen und Stahl und

Gemeinden

mit je 1 Kopf eine Dreimännerkommission durch Genossenschaftsbeschluß bevollmächtigen, über Ersparnismöglichkeiten binnen 6 Monaten Bericht zu erstatten. [HiO]

Den drei Köpfen steht es frei, ohne *jede* [HiO] Einschränkung *alle Maßnahmen* [HiO] usw. anzuordnen, welche zur Durchführung der gestellten Aufgabe nötig ist.

Die entstehenden Kosten hat die Emschergenossenschaft vorzulegen und ist der Betrag bei der nächsten Veranlagung von den 3 Genossenschaftsgruppen zu je 1/3 wieder einzuziehen.

Die Geschäftsführung ist der Dreimännerkommission auf allen Gebieten unter Zurverfügungstellung aller Unterlagen auskunfts- und mitarbeitungspflichtig. Da nach der Denkschrift „H“ der Vorstand der E.G. zu dem Inhalt durch Beschluß Stellung genommen hat, müßten Vorstandsmitglieder oder deren Stellvertreter als Mitglied der gedachten Ersparniskommission ausscheiden. Desgleichen zweckmäßig auch Mitglieder der Berufungskommission

Ich würde als Vorsitzender des Vorstandes oder als Vorstandsmitglied bei den bestehenden Millionendifferenzen der beiden führenden technischen Spitzenstellen soweit gehen, zu beantragen, die in *2 Monaten bevorstehende Beschlußfassung über den Haushaltsplan 1927 um $\frac{1}{2}$ Jahre auszusetzen* [HiO]. Zwei Vierteljahresbeiträge sind durch Genossenschaftsbeschluß mit dem festzusetzenden Aufschlags-Prozentsatz als Vorschuß einzuziehen. Die Verrechnung hat nach Festsetzung des nächsten Katasters zu erfolgen. Der Haushaltsplan ist dann im Herbst 1927 für zwei Jahre 1927 und 1928 festzusetzen unter Berücksichtigung etwaiger Vorschläge der Dreimännerkommission.

Außer den Beitragszahlern müssen besonders auch die leitenden Herren der Geschäftsführung den Vorschlag einer Dreimännerkommission begrüßen, da sonst die Folgen des hin geworfenen *Fehdehandschuhs Ruhr gegen Emscher* [HiO] und umgekehrt auf Jahre hinaus nicht zur Ruhe kommen werden. Zu diesen Folgen gehört besonders auch das mögliche Schwinden des bisher vorhanden gewesenen *unbedingten* [HiO] Vertrauens der Genossenschaftsversammlung zur Geschäftsführung.

Als Nachtrag sind die Schlußfolgerungen der beiden Denkschriften wörtlich wiederholt. Dies genügt, um daraus die großen fachlichen Gegensätze der beiden im Ruhrkohlengebiet führenden Entwässerungstechniker abgespiegelt zu sehen.

Bochum V, den 3. März 1927

Röhr,

Hofsteder Straße 196.

Die Darlegung haben erhalten:

1. Die Beitragszahler über 200 RM pro Jahr
2. Der Bergbau-Verein
3. Die Vereinigten Stahlwerke, Düsseldorf
4. Die Vereinigten Stahlwerke, Abteilung Kohle, Essen
5. Herr Baudirektor Dr. Helbing
6. Der Herr Baudirektor Imhoff.

Nachtrags-Bemerkung.
Am 2.3. lud Herr Oberbürgermeister Bracht die Gruppe Gemeinden zum Vortrag Dr. Helbing nach dem Rathaus Essen ein. Hier erhielt ich Kenntnis von der bereits erfolgten Einladung zur Genoss.-Versammlung am 16.3. (im Vorjahr erst 24.4.). Da der Vorstand zu dieser kl. Schrift keine Stellung mehr nehmen wollte, hielt ich die Absendung sachlich für untunlich.

Der vorletzte Absatz der 3. Seite kommt daher in Fortfall und bleibt es Sache des Vorstandes die entspr. Beschlüsse zur Einsetzung der Dreimännerkommission zu fassen.

Abschrift. [HiO]
Der Abschluß der Denkschrift des Baudirektors *Dr. Imhoff* [HiO] vom 10. September 1926, betreffend *„Vorschläge zur Ersparnissen bei der Emschergenossenschaft“* [HiO], lautet:
Ergebnis: [HiO]
Die Bauarbeiten der Emschergenossenschaft sind mit Ende diesen Jahres im wesentlichen beendet, und es bleibt dann nur noch Aufgabe, die vorhandenen Anlagen zu betreiben, zu unterhalten und entsprechend der natürlichen Entwickelung zu erneuern und zu ergänzen.

Die in den letzten Jahren genannten 5 neuen Aufgaben (Emscherkläranlage, Schlammkraftwerk, Rheingenossenschaft, dritte Emschermündung, Lippegenossenschaft) sind einzeln besprochen. Sie könnten zum größten Teil als erledigt betrachtet werden. Jedenfalls kann durch sie kein wesentlichen Anteil der Verwaltungskosten begründet werden.

Aus den jährlichen Betriebskosten müssen die in letzter Zeit dorthin gerechneten Baukosten gestrichen werden. Die Betriebskosten fallen dann auf die Hälfte und betragen künftig nur noch 1 Million im Jahr.

Auch die von den Zechen getragenen Wiederherstellungsarbeiten sind Baukosten und können auf Anleihe genommen werden. Einschließlich dieser Wiederherstellungsbauten wird die Bautätigkeit der Genossenschaft auf künftig jährlich 1,5 Millionen RM geschätzt.

Entsprechend diesen Summen für Betrieb und Bau darf die Verwaltung einschließlich aller üblichen Nebenarbeiten künftig höchstens 10 % der Baukosten und 25 % der Betriebskosten, also 400 000 RM jährlich betragen. Die Verwaltungskosten müssen also von 1 400 000 RM auf 400 000 RM herabgesetzt werden.

Die Jahresbeiträge haben in den letzten Jahren einschließlich der Wiederherstellungsbeiträge der Zechen rund 3,6 Millionen RM jährlich betragen. Wenn die jetzige Verwaltung und Rechnungsart beibehalten wird, werden sie schon im nächsten Jahre auf 4,6 Millionen erhöht werden müssen. Nach diesen Vorschlägen können sie jedoch auf 2,6 Millionen herabgesetzt werden.

Die Vorschläge laufen also darauf hinaus, vom nächsten Jahre an 2 Millionen jährliche Genossenschaftsbeiträge zu ersparen, ohne die notwendigen technischen und Verwaltungsarbeiten einzuschränken [HiO].

Abschrift. [HiO]

Abschluß [HiO] der Gegendenkschrift des *Baudirektors Dr. Helbing* [HiO] vom 6. Oktober 1926 zur Denkschrift des Baudirektors Dr. Imhoff vom 10.9.1926.

Am Schluß der Imhoffschen Denkschrift steht das „Ergebnis“. Dazu ist zusammenfassend zu sagen: Nicht richtig ist, daß die Bauarbeiten der Emschergenossenschaft mit Ende dieses Jahres im wesentlichen beendet sind, und daß nur noch die Aufgabe bleibt, die vorhandenen Anlagen zu betreiben und zu unterhalten und entsprechend der natürlichen Entwicklung zu erneuern und zu ergänzen. Vielmehr muß die Genossenschaft noch *lange Jahre* [HiO] im *selben Umfange noch Neubauten errichten* [HiO] wie in diesem Jahre; die Unterhaltungs- und Verwaltungsaufgaben werden also *in Zukunft immer mehr steigen* [HiO].

Die in den letzten 5 Jahren genannten 5 neuen Aufgaben sind nicht erledigt. Sie erfordern in Zukunft noch viele Entwürfe und Berechnungen. Ueber die Emscherkläranlagen und das Schlammkraftwerk zurzeit schon – vor allem in einer Form, die mit Sicherheit zu Diskussionen in der Oeffentlichkeit führt, – zu berichten, ist verfrüht und schädigt die Genossenschaft. Dasselbe gilt bezüglich der Rheingenossenschaft, der dritten Emschermündung und der Lippegenossenschaft.

Falsch wäre es, wenn der Geschäftsführer dem Vorstand nicht vorschlagen würde, in den Betriebsetat nicht die jetzt dort verrechneten Baukosten für kleinere Erneuerungen und Ergänzungen aufzunehmen, wie es Dr. Imhoff für richtig hält. Sache des Verbandes ist es, zu bestimmen, ob er diese Art der Verrechnung für tragbar hält. Allgemein muß jeder für die Finanzen verantwortlich[e] bestrebt sein, möglichst viel aus laufenden Mitteln zu decken, nicht möglichst wenig. Dasselbe gilt für die von den Bergwerken zu tragenden Wiederherstellungskosten, die nach Ansicht von Dr. Imhoff ebenfalls auf Anleihe zu nehmen sind. Der Vorstand wird wohl am besten wissen, ob die von ihm beschlossene Finanzierung für ihn am günstigsten ist oder nicht. Ob diese von ihm beschlossen Art der Kostenaufbringung richtig ist oder nicht.

Auch wenn man den Annahmen von Dr. Imhoff folgt und nur 10 % der Baukosten und 25 % der Betriebskosten als Verwaltungskosten einsetzt, ergibt sich eine höhere Summe als die der jetzigen Verwaltungskosten. *Würde man aber die Verwaltungskosten streichen, dann würde die Genossenschaft die ihr durch das Gesetz auferlegte Pflicht nicht erfüllen können;*

sie wäre überhaupt nicht mehr in der Lage, eigene Wege zur Verbesserung und Verbilligung ihrer Anlagen zu gehen. [HiO]

Geringere Kosten [HiO] werden in den nächsten Jahren *nicht entstehen* [HiO] in der Richtung, die Dr. Imhoff annimmt, sondern vielmehr dadurch, daß der Etat nicht in Zukunft belastet ist mit Zinsen für durch Anleihe gedeckte Ergänzungsbauten und Wiederherstellungsarbeiten dadurch, daß die jährlichen Bauausgaben für Ergänzungen geringer werden, wenn die Folgen der Kriegs- und Nachkriegszeit überwunden sind und dadurch, daß die Kosten für Wiederherstellungsarbeiten, die ebenfalls infolge der Kriegs- und Nachkriegszeit in den letzten Jahren ausnahmsweise hoch waren, heruntergesetzt werden könnten.

Der Vorschlag von Dr. Imhoff, 2 Millionen Mark jährlich Genossenschaftsbeiträge zu „ersparen", ist unmöglich [HiO].

Die ›Autonome‹: Die Emschergenossenschaft und die gescheiterte Neuordnung der Wasserwirtschaft (1932-1937)

> »Nachdem ich kürzlich die Freude hatte [...] Ihren Vortrag über das Verhältnis von Staat und Wirtschaft zu hören, erlaube ich mir heute in meiner Eigenschaft als Vorsitzender der Emschergenossenschaft, Ihnen eine Anfrage zu unterbreiten [...]. Sie deuteten in Ihrem Vortrag an, dass nach der in nächster Zeit bevorstehenden ständischen Gliederung höchstwahrscheinlich von Betriebsräten, Vertrauensräten usw. nicht mehr die Rede sein werde, sondern dass einerseits in der Arbeitsfront das Sozialvermögen von Unternehmer-, Angestellten- und Arbeiterschaft gemeinsam geordnet und verwaltet werden würde, dass aber die Ordnung und Verwaltung des Privat- oder Wirtschaftsvermögens der alleinigen Zuständigkeit und Verantwortung der Unternehmer überlassen bleiben würden. Unsere Emschergenossenschaft ist zwar eine Korporation öffentlichen Rechts und ihre Verhältnisse sind durch eine besonderes preussisches Gesetz [...] öffentlich rechtlich geordnet, auf der anderen Seite gehört sie aber insoweit der Sphäre der privaten Wirtschaft an, als sie vom Reich oder Staat keinerlei geldliche Zuschüsse irgendwelcher Art bekommt, sondern darauf angewiesen ist, die bedeutenden Geldmittel, deren sie jährlich bedarf, von den beteiligten Genossen einzuziehen.«
> *(Jakob Haßlacher, 1933)*[1]

Ein »uralter germanischer Rechts- und Zusammenschlußgedanke« habe Pate gestanden bei der Schaffung der Emschergenossenschaft. Das jedenfalls behauptete August Heinrichsbauer 1936 in seiner just veröffentlichten »Wasserwirtschaft im Rheinisch-Westfälischen Industriegebiet«.[2] Aufgrund der »festen Überzeugung, daß nur die Beteiligten selbst [!] Ordnung in die völlig verfahrenen Verhältnisse bringen konnten, die die staatlich-bürokratische Reglementierung nicht zu lösen verstanden hatte«, sei sie 1904 errichtet worden. Entsprechend, so Heinrichsbauer weiter, hatten bereits die Gründer

1 Hasslacher (Vorsitzender der Emschergenossenschaft) an den Treuhänder der Arbeit Herrn Dr. [Josef] Klein, Düsseldorf-Oberkassel, 14.12.1933, tkCA, RSW 6703.

2 Heinrichsbauer: Wasserwirtschaft, Zit. S. 110, 112.

den »größten Wert auf Unabhängigkeit« gelegt. Diese Unabhängigkeit – und damit wurde es politisch hochbrisant – stünde dem »Selbstverwaltungskörper« auch weiterhin zu, schließlich habe der Staat ja schon zur Gründung »jegliche geldliche Beteiligung abgelehnt«. Zwar hatten die unabhängigen Entscheidungen der Emschergenossenschaft, so räumte Heinrichsbauer vergleichsweise unverblümt ein, Konsequenzen, nämlich:

> »Der Ausbau der Emscher zum Hauptkanal für das Entwässerungsnetz bedeutete zwar für die 2,5 Millionen Bewohner dieses Gebietes [gemeint war nur der Norden, das ›Emscherthal‹ und nicht das gesamte ›Ruhrgebiet‹; d. Vf.] einen Verzicht auf reines Wasser in den Bachläufen. Diese Regelung war aber notwendig, wenn nicht der Bergbau zum Erliegen gebracht werden sollte.«[3]

Nun ja und ganz klar: ohne Bergbau keine Kohle und ohne Kohle keine Rüstung. Insofern war die sozialräumliche Konsequenz allenfalls sekundär. Heinrichsbauers »Wasserwirtschaft« ist ein ausgesprochen interessantes Büchlein, denn hinter dem obligatorischen Bekenntnis zur nationalsozialistischen ›Weltanschauung‹ verbarg sich nicht weniger als das Bestreben der Auftraggeber, die Zugriffs- und Interventionsversuche des NS-Staates abzuwehren. Heinrichsbauer war nicht irgendein Publizist, sondern *der* Lobbyist des Industriebezirks in den ersten Jahren des Nationalsozialismus.[4] Und sein Büchlein über die »Wasserwirtschaft« schrieb er im besonderen Auftrag der Emschergenossenschaft. Das war eine geschichtspolitische Tat, mit dem die Auftraggeber die Abwehr der nationalsozialistischen Einflussnahme zu begründen versuchten.[5]

Tatsächlich wurden schon kurz nach der Machtübernahme 1933 Versuche unternommen, die Emschergenossenschaft in ihrer Autonomie zu beschränken. Schlimmer noch: Das Reich, insbesondere das *Reichsministerium für Ernährung und Landwirtschaft* (bis 1938: Reichs- und preußisches Ministerium für Ernährung und Landwirtschaft [RMEL]) zeigte an, sich in die wasserwirtschaftlichen Verhältnisse des Industriebezirks einmischen zu wollen! Das lehnte die Emschergenossenschaft mit ihrem inzwischen etablierten Selbstverständnis rundweg ab, genauso wie die an der Emschergenossenschaft beteiligten Unternehmen. Und auch die kommunalen Genossen waren keineswegs bereit, ihre Bad Bank einfach so einer Ordnung zu unterstellen, auf die sie keinen Einfluss mehr hatten, wenn ihre Abwehr, die Oberbürgermeister des Industriebezirks waren nach der Machtübernahme schnell durch zuverlässige Nationalsozialisten ersetzt worden, auch eine anders gelagerte war, nationalsozialistische ›Weltanschauung‹ hin oder her. Die Emschergenossenschaft sah sich also und schlag 1933 gezwungen, die Klauen zu zeigen.

Für den Versuch einer nationalsozialistischen Einflussnahme in die Wasserwirtschaft gab es durchaus Anzeichen, wenn sie auch schräg waren. So wurde im wachsamen Verbandsnetz der Industrie bereits im September 1932 ein Antrag registriert, der in den Preußischen Landtag eingebracht worden war. Die NSDAP forderte, das Preußische

3 Ebd., Zit. S. 39 f., 48.

4 Eva-Maria Roelevink: Des Unternehmers »volkstümliche« Biographie, oder: wie die Ruhrkohlenindustrie Geschichte machte, in: Zeitschrift für Unternehmensgeschichte 1, 2018, S. 33–68, hier S. 40–45.

5 Hasslacher an Ramshorn, 5.5.1936, tkCA, RSW 6706; dazu auch o. V. [Lippert] an Butz, 15.5.1936, montan.dok/BBA, 15/633.

Wassergesetz von 1913 abzuändern. Die vorgeschlagene Novellierung war nicht grundlegender Natur; beantragt war die Änderung einer Lappalie: Die Erstellung von Lage-, Höhenplänen und Querschnitten sollten durch privat beauftragte Sachverständige, nicht mehr nur durch Beamte vorgenommen werden dürfen, so der Antrag.[6] Die Bedeutung des Antrages liegt weniger im Inhalt als darin,[7] dass die Wirtschaftsverbände, insbesondere die *Fachgruppe Bergbau* bzw. die *Fachgruppe Ruhr* im *Reichsverband der Deutschen Industrie (RDI)* die Beweggründe hinter dem Antrag nicht einordnen oder identifizieren konnten. Ob es sich um reine Klientelpolitik handelte, größere Absichten dahintersteckten oder er schlicht zur Blockade im parlamentarischen Alltag eingebracht worden war, konnten die Verbandsfunktionäre nicht abschätzen. Also schrieb die Fachgruppe ihre Mitglieder an, informierte über den Antrag und bat um Rückmeldung. Die Reaktion fiel einhellig aus: »Eine sachliche Notwendigkeit dieser Aenderung können wir nicht erkennen.«[8] Mehr passierte erst einmal nicht, der Preußische Landtag war zu dem Zeitpunkt bereits lahmgelegt, weitergehende Vorschläge das Preußische Wassergesetz abzuändern, wurden nicht vorgebracht. Nach der Machtübernahme änderte sich das schnell. Die neuen Machthaber begannen umgehend mit der Gleichschaltung und zügig mit der Zentralisierung von Kompetenzen auf das Reich. »Kampf« war dabei Mittel wie Treiber, und es war nicht und nie angedacht, die für das Regime an erster Stelle stehende Aufrüstung vorsichtig oder schrittweise vorzunehmen.[9] Mittels verschiedener Maßnahmen wurden die Reichseinnahmen erhöht, darunter die Neufassung der Körperschaftsteuer, die nun auch Genossenschaften zu entrichten hatten.[10]

Das alles betraf auch die Emschergenossenschaft, zunächst tangierte es sie jedoch nicht. Der NS-Staat ging in seinem Bestreben, die eigenen Einnahmen zu erhöhen, aber weiter. Für ›Berlin‹ lag es auf der Hand, das Wasserrecht reichsweit zu vereinheitlichen und gleichzeitig die Wassernutzungsrechte einer Besteuerung zu unterziehen. Das Wasserrecht war ein fragmentiertes Recht; im Reich gab es schlicht keine allgemeingültige Grundlage und damit auch keine einheitlichen Nutzungsmodi. Weder im Kaiserreich noch während der Weimarer Republik war es fertiggebracht worden,[11] die zersplitterten

6 Urantrag, Nr. 790, Preußischer Landtag, 4. Wahlperiode, 1. Tagung 1932, montan.dok/BBA, 15/1016b.

7 Auch wenn sich argumentieren lässt, dass die Emschergenossenschaft besonders die sog. Nivellementstabellen, die Höhentabellen, die die Details der Bergsenkungen auswiesen, unter Verschluss hielt und auch den Genossen oder Beteiligten nicht offenlegte. Diese wurden »streng geheim behandelt« und allein von der bergtechnischen Abteilung ver- und bearbeitet. Emschergenossenschaft an Ewald, 12.7.1910, montan.dok/BBA, 4/1004.

8 Zit. Deutscher Kaliverein an Fachgruppe Bergbau/RDI, betr. Urantrag Nr. 790, 5.10.1932, montan.dok/BBA, 15/1016b.

9 Marc Buggeln: Das Versprechen der Gleichheit. Steuern und soziale Ungleichheit in Deutschland von 1871 bis heute, Berlin 2022, S. 389–395; Ralf Banken: Hitlers Steuerstaat. Die Steuerpolitik im Dritten Reich, Berlin/Boston 2018, S. 103–107.

10 Buggeln: Versprechen, S. 449.

11 Mitte der 1920er Jahre hatte zwar ein Gesetzesentwurf kursiert, der Bestimmungen vorsah, »die geeignet sind, der Industrie unter Umständen die schwersten Laster aufzuerlegen«. Allerdings wurde der nicht durchgesetzt. Und wenn, dann hätte er die Zechen nicht getroffen, denn die »Berechtsame« des Bergbaus waren bereits im Entwurf ausgeklammert worden. Verein für die berg-

Wasserrechtspraxis zu vereinheitlichen. In Bayern etwa konnte seit 1907 eine fortlaufende Gebühr erhoben werden, in Württemberg wurde seit 1900/1924 eine einmalige Gebühr erhoben und in Thüringen war seit 1932 eine Wasserabgabe verankert, wenn sie in der Praxis auch kaum durchgesetzt wurde. Das in Preußen geltende Wasserrecht stammte aus dem Jahr 1913 und es untersagte die Erhebung von Abgaben vollständig.

Die Vereinheitlichung des Wasserrechts und die Erhebung eines Wasserzinses bildeten einen Teil der Gleichschaltungspolitik und der steuerlichen Umverteilung. Kampf und Rivalität waren feste Bestandteile der nationalsozialistischen Ordnung. Es kann daher nicht verwundern, dass an dem Vorhaben nicht nur rechtsgestaltend, sondern gleichzeitig auch sehr viel unvermittelter gearbeitet wurde, um ›der neuen Zeit‹ Ausdruck zu verleihen, aber auch, um das »Führerprinzip« in der Wasserwirtschaft vor der Rechtssetzung Realität werden zu lassen. Die Emschergenossenschaft, die an ihr beteiligten Industriellen und auch die Genossen, waren über die bald vorgenommenen Versuche, die Wasserversorgung und -entsorgung im Industriebezirk dem »Führerprinzip« zu unterstellen, nur wenig erbaut. Das hatte aber nichts mit politischem Widerstand zu tun, sondern damit, dass sich das Reichslandwirtschaftsministerium besonders rege daran beteiligte. Das passte den Beteiligten, die wunderbare und gut gepflegte Beziehungen zum Reichswirtschaftsministerium unterhielten, aber kaum Kontakte in das Reichslandwirtschaftsministerium hatten, und den Genossen, die sich um ihre Kompetenzen und ihre Vorherrschaft im Industriebezirk sorgten, selbstverständlich nicht.[12]

Für den gesetzgeberischen Teil der Gleichschaltung wurde im Sommer 1933 die *Akademie für das Deutsche Recht (ADR)* geschaffen;[13] noch 1933 wurde von der ADR der »Ausschuss für Wasserrecht« unter dem Vorsitz von *Paul Schlegelberger* eingerichtet.[14] Zur Arbeit im Ausschuss hinzugebeten wurden v. a. Vertreter der Ministerien; für die Vertre-

baulichen Interessen an Deutscher Wasserwirtschafts- und Wasserkraftverband, 11.5.1925, montan.dok/BBA, 15/637.

12 Vertrauliche Stellungnahme der Reichsgruppe Industrie zur Frage des Wasserzinses, o. D. [8.2.1937], montan.dok/BBA, 15/632. Besonders mit dem Vierjahresplan von 1936 brachte die Industrie fortwährend eine angepasst Begründung an: »Bei der zunehmenden Bedeutung, die der Kohle in Anbetracht ihrer immer mehr steigenden chemischen Verwendung nationalwirtschaftlich zukommen, wäre aber ein Übergang der Wasserkraftbetriebe zur Kohle untragbar, ja im Gegenteil verlangt es das Interesse der deutschen Selbstversorgung, der deutschen Ausfuhr und Devisenwirtschaft, dass auch bei uns die Ausnutzung der Wasserkraft möglichst gesteigert wird.« Zit. ebd.; zur Vertraulichkeit der Stellungnahme: Wirtschaftsgruppe Bergbau an Bomke, betr. Wasserzins, 13.1.1937, ebd.

13 S. für eine Einordnung Kathrin Groh: Art. Akademie für Deutsches Recht, in: Michael Fahlbusch/Ingo Haar/Alexander Pinwinkler (Hg.): Handbuch der völkischen Wissenschaften. Akteure, Netzwerke, Forschungsprogramme, 2. Aufl., Berlin/Boston 2017, S. 1319–1325.

14 Schubert/Rönnau: Einleitung, S. IX, XVI f. Die von Schubert und Rönnau herausgegebene Quellenedition zum »Ausschuß für Wasserrecht« von 1934 bis 1941 fokussiert besonders die Verhandlungen, die 1941 zum Entwurf des Reichswassergesetzes führten, verzichtet aber auf die Materialdarlegung für die Diskussionen *bis* 1937. Besonders die Debatten bis 1937 sind für die Emschergenossenschaft aber von besonderer Relevanz, denn der Einbezug der Emschergenossenschaft und der Wasserwirtschaft des Industriebezirks insgesamt waren bis 1937 aus dem Vorhaben herausargumentiert worden.

tung der »Interessen der Industrie« wurde indes lediglich *Walter Selbach* zugezogen. Selbach war ein durchaus bedeutender Wasserverbandsjurist, aber kein Interessenvertreter, der mit einem Verbandsfunktionär der Industrieverbände vergleichbar war. Denn die Industrieverbände, besonders die der chemischen Industrie und die des Bergbaus, genauso wie das Oberbergamt, waren gezielt nicht eingeladen worden sich an der Arbeit im Ausschuss für Wasserrecht zu beteiligen. Selbachs Bestellung war also mehr eine Geste als eine echte Beteiligung der Industrieinteressenten.

Schon am 14. März 1934 wurde die konstituierende Sitzung des ADR-Ausschusses abgehalten. Als Ziel wurde ausgegeben, alle deutschen Gewässer rechtlich unter den »Grundsatz der Öffentlichkeit« zu stellen. Wasser stelle »ein Gut des ganzen Volkes dar, über das nur aus Rücksichten der Wohlfahrt des Volkes von der öffentlichen Gewalt nach öffentlichen Rechte verfügt werden dürfe«. Das in Preußen geltende Privatrecht über Wasserläufe sollte also zur Disposition gestellt werden. Für die Durchführung sollten »Genossenschaften«, und zwar solche, die nach dem »Führerprinzip« aufgesetzt waren, Verankerung finden, damit »beim Vorhandensein erheblicher öffentlicher Interessen auch gegen den Willen der Mehrheit« entschieden werden könne. Nicht die Erarbeitung eines Rahmengesetzes strebte namentlich Schlegelberger an, sondern er gab die Zielstellung eines »erschöpfenden Wassergesetzes« vor,[15] was angesichts der fragmentarischen und divergenten Ausgangslage ein ziemlich idealistisches Vorhaben darstellte. Zwar zeigte sich das nationalsozialistische Regime, besonders bis 1936, gern von seiner ›grünen Seite‹, dazu gehörte das Wasser aber gerade nicht.[16] Denn ganz anders als etwa der »deutsche Boden« war Wasser zu dieser Zeit keine im Kern ideologisch aufgeladene Kategorie. Hinter der Formel »Wohlfahrt des Volkes« verbarg sich also ein anderes und auch ein sehr handfestes Interesse: Einnahmen für das Reich. In der sich verschiebenden Ministerialstruktur war es das Reichsernährungsamt, das die Zuständigkeit für die Bewirtschaftung der Ressource an sich ziehen wollte, was sich in der personellen Besetzung des Ausschusses auch sehr deutlich niederschlug. Beides war aus Sicht der Emschergenossenschaft ausgesprochen unerfreulich: Die Verankerung eines Wasserzinses und die Gemeinstellung aller Wasserläufe hätten die privaten wie die öffentlichen durch das EGG gewährten Sonderrechte der Emschergenossenschaft aufgehoben, und die zum Ausdruck kommende Unterstellung unter die Zuständigkeit des Reichslandwirtschaftsministeriums hätte erhebliche Konsequenzen für die Abwasserpraktik der Genossen und Beteiligten der Emschergenossenschaft gehabt und die Arbeit der Emschergenossenschaft wohl erheblich erschwert. Keine Frage also, dass man im Industriebezirk nur eines war: dagegen.

Sehr schnell zeigte sich, es war besonders die Trias der Wasserwirtschaft des »Ruhrgebiets«, die *Emschergenossenschaft*, der *Ruhrtalsperrenverein* (RTV, gegr. 1899 zur Wasserbeschaffung) und der *Ruhrverband* (RV, gegr. 1913 zur Trinkwasserversorgung), in die das ausgreifende RMEL hineinregieren wollte. Das Regime ging bei den vorgenommenen Gleichschaltungs- und Kompetenzerweiterungsvorhaben nicht eben selten, wenn das auch alles andere als eine Erfindung der Nationalsozialisten war, kommissarisch vor.

---

15 Schubert/Rönnau: Einleitung, S. IX ff., Zit. S. XIX f.

16 Dazu grdlg. Franz-Josef Brüggemeier/Mark Cioc/Thomas Zeller (Hg.): How Green were the Nazis? Nature, Environment, and Nation in the Third Reich, Athen 2005.

Die Verankerung und die Einsetzung von Sonderkommissaren, Reichskommissaren, Sonderbevollmächtigen und -beauftragten in die Leitungsebenen der mesoorganisationalen Landschaft war dabei einer der Wege, der sich für die Verankerung des »Führerprinzips« etablierte. Es ging dabei um die Einflussnahme auf die Kompetenzverteilung, Einsicht und Lenkung der Geldflüsse, Kontrolle über Verwaltung sowie Struktur, die Durchsetzung der nationalsozialistischen ›Weltanschauung‹, politische wie rassistische Säuberungen und selbstredend auch um persönliche Machtausweitung. Besonders erfolgreich nutzten prominente Nationalsozialisten wie Heinrich Himmler, Robert Ley, Fritz Todt und schließlich Albert Speer diesen Weg der Machtaneignung. Durch ihre Konflikte stärkten die Sonderbevollmächtigten die NS-Herrschaft.[17]

Gehörte die politische Loyalität zum Regime zu den Grundvoraussetzungen dieser kommissarischen Besetzungen, waren indes keineswegs alle »Kommissare« erfolgreich. Als besonders unerfolgreich sollte sich der eingesetzte »Staatskommissar« für die Neuordnung der Wasserwirtschaft im Industriebezirk, und damit die Bilanz von *Harry Vosberg* erweisen. Vosberg hatte in Breslau Rechtswissenschaften studiert und in Erlangen promoviert; im Anschluss hatte er als Syndikus zwischen 1900 und 1920 in der Potsdamer Kammer gewirkt; 1920 schied er dort aus und wurde Schriftsteller. Damit war er nur mäßig erfolgreich; tatsächlich dürfte Vosberg sich wohl als ›alter Kämpfer‹ weniger mit der Schriftstellerei (bekannt sind lediglich drei größere ›Ergüsse‹) als mit der Unterstützung des Nationalsozialismus befasst haben, wo der besonders im Feld der Stromversorgungsunternehmen aktiv wurde. 1933 wurde der Revierfremde zunächst zum Staatskommissar für die Vereinigten Elektrizitätswerke in Westfalen (VEW) ernannt.[18] Die VEW war von der Inflation und dann der Weltwirtschaftskrise hart getroffen worden. Es galt besonders, ihre Kredite auf eine solide Grundlage zu stellen. 1930 war die VEW in eine Aktiengesellschaft umgewandelt worden, um eine größere und rettende Dollaranleihe, das allerdings gegen harte Bedingungen, aufnehmen zu können. Dieser Kredit verschaffte der VEW Luft, aber erst mit der Stabilisierung nach der Weltwirtschaftskrise. Vosbergs ›Sanierungserfolg‹ als Staatskommissar bei der VEW bestand darin, die Früchte der wirtschaftlichen Erholung zu ernten, der VEW die bedingungsreiche Dollaranleihe vom Hals zu schaffen, noch mehr aber darin, mit Martin Müller einen neuen Direktor in die VEW gehievt zu haben, der die VEW endgültig auf die Linie der Partei brachte.[19]

Die »Neuordnung der Wasserwirtschaft« im Industriebezirk wurde zu Vosbergs nächstem ›Sanierungsprojekt‹. Am 30. Oktober 1934 teilte »Gen.Dir. Dr. Vosberg« das den Beteiligten der Emschergenossenschaft per Rundbrief auch offiziell mit. Vosberg führte aus: Schon am 12. Juli 1934 sei er per Ministerialverfügung als Staatskommissar für die Emschergenossenschaft, den Ruhrtalsperrenverein und den Ruhrverband eingesetzt worden. Sein Auftrag bestünde in der Vereinigung aller drei Wasserverbände, die

---

17 S. Rüdiger Hachtmann/Winfried Süß: Editorial: Kommissare im NS-Herrschaftssystem. Probleme und Perspektiven der Forschung, in: dies. (Hg.): Hitlers Kommissare. Sondergewalten in der nationalsozialistischen Diktatur, Göttingen 2006, S. 9–27.

18 Art. Vosberg, Harry, in: Hessische Biografie, https://www.lagis-hessen.de/pnd/11749478X [3.3.2023].

19 Peter Döring: Bewegte Jahre: Die VEW von 1925 bis 1948, in: VEW AG (Hg.): Mehr als Energie. Die Unternehmensgeschichte der VEW 1925–2000, Essen 2000, S. 80–197, hier S. 159 f., 164 f.

aus »staatspolitischen Gründen« geboten sei. Er habe zu diesem Zwecke den Vorstand der Emschergenossenschaft abberufen und übernehme nun selbst dessen Funktion.[20]

Warum Vosberg genau eingesetzt worden war, was genau sich hinter den »staatspolitischen Gründen« verbarg, war für die Beteiligten unklar.[21] Zwar konnte die Fachgruppe informieren, dass nach den Plänen des Ausschusses für Wasserrecht der ADR die Rechte der Grundstückseigentümer, die Rechte der Abwassereinleitung und schließlich auch die »Wassergenossenschaften« im Zuge eines sich in der Ausarbeitung befindlichen Wassergesetzes neu verfasst werden sollten.[22] Von offizieller Seite waren die Verbände aber nicht informiert oder zugezogen worden, sodass seit der Einsetzung Vosbergs im Sommer 1934 weitgehend ungeklärt blieb, worin die Aufgabe des »Staatskommissars« eigentlich bestehen sollte. Nun aber, nach der Entlassung des Vorstandes und der Eröffnung Vosbergs aus »staatspolitischen Gründen« eine Vereinigung der drei Gesellschaft vornehmen zu wollen, waren die Beteiligten aufs Höchste besorgt. Sie fürchteten um ihre Autonomie. Denn im Unterschied zu der arg angeschlagenen VEW, die Vosberg zuvor ›saniert‹ hatte, litten die Wasserverbände des Industriebezirks, am allerwenigsten die Emschergenossenschaft, unter Finanzproblemen. Da die Emschergenossenschaft aufgrund ihrer rechtlichen Konstruktion mündelsicher war, verfügte sie über eine zwar kreditbasierte, aber ausgesprochen solide und langfristig gesicherte Grundlage. Der Griff auf die Wasserwirtschaft des Industriebezirks konnte also, das war der sich einstellende Eindruck unter den Beteiligten, nur dazu dienen, einen Wasserzins Tatsache werden zu lassen und die Beteiligten fortan in einer staatsdirigierten statt einer selbstverwalteten Weise zur Kasse zu bitten. Auch der Umstand, dass Vosberg die Vereinigung der drei Verbände als seine Aufgabe ausgab, brachte Genossen wie Beteiligten gegen ihn auf. Denn Emschergenossenschaft, RTV und RV wirkten vielleicht für einen Außenstehenden wie eine wasserinfrastrukturelle Komplementärstruktur, die es nur zusammenzufügen galt. Tatsächlich aber waren die drei Wasserverbände alles andere als gleichgestellt. Das spiegelt sich auch an der Verteilung der aufzubringenden Beiträge: Im Jahr 1934 lag der Anteil der Zechen an den Gesamtbeiträgen für die Emschergenossenschaft bei knapp 60 Prozent. Die verbleibenden 40 Prozent teilten sich die Eisen- und Stahlwerke (knapp 15 Prozent), die Gemeinden (gut 23 Prozent) sowie die Wasserwerke und »Sonstige« (rund 2 Prozent). Das war beim RV ganz anders: Die Beiträge wurden zu knapp 49 Prozent von den Gemeinden aufgebracht, wobei der Ruhrtalsperrenverein zu knapp 28 Prozent herangezogen wurde. Die Bergwerke brachten lediglich 13 Prozent und die Eisen- und Stahlwerke 5 Prozent auf. Im RTV waren die Beiträge der Zechen

---

20 Vosberg an Beteiligte, 30.10.1934, RWWA, 130–400118/7. Eine knappe Zusammenfassung der ›Casa Vosberg‹ in Balz/Kirchberg: Fließende Grenzen, S. 56–61.

21 Zusammenfassung, betr. Wasserwirtschaftliche Verbände, 20.5.1935, montan.dok/BBA, 23/73. Auch der »genaue Wortlaut« der Verfügung, die Vosberg zum Staatskommissar gemacht hatte, war den Beteiligten nicht bekannt. Diese Verfügung ließ sich leider auch nicht mehr beschaffen. Sie muss als verschollen gelten. Klar ist aber, die Verfügung ging im Wildwuchs des NS-Systems keineswegs über den ordentlichen Geschäftsweg. Weder der Oberberghauptmann Heinrich Schlattmann, der hätte involviert werden müssen, noch der Wirtschaftsminister, sei im Bilde gewesen, so Hasslacher. Schlattmann sagte, nachdem Hasslacher ihn ins Bild gesetzt hatte, zu, »die Emschergenossenschaft in ihrer Form zu erhalten«. Zit. u. Ausführungen n. ebd.

22 Fachgruppe/RDI an Bergbauvereine, 25.10.1934, montan.dok/BBA, 15/1016b.

mit unter 1 Prozent verschwindend gering; die Wasserwerke brachten hier über 80 Prozent der Beiträge auf.[23] Während die Emschergenossenschaft als *Bad Bank* fungierte, ihr Zweck in der Aus- und Verlagerung der Abwässer sowie der sozialräumlichen Segregation bestand, war der Zweck des 1899 gegründeten RTV ein ganz anderer. Der RTV hatte nicht die Aufgabe zu verlagern, sondern hereinzuholen. Die Emschergenossenschaft vergemeinschaftete und inkorporierte den Dreck von Kommunen und Unternehmen; aus dem RTV heraus wurden dagegen einzelne private Talsperrengenossenschaften ausgegründet, um sauberes Wasser in den Industriebezirk hereinzuschaffen.[24] Der RTV war dabei aber keineswegs ein gleichrangiger Komplementär der Emschergenossenschaft, denn er verfügte über deutlich weniger Rechtskompetenz, war also keine sondergesetzlich geschaffene Körperschaft. Auch deshalb war der RTV nach seiner Gründung deutlich hinter seinen Möglichkeiten zurückgeblieben. Das lag daran, dass die Ruhr weiterhin – *Emscher*genossenschaft hin oder her – zur Ableitung von gewerblichen, industriellen und städtischen Abwässern genutzt wurde. Um Abhilfe zu schaffen, war nach dem Vorbild der Emschergenossenschaft 1913 der *Ruhrverband (RV)* als sondergesetzliche Körperschaft gegründet worden.[25] RV und RTV sollten gemeinsam und prophylaktisch die Ruhr schützen und sauberes Wasser heranschaffen, die Emschergenossenschaft hatte dagegen die Aufgabe, den Schmutz rechtlich von den Verursachern abzukoppeln und dann aus dem Industriebezirk herauszuschaffen. Verfügungsrechtlich betrachtet, war die Emschergenossenschaft ganz eindeutig die Stärkste unter den dreien. In jedem Fall aber, und das war für die Unternehmen genauso wie für die Kommunen ausschlaggebend: Die formale Dreiteilung war die günstigste Lösung. Die Vereinigung unter einem Dach dagegen hätte einheitliche Standards für das gesamte »Ruhrgebiet« nach sich gezogen und den Umstand, dass die Gemeinüblichkeit im südlichen Teil ganz anders ausgelegt wurde als im Norden, nicht nur offengelegt, sondern auch auf Sicht eingeebnet. Und das hätte gekostet.

Vosberg, dem die gewollte Dreiteilung wohl nicht in aller Konsequenz deutlich war, fand allerdings:

> »Die Aufgaben der Emschergenossenschaft sind keineswegs Sonderaufgaben, die mit denen der Ruhrverbände nichts zu tun haben, vielmehr greift hier das eine Rad in das andere, und die Emschergenossenschaft ist in der Kette […] lediglich ein Glied […]. Wenn man sich die ganze Sache bei Lichte betrachtet, so bringen alle diese Genossen der Verbände nicht etwa aus ihrem Säckel uneigennützig Mittel auf, die der Allgemeinheit dienen, sondern zahlen lediglich die Unkosten, die sie durch ihre Existenz und Tätigkeit verursachen […]. Soll dieser ganze Fragenkomplex in den Gedankengängen unseres neuen Staates gelöst werden, so muss dem Staate ein besseres Aufsichts- und Eingriffsrecht als wie bisher war, gegeben werden, und der Führergedanke muss auch in dieser Frage zur Durchführung kommen.«[26]

23 Aufstellung, Verteilung der Beiträge zu den Wassergenossenschaften 1924–1935, tkCA, RSW 6706.

24 Ausfl. dazu die Ausführungen von G. Dechamps: Veranlagung des Ruhrverbandes, Besprechung beim Bergbauverein, 15.4.1935, montan.dok/BBA, 23/73.

25 Zur Gründung des Ruhrtalsperrenvereins und des Ruhrverbands bis 1913 s. Olmer: Wasser, S. 249–371; Ruhrreinhaltungsgesetz vom 5.6.1913, montan.dok/BBA, 4/1005.

26 Zit. Vosberg an Willikens, 4.6.1935 (Abschrift), tkCA, RSW 6705.

Staatskommissar Vosberg ging bei der »Führung« der Emschergenossenschaft einigermaßen hemdsärmelig vor. Er zeigte kein Verständnis für die fein austarierten Kompromiss- und Verhandlungsgleichgewichte bei der Veranlagung, ignorierte die für die Emschergenossenschaft grundlegende Stellung der Berufungskommission und fand außerdem, der »Vorstand« sei entscheidend und nicht lediglich, wie es bei der Emschergenossenschaft zentral war, verwaltend tätig. Das zeigte sich, als die *Vereinigten Stahlwerke AG (VSt)*, die die größte Veranlagte war, Einspruch gegen ihren Beitrag für das Jahr 1934 erhob. Die VSt hatte im Zuge ihrer Reorganisation eine ganze Reihe von Schachtanlagen stillgelegt.[27] Für die Veranlagung wurde die rückliegende Förderung der vergangenen Jahre zugrunde gelegt, und zwar die höchste. Gegen diese Berechnungsgrundlage richtete sich der Einspruch der VSt.[28] Der etablierte und im Statut festgelegte Verfahrensweg war, dass der Einspruch an den Vorstand der Emschergenossenschaft gerichtet wurde. Der Vorstand prüfte den Einspruch und wies ihn ab, informierte die Beteiligte aber, wenn der Einspruch für »nicht unberechtigt« gehalten wurde. Eine Entscheidung durfte der Vorstand aber nicht herbeiführen. Wenn eine Entscheidung, eine Veränderung der Veranlagung oder gar der Veranlagungsgrundsätze erforderlich war, entschied nicht der Vorstand der Emschergenossenschaft, sondern dies war, wie ebenfalls im Statut festgelegt, die Aufgabe der Berufungskommission. Der Einspruch der Veranlagten wurde dann als »Berufung« erneut eingereicht, in der Berufungskommission verhandelt und auch dort abschließend entschieden. Dem Vorstand indes stand es nicht zu, die Entscheidung der Berufungskommission anzufechten oder gar außer Kraft zu setzen. Der Weg über die Berufungskommission war ein keineswegs seltener, sondern ein gängiger Vorgang. Und da die Berufungskommission der Verschaltung und dem Ausgleich von Genossen und Beteiligten diente, war viel Sachverstand und Fingerspitzengefühl gefragt. Vosberg hielt sich aber nicht an dieses Verfahren, sondern »entschied« von einer »Berichtigung der Veranlagung [der VSt] absehen zu dürfen«, und führte dann aus: Er stelle der VSt anheim, »diese Einsprüche im Berufungsverfahren zu wiederholen, damit die Berufungskommission die zuviel berechneten Beiträge auf meinen Antrag hin absetzen kann«.[29]

Die Mitglieder der Berufungskommission, die den Antrag der VSt verhandelten, verweigerten über den von der VSt eingereichten Antrag zu entscheiden. Denn die VSt hatte auf der Grundlage ihrer eingelegten Berufung zudem eine Entscheidung darüber erbeten, ob die von Vosberg vorgenommene »Entscheidung« rechtens sei. Die Berufungskommission versperrte sich einer Entscheidung und stellte fest:

---

27 S. Alfred Reckendrees: Das »Stahltrust«-Projekt. Die Gründung der Vereinigten Stahlwerke A.G. und ihre Unternehmensentwicklung 1926–1933/34, München 2000, S. 426–559.

28 S. dazu Vorgang Veranlagung der VSt 1932 bis 1934, tkCA, TLi 2651. Der Vorstand der Emschergenossenschaft hatte 1932 für die Veranlagung ab 1933 die Grundsätze für die Veranlagung geändert, den Änderungssatz aber nicht an das gesamte Fördervolumen im Industriebezirk geknüpft, weshalb der VSt eine relativ höhere Veranlagung zugestellt wurde. VSt an Emschergenossenschaft, betr. Einspruch für die Veranlagung für das Rechnungsjahr 1934, 6.7.1934, tkCA, TLi 2652.

29 Entscheidung des Staatskommissars der Emschergenossenschaft vom 30.10.1934 über den Einspruch der VSt vom 14.11.1933 (Abschrift), tkCA, TLi 2652.

»Es handelt sich um eine schwierige juristische Frage, die zu lösen die Berufungskommission der Emschergenossenschaft aus folgenden Gesichtspunkten sich nicht veranlasst sieht: Das Rechtsermittlungsverfahren ist nach dem Sinne des Emschergenossenschaftsgesetzes dazu gegeben, dass die Beteiligten richtig veranlagt werden und ihnen bei der Veranlagung kein Unrecht geschieht. Im vorliegenden Fall ist die Veranlagung von der unbestritten zuständigen Instanz, dem früheren Vorstand, vorgenommen und wird nunmehr im Berufungsverfahren in einer Weise berichtigt, dass die Veranlagte selbst erklärt, materiell zufrieden gestellt zu sein. Wenn sie trotzdem nicht diese Berichtigung, sondern in erste Linie eine Zurückweisung der Sache in das Einspruchsverfahren beantragt, so geht daraus hervor, dass es der Veranlagten zunächst nur darauf ankommt, auf Umwegen eine Entscheidung darüber zu erhalten, ob die Einsetzung des Staatskommissars gültig ist oder nicht. Die Berufungskommission glaubt dagegen[,] dem Sinne des Gesetzes besser gerecht zu werden, wenn sie sogleich die Berichtigungen der Veranlagung vornimmt, die sie für angezeigt hält und glaubt dabei von einer Entscheidung der Frage, ob der Staatskommissar zu Recht eingesetzt ist oder nicht[,] absehen zu können.«[30]

Aus der Emschergenossenschaft heraus fand man sich also nicht in der Lage, den aufoktroyierten Staatskommissar in die Schranken zu weisen. Freilich nahm die Unzufriedenheit unter den Genossen und Beteiligten nach dieser Ausflucht keineswegs ab.

Noch stärker wurde der Unmut, als Vosberg plötzlich seine Vorschläge für die »Neuordnung der rheinisch-westfälischen Wasserwirtschaft« in Form eines Gesetzesentwurfs verbreitete und die Durchführungsverordnung gleich beifügte. Dass »alles das, was sich bislang bewährt hat, auch in Zukunft erhalten werden soll, und daß nur das umgeformt werden muß, was sich nicht bewährt hat oder den Bedingungen der neuen Zeit nicht entspricht«, wie Vosberg es im Begleitschreiben ausdrückte, beruhigte die Gemüter keineswegs.[31] Dem »streng vertraulich« übermittelten Gesetzesentwurf nach sollte eine neue Genossenschaft, ein *»Verband der Rheinisch-Westfälischen Wasserwirtschaft«*, als öffentlich-rechtliche Körperschaft errichtet werden. Der RTV, der RV und die Emschergenossenschaft sollten in dem Verband aufgehen und ihre »Selbstständigkeit« einbüßen. Das Recht der Wasserentnahme und -nutzung sollte fortan nicht mehr auf »privaten Titeln« beruhen, sondern verliehen werden. Die Kosten der drei Gesellschaften sollten nicht mehr getrennt, sondern über *eine* »Umlage«, in der Wasserzuführung, Reinigung und Ableitung miteinander verrechnet werden sollten, von den Beteiligten getragen werden (§ 4). Herangezogen werden sollten alle, die irgendwie an der Wasserzu- und -abführung an Ruhr und Emscher beteiligt waren, und damit Kommunen genauso wie Unternehmen. Die Stimmrechte sollten gleich, ohne Berücksichtigung der gezahlten Umlage verteilt werden. Jedwedes Eigentum von Emschergenossenschaft, RV und RTV sollte auf den neu zu gründenden Verband übergehen. Als Organe waren ein Beirat, eine Spruchkammer, ein Verbandsdirektor sowie mehrere Abteilungsdirektoren vorgesehen, wobei der Verbandsdirektor keiner Kontrolle – außer der Staatsaufsichtsbehörde – unterstehen, aber erhebliche Entscheidungsbefugnisse erhalten sollte. Als

30 Berufungskommission der Emschergenossenschaft, Sitzung 4. u. 9.1.1935, tkCA, TLi 2642.

31 Vosberg an Bezirksgruppe Ruhr der Fachgruppe Steinkohlenbergbau, 27.4.1935, Anlage: Gesetz zur Neuordnung der rheinisch-westfälischen Wasserwirtschaft, tkCA, RSW 6704.

Zweck wurde bestimmt, dass »der Verband in seiner Gesamtheit nur der einen Aufgabe dient, die Lebensbedingungen der Bevölkerung seines Gebietes in wasserwirtschaftlicher Beziehung sicherzustellen«. Für den Übergang hielt der Entwurf fest, dass der Staatskommissar, also Vosbergs selbst, die Leitung des neu zu gründenden Verbandes so lange ausüben solle, bis eine einheitliche Verwaltung hergestellt und das Gesetz durchgeführt sei.[32]

Dieser Neuordnungsentwurf drohte die faktische Teilung des Industriebezirks einzuebnen, und damit die Unterschiede in der vorgenommenen »Gemeinüblichkeit« in Nord und Süd – bzw. im Gebiet der Zuständigkeit »Emscher« und dem der Zuständigkeit »Ruhr« –, ebenso drohte die Aufhebung der »Selbstverwaltung« aller drei Körperschaften. Der Entwurf zielte ferner darauf ab, die Emschergenossenschaft um ihre sondergesetzlich zugestandenen Verfügungsrechte und Zwangsbefugnisse zu bringen. Eine Begründung lieferte der Entwurf dafür nicht. Das große Problem war aus Sicht der Beteiligten: »Die Bewirtschaftung der Ruhr und der Emscher unter einer einheitlichen Körperschaft würde zumindest Gleichheit der Aufgaben der beiden Flussgebiete voraussetzen«, und damit die faktische Ungleichbehandlung abschaffen. Aus Sicht der Beteiligten galt es gerade das um jeden Preis zu verhindern, zumal der im Entwurf an die Spitze der neuen Genossenschaft gesetzte »Verbandsdirektor« dem »Führerprinzip« ähnelnd, die ausschließliche und alleinige Entscheidungsgewalt auf sich konzentrierte. Die »Genossen« hatten dem Entwurf nach indes kaum Befugnisse oder Möglichkeiten, Einfluss geltend zu machen.[33]

Wie es spätestens seit der Hibernia-Affäre eingespielte Praxis war, schmiedeten die Großzechen nun ein Bündnis und verabredeten auf Initiative der VSt, damit zu drohen, die Zahlung der veranlagten Beiträge einzustellen.[34] Gleichzeitig mobilisierte die Gruppe politische Unterstützung. *Heinrich Schlattmann*, Oberberghauptmann im Reichswirtschaftsministerium, wurde als Erstes aktiviert. Schlattmann lud die Gruppe der Industriellen auch gleich nach Berlin ein und sorgte dafür, dass Vertreter aus dem Reichswirtschaftsministerium anwesend waren; auch ein Vertreter des Reichsernährungsministeriums wurde hinzugebeten. *Jakob Haßlacher*, der diese Aktivsetzung koordiniert hatte, schrieb dem Reichslandwirtschaftsminister nach der Zusammenkunft und informierte: Die Zechen hätten sich schließlich – selbstverständlich nach langer Verhandlung – bereit erklärt, für eine »Uebergangszeit die Monatsbeiträge« zu leisten. Das allerdings nur, wenn der Bergbau in den laufenden Verhandlungen für das Wassergesetz gehört, eingeschaltet und dessen Interessen berücksichtigt würden. Es sei bereits ein Ausschuss des Bergbaus eingesetzt worden, der seine Stellungnahme zum Entwurf Vosbergs zügig einreichen würde. Darüber hinaus hatte Haßlacher die Zahlungen als »freiwillige Ueberbrückungsmaßnahme« deklariert und die Zahlungen in der Zukunft davon abhän-

32 Gesetzesentwurf, betr. die Neuordnung der Rheinisch-Westfälischen Wasserwirtschaft; Durchführungsverordnung zum Gesetz betr. die Neuordnung der Rheinisch-Westfälischen Wasserwirtschaft, übermittelt von Vosberg an Bezirksgruppe Ruhr, 27.4.1935, montan.dok/BBA, 23/73.

33 Stellungnahme zu dem Entwurf des Staatskommissars Vosberg, Rechtsanwalt Heinemann, 3.6.1935, tkCA, RSW 6704.

34 Bezirksgruppe Ruhr an die Zechenverwaltungen, die der Emschergenossenschaft, dem Ruhrtalsperrenverein und dem Ruhrverband angeschlossen sind, 10.5.1935, tkCA, RSW 6704.

gig gemacht, dass das Reichswirtschaftsministerium sich einschaltete. Und tatsächlich drang das Reichswirtschaftsministerium nun beim Reichslandwirtschaftsministerium darauf, die »örtlichen Verhältnisse« zu berücksichtigen.[35] Für die Gruppe unter Haßlachers Koordination war klar: Ihr Hauptinteresse galt der Emschergenossenschaft, sie musste, und zwar in ihrer selbstverwalteten und unabhängigen Form, erhalten bleiben. Gegen ein etwaiges Zusammengehen von RV und RTV hatte man dagegen wenig einzuwenden.[36] Denn für die Zechen – die die Folgen der von ihnen verursachten Bergsenkungen über die Emschergenossenschaft zu bezahlen hatten – war ihr wichtiges Pfund, ihre Mitsprache in den Genossenschaftsorganen, die dafür sorgte, »daß er [der Bergbau] vor der Ausführung kostspieliger Anlagen in wirtschaftlichen und technischer Beziehung gehört wird«. Diese Mitsprache sei »zweifelslos beim Genossenschaftsprinzip eher zu erreichen als bei einer staatlichen Beamteneinrichtung«, wie der, die mit dem Entwurf zur »Neuordnung« in Aussicht gestellt war.[37]

Mit dem eingeschalteten Reichswirtschaftsministerium im Rücken, schien der Konflikt zunächst auf einen Patt zuzulaufen. Nur wenige Tage später allerdings weitete Haßlacher sein Widerstandsnetz informell aus und stellte, die Effizienz der »Selbstverwaltung« der Emschergenossenschaft rühmend, beim Reichsernährungsministerium den Antrag, »für die Emschergenossenschaft die Berufung des Staatskommissars aufzugeben und die Tätigkeit des früheren Genossenschaftsvorstandes wieder herzustellen«.[38] Dem wurde aus dem Ministerium heraus nicht gefolgt – zunächst, und die Gruppe wird das auch nicht erwartet haben. Der Druck auf das Reichslandwirtschaftsministerium stieg damit aber, zumal die Gruppe *Ferdinand von Lüninck*, den Oberpräsident der Provinz Westfalen, ins Boot geholt hatte. Nachdem dessen Bruder als Oberpräsident der Rheinprovinz durch Josef Terboven ersetzt worden war, hatte dieser mehr als einen Grund, seine zunächst klar bei der Landwirtschaft liegenden Prioritäten zu verschieben.[39] Drei Monate später war es schließlich Hermann Göring, der, in seiner Funktion als Preußischer Ministerpräsident, Vosberg per Verfügung zunächst am 22. August 1935 von seinem Amt als Staatskommissar der Emschergenossenschaft und später, im Dezember 1935, von seinem Amt als Staatskommissar der beiden anderen Wasserverbände abberief. Von Lüninck hatte den von Vosberg abgesetzten Vorstand der Emschergenossenschaft bereits am 5. September 1935 wieder eingesetzt.[40] Am 9. September 1935 informierte Haßlacher – der alte und wieder eingesetzte Vorsitzende der Emschergenossenschaft – die Beteiligten darüber, dass der Oberpräsident der Provinz Westfalen das Zusammengehen der

35 Für eine Zusammenfassung der ergriffenen »Maßnahmen« s. Zusammenfassung, betr. Wasserwirtschaftliche Verbände, 20.5.1935, montan.dok/BBA, 23/73.

36 Zusammenfassung, betr. Wasserwirtschaftliche Verbände, 20.5.1935; [Bericht zur] Zusammenfassung von Ruhrverband und Ruhrtalsperrenverein, 4.6.1936, montan.dok/BBA, 23/73. Demnach war das Zusammengehen von Ruhrverband und Ruhrtalsperrenverein 1935 verschoben worden.

37 Zit. Zusammenfassung, betr. Wasserwirtschaftliche Verbände, 20.5.1935, montan.dok/BBA, 23/73.

38 Hasslacher an den Reichs- und Preussischen Minister für Ernährung und Landwirtschaft, 25.5.1935, tkCA, RSW 6704.

39 [Schotte], betr. Wasserwirtschaftliche Verbände (Schreiben der Bezirksgruppe Ruhr, 10.5.1935, Protokoll der Besprechung 20.5.1935), montan.dok/BBA, 23/73.

40 Begründung Grimm (Rechtsanwalt des Beschuldigten A. Ramshorn), in der Privatklagesache Vosberg ./. Ramshorn u. Stöve, 29.6.1936, tkCA, RSW 6705.

beiden Ruhrverbände mit der Emschergenossenschaft für nicht empfehlenswert halte. Der Preußische Ministerpräsident habe daraufhin den an Vosberg erteilten Auftrag, die Geschäfte des Vorstandes der Emschergenossenschaft zu übernehmen, für erledigt erklärt. Der alte und neue Vorstand habe nun auch beim Oberpräsidenten angezeigt, dass er die Geschäfte wieder aufgenommen habe.[41]

Vosberg aber, der ordentlich brüskiert worden war, dachte weder daran, das »Reformvorhaben« einfach aufzugeben, noch daran, seine Bloßstellung einfach hinzunehmen. Er wandte sich an das ihn stützende RMEL, konkret an *Werner Willikens*, einen ›alten Kämpfer‹ und engen Vertrauten Walther Darrés. Er habe von Haßlacher die Nachricht erhalten, dass »die Emschergenossenschaft aus der in Aussicht genommenen Reform auszuschließen und für sich selbst gesondert bestehen« bleiben solle. Das könne er unter keinen Umständen befürworten.[42] Vosberg zog sein letztes Ass aus dem Ärmel und beschuldigte den Vorstand der Emschergenossenschaft der mangelnden politischen Zuverlässigkeit. Unausgesprochen, aber klar gegen den Baudirektor, *Alexander Ramshorn*, gerichtet, formulierte er: »Ich will nur andeuten, dass es im neuen Staat nicht angeht, sich als vollüberzeugter Nationalsozialist auszugeben, wenn man vordem in starker Beziehung zu führenden Exponenten der S.P.D. gestanden hat. Hierüber wird noch ein Wort zu sprechen sein.«[43]

Vosberg wechselte also jetzt auf das Feld der Denunziation, konnte damit unmittelbar aber nichts ausrichten. Währenddessen lief das »Reformvorhaben« von der gesetzgeberischen Seite und mit dem Ausschuss der ADR ungeachtet der Schlammschlacht um die Person des Staatskommissars im Industriebezirk weiter. Noch immer standen die Industrie außen vor und war weitgehend machtlos. Lediglich *Walter Selbach*, der im weitesten Sinne als Vertreter der Interessen des Industriebezirks eingeordnet werden konnte, gehörte als bestelltes Mitglied dem Ausschuss des ADR an. Selbach war zunächst Beigeordneter der Stadt Essen und bereits unter Zweigert an der Erarbeitung des Emschergenossenschaftsgesetzes beteiligt gewesen; 1905 war Selbach zunächst als Rechtsbeistand der Emschergenossenschaft tätig,[44] seit 1908 war er zudem Justiziar des RTV. 1922 war Selbach ganz zum RTV und in dessen Vorstand gewechselt.[45] Für die Industrieverbände wurde er nun zur zentralen Figur, war er doch in dem Ausschuss der Einzige, der halbwegs den eigenen Reihen zugeordnet werden konnte. Und Selbach lieferte. Er informierte den Bergbauverein und die Fachgruppe über die Verhandlungen und den Diskussionsstand und auch darüber, welche Konsequenzen die dort verhandelten

41 Emschergenossenschaft (Hasslacher) an Beteiligte, 9.9.1935, montan.dok/BBA, 20/3206.

42 Vosberg an Willikens, 4.6.1935 (Abschrift), tkCA, RSW 6705.

43 Vosberg an Landrat [Hans-Joachim] Tapolski, 7.6.1935 (Abschrift), tkCA, RSW 6705. Vosberg hatte Tapolski am 19. Januar 1935 zu seinem Mitkommissar im Staatskommissariat gemacht: Die Bestellung wurde vom Reichsernährungs- und Reichswirtschaftsministerium bestätigt. Vosberg beschuldigte ihn später, »jüdischer Herkunft« zu sein, und diskreditierte auch ihn. Ausfl. inkl. Anschriften, in: Begründung Grimm in der Privatklagesache Vosberg ./. Ramshorn u. Stöve, 29.6.1936, tkCA, RSW 6705.

44 Selbach war Ende 1905 zum »Justitiar« der Emschergenossenschaft gemacht worden und erhielt anfangs eine jährliche Vergütung von 1.500 M. Vorstandssitzung, 7.11.1905, RWWA, 130–3001170/8.

45 Steckhan an Hasslacher, betr. Selbach, 15.11.1933, tkCA, RSW 6703.

Überlegungen für den Bergbau hatten. Und was er berichtete, gefiel den Zechenvertretern überhaupt nicht. Der Bergbauverein richtete zügig einen eigenen Ausschuss, seinen »Ausschuss für Reichswasserrecht«, ein und formulierte seine Stellungnahme: Die Notwendigkeit einer Regelung des Wasserrechts für das Reich würde wohl anerkannt, ebenso seien keine grundsätzlichen Bedenken gegen die »Neugestaltung der Rechtsverhältnisse« zu formulieren, so hieß es einleitend. Nach diesem Eingangsstatement, das wohl das Begehr nach einer Beteiligung an der gesetzlichen Ausarbeitung zum Ausdruck bringen und zudem Kooperationsbereitschaft signalisieren sollte, formulierten die stolzen Zechenvertreter in der Sache aber hart: Die vom Ausschuss der ADR vorgesehene rückwirkende Zurücknahme der Einleitungsgenehmigungen müsse abgelehnt werden; auch von der vorgesehenen Rücknahme des Rechtsanspruchs auf die Verleihung der Einleitungsrechte sei abzusehen, und zwar unbedingt. Schließlich, so die Begründung, müsse für den Bergbau doch eine »gewisse Sonderregelung« greifen, sei doch die Möglichkeit, die Abwässer einzuleiten, für den Bergbau »unentbehrlich«. Die angedachte Verlagerung der Verleihungsinstanzen, hin zu einer Konzessionsvergabe durch den Regierungspräsidenten, und zwar ohne eine »unabhängige und unparteiische Kollegialbehörde«, die im Streitfall über die Verleihung entscheide, dürfe nicht Realität werden. Auch müssten die Verleihungen nicht auf Zeit, sondern wie ehedem auf Dauer gelten. Und ein »Entgelt«, ein Wasserzins zugunsten des Reichs also, sei »unbedingt« abzulehnen: »Nach unserer Ansicht müssen die alten Rechte, und zwar sowohl die titulierten wie auch die gesetzlichen Rechte, unverändert aufrechterhalten bleiben.« Es gelte zu berücksichtigen, so hieß es in der Stellungnahme dann durchaus selbstsicher, dass, selbst wenn dem Reich die »Verfügungsgewalt über sämtliche Gewässer« zufalle, der Bergbau weiterhin dem Allgemeinen Berggesetz unterstehe, und das sei einem neu verfassten Reichswassergesetz übergeordnet.[46] Auch andere Bergbauvereine in anderen Bergbauregionen, für Braunkohle, Kali usw., fertigten Stellungnahmen an, die dann von der Fachgruppe zu einer gemeinsamen Stellungnahme synthetisiert wurden.[47] Im Januar 1935 schickte die Wirtschaftsgruppe Bergbau ihre dieserart zusammengestellte »Denkschrift«, und zwar in »Vertretung des gesamten deutschen Bergbaus« an die ADR.[48]

Erfolg hatte sie damit nicht. Die ADR lehnte die Kenntnisnahme der Denkschrift ab, schließlich hatte man ja keine Stellungnahme angefordert. Statt die Erweiterung der Verhandlungsarena zuzulassen, wurde am 19. März 1935 das »Gesetz zur Einschränkung der Rechte am Wasser« erlassen.[49] Dahinter verbarg sich, und anders als der Gesetzestitel nahelegt, keine Einschränkung der Nutzungs- oder Einleitungsrechte, sondern es sollte eine Grundlage schaffen, indem eine Einheitsbewertung vorgeschrieben wurde. Damit sollten die »bestehenden tatsächlichen und rechtlichen Verhältnisse« ermittelt werden, also »alle Wassernutzungen und Wassernutzungsanlagen« im Reich erfasst und

---

46 Zit. Bergbauverein an Fachgruppe Bergbau des Reichsstandes der Deutschen Industrie, betr. Rundschreiben Nr. 305, Reichswassergesetz, 9.11.1934, montan.dok/BBA, 15/1016b.

47 Div. Stellungnahmen und Synopse, montan.dok/BBA, 15/1016b.

48 Wirtschaftsgruppe Bergbau an Schlegelberger (Vorsitzenden) und die Mitglieder des Ausschusses für Reichswasserrecht bei der Akademie für Deutsches Recht, 14.1.1935, montan.dok/BBA, 15/1016b.

49 Gesetz zur Einschränkung der Rechte am Wasser, 19.3.1935, in: Preußische Gesetzsammlung, Nr. 9, 1935, S. 43 f.

damit die »bisher sehr unterschiedliche steuerliche Behandlung der Wassernutzungen« geklärt werden, wobei Einheitssätze für die Taxierung der Anlagen und der Wassernutzung vorgegeben wurden.[50] Das Gesetz diente dazu, das in Planung befindliche Reichswassergesetz vorzubereiten, indem es den Status quo im Reich erfasste. Und: Das Gesetz zeigte an, das Reich meinte es ernst und es würde sich einen vergleichenden Überblick über die Verhältnisse verschaffen.

Anfang Mai 1935 traf sich der von der Fachgruppe koordinierte Ausschuss für Reichswasserrecht des Bergbaus zu einer regelrechten Krisensitzung. Informationen hatte die Fachgruppe weiterhin allein durch Selbach. Selbach sah seine Loyalität klar beim Bergbau und stach alles Gehörte an die Fachgruppe durch.[51] Während der Sitzung wurde ein Papier angefertigt, aus dem sich Verzweiflung und auch eine gehörige Portion Unglaube herauslesen lässt; es hielt fest, was aus Sicht des Bergbaus unbedingt verhindert werden musste: Die Verleihung der Einleitungsrechte »muß« einer sachkundigen und selbstständigen Behörde unterstellt werden; das Oberbergamt »muß« an der Gesetzesentwicklung beteiligt werden, es »muß« die Möglichkeit geben »eine Erlaubnis zu beantragen, wenn eine Verleihung abgelehnt ist«, ein Entgelt »ist unannehmbar« und es »muß erreicht werden, daß an den Sitzungen [...] Vertreter des Reichswirtschaftsministeriums *und* [HiO] der obersten Bergbehörde teilnehmen«.[52] Die Herren Zechenbesitzer waren offensichtlich nicht mehr nur besorgt, sondern ernsthaft in Aufruhr, denn abgesehen von den Informationen, die sie von Selbach erhalten hatten, tappten sie völlig im Dunkeln. In der im Juli abgehaltenen Sitzung ließ sich nicht mehr berichten, als dass die Fachgruppe weiterhin von den Verhandlungen ausgeschlossen war.[53] Alle Versuche der Fühlungnahme waren erfolglos geblieben; weiterhin waren die Bergbauinteressenten von den Beratungen für das Gesetz ausgeschlossen.

Die nächste Sitzung des vom Bergbauverein eingerichteten Ausschusses, die im Februar 1937 stattfand, wurde deshalb als großer Showdown konzipiert. Zwar waren die Beratungen für das Gesetz weiterhin ein Closed Shop für die Verbandsfunktionäre der Fachgruppe, aber die Bergbauindustriellen konnten die Berater des ADR-Ausschusses zur Fachgruppe holen. Die Fachgruppe hatte als ihren eigentlichen »Gegner« im RMEL *Paul August Tönnesmann*, identifiziert, ihn eingeladen und ein weiteres Mitglied des Wasserausschusses des ADR gleich mit.[54] Weitere geladene Gäste der Runde waren ein Vertreter des Reichswirtschaftsministeriums, dann natürlich Haßlacher und Ramshorn für die Emschergenossenschaft. Selbach, augenscheinlich als Verbindungs- und Vermittlungsglied zugezogen, eröffnete die Sitzung mit einer Zusammenfassung des Diskus-

---

50 Zit. Präsident des Staatsfinanzamts München, Richtlinien für die Bewertung von Wassernutzung und Wassernutzungsanlagen, 1935/36, montan.dok/BBA, 15/632.

51 Für seine »Mitarbeit« in »sehr schwierigen Momenten der Verhandlungen« und sein Bemühen für den Bergbau wurde ihm nach der Klärung im Sinne des Bergbaus sehr gedankt. Sitzung des Ausschusses für Wasserrecht, 7.5.1940, montan.dok/BBA, 15/632.

52 Besprechung des Ausschusses für Wasserwirtschaftsrecht [der Fachgruppe Bergbau], 28.5.1935, montan.dok/BBA, 15/1016b.

53 Ergebnis der Besprechung des Ausschusses [der Fachgruppe] für Reichswasserrecht, 4.7.1935, montan.dok/BBA, 15/1016b.

54 O. V. [Tönnesmann], Begründung des Entwurfes eines Gesetzes über Wasser- und Bodenverbände, Januar 1937 (Entwurf), montan.dok/BBA, 15/631.

sionsstandes, in der er Tönnesmann und dem weiteren Vertreter aus dem ADR auf eine drastische Weise zeigte, auf welcher Seite er eigentlich stand. Selbach führte aus, dass der Entwurf »tief in die Verhältnisse der bestehenden wasserwirtschaftlichen Verbände eingreife«. Denn – und das war ja das Kernproblem für den Industriebezirk: »Auch die jetzt auf Sondergesetzen beruhenden […] Verbände sollen von dem Gesetz erfaßt werden, wodurch im wesentlichen die ihnen bisher eigene Verfassung aufgehoben werde.« Selbach sezierte die einzelnen und geplanten Gesetzesbestimmungen, zählte dabei die Vorteile der Selbstverwaltung auf und kritisierte im Zuge dessen die vorgesehenen »Befugnisse der Aufsichtsbehörde« als derart weitreichend, dass von »Selbstständigkeit und Selbstverwaltung« keine Rede mehr sein könne. Auch das Ansinnen, einen »Staatskommissar« einzusetzen, darauf sei doch wohl, so Selbach leicht süffisant, vor dem Hintergrund der »gemachten Erfahrungen« – eine eindeutige Anspielung auf Vosberg – zu verzichten. Zum Schluss seines Vortrags resümierte Selbach und äußerte, es handele sich allein um eine gesetzgeberische »Regelung für die landwirtschaftlichen Verbände«. Die unmittelbare Reaktion des damit direkt angesprochenen Tönnesmann war abwiegelnd; offenbar aber hatte ihn der Seitenwechsel von Selbach überrumpelt. Nicht das RMEL, sondern die ADR sei federführend bei der Erstellung des Gesetzesentwurfs, behauptete er und signalisierte verhalten Entgegenkommen.

Als Nächstes trat nun Haßlacher auf: Er forderte, die Emschergenossenschaft müsse »durch Sondergesetz als Sonderverband« erhalten bleiben. Ein »Unding« sei es, die bergbaulichen Interessen, die in der Emschergenossenschaft deutlich überwögen, in ein »auf rein landwirtschaftliche Verhältnisse zugeschnittenes Gesetz« hineinpressen zu wollen. Die vorgesehene »jederzeit änderbare Satzung«, die sei ein Problem, besonders für die Möglichkeiten der Kreditaufnahme, auf die die Emschergenossenschaft nicht verzichten könne. Die Emschergenossenschaft würde in der vorgeschlagenen Form ihre Kapitalgeber verlieren, v. a. die des Auslands, warnte er. Und auch darüber hinaus seien die vorgesehenen Veränderungen der Enteignungsbefugnisse misslich. Der Emschergenossenschaft stünde seit 1906 ein Enteignungsrecht zu, über das sie im Falle der Durchsetzung des Gesetzes nicht mehr verfüge. Wie Selbach ließ auch Haßlacher an dem Entwurf kaum ein gutes Haar. Tönnesmann, der sich angesichts der Fundamentalkritik noch einmal zu Wort meldete, äußerte nun defensiv, das Gesetz sei doch bloß als »Theorie« zu verstehen, in der Praxis wirke es doch wahrscheinlich deutlich weniger einschränkend, als die Vorredner ausgeführt hätten. Zum Ende der Zusammenkunft, und erheblich unter Druck, zog Tönnesmann, wie bereits Vosberg, die ›NS-Karte‹ aus dem Hut und äußerte: Die »Wünsche der Wirtschaft« müssten natürlich mit denen der NSDAP in »Einklang gebracht« werden. Zum Ende der Zusammenkunft erklärte sich der andere Vertreter des ADR schließlich ausdrücklich bereit, die »Berufsvertretung« des Bergbaus zu den weiteren Beratungen hinzuziehen zu wollen.[55]

Im Anschluss an die Sitzung wurde der Fachgruppe der Gesetzesentwurf endlich offiziell übermittelt. Die Emschergenossenschaft und die Zechen konnten mit dem Ergebnis des Treffens daher sehr zufrieden sein. Der Entwurf, der in seinen Grundzügen ja bereits bekannt gewesen, fiel bei den Beteiligten natürlich weiterhin durch: Er sehe eine

55 Zit. Niederschrift über die Sitzung des Ausschusses für Reichswasserrecht am 1.2.1936, montan.dok/BBA, 15/633.

»schematische Übernahme des Führergrundsatzes auf eine wirtschaftliche Organisation vor«. Im Laufe der Zusammenkunft aber, so hielt eine Notiz fest, sei Tönnesmann von seinem Entwurf ganz eindeutig abgerückt.[56]

Während die Bergbauindustriellen nun fanden, einen Fuß in der Tür zu haben und erwarteten, zu den weiteren Diskussionen hinzugezogen zu werden, kam das Nachspiel für Selbach postwendend. Seine Kooperation mit den Bergbauindustriellen kostete ihn seine Position. Tönnesmann hatte es offensichtlich sehr geärgert, ohne Vorwarnung vorgeführt worden zu sein. Selbach erhielt einen Brief vom Landwirtschaftsminister, in dem dieser zunächst seine »Verwunderung« darüber zum Ausdruck brachte, dass Selbach den Entwurf zusammengefasst hatte, ohne dass er dazu ermächtigt worden war. Weiter noch: »Ich muss annehmen, dass der Gesetzesentwurf mittelbar oder unmittelbar von einer Person an Sie gelangt ist, die ihn aus meinem Ministerium erhalten hat. Wenn dies zutrifft, ist an irgendeiner Stelle mein Vertrauen gebrochen worden; denn ich habe den Entwurf an alle Empfänger mit der Bitte gehen lassen, ihn vertraulich zu behandeln.«[57] Mit gleichem Schreiben wurde Selbach per Ministerialerlass entlassen und aus seiner Position beim RTV entfernt.[58] Umgehend wandte sich Selbach an die Fachgruppe und forderte Schutz;[59] der wurde ihm aber verwehrt.[60] Da der Bergbau seine Kommunikations- und Verhandlungsfähigkeit in Hinblick auf die Erarbeitung des Gesetzes inzwischen hergestellt sah und auch das Reichswirtschaftsministerium inzwischen die Position vertreten hatte, dass die Wasserwirtschaft keineswegs den Wünschen des RMEL allein zu unterstellen war, war Selbach für die Industriellen nicht mehr wichtig.

Am Ende wurde Selbach zwar rehabilitiert, trotzdem aber nicht wieder eingesetzt. Denn Vosberg, der sich vom Rand nun wieder auf das Spielfeld drängte, beschuldigte nun Selbach – Stöve und Ramshorn gleich mit – der Korruption und der Veruntreuung. Über den Düsseldorfer Regierungspräsidenten wurde zunächst der Vorsitzende des RTV und derzeitige Oberbürgermeister von Essen, *Theodor Reismann-Grone*,[61] darüber informiert, dass Vosberg »Beschuldigungen zum Teil ehrenrühriger Natur« gegen Selbach erhebe. Vosberg habe (noch in seiner Funktion als Staatskommissar) Selbach nach den Bestimmungen des Gesetzes über die Wiederherstellung des Berufsbeamtentums entlassen. Eine Prüfung der Rechtmäßigkeit sei seinerzeit aber nicht vorgenommen worden. Der Präsident verkündete nun, er habe die von Vosberg vorgenommenen Anschul-

56 Niederschrift über die Besprechung am 27.2.1936 in der Wirtschaftsgruppe Bergbau über den Entwurf eines Gesetzes über Wasser- und Bodenverbände und die Richtlinien über die Bewertung von Wassernutzungen und Wassernutzungsanlagen, montan.dok/BBA, 15/633.

57 Reichs- und Preußischer Minister für Ernährung und Landwirtschaft (i. V. Riecke) an Selbach, 30.4.1936, montan.dok/BBA, 15/633.

58 Lippert an Selbach, 11.5.1936 (vertraulich), montan.dok/BBA, 15/633.

59 Selbach an Wirtschaftsgruppe Bergbau, 21.5.1936, montan.dok/BBA, 15/633.

60 O. V. (Wirtschaftsgruppe Bergbau) an Selbach, o. D., montan.dok/BBA, 15/633.

61 S. Frech, Wegbereiter Hitlers?, S. 325–331, 343 f.

digungen geprüft und sie als gänzlich ungerechtfertigt befunden.[62] Auch gegen Stöve, den Justiziar der Emschergenossenschaft, brachte Vosberg Anschuldigungen vor. Stöve habe bei der Abwicklung der Gerichtskosten im Fall der Emschergenossenschaft gegen Freiherrn von Fürstenberg 50.000 RM veruntreut und dies in den Büchern der Emschergenossenschaft »verschleiert«.[63] Auch hier habe die Prüfung durch den Oberpräsidenten der Provinz Westfalen ergeben, dass keine der von Vosberg erhobenen Anschuldigungen beleg- oder nachweisbar seien. Der Präsident bat Reismann-Grone, seine Untersuchung anzuerkennen und »Selbach bei seiner endgültigen Verabschiedung noch in besonderer Form den Dank und die Anerkennung der Aufsichtsbehörde für seine erfolgreiche Arbeit zum Ausdruck zu bringen«.[64]

In der darauffolgenden Woche erklärte Reismann-Grone in der Vorstandssitzung des RTV, dass man Selbach, trotz des Umstandes, dass der Regierungspräsident Selbach vollkommen entlastet habe, nicht wieder einsetzen könne. Denn Vosberg habe nun außerdem Beschuldigungen gegen *Alexander Ramshorn* erhoben. Der »Parteigenosse« Ramshorn selbst habe zwar umgehend beim Parteigericht eine Untersuchung beantragt. Auch dort sei die Anschuldigung von Vosberg für »unwahr« befunden worden. Vosberg habe dann aber, eine Reihe »abgesetzte[r] Marxisten« einbestellt, »um Material gegen die leitenden Beamten« der Emschergenossenschaft aus ihnen herauszuholen. Der sog. »Arierparagraph« des Gesetzes zur Wiederherstellung des Berufsbeamtentums war bei der Emschergenossenschaft weniger zur Anwendung gekommen,[65] von der Möglichkeit, »Marxisten« zu entlassen, hatte man dagegen regen Gebrauch gemacht. Gleichwohl wurde den Anschuldigungen der bereits entfernten »Marxisten« nunmehr nachgegangen. Ihre Aussagen wurden geprüft und nur wenig überraschend für unwahr befunden. »Für jeden ehrliebenden Menschen«, so hatte es Oberpräsident der Provinz Westfalen formuliert, »ist es eine selbstverständliche Anstandspflicht, daß er das einem Dritten angetane Unrecht oder eine ihm zugefügte Ehrkränkung wieder gut macht«. Das habe Vosberg nicht, sondern sich mit »marxistischen Verleumder[n]« auf eine Ebene begeben. Obschon Vosberg sich spätestens mit diesem Versuch, Unterstützung

62 Selbach habe 1) den Bau der Talsperre Ahausen behindert und sabotiert, 2) dem Regierungspräsidenten Düsseldorf gegen die Anweisung von Vosberg Information über die Finanzlage des Ruhrtalsperrenvereins angeboten, 3) die »Gefolgschaft« ungerecht, unsozial und »lieblos« behandelt, 4) Veröffentlichungen gegen den Staatskommissar in die Presse gebracht. Regierungspräsident an Reismann-Grone, 5.3.1936, montan.dok/BBA, 15/633.

63 Zwischen der Emschergenossenschaft und Fürstenberg war es um die Wasserversorgung des Schlossteiches des Freiherrn zum Dissens gekommen: Fürstenberg hatte den Schlossteich mit dem Wasser aus der alten Emscher gespeist. Die Emschergenossenschaft hatte Fürstenberg angeboten, die Wasserversorgung über eine Leitung vorzunehmen, der Freiherr hatte dies abgelehnt und das Wasser stattdessen aus einer städtischen Trinkwasserleitung in den Graben gepumpt. Dafür wollte er 240.000 RM von der Emschergenossenschaft, die die Entschädigung in dieser Höhe ablehnte. Der Konflikt wurde in mehreren Verhandlungen und Verwaltungsgerichten verhandelt. Art. Die Emschergenossenschaft zur Schadensersatzleistung […] verurteilt [1930], tkCA, TLi 2671.

64 Regierungspräsident an Reismann-Grone, 5.3.1936, montan.dok/BBA, 15/633.

65 Ausfl. Balz/Kirchberg: Fließende Grenzen, S. 51–56; ausfl. zum Fall Hermann Bach, der als Jude entfernt wurde, Martina Gorlas: Wo ist Dr. Hermann Bach? – Das Schicksal des Oberchemikers der Emschergenossenschaft in der NS-Zeit, in: Essener Beiträge. Beiträge zur Geschichte von Stadt und Stift Essen 134, 2021, S. 146–223.

durch bekennende »Marxisten« zu erhalten, selbst diskreditiert hatte, wurde Selbach nicht wieder eingesetzt. Stattdessen solle, so schlug Reismann-Grone vor, ein anderer Jurist in den Vorstand der RTV bestellt werden. Die im Protokoll aufgeführte Aussprache ergab dann aber immerhin ein zweideutiges Bild. Der Hagener Bürgermeister äußerte, die »Gefolgschaft« sei gegen Selbach; auch hätten sowohl Stöve als auch Selbach bekanntermaßen »Nebenverdienste«. Gustav Knepper, der Vorsitzende der Gelsenkirchener Bergwerks-AG (GBAG), fand, die Position Selbachs sei zu besetzen, ob das Selbach oder ein anderer fähiger Jurist sei, sei ihm einerlei. Ein starker Fürsprecher, Selbach wieder ins Amt zu bestellen, fand sich zwar nicht, eindeutig war das Stimmungsbild aber auch nicht. Schlussendlich wurde Selbach geopfert, denn »die nationalsozialistische Regierung hat entschieden« und dagegen »dürfe« man nicht vorgehen, fanden insbesondere die Städtevorderen. Die Abstimmung ergab fünf Stimmen für den neuen Finanzverwalter bei vier Gegenstimmen. Damit war der Nachfolger Selbachs im RTV gewählt. Die industriellen »Beteiligten«, stärker aber noch die kommunalen Genossen hatten sich entschieden, nicht noch weiter Öl ins Feuer zu gießen.[66] Und so konnten die Zechenvertreter wie auch die Führungsebene der Emschergenossenschaft insgesamt zufrieden sein. Der für die »Selbstverwaltung« des Industriebezirks schädliche Neuordnungsentwurf war abgewehrt, das zwar auf Kosten von Selbach. Inzwischen aber hatte man mit dem aktivierten Reichswirtschaftsministerium einen Gegenspieler zum Reichslandwirtschaftsministerium auf der eigenen Seite. Die ministeriale Rivalität war derart, das war den Industriellen sehr klar, dass das Reichslandwirtschaftsministerium den Entwurf nicht gegen die »Ruhrinteressen« würde durchsetzen können. Dafür hatte man dank der Informationen von Selbach sorgen können.

August Heinrichsbauer, der bereits mit der Abfassung des Büchleins beauftragt worden war, als deutlich wurde, dass das Gesetzvorhaben der ADR einen Fundamentalangriff auf die Konstitution der Wasserwirtschaft des Industriebezirks darstellte, wurde nun – und mitten in der Abfassung – angewiesen, »die Kapitel über die Akademieentwürfe« herauszunehmen, um den just beigelegten Konflikt nicht wieder zu entfachen. Heinrichsbauer tat wie geheißen. In das Büchlein wurde keine Information über die Entwürfe zum Reichswassergesetz aufgenommen, der selbstbewusste Duktus aber blieb erhalten. Auch blieb es doppelbödig: Zum einen sollte es »Interesse wecken, zum andern die sehr wenig unterrichteten mitentscheidenden Stellen informieren und zeigen, daß mit einer energischen Abwehr der Industrie gegen die diesbezüglichen Absichten des Ernährungsministeriums gerechnet wird«.[67] In der Tat. Das merkt man dem Büchlein an; verständlich wird das aber nur, wenn man die Hintergründe um die Arbeit am Gesetzesentwurf zu einem Reichswassergesetz in der ADR und den Versuch, besonders die Emschergenossenschaft um ihre Sonderrechte zu bringen, kennt. Dann erschließt sich auch der Begleittext, der das Buch bewarb: »Für die Besprechung wasserwirtschaftlicher Fragen, die zur Zeit, veranlaßt durch die Arbeiten am Reichswassergesetz, besonders lebhaft ist, ist das Buch sehr wertvoll«, heißt es da.[68]

66 Sitzung des Vorstandes des Ruhrtalsperren-Vereins, 11.3.1936, montan.dok/BBA, 15/633.

67 O. V. [Lippert] an Butz, 15.5.1936, montan.dok/BBA, 15/633.

68 Zit. Rundschreiben der Wirtschaftsgruppe Bergbau, betr. Wasserwirtschaft, 4.12.1936, montan.dok/BBA, 15/633.

Als sich die Zechenvertreter des Industriebezirks das nächste Mal, im November 1937, in ihrem Ausschuss für Wasserrecht trafen, konnte der Vorsitzende verkünden, dass die letzte Sitzung deshalb so lange her sei, weil sich in der ADR eine erfreuliche »Zwischenlösung« ergeben habe.[69] Neben dem Reichswirtschaftsministerium hatte sich der Reichsfinanzminister, Hjalmar Schacht persönlich, und ganz im Interesse des Bergbaus eingeschaltet:[70] Schacht hatte man darüber informiert, »daß ausländische Anleihen nicht behalten werden« könnten, »wenn nach Meinung der Anleihetreuhänder sich die gesetzlichen Grundlagen der Verbände verändern« würden. Die Finanzierung der Wasserwirtschaftsverbände, besonders aber der Emschergenossenschaft, sei aufs Äußerste gefährdet, und zwar »einmal durch die Rückzahlung, zum andern wegen der Folgen solcher Vorkommnisse für zukünftige Anleihen auf dem Inlandsmarkt. Der große Finanzbedarf der genannten Verbände ist aber ohne die fortgesetzte Auflegung von Anleihen nicht zu decken.« Schacht möge sich in die Debatte einschalten, so hatte der Verband gebeten.[71] Und so trat Schacht aufseiten der Zechen in den Konflikt ein. In der ADR entschied man, weil man nach der Einschaltung des Reichswirtschafts- *und* des Reichsfinanzministeriums erhebliche Schwierigkeiten bei der Durchbringung des umfassenden Gesetzes erwartete, eine Verordnung anstelle eines umfassenden Gesetzes zu erlassen.[72] Und das bedeute, dass die »wasserwirtschaftlichen Verbände« des Industriebezirks, v. a. die Emschergenossenschaft, unberührt blieben.

Um die Sondergesetzgebung dauerhaft zu sichern, sei nur noch dafür Sorge zu tragen, dass die Zuständigkeit für die Wasserwirtschaft vom Reichsernährungsministerium auf das Reichswirtschaftsministerium übergehe.[73] Und auch das war bald erledigt. Im August 1941 ging die Zuständigkeit für die Wasserwirtschaft des RMEL auf den »Generalinspektor für Wasser und Energie« über – und der war dem Reichswirtschaftsministerium angegliedert.[74] Propaganda für eine nationalsozialistische Neuordnung der Wasserwirtschaft wurde dort viel gemacht, tatsächlich aber wurde dem »alten preußischen Wasserrecht« von 1913 lediglich »ein nationalsozialistisches Mäntelchen umgehängt«.[75] So hieß es zwar, und von keinem anderen als Alwin Seifert:[76] »Eine schmutzige, stinkende Landschaft, ein Landschaftsraum mit Bächen und Flüssen,

69 Zit. Niederschrift über die Sitzung des Wasserrechtsausschusses am 15.11.1937, montan.dok/BBA, 15/632.

70 Regierungspräsident von Gersdorff, 14.7.1937, montan.dok/BBA, 15/633.

71 Leiter der Wirtschaftsgruppe (Generaldirektor Wisselmann) an Reichsbankpräsident Schacht, 22.3.1937, montan.dok/BBA, 15/634.

72 Schubert/Rönnau: Einleitung, S. XXXIV.

73 Niederschrift über die Sitzung des Wasserrechtsausschusses am 15.11.1937, o. S; dazu auch Wirtschaftsgruppe Bergbau an Bomke, 21.11.1939, montan.dok/BBA, 15/632. Pinkerneil konnte Bomke hier mitteilen, dass die Verschaltung von Reichswirtschaftsministerium und Bergbehörde, die der Ausschuss im November 1937 ebenfalls zur letzten Klärung angeraten habe, zu einer »völlige[n] Übereinstimmung« geführt habe.

74 Meldung, Nachrichtendienst der Bezirksgruppe Nr. I/66, 29.8.1941; ähnlich Rundschreiben Nr. 506, Wirtschaftsgruppe Bergbau, 2.10.1941, montan.dok/BBA, 15/632.

75 Zit. Bomke (Hoesch AG) an Pinkerneil (Wirtschaftsgruppe Bergbau), 10.3.1943, montan.dok/BBA, 15/637.

76 Kursorisch zu Seiferts »naturgemäßem Wasserbau« Thomas Kluge/Engelberg Schramm: Wassernöte. Zur Geschichte des Trinkwassers, 2. Aufl., Aachen 1988, S. 191–199.

an denen das Auge keine Freunde mehr hat, kann deshalb nicht mehr als Heimat angesehen werden, sondern bestenfalls nur als Arbeitsraum, in dem man die Fron seiner Lohnstunden erfüllt […].«[77] Bis zum Niedergang des NS-Regimes ging vom Generalinspektor aber kein weiterer Versuch aus, in die faktisch geteilte Wasserwirtschaft des Industriebezirks einzugreifen.

Die Emschergenossenschaft hatte ihre Autonomie bewahrt; während der NS-Zeit wurden im Reich mehr als 17.000 Wasser- und Bodengenossenschaften ›neu geordnet‹ – nicht aber die Emschergenossenschaft. Und das will unter den Bedingungen des NS-Regimes etwas heißen. Aus politischem Widerstand geschah das aber nicht. Vielmehr hatten sich die Genossen wie die Beteiligten, v. a. die Zechen, mit Verve für die selbstverwaltete Erhaltung der geteilten Wasserwirtschaft im Industriebezirk eingesetzt und ihre differenziert-gemeinüblichen Interessen gegen gleich zwei Versuche der nationalsozialistischen Neuordnung verteidigt. Dass das »Emscherthal« dabei weiterhin »nur als Arbeitsraum« – im Sinne Seiferts – angesehen wurde, dürfte die hybride Verteidigungsfront nur wenig gestört haben. Denn genau das hatte man erhalten wollen und damit hatte man sich auch durchgesetzt.

77 Alwin Seifert: Reines Wasser im Heimatbild, Sonderdruck aus: Deutsche Wasserwirtschaft 36:10, 1941, S. 494–499, montan.dok/BBA, 15/637.

Quellen

Der Staatskommissar der Emschergenossenschaft an Beteiligte, 1934

(Generaldirektor Vosberg an die Beteiligten der Emschergenossenschaft, 30.10.1934, montan.dok/BBA, 32/4236)

Durch die Verfügung des Herrn Ministerpräsidenten vom 12. Juli d.Js. bin ich zum Staatskommissar für die Emschergenossenschaft, den Ruhrtalsperrenverein und den Ruhrverband eingesetzt worden mit dem Auftrag, die Vorstandsgeschäfte dieser 3 wasserwirtschaftlichen Verbände in meiner Hand zu vereinigen und für eine aus staatspolitischen Gründen notwendig gewordene Reform geeignete Organisations-Vorschläge zu machen. Ich habe deshalb den Vorstand der Emschergenossenschaft abberufen, da nunmehr ich bis auf weiteres die Funktionen des Vorstandes wahrzunehmen habe. Aus diesem Anlass habe ich eine eingehende freundschaftliche Unterredung mit Herrn Generaldirektor Dr. Hasslacher in Essen herbeigeführt, der mich gebeten hat, den Beteiligten auf diesem Wege von den getroffenen Massnahmen Mitteilung zu machen. Selbstverständlich läuft der Geschäftsgang der Genossenschaft sonst völlig unverändert weiter; irgendwelche Störungen treten nicht ein; die für die Genossenschaft bestimmte Post ist nach wie vor an die Geschäftsführung der Emschergenossenschaft, die für den Vorstand oder mich bestimmte Post an meine Adresse bei der Emschergenossenschaft in Essen zu richten.

Ich möchte bei dieser Gelegenheit es nicht unterlassen, dem Herrn Vorsitzenden des Vorstandes, Generaldirektor Dr. Hasslacher, und den anderen Herren Mitgliedern des Vorstandes, die in eifriger Weise sich an den Arbeiten der Genossenschaft beteiligt haben, den herzlichsten Dank für ihre Bemühungen auszusprechen; dabei betone ich ausdrücklich, dass gegen die Geschäftsführung des früheren Vorstandes und seines Herrn Vorsitzenden irgendwelche Beanstandungen nicht zu erheben sind.

Heil Hitler! [HiO]

gez. Dr. Vosberg

Beglaubigt: Baudirektor [Unterschrift Dr. Ramshorn]

H. Vosberg an den Oberpräsidenten der Provinz Westfalen, 1935

(Generaldirektor Dr. Harry Vosberg [Staatskommissar der Ruhrverbände], Kassel, an Freiherrn Ferdinand von Lüninck, Münster, betr. Emschergenossenschaft, 21.10.1935, tkCA, RSW 6705)

Nachdem durch Erlass des Herrn Prss. Ministerpräsidenten vom 22. August 1935 [...] das Staatskommissariat für die Emschergenossenschaft zur Aufhebung gekommen ist, ist es nicht mehr meine Aufgabe, eine Untersuchung durchzuführen, deren Notwendigkeit sich aus den am 1. Juni d.J. an mich gelangten Beschwerde über die Geschäftsführung der Emschergenossenschaft ergeben hätte. Da ich dem Herrn Reichs- und Preussischen Minister für Ernährung und Landwirtschaft aber bereits unter dem 4. Juni 1935 mitgeteilt hatte, dass solche Beschwerden bei mir eingegangen seien, die aus Zweckmässigkeitsgründen später zu prüfen sein würden, darf ich nunmehr Ihnen als der Aufsichtsbehörde der Emschergenossenschaft das Beschwerdematerial zur weiteren Behandlung überreichen. Dieses Material besteht im Wesentlichen in einer Anzeige eines Herrn Josef Eulgem, Essen, Kurfürstenstrasse 48, der sich in den abschriftlich beigefügten Briefen vom 9. und 22. Mai 1935 über die Geschäftsführung der Emschergenossenschaft beschwert und gegen dieselbe schwerwiegende Vorwürfe erhebt. Diese Briefe waren mir zur weiteren Veranlassung übergeben worden.

Desweiteren besteht das Material in dem Ergebnis von Feststellungen, die gelegentlich eines Verfahrens gegen den früheren Geschäftsführer des Ruhrverbandes, Dr. Spetzler, an Hand der Bücher und Belege des Ruhrverbandes vorgenommen worden sind. Ich füge deshalb die Abschrift desjenigen Teiles dieser Untersuchungsschrift bei, der sich auf das Verhalten des stellvertretenden Geschäftsführers und Justitiars der Emschergenossenschaft, Dr. Stöve, bezieht. Nach den vorhandenen Belegen haben s.Zt. Dr. Spetzler und Dr. Stöve ihre Wohnhäuser im wesentlichen auf Kosten des Ruhrverbandes gebaut.

Ich nehme auf den Inhalt dieser Schriftstücke Bezug und darf zur Erleichterung der dortigen Untersuchung noch ergänzend hinzufügen, dass die im Eulgem'schen Schreiben erwähnten sozialdemokratischen Exponenten der frühere sozialdemokratische Oberbürgermeister Brisch in Solingen und der frühere sozialdemokratische Landrat Trimborn in Opladen gewesen sind. Ebenso füge ich hinzu, dass der in dem zweiten Schreiben genannte Bürovorsteher der Rechtsanwälte Commandeur in Essen Barmeyer heisst, der über den Fall unterrichtet ist. Der Fall liegt nach den mir gegebenen Mitteilungen so, dass nach Erledigung der prozessualen Ansprüche aus dem von der Emschergenossenschaft verlorenen Prozess gegen Herrn von Fürstenberg – gesprochen wird von Verlusten der Emschergenossenschaft aus diesem Prozess, die insgesamt über 1 Million RM hinausgehen – die Gerichtskostenfrage in der Weise abgewickelt worden ist, dass die Emschergenossensschaft eine Summe von alsdann an Dr. Stöve überwiesen haben soll. Es ist mir weiter berichtet worden, dass der Bürovorsteher der Vermessungsabteilung der Reichsautobahnen in Essen, Herr Franz Humpert, Essen, diese Angelegenheit genau kennt. Die Überweisung der 50 000 RM von der Emschergenossenschaft an Rechtsanwalt Commandeur soll in den Büchern der Emschergenossenschaft[ ]verbucht worden sein mit „Extraordinarium n 10[1]" mit der Bezeichnung: „Entziehung des Schlosswassers bei Schloss Horst"[.] Es ist übrigens nicht festgestellt worden, ob Dr. Stöve die Summe von 50 000 RM allein zugeflossen ist, oder ob er einen Teil derselben an den früheren Geschäftsführer des Ruhrtalsperrenvereins, Dr. Selbach, abgegeben hat, der in den ersten Jahren der Prozessführung die Emschergenossenschaft als Anwalt vertreten hatte.

Ich verweise desweiteren darauf, dass der kommissarische Geschäftsführer des Ruhrverbandes, Regierungsbaurat Janssen, im Besitze von Urteilen ist, die ihm gegenüber von einem massgebenden Beamten der Emschergenossenschaft, dem Personalreferenten Krüppel, in Bezug auf die nationalsozialistische Einstellung des Geschäftsführers der Emschergenossenschaft, Baudirektor Dr. Ramshorn, gemacht word[e]n sind.

Zum Schluss bemerke ich noch, dass der Schreiber der Beschwerde vom 9. – 22. Mai 1935, Josef Eulgem, ein früherer fast 25 Jahr in Diensten der Emschergenossenschaft gestandener und dann zur Entlassung gekommener Angestellter ist. Doch kann diese Tatsache nach meinem Dafürhalten einer Untersuchung des Falles wohl nicht im Wege stehen.

Ich hoffe, Ihnen mit diesen Angaben die Untersuchung erleichtert zu haben und bin mit

Heil Hitler!

gez. Dr. Vosberg.

Der Ausschuss für Reichswasserrecht, 1936

(Niederschrift über die Sitzung des Ausschusses für Reichswasserrecht am 1.2.1936, Dienstgebäude der Bezirksgruppe Ruhr der Fachgruppe Steinkohlenbergbau, montan.dok/BBA, 15/633)

Anwesend die Herren
Mitglieder des Ausschusses:
Bergassessor Bomke (Vorsitzender),
Rechtsanwalt Dr. Ballas,
Rechtsanwalt Dr. Heinemann,
Regierungsassessor Dr. Holle,
Oberingenieur Kring,
Professor Dr. Oberste-Brink,
Dr. jur. h.c. Selbach,
Bergassessor Schulze Höring,
Oberbergrat Dr. Wittus,
als Gäste:
Ministerialrat Tönnesmann (Reichsernährungsministerium),
Oberbergrat Hammans (Reichswirtschaftsministerium),
Rechtsanwalt Dr. Grieger (Mitglied des Wasserrechts-Ausschusses und des Wasserverbandsausschusses bei der Akademie für Deutsches Recht),
Generaldirektor Haßlacher,
Baudirektor Ramshorn,
Dr. Pinkerneil,
von der Geschäftsführung:
Dr. Butz.

Der Vorsitzende, Herr Bergassessor *Bomke* [HiO], richtet an die erschienen Herren, insbesondere an die Vertreter der beiden Ministerien, herzliche Worte der Begrüßung, indem er der Hoffnung Ausdruck gibt, daß durch die heutigen Verhandlungen über den Entwurf eines Wasser- und Bodenverbandsgesetzes den zuständigen Ministerien unsere Wünsche und Anregungen zur Kenntnis gebracht und dort auf einen fruchtbaren Boden fallen würden. Er erteilt dann Herrn Dr. Selbach das Wort zu seinem Bericht.

Herr Dr. *Selbach* [HiO] erstattet hierauf einen eingehenden Bericht über den Entwurf des Wasserverbandsgesetzes. Er geht davon aus, daß der vorliegende Entwurf, der ein *geschlossenes* [HiO] Recht für sämtliche Wasser- und Bodenverbände schaffen wollte, tief in die Verhältnisse der bestehenden wasserwirtschaftlichen Verbände eingreife. Auch die jetzt auf Sondergesetzen beruhenden großen industriellen Verbände sollten von dem Gesetz erfaßt werden, wodurch im wesentlichen die ihnen bisher eigene Verfassung aufgehoben werde. S.E. sei aber der Entwurf auf die Erfordernisse der einfach gelagerten landwirtschaftlichen Wasser- und Bodenverbände zugeschnitten, die Mehrzahl seiner Bestimmungen passe nur für diese. Dagegen sei für die großen industriellen Wasser- und Bodenverbände, namentlich des rheinisch-westfälischen Industriebezirkes, bei der Mannigfaltigkeit und finanziellen Tragweite ihrer Aufgaben sowie bei der hohen Beitragsbelastung und Haftung der Mitglieder der Rahmen des Gesetzes viel zu eng. Er frage sich deshalb, ob die großen Sonderverbände in den Gesetzesentwurf eingegliedert oder aus ihm herausgelassen werden sollten und für sie die Sondergesetzgebung aufrechterhalten werden müsse. Für eine Aufrechterhaltung der Sondergesetzgebung sprechen nach seiner Ansicht folgende Gründe:

1.) Neben dem Gesetz solle künftig für alle Verbände auch die für die einzelnen Verbände erlassene Satzung Geltung haben. Bisher hätten die Verbände ihre näheren Rechtsverhältnisse durch die Satzung selbst geordnet. Nach dem Gesetzesentwurf sei aber ein solches Mit- und Selbstbestimmungsrecht für die Satzung den Verbänden nicht mehr gegeben, vielmehr solle die Satzung nach Anhörung des Vorstandes durch die Aufsichtsbehörde erlassen werden. Die Satzung habe also nicht mehr den Charakter einer aus eigenem Willen geborenen Verbandsordnung, sondern eines Reichsgesetzes. Man solle jedoch den Verbänden das Beschlußrecht über die Satzung belassen und dem Staate nur die Genehmigung und höchstens die *formelle* [HiO] Gestaltung der Satzung einräumen.

2.) Die Regelung der Organisation der Verbände im Entwurf passe nicht für die großen industriellen Wasserverbände. Zunächst sei die Genossenschaftsversammlung, der bisher bei den hiesigen Verbänden sehr wichtige Aufgaben oblagen, abgeschafft. Die Notwendigkeit einer Beseitigung dieses Organs könne nicht anerkannt werden, da die Genossenschaftsversammlung bei den hiesigen Verbänden stets außerordentlich fruchtbringende Arbeit geleistet habe. Der im Entwurf vorgesehene Ausschuß bilde in keiner Weise einen Ersatz für die Genossenschaftsversammlungen. Es bestehe zwar ein Vorschlagsrecht für die Zusammensetzung des Ausschusses, jedoch liege das Recht der Bestellung letzten Endes lediglich bei der Staatsbehörde. Das Wahlverfahren, das nur zu einem Vorschlage an die Aufsichtsbehörde führe, sei nicht geeignet, zu einer gerechten und ausreichenden Vertretung der Genossen im Verbande zu führen. Außerdem sei die Höchstzahl von 20 Mitgliedern für den hiesigen Bezirk völlig unzulänglich; nach den Erfahrungen, die bei den hiesigen Verbänden vorlägen, müßten wenigstens 50 bis 60 Personen als Ausschußmitglieder zugelassen werden, wenn anders die Interessenkreise Industrie, Bergbau, Gemeinden sowie die verschiedenen Regierungsbezirke und Provinzen berücksichtigt werden sollten. Des weiteren sei bei den großen Verbänden die für den Vorstand vorgeschlagene Zahl von 2 oder 3 Personen völlig unzureichend. Zudem werde der Vorstand nicht mehr wie bisher durch die Genossenschaftsversammlung gewählt, sondern durch die Aufsichtsbehörde bestellt. Wenn künftig zum Vorsitzenden des Vorstandes, was nach der Begründung möglich sei, ein Staatsbeamter bestellt werde, so müßten auch in dieser Beziehung die größten Bedenken bestehen, namentlich deshalb weil dadurch die Führung des Verbandes in die Hand der staatlichen Aufsichtsbehörde gelegt werde.

3.) Die Befugnisse der Aufsichtsbehörde in dem Entwurf seien derartig weitgehend, daß künftig von einer Selbstständigkeit und Selbstverwaltung der Verbände nicht wohl [sic] mehr gesprochen werden könne. Als oberste Staatsaufsichtsbehörde seien die Fachminister des Reiches vorgesehen; federführend sei stets der Reichs- und Preußische Minister für Ernährung und Landwirtschaft, der allerdings im Benehmen mit den übrigen beteiligten Ministern zu handeln habe. Eine allgemeine Freistellung von der Genehmigung bestimmter Geschäfte seines der Aufsichtsbehörde und der Ersatz dieser Genehmigung durch eine vorherige Anzeige, wie dies der § 105 der Gemeindeordnung vorsehe, fehlten in dem Entwurf des Wasserverbandsgesetzes. Des weiteren sehe der Entwurf die Bestellung eines Staatbeauftragten vor. Von der ausdrücklichen Erwähnung eines Staatskommissars sollte man doch mit Rücksicht auf die bei den Verbänden des rheinisch-westfälischen Industriebezirks gemachten Erfahrungen und die in dieser Hinsicht allgemein bestehenden öffentlich-rechtlichen Bestimmungen in den Sondergesetzen absehen.

4.) Im einzelnen sei noch auf die Zuständigkeit der Spruchkammern hinzuweisen. Hier sei durch den Entwurf das Verwaltungsgerichtsverfahren hinsichtlich der Zugehörigkeit zur Genossenschaft, wie es bisher bestanden habe, beseitigt worden. Nach der in jeder Weise anzuerkennenden Rechtsprechung des Oberverwaltungsgerichts über diese Fragen dürften solche Streitigkeiten den Verwaltungsgerichten nicht entzogen werden, sondern müßten ihnen verbleiben.

Herr Dr. Selbach gelangt zu folgenden Schlußbetrachtungen:
Der Gesetzesentwurf enthalte eine in den Grundzügen sowie auch in fast allen Einzelbestimmungen durchaus zu billigende Regelung für die landwirtschaftlichen Verbände. Er passe aber nicht für die hochentwickelten Verbände des Industriebezirks; diesen verbleibe ein zu geringer Teil der Selbstständigkeit und Selbstverwaltung. Eine besonders große Gefahr bilde der Entwurf in Beziehung auf die Geldgeber der Verbände. Staatliche Mittel seien den Verbänden nicht zugeflossen, sie hätten sich vielmehr die notwendigen Mittel selbst beschafft. 70 % der Kosten der hiesigen Verbände würden von der Industrie und dem Bergbau, die restlichen 30 % von den Gemeinden und sonstigen Beteiligten aufgebracht; die Landwirtschaft zahle zu den Verbänden keine Beiträge. Wenn jetzt an Stelle der bisherigen kurzen und klaren Sonderbestimmungen für die Verbände ein neues umfangreiches und kompliziertes Gesetz sowie eine auf diesem Gesetz beruhende neue vom Reiche erlassene Satzung gesetzt würde, würden sich die Verhandlungen mit den Geldgebern ungemein erschweren, zumal noch die Möglichkeit für die Aufsichtsbehörde hinzutrete, die Aufgaben der Verbände jederzeit zu ändern und zu erweitern. Die großen wasserwirtschaftlichen Körperschaften am rechten und linken Niederrhein seien durch freien Entschluß und die Opferwilligkeit der Beteiligten geschaffen worden. Sie hätten auch nach Ansicht der Behörden, ohne jede Staatsbeihilfe, Großes geleistet. Eine so verstärkte Staatsführung und Staatsaufsicht, wie sie in dem Gesetzesentwurf vorgesehen sei, sei daher nicht gerechtfertigt. Insbesondere sei darauf hinzuweisen, daß im Jahre 1913 bei der Schaffung des Preußischen Wassergesetzes zwar eine außerordentlich starke Vereinheitlichung des Wasserrechts vorgenommen, daß aber doch die Sondergesetze für die großen industriellen Verbände aufrechterhalten und sogar zur gleichen Zeit neu geschaffen worden seien. Er gelange zu dem Ergebnis, daß auch heute die Sondergesetzgebung für diese Verbände aufrechtzuerhalten sei, unter Anpassung an die Gedanken nationalsozialistischer Weltanschauung und unter Ausmerzung von Bestimmungen, die sich im Laufe der Zeit als ungeeignet erwiesen hätten.

Herr Ministerialrat *Tönnesmann* [HiO] dankt zunächst für die Einladung zu der heutigen Sitzung, die ihm Gelegenheit gebe, die Wünsche der Industrie und des Bergbaues zu dem Entwurf kennenzulernen. Er begrüßt die Möglichkeit und betont noch besonders, daß das von ihm vertretene Ministerium den größten Wert auf eine gedeihliche Zusammenarbeit mit der Wirtschaft lege. Zur Sache selbst weist er darauf hin, daß der Gesetzesentwurf nicht aus dem Ministerium hervorgegangen, sondern ein Werk der Akademie für Deutsches Recht sei. Zwar habe das Landwirtschaftsministerium ausschlaggebend an der Gestaltung des Entwurfs mitgearbeitet, so daß vorwiegend Gedanken dieses Ministeriums in dem Entwurf enthalten seien, jedoch schließe dies eine Änderung der Bestimmungen des Entwurfs nicht aus, da die Ministerien in ihren Entschließungen frei seien. Der Entwurf enthalte zweifellos grundlegende Änderungen gegenüber dem bisherigen Recht. Auch sei zuzugeben, daß die Satzung eine andere Gestalt wie bisher aufweisen werde, da sie die wesentlichen Gesichtspunkte des Gesetzesentwurfs in Verbindung mit den damit nicht im Widerspruch stehenden Bestimmungen der bisherigen Sondergesetze enthalten solle. Wenn Herr Dr. Selbach einen Vergleich der industriellen Verbände mit den privatwirtschaftlichen Gebilden und nicht mit den kommunalen Verbänden gezogen habe, so sei darauf hinzuweisen, daß die Abwasserverbände besonders mit den Gemeinden verwandt seien. Der Entwurf nehme jedoch einen vermittelnden Standpunkt zwischen Kommunal- und privatwirtschaftlichen Verbänden ein. Wenn weiterhin Herr Dr. Selbach Zweifel gegenüber der Zweckmäßigkeit der Einbeziehung der großen Verbände in das Rahmengesetz geäußert habe, so könnten diese Zweifel eigentlich nur augenblicklicher Natur sein, da die gleichen Zweifel wieder auftauchen würden, wenn, was nicht zu vermeiden sei, die aufrechtzuerhaltende Sondergesetzgebung umgestaltet werde. Daß dann die Grundsätze, die im Rahmengesetz enthalten seien, auf die Sonderverbände in ihrer Sondergesetzgebung angewandt werden müßten, sei selbstverständlich. Ebenso könne es keinem Zweifel unterliegen, daß man dann die Sonderverbände nicht in verschiedenen Einzelgebieten, sondern in einem einzigen Gesetz behandeln werde.

Herr Dr. *Haßlacher* [HiO] betont, daß die Emschergenossenschaft, für die er als Vorsitzender hauptsächlich spreche, durch Sondergesetz als Sonderverband aufrechterhalten werden müsse. Der Bergbau sei dort der Hauptlastenträger; 70 – 80 % der Kosten trage der Bergbau. Aus dem Haushalt der Emschergenossenschaft ergebe sich zahlenmäßig, daß die Interessen des Bergbaus bei der Emschergenossenschaft bei weitem überwögen. Mit landwirtschaftlichen Dingen hätten die Verhältnisse bei der Emschergenossenschaft nichts zu tun. Es sei deshalb ein Unding, wenn man in ein auf rein landwirtschaftliche Verhältnisse zugeschnittenes Gesetz ein Sondergebiet hineinpressen wolle, das sich ausschlaggebend mit dem Bergbau befasse. Würde man die Emschergenossenschaft in das Rahmengesetz eingliedern, so werde dies zwangsläufig zu einer Überlastung des Gesetzes mit Ausnahmebestimmungen für die Sonderverbände führen. Besonders gefährlich sei auch für die Eingliederung der Emschergenossenschaft in das Rahmengesetz die Anleihefrage. Auf Anleihen könne die Emschergenossenschaft auch für die Zukunft nicht verzichten. Man werde aber hier den allergrößten Schwierigkeiten begegnen, wenn keine einfache und klare Sondergesetzgebung vorhanden sei, wenn man vielmehr auf ein großes und kompliziertes Rahmengesetz sowie auf eine *jederzeit abänderbare* [HiO] Satzung verweisen müsse. Dies sei nicht nur für den kleinen inländischen Kapitalisten, der die Anleihe der Verbände zeichnen solle, sondern in noch viel weitgehenderem Maße für den ausländischen Gläubiger unverständlich. Wenn das Ausland sehe, daß entgegen den in den Anleiheurkunden enthaltenen Vereinbarungen neue und zum großen Teil unverständliche Gesetzesbestimmungen geschaffen worden seien, verliere man dort völlig den Kredit. Des weiteren könne er sich mit den vorgesehenen gesetzlichen Vorschriften über die Verfassung der Verbände nicht einverstanden erklären. Das für die Zusammensetzung des Ausschusses in Aussicht genommene Wahlsystem sei viel zu kompliziert. Mit der bisherigen Genossenschaftsversammlung habe man bei der Emschergenossenschaft gute Erfahrungen gemacht, sie sei eine unbedingte Notwendigkeit, um der großen Zahl der Interessenten eine Vertretung in der Genossenschaft einzuräumen. Bei einem verhältnismäßig kleinen Ausschuß sei es nicht möglich, die Kenntnis aller notwendigen Dinge in die interessierten Kreise hineinzutragen. Eine weitgehende Beschneidung der Selbstverwaltung sei die unausbleibliche Folge des neuen Gesetzes. Unter einer solchen Selbstverwaltung verstehe er nicht nur die Verwaltung und Erhaltung des Geldes durch diejenigen Personen, die es aufgebracht hätten, und damit ein persönliches Vertrauensverhältnis untereinander, sondern auch die Leitung der Verbände durch sachkundige Personen, die mit den Verhältnissen der Genossenschaft in jeder Weise vertraut seien. Eine solche Selbstverwaltung schließe eine Aufsicht durch die Behörden in keiner Weise aus. Auch jetzt sei schon stets eine straffe Aufsicht durch die Bergbehörden, durch die Regierungspräsidenten und Oberpräsidenten sowie auch durch die Ministerialinstanzen vorhanden. Dies alles könne auch in einer Sondergesetzgebung beibehalten werden. Ein Vergleich der wasserwirtschaftlichen industriellen Verbände mit den privatwirtschaftlichen Gebilden (Aktiengesellschaften usw.) sei viel passender als ein Vergleich mit den Gemeindeverbänden. Er habe im übrigen noch vor kurzem Gelegenheit gehabt, die Auffassung der Kommunalvertreter über alle diese Dinge zu hören, und er könne nur erklären, daß diese in jeder Beziehung mit ihm übereinstimmten. Auch die Praxis der Spruchbehörden sei bei den hiesigen Genossenschaften bisher in jeder Weise zufriedenstellend gewesen. Und endlich könnten die Vorschriften über die Enteignung von Grundstücken (§ 24 des Entwurfes) auf die Emschergenossenschaft nicht angewandt werden. Der Emschergenossenschaft stehe das Enteignungsrecht bereits seit dem Jahre 1906 zu, während es ihr nach dem Entwurf in jedem Falle seitens der Aufsichtsbehörde wieder neu verliehen werden müsse. Nach alledem könne er nur die anfangs geäußerte Ansicht nachdrücklich wiederholen, daß schematische Vorschriften nicht auf alle Verbände paßten, daß deshalb die Sondergesetzgebung mit den bei den hiesigen Verbänden bestehenden Einrichtungen, z.B. Beibehaltung der Genossenschaftsversammlung, Aufrechterhaltung des Wahlrechts, Bestellung des Vorsitzenden unabhängig von der Aufsichtsbehörde, aufrechtzuerhalten sei.

[...]

Herr Dr. *Grieger* [HiO] führt aus, daß man sich auch im Reichswasserrechtsausschuß bei der Akademie für Deutsches Recht darüber klar gewesen sei, daß Sonderbestimmungen für die großen Verbände geschaffen werden müßten; bei den Ausschußmitgliedern sei das Gefühl vorhanden gewesen, daß die bisher im Gesetzesentwurf vorgesehenen Ausnahmebestimmungen nicht ausreichten. Es frage sich, ob es genüge, derartige Sonderbestimmungen in einem besonderen Abschnitte des neuen Gesetzes zu treffen, oder ob man nicht vielmehr dem Gedanken der Aufrechterhaltung der Sondergesetzgebung nähertreten müsse. Die jetzt in dem Entwurf enthaltenen Bestimmungen über die Organisationsgestaltung der Verbände dürften wohl kaum für die großen Sonderverbände genügen, insbesondere treffe dies hinsichtlich des Präsentationsrechts für den Ausschuß zu. Die Vorschriften über das nur zu Vorschlägen führenden Wahlrecht paßten s.E. nicht in den Grundgedanken des Gesetzes hinein; auch er trete deshalb nachdrücklich für die Aufrechterhaltung der Sondergesetzgebung ein.

Herr Ministerialrat *Tönnesmann* [HiO] erklärt demgegenüber, daß die Theorie in dem Entwurf vielleicht gefährlich aussehe, daß aber die Praxis nicht derartig bedenklich sein werde, wie die Herrn Vorredner es sich vorstellten. Wenn zwar ein durch Wahlen zustande gekommener Vorschlag für die Bestellung des Ausschusses, jedoch ein freies Ernennungsrecht durch die Aufsichtsbehörde im Entwurfe vorgesehen seien, so habe das seinen Grund in der Durchführung des Führergrundsatzes im heutigen Staat. Die schwierige Frage, die der Gesetzesentwurf zu lösen habe, sei die, wie die Wünsche der Wirtschaft mit den Grundsätzen der Nationalsozialistischen Partei in Einklang gebracht werden könnten. Auch in den Sondergesetzen müßten die Parteigrundsätze zweifellos zum Ausdruck kommen. Es könnte allerdings erwogen werden, ob man den großen Sonderverbänden gewisse Konzessionen machen könne, z.B. Erhaltung des Wahlrechts und der Genossenschaftsversammlung. Auch die Landwirtschaft habe sich zum Teil für die Herausnahme der industriellen Sonderverbände aus dem Gesetz ausgesprochen. Allerdings werde die Nichtanwendung der Wahl- bzw. Vorschlagsbestimmungen für die großen Sonderverbände bedeuten, daß die Industrie anders behandelt werde als die Landwirtschaft.

Der Herr *Vorsitzende* [HiO] begrüßt die letzten Erklärungen von Herrn Ministerialrat Tönnesmann und bemerkt, daß, wenn uns das Wahlrecht erhalten bliebe, dann immerhin schon ein großes Bedenken für uns aus dem Gesetzesentwurf ausgeräumt sei.

Nach Ansicht von Herrn Dr. *Oberste-Brink* [HiO] ist die wichtigste Frage die der Eingliederung der Sonderverbände in den Entwurf bzw. die Aufrechterhaltung der Sondergesetzgebung. Der Entwurf scheine ihm eigentlich nur Bestimmungen über die „Bodenverbesserungsverhältnisse" zu enthalten, Vorschriften, die für die industriellen Verbände in keiner Weise in Betracht kämen. Aus der Verteilung der Kosten auf die Genossen der hiesigen Verbände ergebe sich, daß die Landgemeinden, in denen die eigentliche Landwirtschaft vertreten sei, nur mit einem ganzen verschwindenden Anteil an der Aufbringung der Kosten beteiligt seien. Die Hauptlasten würden vom Bergbau getragen. Insbesondere handele es sich dabei um Pumpkosten und Kosten der Wiederherstellungsarbeiten hinsichtlich der schädlichen Einwirkungen des Bergbaus, Kosten, die von Jahr zu Jahr progressiv stiegen. Es ergebe sich hieraus, daß es sich insbesondere bei der Emschergenossenschaft künftig praktisch fast ausschließlich um die Erfüllung von Aufgaben des Bergbaus handele. Da Interessen der Landwirtschaft bei den hiesigen Verbänden nur in sehr geringem Umfange oder überhaupt nicht vorhanden seien, das Rahmengesetz jedoch nur auf die Landwirtschaft zugeschnitten sei, so ergebe sich daraus die unbedingte Notwendigkeit der Herauslassung der Sonderverbände aus dem Entwurfe und damit der Aufrechterhaltung der Sondergesetzgebung, wobei man in gewissem Sinne eine Verkleinerung der Genossenschaftsversammlung zugestehen könne.

Herr Ministerialrat *Tönnesmann* [HiO] bestreitet, daß der Gesetzesentwurf zum großen Teil auf „Bodenverbesserungsverbände" zugeschnitten sei; es handele sich bei allen dem Gesetz unterworfenen, also auch bei den landwirtschaftlichen Verbänden zum großen Teile um die Verbesserung *wirtschaftlicher* [HiO] Verhältnisse. Der Hauptunterschied zwischen der Industrie und der Akademie für Deutsches Recht bestehe nach den hier vorgetragenen Ansichten darin, daß nach Auffassung der anwesenden Herren der Hauptzweck der Selbstverwaltung die Erhaltung und Verwaltung der Finanzen durch die Geldgeber selbst sei. Es kämen aber bei den hiesigen Verbänden sehr viel größere öffentliche Interessen als bei der Landwirtschaft in Frage, weshalb auch die Unterstellung der hiesigen Verbände unter das Gesetz erfolgt sei.

Der Herr *Vorsitzende* [HiO] betont wiederholt die Notwendigkeit der Erhaltung der Selbstverwaltung. Dies würde ganz besonders durch die Beibehaltung der Genossenschaftsversammlungen zum Ausdruck kommen. Er macht weiterhin darauf aufmerksam, daß in dem Entwurf der Satzung für die Emschergenossenschaft an Stelle des Reichsnährstandes die Mitwirkung des Berufsstandes des Bergbaus vorgesehen sei. Als solche scheine ihm die Bergbehörde die geeignete Vertretung zu sein.

Herr Dr. *Holle* [HiO] weist auf den großen Unterschied zwischen landwirtschaftlicher und gewerblich-industriellen Verbänden hin. Die hiesigen Verbände wiesen eine gänzlich andere Struktur als die landwirtschaftlichen Verbände auf. Dasselbe sei der Fall hinsichtlich der Gemeinden gegenüber den hier gegebenen, vorwiegend privatwirtschaftlichen Verbänden. Namentlich sei die Solidarhaftung der einzelnen Genossen bei den hiesigen Verbänden zu berücksichtigen. Die Anleihegläubiger müßten den größten Wert darauf legen, daß die bestehende und klare Gesetzesgrundlage erhalten bleibe und daß nicht an ihre Stelle Gesetzes- und Satzungsbestimmungen träten, die jederzeit geändert werden könnten. Er spricht sich daher nachdrücklich für die Aufrechterhaltung der Sondergesetzgebung aus, damit der Eigenart jedes einzelnen Verbandes Rechnung getragen werde.

Herr Dr. *Grieger* [HiO] erklärt, daß bereits von ihm bei der Akademie für Deutsches Recht Anträge auf die Mitwirkung der Berufsvertretung des Bergbaus gestellt worden seien. Da die Bergbehörde in den Verbänden stets vertreten sei, halte er die Vertretung durch einen gesonderten Berufsstand des Bergbaues für notwendig. Der Herr Vorsitzende stimmt diesen Ausführungen zu.

Herr Dr. *Pinkerneil* [HiO] macht darauf aufmerksam, daß in dem jetzt vorliegenden Entwurf über die Berufserziehung der Jugend als Berufsstand des Bergbaus die Organisation der gewerblichen Wirtschaft vorgesehen sei; dies sei für den hiesigen Bezirk der Bezirksgruppe Ruhr der Fachgruppe Steinkohlenbergbau. Des weiteren weist er hin auf die Reform der Aktiengesetzgebung bei der Akademie des Deutschen Recht[s]. Die Verwaltung und Verantwortung bei den hiesigen Verbänden sei auch s.E. unbedingt mit den Aktiengesellschaften zu vergleichen, nicht mit den Gemeinden, die politische Gebilde und deren Leiter politische Beamte seien. Endlich hält er im Hinblick auf die Wichtigkeit der Kreditfrage und die Aufbringung der Anleihen die Einforderung eines Gutachtens durch die Reichsbank für dringend notwendig.

Herr Oberbergrat *Hammans* [HiO] teilt mit, daß auch im Reichswirtschaftsministerium gewisse Zweifel gegen die Einbeziehung der Sonderverbände in den Entwurf, insbesondere mit Rücksicht auf die Finanzierungsfrage und den wirtschaftlichen Charakter der Verbände, aufgetaucht seien. Auch ihm scheine die Beibehaltung der Genossenschaftsversammlung keinen Bedenken zu unterliegen. Diese Versammlungen seien nicht zu verwechseln mit den parlamentarischen Gremien früheren Zeit, vielmehr seien die jetzigen Genossenschaftsversammlungen Organe, in denen sich Führerpersönlichkeiten befänden und in denen das Führerprinzip schon heute maßgebend sei.

Herr Dr. *Heinemann* [HiO] betont, daß die Regelung der Frage der Aufsicht im Entwurf zu Bedenken Veranlassung gebe. Zwar enthalte der § 83 die Bestimmung, daß oberste Aufsichtsbehörde des Wasser- und Bodenverbandes der Fachminister des Reiches sei, aber nach der Begründung sei der Landwirtschaftsminister stets federführend. Diese Regelung sei für die hiesigen Verbände unzureichend. Als federführender Minister könne für uns nur der Reichswirtschaftsminister in Betracht kommen.

Herr Ministerialrat *Tönnesmann* [HiO] erwidert hierauf, daß in letzterer Beziehung der Entwurf die bisherigen Verhältnisse aufrecht erhalte.

Der Herr *Vorsitzende* [HiO] weist sodann auf die Bestimmungen über den Rechtsweg bzw. die Spruchkammern hin und unterstreicht nochmals den von Herrn Dr. Selbach in seinem Bericht ausgesprochenen Wunsch, in der Frage der Zugehörigkeit zu den Genossenschaften das Verwaltungsgerichtsverfahren, in letzter Instanz das Oberverwaltungsgericht, beizubehalten und die Entscheidung dieser Frage nicht der Spruchkammer oder einem Schiedsgericht zu übertragen. Dagegen bestünden keine Bedenken, Streitigkeiten über die Beitragszahlung bei den Spruchkammern zu belassen. Er faßt die einstimmige Ansicht des Ausschusses dahin zusammen, daß den großen Sonderverbänden ihre Sondergesetzgebung erhalten werden müsse.

Nachdem noch Herr Ministerialrat Tönnesmann erklärt hat, daß die heute vorgetragenen Ansichten und Anregungen dem Ministerium Veranlassung zu weiteren eingehenden Überlegungen gegen würden, schließt der Herr Vorsitzende mit dem Ausdruck des Dankes die Sitzung.

[...]

Für die Niederschrift: gez. *Bomke* [HiO]. gez. *Butz* [HiO].

A. Ramshorn an H. Vosberg, 1936

(Alexander Ramshorn, Essen, an Generaldirektor Dr. Harry Vosberg, 24.3.1936, tkCA, RSW 6705)

Mit Schreiben vom 16. Juli und 31. Juli 1935 ersuchte ich Sie, mir baldmöglichst die genauen Unterlagen mitzuteilen, auf Grund derer Sie in Ihrem Schreiben vom 7. Juni 1935 an Herrn Landrat Tapolski folgende schwere Beschuldigung gegen mich erhoben hatten:

„... Ich will nur andeuten, dass es im neuen Staat nicht angeht, sich als vollüberzeugten Nationalsozialisten auszugeben, wenn man vordem in starken Beziehungen zu führenden Exponenten der SPD gestanden hat. Hierüber wird später ein Wort zu sprechen sein."

In Ihrer Antwort vom 5. August 1935 lehnten Sie es ab, die Ihnen „zugegangenen Beschwerden über meine Person schon jetzt zum Gegenstand eines Verfahrens zu machen" und verschieben dies auf ungewisse Zeit mit den Worten: „sobald die Entwicklung der Verhältnisse es notwendig macht." Am Schluss dieses Schreiben erwähnen Sie ausdrücklich, dass Sie Ihr Schreiben an Herrn Landrat Tapolski vom 7. Juni 1935 *abschriftlich an den Herrn Minister eingereicht* [HiO] haben, also *mit* [HiO] den im vorigen Absatz angeführten schweren Beschuldigungen.

Ich habe daraufhin am 27. August 1934 ein Verfahren gegen mich selbst beim Gaugericht Essen beantragt, um meine von Ihnen angegriffene Ehre wieder herzustellen. Im Verlauf dieses Verfahrens übergaben Sie dem Gaugericht Essen als Unterlage, auf welche Sie Ihre Beschuldigungen stützten, ein an den Angestellten des Ruhrverbands, Herrn Rahns, gerichtetes Schreiben des Herrn Eulgem, eines bereits im Mai 1933 aus den Diensten der Emschergenossenschaft entlassenen Marxisten, dessen Entlassung Sie selbst in Ihrem Schreiben vom 19. Dezember 1934 an den Herrn Oberpräsidenten von Westfalen als zu Recht bestehend bezeichnet haben.

Das Gaugericht hat am 18. November 1935 folgenden Beschluß gefasst:

1. Das gegen den Pg. Dr. Ramshorn eingeleitete Gaugerichtsverfahren hat einen Verstoss gegen die Satzung der Partei nicht ergeben.
2. Der Beschuldigte war daher in vollem Umfange freizusprechen.

Das Gaugericht führt in seiner Begründung zum Urteil wörtlich aus:

„Das Gaugericht stellt daher ausdrücklich fest, dass die von dem Vg. Eulgem gegen den Pg. Ramshorn erhobenen und über den Pg. Rahns vom Ruhrverband an den Pg. Vosberg weitergeleiteten Anschuldigungen als ungeheuere Verleumdungen anzusehen sind."

Nach Aufhebung Ihres Staatskommissariats haben Sie mit Schreiben vom 21. Oktober 1935 das oben erwähnte Schreiben des Eulgem vom 22. Mai 1935 dem Herrn Oberpräsidenten der Provinz Westfalen „zur weiteren Behandlung" überreicht.

Der Herr Oberpräsident hat daraufhin eine eingehende Untersuchung durchgeführt und Ihnen das Ergebnis mitgeteilt.

Der Herr Oberpräsident schreibt am 24. Januar 1936 an den Herrn Vorsitzenden der Emschergenossenschaft unter Beziehung auf das ihm vorliegende Urteil des Gaugerichts:

„Es (Das Gaugericht) hat dabei die erhobenen Anschuldigungen als Verleumdung gekennzeichnet. Ich bin bei Prüfung der Angelegenheit zu dem gleichen Ergebnis gekommen."

Durch das Urteil des Gaugerichts und das Ergebnis der Untersuchung des Herrn Oberpräsidenten ist meine durch Sie angegriffene Ehre wieder hergestellt. Es ist durch beide Verfahren einwandfrei erwiesen, dass das von Ihnen als Unterlage zu Ihren Beschuldigungen benutzte Schreiben des Eulgem nichts als ungeheure Verleumdungen enthält.

Meine Annahme, dass Sie nach Empfang der Mitteilung des Herrn Oberpräsidenten über das Ergebnis seiner Untersuchung es als selbstverständliche Pflicht ansehen würden, Ihre gegen mich erhobenen und ohne Prüfung weitergeleiteten Beschuldigungen mit dem Ausdruck des Bedauerns zurückzunehmen, ging fehl. Den Empfang meines Schreibens vom 10. Februar 1926, der Sie an diese Pflicht jedes ehrliebenden Menschen erinnern sollte, haben Sie abgelehnt.

Pg. Oberbürgermeister Banike hat daraufhin auf meine Bitte sich mit Ihnen in Verbindung gesetzt, um Sie zur Zurücknahme der Beschuldigungen zu veranlassen. In Ihrem Antwortschreiben an Pg. Banike vom 24. Februar d.J. treffen Sie nun lediglich die Feststellung, dass ich durch den Ausgang der Untersuchungen des Gaugerichts und des Herrn Oberpräsidenten gerechtfertigt bin und lehnen ein „Mehr als diese Feststellung" ab.

Diese und der weitere Inhalt Ihres Schreibens an Pg. Banike gibt mir Veranlassung zu folgenden Feststellungen:

Sie schreiben im zweiten Absatz: „.... Ich habe daher die mir von Pg. Rahns s.Zt. überreichten Schreiben von Eulgem zur Kenntnis genommen, habe aber, zumal weitere Mitteilung in Aussicht gestellt wurden, eine alsbaldige Untersuchung für unzweckmäßig gehalten und dem Herrn Minister für Ernährung und Landwirtschaft nur pflichtgemäß und allgemein mitgeteilt, dass eine Anzeige über die Geschäftsführung der Emschergenossenschaft zwar eingegangen sei, dass ich dieselbe aber zurücklegen würde, da es Zeit sei, diese Sache zu untersuchen, wenn die Reform abgeschlossen sein würde."

Diese Darstellung entspricht nicht den Tatsachen. Sie haben nach Ihren eigenen Mitteilungen *zwei* [HiO] Schreiben an den Herrn Minister gerichtet. Das *erste* [HiO] datiert vom 4. Juni 1935 gemäß Ihrem Bericht vom 21. Oktober 1935 an den Herrn Oberpräsidenten von Westfalen. In diesem teilen Sie dem Herrn Minister mit, dass Beschwerden über die Geschäftsführung der Emschergenossenschaft an Sie gelangt wären, die aus Zweckmäßigkeitsgründen später zu prüfen sein würden.

Das *zweite* [HiO] Schreiben, welches Sie an den Herrn Minister gesandt haben, ist das eingangs erwähnte Schreiben an Herrn Landrat Tapolski vom 7. Juni 1935, welches Sie, wie Sie mir am Schluß Ihres Schreibens vom 5. August 1935 mitteilen, *abschriftlich* [HiO] an den Herrn Minister eingereicht haben.

Auch Herr Landrat Tapolski bestätigt dieses in seinem Bericht vom 10. Juli 1935 an den Herrn Minister folgendermaßen:

„Bei Erörterung der Frage, ob die staatskommissarische Verwaltung der Emschergenossenschaft aufzuheben sei, hat mir Herr Staatskommissar Dr. Vosberg am 7. v. Mts. ausdrücklich seine Auffassung dargelegt und Abschrift dieses Schreibens auch dem Herrn Minister vorgelegt. Der Schluß dieses Schreibens lautet wörtlich: „(es folgen nun die im zweiten Absatz dieses Schreibens enthaltenen Beschuldigungen)[.]

Damit ist festgestellt, dass Sie Herrn Landrat Tapolski *und* [HiO] dem Reichs- und Preußischen Minister für Ernährung und Landwirtschaft gleichlautende Beschuldigungen mitgeteilt haben, während Sie in ihrem Schreiben vom 24. Februar d.J. an Pg. Banike den Eindruck zu erwecken versuchen, als ob Sie dem Herrn Minister nur *allgemein* [HiO] von einer Anzeige über die Geschäftsführung der Emschergenossenschaft Mitteilung gemacht hätten; denn ausdrücklich machen Sie in Ihrem Schreiben an Pg. Banike einen Unterschied zwischen einer *allgemeinen* [HiO] Mitteilung an den Herrn Minister und einer *bestimmten Formulierung* [HiO] der Beschuldigungen in Ihrer Mitteilung an Herrn Landrat Tapolski.

Mit ihrer eingangs erwähnten Mitteilung an Herrn Landrat Tapolski haben Sie sich die Schmähungen des Eulgem in seinem Pamphlet vom 22. Mai 1935 nicht nur zu eigen gemacht, sondern sie bewußt verschärft und eine Form gekleidet, welche den Eindruck erweckt, als ob Sie die Beschuldigungen geprüft und für richtig gefunden hätten. Schliesslich fügen Sie noch von sich aus eine besondere Ehrenkränkung an, indem Sie meine nationalsozialistische Gesinnung anzweifeln.

Aus dieser in jeder Beziehung ungewöhnlichen Handlungsweise, welche die primitivsten Begriffe über die Behandlung der Ehre eines Volks- und Parteigenossen vermissen lässt, geht die Absicht einer bewussten Verunglimpfung deutlich und einwandfrei hervor. Sie liegt in der gleichen Linie wie die Herrn Landrat Tapolski und Herrn Dr. Stöve angetane Ehrenkränkung und bedarf daher meinerseits keiner weiteren Kennzeichnung. Ich kann hier nur die Feststellung des Gaugerichts Essen unterstreichen, welches Ihre Handlungsweise als „besonders verwerflich" bezeichnet.

Ich weise schliesslich noch daraufhin, dass Ihnen als Leiter einer öffentlich rechtlichen Wasser- und Bodenkulturkörperschaft eine *gesteigerte* [HiO] Pflicht oblag, als Führer der Verwaltung für das Wohl der Beschäftigten zu sorgen. (Absatz 4 des Runderlasses des Landwirtschaftsministeriums vom 23. Mai 1924 – IV 31101/I-) Ich stelle fest, dass Sie Ihre nach § 36 (1) durch die Betriebsgemeinschaft begründete soziale Pflicht gröblich verletzt haben, indem Sie nach § 36 (1) 1 als Führer des Betriebes unter Mißbrauch Ihrer Machtstellung meine Ehre gekränkt haben.

gez. Ramshorn.

Baudirektor der Emschergenossenschaft

Die ›Unternehmerin‹: Die Emschergenossenschaft und die beständig drückende Phenolfrage (1914–1975)

> »Meine Herren! Nun werden Sie mir den Einwand machen, daß doch die Emschergenossenschaft den Zweck hat, die Abwässer zu reinigen [...]. Dieser Einwand würde berechtigt sein, wenn wir tatsächlich beabsichtigten, das Abwasser vollständig zu klären. Möglich würde das ja sein. Mir hat mal ein Herr, den ich kenne und verehre und der auch in Ihrer Mitte weilt, gesagt, auf technischem Gebiete gibt es keine Unmöglichkeiten. Gewiß, auch uns wäre es möglich gewesen, solche Vorkehrungen zu treffen, daß das Abwasser vollständig gereinigt wird. Aber die Kosten hierfür würden so enorm sein, daß es selbst Ihnen und der Industrie schwer sein würde, sie aufzubringen. Wir haben uns deshalb gesagt, daß wir die Abwässer nur bis zu einem so hohen Grade reinigen wollen, daß sie demnächst in der Emscher selbst gerade mit Rücksicht auf die glatte und elegante Vorflut keinen Schaden mehr anrichten und keine Belästigung mehr hervorrufen können. Wir glauben im Vorstande, daß wir es nur so verantworten können, die Mittel, die wir von Ihnen verlangen, zu verwenden.«
> *(Karl Gerstein, 1907)*[1]

In der Geschichte der Emschergenossenschaft dürfte es kaum einen Punkt geben, der zeitgenössisch wie in der Rückschau so heftig kritisiert worden ist, wie die Verschmutzung des Rheins mit Phenol. Phenol (zeitgenössisch auch Karbolsäure) fiel in den Kokereien bei der trockenen Destillation an. Genauer: Es war das bei der Kokskühlung entstehende Gaswasser, bei dem es anfiel. Die leicht ausfäll- oder gewinnbaren Stoffe, Ammoniak usw., wurden in weiteren Schritten dem Gaswasser entzogen und verwertet. Am Ende blieb das Phenolwasser übrig, mehrere Hundert Liter pro Tonne erzeugtem Koks. Das Phenolwasser wurde abgekühlt, dann aber und ohne weitere Reinigung in den Nebenfluss bzw. die Emscher abgelassen. Besonders im Sommer führte das zu mitunter starken Geruchsbelästigungen in der Nähe der Ammoniakfabriken. Das Phenolwasser

1 Stenogramm des Vortrages, den [...] Gerstein in der Versammlung der an der Emschergenossenschaft beteiligten Städte, Kreise und Gemeinden über das Genossenschaftskataster am 10. April 1907 zu Essen gehalten hat; vom Bergbauverein an die »Interessierten Vereinszechen« am 22.4.1907 übermittelt, montan.dok/BBA, 35/379.

war allerdings nicht nur eine olfaktorische Belastung, es war darüber hinaus toxisch. Sogar stark verdünnt wirkt Phenol tödlich auf Mikroorganismen und Bakterien.[2]

Als *Bad Bank* war es die Emschergenossenschaft, die für die Phenolbelastung verantwortlich gemacht wurde. Das große Problem dahinter war aber natürlich keins, das die Emschergenossenschaft in ihrer hybriden Einfassung lösen konnte. Die nur unvollständige Erfassung der eigentlichen Kosten für die Produktion von Gütern ist ganz ohne Zweifel eines der Kernprobleme des Kapitalismus. Da ist so. Aus einer umweltbewussten Perspektive heraus ist klar, in dem Moment, in dem die tatsächlichen Kosten für die Rohstoffgewinnung, die Fertigung, von Handel und Verkauf, dann Konsum und die Entsorgung von Gütern und Abfällen – und nicht nur die des Bergbaus, sondern jedweder Produktion – kostenrechnerisch voll erfasst würden, wäre die Bilanz eine ganz andere und auch das Handeln in der Wirtschaft wäre ganz anders. Sehr anders. Über die Möglichkeiten und Konsequenzen einer solchen Berechnung wird und wurde immer wieder mal gestritten. Im 20. Jahrhundert aber, und im Übrigen bis heute, gab es keine Phase, in der die realen, tatsächlichen Kosten vollumfänglich berechnet oder in das Wirtschaftssystem integriert worden wären. Die Tatsache, dass Unternehmen nur die Kosten inkorporieren, die sie ausweisen müssen, ist die Grundlage jeder betriebswirtschaftlichen Kostenrechnung und eben auch jedes Gewinns. Gerade um einen Teil der Kosten, der Abfall- und Entsorgungskosten, die drohten, zu sehr realen Fixkosten der Unternehmen zu werden, dauerhaft und unabhängig von der Veränderung der rechtlichen Rahmenbedingungen zu externalisieren, war die Emschergenossenschaft ja gegründet worden. Für die Industriellen – im Übrigen auch die kommunalen Interessenvertreter – war genau diese Auslagerung zentral gewesen. Als Bad Bank war die Emschergenossenschaft aber primär mit dem Abtransport des Abwassers – und nicht mit der Reinigung – beauftragt. Die Kosten für den Umbau der Emscher zum Abwasserkanal war durch die zwangsrechtlichen Möglichkeiten der öffentlich-rechtlichen Körperschaft für die Beteiligten verpflichtend. Da aber die Reinigung im Statut als eine sekundäre, als eine »Kann«-Aufgabe verankert worden war, waren der Umfang und die Anzahl der Reinigungsanlagen durchgängig ein Konflikt zwischen der Emschergenossenschaft und den Beteiligten. Zusätzliche Aufwendungen für die Reinigung mussten in zähen und langwierigen Verhandlungen erstritten werden. Und dabei war die Emschergenossenschaft nicht eben in der stärkeren Position. Denn einen rechtlichen Zwang, die Kosten für die Reinigungsanlagen den Interessenten aufzubürden, konnte die Emschergenossenschaft auf die Genossen respektive die Beteiligten in dieser Frage nicht ausüben. Insofern bedeutete der der Emschergenossenschaft von den Genossen, mehr noch aber der von den Beteiligten nach 1906 gesetzte Aktivitätsrahmen, dass sie erfinderisch sein musste, um überhaupt Reinigungsmaßnahmen vornehmen zu können. Um es vorwegzunehmen: Sie blieben unvollständig; eine angemessene Reinigung des Emscherabwassers von der Phenolbelastung gelang der Emschergenossenschaft nie. Und doch handelt es sich bei dem Umgang mit dem Phenol um mehr als nur die bloße Geschichte einer eklatanten Umweltverschmutzung. Denn sie belegt die Ausbildung taktischer und dann unternehmerischer Fähigkeiten der Emschergenossenschaft, und damit ein zunehmendes wirtschaft-

2 Lt. Arten und Einteilung des Abwassers bei der Steinkohlengewinnung, -Verarbeitung und -Veredelung, 26.8.1944, montan.dok/BBA, 16/3988.

liches Selbstverständnis. Die Emschergenossenschaft entwickelte sich zu einer Gesellschaft, die mehr als nur eine willenlose Bad Bank von Genossen und Beteiligten war. Sie wurde zur *Unternehmerin*, jedenfalls belegt der Umgang mit der Phenolbelastung, dass der Hybrid in der Lage war, sich die Logik wirtschaftlichen Handels anzueignen.

Den ersten richtigen Schub erhielten sowohl die Kokserzeugung als auch die anhängende Nebenproduktererzeugung mit der Gründung des Rheinisch-Westfälische Kohlen-Syndikats (RWKS).[3] Denn das Syndikat als Rentabilitätsinstitution ließ das Nebenproduktgeschäft außen vor. Die Anfänge der Nebenproduktgewinnung – von Teer und Ammoniak im Besonderen – wurden von Fremdfirmen, die die Kokereien auf den Zechen betrieben, vorgenommen. Erst nach der Stabilisierung des Kohlensyndikats und mit dem zweiten Syndikatsvertrag entdeckten die Zechen die lukrative Kohlechemie.[4] Es bedeutete ein Add-on zu dem durch das Syndikat stabilisierten und organisierten Kerngeschäft mit Kohle, Koks und Briketts. Die Chemieindustrie hatte sich zum großen und stoffhungrigen Nachfrager gemausert; zunehmend entwickelten sich dadurch die Stoff- und Substanzmärkte nicht zuletzt für die Nebenprodukte der Zechen. Nacheinander entstanden im Industrierevier für die Verwertung und den Verkauf die Deutsche Ammoniak-Verkaufs-Vereinigung, der Benzol-Verband und die Gesellschaft für Teerverwertung. 1900 waren rd. 95.000 Tonnen Teer im Industriebezirk erzeugt worden, 1913 waren es rd. 785.000 Tonnen. Der Verkauf von handelbarem Ammoniak, Benzol und Teer verzeichnete ebenfalls ein starkes Wachstum; 1913 wurden 324.000 Tonnen Ammoniak vertrieben, 112.000 Tonnen Benzol und 359.000 Tonnen Teer.[5] Die bei der Kokserzeugung anfallenden Abfallstoffe ließen sich aber nicht alle gewinnbringend als veredelte Stoffe verkaufen, besonders für Phenol gab es anfänglich nur einen sehr kleinen und übersichtlichen Markt. Zwar war es seit dem Ende des 19. Jahrhunderts als Desinfektionsmittel in Gebrauch; aufgrund der zell- und nerventötenden Wirkung nahm diese Form Verwendung aber bald ab und wurde durch verträglichere Wirkstoffe ersetzt.[6]

Phenolwasser fielen also im Industrierevier in beträchtlicher Menge an, gemessen an der Menge war es aber zunächst kaum marktfähig. Es wurde deshalb als flüssiger Abfall von den Kokereien in die Emscher und ihre Nebenflüsse abgelassen. Die Emschergenossenschaft wie auch die Zechen wussten früh um die daraus entstehende Belastung des Abwassers, um den Umstand, dass die Phenolkonzentration in den von den Kokereien abgelassenen Mengen hoch war und darum, dass sie den Rhein bis weit in die Niederlande erheblich schadete. Die Belastung der *Emscher* [!] mit Phenol, die ihren flüssig toxischen Weg durch das »Ruhrgebiet« nahm, war dabei aber weder für die Emschergenossenschaft noch für ihre Genossen und Beteiligten ein Problem, mit dem man sich

3 § 1, Syndikatsvertrag v. 15.9./1.10./29.12.1903, in: o. V.: Die Syndikatsverträge des Rheinisch-Westfälischen Kohlensyndikats, Essen 1933, o. S.

4 Dietmar Bleidick: Die Energieregion Ruhrgebiet. Eine historisch-statistische Studie, Baden-Baden 2023, S. 103 f.

5 Jahrbuch für den Oberbergamtsbezirk Dortmund, 1913–1921, Essen 1923, Angaben lt. Tab. S. 791–800.

6 O. V.: Meyers Konversationslexikon, 4. Aufl., Leipzig/Wien 1885–1892, Bd. 12, S. 990 f.

zu befassen hatte. »Da es sich bei den Bächen im Emschergebiet [...] um Schmutzwasserkanäle handelt, so kann die Aufnahme des Phenolwassers in diese gleichgültig sein. Erst die Einleitung des Emscherwassers in den Rhein wirft die Frage der Schädigung des Vorflutwassers auf«, so formulierte es der Vorstand der Emschergenossenschaft Mitte der 1920er Jahre.[7] Die Emschergenossenschaft war die Eigentümerin der Emscher und fungierte als Genehmigungsstelle für die Einleitungen. In ihrer deformierten Gestalt als Cloaca Maxima stellte sich für die Beteiligten daher nie die Frage, ob und wie man die Phenolbelastung der Emscher reduzieren müsse oder sollte, etwa aus Rücksicht auf die an der Emscher lebenden Menschen. Die Phenolbelastung der Emscher war olfaktorisch und in ihrer toxischen Wirkung gewissermaßen eingepreist und Teil der belastenden Gemeinüblichkeit besonders im »Emschergebiet«.

Zu einem für die Emschergenossenschaft manifesten Problem wurde also keineswegs die starke Belastung der Emscher, sondern die hohe Phenolkonzentration des Rheins. Von seiner symbolischen und dann auch nationalen Bedeutung als ›Vater Rhein‹ einmal ganz abgesehen, unterstand der Rhein seit dem 19. Jahrhundert als internationales Gewässer der suprastaatlichen Kontrolle der *Zentralkommission für die Rheinschifffahrt*.[8] Klagen, von Fischereiverbänden etwa, ließen sich aber dennoch zurückdrängen. War die Schifffahrt des Rheins bereits seit dem Anfang des 19. Jahrhunderts liberalisiert, galt das für die Belastung und Verschmutzung des Rheins genau nicht. Vielmehr sollte es bis in die 1950er Jahre dauern, bis die Verschmutzung des Rheins von einer Kommission, die von allen Anrainern akzeptiert wurde, überhaupt gemessen werden konnte. Zu Beginn des 20. Jahrhunderts aber war von einer amtlich vorgenommenen Messung, geschweige denn einer übergeordneten Messung und Kontrolle der Rheinwasserqualität keine Rede. Die Fischereirechte wurden auf dem deutschen Rheinabschnitt vom deutschen Staat verpachtet, der die Beschwerden mit Hinweis auf den »Nationalwohlstand«, zu dem die Montanindustrie im Industriebezirk deutlich mehr beitrug als die Rheinfischer, stetig zurückgedrängt. Und so informierte die Emschergenossenschaft ihre Beteiligten zwar regelmäßig über diesbezügliche und sie erreichende Klagen, der Druck, der dabei auf die Emschergenossenschaft ausgeübt wurde, war aber zunächst nicht hoch genug, als dass dies zu einer Aktivwerdung geführt hätte. Bis 1914 versuchte es die Emschergenossenschaft mit guter Zurede, indem sie die Zechenvertreter bat, Klärbecken zu errichten. Die Zechen sollten durch Selbsttätigkeit verhindern, dass die schädlichen Abfallstoffe das Werksgelände an der nächsten Abwasseranschlussstelle verließen. Mit diesem Vorgehen konnte die Emschergenossenschaft nur scheitern; die Zechen hatte alle Möglichkeiten, die guten Argumente zu ignorieren. Und das taten sie auch.

Anfang Juni 1914 aber kam Bewegung in die Sache, wenn diese Bewegung auch nicht von der Emschergenossenschaft ausgelöst wurde. Sie reagierte vielmehr auf den Druck des Staates. Die Emschergenossenschaft war von der Regierung in Düsseldorf seit Jahren

---

7 [Heinrich] Helbing/[Hermann] Bach: Das Abwasser der Kokereinebenproduktanlagen im Emschergebiete, in: Emschergenossenschaft (hg. im Auftrage des Vorstandes v. Baudirektor Helbing): 25 Jahre Emschergenossenschaft. 1900–1925, Essen 1925 (Selbstverlag), S. 262–276, Zit. S. 265.

8 Hein A. M. Klemann: The Central Commission for Navigation on the Rhine, 1815–1914. Nineteenth Century European Integration, in: Ralf Banken/Ben Wubs (Hg.): The Rhine: A transnational Economic History, Baden-Baden 2017, S. 33–68, hier S. 54–59.

mit Beschwerden über die Qualität des Rheinwassers konfrontiert worden. Diesmal aber hatte *Lisner & Söhne*, ein großer Fischereipächter in Wesel, Beschwerde bei der Regierung eingelegt. Der Fischhändler brachte vor, »die in Wesel am rechten Rheinufer in Fischbehältern eingesetzten Fische würden ihm von der Kundschaft zurückgewiesen, weil sie einen ausgesprochenen Karbolgeruch« aufwiesen.[9] Derartige Beschwerden waren nicht neu. Das Problematische an dieser Beschwerde war, dass die Fischerei fast 24 km von der Emschereinmündung (bei Walsum) entfernt lag. Die immer wieder angebrachte Selbstreinigungskraft der Flüsse, insbesondere des mächtigen Rheins, bei der eine Belastung in der »schädlichen Zone« von etwa 15 km Distanz toleriert wurde,[10] war damit deutlich überschritten.

Die Emschergenossenschaft lehnte ihre Verantwortung postwendend ab und ließ es auf ein Verfahren ankommen. Das hatte sich als Best Practice erwiesen. Die vor deutsche Gerichte gebrachten Klagen wurden in aller Regel nicht zugunsten der Kläger entschieden, weil mit dem durch die Phenole geschädigten Fisch kein Eigentumsrecht verletzt wurde. Es galt: »der Fisch in öffentlichen Gewässern ist eine herrenlose Sache«. Auch ein Schutzgesetz konnte von den Klägern nicht herangezogen werden. Denn in Hinblick auf diese Klagen bedeutete die sondergesetzliche Konstruktion der Emschergenossenschaft, dass ihre Ableitung in den Rhein nicht nur erlaubt, sondern sogar zwangsverfügt war. Die Emscherkanalisierung und damit auch der Dreck, der von der Emscher in den Rhein gespült wurde, war aus dieser Sicht eine *res extra commercium*, Staatsvermögen also. Die Rechtsberater der Emschergenossenschaft und auch die der beteiligten Unternehmen waren sich sicher: Das Einzige, was dieser günstigen Ableitungspraxis gefährlich werden könnte, war eine Verankerung des Verursacherprinzips, woraus sich eine Schadensersatzpflicht hätte ableiten lassen.[11] Aus der preußisch-deutschen Rechtstradition heraus war das aber höchst unwahrscheinlich.[12]

Obwohl das bekannt war und die Emschergenossenschaft – und mittelbar auch ihre Beteiligten – nicht haftbar zu machen waren für die Schäden, nahm die Emschergenossenschaft die an die Regierung gerichtete Klage von *Lisner & Söhne* zum Anlass, um das Problem auf den Tisch zu bringen und lud zu einer Besprechung ein. Die Emschergenossenschaft hatte ihre Appelle um Mäßigung und Verantwortung bis dahin an die Zechen gerichtet und auf diese Weise die einzelnen Verursacher adressiert. Um dem Problem einen koordinierten und für die Zechenvertreter ernstzunehmenden Rahmen zu geben, lud sie diesmal nicht nur die Zechenvertreter mit großen Kokereianlagen ein, sondern auch den Vorstand des Bergbauvereins. Das zeigte Wirkung. An der Besprechung, die

9 Zit. Niederschrift über die Besprechung der Zechenverwaltungen des Emschergebietes über die Ableitung von phenolhaltigem Abwasser am 5.6.1914, montan.dok/BBA, 20/2738.

10 Jurisch: Verunreinigung, Zit. S. 95.

11 Aktennotiz, VSt, betr. Rechtsstreitigkeiten zwischen Fischereiberechtigten am Niederrhein bzw. dem preussischen Fiskus, und der Emschergenossenschaft, bzw. den vereinigten Zechenbesitzern, wegen Einleitung von phenolhaltigen Abwässern durch die Emscher in den Rhein, 4.8.1931, tkCA, TLi 2542.

12 Und zwar schon im 19. Jahrhundert; s. dazu Franz-Josef Brüggemeier: Eine Kränkung des Rechtsgefühls?. Soziale Frage, Umweltprobleme und Verursacherprinzip im 19. Jahrhundert, in: Werner Abelshauser (Hg.): Umweltgeschichte. Umweltverträgliches Wirtschaften in historischer Perspektive, Göttingen 1994, S. 106–142.

am 5. Juni 1914 stattfand, nahmen der Vorstand der Emschergenossenschaft, der Vorstand des Bergbauvereins und ein Großteil der Zechenvertreter mit Kokereianlagen teil.

Zu Beginn berichtete *Heinrich Helbing*, nachdem der Vorsitzender der Emschergenossenschaft, Karl Gerstein, die Sitzung eröffnet hatte, und machte deutlich: Die Emschergenossenschaft hatte die von der Regierung weitergeleitete Beschwerde mittels eigens entnommener Wasserproben am Rhein bei Wesel geprüft. Die Beschwerde sei »tatsächlich begründet«. Umgehend relativierte Helbing seine Aussage aber und nahm listig Bezug auf die Verantwortung der Verursacher: Die Emschergenossenschaft habe nämlich die Schadenersatzansprüche, die der Fischhändler formuliert habe, mit der Begründung zurückweisen können, »daß sie [die Emschergenossenschaft] für Schäden, die ohne ihr Zutun, nämlich durch das Anwachsen der Nebenproduktindustrie [...] entstehen[,] nicht verantwortlich gemacht werden kann«. Einerseits verschanzte sich die Emschergenossenschaft damit hinter ihrer Funktion als Bad Bank. Andererseits signalisierte Helbing den anwesenden Zechenvertretern damit, dass die Emschergenossenschaft nunmehr und in dieser Frage bereit war, ihre, die Beteiligten schützende Position ein Stück weit aufzugeben. Helbing begründete: Die Emschergenossenschaft hatte einen eigenen Gutachter beauftragt, *Paulus Schiemenz*, Professor für Fischerei und Fischzucht in Friedrichshagen. Dieser hatte in seinem vorläufigen Gutachten festgestellt, dass das »Emscherwasser« zwar das Fischleben im Rhein nicht negativ beeinflusse, der »schlechte Geschmack der Fische [aber] auf die Kokereinebenproduktabwasser zurückzuführen sei«. Schiemenz hatte seine Proben dabei nicht etwa aus der Rheinmitte, sondern entlang der Buhnen entnommen. Den Beteiligten war klar, dass dies durchaus ein Problem war. Mit anderen Worten: Auch dieses und selbst in Auftrag gegebene Gutachten schlug in die Kerbe des von Helbing formulierten Verschmutzungsproblems, das auf die Verursacher – nicht aber auf die Emschergenossenschaft – zuzukommen drohte. Denn, so führte Helbing weiter aus, mit erheblichen Auflagen sei in Kürze zu rechnen, denn die »Aufsichtsbehörde« bringe neuerdings nicht mehr nur finanzielle Gesichtspunkte vor, womit auf die abnehmenden Pachteinnahmen aus den Fischereirechten angespielt wurde, sondern ziele zunehmend auf die »ideelle[n] Werte« des Rheins ab. So habe die Regierung gar entschieden, in naher Zukunft Reinigungsauflagen zu verankern. Das sei ernst zu nehmen. Im besten Fall, so Helbing, sollten die Beteiligten dieser Auflagensetzung zuvorkommen, indem sie die Emschergenossenschaft bei der Entwicklung geeigneter Verfahren und Anlagen zur Reinigung unterstützten.[13]

Helbing unterbreitete den Kokereizechen, nachdem er den beschriebenen Handlungsdruck aufgebaut hatte, drei Vorschläge: Der einfachste und konkreteste war der erste Vorschlag, der einigermaßen vollmundig als »Umbau der Emschermündung« apostrophiert wurde. Die Emscher würde hierbei durch Rohre »bis in den Stromstrich« des Rheins – also den Punkt mit der größten Fließgeschwindigkeit – geführt werden, um die Abwässer bestmöglich im Rhein zu verteilen und die Phenolkonzentration damit insgesamt zu verringern. Auf diese Weise ließe sich die hohe und rechtsrheinisch festgestellte Phenolkonzentration reduzieren, so Helbing. Für diese bauliche Maßnahme benötige die Emschergenossenschaft rund 200.000 Mark von den Verursachern, so

13 Bericht Gerstein, Niederschrift über die Besprechung der Zechenverwaltungen des Emschergebietes über die Ableitung von phenolhaltigem Abwasser am 5.6.1914, montan.dok/BBA, 20/2738.

hatte Helbings Bauabteilung kalkuliert. Diese Maßnahme sei in jedem Fall vorzunehmen. Auch wenn das Problem damit nicht beseitigt würde, wäre damit immerhin eine »Milderung« erreicht. Der zweite Vorschlag war nichts, was die Emschergenossenschaft leisten konnte, sondern war ein weiterer Versuch, die Reinigungsverantwortung den Verursachern zuzuspielen: Statt die Kokereilöschwasser in die Emscher oder in einen ihrer Nebenbäche abzulassen, so schlug Helbing vor, könnten sie vollständig zur Verdampfung gebracht werden, indem sie zur Kokslöschung genutzt würden, womit sie gar nicht erst in den Abwasserkanal gelängen. Unter dem zweiten Vorschlag wurden noch eine Reihe weiterer technischer Verfahren vorgeschlagen, die allerdings – ebenso wie die Verdampfung – von den Kokereizechen seit Jahren abgelehnt wurden. Die vorgeschlagenen Lösungen hatten Techniker der Emschergenossenschaft im Zuge von Bereisungen in England und Schottland studiert. Allerdings, und das war bereits zu diesem Zeitpunkt klar: Die dort angewendeten Verfahren waren aufgrund der Abwasserorganisation im Industriebezirk, bei der die städtischen und die industriellen Abwässer gemischt wurden, nicht anwendbar bzw. ihre Anwendung hätte die gesamte Struktur der Cloaca Maxima erheblich verteuert, und zwar für alle Genossen und Beteiligten und nicht nur für die Kokereizechen. Deshalb war keines dieser Verfahren durchsetzbar. Am allerbesten sei es deshalb, so lautete der dritte und höchst lapidare Vorschlag, die »Bildung dieses Abwassers überhaupt zu vermeiden«.[14]

Die Emschergenossenschaft hatte das Problem auf den Tisch gebracht, ihr technisches Angebot unterbreitet, im Grunde aber den Versuch unternommen, die Zechenvertreter bei der eigenen Verantwortung zu packen. Die konfrontierten Zechenverwaltungen reagierten wie gewohnt abwehrend. Sie lehnten die Übernahme der Verantwortung für ihre Abwässer ab und pochten auf ihr »Recht auf Wasserverschmutzung«.[15] Die Beteiligten wehrten sich, besonders dagegen, die Reinigung als eigene Aufgabe anzuerkennen. Auch die von der Emschergenossenschaft vorgeschlagenen Prozesslösungen, etwa die der Unschädlichmachung durch die Verwendung zur Kokslöschung, wurde von den Zechen kategorisch abgelehnt. Der Koks sah nach diesem Verfahren nicht nur »unvorteilhaft« aus, er roch auch streng, nach Phenol eben, das reduziere dessen Marktfähigkeit und kam für die Zechenvertreter daher überhaupt nicht infrage. Die Zechenvertreter drangen darauf, dass die Emschergenossenschaft als die zuständige Bad Bank eine Lösung zu entwickeln habe. Das nahm Gerstein auf und formulierte, dass »die Emschergenossenschaft die gesetzliche Verpflichtung hat, das Abwasser des Emschergebietes zu reinigen«. Da der Aufsichtsbehörde das Recht zustehe, die Reinigung der Abwässer zu verordnen, leitete er daraus das Mandat ab, sich um eine technische Lösung zu bemühen. Dass die Emschergenossenschaft zur Reinigung ›verpflichtet‹ war, das wusste Gerstein genauso wie die anwesenden Vertreter der Kokereien, war natürlich nur die halbe Wahrheit. Dennoch nahm die Emschergenossenschaft sich der Phenolfrage nach dieser Sitzung an und machte sie zu ihrer Aufgabe. Die Vertreter der Emschergenossenschaft baten die Zechen zum Abschluss daher, »mit der Emschergenossenschaft Hand in

14 Niederschrift über die Besprechung der Zechenverwaltungen des Emschergebietes über die Ableitung von phenolhaltigem Abwasser am 5.6.1914, montan.dok/BBA, 20/2738.

15 Rommelspacher: Recht auf Wasserverschmutzung, v. a. Zit. S. 58–61.

Hand zu arbeiten« und sich kooperativ zu zeigen. Die Sitzung endete mit der Feststellung, dass das Problem erkannt, aber eine Lösung noch nicht gefunden sei. Eine durch den Bergbauverein einzurichtende Phenolkommission sollte die Zusammenarbeit von Zechen und Emschergenossenschaft koordinieren.[16]

Die Kommission kam dann nicht mehr dazu, ihre Arbeit aufzunehmen. Kaum zwei Monate nach der Zusammenkunft erklärte Österreich-Ungarn Serbien den Krieg, innerhalb weniger Tage befand sich das Reich im Krieg. Das verschob die Prioritäten, beim preußisch-deutschen Staat, bei den Beteiligten und bei der Emschergenossenschaft. Die Kommissionsarbeit an der Phenolverschmutzung wurde bis auf Weiteres ausgesetzt. Nach Kriegsende kam das Problem aber zügig wieder auf den Tisch. Der Druck wurde nun von den Anrainern, besonders den am unteren Rheinabschnitt liegenden Niederlanden, ausgeübt. Der deutsche Rheinabschnitt war, da das unterlegene Deutsche Reich einen Teil seiner Rheinflotte an die Alliierten hatte abgeben müssen, zunehmend von ausländischen, besonders niederländischen Schiffen befahren, und auch darüber hinaus zeigten die Niederlande, die im Ersten Weltkrieg neutral geblieben und damit gestärkt aus dem Krieg herausgekommen waren, an, sich nun intensiver um den Rhein zu kümmern. Und das bezog sich keineswegs nur auf die wirtschaftliche Seite des Rheins als Transportader, sondern auch auf seine Wasserqualität. Bereits seit dem Ende des 19. Jahrhunderts war die Trinkwasserversorgung Rotterdams direkt vom Rhein abhängig, auch Amsterdams Versorgung wurde in zunehmendem Maße mit Wasserentnahmen aus dem Rhein gespeist.[17] Die erste und bereits vor dem Krieg von der Emschergenossenschaft als dringend angeratene »Maßnahme« wurde daher nach dem Krieg angegangen und bis Ende 1921 realisiert: Über Rohre wurde das Emscherwasser nunmehr 40 Meter weit in den Rhein eingeleitet. Die Stahlrohre hatte die Gutehoffnungshütte (GHH) gefertigt, verlegt wurden sie von der Fa. Holzmann.[18] Die Rohre aber waren schadhaft und ihr zunächst kalkulierter Durchmesser nicht ausreichend, sodass schon bald nachgebessert werden musste. Ende 1922 waren zwei Rohre, die mit einem Durchmesser von je 2,2 Metern das Emscherwasser 65 Meter vom Ufer entfernt in den Rhein leiteten, verlegt worden. Vorgeschaltet war nun zudem eine »grobe Rechenanlage«, die unmittelbar vor der Emschereinmündung angebracht worden war. Die Rechenanlage hatte den Zweck, die sichtbare Wirkung der toxischen Emschergewässer zu verbergen. Und sie bewährte sich. In den Rechen blieben regelmäßig verendete Tiere und auch »menschliche Leichen« hängen (von Ende 1922 bis 1925 waren es zehn). Während die vielen Tierkadaver wie alles »brennbare[] Rechengut« in

---

16 Niederschrift über die Besprechung der Zechenverwaltungen des Emschergebietes über die Ableitung von phenolhaltigem Abwasser am 5.6.1914, montan.dok/BBA, 20/2738.

17 Cornelis Disco: Accepting Father Rhine? Technological Fixes, Vigilance, and Transnational Lobbies as ›European‹ Strategies of Dutch Municipal Water Supplies 1900–1975, in: Environment and History 13:4, 2007, S. 381–411, hier S. 386–390.

18 Angebot der GHH, 21.6.1921; Reisebricht GHH, 15.7.1921; Emschergenossenschaft an GHH, 7.10.1921; Emschergenossenschaft an GHH, 15.10.1921, RWWA, 130–304151/4.

einer extra angeschafften »Kadaververnichtungsanlage« verfeuert wurden, wurden die hängen gebliebenen Leichen der Polizei Walsum übergeben.[19]

Der Verdünnungseffekt durch die Ablassung des Emscherwassers in die Rheinmitte reichte aber bei Weitem nicht aus. Die Emschergenossenschaft fragte zwar bei den Beteiligten regelmäßig die »Beseitigungsmöglichkeiten des Abwassers« ab, griff aber nicht weitergehend ein und machte auch keinerlei Anstalten, Vorgaben zur »Beseitigung« zu machen. Die an die Kokereizechen versandten Fragebögen erkundigten sich nach der täglichen Kohlenförderung, auch nach der täglichen Kokserzeugung, nach dem Fabrikationsverfahren, der Abwasserabführung, zudem erkundigte sich die Emschergenossenschaft, nach »welcher Weise wird das Abwasser Ihrer Nebenproduktanlage beseitigt?«, fragte nach den Erfahrungen mit der Berieselung und anderen »Versuchen«, das Ablassen der Phenolwasser in die Emscher zu reduzieren, ja, der Bogen fragte sogar ab: »Haben Sie zur Beseitigung des Nebenproduktabwassers besondere Vorschläge zu machen?«. Die einhellige Antwort der Kokereizechen lautete allerdings »Nein!«.[20] Der Druck, den die Niederlande in Hinblick auf den wiederkehrenden Phenolgestank des Rheinwassers auf die junge Republik ausübte,[21] wurde aber schließlich so stark, dass sich der *Bergbauverein* – und überaus ungewöhnlich, schließlich hatte der Bergbauverein keinerlei Berechtigung, seinen Mitgliedern Vorschriften zu machen – im Sommer 1922 veranlasst sah, einen Brandbrief an die Kokereizechen zu richten: Die niederländische Regierung habe sich an die deutsche Regierung gewandt, Beschwerde eingelegt und die sofortige »Abstellung« der Phenolbelastung gefordert. Waren die Klagen der am deutschen Rheinabschnitt liegenden Fischereipächter während des Kaiserreichs von der deutschen Regierung schlicht negiert und dann in diversen Verfahren ausgesessen worden, bedeuteten die neuen außenpolitischen Rahmenbedingungen keineswegs eine stärkere Rücksichtnahme auf die deutschen Fischereiinteressen, aber ein starkes Interesse an guten deutsch-niederländischen Beziehungen.[22] Die Regierung gab zügig, auch um den Niederländern die eigene Handlungsbereitschaft zu signalisieren, ein größeres Gutachten über die Wasserqualität des Rheins bei der *Königlichen Landesanstalt für Wasserhygiene* (seit 1923: *Preußische Landesanstalt für Wasser-, Boden- und Lufthygiene* [WaBoLu]) in Auftrag. Die WaBoLu fertigte seit ihrer Gründung um die Jahrhundertwende im Auftrag von Preußen, aber auch von Bayern, Baden und Hessen Gutachten an, die einen hohen Stellenwert hatten, galten sie doch als die Gutachten, die von der Regierung anerkannt wurden. Der Bergbauverein informierte die Zechen, dass es keinen Zweifel daran geben könne, dass die Regierung unter Bezugnahme auf das bald erstellte Gutachten zügig und auch hart eingreifen würde. Der Bergbauverein hielt fest: Das Hauptproblem sei die »folgenschwere Verunreinigung« durch die phenolhaltigen Abwässer aus der

---

19 Emschergenossenschaft, Bericht über den Betrieb der Kläranlagen v. 1.1.1925–31.12.1925, tkCA, TLi 2672. Der Verbrennungsofen wurde von der Fa. H. Kori GmbH, Berlin, erworben. Bericht des Baudirektors der Emschergenossenschaft, betr. Emschermündung, 1.1.1925, tkCA, TLi 2672.

20 Emschergenossenschaft an Gew. Ewald, Fragebogen betreffend die Beseitigungsmöglichkeiten des Abwassers der Kokereiproduktanlagen im Emschergebiet, Jan. 1921, montan.dok/BBA, 4/1006.

21 Eva-Maria Roelevink: Organisierte Intransparenz. Das Kohlensyndikat und der niederländische Markt, 1915–1932, München 2015, S. 134–144; Disco: Accepting Father Rhine?, S. 390–396.

22 Ries Roowaan: Im Schatten der großen Politik. Deutsch-niederländische Beziehungen zur Zeit der Weimarer Republik 1918–1933, Münster 2006, S. 71–94.

Nebenproduktgewinnung. »[A]ngeblich«, so der Bergbauverein einschränkend, aber doch bemerkenswert deutlich, würden die Zechen, statt die Phenole auszuwaschen, die Abwässer sogar mit Natronlauge versetzt in die »freie Flut ablassen«. Dabei sei das noch schädlicher, als die Phenole ohne Zuschlag abzulassen. Der Brandbrief des Verbandes schloss: »Wir bitten dringend, der Frage der Fernhaltung phenolhaltiger Abwässer besondere Beachtung zu schenken, damit sonst unausbleibliche behördliche Maßnahmen vermieden werden« können.[23]

Der Bergbauverein zeigte damit – in dem Brandbrief fand die Emschergenossenschaft keinerlei Erwähnung –, dass die Angelegenheit drängte. Gleichzeitig erklärte der Interessenverband die Phenolbelastung zur Angelegenheit der Zechen. Damit öffnete sich aber auch der Weg zu einer zecheneigenen und damit flexiblen Handhabung. In der Praxis bedeutete das: Die Kokereien hielten sich in nächster Zeit an die Hinweise des Bergbauvereins und ließen ihr Phenolwasser nach eigenem Ermessen und unter Einbezug der Meldungen des Bergbauvereins ab.[24] Wenn die Belastung zu hoch war, wurde es auf Halde gepumpt. Es versickerte dann und vergiftete dabei zwar die umgebenden Böden, geriet auf diese Weise aber erst zeitverzögert in die Emscher. Die Phenolkonzentration im Rhein konnte dadurch, zumindest zeitweise stark reduziert werden.[25]

Aber auch die Emschergenossenschaft wurde aktiv. Wie im Kaiserreich sollten Zeit und auch eine Mitsprache dadurch gewonnen werden, dass den gegnerischen Gutachten eigene gutachterliche Stellungnahmen entgegengesetzt wurden. Zu der noch laufenden Untersuchung der WaBoLu sollten eigene und auch aufwendige Gutachten in Auftrag gegeben werden. Dazu wurde eigens die »Arbeitsgemeinschaft zur Untersuchung des Rheins« gegründet, die von der Emschergenossenschaft koordiniert wurde, und an der die wesentlichen Rhein-Anrainerstädte (Köln, Düsseldorf und Koblenz) sowie die Industrie (v. a. Bayer und der Thyssenkonzern) beteiligt waren und insgesamt etwa 100.000 Mark pro Jahr für die Erhebungen und Gutachten aufbrachten.[26] Eine Dauerlösung konnte eine Gutachterschlacht aber natürlich nicht sein. Weitere Maßnahmen zur Beeinflussung der Regierungen wurden als erforderlich angesehen. Die Rheinbefahrungen etwa, die zunächst durch die deutsche Regierung, und dann später auch unter Hinzuziehung niederländischer Regierungsvertreter vorgenommen wurden, wurden terminlich so abgestimmt, dass insbesondere die Einleiter wussten, wann »gemessen« und »inspiziert« wurde.[27] Auf diese Weise sah, v. a. aber roch es besser als ›ortsüblich‹.

Die Hyperinflation und die Ruhrbesetzung stoppten einstweilen alle weiteren Aktivitäten in der Phenolfrage, bei der Regierung genauso wie bei der Emschergenossenschaft. Zwar ging die Kohlenförderung während der Ruhrbesetzung stark zurück;

---

23 Verein für die bergbaulichen Interessen an Vereinszechen, 6.7.1922, montan.dok/BBA, 15/637.

24 Entscheidung des Genossenschaftsvorstandes in seiner Sitzung vom 2. September 1919 über den Einspruch der Gewerkschaft Friedrich der Große zu Herne gegen die Veranlagung des Bergwerks Friedrich der Große für das Rechnungsjahr 1919 (Schriftsatz vom 16.8.1919), 2.9.1919, montan.dok/BBA, 10/601.

25 Ergebnis der chemischen Untersuchung des Emscherwassers in der neuen Mündung in den Rhein, 20.4.1922, tkCA, TLi 2672.

26 Niederschrift über die Besprechung im Emscherhaus zwecks Bildung einer losen Arbeitsgemeinschaft am 20.4.1922, tkCA, TLi 2541.

27 Emschergenossenschaft an August Thyssen Hütte, Duisburg (ATH), 24.5.1922, tkCA, TLi 2541.

überraschenderweise aber blieb die Phenolkonzentration in der Emscher ausgesprochen hoch.[28] Das lag daran, dass die WaBoLu ihre Zweitmessungen aufgrund der Ruhrbesetzung nicht wie geplant vornehmen konnte und die Kokereien ihre Phenolwasser unbekümmert abließen. Mit der Stabilisierung nach dem Währungsschnitt 1924 wurden die Kohlenförderung und die Koksproduktion allerdings rasch erhöht und damit stieg auch die Phenolbelastung des Rheins auf ein neues Hoch. Während der relativen Stabilisierung vergaßen die Zechenverwaltungen und Kokereien ihr mit dem Bergbauverein geschlossenes Gentlemen's Agreement und ließen ihre phenolhaltigen Abwässer erneut und ohne Selbstbeschränkung frei in die Emscher ab.

Im Frühjahr 1924 war es die Emschergenossenschaft, die die Zechenleitungen darüber informierte, dass die Klagen erneut zugenommen und sich verschiedene Fischer bereits an die Regierung gewandt hätten. Die Emschergenossenschaft, die von der Regierung zur Stellungnahme aufgerufen worden sei, könne den Zusammenhang zwischen den Emschereinleitungen und dem Umstand, dass kaum einer der in den letzten Wochen rheinabwärts gefangene Lachse genießbar sei, nicht länger bestreiten. Denn inzwischen lagen die Vorergebnisse der Untersuchung der WaBoLu vor. »Genossenschaftliche Maßnahmen« in Form von gemeinsamen und von der Emschergenossenschaft vorgenommenen Reinigungsanlagen könnten, denn Eile sei geboten, in der Kürze der Zeit nicht zum Ziel führen. Die Zechen sollten ihre Klärbecken instand setzen und die Phenolwasser vor der Einleitung in die Emscher notdürftig reinigen, empfahl die Emschergenossenschaft ihren Beteiligten durchaus entgegenkommend und erneut mit Hinweis auf drohende Auflagen.[29]

Die Emschergenossenschaft hatte während des Krieges, ebenso wie die Zechen, nicht weiter an einer Lösung gearbeitet. Seit 1924, und unter Druck gesetzt durch die Wiederaufnahme der Arbeit der WaBoLu an dem ›großen‹ Gutachten, begann sie damit, technische Verfahren zu prüfen, und zwar solche, von denen angenommen wurde, dass die Zechen sie mittragen würden. Die Emschergenossenschaft integrierte also die ökonomische Logik der Beteiligten in ihr eigenes Vorgehen und nahm Rücksicht auf die Kostenargumente, die die Zechen fortwährend und stetig vorbrachten. Und damit ging ein Umdenken einher: Statt auf Verdünnung setzte sie nun auf die Gewinnung (und damit auf die Verwertung) der Phenole. Im Zuge dessen wurde eine Reihe von Drittfirmen beauftragt, verschiedene Auswaschmethoden zu erproben; auch wurden auf einzelnen Kokereien erste Versuchsanlagen errichtet.[30] Die Klagen der Fischer, und zwar auch der niederländischen, nahmen derweil erneut zu.[31] »Es soll kaum einer der in den letzten Wochen gefangenen Salme mehr geniessbar sein«, informierte die Emschergenossenschaft ihre Beteiligten im Frühjahr 1925. Es sei »unbedingt erforderlich«,

---

28 Emschergenossenschaft (an ATH), betr. Chemische Untersuchung des Emscherwassers, 14.9.1923, tkCA, TLi 2672.

29 Emschergenossenschaft an Zechen, 25.4.1925, montan.dok/BBA, 4/1007.

30 Bericht (Baudirektor Helbing): Die Emschergenossenschaft im Rechnungsjahr 1924, montan.dok/BBA, 35/381.

31 Verein deutscher Eisenhüttenleute (VDEh) an ATH, betr. Entschädigung für die Verunreinigung der Fischereigewässer, 11.0.1925, tkCA, TLi 2541.

in »allerkürzester Zeit« die Verschmutzung des »Emscherwassers« zu vermindern. Die Emschergenossenschaft bemängelte nunmehr klar, die »mangelnde Sorgfalt« einer ganzen Reihe von Kokereien und das »trotz dauernder Ermahnung der Genossenschaft«.[32] Um mehr Zeit zu gewinnen, strengte die Emschergenossenschaft 1925 eine weitere Behelfslösung an, durch die die Phenolkonzentration im Rhein reduziert werden sollte. An drei Stellen, kurz vor der Einmündung der Emscher in den Rhein, wurden »mit einfachsten« Mitteln Absetzbecken geschaffen, die dazu gedacht waren, zumindest die durch den Kohlenschlamm aufgefangenen Phenole zurückzuhalten. Die Emschergenossenschaft baggerte den Schlamm aus und schaffte ihn – ungereinigt – auf Halde. Und auch weiterhin versuchte die Emschergenossenschaft für die einfachste und aus ihrer Sicht günstigste Methode, die Verwendung des Ammoniakwassers zur Kokslöschung, bei den Zechen zu werben. Von den Kokereien wurde das aber weiterhin abgelehnt. Die Begründung der Zechen hatte sich aber jetzt, unter den politischen Bedingungen der Weimarer Republik verändert: Während es vor dem Krieg vollkommen akzeptabel war, darauf zu verweisen, dass der Koks farblich und geruchlich durch die Anwendung des Ammoniakwassers zur Kokslöschung verändert würde, was der Markt nicht akzeptiere, argumentierten sie nun, dass die »Arbeiter« sich gegen den »unerträglichen Geruch«, der bei der Anwendung als Löschwasser auftrete, zur Wehr setzten. Auch die durch die Löschmethode verursachten Erkrankungen, wie Augen-, Magen- und Schleimhautentzündungen, führten sie als Argument an.[33] Das war natürlich nur der Austausch eines Abwehrarguments, zeigt aber, dass sich die Zechenvertreter allen Kraftmessungen in den diversen Streiks zum Trotz, zumindest rhetorisch, dem geänderten Koordinatensystem der Weimarer Republik anpassten.

Die Untersuchungen und die Probenentnahmen der WaBoLu des Jahres 1922 und dann die 1924 durchgeführte Zweitmessung am Rheinabschnitt von Koblenz bis an die niederländische Grenze, die 1925 als Gutachten vorlag, stellte eine deutliche Zunahme der Belastung mit chemischen Stoffen über den gesamten untersuchten Rheinabschnitt fest. Neben dem Abschnitt bei Leverkusen, wo die Bayer-Werke ihre Abwässer abließen, war es besonders der Abschnitt, in dem die Emscherwässer in den Rhein abgelassen wurden, der nachweislich durch starke »Gerüche« sowie eine enorme Zunahme der Phenolkonzentration gekennzeichnet war. Das war weder von der Emschergenossenschaft noch von den Zechen anders erwartet worden. Unter der Leitung und der Koordination der Emschergenossenschaft wurde nach Bekanntwerden der Ergebnisse umgehend die *»Arbeitsgemeinschaft der Abwasserinteressen am Niederrhein«* geschaffen, die, anders als die Arbeitsgemeinschaft von 1922, keine Beteiligung der Städte auswies, sondern allein von den Beteiligten der Emschergenossenschaft getragen wurde.[34] Der klare Auftrag dieser neuen Arbeitsgemeinschaft war, ein ergänzendes Gutachten zu erstellen und dafür zu sorgen, dass es von der Regierung zur Kenntnis genommen werden würde. Das eilig erstellte Gutachten führte die Phenolverschmutzung durchaus auf – schließlich war diese

32 Emschergenossenschaft (Vorsitzender) an Zechen des Emschergebietes, betr. Verschmutzung des Rheins durch Kohlenschlamm und Teerabflüsse, 25.4.1925, tkCA, TLi 2541.

33 Bericht der Emschergenossenschaft über das Rechnungsjahr 1925, montan.dok/BBA, 35/381.

34 Aktenkommentar (an Schmitz), 15.9.1930, tkCA, TLi 2542.

ja auch nicht länger zu leugnen. Es wies aber zusätzlich, und anders als das umfangreiche Gutachten der WaBoLu, auf die »durchgreifende Verbesserung« hin, die durch die Reinigung der Nebenproduktabwässer im Industriebezirk bereits erzielt worden sei.[35] Das war natürlich eine reichlich überzogene Behauptung. Auch wurde die bereits im Kaiserreich wirksame Formel der »Selbstreinigungskräfte« des Rheins argumentativ starkgemacht. Demzufolge galt: Solange für eine ordentliche und »innige« Vermischung gesorgt würde, sei der Rhein in der Lage, die Phenolkonzentration selbstaktiv abzubauen. Auch die billige Lösung, die Emschermündung mittels dicker Rohre in die Strommitte verlegt zu haben, wurde in dem Gutachten als großer Erfolg ausgewiesen.[36] Obschon die Regierung mit dem Gutachten der WaBoLu über eine deutlich belastbare und auch umfangreichere Grundlage verfügte, hatte das von der Arbeitsgemeinschaft eingereichte Gutachten einige Wirkung. Es versetzte die Regierung in die Lage, die »Beschwerden der Holländer« als »übertrieben« zurückzuweisen.[37]

Immerhin, parallel zur Gutachterschlacht war die bereits 1914 angekündigte und dann 1924 wiederaufgenommene Suche nach einsetzbaren und günstigen Verfahren fortgesetzt worden. 1928 wandte sich die Emschergenossenschaft endlich an die Kokereizechen. Die »Phenolkommission«, die sich aus der Leitung der Emschergenossenschaft sowie aus Vertretern des Bergbauvereins, einem Vertreter der Gesellschaft für Kohlentechnik und Vertretern der großen Zechen mit Kokereien (Stinnes, Harpen und VSt) zusammensetzte,[38] hatte sich für das *Pott-Hilgenstock-Verfahren* als anwendbares Verfahren zur Phenolreinigung ausgesprochen. Das Pott-Hilgenstock-Verfahren kann als das älteste Verfahren zur Entphenolung gelten. Es besaß den Vorzug, dass es auf das Abwasser angewendet werden konnte, obwohl die Abwässer durch die Grubenabwässer versalzen waren. Der Wirkungsgrad war allerdings ausgesprochen gering. Im Vergleich zu anderen Verfahren – dem Triverfahren, dem Aktivkohle- und Esterverfahren – war die Phenolausbeute »schlecht«.[39] Im Pott-Hilgenstock-Verfahren wurde das Phenol unter der Zugabe von Natronlauge ausgewaschen. Auf den zunächst errichteten Versuchsanlagen, so informierte die Emschergenossenschaft, habe sich gezeigt, dass die Auswaschung »wirtschaftlich« sei, wenn die Konzentration von $1\frac{1}{2}$ Gramm Phenol pro

35 Preußische Landesanstalt für Wasser-, Boden- und Lufthygiene: Gutachterliche Äußerung über die Beschaffenheit des Rheinstromes auf der Strecke von Coblenz bis zur holländischen Grenze. Erstattet im Auftrage der Arbeitsgemeinschaft der Abwasserinteressenten am Niederrhein, 25.8.19[25], tkCA, TLi 2542.

36 Bericht der Emschergenossenschaft über das Rechnungsjahr 1925, montan.dok/BBA, 35/381.

37 Zit. Arbeitsgemeinschaft der Abwasserinteresssenten am Niederrhein an VSt/ATH, 8.10.1930, tkCA, TLi 2542.

38 Auflistung nach: Emschergenossenschaft an Ewald, 11.2.1928, montan.dok/BBA, 4/1007.

39 Das sog. Triverfahren konnte daher nicht anwendet werden. S. Martini u. Dierichs: Die Bedeutung des Esterverfahrens in der Entphenolung der Industrieabwässer, 9.12.1938, Bayer AG, Bayer Archives Leverkusen (BAL), 058–009-004: Im Verfahrensvergleich urteilten die Experten von Bayer in Hinblick auf das von der Emschergenossenschaft angewandte Pott-Hilgenstock-Verfahren: »Die Entphenolung ist schlecht. Der Extraktionskoeffizient von Benzol ist 2 bis 3, während der beim Trikresylphosphat etwa 30 ist. Aus diesem Grunde bestand für uns [!] kein Anreiz, dieses Verfahren anzuwenden.«

Liter Rohwasser anfalle.[40] Die Anlagen könnten nun also auf den Kokereien errichtet werden. Da – wie den Beteiligten ja sehr bewusst war – die Reinigung keineswegs die gesetzlich vorgeschriebene Aufgabe der Emschergenossenschaft war, sondern lediglich eine »Kann«-Aufgabe, würde die Emschergenossenschaft die Entphenolungsanlagen auf eigene Rechnung auf den Kokereien errichten, den Betrieb der Anlagen würden dann aber die Kokereien übernehmen, so der Vorschlag der Emschergenossenschaft.[41] Mit anderen Worten: Der Hybrid hatte eine privatwirtschaftliche Lösung nach dem Vorbild des ursprünglichen Nebenproduktgeschäfts erarbeitet, die man den Kokereizechen jetzt zur Umsetzung unterbreitete.

1929 wurden die ersten Entphenolungsanlagen aufgestellt. Der Bau der meisten Anlagen konnte als »Notstandsmaßnahmen« vorgenommen werden. Das bedeutete günstige Darlehn von Reich und Land und zudem die Möglichkeit, Arbeitslose für die Errichtung einzusetzen.[42] Für die Realisierung schlossen die einzelnen Zechen einen Normalvertrag mit der Emschergenossenschaft. Gegenstand des Vertrages war es, »eine Verschmutzung der Emscher und ihrer Nebenläufe durch die mit dem Abwasser der Ammoniakfabriken der Vorflut zufließenden Phenole zu verhüten«. Auf »zahlreichen« – also keineswegs allen – Kokereien sollten daher »Anlagen zur Gewinnung der Phenole« nach dem Pott-Hilgenstock-Verfahren aufgestellt werden, für das die Emschergenossenschaft inzwischen die Nutzungsrechte erworben hatte. Die vertragsschließende Zeche gewährte der Emschergenossenschaft mit dem Vertragsschluss das Recht, die Anlage auf dem Betriebsgelände der Kokerei zu errichten: Für den notwendigen Platz zahlte die Emschergenossenschaft die Kosten der Aufstellung der Anlage und sie trug auch die Betriebskosten. Gebunden wurden die ausgewaschenen Phenole noch vor Ort an Natronlauge, die von der Emschergenossenschaft hergestellt wurde. Die so gewonnenen Phenole wurden mit diesem Schritt zum Eigentum der Emschergenossenschaft. Die Emschergenossenschaft verpflichtete sich, die Phenole laufend abzunehmen. Die vertragschließende Kokerei war lediglich verpflichtet, die Anlage »wie eine eigene« zu betreiben und täglich den Phenolausfall zu messen. Das war ein gutes Geschäft für die Verursacher, die damit praktisch ein Rundum-Sorglos-Paket erhielten. Aber auch die Emschergenossenschaft hatte sich abgesichert: Sie hatte das Recht, die entsprechende Anlage stillzulegen, und zwar »jederzeit« mit besonderer »Rücksicht auf die allgemeine Lage des Marktes«. Wenn sich der Betrieb also nicht rechnen und in einem marktwirtschaftlichen Sinn als Zuschussgeschäft erweisen würde, konnte die Emschergenossenschaft die Anlage schließen. Für den Fall, so wurde ebenfalls vertraglich fixiert, dass die Entphenolungsanlagen nicht nur kostendeckend arbeiteten, sondern die Erlöse gar über den Kosten lagen, wurde zusagt, den Gewinn entsprechend der dokumentierten Menge zurück an die Kokereien zu verteilen. Und Gewinn wurde ganz offensichtlich erwartet. Denn um Streitigkeiten unter den Kokereien zu vermeiden,

40 Niederschrift über die Versammlung der Emschergenossenschaft am 28.3.1929, montan.dok/BBA, 35/381.

41 Emschergenossenschaft an Gew. Constantin der Große, 7.9.1928, montan.dok/BBA, 20/2738.

42 Niederschrift über die Versammlung der Emschergenossenschaft am 28.3.1929, montan.dok/BBA, 35/381.

wurde zur Überwachung gleich ein »Vertrauensausschuß« eingerichtet, dessen Aufgabe darin bestand, die Gewinnverteilung zu überwachen.[43]

Die Emschergenossenschaft gewährte dieses Rundum-Sorglos-Paket wohl in erster Linie, um die Reinigung in der eigenen Hand zu behalten. Und sie hatte, um dieses Ziel zu erreichen, eine Konstruktion entwickelt, die mit der Logik ihrer Beteiligten vereinbar war. Tatsächlich war bereits zum Zeitpunkt der Aufstellung der ersten Versuchsanlagen absehbar, dass sich die lästige Phenolfrage gewinnträchtig entwickeln würde. Das zeigte sich daran, dass die Emschergenossenschaft vor der Entscheidung für das Pott-Hilgenstock-Verfahren verschiedene Angebote eingeholt hatte. Das Interesse an der Entphenolung hatte sich im Markt verbreitet, und es sorgte für reges Interesse. Inzwischen war klar: Phenole eigneten sich nicht nur für die Desinfektion, sondern auch für die Herstellung von Kunstharz sowie für die Herstellung von Sprengstoffen. Eine ganze Reihe von Anbietern war längst davon überzeugt, dass das Geschäft mit den Phenolen aus der Koksproduktion rentabel zu betreiben sei. Die Firma Raschig, eine chemische Fabrik in Ludwigshafen, etwa wandte sich im Sommer 1928 an die Gewerkschaft Ewald in Herten und unterbreitete ihr das Angebot, eine Entphenolungsanlage auf dem Gelände der Kokerei zu errichten, und das völlig »kostenlos«: Raschig bot an, bis zu 80 Prozent der anfallenden Phenole auszuwaschen und zudem die Anlage auf eigene Rechnung zu errichten, solange Ewald sich verpflichte, die dieserart erzeugten Phenole exklusiv an Raschig zu verkaufen [!], zu »Konkurrenzpreisen«.[44] Damit war klar: Die Zeit, in der Phenol gerade einmal für ein übersichtliches Käufersegment attraktiv war, neigte sich dem Ende zu. Denn inzwischen ließ sich mit dem Abfallstoff noch sehr viel mehr anstellen als eine aggressive Wundreinigung oder eine Oberflächendesinfektion.

Die Machtübernahme beförderte die Durchsetzung einer reinigenden Phenolpolitik dann endgültig.[45] Die 1933 neu errichteten Entphenolungsanlagen konnten erneut ausgesprochen günstig über die Möglichkeit der Arbeitsbeschaffung gebaut werden. Auf diese Weise, so erklärte der Vorstand in seinem Jahresbericht, tat die Emschergenossenschaft sogar ein gutes Werk, indem sie nämlich dabei half, die Arbeitslosigkeit zu reduzieren. 1933, und obgleich eine Steigerung der Phenolgewinnung durch die neu errichteten Anlagen noch nicht hatte eintreten können, wurden bereits 1.180 Tonnen »verkaufsfähiger« Phenole erzeugt. Zur Jahreswende 1933 schnellte die Nachfrage empor, die Emschergenossenschaft konnte ihre 1932 angelegten Lagerbestände abverkaufen. Für den Verkauf – und nur dafür – war die *Karbolsäure-Verkaufsgesellschaft* gegründet worden, die 1933 einen Erlös von 500 RM pro Tonne Phenol erwirtschaftete.[46] Die Verkaufslage war gut – und dann wurde sie noch besser. Mit dem Vierjahresplan kam es zu einem regelrechten Run auf Phenole. Es erhielt mit der Aufrüstung eine »Bedeutung«, die vorher nicht »vorauszusehen« war, so hieß es im Bericht der Emschergenossenschaft für das

43 Vertrag zwischen der VSt und der Emschergenossenschaft, 22./27.3.1929, montan.dok/BBA, 55/2002.

44 Dr. F. Raschig an Ewald, 6.7.1928, montan.dok/BBA, 4/1007.

45 Hasslacher an die Abgeordneten, 31.1.1934, montan.dok/BBA, 4/799.

46 Emschergenossenschaft, Geschäftsbericht über die Phenolgewinnung im Kalenderjahr 1933, 1.3.1934, montan.dok/BBA, 4/799.

Rechnungsjahr 1936. Die »Ware« zählte zu den Stoffen der Rüstungswirtschaft, genauer, Phenol zählte jetzt zu den Grundstoffen für die Herstellung von »härtbaren Kunststoffen«.[47] Die Phenolnachfrage ging im Zuge der Aufrüstung steil nach oben und die Emschergenossenschaft war stolz, mit ihren Anlagen 15 Prozent des notwendigen Phenolbedarfs aus »deutscher Produktion« decken zu können. Für 1937 konnte geplant werden, weitere Entphenolungsanlagen im Industrierevier zu errichten.[48] Die Emschergenossenschaft hatte nicht nur die ökonomische Logik ihrer Beteiligten adaptiert, sondern war nunmehr zu einem Faktor in der Aufrüstung geworden. Sie tat ganz ›autonom‹ ihre selbstdefinierte Pflicht, was angesichts ihrer just geklärten Sonderstellung in einer etwaig neuen nationalsozialistischen Wasserwirtschaftsordnung ein gewichtiges Pfund war.[49]

An der guten Verkaufslage änderte sich auch während des Krieges nichts, im Gegenteil. Phenol war gefragter denn je. Der Reichsfinanzhof befand sogar, dass Geschäft lohne sich so sehr, dass die Phenolverkäufe, 2.400 Tonnen im Jahr 1939, nun umsatzsteuerpflichtig werden müssten.[50] Die Betreibung der Entphenolungsanlagen lohnte sich auch, weil der Preiskommissar die von der Emschergenossenschaft errechnete Preisstellung für richtig befand.[51] Zwar waren die Reinigungskosten, die stoisch zu »Herstellungskosten« erklärt wurden, weiterhin hoch: »Trotzdem ist es möglich, mit dem Erlös für das Phenol […] auszukommen, wenn der Gehalt an Phenol im zu behandelnden Wasser hoch genug« war.[52] 1942 erreichte die Anzahl der von der Emschergenossenschaft errichteten Entphenolungsanlagen mit 17 Anlagen ihren Höchststand; in dieses Jahr fiel auch die Höchsterzeugung von 3.825 Tonnen Reinphenol.[53]

Nach dem Krieg war das Geschäft nicht vorbei. Aufgrund der aussichtsreichen Marktlage wurden die Entphenolungsanlagen zügig instand gesetzt und weiterbetrieben. 1947 waren noch vier der während der NS-Zeit aufgestellten Anlagen in Betrieb, fünf neue Anlagen wurden geplant.[54] Das Geschäft war so aussichtsreich, dass die Hibernia, Harpen und die Rütgerswerke 1952 mit der *Phenolchemie GmbH* eine gemeinsame Ausgründung vornahmen, die sich auf Grundlage der Produktion von Reinphenol und Azeton dauerhaft etablieren konnte.[55] Denn der Normalvertrag, den die Emschergenos-

---

47 S. Tab., in: Dietmar Petzina: Autarkiepolitik im Dritten Reich. Der nationalsozialistische Vierjahresplan, Stuttgart 1968, S. 184.

48 1932: 1.184 Tonnen, 1933: 1.183 Tonnen, 1934: 1.870 Tonnen, 1935: 1.935 Tonnen und 1936: 1.800 Tonnen Reinphenol; Angaben lt. Die Emschergenossenschaft im Rechnungsjahr 1936, montan.dok/BBA, 35/383.

49 S. dazu das Kap. »Die ›Autonome‹«.

50 Die Emschergenossenschaft im Rechnungsjahr 1939 [Bericht Ramshorn], montan.dok/BBA, 35/383.

51 Niederschrift über die Genossenschaftsversammlung der Emschergenossenschaft am 26.2.1942 (vertraulich!), montan.dok/BBA, 35/383.

52 Erfahrungsgemeinschaft des Gesamtausschusses zur Reinhaltung deutscher Gewässer: Gewinnung von Beseitigung von Phenolen aus phenolhaltigem Abwasser der Kohleverwertung, Okt. 1943 (Abschrift), montan.dok/BBA, 15/637.

53 Angaben lt. Die Emschergenossenschaft in den Rechnungsjahren 1945, 1946 und 1947, montan.dok/BBA, 35/383.

54 Niederschrift über die Genossenschaftsversammlung der Emschergenossenschaft am 7.2.1947, montan.dok/BBA, 35/383.

55 Abe/Echterhoff: Das Vest, S. 35 f.

senschaft 1929 mit den Kokereien geschlossen hatte, lief Ende 1952 aus. Die Emschergenossenschaft schlug den nicht an der Phenolchemie beteiligten Kokereizechen vor, eine Verlängerung bis Ende 1958 vorzunehmen, was von den Kokereien bestätigt wurde.[56] Nur eine wesentliche Vertragsanpassung wurde vorgenommen. Die Emschergenossenschaft zog sich aus dem Teil der Vertrages, in der sie selbst als Produzentin tätig war, zurück. Die Phenollauge wurde in den neuen Verträgen zu zwei Dritteln von der *Gesellschaft für Teerverwertung* und zu einem Drittel von den *Rütgerswerken* zu Reinphenol verarbeitet, und nicht mehr von der Emschergenossenschaft. Auf Wunsch der Zechen, die hartnäckig an ihren Monopol- und Exklusivvertragsmodellen festhielten, wurden das Reinphenol dann exklusiv von der *Kohlenwertstoff AG* vertrieben. Der Betrieb der Anlagen rechnete sich weiterhin, wenn auch nicht mehr so gut wie während der NS-Zeit. Deshalb passte die Emschergenossenschaft ihre Argumentation an, blieb aber bei der ökonomischen Logik und damit der Kostenargumentation: Auch wenn die Kosten den Betrieb nicht deckten, wäre dieses Vorgehen immer noch günstiger als »irgendwelche Kläranlagen« zu errichten, fand sie nun. Allerdings: Das ›Wirtschaftswunder‹ bedeutete eine erhebliche Steigerung in der Förderung der Kohlenzechen und damit auch eine Steigerung der Koksproduktion. Die 1951 betriebenen 14 Entphenolungsanlagen reichten bei Weitem nicht aus, um die »Vergiftung« des Rheines zu reduzieren. Noch immer verteilten die Emschermündungsrohre die Verschmutzung 65 Meter weit in den Rhein hinein.[57]

1953 waren immerhin 18 Anlagen in Betrieb. Allerdings brachen die Gewinne erheblich ein, aber erst seit 1961 verlor die Erzeugung der Reinware Phenol ihre Rentabilität, nicht zuletzt an das die Steinkohle und ihre Nebenprodukte substituierende Erdöl.[58] Während der Ölpreiskrise der 1970er Jahre beklagte die Emschergenossenschaft gar den Rückgang der Phenolkonzentration aufgrund geänderter Verkokungsmethoden auf einer Reihe von Kokereianlagen. Die Möglichkeiten für die Phenolerzeugung seien aufgrund dieser betrieblichen Veränderungen zurückgegangen, was bei der weltweiten Phenolknappheit zu bedauern sei.[59] Zwar hielt die Emschergenossenschaft daran fest, dass weitere Entphenolungsanlagen auf den Kokereien zu errichten seien, für die Zechen wurde das aber immer unattraktiver, weil die Wirtschaftlichkeit der Auswaschungsmethode beständig abnahm und der Konkurrenzdruck des Erdöls immer stärker wurde.[60]

56 Niederschrift über die Vorstandssitzung der Emschergenossenschaft am 19.12.1958, EGLVA, o. Sig.

57 Emschergenossenschaft an Gew. Emscher-Lippe, betr. Entphenolung des Abwassers der Kokereien im Emschergebiet, 19.11.1951, montan.dok/BBA, 35/383.

58 Emschergenossenschaft an Gew. Emscher-Lippe, betr. Finanzielle Entwicklung der Phenolgewinnung im Emschergebiet, 9.8.1962, montan.dok/BBA, 35/384.

59 Jährlich wurden allerdings immer noch rund 3.000 Tonnen Reinphenol produziert. Kurzbericht über die Arbeiten und Aufgaben der Emschergenossenschaft in den Jahren 1973 und 1974, montan.dok/BBA, 129/66.

60 Aktenvermerk über eine Sitzung des Vertrauensausschusses zur Abwicklung der Phenolgewinnungsverträge, 6.2.1953, montan.dok/BBA, 30/480.

Erst nach dem Zweiten Weltkrieg wurde der Reinhaltung des Rheins erstmals stärkere Aufmerksamkeit gewidmet.[61] Besonderen Auftrieb erhielt die Reinigungsfrage mit der *Internationale Kommission zum Schutz des Rheines*, einer 1950 eingesetzten Expertenkommission, die die Rheinverschmutzung auf vereinheitlichter Grundlage messen sollte, um dann – in einem zweiten Schritt – Empfehlungen für die Verbesserung der Qualität des Rheinwassers formulieren zu können.[62] Seit Mitte der 1950er Jahre nahm der über die Internationale Kommission aufgebaute Druck zu,[63] auch weil die Diskussionen um das 1957 verabschiedete *Wasserhaushaltsgesetz* unter den Beteiligten die Befürchtungen nährte,[64] dass ein »dirigistisches Eingreifen« durch die Landesverwaltungen nun zur Durchsetzung kommen werde.[65] Die Emscher kam nun auf die »Schwarze Liste«, aber eben erst jetzt. Und erst jetzt wurde publik: Noch immer, allen verlautbarten Erfolgen der Entphenolung als ›Geschäftsmodell‹ zum Trotz, gelangten tagtäglich 9 Tonnen Phenol in den Rhein.[66] Das Bundesgesundheitsamt aber war trotzdem hoch zufrieden. Ein von der Emschergenossenschaft beigebrachtes Gutachten über den biologischen und chemischen Zustand des Rheines urteilte in Hinblick auf die Phenolwerte: Erste erhebliche Verunreinigungen seien ab Bonn und dann ab Leverkusen feststellbar, zwar sei dann die Emschereinmündung deutlich zu erkennen, »[g]leichzeitig zeigt die Untersuchung aber auch den schnellen Phenolabbau im Rhein«. Und weiter: »Man sieht aus dieser Gegenüberstellung, daß der Rhein mit den ihm zugeführten Phenolen biologisch fertig wird.«[67] Noch immer also zog die ›Gemeinüblichkeit‹ des Industriebezirks und auch das Argument der ›Selbstreinigung‹; auch die problematische Zuordnung der Verursacher tat das ihre. Es war der Umgang der Emschergenossenschaft mit den Phenolen, der innerhalb dieses konstanten Rahmens einen Wandel erfahren hatte: Er war wirtschaftlich geworden und die Emschergenossenschaft hatte ihre unternehmerische Logik entdeckt, wenn auch erst zu einem Zeitpunkt, als Phenole zu einem gefragten Stoff geworden waren. Und damit zeigte sich: Der Hybrid konnte auch das sein, ein Unternehmen, das sich gewaschen hatte.

61 Wasser- und Schiffahrtsamt Wesel an ATH, betr. Reinhaltung des Rheins, Ihre Einleitung von Abwässern, 3.9.1952, tkCA, TLi 2542.

62 Westdeutscher Wasserwirtschaftsverband e.V. an Mitglieder des Ausschusses für Bergmännische Wasserwirtschaft und Geohydrologie, betr. Internationale Kommission, 14.1.1958, tkCA, TLi 2542.

63 S. Thomas Lekan: Saving the Rhine. Water, Ecology, and Heimat in Post-War II Germany, in: Christof Mauch/Thomas Zeller (Hg.): Rivers in History. Perspectives on Waterways in Europe and Northern America, Pittsburgh 2008, S. 110–136.

64 S. dazu das Kap. »Die ›Beharrliche‹«.

65 Niederschrift über die Sitzung am 10.12.1957 (…) der Kammer (IHK Duisburg-Wesel), betr. Maßnahmen zur Verminderung der Verschmutzung, tkCA, TLi 2542.

66 Art. Emscher auf der ›Schwarzen Liste‹, in: Westfälische Allgemeine Zeitung, Nr. 146, 28.6.1958, tkCA, TLi 2542.

67 Biologische und chemische Untersuchung des Rheins auf der Strecke Linz-Lobbith durch die Chemische Abteilung der Emschergenossenschaft und des Lippeverbandes, Sept./Okt. 1959, Bundesarchiv (BArch), 208/220.

Quellen

Der Bergbauverein an die Vereinszechen, 1922

(Rundschreiben Nr. 54, 1922, des Verein für die bergbaulichen Interessen im Oberbergamtsbezirk Dortmund an die Vereinszechen, 6.7.1922, montan.dok/BBA, 15/637)

An die Vereinszechen!
In den letzten Jahren haben sich die Klagen über [die] Verunreinigung des Rheins durch die Abwässer unsers Industriebezirks stark vermehrt. Auch die holländische Regierung hat sich kürzlich aus demselben Grunde beschwerdeführend an die deutsche Regierung gewandt und um Abstellung des Übelstandes gebeten. Insbesondere wird darüber Klage geführt, daß die Rheinfische durch das phenolhaltige Wasser gänzlich ungenießbar werden, was einen in die Millionen verbundenen Schaden zur Folge habe. Falls also von seiten der Industrie selbst nicht mit allen Mitteln einer Verunreinigung des Rheins entgegengearbeitet wird, ist ohne Zweifel binnen kurzem mit scharfen Eingriffen der Behörden zu rechnen. Um Maßnahmen solcher Art vorzubeugen, hat die Emschergenossenschaft bereits einige Millionen zu Versuchszwecken ausgeworfen, indes muß aber auch seitens der Industrie alsbald alles getan werden, um für Abhilfe der beklagten Mängel Sorge zu tragen.

Die für die Rheinfischerei besonders folgenschwere Verunreinigung wird durch die phenolhaltigen Abwässer der Nebenprodukte verursacht. Aus diesen Abwässern kann ein wesentlicher Teil des schädlichen Phenols dadurch ferngehalten werden, daß man das Phenol mit Ätznatron aus dem Benzol auswäscht, bevor es mit Schwefelsäure gewaschen wird. Auf einer Reihe von Zechen des Reviers steht dies Verfahren bereits in Anwendung. Angeblich sollen einige Zechen die Phenolnatronlauge aber nicht gewinnen und verkaufen, sondern in die freie Flut ablassen. Ein solches Verfahren trägt natürlich, von seiner Unwirtschaftlichkeit abgesehen, sehr zur Verunreinigung der Abwässer bei, da die Phenolnatronlauge unter Freiwerdung des Phenols von der Kohlensäure der Luft zersetzt wird. Es muß daher unbedingt vermieden werden, die Phenolnatronlauge in die freie Flut abzulassen. Die Gesellschaft für Kohlentechnik, die sich mit der Frage besonders eingehend beschäftigt hat, ist bereit, bei dem Verkauf der gesättigten Phenolnatronlauge behilflich zu sein.

Von weiteren schädlichen Bestandteilen ist Pyridin zu nennen. Es wird empfohlen, zur Entfernung der Pyridine das Rohbenzol mit verdünnter Schwefelsäure vorzuwaschen und auf Pyridinsulfat weiter zu verarbeiten.

Wir bitten dringend, der Frage der Fernhaltung phenolhaltiger Abwässer besondere Beachtung zu schenken, damit sonst unausbleibliche behördliche Maßnahmen vermieden werden.

Glückauf!
Die Geschäftsführung: *v. Loewenstein* [HiO]

Der Phenolvertrag, 1929

(*Vertrag zwischen der Vereinigten Stahlwerke AG und der Emschergenossenschaft, 22./27.3.1929, montan.dok/BBA, 55/2002*)

Vertrag.
Um eine Verschmutzung der Emscher und ihrer Nebenläufe durch die mit dem Abwasser der Ammoniakfabriken der Vorflut zufließende Phenole zu verhüten, beabsichtigt die Emschergenossenschaft auf zahlreichen Kokereien des Emschergebietes Anlagen zur Gewinnung der Phenole und gegebenenfalls der Pyridine nach dem von der Emschergenossenschaft für den rheinisch-westfälischen Industriebezirk erworbenen patentamtlich geschützten Verfahren Pott-Hilgenstock (D.R.P. Nrn. 397 466, 375 309, 399 676, 418 623, 370 151) aufzustellen.

Zu diesem Zwecke räumt die Vereinigte Stahlwerke A.G., Düsseldorf – nachstehend Gesellschaft genannt – der Emschergenossenschaft – nachstehend E.G. bezeichnet – das Recht ein, solche Anlagen auf den im Emschergebiet liegenden Kokereien der Gesellschaft zu errichten unter folgenden Bedingungen:

§ 1.
Die Gesellschaft stellt den Platz für die Anlage gegen eine angemessene Jahresgebühr zur Verfügung. Die Kosten für die Herstellung der Anlage trägt die Emschergenossenschaft.

§ 2.
Die Gesellschaft ist verpflichtet, die von der Emschergenossenschaft errichtete Anlage wie eine eigene zu betreiben. Die Anmeldung des Betriebes bei der zuständigen Behörde muß durch die Gesellschaft geschehen. Die Kokerei stellt den täglichen Ausfall an Phenolen und den Wascheffekt der Anlage durch 24-stündige Durchschnittsproben fest. Das Ergebnis ist monatlich der Emschergenossenschaft mitzuteilen. Die Emschergenossenschaft hat die Pflicht, durch Stichproben die Wirksamkeit der Anlage festzustellen.

§ 3.
Es ist beabsichtigt, die Phenole an Natronlauge zu binden. Die Lauge wird von der E.G. gestellt. Alle mit der Anlage gewonnenen Phenole und sonstigen Erzeugnisse sind der E.G. zur Verfügung zu stellen. Die E.G. ist verpflichtet, die anfallenden Phenolatlaugen laufend abzunehmen. Ist das freie Aetznatron der Lauge nicht mindestens zu einem noch zu bestimmenden Hundertsatz ausgenutzt, so kann die Emschergenossenschaft verlangen, daß die Lauge in den Betrieb zurückgenommen und entsprechend angereichert wird, ohne daß hierfür besondere Betriebskosten erstattet werden. Die Bemusterung der Vorratsmengen, die rechtzeitige Verladung und Absendung nach Anweisung der E.G. übernimmt die Gesellschaft. Von jeder Versendung ist der E.G. Nachricht zu geben und das Ergebnis der Analyse mitzuteilen.

Die E.G. kann die Anlage jederzeit stillegen, wenn ihr dies mit Rücksicht auf die allgemeine Lage des Marktes für Phenol oder aus einem anderen Grunde zweckmäßig erscheint. Die der Gesellschaft während der Stillegung entstehenden Unkosten werden ihr von der E.G. erstattet. Sollten die in Betrieb gehaltenen Anlagen einen Überschuß nach

§ 5 ergeben, so nimmt die stillgelegte Anlage an der Ausschüttung dieses Überschusses so teil, als wenn sie ihre normale Produktion abgeliefert hätte.

§ 4.
Der Gesellschaft werden die Betriebskosten, d.h. die Kosten, die der Betrieb und die Unterhaltung der Anlage sowie die Lagerung und Versendung der anfallenden Produkte verursachen, erstattet. Sie erklärt sich damit einverstanden, daß die ihr erwachsenen Kosten mit einem Pauschsatz je Tonne der abgelieferten Phenole erstattet werden.

§ 5.
Die E.G. errichtet die Anlagen in Erfüllung ihrer gesetzlichen Aufgabe zum Zwecke der Abwasserreinigung, sie soll daher durch die Verwertung der gewonnenen Produkte keinen Gewinn erzielen; dieser soll vielmehr ausschließlich den Ammoniakfabriken des Emschergebietes zugute kommen.

Zur Ermittlung eines etwaigen Überschusses stellt die E.G. am Ende eines jeden Kalenderjahres eine Abrechnung auf, bei der zu berücksichtigen sind: Verzinsung und angemessene Tilgung des aufgewendeten Kapitals, Betriebs-, Verwaltungs- und Unterhaltungskosten und die erzielten Nettoerlöse. Sollte sich alsdann ein Überschuß ergeben, so ist aus diesem zunächst eine angemessene Rückstellung für Zeiten schlechter Konjunktur zu machen. Von dem alsdann noch verbleibenden Überschuß werden 50 % auf alle Gesellschaften nach Maßgabe der Produktion an Reinphenolen der einzelnen Anlagen verteilt, während die übrigen 50 % einem Erneuerungsfonds zugeführt werden.

§ 6.
Es wird ein Vertrauensausschuß gebildet aus 5 Personen, von denen 4 durch den Bergbauverein und 1 durch die E.G. ernannt werden.
Dieser Ausschuß setzt mit Wirkung für die Parteien fest:
die Höhe der von der E.G. nach § 1 zu zahlenden Jahresgebühr,
den Hundertsatz, bis zu dem nach § 3 Abs. 1 das freie Aetznatron der Lauge mindestens ausgenutzt sein muß,
die im Falle der Stillegung nach § 3 Abs. 2 Satz 2 zu erstattenden Unkosten,
was als „normale Produktion" im Sinne des § 3 Abs. 2 Satz 3 anzusehen ist,
die Pauschvergütung nach § 4 Satz 2.

§ 7.
Dieser Vertrag gilt bis zum 31. Dezember 1942 und verlängert sich um weitere 10 Jahre, wenn er nicht 1 Jahr vor Ablauf gekündigt wird.

Nach Ablauf des Vertrages kann die Anlage von der Gesellschaft, auf deren Gelände sie steht, unter dann näher zu vereinbarenden Bedingungen übernommen werden.

§ 8.
Sollten sich die Verhältnisse während der Vertragsdauer, insbesondere durch das Aufkommen neuer Verfahren, so wesentlich ändern, daß einer Partei die Fortsetzung des Vertragsverhältnisses billigerweise nicht zugemutet werden kann, so sollen die Parteien die vertraglichen Beziehungen neu regeln.

Essen, den 22.3.1929

Vereinigte Stahlwerke AG [Unterschriften]

Essen, den 27.3.1929

Der Vorstand der Emschergenossenschaft [Unterschriften]

Der Geschäftsbericht über die Phenolgewinnung, 1937

(Alexander Ramshorn, Essen, an Generaldirektor Dr. Harry Vosberg, 24.3.1936, im Kalenderjahr 1937, 31.3.1938, RWWA, 130–400118/7)

Geschäftsbericht über die Phenolgewinnung im Kalenderjahr 1937
Die Erweiterungsbauten auf einigen Entphenolungsanlagen, die bereits im Jahre 1936 begonnen wurden, konnten erst im Laufe des Jahres 1937 zu Ende geführt werden. Die 11 bestehenden Entphenolungsanlagen hatten daher erst im letzten Viertel des Jahres 1937 ihre volle Leistungsfähigkeit. Der Phenolgehalt im Gaswasser ging gegenüber dem Vorjahr nochmals etwas zurück, sodass im ganzen 1782 t verkaufsfähiger Reinware an Phenol und Kresol hergestellt werden konnten, gegenüber einer Menge von 1794 t im Jahre 1936.

Die folgende Übersicht zeigt, wie Mengen, Herstellungskosten auf den Kokereien und Durchschnittserlösen sich in den Jahren von 1934 an gestellt haben.

Übersicht I:

Jahr	Hergestellte Mengen an Phenol u. Kresol t/Jahr	Herstellungskosten für Phenolnatronlauge auf 1 t Reinware Phenol u. Kresol RM/t	Änderung i. Prozent gegenüber 1934	Durchschnittserlöse für 1 t Reinware RM/t	Änderung in Prozent gegenüber 1934
1	2	3	4	5	6
1934	1870	160,00	100 %	575,-	100 %
1935	1935	167,50	106 %	504,-	88 %
1936	1794	179,50	112 %	525,-	91 %
1937	1782	181,25	113 %	560,-	97 %

Die außerordentlich starke Beschäftigung der Kokereien hat es mit sich gebracht, dass der Phenolgehalt im Gaswasser stark, in einzelnen Fällen bis zu 50 %, zurückging. Die Wassermengen nahmen zu und die Anlagen mussten vergrössert werden. Die gewinnbare Menge an Phenolen ging jedoch zurück und die Herstellungskosten stiegen erheblich an. Zwei besonders anschauliche Beispiele sind der folgenden Übersicht gegenübergestellt:

Übersicht II:

Jahr	Phenolgehalt g/l Wasser	Wassermenge cbm/Tag	Phenolmenge kg/Tag	Pauschsatz. RM/t
Entphenolungsanlage I:				
1935	1,96	291	570	184,-
1936	1,57	359	564	210,-
1937	1,05	369	387	307,-
Entphenolungsanlage II.				
1935	2,23	237	529	172,-
1936	2,42	260	629	155,-
1937	1,56	273	429	232,-

Die Erlöse für die verkaufte Reinware konnten zwar gegenüber dem tiefsten Stand vom Jahre 1935 verbessert werden, jedoch reicht die Steigerung nicht aus, um das Mehr an Herstellungskosten auszugleichen. Da mit einer allgemeinen Preiserhöhung für Phenol und Kresol kaum zu rechnen ist, wird das wirtschaftliche Ergebnis, das in der folgenden Abrechnung der Einnahmen und Ausgaben des Jahres 1937 aufgeführt ist, auch für das laufende Jahr 1938 anzunehmen sein.

Jahresabrechnung 1937

Einnahmen	RM	Ausgaben	RM
Erlös aus dem Verkauf von Phenol und Kresol	998 345,10	Betriebs-, Unterhaltungs- u. Verwaltungskosten	840 258,84
Sondereinnahme	825,30	Umsatzsteuern	18 176,66
Verlustvortrag	160 000,00	Zinsen und Tilgung	300 734,90
	Sa. 1 159 170, 40		Sa. 1 159 170,40
		Verlustvortrag aus 1937	160 000,00

Der Absatz der Reinware war gut, sodass Bestände nicht vorhanden sind. Das Finanzamt hat die Emschergenossenschaft erneut zur Umsatzsteuer veranlagt. Gegen die Veranlagung ist inzwischen Beschwerde erhoben worden. Es wird auch in diesem Fall wieder die Entscheidung des Reichsfinanzhofes notwendig werden. Vorsorglich musste ein Betrag von rund 18.000,00 RM für Umsatzsteuern bei den Ausgaben eingesetzt werden. Die nicht durch die Einnahmen gedeckte Summe für die Kapitaltilgung beträgt wie im Vorjahr 160.000,00 RM. Entsprechend dem Beschluss der Genossenschaftsversammlung wird die Summe bei der Gruppe der Ammoniakhersteller durch die Veranlagung eingezogen werden. Die an die Bergwerksverwaltungen zu vergütenden Pauschalkosten für die Herstellung der Phenolnatronlauge sind durch den Vertrauensausschuss zur Abwicklung der Phenolgewinnungsverträge in seiner Sitzung am 10.2.1938 in derselben Höhe festgesetzt, wie für das vergangene Jahre.

Der Beschluss lautet:

„Da keine Änderungen der Unkostenanteile in den Pauschalvergütungen für die Herstellung von Phenol-Natronlauge eingetreten sind, werden die Pauschalsätze für das abgelaufene Geschäftsjahr 1937 endgültig auf die in den Tabellen festgelegten Werte, zuzüglich 7 % festgesetzt. Für das Jahr 1938 sollen zunächst dieselben Pauschalsätze als vorläufige Vergütungen abgerechnet werden."

Die für das Jahr 1937 geplanten Neubauten konnten wohl vorgearbeitet und vergeben werden, jedoch war es nicht möglich, mit dem Bau tatsächlich zu beginnen, da die Lieferung der Bleche für die Behälter und Waschtürme trotz der Bemühungen auch seitens des Amtes für deutsche Roh- und Werkstoffe erst mit 5 monatlicher Verspätung geliefert werden. Im Bau sind zur Zeit die folgenden 4 Anlagen:

1) Auf der *Kokerei Alma* [HiO] wird die Anlage von der Firma Walther Feld, Essen, errichtet,
2) auf der Kokerei *Ewald-Fortsetzung* [HiO] von der Firma Heinrich Koppers GmbH, Essen,
3) auf der *Kokerei Nordstern* [HiO] von der Firma Carl Still in Recklinghausen,
4) auf der *Kokerei Hansa* [HiO] von der Firma Dr. Otto in Bochum.

Nach dem Voranschlag wird der Betrieb dieser Anlagen jährlich 900 t Reinware an Phenol und Kresol bringen, sodass die bisherige Produktion eine Steigerung von 50 % erfahren wird. Die 4 Anlagen werden jedoch erst in der 2. Hälfte des Jahres 1938 in Betrieb kommen.

Ausserdem hat die Emschergenossenschaft den Bau und den Betrieb von 3 Anlagen übernommen, die im Verbandsgebiet des Ruhrverbandes liegen. Die Anlagen sind ebenfalls im Bau und zwar wird

1) die Anlage auf der *Kokerei Lothringen IV* [HiO] von der Firma Still/Recklinghausen ausgeführt,
2) die Anlage auf der *Kokerei Mansfeld* [HiO] von der Firma Walther Feld/Essen,
3) die Anlage auf der *Kokerei Robert Müser* [HiO] von der Firma Dr. Otto/Bochum.

Diese 3 Anlagen werden zusammen etwa 600 t Reinwaren an Phenol und Kresol liefern. Auch sie werden erst in der 2. Hälfte des Jahres 1938 in Betrieb kommen.

Ausserdem wurden Vorarbeiten für die Errichtung von 4 Entphenolungsanlagen im Gebiet des Lippeverbandes durchgeführt, jedoch ist mit dem Bau bisher noch nicht begonnen. Diese Anlagen werden eine Menge von rd. 900 t Reinware an Phenol und Kresol liefern. Die Anlagen sind geplant auf den Kokereien

1) Kaiserstuhl II,
2) Viktoria,
3) Heinrich Robert,
4) Gneisenau.

Es soll versucht werden, wenigstens für die im Bau befindlichen und geplanten Anlagen, die im Einvernehmen mit dem Amt für deutsche Roh- und Werkstoffe errichtet werden, eine Sonder-Regelung für die Verkaufserlöse der Ware bei dem Preiskommissar zu erreichen. Die Verhandlungen, die bereits seit Ende 1937 mit dem Preiskommissar geführt werden, haben bisher noch zu keinem endgültigen Ergebnis geführt, und es ist noch nicht zu übersehen, ob es möglich ist, die Erlöse wenigstens so weit zu erhöhen, dass die Selbstkosten zur Herstellung der Phenole einschl. einer angemessenen Tilgung für das aufgewandte Kapitel gedeckt werden.

Die Verhandlungen werden weitergeführt.

Essen, den 31. März 1938.

Abwasseramt: i.V. gez. Wiegmann.

Emschergenossenschaft, betr. Phenolgewinnungsverträge, 1972

(Emschergenossenschaft an Steinkohlenbergbauverein, betr. Vertrauensausschuß zur Abwicklung der Phenolgewinnungsverträge, 27.6.1972, montan.dok/BBA, 229/66)

Sehr geehrte Herren!
Wie Ihnen bekannt ist, haben die Emschergenossenschaft und der Lippeverband vor Jahrzehnten mit den Bergwerksgesellschaften in ihren Verbandsgebieten Verträge über den Bau und Betrieb von Entphenolungsanlagen auf den Kokereien abgeschlossen. Aufgrund dieser Verträge wurde ein sog. Vertrauensausschuß gebildet, dessen Mitglieder, soweit es sich um Vertreter der Bergwerksgesellschaften handelte, vom Steinkohlenbergbauverein einberufen wurden. Dieser Ausschuß hatte für die Gesamtheit der Bergwerksgesellschaften die im Zusammenhang mit dem Betrieb der Entphenolungsanlagen stehenden Fragen zu regeln.

Nach wiederholter Verlängerung sind diese Verträge Ende 1969 abgelaufen. Nach Neugliederung des Ruhrbergbaues war es dann erforderlich geworden, die alten Verträge durch neue mit der Ruhrkohle AG, dem Eschweiler Bergwerks-Verein und der August Thyssen-Hütte AG zu ersetzen. Auch nach den neuen Verträgen ist vorgesehen, daß ein Ausschuß mit etwa gleicher Funktion gebildet wird, dessen Mitglieder jedoch von den drei Gesellschaften direkt ernannt werden sollen. Im Gegensatz zu früher, wo die Ausschußmitglieder auch die Interessen der nicht im Ausschuß vertretenen Gesellschaft wahrzunehmen hatten, sind heute alle drei Gesellschaften im Ausschuß vertreten.

Inzwischen haben die Emschergenossenschaft und der Lippeverband mit dem Eschweiler Bergwerks-Verein den neuen Vertrag abgeschlossen. Die Vertragsverhandlungen mit der August Thyssen-Hütte AG stehen kurz vor dem Abschluß. Auch mit der Ruhrkohle AG wurde ein grundsätzliches Einverständnis hierzu erzielt.

Ich möchte nunmehr bitten, die von Ihnen in den Vertrauensausschuß berufenen Herren

Direktor Dr. B. Hofmeister
Direktor Dr.-Ing. J. Köhler
Direktor Dr. K. Müller-Gliemann
Direktor Dr.-Ing. G. Nashan
Kokereidirektor Dr. W. Ohme
Direktor Dr. G. Wunderlich

von der Neubildung des Ausschusses in Kenntnis zu setzen und von ihren bisherigen Verpflichtungen zu entbinden.

Abschließend möchte ihn Ihnen recht herzlich Dank sagen, daß Sie uns in den vergangenen Jahrzehnten bei der Erfüllung unserer Aufgaben auf dem Gebiete der Phenolgewinnung auf den Kokereien so nachhaltig unterstützt haben. Auch in Zukunft wären wir ihnen für Ihre Hilfe bei der Lösung der Frage der Kokereiabwasserbehandlung dankbar.

Mit vorzüglicher Hochachtung und Glückauf
Dr. Knop

Die ›Hybride‹: Die Veranlagung und das leidige Thema kommunale Abwassergebühr (1909–1975)

»In einem Widerstreit zwischen der Beitragshoheit der Genossenschaft und der Gebührenhoheit der Gemeinde muß letztere weichen, nicht aber die Genossenschaft.«
(Emschergenossenschaft, zit. n. Gustav Heinemann, 1933)[1]

Die *Veranlagung* bedeutete aufgrund der sondergesetzlichen Fassung der Emschergenossenschaft für die Genossen und Beteiligten schlicht, dass sie verpflichtet waren ihre Beiträge zu zahlen. Über die Institution der Berufungskommission bestand für die Veranlagten die Möglichkeit, Einspruch zu erheben und auch eigene Interessen geltend zu machen. Seit 1909, so lange dauerte es, bis die nach Paragraf 16 des EGG vorgegebene Kommission gebildet war,[2] tagte die Berufungskommission regelmäßig.[3] Weniger formalistisch betrachtet, handelte es sich bei der Berufungskommission um ein Schiedsgericht. Anstelle des »Instanzenzuges höheren Gerichts«, der ausgeschlossen war, war es diese Kommission, die in öffentlicher Verhandlung, aber in geheimer Beratung, über die Veranlagung der Beteiligten entschied und das »endgültig«.[4] Dieser Weg der durchaus effektiven Beitragsanpassung fand rege Anwendung.[5] Das ist als eindeutiger Ausdruck

1 Gustav Heinemann: Entwässerungsgebühren und Emschergenossenschaftsbeiträge, Sonderdruck, Reichsverwaltungsblatt und Preußisches Verwaltungsblatt, Bd. 54, Nr. 27, [1933], S. 530 ff., montan.dok/BBA, 23/75.

2 Reglement für das Verfahren vor der Berufungskommission der Emschergenossenschaft, 17.3.1909, montan.dok/BBA, 4/1008.

3 Gerstein an Emscher Lippe, [betr. Einspruchsrecht], 18.2.1909, montan.dok/BBA, 35/379; Middeldorf an sämtliche Beteiligte, 22.7.1911, montan.dok/BBA, 4/1008.

4 Reglement für das Verfahren vor der Berufungskommission der Emschergenossenschaft, 17.3.1909, montan.dok/BBA, 4/1008.

5 Etwa Einspruch König Ludwig [Beiträge bzgl. Zechenkolonien], 1911–1913, montan.dok/BBA, 4/1008; Einspruch der GBAG [bzgl. Kostenverteilung für die ›alte Emschermündung‹], 1919–1923, montan.dok/BBA, 55/2002; Einspruch VSt [bzgl. der Fördersenkung], 1933–1934, tkCA/TLi 2651; Einspruch Krupp [Helene & Amalie; bzgl. doppelter Heranziehung], 1940–1941, Historisches Archiv Krupp (HAK), Essen, WA 113/v55. Die Aufzählung kann nur eine sporadische sein. Während des

dafür zu werten, dass die Veranlagungsbemessung durch den Vorstand der Emschergenossenschaft in den ersten Jahren noch tastend, ja sogar lückenhaft war. In der Retrospektive urteilte sogar der Vorstand: Der Verfahrensablauf für die Veranlagung in den ersten Jahren sei »unübersichtlich, schwer verständlich, unklar« gewesen.[6]

Es schälte sich nur langsam eine Veranlagungspraxis heraus, die in der Lage war, die allseits mehr betont als effektiv angestrebte Gerechtigkeit unter den divergenten Interessen herzustellen.[7] Die Einsprüche und Entscheidungen der Berufungskommission der ersten Jahre basierten auf der Vorstellung, ein gemeinsames und in den Kosten weitgehend abgestecktes »Entwässerungsprojekt« zu betreiben. Die Einsprüche bezogen sich daher häufig auf die Bemessung der einberechneten Flächen, auf Veränderungen in der Einleitung, darauf, dass die verliehenen Grubenfelder nicht an den Gemeindegrenzen halt machten usw.

Mitten im Ersten Weltkrieg wurde deutlich, dass der zunächst festgestellte Kostenrahmen von der Emschergenossenschaft überschritten würde, und das deutlich. Die Emscher war inzwischen zur Cloaca Maxima ausgebaut und weitgehend fertiggestellt, die Kosten aber für die Umgestaltung der Nebenbäche, die ihr zuflossen, waren in der ersten Großplanung gleichwohl bewusst außen vorgelassen worden.[8] Sie sollten von den Gemeinden selbst ausgebaut werden. Nun aber, da sich der vorgesehene Umbau der Emscher dem Ende zuneigte, ging die Emschergenossenschaft zunehmend dazu über, die Regulierung der Nebenbäche als ihre eigene Aufgabe zu begreifen und diese auch als Eigentümerin rechtlich zu inkorporieren. Die Emschergenossenschaft veränderte damit ihren Anspruch. Bei ihrer Gründung war die Emschergenossenschaft zunächst allein für die Emscher zuständig. Der Ausbau und der Anschluss der Zuflüsse, der Nebenbäche, wurden zwar durch die Emschergenossenschaft geplant, der Umbau der Nebenbäche selbst wurde dann aber kommunal durchgeführt. Insbesondere die Südstädte hatten sich dafür eingesetzt. Denn sie hatten ihre Nebenbäche bereits weitgehend kanalisiert und sicherten sich mit der Gründung der Emschergenossenschaft den ungehinderten Anschluss und Abfluss ihrer Schmutzwässer in die Emscher. Die stärker nördlich gelegenen Städte und Gemeinden indes hatten demgegenüber weit weniger Interesse an der Frage der Nebenbäche gezeigt und waren daher – wenn auch aus anderen Gründen – mit der Trennrechnung ebenfalls einverstanden. Seit 1913,

---

Zweiten Weltkrieges wurde die Überlieferung der Berufungskommission und ihrer Entscheidungen zerstört; 1948 versuchte die Emschergenossenschaft bei den Beteiligten an die Abschriften der Entscheidungen zu gelangen, war damit aber nicht sonderlich erfolgreich. Eine vollständige und aus der Gegenüberlieferung heraus zusammengestellte Dokumentation der Entscheidungen der Berufungskommission konnte wohl nicht zusammengebracht werden. Nicht zuletzt, weil die Beteiligten keineswegs willens waren, die Entscheidungen, die für sie negativ ausgegangen waren, weiterzureichen. Etwa Oberste-Brink an Gew. Emscher-Lippe, 1.7.1948; Gew. Emscher-Lippe an Emschergenossenschaft, betr. Wiederbeschaffung von Urteilen, montan.dok/BBA, 35/383.

6 Zit. Emschergenossenschaft: 25 Jahre Emschergenossenschaft, S. 56.

7 Eine umfassende Überlieferung, die vom Einspruch der Beteiligten über die Beratung im Vorstand der Genossenschaft und dann der Diskussion in der Berufungskommission reicht und damit weitergehend Aufschluss gibt, ist für keinen Fall mehr rekonstruierbar, sodass auch die Entwicklung der Veranlagungstaxonomie auf fundierter Grundlage nicht mehr aufzuschlüsseln ist.

8 S. dazu das Kap. »Die durch und durch ›Technische‹?«.

verstärkt aber während des Ersten Weltkrieges, weitete die Emschergenossenschaft ihre räumlichen Gestaltungsambitionen aus und beanspruchte in zunehmender Weise, den Ausbau der Nebenbäche in die eigene und zentrale Hand zu bekommen. Sie übertrug dabei ihre Erfahrung aus dem Ausbau des »Hauptvorfluters« auf die Nebenbäche: Und so wurden auch sie offen geführt, begradigt und mit Betonschalen glatt ausgekleidet. Da in den Südstädten der Ausbau oft bereits erfolgt war und dabei ästhetische Vorstellungen durchaus eine Rolle gespielt hatten,[9] nahm der bauliche Anspruch gen Norden hingegen immer weiter ab und die stärker kostenbezogene Logik nahm zu. Das »System von offenen Abwasserkanälen« sollte damit v. a. den Norden des Industriebezirks ›zieren‹.[10] Der entscheidende Schritt, der die Veranlagungspraxis an festere Regeln band und zugleich die Bearbeitung der Nebenbäche zur Aufgabe der Emschergenossenschaft machte, wurde erst 1921 getan. Einigermaßen trocken hieß es dazu im Jahresbericht:

> »Aehnlich wie in einer Stadt bei der Erhebung von Entwässerungsgebühren nicht darauf Rücksicht genommen wird, an welcher Stelle des Entwässerungssystems, ob am Hauptsammler oder an einem Nebenkanal der Gebührenpflichtige liegt, wird auch im Emschergebiet die örtliche Lage des Beteiligten nicht berücksichtigt. Die Kosten für die einzelnen genossenschaftlichen Anlagen werden nicht mehr von den einzelnen Beteiligten dieser Anlagen getragen, sondern sie werden auf alle Interessenten des Emschergebietes gemeinschaftlich nach einheitlichen Grundsätzen verteilt.«[11]

Was hier beinahe lapidar formuliert wurde und auch plausibel klingt, war bis dahin, bis 1921 also, ganz anders gehandhabt worden. Tatsächlich waren bis dahin viele grundsätzliche Fragen der Veranlagung flexibel entschieden worden, sodass Entscheidungen ungleich erfolgt waren: Erst nach dem Ersten Weltkrieg, als besonders die südlich liegenden Nebenbäche bereits ausgebaut waren, wurde das ›gleiche Interesse‹ der Beteiligten stärker ausbuchstabiert und die Bemessungskategorien für die Veranlagung in eine vereinheitlichte und auch umfassendere Taxonomie überführt. Und das bezog sich nicht mehr nur auf die Emscher – den »Hauptvorfluter« –, sondern jetzt eben auch auf die der Emscher zufließenden Nebenflüsse.[12]

Damit verbunden und doch anders verhält sich das mit der grundsätzlichen und im Sondergesetz formulierten Veranlagungskonstruktion, die zum großen Zankapfel zwischen Beteiligten und Kommunen wurde. Das oft als *»Doppelbesteuerung«* bezeichnete

---

9 In der zeitgenössischen Reiseliteratur hieß es etwa schon 1881 über Essen: »Diese neue Kruppsche Stadt ist hübsch gebaut, hat breite mit Bäumen bepflanzte Straßen, Marktplätze, Schulgebäude, Gas- und Wasserleitungen. […] Ich hörte auch von einer eigens für das Werk bestehenden Feuerwehr, einer Buchdruckerei und anderen Anstalten dieser Art.« Essen also war ästhetisch, schön, bürgerlich. Für die Beschreibung der Nordkommunen gilt das nicht, ganz im Gegenteil. S. dazu das Kap. »Anfang«; Zit. Franz Ignaz Pieler: Das Ruhrthal. Reise auf der Ruhrthal-Eisenbahn mit Ausflügen in die Umgegend, 2. Aufl., Werl 1881, S. 303 f.

10 Zit. Helbing, Emschergenossenschaft, S. 12.

11 Zit. Die Emschergenossenschaft im Rechnungsjahr 1921 (1.4.1921 bis 31.3.1922), Bl. 7 f., EGLVA, o. Sig.

12 Die seit 1921 geltende Veranlagungsmethode sollte bis in die 1960er Jahre Bestand haben. Aktenvermerk für Steiner, betr. Veranlagung Emschergenossenschaft, 14.10.1960, montan.dok/BBA, 55/304.

Problem zählte zu den dauerhaften und übergeordneten Konfliktthemen. Im Grunde handelte es sich um einen transmittierenden Konflikt zwischen den Kommunen und Unternehmen, der *über* die Emschergenossenschaft ausgehandelt wurde. Hier prallten die Logiken von Kommunen und Unternehmen regelmäßig aufeinander und hier wurde deutlich, dass die hybride Konstruktion der Emschergenossenschaft ein fortwährendes Gerangel um die Herrschaft über die Raumplanung war. Das Pendel schlug dabei mal in die eine, mal in die andere Richtung aus. Eine ultimative Festlegung, mit welcher Begründung und auf welcher Bemessungsgrundlage die Kommunen die Beiträge an die Beteiligten durchreichten, war aus dem EGG aber eben nicht abzuleiten.

Bereits vor der Gründung der Emschergenossenschaft hatten maßgebliche Zechenvertreter zur Vorsicht gemahnt: »Bei der [vorgesehenen] Vertheilung der Lasten auf die drei Gruppen: Bergwerke, Fabriken pp. und Gemeinden ist bei der Festsetzung der Antheilsverhältnisse der Bergwerke zu berücksichtigen, daß diese auch zu dem Antheile, der auf die Gemeinden entfällt, durch ihre Gemeindesteuer auch noch erheblich beitragen und damit zu den Kosten der Emscherregulierung doppelt besteuert werden.«[13] Die Industriellen drangen deshalb auf eine Regelung, die verhinderte, dass sie sowohl von der Genossenschaft als auch von den Gemeinden zur Zahlung der Wassergebühren herangezogen werden konnten. Die Kommunalvertreter indes sahen in der zu gründenden Genossenschaft lediglich eine partielle gemeinsame Stelle, die ihren je eigenen kommunalen Gebührenanspruch lediglich reduzierte. Die Frage, wie der Beitrags-, Gebühren- und Steueranspruch zwischen den Gemeinden und der zu gründenden Emschergenossenschaft aufzuteilen war, war die »schwierigste Frage des ganzen Projektes«.[14] Das Emschergenossenschaftsgesetz von 1904 bedeutete faktisch allerdings nur eine Verkettung von Ansprüchen, aber eben keine rechtssichere oder rechtsausgleichende Lösung.

Der ausschlaggebende Paragraf 13 des EGG legte fest, dass auf der Grundlage des *Kommunalabgabengesetzes* (KAG) die »Veranlagten wegen des ihnen aus den Genossenschaftslasten erwachsenden mittelbaren und unmittelbaren Vorteils nicht mehr mit kommunalen Beiträgen oder Vorausleistungen belegt werden dürfen«.[15] Damit war eine »Doppelbesteuerung« eigentlich ausgeschlossen, aber nur auf den ersten Blick. Denn die Crux an dem Passus lag in dem Verweis auf konkrete Paragrafen des KAG. Im Emschergenossenschaftsgesetz wurden die Paragrafen 6 und 20 aufgeführt, der deutlich wichtigere Paragraf 4 des KAG aber nicht.[16] Die Paragrafen 9 und 20 des KAG bezogen sich auf die Möglichkeit, kommunale Sonder- oder Mehrbelastungen mittels Gebühren abzuwälzen. Die auf dieser Grundlage von den Gemeinden erhobenen Beiträge waren anfechtbar, weil die Emschergenossenschaft mit ihrem sondergesetzlich festgestellten

13 Naderhoff (Nordstern) an Behrens, 23.7.1904, montan.dok/BBA, 32/4215.

14 Zit. Naderhoff (Nordstern) an Behrens, 3.10.1904, montan.dok/BBA, 32/4215.

15 Zit. § 13, EGG.

16 Tatsächlich war einzig in der Sondergesetzgebung des EGG der Paragraf 4 des KAG nicht aufgeführt. In der Sondergesetzgebung für die später gegründeten Wasserverbände, den Ruhrtalsperrenverein, die Sesekegenossenschaft und die Lippegenossenschaft, war der Paragraf 4 aufgenommen worden. Der entsprechende Passus in § 4, KAG, 1893, lautete: »die Gemeinden können für die Benutzung der von ihnen im öffentlichen Interesse unterhaltenen Veranstaltungen besondere Vergütungen (Gebühren) erheben«.

Abgabenrecht existierte und ihre Ansprüche rechtlich über den Ansprüchen der einzelnen Gemeinden standen. *Karl Gerstein*, Mitbegründer der Emschergenossenschaft und nach dem Tod Zweigerts 1906 die gestaltende Person in der Emschergenossenschaft, war dieser Konstruktionsfehler sehr bewusst. Er wusste um die Bedeutung der Industrie für das Gelingen des Infrastrukturprojekts und auch um die klamme Haushaltslage der Kommunen. Und so formulierte er, und zwar insbesondere an die Kommunalvertreter gerichtet und auf die erste Einspruchswelle 1907 reagierend:

> »Die Bergwerke und die Werke der Großindustrie sollen mit Vorausleistungen belastet werden, die der Vorstand bestimmt. Sie sollen aber nicht nun noch zum zweiten Male zu Vorausleistungen von seiten der Gemeinden herangezogen werden. Das Recht haben Sie, meine Herren [Kommunalvertreter; d. Vf.], nicht. [...] Ich bin der Ansicht, daß für Sie aus dieser Rechtslage ebenfalls eine Konsequenz zu ziehen ist[,] und zwar die, daß Sie diejenigen Werke, die nicht mit 5000 Mark vom Vorstand [der Emschergenossenschaft; d. Vf.] veranlagt worden sind, Ihrerseits mit Vorausleistungen bedenken, und ich hoffe, von der verständigen Finanzpolitik der Gemeinden, daß sie diesen Weg beschreiten, um einen gerechten Ausgleich in der Besteuerung innerhalb der Industrie herbeizuführen.«[17]

Gerstein fand also, die mittelbedürftigen Kommunen sollten sich die Gebühren bei den kleinen, nicht in die Emschergenossenschaft als Beteiligte aufgenommenen Unternehmen holen, außerdem wälzte er den »gerechten Ausgleich« auf die einzelnen Kommunen ab, sah also nicht die Emschergenossenschaft in der Pflicht, zu vermitteln. Es ist deswegen kaum verwunderlich, dass diese Sichtweise bei den Kommunen auf nur wenig Gegenliebe stieß. Die Folge war, dass die unvollständige, in jedem Fall aber dehnbare Gelenkstelle im EGG von den Genossen unterschiedlich ausgelegt wurde, sodass die Art der effektiven Umverteilung der Beiträge von den Kommunen eben nicht einheitlich vorgenommen wurde. Das Amt Recklinghausen etwa erhob von der Zeche König Ludwig keine jährliche Gebühr, auch nicht im Voraus, sondern der Amtmann hatte mit dem Bergwerk ein »Abkommen wegen der Leistung eines freiwilligen Beitrages« geschlossen. Diese »Leistung« bezog sich nicht auf die Entwässerung der Zeche – die wurde von der Emschergenossenschaft ja direkt veranlagt –, sondern auf den Grundbesitz der Zeche und die von der Zeche darauf errichteten Kolonien: »Beitragspflichtig sind natürlich alle Eigentümer des Gemeindebezirks, soweit sie Grundeigentum an die Entwässerungsanlagen angeschlossen haben«, so der Amtmann.[18] Für die Zeche war die dehnbare Gelenkstelle Segen und Fluch zugleich. König Ludwig zahlte für die Kanalisation und die Schmutzwasserabführung der von ihr erbauten Häuser. Die Bergwerksgesellschaft profitierte in diesem Fall davon, dass das Amt nur an einer irgendwie vorgenommenen Kanalisation interessiert war, deren Planung und Ausführung aber von der Emschergenossenschaft vorgenommen wurde. Entsprechend bedeutete der vertraglich

17 Zit. Vortrag Gerstein, Versammlung der Emschergenossenschaft, 10.4.1907, zit. n. Urteil in der Verwaltungsstreitsache Hibernia ./. Stadtverwaltung Bottrop, 11.5.1955, Bl. 7, montan.dok/BBA, 10/606.

18 Amtmann Recklinghausen (Freiherr von Twickel) an König-Ludwig, 12.11.1912, montan.dok/BBA, 4/1000.

fixierte freiwillige Beitrag ein sehr enges Korsett für die Art der Kanalisation und eine Abwasserabführung zu den denkbar günstigsten Konditionen für die Zeche. Und das hieß: in Kanälen, die offen geführt, begradigt und mit Beton ausgelegt waren.[19] Anderenorts im Industriebezirk lief das ganz anders. Die Stadt Essen weigerte sich standhaft, die Bauausführung, etwa für den Sälzerbach, aus der eigenen Hand zu geben. Obschon Krupp hiergegen protestierte und argumentierte, die Emschergenossenschaft habe für die Regulierung zu sorgen und gleichzeitig den Sälzerbach in ihr Eigentum zu übernehmen, und dieses Begehr krupptypisch keineswegs an die Emschergenossenschaft richtete, sondern gleich dem Oberpräsidenten von Westfalen zur Kenntnis brachte, konnte Krupp sich damit nicht durchsetzen. Krupp hatte ein vitales Interesse am Sälzerbach – wie König Ludwig ein Interesse am Suderwichbach hatte –, weil die Kruppzeche Helene & Amalie in diesen Nebenbach entwässerte.[20] Insgesamt war der von den Beteiligten ausgeübte Kostendruck im Norden des Industriereviers durch die großgrundbesitzenden und kolonieerbauenden Zechen deutlich höher als im Süden.[21] Die Bestimmungen des EGG und die Möglichkeiten des KAG führten eben nicht zu einer ausgleichenden Gerechtigkeit, sondern bedeuteten in der Realität einen regelrechten Wildwuchs an Einzelfallabkommen und Gebührendeklarationen, mit anderen Worten: Sie replizierten die Kräfteverhältnisse in der jeweiligen Kommune. Die Klagen über die »Doppelbesteuerung« nahmen daher nie ab, sondern die Formel der »Doppelbesteuerung« avancierte zum Hebel der Industriellen, ihre Kommunalabgaben in ihrem Interesse zu drücken.

Einen, wenn auch nur vorläufig, zentralen Rang erlangte eine Entscheidung des Oberverwaltungsgerichts Ende 1911. Der Phoenix hatte gegen die »Doppelbesteuerung« des Hörder Magistrats Klage eingereicht. Der Phoenix verlangte, dass das Unternehmen als Beteiligte der Emschergenossenschaft »überhaupt nicht mehr herangezogen werden könne [...]. Vielmehr sind nach seiner [Phoenix] Auffassung die Gemeinden verpflichtet, ihre Genossenschaftsbeiträge von den Interessenten, insbesondere auch den in das Genossenschaftskataster nicht aufgenommenen gewerblichen Unternehmen durch Erhebung von Beiträgen [...] zu decken.« Der Phoenix machte sich in seiner Klagebegründung also die von der Emschergenossenschaft (Gerstein) ausgegebene »Konsequenz« zu Eigen. Das Gericht folgte dieser Auffassung allerdings nicht, sondern stellte mit Hinweis auf die Entstehung des EGG fest, dass die »Großindustrie in ihrer Eigenschaft als Gemeindeangehörige insoweit durch den durch die Genossenschaft den Gemeinden verursachten Lasten beitragen muss, als diese Lasten von der Gesamtheit der Steuerpflichtigen aufgebracht werden müssen. Aus der Tatsache, daß diese Großbetriebe bereits direkt zu den Genossenschaftslasten beitragen mußten, sollten sie unter

19 Schriftw. Amtmann Recklinghausen und König-Ludwig, 1912–1916, montan.dok/BBA, 4/1008.

20 Etwa Krupp (Gillhausen/Rötger) an Exzellenz, den Oberpräsidenten von Westfalen, Freiherr von der Recke von der Horst, betr. Emschergenossenschaft, 12.12.1907, tkCA, DHHU 2256; Krupp AG an Regierungsrat a. D. Scheidtweiler, 17.12.1907, RWWA, 130–301170/8.

21 Zur Eigentums- und Bodenentwicklung im Industriebezirk s. Heinz Reif: Landwirtschaft im industriellen Ballungsraum, in: Wolfgang Köllmann/Hermann Korte/Dietmar Petzina/Wolfhard Weber (Hg.): Das Ruhrgebiet im Industriezeitalter. Geschichte und Entwicklung, Bd. 1, Düsseldorf 1990, S. 337–393, v. a. S. 347–351.

keinen Umständen eine Bevorzugung vor den übrigen Steuerpflichtigen erlangen.«[22] Mit dieser Entscheidung schien, und sehr zum Ärger der Industriebeteiligten, der »Doppelbesteuerung« und damit der zusätzlichen Heranziehung zu den Kommunalabgaben durch die Städte Tür und Tor geöffnet.

Die Emschergenossenschaft, bei der sich die Beschwerden der Industriellen nun auftürmten, nahm sich des Problems 1914 an.[23] Reichlich verklausuliert formulierte Selbach, der die geforderte Zusammenkunft leitete, die Unterverteilung der Kosten in den Gemeinden würde »außerordentlich verschiedenartig gehandhabt« und meinte damit, die räumlich segregierte Ausgestaltung der Kanalisation, die im Süden voranging und denen anderer Großstädte ähnelte, im Norden aber baulich und v. a. auch ästhetisch hinter den im Süden geltenden Standards zurückblieb. Ein starkes Interesse an einer gemeinsamen und über die Emschergenossenschaft vorgenommenen Lösung fand sich in der Runde nicht. Die Industriellen fürchteten aufgrund der Entscheidung des Oberverwaltungsgerichts von 1911/12 eine Festschreibung der von ihnen zu leistenden Gebühren, die Kommunen wähnten sich mit der Entscheidung des Gerichts im Recht und waren deshalb an einer weiteren einvernehmlichen Lösung, die durch die Emschergenossenschaft orchestriert wurde, nicht interessiert. Entsprechend endete diese ersten Zusammenkunft lediglich mit dem Beschluss, eine Kommission aus Genossen und Beteiligten unter der Leitung von Selbach einzurichten und diese mit der Frage zu betrauen, ob sich das EGG ergänzen lasse, der Paragraf 13 des EGG also um den Paragrafen 4 des KAG erweitert werden könnte.[24] Diese Erweiterung hätte die »Doppelbesteuerung« für rechtens erklärt, insbesondere aber hätte diese Erweiterung den Wildwuchs im Industriebezirk beendet. Das wollten die Bergbaugesellschaften selbstverständlich verhindern, jedenfalls die, die davon profieren konnten. Nicht ohne Grund etwa entsendete die Gelsenkirchener Bergwerks-AG (GBAG) mit *Ernst Brandi* ein Schwergewicht in die Kommission. Aufgrund seiner verwandtschaftlichen Beziehungen im Industriebezirk und seiner Position in der GBAG galt er bereits im Vorfeld als maßgebliche Stimme.[25] Mit der von den Industriellen vorgenommenen Entsendung von Brandi in die Kommission war klar: Eine Erweiterung des EGG war ausgeschlossen, jedenfalls würden die Großzechen aufs Schärfste dagegen opponieren. Offen brach der Konflikt nicht aus. Nur einmal, kurz nach Beginn des Ersten Weltkrieges, trat die Kommission überhaupt zusammen.[26]

Nachdem es während des Krieges still geworden war, die Parteien also auf die Aushandlung verzichteten, kam das Problem schon Ende 1919 wieder auf. Denn während die 1914 eingesetzte Kommission ihre Arbeit im Grunde nicht aufgenommen hatte, hatte sich die Ausgangslage in der Zwischenzeit grundlegend verändert. 1914 konnte man vonseiten der Emschergenossenschaft für die Erweiterung des EGG um den Paragrafen 4 des KAG votieren, weil das Oberverwaltungsgericht – wie ausgeführt – ein Urteil

22 [Urteil] Im Namen des Königs. In der Verwaltungssache des »Phönix« (...) wider den Magistrat in Hörde (...), Oberverwaltungsgericht, 21.12.1911, montan.dok/BBA, 32/4234.

23 Emschergenossenschaft an Hibernia, 12.5.1914, montan.dok/BBA, 32/4234.

24 Besprechungsprotokoll, 6.6.1914, montan.dok/BBA, 32/4234.

25 Werner Abelshauser: Ruhrkohle und Politik. Ernst Brandi 1875–1937. Eine Biographie, Essen 2009, S. 7–22.

26 Emschergenossenschaft an Hibernia, 21.12.1919, montan.dok/BBA, 32/4234.

gefällt hatte, das eine Erweiterung nahelegte. Inzwischen hatten aber eine ganze Reihe Beteiligter geklagt und statt auf die Arbeit und Vorschläge der Kommission auf eine Einzelfallregelung gesetzt. Jetzt lagen eine Reihe und v. a. höchst unterschiedliche Urteile des Oberverwaltungsgerichts vor, die den Wildwuchs in der Praxis der »Doppelbesteuerung« bestätigten.[27]

Für die Beteiligten hatte sich die Situation dadurch insgesamt verbessert, für die Kommunen dagegen verschlechtert. Die Industriellen konnten zu Beginn der Zwischenkriegszeit deshalb mit Aussicht auf Erfolg in die Kommissionsarbeit eintreten. Aus Zechensicht war es sogar denkbar, dass im Zuge der Verhandlungen jedwede »Doppelbesteuerung« ganz abgeschafft werden könnte. Den Zechenbaronen war das umso wichtiger, als die Kosten der Emschergenossenschaft – und damit die von ihnen zu leistenden Beiträge – sich in einem kontinuierlichen Anstieg befanden. In den ersten Jahren nach der Gründung der Emschergenossenschaft waren die Beiträge allein für die Umbaumaßnahmen und die Regulierung der Emscher bis Oberhausen verwendet worden. Abgeschlossen war die Emscherregulierung aber nicht. Im Mündungsgebiet stand der große Umbau noch aus. Besonders dieses letzte Stück war kostenintensiv. Das Gros der Genossen und Beteiligten, nämlich die in deren Gebiet die Emscher bereits kanalisiert war, fand, die Kosten müssten von den direkten Anliegern, der Stadt Oberhausen und der Stadt Duisburg, gestemmt werden: »Die Regulierung der alten Mündung als Nebenbach ist lediglich Sache der Anlieger. Alle übrigen Beteiligten der Emschergenossenschaft haben hiermit nach keiner Richtung etwas zu tun. Die Kosten für diese Veranlagung müssen die Anlieger deshalb ganz alleine tragen [...], so fand man etwa bei der GBAG.«[28] Die beiden Städte und ebenso die Gutehoffnungshütte wie auch der Thyssen-Konzern, die mit ihren Anlagen und ihrem Grundbesitz im Mündungsgebiet lagen, vertraten natürlich eine ganz andere Auffassung. Und auch der Vorstand der Emschergenossenschaft fand, die Kosten seien von allen Genossen und Beteiligten zu tragen: »Seit dem Jahre 1908 zahlt das alte Emschergebiet zu den Kosten des Hauptvorfluters unter diesen durch das Gesetz gegebenen Annahme, daß die Alte Emscher ein Nebenvorfluter der Hauptemscher ist.« Entsprechend gelte dieser Regelung nun auch für den Umbau des Mündungsgebiets.[29] Zur zentralen Frage wurde, ob die »Alte Emscher« künftig als »zweite Mündung« gelten sollte, womit sämtliche Kosten auf alle Beteiligten umgelegt worden wären, oder die Alte Emscher zum »Nebenfluss« erklärt werden würde. Damit wären, unter den bis dahin geltenden Veranlagungsgrundsätzen, die tatsächlichen Anlieger, nur zu geringen Anteilen herangezogen worden.[30]

Namentlich Baudirektor *Heinrich Helbing* war in dieser Frage rührig und setzte sich dafür ein, die Nebenbäche allgemein, also durch die Gesamtheit der Beteiligten, zu ver-

27 Ebd.

28 Rhein-Elbe (GBAG) an Friedrich der Große, 9.1.1918, montan.dok/BBA, 10/601.

29 Niederschrift der Ausführungen des Baudirektors (Helbing) in der Besprechung am 24.5.1917 über die Veranlagung der Kosten für die Verlängerung des Hauptkanals Oberhausen, für das Pumpwerk Horst und für die Regulierung des Gebietes der Alten Emscher, montan.dok/BBA, 10/600.

30 Aktennotiz, [betr.] Verhandlung: Vertretung der Stadt Duisburg, Stadt Oberhausen, Vertreter der Rheinischen Stahlwerke, Phoenix, Concordia, Neumühl, Deutscher Kaiser, 21.12.1917, tkCA, TLi 2645.

anlagen.[31] Dahinter steckte allerdings weniger Helbings Überzeugung, den Ausbau des Nordens gleichartig zu dem im Süden vorzunehmen, als vielmehr die Absicht, den Ausbau auch der Nebenflüsse vollends an die Emschergenossenschaft zu binden. Diese Gemengelage jedenfalls bildete den Hebel nicht nur für die Gemeinrechnung der Mündungsarbeiten, sondern auch für die geänderte Politik der Emschergenossenschaft, die Regulierung der »Nebenvorfluter« zu integrieren. Die Veränderung schlug sich in der großen Veränderung der Veranlagung, die 1921 erstmals zur Anwendung kam, nieder. Fortan wurden die Kosten für die Nebenbäche »zusammengeworfen und auf die Allgemeinheit veranlagt«. Die »sehr großen Summen« für die »Nebenbäche« wurden nun also gemeinsam geschultert – und zwar unter der konzipierenden und ausführenden Kontrolle der Emschergenossenschaft. Insbesondere die Nordkommunen hatten damit stark an Gestaltungsmöglichkeiten verloren. Für alle Beteiligten erhöhten sich aber die zu leistenden Beiträge.[32]

Der Ausbau des Mündungsgebiets und der Nebenbäche wirkten unmittelbar auf die weiterhin ungeklärte Frage der »Doppelbesteuerung« zurück. Die Zechen und Konzerne hatten die Arbeit der 1914 eingesetzten Kommission während des Krieges erfolgreich abgeblockt. Im Frühjahr 1920 trat sie dann allerdings zusammen – und jetzt war das den Zechen auch ganz recht. Denn inzwischen hatte die Entscheidung des Oberverwaltungsgerichts von 1911/12 den Charakter als Präzedenzfall verloren. Selbach, in der Emschergenossenschaft weiterhin zuständig, gab zwar während der Sitzung der Kommission zu Protokoll, dass sich aus den »Entscheidungen des Oberverwaltungsgerichts […] gewisse Richtlinien und Grundsätze feststellen« ließen, tatsächlich aber hatte das Oberverwaltungsgericht in mehreren Fällen und anders als im Fall Phoenix gegen Hoerde 1911/12 entschieden. Statt einer Ausweitung und Hereinnahme des Paragrafen 4 KAG in das EGG verwies die normative Kraft des Faktischen nun eher auf eine Begrenzung der Doppelbesteuerungspraxis. In dem Grundlagenpapier, mit dem die Emschergenossenschaft die »gewisse[n] Richtlinien und Grundsätze« festzuschreiben versuchte, formulierte sie nunmehr die Auffassung:

> »Man kommt […] zu dem klaren Ergebnis, dass die Gemeinden für die Unterverteilung der Genossenschaftsbeiträge die innerhalb des Gemeindegebiets den genossenschaftlichen Anlagen zufliessenden Wasser grundsätzlich mit Gebühren, Beiträgen usw. belegen kann, mit alleiniger Ausnahme der industriellen Abwässer der Beteiligten, die diese ohne Benutzung von Gemeindeanlagen den Anlagen der Emschergenossenschaft zuführen.«[33]

Für die Bergbauindustriellen war das nicht akzeptabel, sie beharrten auf der Trennung von Grundstückseigentum und Bergwerkseigentum (dem eigentlichen Bergwerk).[34]

---

31 Aktennotiz (Jacob) für Murmann, o. D., tkCA, TLi 2645.

32 Äußerung des Vorstandsvorsitzenden Gerstein, 9.6.1922, tkCA, TLi 2638.

33 Zit. Niederschrift über die Kommissionssitzung am 17.5.1920 betreffend Unterverteilung der seitens der Gemeinden an die Emschergenossenschaft zu zahlenden Beiträge (Abschrift), montan.dok/BBA, 32/4234.

34 Es entspann sich eine Debatte zwischen den Beteiligten und der Emschergenossenschaft, die der Überlieferung nach medial ausgetragen wurde. Art. Stöve. Die Rechtsstellung der Emscherge

Brandi fand, die Bergwerke sollten überhaupt nicht mehr kommunal veranlagt werden dürfen, da sie doch durch die Veranlagung der Emschergenossenschaft bereits herangezogen würden – und das sogar im Voraus.[35]

Noch größer wurde der Widerstand der Beteiligten, als seit Mitte der 1920er Jahre klar wurde, dass die Emscher ein weiteres Mal verlegt werden musste.[36] Die Emschermündung musste von ihrer künstlich geschaffenen Mündung bei Walsum erneut weiter nordwärts, nach Dinslaken, verlegt werden. Starke Bergsenkungen hatten dafür gesorgt, dass die Cloaca Maxima derart abgesackt war, dass das dreckige Emscherwasser nicht in den Rhein entwässerte, sondern der Rhein den Schmutz regelmäßig in das abgesackte Mündungsgebiet zurückdrückte.[37] Die auserkorene Stadt Dinslaken war natürlich gegen die Verlegung in ihr Gebiet, denn eine ernsthafte Diskussion darüber, ob man den Kanal verdeckt führen könnte, wurde erst gar nicht mehr geführt.[38] Süffisant merkte man vonseiten der Emschergenossenschaft lediglich an: »Ein Flusslauf wird stets die Landschaft beleben.«[39] Die Stadtvorderen der Nordstadt besänftigte das natürlich nicht, handelte es sich doch nicht um einen der Ruhr ähnelnden »Fluss«, sondern um einen »Abwasserfluss«. Aber es ging und besonders hier nicht um Ästhetik, sondern darum, die Kosten auf ein Minimum zu beschränken. Die von der Emschergenossenschaft konzipierte Mündungsverlegung war deutlich günstiger als die anderen diskutierten Lösungen – etwa die Deicherhöhungen, die Schaffung von Poldern oder dem Überpumpen des Emscherwassers in den Rhein. Immerhin sagte die Emschergenossenschaft zu, »[z]u beiden Seiten des Kanals« einen Grünstreifen anzulegen.[40]

Die Veränderung in der Veranlagung 1921, die dafür sorgte, dass die teuren Ausbauten, die erneute Mündungsverlegung und die Kanalisation der Nebenbäche, gemeinsam gestemmt wurden, sorgte ein knappes Jahrzehnt für Ruhe, aber nicht für die Beilegung des Konfliktes. Mitte der 1920er Jahre war ein heftiger Konflikt um die »wirtschaftlichen Fragen« im Inneren der Emschergenossenschaft entbrannt.[41] Die Emschergenossenschaft hatten ihre Handhabe und ihre Zuständigkeit erweitert, einen geringe-

nossenschaft, in: Rheinisch-Westfälische Zeitung, 26.4.1925. Stöve hob die Fassung der Emschergenossenschaft als »öffentlich-rechtliche Körperschaft« hervor, die vom Charakter her lediglich vom »kommunalen Verband« abzugrenzen sei. Die gegensätzliche Auffassung der Beteiligten, etwa Art. [o. V.]: Zur Erhebung von Entwässerungsgebühren, in: Deutsche Bergwerkszeitung Nr. 172, 25.7.1926 (Abschrift), montan.dok/BBA, 23/75.

35 Zit. Niederschrift über die Kommissionssitzung am 17.5.1920 betreffend Unterverteilung der seitens der Gemeinden an die Emschergenossenschaft zu zahlenden Beiträge (Abschrift), montan.dok/BBA, 32/4234.

36 Niederschrift über die Sitzung des Vorstandes der Emschergenossenschaft am 7.1.1927; Verhandlung im Emscherhaus, 5.5.1927, tkCA, TLi 2712.

37 Emschergenossenschaft, Erläuterungsbericht zum Entwurf für die Emscherverlegung, Febr. 1928, tkCA, TLi 2713.

38 Verhandlung, Emscherhaus, 5.5.1927, tkCA, TLi 2712.

39 Zit. Emschergenossenschaft, Erläuterungsbericht zum Entwurf für die Emscherverlegung, Febr. 1928, tkCA, TLi 2713.

40 Art. Verlegung der Emschermündung nach Norden, in: Rheinisch-Westfälische Zeitung, 28.4.1928, montan.dok/BBA, 23/75.

41 Emschergenossenschaft an Ewald, 4.7.1927, montan.dok/BBA, 4/1007.

ren Kostendruck bedeutete das für sie aber nicht.[42] 1932 rief der Bergbauverein erstmals dazu auf, die Beschwerden der Beteiligten zu bündeln und damit die weiterhin vitale gerichtliche Einzelfallpraxis in eine kollektive Strategie der Bergbauinteressenten umzuwandeln. In Hinblick auf die Veranlagung aller wasserwirtschaftlichen Verbände, der Emschergenossenschaft, dem Ruhrverband, dem Lippeverband und der Sesekegenossenschaft, bot er sich als »Sammelstelle« an.[43] Die Vereinsführung war nun willens, sich in der strittigen Frage der Bemessung der Veranlagung einzuschalten – aber eben erst jetzt. Die wesentlichen Ausbauten waren vorgenommen, auch der Ausbau der Nebenbäche waren zu einem relativen Abschluss genommen: die Cloaca Maxima, das war nun nicht mehr nur die ausgebaute, verlegte und offen geführte Emscher, sondern es handelte sich inzwischen um ein weitgehend abgeschlossenes Abwassernetz. Und erst jetzt war die Geschäftsführung des Bergbauvereins bereit, die »Ungleichheit« zu reduzieren. Vorher hatten die im Bergbauverein maßgebenden Zechen – v. a. die GBAG – ein koordiniertes Vorgehen verhindert, denn gerade die großen und in Rechtsfragen gut aufgestellten Mitglieder hatten von der Einspruchs- und Veranlagungspraxis profitiert. Jetzt aber waren die teuren Fakten geschaffen, und jetzt sollte ein gemeinsames Vorgehen eine Kostenexplosion verhindern. Diesem Ziel konnten sich inzwischen alle Konzerne anschließen, die mit mehrheitlich südlich gelegenen Anlagen ebenso wie die mehrheitlich im Norden liegenden.

Die neue Einigkeit innerhalb der Gruppe der Beteiligten zeigte Wirkung, nicht nur bei einzelnen Randfragen der Veranlagung, sondern auch bei dem großen Dauerproblem der »Doppelbesteuerung«. 1933 verbreitete der Bergbauverein einen Aufsatz des Verwaltungsrechtsrats Jaehner aus Essen, der die bis dahin ergangenen Rechtsurteile zur »Doppelbesteuerung« einer strengen Kritik unterzog.[44] Der Beitrag hob die Diskussion auf eine neue Ebene: Ein unabhängiger und hochrangiger Jurist trat in die Diskussion ein und er bezog eine klare Position; Jaehner sezierte die höchst unterschiedliche Anwendung des KAG durch die einzelnen Gemeinden und sparte auch nicht mit Kritik am Oberverwaltungsgericht, gleich »mehrfach« seien Entscheidungen fehlerhaft getroffen worden. Keineswegs sei die Nicht-Nennung des Paragrafen 4 im EGG »ohne Belang«. Im Gegenteil, »[d]iese Nichterwähnung bestätigt vielmehr, daß in Form von Gebühren deswegen nicht eine Unterverteilung der Genossenschaftsbeiträge stattfinden kann, weil es an einer kommunalen Veranstaltung im Sinne des § 4 KAG. fehlt. Im Recht der Emschergenossenschaft können Benutzungsgebühren für Anlagen der Emschergenossenschaft weder auf Grund des KAG. noch auf Grund des § 13 Emsch.Gen.G. erhoben werden.« Jaehner kam daher zu dem Schluss: »Die [...] geschaffene Verwirrung und Doppelbelastung der Werke entgegen dem Gesetz, die im ganzen in die Millionen geht, erfordert je-

42 S. dazu das Kap. »Die durch und durch ›Technische‹?«.

43 Bergbauverein an Mitglieder, betr. Sammelstelle für Einsprüche gegen Veranlagung der wasserwirtschaftlichen Verbände, 3.11.1932, montan.dok/BBA, 10/604.

44 Bergbauverein an Vereinszechen, 4.4.1933, montan.dok/BBA, 23/75.

denfalls dringende Abhilfe durch richtige Handhabung der erwähnten Vorschriften, vor allem durch Berichtigung der Rechtsprechung.«[45]

Jaehners Auffassung lobend, trat im Interesse der Industrie und im Auftrag der Rheinischen Stahlwerke Gustav Heinemann in die Diskussion ein und forderte eine grundlegende Abänderung der Rechtsprechung des Oberverwaltungsgerichts. »Das primäre Recht der Genossenschaften schließt«, so Heinemann durchaus mildtätig, »selbstverständlich nicht aus, daß die Gemeinden für die Benutzung kommunaler Entwässerungsanlagen Gebühren erheben. Nur muß bei der Gebührenberechnung ein Nachlaß in Höhe des Vomhundertsatzes gewährt werden, der dem Verhältnis des Genossenschaftsbeitrages der Gemeinde zum Gesamteinnahmesoll der Gemeinde an Entwässerungsgebühren entspricht.« Auch Heinemann war gegen die Praxis der »Doppelbesteuerung« und er wusste sehr genau, dass besonders im Norden des Industriebezirks die Kommunen kaum eine Handhabe hatten, die Gebühren »kommunal« zu rechtfertigen; die »Anlagen« – die von der Emschergenossenschaft kanalisierten Nebenbäche – waren ja mehrheitlich gar nicht mehr in ihrem kommunalen Besitz.[46]

Bevor das große Rad des Rechts sich drehen konnte, kamen der Januar und der Februar 1933. Mit der Machtübernahme ebbten die Versuche, eine rechtliche Klärung zu erreichen, fast schlagartig ab.[47] Da innerhalb des NS-Regimes zunächst der Versuch unternommen wurde, die Wasserwirtschaft im Industriebezirk grundlegend zu verändern, erschien es beiden Seiten nicht förderlich, den Konflikt offen auszutragen. Seit 1937 aber, nämlich als die geplante nationalsozialistische »Neuordnung« der Wasserwirtschaft im Industriebezirk gescheitert war,[48] kam das leidige Thema sofort wieder auf der Tagesordnung. Entschieden wurde es dann und kurzerhand durch den Reichsminister des Innern, in einer »von uns [den Beteiligten] von jeher gewünschten günstigen Weise«.[49] Obschon der Erlass durchaus Spielraum für die »Doppelbesteuerung« bot, sahen die Beteiligten sich endlich zu ihrem Recht gekommen: Eine ausnutzende »Doppelbesteuerung« über Gebühr sei von nun an ausgeschlossen, wovon alle Zechen des Industriereviers umgehend zu unterrichten seien.[50] Lediglich einen Punkt hatten die beratenden Bergassessoren noch zu kritisieren. Den Gebührensatz für das Grubenwasser, der gleich hoch wie

45 Zit. Art. Jaehner: Die Bedeutung der Emschergenossenschaft für die Erhebung von Beiträgen, Vorausbelastungen und Gebühren durch die Gemeinden, in: Industrie und Steuer 7, 1.4.1933, Sonderdruck, montan.dok/BBA, 23/75.

46 Gustav Heinemann: Entwässerungsgebühren und Emschergenossenschaftsbeiträge, Sonderdruck, Reichsverwaltungsblatt und Preußisches Verwaltungsblatt, Bd. 54, Nr. 27, [1933], S. 530 ff., montan.dok/BBA, 23/75.

47 Wenn auch einzelne, vor Januar 1933 angestoßene Verfahren noch zur Entscheidung kamen. Etwa Entscheidung über Revision: Harpen gegen den Magistrat Bochum, Urteil vom 12.9.1933 (Abschrift), montan.dok/BBA, 15/636. Das zeigte sich auch in der Arbeit der Berufungskommission. Für das Jahr 1933 war die Berufungskommission noch mit 24 Einsprüchen befasst, für 1934 waren es nur noch 15, für 1938 lagen schließlich keine mehr vor. S. Übersicht, tkCA, RSW 6707.

48 S. dazu ausfl. das Kap. »Die ›Autonome‹«.

49 Zit. Bezirksgruppe Ruhr der Fachgruppe Steinkohlenbergbau an Mitglieder, 29.12.1938, dazu auch Anlage: Auszug aus dem Ministerial-Blatt des Reichs- und Preußischen Ministeriums des Innern, Nr. 39 vom 21.9.1938, montan.dok/BBA, 23/73.

50 Dazu später noch einmal: Sogemeier (Bezirksgruppe) an Mitglieder, 25.7.1939; Sogemeier an Mitglieder, 4.6.1940, montan.dok/BBA, 15/637.

der für gewerblich verschmutztes Wasser war, den gelte es zu reduzieren. Das Grubenabwasser sei schließlich ›nur‹ versalzen, führe also eine hohe Salzfracht, war aber aus Sicht der Zechen mit den gewerblichen Abwässern jedweder Couleur nicht zu vergleichen. Davon abgesehen waren die Industriellen mit dieser ›Neuordnung‹ sehr einverstanden.[51] Für die verbleibende Zeit des Nationalsozialismus war das Thema »Doppelbesteuerung« im Interesse der Industrie vom Tisch.

Schon während der Besatzungszeit wurde das Thema dann erneut virulent. Zunächst hielt das neu errichtete Bezirksverwaltungsgericht in Düsseldorf an dem NS-Reglement fest. Es richtete sich damit gegen die Entscheidungen des Preußischen Oberverwaltungsgerichts im Kaiserreich und in der Weimarer Republik und deutete jede »Doppelbelastung« als nicht statthaft. Die alten Mitglieder im neuen Bergbauverband atmeten auf. Diese Kontinuitätsneigung kam ihnen sehr recht.[52] Gleichwohl: Die Städte und Gemeinden im Industriebezirk dachten nicht daran, diese nur wenig verschleierte Fortführung der NS-Klientelpolitik einfach zu akzeptieren. Sie erhoben weiter Gebühren von der großgrundbesitzenden Industrie, und die Industrie knüpfte mit ihren Klagen an alte Argumentationsfiguren an.

Bereits 1949 wurde das »kostspielige« Thema wieder Prozessgegenstand. In der Markscheider-Abteilung bei Friedrich dem Großen fasste man die Motivation der Zechen, sich immer wieder rechtlich gegen die kommunalen Gebühren zu wehren, präzise zusammen:

> »Die Großunternehmen haben sich seit der Gründung der EG [Emschergenossenschaft] gegen eine Veranlagung ihrer Betriebe durch die Kommunen gewehrt. Es besteht auch heute keinerlei Interesse, statt an die Emschergenossenschaft an die Kommunen Beiträge zu zahlen. In der Genossenschaft sind die Großunternehmen stark genug vertreten, um auf die Veranlagung der Genossenschaft Einfluß zu nehmen; gegenüber einer Gebührenerhebung der Kommunen besteht diese Möglichkeit kaum.«[53]

Die städtische Motivation war eine genau entgegengesetzte. Die Parteien – die Genossen auf der einen Seite und die Beteiligten auf der anderen Seite – knüpften an die im späten Kaiserreich und dann während der Weimarer Republik vorgegangenen Weise an und strebten nach einer verwaltungsrechtlichen Einzelfallentscheidung.[54] Das war auch notwendig. Der alte Wildwuchs in der städtischen Gebührenerhebung, die Unterschiede in den Gebührenverordnungen der Kommunen und nicht zuletzt die sozialräumliche Segregation im Industriebezirk bedeutete,[55] dass die Emschergenossenschaft hier auch

51 Niederschrift (Kurzfassung) über die Sitzung des Ausschusses für Entwässerungsgebühren am 7.11.1938, montan.dok/BBA, 23/73.

52 German Mines Supplies Organisation/Versorgungszentrale des deutschen Bergbaus, Essen, 19.10.1946, Rundschreiben Nr. 420, betr. Entwässerungsgebühren, tkCA, TLi 2639.

53 Markscheider-Abteilung an Heintzmann, betr. Vorstandssitzung der Emschergenossenschaft am 14.12.1956, 5.12.1956, montan.dok/BBA, 10/606.

54 Zit. Art. Hans-Wilhelm Schulte: Kein Streit mehr um die Gemeindeabgaben für Betriebsabwässer, in: Glückauf 91:39/40, 1955, S. 1099–1109, HAK, WA 42/5306.

55 Sogemeier an Mitglieder, 4.6.1940, montan.dok/BBA, 15/637.

weiterhin nicht gerecht oder ausgleichend vermitteln konnte. Die Interessen von Nord- und Südgemeinden lagen einfach zu weit auseinander.

Zum Musterprozess wurde der Rechtsstreit im Fall Hibernia gegen Bottrop. Der Fall wurde zunächst zugunsten des Bergwerks, dann in einer Revision zugunsten der Stadt und schlussendlich – im Mai 1955 ohne die Möglichkeit einer weiteren Revision – zugunsten der Bergwerksgesellschaft entschieden. Die Heranziehung zu Entwässerungsgebühren durch die Stadt Bottrop hingegen wurde final für »rechtswidrig« erklärt.[56] Weder das Recht der Gemeinden, die Entwässerungsgebühren nach dem KAG zu erheben, noch das Verbot der »Doppelbesteuerung« nach dem EGG waren dieser Entscheidung nach ausschlaggebend, sondern beide Ansprüche seien in ihrem »objektiven Sinngehalt« zu bewerten, so hieß es in der Begründung. Entscheidend war also nicht mehr, wem die etwaige Entwässerungsanlage gehörte. Als zusammenhängendes Entwässerungsnetz würden die Anlagen gemeinsam von der Emschergenossenschaft und der jeweiligen Gemeinde betrieben: »Nicht das bürgerlich-rechtliche Eigentum am Vorfluter entscheidet, sondern wesentlich sind allein die öffentlich-rechtlichen Zweckziele, welche die Emschergenossenschaft, gleichermaßen aber auch jede Gemeinde mit der Entwässerung des Gemeindegebietes verfolgen und wofür sie Leitungen, Kanäle und Gräben, gleichgültig, wem sie gehören in ihren Dienst stellen.«[57]

Die Hibernia war aufgrund der von der Stadt Bottrop bemühten Argumentation für die Erhebung von ihrer »Doppelbesteuerung« befreit. Die Westdeutsche Allgemeine Zeitung wähnte: »Die Städte müssen Millionen zurückzahlen«,[58] das Handelsblatt legte einen anderen Schwerpunkt in ihrer Berichterstattung und fand: die »hygienische Entwässerung einer Stadt [sei] keine Leistung, für die die Gemeinde eine Benutzungsgebühr erheben könne«.[59] Der Unternehmensverband Ruhrbergbau frohlockte und informierte seine Mitglieder im Industriebezirk umfassend,[60] die Wirtschaftsvereinigung Eisen- und Stahlindustrie ging noch weiter und riet ihren Mitgliedern, gegen die etwaige Doppelveranlagung zu klagen und am besten »mittels eigener Kanäle« zu entwässern.[61] In der Krupp-Konzernverwaltung in Essen, wo man den Prozess aufmerksam verfolgt hatte, glaubte man, die Städte würden die Entscheidung nicht akzeptieren und wohl einen neuen »Musterprozess« anstrengen. Gleichzeitig folgte man jedoch der Empfehlung der Wirtschaftsvereinigung und berechnete, ob die von Krupp genutzten Entwässerungskanäle so verlegt werden könnten, dass sie sich nur noch im Eigentum von Krupp selbst oder der Emschergenossenschaft befänden. »Die sicher nicht unbeträchtlichen Kosten

56 Urteil in der Verwaltungsstreitsache wegen Entwässerungsgebühren (Abschrift), 11.5.1955, montan.dok/BBA, 10/606.

57 Zit. Art. Hans-Wilhelm Schulte: Kein Streit mehr um die Gemeindeabgaben für Betriebsabwässer, in: Glückauf 91:39/40, 1955, S. 1099–1109, HAK, WA 42/5306.

58 Art. Städte müssen Millionen zurückzahlen, in: Westfälische Allgemeine Zeitung, 24.8.1955, HAK, WA 42/5306.

59 Zit. Art. Musterprozeß um Entwässerungsgebühren. Beiträge für die Emschergenossenschaft genügen, in: Handelsblatt, 29.8.1955, HAK, WA 42/5306.

60 Unternehmensverband Ruhrbergbau an Mitglieder des Ausschusses zur Durchführung eines Entwässerungsgebührenprozesses, 29.8.1955, HAK, WA 42/5306.

61 Zit. Wirtschaftsvereinigung Eisen- und Stahlindustrie an Mitglieder, betr. Doppelte Heranziehung zu Entwässerungsgebühren, HAK, WA 42/5306.

dieser Umarbeiten«, so wähnte man, »werden sich vielleicht im Laufe der Jahre dadurch bezahlt machen, daß wir an die Stadt keine Entwässerungsgebühren mehr zu entrichten brauchen.«[62] Krupp recherchierte zu den einzelnen und vom Konzern frequentierten Abwasserkanälen, musste dann aber feststellen, dass die Stadt Essen schneller gewesen war. Sie hatte den Bernekanal von der Emschergenossenschaft zurückgekauft, er gehörte nicht mehr der Emschergenossenschaft. Für Krupp bedeutete das eine »Leistung« der Stadt, die der Konzern in Anspruch nahm, womit er zahlen musste. Ein Umbau der Konzernentwässerung war daher nicht mehr besonders aussichtsreich. Krupp hatte sich also weiter mit der Stadt Essen und der von ihr erhobenen Gebühren auseinanderzusetzen.[63] Für das Jahr 1958 wurden immerhin 295.000 DM veranschlagt.[64]

Der Hibernia, mit ihren Anlagen im Norden des Industriebezirks gelegen, gelang es hingegen, das Urteil für weitere der von ihr genutzten Abwasserkanäle zu nutzen. Anfang der 1960er Jahre setzte sie sich ein erneut erfolgreich gegen die von einer Kommune – diesmal war es Gladbeck – festgelegten Entwässerungsgebühren durch.[65] Der »Musterprozess« Hibernia gegen Bottrop war grundlegend gewesen, die Umsetzung, bis die Entscheidung in diesem Prozess aber in der Breite und im Industriebezirk insgesamt durchgesetzt war, dauerte an. Noch Ende der 1970er Jahre, nach Abschluss der Gebietsreform und der Neugliederung, setzte sich der Thyssen-Konzern mit der Doppelbelastung auseinander. Die Emscher, in die der Konzern direkt ableitete, sei eben keine »Anlage«, fand man: »Richtig ist allein, daß die Emschergenossenschaft – und nur auf sie kommt es hier an! – […] eine Funktion übernommen hat, die ausschließlich wasserrechtlicher Natur ist und die als solche, auch wenn sie den Gemeinden nützt, mit der den Gemeinden obliegenden Aufgabe der Stadtentwässerung nichts zu tun hat und demnach auch nicht als Teil der Stadtentwässerung definiert werden kann«, so argumentierte eines der Rechtsgutachten, die der Konzern in Auftrag gegeben hatte.[66] Ein Ende der Klage- und Verwaltungsrechtsentscheidung war das nicht.

Das leidige Thema der »Doppelbesteuerung«, das als Konflikt bereits mit der Miquel'sche Steuerreform angelegt war, begleitete die Emschergenossenschaft seit ihrer Gründung. Keineswegs bedeutete also die Gründung der Emschergenossenschaft, ihre sondergesetzliche Einfassung und die Bezugnahme im EGG auf das Kommunalabgabengesetz eine eindeutige Regelung. Vielmehr verschoben sich die Gewichte zunächst zugunsten der Kommunen, dann seit den 1920er Jahren aber zunehmend zugunsten der Unternehmen. An diesem Problemfeld zeigt sich sehr deutlich das zentrale Merkmal der Emschergenossenschaft: Sie war ein *Hybrid* und keineswegs auf die entweder wirtschaftsnahe oder kommunalnahe Position festgelegt. Vielmehr trieb sie den Ausschlag des Pendels mit an und ergriff mal für die eine, mal für die andere Seite Partei. Das jedenfalls, solange es die Emschergenossenschaft in ihrer Hoheit, die Abwassergebühren ver-

---

62 Hauptverwaltung, Aktenvermerk, betr. Beiträge der Emschergenossenschaft, 22.11.1957, HAK, WA 42/5306.

63 Aktenvermerk, 13.12.1957, HAK, WA 42/5306.

64 Aktenvermerk, betr. Entrichtung von Entwässerungsgebühren an die Emschergenossenschaft und die Stadt Essen, 29.8.1958, HAK, WA 42/5306.

65 Aktenkommentar, 25.7.1962, HAK, WA 42/5306.

66 Schriftsatz, Dr. Willi Gässler an Peter Jousson (Rechtsanwalt Thyssen AG), 12.8.1978, tkCA, TLi 2523.

pflichtend zu erheben – und damit übergeordnet zu veranlagen –, nicht tangierte. Die Expansionsstrategie der Emschergenossenschaft schaffte schließlich Fakten und engte den Rahmen für die Kommunen ein. Und das drückte sich dann auch in den Entscheidungen des Oberverwaltungsgerichts aus.

Quellen

Die Besprechung zur Doppelbesteuerung, 1914

(Protokoll, Emscherhaus, Essen, 6.6.1914, montan.dok/BBA, 32/4234)

Anwesend:
Von der Stadt Buer: Erster Bürgermeister Russell;
von der Stadt Dortmund: Stadtbaurat Bovermann;
von der Stadt Duisburg: Stadtbaurat Heising;
von der Stadt Essen: Stadtbaurat Findeisen;
von der Stadt Gelsenkirchen: Stadtbaurat Miether, Regierungsassessor Dr. Gaertner;
von der Stadt Hamborn: Beigeordneter Mülhens;
von der Stadt Herne: Beigeordneter Stahl;
von der Stadt Oberhausen: Beigeordneter Dr. Koernicke;
von der Stadt Recklinghausen: Beigeordneter Hamm;
von der Stadt Sterkrade: Stadtassessor Rosendahl;
vom Landkreis Gelsenkirchen: Polizeipräsident Landrat Dr. zur Nieden;
vom Amt Wanne: Amtsbaumeister Lieder;
von der Bergwerks-Aktiengesellschaft Consolidation: Direktor Wimmelmann, Bergassessor Buskühl;
von der Bergwerks-Gesellschaft Dahlbusch: Bergassessor Kieckebusch;
von der Gewerkschaft Deutscher Kaiser: Assessor Dr. Späing, Cheflandmesser Schmitz, Markscheider Murrmann;
von der Gelsenkirchener Bergwerks-Aktiengesellschaft: Bergassessor Brandi, Verwaltungsinspektor Meier;
von der Harpener Bergbaugesellschaft Hibernia: Gerichtsassessor Reining;
von dem Köln-Neuessener Bergwerks-Verein: Bergassessor Gras;
von der Firma Friedr. Krupp: Direktionsassistent Halbach;
von den Rheinischen Stahlwerken: Sekretär Lindig;
von der Emschergenossenschaft: Regierungsbaumeister a.D. Baudirektor Helbing, Beigeordneter a.D. Selbach, Regierungsbaumeister Dr. Ing. Imhoff, Regierungsbaumeister a.D. Jöhrens, Gerichtsassessor Stöve.

In einem einleitenden Vortrag wies der Vorsitzende, Herr Beigeordneter Selbach, daraufhin, daß die Unterverteilung der von den Gemeinden an die Emschergenossenschaft zu zahlenden Beiträge im Emschergebiet außerordentlich verschiedenartig gehandhabt werden. Die größte Zahl der Gemeinden übernehme die Beiträge zur Emschergenossenschaft auf den allgemeinen Etat, sodaß sie durch Zuschläge zu direkten Steuern oder auch in Form von Grund- oder Gewerbe-Steuern erhoben werden. Eine andere Gruppe von Gemeinden erhebe die Beiträge in der Form von Gebühren auf Grund des § 4 des K.A.G., wobei von einzelnen Gemeinden wiederum ein Teil der Beiträge auf den allgemeinen Etat übernommen werde. Nur eine Gemeinde des Emschergebietes erhebe die Beiträge zur Emschergenossenschaft auf Grund des § 9 des Kommunalabgabengesetzes.

Der Vorsitzende hob hervor, daß es für die Emschergenossenschaft als solche bedeutungslos sei, in welcher Weise die Beiträge von den Gemeinden erhoben würden. Es haben sich jedoch neuerdings zwischen den Kommunen und den Bergwerken Meinungsverschiedenheiten gezeigt, namentlich darüber, ob die Gemeinden berechtigt seien, die Beiträge zur Emschergenossenschaft durch Gebühren auf Grund des § 4 des K.A.G. zu erheben, und ob sie namentlich zu diesen Gebühren auch diejenigen heranziehen dürfen, welche bereits gemäß § 6 des Emschergenossenschaftsgesetzes direkt von der Emschergenossenschaft veranlagt sind. Die Emschergenossenschaft habe daher im Interesse des Friedens zwischen ihren Hauptsteuerzahlern, den Kommunen und Bergwerken, Veranlassung genommen, zu dieser Besprechung einzuladen, um eine einheitliche Regelung der Frage im ganzen Emschergebiete anzustreben.

Was zunächst die Frage anlangt, ob die Gemeinden berechtigt sind, die Emschergenossenschaftsbeiträge auf den allgemeinen Etat zu übernehmen, so sei hervorzuheben, daß das Oberverwaltungsgericht in einer Streitsache des Phoenix gegen die Stadt Hörde diese Frage bejaht habe, wenn die Steuern durch die Aufsichtsbehörde genehmigt seien. Man müsse mit dieser höchstinstanzlichen Entscheidung rechnen und daher die Zulässigkeit dieser Art der Erhebung der Beiträge der Erörterung zu Grunde legen. Aeußerst zweifelhaft sei hingegen die Frage, ob die Beiträge auch durch Gebühren gemäß § 4 des K.A.G. erhoben werden dürfen. Nach dem Wortlaut des Gesetzes müsse dieses verneint werden, da der § 4 des K.A.G. im § 13 des Emschergenossenschaftsgesetzes nicht erwähnt sei. Die Gebührenerhebung nach § 4 des K.A.G. erscheine nicht zulässig, da der § 4 a.a.O. voraussetzt, daß die benutzten Anlagen *eigene* [HiO] Anlagen der Gemeinde seien. Im Gegensatz zum Sesekegesetz, dem linksrheinischen Entwässerungsgesetz, und zum Gesetz über den Ruhr-Verband findet sich eine Bestimmung, daß die Anlagen der Emschergenossenschaft als eigene Anlagen der Gemeinde anzusehen seien, im Emschergenossenschaftsgesetz nicht.

Der Vorsitzende hob hervor, daß sich im ursprünglichen Entwurf hingegen die Bestimmung befunden habe, daß die Emschergenossenschaftsanlagen als Anlagen der Gemeinden angesehen werden sollten. Dieser Satz sei später gestrichen [worden]. Nach den Ausführungen des Berichterstatters im Herrenhaus habe indessen eine Aenderung des materiellen Rechts nicht eintreten sollen; die Aenderung sei nur redaktioneller Art gewesen. Es sei daher wohl die Absicht des Gesetzgebers gewesen, den Gemeinden die Erhebung der Emschergenossenschaftsbeiträge durch Gebühren auf Grund des § 4 des K.A.G. zu ermöglichen. Im Gesetz sei dieses aber nicht zum Ausdruck gekommen.

Es sei zu überlegen, ob nicht eine Aenderung des Emschergenossenschaftsgesetzes in der Richtung anzuregen sei, daß in dem § 13 neben den §§ 9 und 20 des K.A.G. noch der § 4 des K.A.G. aufgenommen werde. Die Gelegenheit zu einer derartigen Gesetzesänderung sei jetzt besonders günstig, da eine Kommission des Abgeordnetenhaus sich mit einer Novelle zum Kommunalabgabengesetz zurzeit beschäftige.

In der anschließenden Besprechung wurde von einem Vertreter einer Bergbaugesellschaft der Standpunkt vertreten, daß nach § 13 des Emschergenossenschaftsgesetzes eine Heranziehung der Beteiligten, welche unmittelbar von der Emschergenossenschaft veranlagt werden, zu den Emschergenossenschaftsbeiträgen der Gemeinden überhaupt in jeder Form ausgeschlossen werden solle. Ein Vertreter der Gemeinden hielt eine Aenderung des § 13 des Emschergenossenschaftsgesetzes nicht für erforderlich und zweckmäßig, da die Beiträge der Gemeinden zur Emschergenossenschaft gerechter und praktischer Weise durch Realsteuern, namentlich durch Grundsteuern, erhoben werden könnten. Eine Heranziehung auch derjenigen Beteiligten, welche direkt von der Emschergenossenschaft veranlagt würden, sei für den gesamten Grundbesitz als zulässig zu erachten.

Eine Anzahl Vertreter beider Interessengruppen nahm eine vermittelnde Stellung ein, dahingehend, daß auch diejenigen Beteiligten, welche direkt von der Emschergenossenschaft zu den Beiträgen der Gemeinden veranlagt würden, für diejenigen Vorteilen von den Gemeinden herangezogen werden könnten, für welche sie nicht direkt von der Emschergenossenschaft besteuert würden.

Das Ergebnis der Besprechung war die Wahl einer Kommission mit der Aufgabe, die Frage zu prüfen und namentlich darüber zu berichten, ob eine Aenderung des Emschergenossenschaftsgesetzes in dem von dem Vorsitzenden angeregten Sinne zweckmäßig erscheint.

In die Kommission wurden gewählt:
Beigeordneter Krug, Gelsenkirchen,
Beigeordneter Rühl, Herne,
Beigeordneter Dr. Koernicke, Oberhausen
Bergwerksdirektor Bergassessor Kette, Herne,
Bergwerksdirektor Bergassessor Brandi, Gelsenkirchen,
Gerichtsassessor Reining, Herne.
Den Vorsitze der Kommission soll Herr Beigeordneter Selbach übernehmen.
Zur Beglaubigung: gez. Selbach.

Bergbauverein, betr. Sammelstelle für Einsprüche, 1932

(Verein für die bergbaulichen Interessen, Rundschreiben Nr. 85, betr. Sammelstelle für Einsprüche gegen Veranlagung der wasserwirtschaftlichen Verbände, 3.11.1932, montan.dok/BBA, 10/604)

An die Vereinszechen!
Auf Anregung aus dem Kreise unserer Vereinszechen hat der Vorstand des Bergbau-Vereins in seiner letzten Sitzung beschlossen, beim Bergbau-Verein eine Sammelstelle für die Behandlung der Einsprüche gegen die Veranlagungen der wasserwirtschaftlichen Verbände (Emschergenossenschaft, Ruhrverband, Lippeverband, Sesekegenossenschaft usw.) einzurichten. Es soll künftighin nach Möglichkeit die Ungleichheit vermieden werden, die sich daraus ergibt, daß von einem der Veranlagten Einspruch gegen die Veranlagung eingelegt und dann Freistellung von der Beitragsleistung erreicht wird, während andere Veranlagte, bei denen der gleiche Tatbestand und die gleiche Rechtslage vorliegen, die Einlegung des Einspruchs unterlassen und dann Abgaben entrichten, deren Erhebung zu Unrecht erfolgt ist. Zur Vermeidung solcher Ungleichheiten soll deshalb die Sammelstelle die Aufgabe haben, bei allen Einsprüchen grundsätzlicher Art einen rechtzeitigen Austausch der eingelegten Einsprüche unter den Beteiligten vorzunehmen, gegebenenfalls schon vor Einlegung der Einsprüche einen Gedankenaustausch über die Behandlung der Einsprüche unter den Beteiligten herbeizuführen. Für die mündliche Erörterung der zu behandelnden Fragen ist der beim Bergbau-Verein bestehende Ausschuß für Entwässerungsgebühren bestimmt worden.

Wir erlauben uns, den Vereinszechen von Vorstehendem Kenntnis zu geben mit der Bitte, uns von allen laufenden Einsprüchen grundsätzlicher Art gegen die Veranlagungen der wasserwirtschaftlichen Verbände Kenntnis zu geben und gegebenenfalls vor Einlegung solcher Einsprüche mit uns in Verbindung zu treten.

Glückauf!

Die Geschäftsführung: v. Loewenstein.

Die Gemeindeabgaben und die Wasserverbandsbeiträge, 1938

(Auszug aus dem Ministerial-Blatt des Reichs- und Preußischen Ministeriums des Innern, Nr. 39 vom 21.9.1938, Anlage zum Rundschreiben, 1938: Nr. 233 der Bezirksgruppe Ruhr der Fachgruppe Steinkohlenbergbau, 29.12.1938, montan.dok/BBA, 23/73)

Angelegenheiten der Kommunalverbände.
Gemeindeabgaben und Wasserverbandbeiträge.
RdErl. des RMdI. v. 10.9.1938
V St 26660/38 – 5250.

(1) Nach § 186 Abs. 1 der Ersten VO über Wasser- und Bodenverbände (Erste WasserverbandVO) v. 3.9.1937 (RGBl. I S. 933) gelten bis zum Infrafttreten eines Reichskommunalabgabenges. für die Befugnisse der Gemeinden (GV.), ihre Beiträge zu einem Wasser- und Bodenverbande durch Erhebung von gemeindlichen Abgaben abzubürden, die landesrechtlichen Vorschriften. Die Gemeinden (GV.) dürfen jedoch für die Benutzung von Anlagen eines Wasser- und Bodenverbandes oder von gemeindlichen Anlagen, die im Zusammenhang mit Anlagen des Verbandes stehen, gemeindliche Abgaben von den Verbandsmitgliedern soweit nicht erheben, als diese hierfür an den Verband Beiträge zu leisten haben.

(2) Diese Vorschrift wird in erster Linie für Abwässerverbände von Bedeutung sein, die die in § 2 Nr. 4 der Ersten Wasserverband-VO genannten Aufgaben erfüllen. Für die auf den in § 191 Abs. 2 Ziff. 1 bis 5 der Ersten Wassererband-VO genannten preußischen Sondergesetzen beruhenden wasserwirtschaftlichen Verbände, die von den Vorschriften dieser VO. nicht berührt werden, gelten inhaltlich entsprechende Bestimmungen.

(3) Bei der Erhebung von Gebühren oder Beiträgen (Vgl. §§ 4, 9 des Preuß. Kommunalabgabenges. v. 14.7.1893, GS. S. 152), in der z.Z. gültigen Fass. und die entsprechenden Vorschriften des Gemeinabgabenrechts der anderen Länder) oder von Mehrbelastungen (§ 3 des EinfGes. z.d. RealstG. v. 1.12.1936, RGBl. I S. 961) ist daher in diesen Fällen folgendes zu beachten:

1) Für die Benutzung von Anlagen eines Wasser- und Bodenverbandes können von einem Verbandsmitglied Gebühren usw. zur Deckung der gemeindlichen Beiträge für den Wasser- und Bodenverband nur insoweit erhoben werden, als dem Verbandsmitglied aus der Benutzung Vorteile erwachsen, die nicht schon bei der Festsetzung seiner eigenen Verbandsbeiträge gem. § 81 der Ersten Wasserverband-VO. Berücksichtigt worden sind. [...]
    a) Ein Verbandsmitglied, dessen Abwässer teils in Anlagen des Verbandes, teils in davon unabhängigen Anlagen der Gemeinde gesammelt, gereinigt oder sonst behandelt werden, ist regelmäßig nur zu den Lasten der letzteren Anlage heranzuziehen.
    b) Werden die gesamten Abwässer (Fäkal-, Haushalts-, Betriebs- und Regenabwässer) von dem Wasserverbande gesammelt, gereinigt, abgeleitet oder sonst

behandelt, die Industrieunternehmen von dem Verbande aber nur für die Betriebsabwässer zu Beiträgen herangezogen, während für die Abwässer der Werk- und sonstigen Wohnungen und für die Regenabwässer der Straßen und Plätze die Gemeinde als Verbandsmitglied Beiträge zu leisten hat, können die Industrieunternehmen nur insoweit zur Deckung der gemeindlichen Beiträge herangezogen werden.

c) Ein Verbandsmitglied, dessen Abwässer durch eine Anlage der Gemeinde fließen und einer Anlage des Wasserverbandes gereinigt werden, ist zu Gemeindeabgaben nicht heranzuziehen, wenn es auch für die Benutzung der Abwässerleitung Beiträge an den Verband zu zahlen hat, und es ist nur zu ermäßigten Gemeindeabgaben heranzuziehen, wenn es für die Benutzung der Leitung Verbandsbeiträge nicht zu zahlen hat. Im letzteren Falle dürfen die Gemeindeabgaben nur ein Entgelt für die Benutzung der Leitung, nicht zugleich für die Klärung der Abwässer sein. Sie müssen also geringer sein als die Gemeindegebühren, die von nicht zum Wasserverbande gehörigen Personen für die Abführung und für die Klärung erhoben werden.

An die Gemeinden (Gemeindeverbände), Gemeindeaufsichtsbehörden – RMBliV. S. 1509.

Das Urteil in der Streitsache Hibernia ./. Bottrop, 1955

(Urteil in der Verwaltungsstreitsache Hibernia ./. Stadtverwaltung Bottrop, 11.5.1955 [Abschrift], montan.dok/BBA, 10/606)

[...]
Im Namen des Volkes!
Verwaltungsstreitsache wegen Entwässerungsgebühren.

1) Klägerin: Bergwerksgesellschaft Hibernia [...], in Herne,
2) Beklagte: Stadtverwaltung Bottrop [...],
3) Beteiligt: Der ständige Vertreter des öffentlichen Interesses beim Oberverwaltungsgericht des Landes Nordrhein-Westfalen.

Der III. Senat des Oberverwaltungsgerichts für das Land Nordrhein-Westfalen hat nach mündlicher Verhandlung am 11. Mai 1955 [...] auf die Berufung der Beklagten gegen das Urteil des Landesverwaltungsgerichts Gelsenkirchen vom 5. August 1952 für Recht erkannt:

Die Berufung wird auf Kosten der Beklagten zurückgewiesen.

Die Revision wird nicht zugelassen.

Gründe:

Die Klägerin betreibt in der Gemeinde Bottrop die Zeche Rheinbaben. Sie gehört der Emschergenossenschaft, die durch das preußische Gesetz über die Bildung der Emschergenossenschaft [...] gegründet worden ist, als Beteiligte an. Die Entwässerung der Zeche Rheinbaben erfolgt nach dem Kirschemmbach, nach der Boye und nach der Piesbecke. Kirschemmsbach und Boye sind Anlagen der Emschergenossenschaft, die von dieser ausgebaut worden sind und gereinigt und unterhalten werden. Die Piesbecke ist dagegen keine Anlage der Emschergenossenschaft, sie steht vom Beginn ihres Laufes bis zur Einmündung in die Boye im Eigentum der Klägerin und wird von dieser gereinigt und unterhalten. Sie mündet in die Boye, so daß auch die zunächst in die Piesbecke eingeführten Abwässer schließlich in die Entwässerungsanlagen der Emschergenossenschaft gelangen. Als Beteiligte zahlt die Klägerin Beiträge zu den Genossenschaftslasten der Emschergenossenschaft.

Die Stadt Bottrop gehört ebenfalls der Emschergenossenschaft als Beteiligte an. Auch sie benutzt die Piesbecke zur Abwässerbeseitigung, indem sie die in den letzten Jahren an dem Oberlauf der Piesbecke errichteten Siedlungshäuser nach der Piesbecke entwässert. Die Entwässerungsanlagen von diesen Siedlungshäusern bis zur Piesbecke sind von der Stadtverwaltung errichtet und werden von ihr allein unterhalten.

Die Klägerin ist von der Stadtverwaltung für das Rechnungsjahr 1946 zu Entwässerungsgebühren in Höhe von 20 287,70 RM herangezogen worden. Nach fruchtlosem Einspruch hat sie Klage erhoben. Das Landesverwaltungsgericht hat durch Urteil vom 5. August 1952 den Einspruchsbescheid der Stadtverwaltung aufgehoben und die Klägerin von den angeforderten Entwässerungsgebühren freigestellt. [...]

Gegen dieses Urteil hat die Stadtverwaltung Berufung eingelegt; sie beantragt, das Urteil des Landesverwaltungsgerichts aufzuheben und die Klage abzuweisen.

Zur Begründung hat sie folgendes ausgeführt: Entgegen der Ansicht des Landesverwaltungsgerichts benutze die Klägerin auch die Entwässerungsanlage der Stadtverwaltung. Es seien zwei Entwässerungssysteme vorhanden, das der Emschergenossenschaft und das der Stadtverwaltung. [...]

Die Klägerin hat um Zurückweisung der Berufung gebeten.

Sie ist der Ansicht, daß sie eine Veranstaltung der Stadtverwaltung nicht benutze. Die von dem preußischen Oberverwaltungsgericht aufgestellte Theorie der gemeinsamen Veranstaltung sei brüchig. [...] Die Heranziehung der Klägerin zu Entwässerungsgebühren durch die Stadtverwaltung verstoße gegen das Verbot der Doppelveranlagung im § 13 Abs. 1 des Emschergenossenschaftsgesetzes.

[...]

Die Berufung hat keinen Erfolg.

I.

1. Die Ordnung über die Erhebung von Gebühren für die Benutzung der Entwässerungsanlagen in der Stadt Bottrop [...] ist formell wirksam. [...]

2. Ihrem Inhalt nach ist die Gebührenordnung nicht zu beanstanden, wenn sie auch die an der Emschergenossenschaft beteiligten Großunternehmen für gebührenpflichtig erklärt [...]. Das Recht der Gemeinden, Gebühren zu erheben, folgt aus § 4 Abs. 1 KAG. Es ist durch § 13 Abs. 1 des Emschergenossenschaftsgesetzes in seinem Umfang zwar eingeschränkt, aber nicht beseitigt. Wenn § 13 Abs. 1 des Emschergenossenschaftsgesetzes bestimmt, daß die Erhebung von Gemeindeabgaben „nur mit der Maßgabe" zulässig sei, daß die schon zu Genossenschaftsbeiträgen veranlagten Großunternehmen „wegen des ihnen aus den Genossenschaftslasten erwachsenden mittelbaren und unmittelbaren Vorteils nicht mehr mit kommunalen Beiträgen und Vorausleistungen belegt werden dürfen", so soll damit eine doppelte Belastung durch Heranziehung zu Genossenschaftsbeiträgen und Gemeindeabgaben für ein und dieselbe Leistung vermieden werden. § 13 Abs. 1 der Emschergenossenschaftsgesetzes besagt nicht, daß die an der Emschergenossenschaft beteiligten Großunternehmen auf jeden Fall von gemeindlichen Aufgaben befreit sein sollen. Soweit durch den Genossenschaftsbeitrag die Benutzung der Entwässerungsanlagen nicht voll abgegolten ist, können die Gemeinden insoweit zusätzliche Abgaben erheben.

[...]

II.

Die Klage ist sachlich begründet. Die Heranziehung der Klägerin zu den Entwässerungsgebühren ist rechtswidrig.

1. Sie ist allerdings – entgegen der Ansicht der Klägerin – nicht deswegen rechtswidrig, weil es an einer von der Stadtverwaltung unterhaltenen und von der Klägerin benutzten Gemeindeveranstaltung fehle. [...]

[...]

Die von dem preußischen Oberverwaltungsgericht vertretene Ansicht, die sogenannte „Zweiveranstaltungstheorie", hatte schon früher eine Reihe von Gegnern gefunden.

[...]

Als Ergebnis der vorstehenden Ausführungen ist festzustellen, daß die Klägerin, wenn sie ihre

Betriebe nach den Anlagen der Emschergenossenschaft hin entwässert, zugleich eine von der Stadtverwaltung unterhaltene Entwässerungsanlage benutzt [HiO].

2. Die Rechtswidrigkeit der Heranziehung der Klägerin zu Entwässerungsgebühren kann auch nicht daraus hergeleitet werden, daß es bei der von der Stadtverwaltung unterhaltenen und von der Klägerin benutzten Gemeindeveranstaltung an einer *Widmung* [HiO] für den öffentlichen Zwecke und damit an dem im § 4 KAG geforderten Tatbestandmerkmal fehle, daß die Veranstaltung im „öffentliche Interesse" unterhalten werde.

[...]

3. Wenn auch die Voraussetzungen, die für die Heranziehung zu Benutzungsgebühren im § 4 KAG gefordert werden, gegeben sind, so ist hier dennoch die Heranziehung der Klägerin zu Entwässerungsgebühren rechtswidrig. Denn diese Heranziehung hält sich nicht in den Schranken, die § 13 des Emschergenossenschaftsgesetzes dem Umfange der Heranziehungsbefugnis der Gemeinden setzt. [...] Das Recht der Gemeinden, von den Großunternehmen Abgaben für die Benutzung der Entwässerungsanlagen, die zugleich Veranstaltungen der Gemeinden sind, zu erheben, ist somit beschränkt. Die Heranziehung ist nur möglich, wenn die Gemeinde den Großunternehmen irgendwelche Vorteile oder, wenn es sich wie hier um die Erhebung von Benutzungsgebühren nach § 4 KAG handelt, irgendwelche Leistungen erbringt, die nicht bereits durch den Genossenschaftsbeitrag abgeholten sind. Solche Vorteile oder Leistungen werden aber der Klägerin von der Stadtverwaltung nicht erbracht.

[...]

III.

[...]

IV.

Die Revision ist nicht zugelassen worden, weil die Voraussetzung des § 53 des Bundesverwaltungsgerichtsgesetzes vom 23. September 1952 [...] nicht vorliegen.

[...]

Ausgefertigt Münster (Westf.), den 19. Aug. 1955

Unterschrift Verwaltungsgerichtsangestellter als Urkundsbeamter der Geschäftsstelle

Die ›Ewige‹: Vom Problem, Bergwerkseigentum wieder loszuwerden, und der Erfindung der Ewigkeitskosten (1958–1971)

> »Im Laufe der Unterhaltung erwähnte Herr von Schlütter, das Landwirtschaftsministerium habe keinesfalls die Vorstellung, Beitragspflicht und Bergwerkseigentum von Neumühl müßten ewig bestehen bleiben. Im Gegensatz zu den Herren der Emschergenossenschaft sei das Landwirtschaftsministerium vielmehr der Auffassung, daß genau fixierte Beiträge als Abfindung in Betracht kommen würden.«
> *(o. V., Vermerk, 1966)*[1]

Zu den großen Leerstellen in der Geschichte des »Ruhrgebiets« zählen die Gründung und auch die genaue Wirkung der 1968 gegründeten *Ruhrkohle* AG (RAG). Das liegt selbstverständlich am zeitgenössisch heiß diskutierten Kohlepfennig und damit an den hohen Subventionen, die in den unrentabel gewordenen Steinkohlenbergbau des Industriebezirks flossen.[2] Gleichwohl ist die Gründung schon einiges her, schon fast zwei Generationen, sodass von einem tagesaktuellen kontroversen Themen- und Problemfeld eigentlich keine Rede mehr sein kann. Dass unsere Kenntnis jedoch weiterhin dünn und die Strukturwirkung, ja die genauen Gründungsumstände der RAG immer noch eine terra incognita darstellen, liegt am mangelnden Archivzugang.[3] Immer noch gilt, die Archivalien der RAG sind nicht allgemein und einfach zugänglich. Das gilt selbstverständlich auch

1 Zit. Vermerk (für Ritter, Bergemann, Müller), betr. Emschergenossenschaft, Besprechung im Ministerium für Wirtschaft, Mittelstand und Verkehr des Landes NRW in Düsseldorf am 18.10.1966, 18.10.1966, montan.dok/BBA, 11/668.

2 S. Juliane Czierpka: Von Drachen und Zebras. Desiderate der Wirtschaftsgeschichte des Ruhrbergbaus nach 1945, in: Ingo Köhler/Eva-Maria Roelevink (Hg.): Transformative Moderne: Struktur, Prozess und Handeln in der deutschen Wirtschaft, Münster 2021, S. 177–196.

3 Die als einschlägig geltende Arbeit von Abelshauser wurde bereits 1984 veröffentlicht und sie basiert nicht auf Archivalien der RAG, sondern v. a. auf ausgewählten Überlieferungen der Industriegewerkschaft Bergbau und Energie (IGBE) und des Deutschen Gewerkschaftsbundes (DGB). Werner Abelshauser: Der Ruhrkohlenbergbau seit 1945. Wiederaufbau, Krise, Anpassung, München 1984.

für die 2007 gegründete und der RAG zugefügten *RAG-Stiftung*. Die Konsequenzen dieses Desiderats sind erheblich. Denn weil die RAG als große und im Grunde genommen kohlenrabenschwarze Blackbox gelten muss, sind Überlegungen dazu, welche Folgen die Gründung der RAG für die eng aufeinander bezogenen Städte- und Industriebeziehungen hatte, bisher nicht angestellt. Dabei ist ganz eindeutig, dass sich das Organisations- und Verflechtungsnetz im Industriebezirk mit der Gründung der RAG erheblich veränderte. Aufzulösen ist das an dieser Stelle nicht. Der Anspruch dieser Miniatur kann daher nur ein bescheidener sein. Trotzdem kann sie für die weitere Forschung mit einem anregenden Befund aufwarten. Denn sicher ist es aufwendig, ein Kohlenfeld zu muten, eine Schachtanlage niederzubringen, auch in technischer Hinsicht, dann die Förderung aufzunehmen, Unter- und Übertageanlagen auszubauen, für Absatz zu sorgen, kurz: die aktive Produktion zu managen. Aufwendig ist aber auch, und darum soll es im Folgenden gehen, das betreffende Bergwerkseigentum wieder loszuwerden. Eine Fabrik lässt sich einfach abreißen; Soll und Haben werden verrechnet, mittels einem Insolvenzverfahren werden die Gläubiger befriedigt, im Falle einer freiwilligen, aber nicht notwendigen Geschäftsaufgabe wird der verbleibende Erlöse unter den Eigentümern verteilt. Mit der Nullstellung des Hauptkontos wird das Unternehmen beim Finanzamt abgemeldet, das Unternehmen ist liquidiert und kann dann aus dem Handelsregister gelöscht werden. Mit diesem Schritt ist das Unternehmen von jedweden Ansprüchen in der Zukunft befreit – im Idealfall. Im Bergbau war das komplizierter, und im Industriebezirk war das sehr viel komplizierter, weil die Veranlagung der beteiligten Bergbauunternehmen durch die Emschergenossenschaft einen dauerhaften Anspruch bedeutete. Aus eben jenem Anspruch wurden bereits mit der ersten großen Stilllegungswelle der 1960er Jahre die sprichwörtlichen und oft angeführten »Ewigkeitslasten« konstruiert.[4] Ihre Erfindung, die mittels einer einmaligen Ablösung und gleichzeitigen auf Ewigkeitsstellung der Kosten gelöst wurde, ist untrennbar mit der Emschergenossenschaft verknüpft. Die »bis in alle Zukunft zu erbringenden Leistungen« wurden – und zwar bereits während der 1960er Jahre – rechtlich wie buchhalterisch händelbar.[5] Auslöser waren gar nicht mal so sehr – wie man heute annehmen könnte – die Kosten für die permanente Grubenwasserhaltung, sondern der schlichte Umstand, dass die Emschergenossenschaft mit sonderrechtlich verankerten Ansprüchen existierte und ihre Beteiligten nicht aus ihrer Zahlungsverpflichtung entließ, Stilllegung hin oder her. Und selbstverständlich war und ist auch die Ausführung der Folgen – der Betrieb der unzähligen Pumpen etwa – bis heute die Aufgabe der Emschergenossenschaft.

Die unmittelbare Nachkriegszeit war zunächst durch einen Kohlenhunger charakterisiert, der eine Scheinblüte für die Bergbautreibenden im Industriebezirk erzeugte.[6] Das

4 Kursorisch zum Kohlenkompromiss von 2007, der Gründung der RAG-Stiftung und dem Erblastenvertrag s. Christoph Hartmann: Ewigkeitskosten nach dem Ausstieg aus der Steinkohlenförderung in Deutschland, in: Olaf Kühne/Florian Weber (Hg.): Bausteine der Energiewende, Wiesbaden 2018, S. 315–330.

5 Zit. Niederschrift über die Vorstandssitzung der Emschergenossenschaft am 1.6.1965, EGLVA, o. Sig.

6 Abelshauser: Ruhrkohlenbergbau, S. 44, 49.

geschah aber nicht auf der Grundlage langfristig angelegter Entwicklungsplanungen der Zechenbesitzer, sondern im Grunde genommen wurde die während des Zweiten Weltkrieges auf Verschleiß und maximale Ausbeute gerichtete Förderungspraxis beibehalten und vorausschauende Planungen auch weiterhin vernachlässigt. Die Kohlenknappheit auf dem Binnenmarkt war vergleichsweise schnell überwunden, die ›Ruhrkohle‹ insgesamt aber – und anders als nach 1918 – büßte ihre außenwirtschaftliche Bedeutung und auch ihre alten Absatzmärkte zügig ein. Zunächst die britische, dann die britisch-amerikanische Militärregierung drang auf Fördererhöhung, gleichzeitig aber verfolgte sie das Ziel, die langjährigen Kartell- und Syndikatsstrukturen der eng verflochtenen Montanindustrie zu zerschlagen. An die Stelle des Rheinisch-Westfälische Kohlen-Syndikats (RWKS) trat schließlich die *Deutsche Kohlenbergbauleitung* (DKBL), die die Förderungssteigerung zu bewirken hatte und zudem dazu dienen sollte eine Reihe von Neuordnungen, Umschichtungen und Strukturveränderungen vorzunehmen.[7] Die DKBL tendierte dazu, die Forderungen auf Förderungssteigerung zu orchestrieren, indes aber die »Entflechtung«, die nach Meinung der Alliierten auch auf den Steinkohlenbergbau zu beziehen war, zu unterlaufen und möglichst hinauszuzögern. Die in der DKBL zusammengeschlossenen »alten Kartellmänner« waren damit keineswegs erfolglos. Zwar waren »überspannte Kartellwünsche« für die Ruhrindustriellen seit Mitte der 1950er Jahre – und damit eine Rückkehr zur Rentabilitätsinstitution des RWKS – kaum realistisch,[8] aber zumindest die syndizierte Absatzorganisation konnte mit einer Reihe von Kniffen und mittels der 1951 geschaffenen Montanunion, der Europäische Gemeinschaft für Kohle und Stahl (EGKS), für einige Zeit wiederhergestellt werden.[9] Auch das Gros der Rückgliederung der Eigentumsverhältnisse war bis Mitte der 1950er Jahre erreicht.[10]

Seit dem Ende der 1950er Jahre veränderte sich die Marktstruktur auf dem Energiemarkt grundlegend – die Steinkohle verlor ihre Bedeutung als wirtschaftlicher Taktgeber

---

7 Zur Schlüsselstellung der Kohlenförderung für Westdeutschland und Großbritannien: Lewis H. Brown an Schröder (Krupp), 8.9.1947, HAK, WA 4/2885. Brown formulierte: »Wir müssen Lebensmittel dazu benutzen, die Produktion von Kohle in England sowie in Deutschland zu forcieren und sodann Kohle als Energiequelle für die Ingangsetzung der Industrie gebrauchen, damit sie durch ihre Exporte die benötigten Rohmaterialien und Lebensmittel einkaufen können«, und weiter fand Brown: »Als ich nach Deutschland fuhr, um die Frage des deutschen Wiederaufbaus zu studieren, glaubte ich, dass ich die Lösung innerhalb Deutschlands finden würde. Als ich jedoch tiefer in meine Studien eindrang, wurde es mir zu meinem Erstaunen klar, dass der Schlüssel zum Wiederaufbau Deutschlands und Westeuropas in der Förderung und der Ausfuhr *englischer* [HiO] Kohle liegt.«

8 Zit. Janssen (Krupp) an Erhard, 22.10.1954, HAK, WA 94/174.

9 Eva-Maria Roelevink: Kartellrecht und Kartellpraxis unter umgekehrten Vorzeichen: Die Absatzorganisation von Ruhrkohle und niederländischem Kohlengroßhandel 1924/25 und 1953/54 im Vergleich, in: Zeitschrift für Neuere Rechtsgeschichte 41:3/4, 2019, S. 234–258, hier S. 247–255.

10 Michael Farrenkopf: Wiederaufstieg und Niedergang des Bergbaus in der Bundesrepublik, in: Dieter Ziegler (Hg.): Geschichte des deutschen Bergbaus, Bd. 4: Rohstoffgewinnung im Strukturwandel. Der deutsche Bergbau im 20. Jahrhundert, Münster 2013, S. 183–302, hier S. 204–209. Für die Stahlseite s. Tobias Witschke: Gefahr für den Wettbewerb? Die Fusionskontrolle der Europäischen Gemeinschaft für Kohle und Stahl und die »Rekonzentration« der Ruhrstahlindustrie 1950–1963, Berlin 2009. Für den Komplementär – die »Ruhrkohlenindustrie« – steht eine vergleichbare Untersuchung noch aus.

vollends an das Erdöl.[11] Das hatte Folgen; die ersten Feierschichten wurden im Februar 1958 im Industriebezirk eingelegt. Bis Mitte der 1960er Jahre nahmen die Anzeichen für eine Strukturkrise zu.[12] Und obschon mit dem Vorschlag der IG Bergbau bereits 1958 der Vorschlag einer Einheitsgesellschaft auf dem Tisch lag, sollte es weitere zehn Jahre dauern, bis ihre Gründung – die RAG – gelang. Bis dahin war der Umgang mit der Krise, die viel mehr war als eine bloße Konjunkturkrise, ein ausgesprochen dilettantischer.[13] Prägend waren die ungleichen Interessen von Landes- und Bundespolitik, das Verhalten der weiterhin stolzen und auch rückwärtsgewandten Montanindustriellen sowie die Montanmitbestimmung, die zunächst eine ungewohnte Erweiterung der Verhandlungsarena, dann aber ein erstaunlich gutes Miteinander von Industriellen und Gewerkschaftlern bedeutete.

Auf Unternehmensebene fiel die Reaktion auf die Krise zunächst ausgesprochen verschieden aus. 1963 motivierte das sog. Rationalisierungsgesetz schließlich eine ganze Reihe von Zechenbesitzern zu grundlegenden Entscheidungen. Ein als öffentlich-rechtliche Körperschaft gegründeter *Rationalisierungsverband* sollte die »Steigerung der Wettbewerbsfähigkeit« bewirken. Dazu vergab der eigens geschaffene Verband Prämien für die Stilllegung. Gesetzlich festgeschrieben war die Prämierung von 25 DM pro Tonne verwertbarer Förderung im Durchschnitt der Jahre 1959 bis 1961 und auch die bis zur Stilllegung nicht abgebauten Vorkommen wurden abgegolten. 50 Prozent dieser sog. Grundprämie wurden vom Bund übernommen, eine Zusatzprämie wurde vom Rationalisierungsverband außerdem gewährt, wenn die Förderung des Bergwerkseigentümers – etwa durch die Förderung auf einer anderen Zeche – nicht ausgeglichen und damit also erhöht wurde. Weitere Prämien wurden vergeben für die Stilllegung der mit den Bergwerken verbundenen Aufbereitungsanlagen; die eigentlich anfallenden Steuern, die Umsatzsteuer, die Gesellschaftsteuer usw., wurden erlassen.[14] Damit schnürte das Gesetz ein ausgesprochen attraktives Paket, das von den Zechenbesitzern eifrig in Anspruch genommen wurde. Einigermaßen überraschend meldeten zum Stichtag im Oktober 1964 eine ganze Reihe Zechenbesitzer die Einstellung ihrer Anlagen an.[15] Die stillgelegten und zur Stilllegung angemeldeten Zechen befanden sich v. a. im Süden des Industriereviers, nur wenige Stilllegungsmeldungen wurden im Norden angemeldet. Unterhalb der alten Emschermündung waren es aber gleich drei Zechen, deren Förderung bereits eingestellt war. Zu ihnen gehörte die Zeche Neumühl in Duisburg-Hamborn.

In den 1860er Jahre von Thyssen gemutet, war es die Familie Haniel, die die *Gewerkschaft des Steinkohlenbergwerks Neumühl* 1867 gegründet und die Schachtanlage in den

---

11 Ausfl. Ray Stokes: Der Siegeszug von Erdöl und Erdgas im 20. Jahrhundert, in: Dieter Ziegler (Hg.): Geschichte des deutschen Bergbaus, Bd. 4: Rohstoffgewinnung im Strukturwandel. Der deutsche Bergbau im 20. Jahrhundert, Münster 2013, S. 515–538.

12 Farrenkopf: Wiederaufstieg und Niedergang, S. 215–226.

13 Ausfl. mit einem Schwerpunkt auf den politischen Debatten, nur am Rande jedoch mit Bezug auf die Unternehmen, Christoph Nonn: Die Ruhrbergbaukrise. Entindustrialisierung und Politik 1958–1969, Köln 2001; Franz-Josef Brüggemeier: Grubengold. Das Zeitalter der Kohle von 1750 bis heute, München 2018, S. 349–383.

14 Gesetz zur Förderung der Rationalisierung im Steinkohlenbergbau, 29.7.1963, BGBl. 44, 1963, S. 549–561, Zit. § 1, s. ferner v. a. §§ 13, 16, 17.

15 Abelshauser: Ruhrkohlenbergbau, S. 108.

1890er Jahren niedergebracht hatte. Die Zeche zählte zügig zu den wichtigen Zechen im Industrierevier, denn sie war nicht bloß Kokszeche, sondern zudem nass – sie verfügte also über eine eigene Anbindung an den Rhein-Herne-Kanal. 1933 wurde die Gew. Neumühl von der Gew. Rheinpreußen, ebenfalls im Haniel'schen Besitz, übernommen. 1951 wurde die Gew. Neumühl zur *Bergbau und Industrie AG Neumühl* umgewandelt und mit der gleichzeitig gegründeten Rheinpreußen AG für Bergbau und Chemie ein Organschafts- und Betriebsüberlassungsvertrag geschlossen.[16] Schon mit dem Abschluss des neuen Organschaftsvertrags waren Gerüchte über eine Stilllegung aufgekommen, aber erst zehn Jahre später, mit dem Verkauf von Rheinpreußen an die *Deutsche Erdöl AG* (DEA), wurde die Anlage tatsächlich stillgelegt. So weit, so gut. Es ist bekannt, dass die Familie Haniel sich früher aus dem angestammten schwerindustriellen Schwerpunkt zurückzog als viele andere Schwerindustrielle. Auch war die DEA keineswegs eine reine Mineralölgesellschaft, sondern verstärkt seit der NS-Zeit im Steinkohlen- und auch Braunkohlenbergbau tätig. Revierfremd war die DEA also keineswegs. Zunächst also war Neumühl nur eine unter vielen Zechen, die im Zuge der Stilllegungswelle geschlossen wurde und die Prämienregelung nutzte. Grundsätzlich hatte es die Stilllegung von Schachtanlagen im Industrierevier immer gegeben, mitunter war es zu regelrechten Stilllegungshäufungen, markant etwa während der 1920er Jahre, gekommen. Dass allerdings und infolge des Rationalisierungsgesetzes auf einen Schlag 31 Großzechen und 20 Kleinzechen die Einstellung ihrer Förderung bereits vorgenommen hatten oder anmeldeten, das war neu und durchaus ein Problem. Mit einer Stilllegungswelle dieses Ausmaßes war die Emschergenossenschaft noch nicht konfrontiert worden. Und sie war höchst relevant für sie, denn mit einem Mal drohten ihr eine ganze Reihe zahlender Beteiligter abhandenzukommen.

Die Zeche Neumühl jedenfalls informierte am 22. August 1963 den Vorstand der Emschergenossenschaft von ihrer Absicht, zu liquidieren. Die Anlagen waren bereits abgebaut, die Stilllegung vollzogen, so informierte die Zechenleitung. Die rechtliche Abwicklung der Bergbauaktiengesellschaft könne nun auf den Weg gebracht werden. Neumühl tat mit ihrer Nachricht an die Emschergenossenschaft also kund, diesen letzten Rechtsschritt, die Liquidierung und dann die Löschung, vornehmen zu wollen. Hätte die Emschergenossenschaft dem zugestimmt, dann hätte die Emschergenossenschaft sie einfach aus der Veranlagung entlassen und ihre Ansprüche schlicht fallengelassen. Dem standen allerdings das Selbstverständnis und auch das sonderrechtliche Format der Genossenschaft entgegen.[17] Die Emschergenossenschaft war mit Daueraufgaben betraut, und klar war, dass die bergbauliche Förderung von Neumühl in der Vergangenheit längerfristige Folgen für das Gebiet haben würde, die auch Kosten verursachen würden. Das betraf nicht nur die Bergsenkungen, die mit der Stilllegung nicht zum Halten, sondern erwartungsgemäß noch Jahrzehnte voranschreiten würden, sondern auch die wasserwirtschaftlichen Folgekosten.

---

16 Gerhard Gebhardt: Ruhrbergbau. Geschichte, Aufbau und Verflechtung seiner Gesellschaften und Organisationen, unter Mitwirkung der Gesellschaften des Ruhrbergbaus zusammengestellt, Essen 1957, S. 450 f., 458.

17 S. dazu das Kap. »Die ›Bad Bank‹«

Das war Neumühl selbstredend bekannt. Neumühl bat den Vorstand der Emschergenossenschaft deshalb darum, einen »Ablösebetrag« zu bestimmen, mit dem Neumühl die »laufende Beitragsverpflichtung« abgelten konnte. Mit anderen Worten: Neumühl wollte sich möglichst geräuschlos aus der Dauerverpflichtung als Beteiligte der Emschergenossenschaft herauskaufen. Sie trat damit als First Mover auf, war also die erste Gesellschaft, die auch die vollständige Liquidierung anstrebte. Freihändig entscheiden konnte der Vorstand der Emschergenossenschaft in der Sache nicht. Wie es der etablierte Verfahrensweg war, beschloss der Vorstand, einen Ausschuss unter Einschluss von Beteiligtenvertretern einzusetzen und mit der Lösung zu beauftragen.[18]

Die Zechenleitung versuchte, nachdem auf diese Weise angezeigt war, dass von der Emschergenossenschaft keine schnelle Lösung zu erwarten war, ihre Liquidierung an der Emschergenossenschaft vorbei zu realisieren, indem sie sich nach den Vorgaben des Allgemeinen Berggesetzes an das Oberbergamt wandte und listig ihren »Verzicht auf das Bergwerkseigentum« erklärte. Der Verzicht wurde mit der »Einsparung von Verwaltungskosten« gerechtfertigt und sei im Interesse der Rationalisierung erforderlich, so begründete die Zeche ihren Antrag. Und weiter: Der Betrieb sei mit der Stilllegung bereits aus der Bergaufsicht entlassen, auch das zuständige Finanzamt habe das Bergwerkseigentum bereits auf null gesetzt. Die dann vorgebrachten Ausführungen waren aber glatt gelogen: »Gründe der Bergaufsicht oder anderer öffentlicher Interessen«, so Neumühl, stünden »einer Aufhebung des Bergwerkseigentums nicht entgegen«. Neumühl bat um die Durchführung des Verzichtverfahrens, das – sollte es denn ohne Komplikationen vollzogen werden – mit dem Beschluss der Aufhebung des Bergwerkeigentums und dann der Löschung des Bergwerkeigentums aus dem Grundbuch führte.[19] Die Drähte liefen heiß, und zwar unmittelbar. Denn selbstverständlich standen der Durchführung des Verzichtsverfahrens sehr konkrete Interessen entgegen, die Neumühl ja auch bekannt waren, im Besonderen die der Emschergenossenschaft. Prompt »zitierte« *Erich Knop*, der 1958 Alexander Ramshorn nachgefolgt war, den Vertreter der Zeche an die Kronprinzenstraße. Dort eröffnete er dem Zechenvertreter: Die Emschergenossenschaft strebe nicht nach einer Einzelfallregelung, sondern nach einer »allgemeine[n] Regelung« und akzeptiere den unredlichen Taschenspielertrick in keiner Weise.[20] Die Emschergenossenschaft sah in dem Antrag der Gew. Neumühl den Präzedenzfall zu der ungeklärten Frage, wie mit der Veränderung der Industriestruktur umzugehen war. Nachdem Knop seinen Standpunkt markiert hatte, signalisierte nun auch das Oberbergamt, dass ein Verzichtsverfahren nicht möglich sei, schließlich würde die Zeche sich damit der »eingetragenen Dienstbarkeit« entziehen.[21]

Zum 1. Juli 1965 stellte die Neumühl die Zahlung ihrer veranlagten Beiträge an die Emschergenossenschaft ein. Damit kam es zur Konfrontation. Die zuständige Berufungskommission entschied und hielt die Veranlagung von Neumühl aufrecht und drohte mit einer Zwangsvollstreckung. Sowohl die Emschergenossenschaft als auch

18 Niederschrift über die Vorstandssitzung der Emschergenossenschaft am 22.11.1963, EGLVA, o. Sig.

19 Bergbau und Industrie AG Neumühl an Oberbergamt Dortmund, 15.3.1965, montan.dok/BBA, 11/668.

20 Aktennotiz [o. V.], betr. Anruf Dr. Ritter, 16.3.1965, montan.dok/BBA, 11/668.

21 Vermerk, betr. Verzicht auf Bergwerkseigentum, 19.4.1965, montan.dok/BBA, 11/668.

die Zeche gaben nun, wie auf bewährte Art, eine Reihe von Rechtsgutachten in Auftrag, die die je eigene Position stärken sollten und die in die Diskussionen eingebracht wurden. Eine Lösung wurde damit nicht erreicht, vielmehr erbrachten die konträr urteilenden Gutachten eine Pattsituation.[22] Derweil kam der von der Emschergenossenschaft eingesetzte Ausschuss nach zweijähriger Tätigkeit zu einem eindeutigen, aber wenig lösenden Ergebnis: Eine Ablösesumme zu errechnen, hielten die Mitglieder des Ausschusses für »unmöglich«. Die zwischenzeitlich anvisierten 18 Millionen DM böten keine ausreichende Sicherheit. Der Vorstand der Emschergenossenschaft, so empfahl der Ausschuss, sollte die Zeche Neumühl darüber informieren, dass man sie nicht aus ihrer zahlenden »Dauerverpflichtung« entlassen könne, jedenfalls solange die Zeche keinen Bürgen für die dauerhafte Sicherung benennen könne.[23] Ein derartiger Bürge würde der Staat – das Land oder der Bund – sein müssen, das war allen klar. Die Zechenbesitzer scheuten es natürlich, diese Bürgen zu beschaffen, denn, und ganz ohne Zweifel, die Übernahme der Dauerverpflichtung und damit die Bürgschaft durch den Staat würde nicht umsonst sein.

Neumühl entschied sich daher für den Rechtsweg. Die Zechenleitung beauftragte nun keinen anderen als *Ernst Rudolf Huber*, einen zwar kompromittierten, aber hoch angesehenen Wirtschaftsverwaltungsrechtsexperten, mit einem ausführlichen Gutachten. Huber hatte während der NS-Zeit zu den wesentlichen Verfassungsrechtlern gezählt. Nach dem Krieg hatte Huber als Ghostwriter einige geschichtspolitische Aufgaben im Industriebezirk wahrgenommen,[24] bis er nach einer »Schamfrist« von zehn Jahren erneut zum Professor berufen worden war. Seine Expertise im Wirtschaftsverwaltungsrecht und sein Gewicht als Jurist waren im zeitgenössischen Verständnis vollkommen wiederhergestellt.[25]

Hubers Rechtsgutachten, das er im November 1965 fertigstellte, ist aus mehreren Gründen ausgesprochen bemerkenswert. Selbstredend, Neumühl hatte das Gutachten schließlich auch bezahlt, kam Huber zu dem Ergebnis, dass Neumühl, insofern die Stilllegung bereits vorgenommen war, aus der dauernden Beitragspflicht entlassen werden musste. Der zentrale Punkt des Gutachtens liegt aber anders: Die Emschergenossenschaft hatte sich auf den Standpunkt gestellt, und agierte damit in der Argumentation ihrer Gründung, eine »Daueraufgabe« zu bewältigen. Huber dagegen fand aus rechtshistorischer und rechtlicher Herleitung heraus weniger eine »Daueraufgabe« am Werk, sondern eine »ewige Beitragslast«. Nicht die hoheitlich festgestellte Beitragspflicht, sondern die derart konstruierte Ewigkeit wurde zum rechtlichen Hebel für die Entlassung aus der Beitragsleistung. Denn die Kehrseite der Medaille, ein ewiger

---

22 Gutachten Magnussen, Jacobs und Dr. Roser, Dez. 1963; Gutachten Prof. Kosiol u. Dr. Neubert, April 1965, Einordnung: Rechtsgutachten von Prof. Dr. Ernst Rudolf Huber, Göttingen: Der Einfluss der Stilllegung eines Bergwerks auf die Beitragspflicht gegenüber der Emschergenossenschaft, 12.11.1965, BArch, N 1505/344.

23 Niederschrift über die Vorstandssitzung der Emschergenossenschaft am 1.6.1965, EGLVA, o. Sig.

24 Eva-Maria Roelevink: Geschichtspolitik als Unternehmenskommunikation. Krupp im 20. Jahrhundert, Berlin/Boston 2023, S. 167–174.

25 Ewald Grothe: Eine »lautlose« Angelegenheit? Die Rückkehr des Verfassungshistorikers Ernst Rudolf Huber in die universitäre Wissenschaft nach 1945, in: Zeitschrift für Geschichtswissenschaft 47.11, 1999, S. 980–1001, Zit. S. 990.

»Verbandszwang«, stand Huber zufolge in einem krassen und v. a. unrechtmäßigen Widerspruch zum Grundrecht einer Aktiengesellschaft, das besagte, dass die AG selbst über ihre Auflösung entscheiden könne.[26] Diese Argumentationslinie, die Huber in die eher stillstehende Diskussion einfügte, wurde zentral. Und sie ist es bis heute. Nicht der Verursacher von später auftretenden Schäden, sondern eine auf ›Ewigkeit‹ bezogene Verbandsmitgliedschaft war in dieser Sicht nicht rechtens. Ebenfalls und bis heute zentral ist in dieser Argumentation angelegt, dass ›Ewigkeitslasten‹, was ein ausgesprochenes Abstraktum darstellt, zu realen »Ewigkeitskosten« transformierbar waren. Die Einführung und Entwicklung der »Ewigkeit« zu einem Rechts- und gleichzeitigen Kostenbegriff war die grundlegende und von Huber konstruierte Neuerung. Neumühl jedenfalls erhob auf der Grundlage dieses Rechtsgutachtens Klage gegen die Veranlagung durch die Emschergenossenschaft.[27]

Neumühl erreichte dann auch die Entscheidung des Oberbergamts. Das Ergebnis war nicht mehr besonders überraschend. Die Prüfung, so hieß es vom Bergamt, hätte ergeben, dass für »längere Zeit« mit Bergschäden zu rechnen sei. Die bereits vom Ausschuss der Emschergenossenschaft empfohlene Beibringung eines Bürgen sei der Zeche daher angeraten. Ausdrücklich aber entzog sich das Oberbergamt der Beurteilung der eigentlichen Frage, nämlich wie auf Dauer – auf »Ewigkeit« wie Huber formuliert hatte – mit der »Beitragspflicht« umzugehen sei.[28] Eine zweitägige Besprechung im Landwirtschaftsministerium, an der Vertreter des Wirtschaftsministeriums und der Zeche, aber kein Vertreter der Emschergenossenschaft teilnahmen, brachte keine wesentlichen Fortschritte. Nur wenn keine Bergschäden mehr zu befürchten seien, sei die Liquidation wünschenswert, hieß es vonseiten der Landesverwaltung. Das Ministerium bekräftigte die Ansicht, »daß die Ansprüche der Emschergenossenschaft in dem Verfahren zur Aufhebung des Bergwerkseigentums zu berücksichtigen sind« und zwar, weil »sie auf Zahlung öffentlich-rechtlicher Beiträge gerichtet sind, die zur Finanzierung öffentlicher Aufgaben dienen«. Wie im Beschluss des Ausschusses bereits vorweggenommen, fand man nun auch von Ministerialseite, dass eine Absicherung der Folgekosten zentral war. Während der Gespräche brachte Neumühl v. a. die Entwicklung der Emschergenossenschaft, ihren Gründungszweck und Konsens zu Sprache. Dem »interessierten« Ministerium wurde für die weitere Bearbeitung dann auch das Gutachten von Huber übermittelt.[29]

Im Oktober 1966 fand das nächste Treffen zwischen den Vertretern des Wirtschaftsministeriums und den Zechenvertretern statt. Inzwischen hatte das Wirtschaftsministerium sich mit dem Landwirtschaftsministerium in der Angelegenheit beraten. Während die Vertreter des Wirtschaftsministeriums sich für eine Sicherung ausgesprochen hatte, fand man im Landwirtschaftsministerium, dass das Bergwerkseigentum

26 Rechtsgutachten von Prof. Dr. Ernst Rudolf Huber, Göttingen: Der Einfluss der Stilllegung eines Bergwerks auf die Beitragspflicht gegenüber der Emschergenossenschaft, 12.11.1965, BArch, N 1505/344.

27 GBAG an Rheinelbe BAG, betr. Zechenstillegung, Beiträge zur Emschergenossenschaft, 27.1.1966, montan.dok/BBA, 55/2039.

28 Vermerk, betr. Aufgabe des Bergwerkseigentums Neumühl, 2.9.1965, montan.dok/BBA, 11/668.

29 Vermerk über die Besprechung im Ministerium für Wirtschaft des Landes NRW, 7. u. 8.6.1966, montan.dok/BBA, 11/668.

nicht aufgehoben werden könne. Zumal das Gerichtsverfahren von Neumühl gegen die Emschergenossenschaft noch laufe. Man dürfe der verwaltungsgerichtlichen Entscheidung nicht zuvorkommen, denn es sei ja »immerhin möglich, daß die Gerichte die Auffassung vertreten, die Beitragspflicht zur Emschergenossenschaft ergebe sich aus dem Bergwerkseigentum«. Denn zu befürchten sei ja, dass »der Staat die Kosten« übernehmen müsse. Zwar sei das »auf lange Sicht« wohl unvermeidlich, ebenso wie eine Neufassung des Emschergenossenschaftsgesetzes, »zur Zeit« aber fand das Landwirtschaftsministerium dazu noch keine Veranlassung. Vielmehr empfahl man die Festlegung einer Ablösesumme.[30]

Das hatte man in der DEA-Konzernverwaltung bereits befürchtet und daher die Umwandlung von einer AG auf eine GmbH vorgenommen. Auf diese Weise wurde das Vermögen der Neumühl AG transferiert, die in der AG noch stehenden freien Rücklagen von knapp sieben Millionen DM wurden aufgelöst und über den Weg der Ergebnisabführung auf die weiterhin bestehende Rheinpreußen AG übertragen. Lediglich das Bergwerkseigentum, auf das man ja nicht verzichten durfte, und die »Bergschaden-Rückstellung« über 6,3 Millionen DM verblieben bei der neu geschaffenen *Bergbau und Industrie GmbH Neumühl*. Die Neumühl AG hatte nach ihrer Stilllegung über ein Stammkapital von 15 Millionen DM verfügt, mit dieser Formänderung wurde ihr Vermögen auf etwa 9 Millionen DM herabgesetzt.[31] Noch bevor das Verwaltungsgericht zu einer Entscheidung gekommen war, wurden die Neumühl GmbH und die Rheinpreußen AG verschmolzen – das allerdings aus steuerlichen Gründen. Bezweckt war also nicht, Vorteile aus dieser Umwandlung in Hinblick auf die schwebende Frage der Beitragspflicht zu erwirken.[32]

Das Verwaltungsgericht entschied zunächst zugunsten der Emschergenossenschaft. Neumühl legte Beschwerde ein, das angerufene Oberverwaltungsgericht aber verwies den Fall zurück an das Verwaltungsgericht. Das Verwaltungsgericht Düsseldorf wies den Antrag der Zeche dann ein zweites Mal ab. Neumühl legte wiederum Beschwerde ein und brachte die Angelegenheit damit ein zweites Mal vor das Oberverwaltungsgericht. Immer wieder nahmen die Zeche und die Emschergenossenschaft zwischen den Entscheidungen Verhandlungen auf.[33] Eine Lösung wurde erst 1971 erreicht, nachdem nämlich die RAG als Einheitsgesellschaft gegründet worden war und im Anschluss an den Grundvertrag vom 18. Juli 1968 eine aufwendige und weitergehende Abstimmung über die Neuordnung stattgefunden hatte, die auch die Übernahme der »Erblasten« bedeutete.[34]

1966 wurde die DEA vom Newcomer im deutschen Ölmarkt, der *Deutschen Texaco AG* (Texaco), übernommen. Damit gehörte nunmehr auch Rheinpreußen (und Neumühl) zur Texaco. In den Gründungsjahren der RAG ging das lästige Bergwerkseigentum von

30 Vermerk (für Ritter, Bergemann, Müller), betr. Emschergenossenschaft, Besprechung im Ministerium für Wirtschaft, Mittelstand und Verkehr des Landes NRW in Düsseldorf am 18.10.1966, 18.10.1966, montan.dok/BBA, 11/668.

31 Notiz, DEA-HV [Hauptverwaltung], Rechtsabteilung, betr. Bergbau und Industrie AG Neumühl, 17.12.1965, montan.dok/BBA, 11/668.

32 Vermerk, betr. Vereinigung von Neumühl und Rheinpreußen, 5.4.1967; Deutsche Erdöl-AG an Schönbach, betr. Umwandlung von Neumühl auf Rheinpreußen, 20.6.1967, montan.dok/BBA, 11/668.

33 Niederschrift über die Vorstandssitzung der Emschergenossenschaft am 18.10.1966, EGLVA, o. Sig.

34 Abelshauser, Ruhrkohlenbergbau, S. 142–147, Zit. S. 146.

Rheinpreußen auf die RAG über.[35] Eine »Ablösesumme« dürfte hier wohl auf die RAG transferiert worden sein. Allerdings ging damit auch die Finanzierung der »Ewigkeitskosten« als »Ewigkeitsaufgabe« nun an die RAG. Erst mit diesem Schritt war das Problem geklärt. Laut dem Geschäftsbericht der Emschergenossenschaft zog Texaco im Januar 1972 ihre Klage zurück. Das Oberverwaltungsgericht stellte das Verfahren daraufhin ein: »Damit ist die für das Verbandswesen wichtige Grundsatzentscheidung [...], mit der die Rechtsauffassung der Emschergenossenschaft voll bestätigt wird, rechtskräftig geworden.«[36] Tatsächlich war die Emschergenossenschaft bestätigt worden: Ihre Veranlagung war rechtens und v. a. »dauerhaft«. Als hochrelevant – und zwar auf mittlere Sicht – sollte sich indes die neu eingefügte Formel der »Ewigkeit« herausstellen. Sie machte es möglich, die Ablösesummen zu fixieren und als »Ewigkeitskosten« in die RAG zu transferieren. Seit 2007 ist für die Finanzierung die RAG-Stiftung zuständig, die Ausführung wie die technische Leitung liegt aber und selbstverständlich weiterhin bei der Emschergenossenschaft.

35 Wir danken Dietmar Bleidick sehr herzlich für diesen Hinweis. Ausfl. zur Mineralölwirtschaft ders.: Aral. 125 Jahre Kraftstoffwirtschaft in Deutschland, Münster 2024.

36 Zit. Jahresbericht 1970 und 1971 der Emschergenossenschaft, EGLVA, o. Sig.

Quellen

Der Vorstandsbeschluss der Emschergenossenschaft, 1965

(Niederschrift über die Vorstandssitzung der Emschergenossenschaft am 1.6.1965 [Ausschnitt], EGLVA, o. Sig.).

[Tagesordnungspunkt 3]
Der Vorsitzende erläutert den Sachverhalt Neumühl und teilt mit, daß er sich schriftlich mit dem Unternehmensverband in Verbindung gesetzt und mit Herrn Dr. Burckhardt auch in einem mündlichen Gespräch auf die Schwierigkeiten aufmerksam gemacht und ihn gebeten habe, die Angelegenheit bei den Ministerien in Düsseldorf, insbesondere bei Herrn Ministerpräsidenten Meyers, vorzutragen und zu klären. Der in der Vorstandssitzung am 22. November 1963 gebildete Ausschuß sei am 7. April 1965 unter seinem Vorsitze zusammengetreten und zu folgendem Ergebnis gekommen:

Es erscheint unmöglich, eine zum Zwecke der Entlassung der Bergbau und Industrie AG Neumühl aus den Dauerverpflichtungen gegenüber der Emschergenossenschaft zu zahlende Ablösesumme mit auch nur annähernder Genauigkeit zu errechnen. Die Schwierigkeit liegt darin, daß bei der z.Z. zu beobachtenden und erfahrungsgemäß fortschreitenden Kostensteigerungs- und Kaufkraftschwundtendenz keine noch so hohe Summe garantieren kann, daß die von der Genossenschaft bis in alle Zukunft zu erbringenden Leistungen, die von Neumühl veranlaßt wurden, aus einer solchen Summe auch wirklich gedeckt werden können. Auch der vorläufig errechnete Betrag von rd. 18 Mill. DM würde eine genügende Sicherheit nicht bieten, da in dieser Berechnung von einer linearen Kostensteigerung ausgegangen wurde, während die Indexwerte der vergangenen Jahre eine progressive Tendenz aufweisen. Die Genossenschaft kann als Vertreterin der Interessen ihrer gesamten Beteiligten aber die Übernahme des Risikos einer nicht ausreichenden Zahlung nicht verantworten.

Die Kommission schlägt infolgedessen dem Vorstand vor, die Anfrage der Bergbau und Industrie AG Neumühl vom 22. August 1963 nach Benennung eines Ablösungsbeitrages dahingehend zu beantworten, daß die Errechnung eines Ablösungsbetrages wegen der ungewissen Zukunftsentwicklung nicht möglich sei und die Neumühl AG daher aus ihren Dauerverpflichtungen der Emschergenossenschaft gegenüber nicht entlassen werden könne. Die Kommission schlägt weiterhin vor, der Bergbau und Industrie AG Neumühl jedoch für den Fall, daß sie gleichwohl liquidieren wolle, anheim zu stellen, ihm Rahmen des § 213 Abs. 3 des Aktiengesetzes der Emschergenossenschaft Sicherheit zu leisten. Als ausreichende Sicherheitsleistung würde die Kommission die Bürgschaftserklärung eines sicheren Bürgen vorsehen, wobei sie vorschlägt, Neumühl zu empfehlen, unter Einschaltung des Unternehmensverbandes den Bund oder das Land als Bürgen zu gewinnen. Sicherheitsleistung durch Hinterlegung eines bestimmten Betrages, ohne daß für dessen Ausreichen ein potenter Bürge garantiere, würde nicht als ausreichend akzeptiert werden können.

Auf Vorschlag des Vorsitzenden beschließt der Vorstand, daß die Emschergenossenschaft keine Möglichkeit sieht, die Bergbau und Industrie AG Neumühl, Duisburg, aus ihren Dauerverpflichtungen gegenüber der Emschergenossenschaft zu entlassen. Sie wird daher die Bergbau und Industrie AG auch in Zukunft zu den laufenden Genossenschaftsbeiträgen veranlagen.

Der Einfluss der Stilllegung eines Bergwerks auf die Beitragspflicht, 1965

(Rechtsgutachten von Prof. Dr. Ernst Rudolf Huber, Göttingen: Der Einfluss der Stilllegung eines Bergwerks auf die Beitragspflicht gegenüber der Emschergenossenschaft, 12.11.1965 [Ausschnitt], [S. 130], BArch, N 1505/344)

[...].
Der dabei verfolgte Plan [der zur Gründung der Emschergenossenschaft führte; d. V.] zielte auf die Begradigung des Flußlaufes der Emscher, auf die möglichst weitgehende Beseitigung der Stauwerke, auf die Vertiefung der Sohle und auf die Anlage von Klärvorrichtungen. Mit diesen technischen Maßnahmen wurde die Verbesserung des Gefälles der Emscher, die raschere Abführung der Niedrig- und Hochwasser, die Vergrößerung der Vorflut und die Senkung des Grundwasserstandes erreicht. Es entstand damit die Möglichkeit, Kanalisationen zu schaffen, die durch den Kohleabbau entstandenen Senkungsgebiete trocken zu legen, Polder eingehen zu lassen und die bei Bahnhofsumbauten notwendig werdenden Unterführungen in vereinfachter und billigerer Weise auszuführen.

Dieser Vielfalt der Genossenschaftsaufgaben und -zwecke entspricht der weite Kreis der von dem Gesetzgeber herangezogenen Beteiligten. Zu ihm gehören auf der einen Seite die für die örtliche Daseinsgestaltung zuständigen Gemeinden und Gemeindeverbände, auf der anderen Seite die wasserwirtschaftlich beteiligten Unternehmen der privaten Wirtschaft und der öffentlichen Hand (Bergwerke, andere gewerbliche Unternehmungen, Eisenbahnen und sonstige Anlagen).

Die in dem Gesetz angeordnete Belastung des Bergbaus mit erheblichen Verpflichtungen erklärt sich daraus, daß der Bergbau in dreifacher Weise zu den der Genossenschaft zu beseitigenden Störungen beiträgt:

einmal durch die Ableitung von Gruben-, Waschkauen- und Aufbereitungsabwasser, zum anderen durch die Heranziehung großer Massen von Arbeitskräften, die ihrerseits wieder zur Vermehrung der Abwasser beitragen, schließlich durch die Bodensenkungen, die das Gefälle der Emscher beeinträchtigen und Überschwemmungsgebiete hervorrufen. Wegen dieser Mitverursachung der eingetretenen wasserwirtschaftlichen Störungen, aber auch wegen seines Eigeninteresses an einer geordneten Wasserwirtschaft in einem der Hauptabbaugebiete des Ruhrreviers hat das Gesetz den Bergbau zur Deckung der entstehenden Genossenschaftslasten herangezogen, und zwar durch Beiträge, die die Bergwerke jährlich an die Emschergenossenschaft nach einem im Statut festgelegten Schlüssel zu entrichten haben.

Demgemäß hat auch die Bergbau- und Industrie AG Neumühl, der die im Emschergebiet belegene Zeche Neumühl gehört, jährlich Beiträge an die Emschergenossenschaft geleistet. Im letzten Betriebsjahr (1962) beliefen die Beiträge der Zeche Neumühl sich auf 598.000.- DM. Ende 1962 hat die AG die Zeche Neumühl stillgelegt. Sie hat die Übertageanlagen abgebrochen, die Schächte verfüllt, das Grundeigentum im Zechengebiet veräußert. Zu dieser endgültigen Stilllegung der Zeche hat die AG sich im Hinblick auf das damals bevorstehende Gesetz zur Förderung der Rationalisierung im Steinkohlenbergbau vom 29. Juli 1963 [...] entschlossen. Um die dort vorgesehene Finanzierungshilfe zu erhalten, hat die Neumühl AG durch Eintragung einer beschränkten persönlichen

Dienstbarkeit zugunsten der Bundesrepublik Deutschland sichergestellt, daß innerhalb von acht Jahren seit der Stilllegung die Kohlengewinnung im Abbaubereich grundsätzlich nicht wieder aufgenommen werden darf. Darüber hinaus hat die Neumühl AG mit Erklärung gegenüber dem Oberbergamt auf ihr Bergwerkseigentum verzichtet. Ein Aufhebungsbeschluß des Oberbergamts ist bisher noch nicht ergangen.

Auch nach der Stilllegung der Zeche hat die Emschergenossenschaft die Neumühl AG weiter zur Beiträgen veranlagt, so für 1964 mit 578.903,- DM, für 1965 mit 632.705.- DM. Die Emschergenossenschaft stützt [handschriftl. eingefügt: berief] sich bei dieser Beitragserhebung auf ihr Statut und auf die darauf gestützten Veranlagungsgrundsätze, nach denen auch stillgelegte Bergwerke beitragspflichtig bleiben, allerdings in einem etwas verminderten Maß. Die Neumühl AG bezweifelt, daß ihre Beitragspflicht nach der endgültigen Stilllegung der Zeche Neumühl fortbesteht. Die Emschergenossenschaft dagegen ist der Ansicht, daß die Neumühl AG auch nach der Stilllegung ihrer Zeche auf ewige Zeiten zur Leistung der Genossenschaftsbeiträge verpflichtet bleibt. Nach dieser Rechtsansicht bestehen somit auf ewige Zeiten Verbindlichkeiten der Gesellschaft; auch die Auflösung von der Neumühl AG wäre damit trotz des Wegfalls des Unternehmenszweckes auf immer verhindert.

Um die entstandene schwierige Lage zu überwinden, haben die Neumühl AG und die Emschergenossenschaft eine Zeitlang über eine Kapitalabfindung verhandelt. Zunächst schien es, als sei die Emschergenossenschaft bereit, eine Kapitalabfindung für den Verzicht auf ihren Beitragsanspruch entgegenzunehmen. Das „Gutachen Magnussen" hat für diese Kapitalabfindung, die für es die angenommene ewige Beitragslast, die vermutlichen Kostensteigerungen, die Geldentwertung und weitere Unsicherheitsfaktoren berücksichtigte, einen Beitrag von 16.644,140.- DM ermittelt. Dagegen ist das „Gutachten Kosiol" unter Anwendung eines anderen Berechnungsverfahrens zu einem Abfindungsbetrag gekommen, der zwischen 5.177.500.- und 7.079.100,- DM liegt. Doch haben diese Erwägungen sich inzwischen als hinfällig erwiesen, da der Vorstand der Emschergenossenschaft durch Beschluß vom 1. Juni 1965 die zunächst in Betracht gezogene Kapitalabfindung abgelehnt und erklärt hat, auf der weiteren Erfüllung der jährlichen Beitragspflicht der Neumühl AG zu bestehen.

Die Bergbau- und Industrie AG Neumühl hat den Unterzeichneten angesichts dieses Sachverhalts um ein Rechtsgutachten gebeten, das vornehmlich folgende Fragen prüfen soll:

1. Ist die Gesellschaft auch nach endgültiger Stilllegung ihrer Zeche zu Leistungen von Beiträgen an die Emschergenossenschaft verpflichtet?
2. Kann die Beitragspflicht, falls sie trotz der Stilllegung fortbesteht, durch andere Rechtshandlungen beendigt werden, so etwa durch Verzicht auf das Bergwerkseigentum?
3. Schließt die fortdauernde Beitragspflicht die Liquidation der Gesellschaft aus, oder kann die Liquidation mindestens auf Grund der Zahlung einer Kapitalabfindung an die Emscher durchgeführt werden?

[...]

[Die Rechtsform der Emschergenossenschaft]
Ob die Emschergenossenschaft ein *Verband des privaten oder des öffentlichen Rechts* [HiO] ist, ist im Gesetz nicht ausdrücklich gesagt. Aus der bloßen Bezeichnung „Genossenschaft" ist nicht etwa schon zu entnehmen, daß es sich um eine privatgesetzliche Vereinigung im Sinn des Genossenschaftsgesetztes handle. Vielmehr gibt es zahlreiche Genossenschaften, die öffentlich-rechtliche Verbände sind. Soweit die Gesetze die Frage nach der Rechtsnatur nicht durch eine ausdrückliche „Deklaration" entschieden haben, kommt es für die Zuordnung eines Verbandes zum privaten oder öffentlichen Recht auf den Gesamtstatus an, insbesondere auf die Organisation, die Aufgaben und die Rechtsbefugnisse, mit denen der Verband ausgestattet ist. Es gibt also öffentlich-rechtliche Verbände nicht nur „kraft Deklaration", sondern auch „kraft Wesen", nämlich nach Maßgabe des öffentlich-rechtlichen Gesamtstatus, den das Gesetz für den in Frage stehenden Verband gegründet hat. Entscheidend ist aber nicht der formale Wortlaut, sondern der materielle Sinngehalt des Gesetzes. [...]

Aus der Organisation, den Funktionen und Rechtsbefugnissen der Emschergenossenschaft ergibt sich, daß es sich bei ihm um einen öffentlich-rechtlichen Verband handelt. Die Emschergenossenschaft dient einer öffentlichen Aufgabe, [...]. Die Emschergenossenschaft besitzt eine öffentliche Organisation, [...]. Die Emschergenossenschaft ist schließlich mit hoheitlichen Rechtsbefugnissen ausgestattet, [...]. Weiterhin hat die Genossenschaft eine dem öffentlichen Interesse an ihrem Fortbestand entspringende *Daseinspflicht* [HiO]. Zwar ist die Möglichkeit der Auflösung der Genossenschaft vorgesehen (§ 24); aber der Auflösungsbeschluß bedarf der Genehmigung der Landesregierung, wodurch das öffentliche Interesse am Fortbestand der Genossenschaft hinreichend gesichert ist. Schließlich untersteht die Emschergenossenschaft der *Staatsaufsicht* [HiO], und zwar in einer Form, wie sie für öffentlich-rechtliche Verbände kennzeichnend ist (§ 20). [...] Obwohl die Emschergenossenschaft durch das Gesetz nicht ausdrücklich zum öffentlich-rechtlichen Verband deklariert ist, hat sie „kraft Wesens" die Rechtstellung eines Rechtssubjektes des öffentlichen Rechts. Innerhalb der Gesamtheit der öffentlichrechtlichen Verbände gehört sie zur engeren Gruppe der öffentlich-rechtlichen Körperschaften. Denn sie ist organisatorisch und rechtlich verselbstständigt und nimmt ihre Aufgaben auf der Grundlage mitgliedschaftlicher Selbstverwaltung wahr, was insbesondere an der umfassenden Entscheidungszuständigkeit der Genossenschaftsversammlung deutlich wird.

[...] Somit sprechen auch Gründe der Rechtsanalogie dafür, daß die Emschergenossenschaft als eine der ältesten und bedeutendsten unter den Wasserverbänden trotz des Schweigens des Gesetzes die Stellung einer öffentlich-rechtlichen Korporation innehat.

[Die Rechtsnatur der Genossenschaftsbeiträge]
Die von der Genossenschaft erhobenen Beiträge, zu denen die „Beteiligten" kraft der Hoheitsgewalt der Genossenschaft veranlagt werden, sind *öffentliche Abgaben* [HiO]. Sie werden durch Verwaltungsakt festgelegt. Ihr öffentlich-rechtlicher Charakter ergibt sich auch aus ihrer Kennzeichnung als „allgemeine Lasten" (§ 12 Emscher[genossenschafts]gesetz), des weiteren aus der Verweisung auf das kommunale Abgabenrecht (§ 13 Abs. 2), aus der Möglichkeit der Einziehung im Verwaltungszwangsverfahren (§ 12 Abs. 2) und aus der Anfechtbarkeit der Beitragsfestsetzung in einem den Verwaltungsrechtsweg ausschließenden Berufungsverfahren (§§ 14, 15). Der öffentlich rechtliche

Charakter der Beitragsfestsetzung wird dadurch besonders betont, daß die Anfechtung des Beitragsbescheids keine aufschiebende Wirkung hat.

Es ist deshalb grundsätzlich verfehlt, wenn ein Teil der bisherigen Stellungnahmen die Beiträge als Leistungen aus schuldrechtlichen Ersatzansprüchen bezeichnen, die ihre Grundlage in einem „gesetzlichen Schuldverhältnis" zwischen der Emschergenossenschaft und den Beitragspflichtigen hätten. Unter einem „gesetzlichen Schuldverhältnis" wird dabei ein durch Gesetz begründetes Schuldverständnis des privaten Rechts verstanden. In Wahrheit beruht die Beitragspflicht auf einem *Verwaltungsrechtsverhältnis* [HiO], das ausschließlich öffentlich-rechtliche Beziehungen zwischen der Genossenschaft und den Beitragspflichtigen zum Inhalt hat. Die Beitragspflicht ist daher eine öffentlich-rechtliche Aufgabenpflicht.

Die Rechtslehre unterscheidet drei Formen der öffentlichen Abgaben: Steuern, Gebühren, Beiträge. Die hier in Frage stehenden Genossenschaftsbeiträge gehörten zu den *öffentlich-rechtlichen Beiträgen* [HiO] im rechtstechnischen Sinn. Es handelt sich also weder um *Steuern* [HiO], das heißt um Abgaben, die zur Deckung des Finanzbedarfs der öffentlichen Verwaltung ohne Rücksicht auf eine staatliche Gegenleistung oder auf ein Sonderinteresse des Abgabenpflichtigen erbracht werden, noch um *Gebühren* [HiO], die von den Abgabepflichtigen als Gegenleistung für eine besondere Verwaltungsleistung geschuldet sind. Sondern es handelt sich um *Beiträge* [HiO], das heißt um öffentliche Abgaben, die denjenigen, die an einer Verwaltungsleistung *ein spezifisches Sonderinteresse* [HiO] haben, nach Maßgabe der Gesetze als „Vorzugslast" auferlegt werden können. Die Erhebung von öffentlich-rechtlichen Zwangsbeiträgen ist nur gerechtfertigt, wenn ein solches spezifisches Sonderinteresse des zur Beitragsleistung herangezogenen Personenkreises besteht. Die Erhebung von öffentlich-rechtlichen Zwangsbeiträgen kann daher auch nur solange fortgesetzt werden, wie das spezifische Sonderinteresse der Personengruppe im Ganzen und vor allem auch des einzelnen Beitragspflichtigen besteht.

Daraus ergibt sich, daß die Erhebung öffentlich-rechtlicher Beiträge nicht fortgesetzt werden darf, sobald das spezifische Sonderinteresse des einzelnen Beitragspflichtigen an der Verwaltungsleistung entfällt. Weder das allgemeine Staatsinteresse an der *Finanzdeckung* [HiO] für die Aufgaben der öffentlichen Verwaltung noch das Gruppeninteresse der übrigen zur Finanzierung einer öffentlichen Aufgaben herangezogene Beteiligten an der *möglichst weiten Ausdehnung des Kreises der Beitragspflichtigen* [HiO] kann eine Rechtfertigung dafür sein, daß eine natürliche oder juristische Person, die kein Sonderinteresse an der Durchführung einer bestimmten Verwaltungs[handschriftl. eingefügt:]veranstaltung hat oder deren früher vorhandenes Sonderinteresse entfallen ist, durch öffentliche Zwangsbeiträge zur Deckung der Kosten der Verwaltungsveranstaltung herangezogen wird. [...] Mit der Ermächtigung zur Beitragserhebung erwirbt eine Körperschaft des öffentlichen Rechts somit keine unbeschränkten Abgabenhoheit, sondern nur eine durch den Begriff des „Beitrags" eng umgrenzte Aufgabenkompetenz. Die Überschreitung dieser Aufgabenkompetenz, etwa die Erstreckung der Beitragserhebung auf Rechtssubjekte, die kein Sonderinteresse an der in Frage stehenden Verwaltungsveranstaltung haben, wäre eine rechtswidrige Ausübung der körperschaftlichen Hoheitsrechte durch die Genossenschaft. Es ergäben sich aus solcher Kompetenzüberschreitung alle Rechtsfolgen, insbesondere auch alle rechtlichen Abwehrmöglichkeiten, die bei rechtlich fehlerhaften Verwaltungshandlungen eintreten.

Dabei ist insbesondere auch zu bedenken, daß eine Körperschaft des öffentlichen Rechts zwar die Satzungsgewalt besitzt, das heißt mit der Kompetenz ausgestattet ist, durch den Erlaß von Satzungen (Statuten) selbstständiges objektives Recht zu schaffen. Eine solche Satzungsgewalt übt eine Genossenschaft nicht nur mit der Aufstellung ihres Statuts, sondern auch mit der auf das Statut gestützten Beschlußfassung über weitere generelle Normen der Genossenschaftstätigkeit aus. So haben auch die „Veranlagungsgrundsätze“ der Emschergenossenschaft den Charakter öffentlich-rechtlicher Satzungen. Doch kann eine Körperschaft des öffentlichen Rechts diese Satzungsgewalt nur innerhalb der Schranken des Gesetzes ausüben; insbesondere ist die Körperschaft an die ihr erteilte gesetzliche Ermächtigung gebunden. Wenn eine Körperschaft des öffentlichen Rechts, wie die Emschergenossenschaft, durch Gesetz die Ermächtigung erhalten hat, öffentlich-rechtliche Zwangsbeiträge von einem bestimmten Interessentenkreis zu erheben, so ist sie rechtlich nicht befugt und nicht in der Lage, durch Satzung den Kreis der Beitragspflichtigen so zu erweitern, daß er auch Rechtssubjekte umfaßt, die der in Frage stehenden Verwaltungsveranstaltung nicht oder nicht mehr durch ein spezifisches Sonderinteresse zugeordnet sind. Die Tatsache, daß die dem Statut der Emschergenossenschaft zugeordneten Veranlagungsgrundsätze auch *stillgelegte Bergwerke* [HiO] der Beitragspflicht unterwerfen, bedeutet also nicht, daß die Frage, ob die Erstreckung der Beitragspflicht auf stillgelegte Bergwerke rechtmäßig ist, mit Gesetzeskraft entschieden sei. Vielmehr erhebt sich angesichts dieser Veranlagungsgrundsätze gerade die Frage, ob die Emschergenossenschaft ihre Satzungsgewalt nicht in rechtswidriger Weise überschritten hat, indem sie die Fortdauer der Beitragspflicht für stillgelegten Bergwerke statutarisch vorgeschrieben hat. Diese Frage wird noch genauerer Untersuchung bedürfen.

[Die Beteiligten der Emschergenossenschaft]

[...] Da die Beteiligteneigenschaft Aufschluß darüber geben soll, wer zur Leistung von Beiträgen verpflichtet ist, kann Beteiligter nur sein, wer Träger von Rechten und Pflichten sein kann, das heißt: wer rechtsfähig ist. Beteiligter kann deshalb nur die natürliche und juristische Person sein, die Träger des Bergwerks [...] ist.

[...]

Im Bereich des Steinkohlenbergbaus des Ruhrreviers und damit auch im Geltungsbereich des Emschergesetzes ist „Bergwerk“ somit jeder auf der Grundlage von Bergwerkseigentum errichtete und ausgeübte Betrieb, der dem Abbau von Steinkohle dient. Wenn § 6 Abs. 1 Emschergesetz bestimmt, dass die „Bergwerke“ des Emschergebiets als Beteiligte in Frage kommen, so ist diese abkürzende Redeweise dahin zu verstehen, dass als „Beteiligte“ die Eigentümer der Bergwerksbetriebe in Betracht zu ziehen sind. Mögliche Beteiligte im Sinn des § 6 Abs. 1 Emschergesetz sind mit anderen Worten alle Inhaber von Bergwerkseigentum, die auf Grund ihres Abbaurechts einen Bergbaubetrieb errichtet und in Ausübung genommen haben. Das Beteiligtsein hängt also von zwei tatbestandlichen Voraussetzungen ab: der Innehabung von Bergwerkseigentum (oder eines sonstigen Abbaurechts) und der darauf gestützten Errichtung und (unmittelbaren oder mittelbaren) Ausübung eines Bergbaubetriebs. Die Frage, von welchem Zeitpunkt ab und bis zu welchem Zeitpunkt einem stillgelegten Bergwerk die Eigenschaft eines noch ausgeübten Bergbaubetriebs zukommt, wird besonderer Prüfung bedürfen.

[Das Sonderinteresse an der genossenschaftlichen Tätigkeit als Bedingung der Beitragspflicht]

[...] Bei der Bemessung der Beiträge sollen die im Emschergebiet herbeigeführten *Schäden* [HiO] und die durch die genossenschaftliche Tätigkeit zu erwartenden *Vorteile* [HiO] berücksichtigt werden. Bei den Schäden kann es sich nur um solche Schadensfälle handeln, die mit der Aufgabe der Genossenschaft in Beziehung stehen. In Betracht kommen deshalb nur Schäden an den natürlichen Wasserläufen und künstlichen Entwässerungsanlagen sowie Beeinträchtigungen der Wassereinheit, die von Bergwerken verursacht und von der Genossenschaft behoben werden. [...]

Ein [...] Sonderinteresse besteht zunächst bei allen Unternehmen, die der Emscher Wasser entnehmen und Abwässer zuführen. Bei den Bergwerken kommt darüber hinaus noch ein spezifisches Sonderinteresse hinzu. Für sie entsteht ein Vorteil aus der genossenschaftlichen Tätigkeit auch insoweit, als die durch den Bergbau hervorgerufenen Bodensenkungen zu Schäden an der Vorflut geführt haben oder führen werden. Daraus würde den Bergwerken eine Entschädigungspflicht gegenüber den durch die Störung der Entwässerung geschädigten Grundeigentümern nach § 148 AGB erwachsen. Dadurch, dass die Genossenschaft die Vorflutschäden abwendet oder behebt, werden die Bergwerke von der sie sonst treffenden Entschädigungspflicht frei, was offenkundig ein Vorteil für sie ist. Daher haben Bergwerke an der Genossenschaftstätigkeit auch unter dem Gesichtspunkt der Entlastung von Bergschäden ein die Beitragspflicht rechtfertigendes Sonderinteresse.

[...]

[Das Ende des Beteiligtseins an der Emschergenossenschaft bei Stilllegung des Bergwerks]

Für gewöhnliche gewerbliche Unternehmen, aber auch für die Eigentümer von Eisenbahnen und sonstigen Anlagen endet das Beteiligtsein im Sinn des § 6 Emschergesetz mit der endgültigen Einstellung des Betriebs. Das Sonderinteresse an der genossenschaftlichen Tätigkeit ist mit der Betriebseinstellung erloschen. Der Rechtsgrund für die Heranziehung zu Zwangsbeiträgen ist mit der Stillegung weggefallen. Mit der Einstellung des Betriebs fällt daher grundsätzlich das Beteiligtsein und damit die Beitragspflicht *ipsojure* [HiO] fort.

Ob diese Beendigung des Beteiligtseins durch die Betriebseinstellung auch für *Bergwerke* [HiO] gelten kann, bedarf einer näheren Untersuchung. Denn Bergwerke haben eine Eigenart, durch die sie sich wasser- und bodenrechtlich von anderen Unternehmen wesentlich unterscheiden. Beim Bergwerksbetrieb können Schadensursachen gesetzt werden, die erst nach Beendigung des Betriebs zu einem Schaden führen. Die bei Stillegung des Bergwerksbetriebs vorhandenen, nicht verfüllten Grubenhaue gehen zwar innerhalb kurzer Zeit zu Bruch; jedoch setzen die hierdurch im Gebirge ausgelösten Bewegungen sich erst nach einer gewissen Zeit bis zur Tagesoberfläche fort. Ein Teil der Senkungen tritt daher erst nach einiger Zeit ein. Die Setzung der Schadensursache und der Eintritt des Schadens können deshalb zeitlich erheblich auseinanderfallen. Diese Eigenart des Bergbaus zwingt zu der Untersuchung, ob die Möglichkeit solcher Folgenschäden zu einer Verlängerung des Beteiligtseins über den Zeitpunkt der Betriebseinstellung hinaus führt.

[...]

[Die Beendigung der Beitragspflicht der Neumühl AG durch Stillegung der Zeche Neumühl]

Auf die Frage, ob das öffentlich-rechtliche Rechtsverhältnis, kraft dessen die Neumühl AG einer Beitragspflicht gegenüber der Emschergenossenschaft unstreitig während der Dauer des Kohlenabbaus unterworfen war, auch seit der Stillegung der Zeche Neumühl noch fortbesteht, ist – unter Zugrundelegung der vorausgehenden allgemeinen Erwägungen – folgende Antwort zu geben: Die Beendigung der Mitgliedshaft in der Emschergenossenschaft und damit der Beitragspflicht ist Ende 1962 durch Aufgabe des Bergwerksbetriebs eingetreten.

„Beteiligter" im Sinn des Emschergesetzes und damit beitragspflichtig war die Neumühl AG wie oben näher dargelegt, als Eigentümer der Zeche Neumühl, eines auf der Grundlage des Bergwerkseigentums errichteten und ausgeübten Bergbaubetriebs. Zwar ist auch ein nur vorübergehend stillgelegter Bergbaubetrieb, da die Wiederaufnahme des Abbaus mittels der alten Betriebsanlagen möglich ist, noch als Bergbaubetrieb und damit als „Bergwerk" anzusehen. Dagegen ist die Zeche Neumühl seit der endgültigen Stillegung (Ende 1962) kein „Bergwerk" im Sinn des Gesetzes mehr. Die Betriebsorganisation ist aufgelöst; die Betriebsanlagen sind beseitigt; die Betriebsmittel sind aufgelöst; der Betriebszweck ist preisgegeben. Die Reste alter bergbaulicher Anlagen, die (etwa untertage) noch vorhanden sein mögen, sind kein „Bergwerk" mehr, wie eine endgültig stillgelegte Eisenbahnstrecke, von der vielleicht noch Reste des Bahndamms vorhanden sind, als „Eisenbahn" oder ein stillgelegter Fabrikbetrieb als „gewerbliches Unternehmen" im Sinne des Gesetzes angesehen werden kann. Wenn § 6 Abs. 1 Emschergesetz als „Beteiligte" nebeneinander Bergwerke, Eisenbahnen und andere Unternehmen nennt, so meint es in allen Fällen Betriebe, die „in Betrieb" stehen oder (bei vorübergehender Stillegung) wieder „in Betrieb" genommen werden können. Wenn das Gesetz als Beteiligte unter besonderen Voraussetzungen und aus besonderen Gründen auch Rechtssubjekte hätte aufnehmen wollen, die keinen der genannten Betriebe mehr betreiben, sondern nur Eigentümer ehemaliger Betriebsstätten oder Betriebsanlagen sind, so hätte es dies ausdrücklich sagen müssen [...] Angesichts der gesetzlichen Begrenzung des Beteiligtseins auf „Bergwerke", das heißt auf in Betrieb befindliche oder zur Wiederaufnahme des Betriebs geeignete Abbaueinheiten können die auf die Durchführung des Emschergesetzes beschränkten „Veranlagungsgrundsätze" die Neumühl AG als Eigentümer eines endgültig stillgelegten Bergwerks keiner Beitragspflicht mehr unterwerfen.

[...]

[Hilferwägungen]

[...]

a) *Das Bestehen des Bergwerkseigentums ist die Voraussetzung für das Vorhandensein eines „Bergwerks" [HiO]*

[...]

b) *Die Gesetze kennen keinen Zwang zur Aufrechterhaltung des Bergwerkseigentums aus wasserwirtschaftlichen Gründen [HiO]*

[...]

c) *Die Aufhebung des Bergwerkseigentums kann vom Oberbergamt nicht versagt werden, um der Emschergenossenschaft einen Beitragszahler zu erhalten [HiO]*

[...]

d) *Die Aufhebung des Bergwerkseigentums kann auch nicht versagt werden, weil es mit einer Wiederaufnahme des Abbaus ausschließenden Dienstbarkeit zugunsten der Bundesrepublik belastet ist [HiO]*

[...]

e) *Auch der Schutz der sonstigen Realberechtigten hindert die Aufhebung des Bergwerkseigentums nicht [HiO]*

[...]

f) *Die Verzögerung oder Verweigerung der Aufhebung des Bergwerkseigentums löst einen Entschädigungsanspruch wegen Amtspflichtverletzung aus [HiO]*

[...]

Wenn mit der Veräußerung oder Aufhebung des Bergwerkseigentums der letzte aktive Vermögenswert der Neumühl AG beseitigt ist und zugleich alle Verbindlichkeiten, einschließlich der bis zum Zeitpunkt der Liquidation durch Veranlagung zur Entstehung gekommenen Beitragsverpflichtungen erfüllt sind, besteht für den Abschluß des Liquidation kein rechtliches Hindernis mehr. Die bestellten Abwickler haben den Abschluß der Liquidation zum Handelsregister anzumelden; der Registerrichter ist zur Löschung der Gesellschaft verpflichtet.

Wenn eine im Liquidationsverfahren angemeldete, auf künftige Zeiten gerichtete und daher strittige Beitragsforderung zur Bestellung einer Sicherung zugunsten der Emschergenossenschaft führt, kann damit eine Fortdauer der Mitgliedschaft und der Beitragspflicht nicht herbeigeführt werden. Die entgegenstehende Auffassung, die die Beitragsverpflichtung von Mitgliedern und Beteiligten eines Wasserverbandes als eine auf ewige Zeiten dauernde, aber gegenwärtig bereits bestehende Verpflichtung behandelt wissen will, würde die Liquidation einer Bergwerksgesellschaft, die Mitglied eines Wasserverbandes ist, schlechthin unmöglich machen. Damit würde nicht nur ein elementarer Grundsatz des Gesellschaftsrechts, der den Aktionären die freie Entscheidung über das Fortbestehen oder die Auflösung der Gesellschaft einräumt, durchbrochen. Es würde auch der verfassungsrechtliche Grundsatz der Vereinigungsfreiheit verletzt. Denn dieses Grundrecht enthält nicht nur das positive Recht, eine Vereinigung zu gründen, sondern als negatives Recht auch die Befugnis der Mitglieder einer Vereinigung, die zwischen ihnen bestehende vereinsrechtliche oder gesellschaftsrechtliche Verbindung aufzulösen. Insofern ist auch das Recht der in der Hauptversammlung vereinigten Aktionäre zur Liquidation einer Aktiengesellschaft verfassungsrechtlich (durch Art. 9 GG) gewährleistet. Es wäre ein verfassungswidriger Verbandszwang, wenn der Gesetzgeber, die Bergverwaltung, Registergericht oder ein als Körperschaft des öffentlichen Rechts bestehender Wasserverband – gleichviel mit welchem Mitteln – versuchen wollten, einer Aktiengesellschaft unter der Annahme einer ewig bestehenden öffentlich-rechtlichen Beitragslast das Grundrecht zur Gesellschaftsauflösung zu entziehen. So wenig ein *direkter Verbandszwang* [HiO] seitens der Gesetzgebung in der Form ausgeübt werden kann, daß für bestimmte Gruppen privater Aktiengesellschaften die Liquidation durch Gesetz verboten wird, kann ein *indirekter Verbandszwang* [HiO] seitens der öffentlichen

Verwaltung ausgeübt werden, indem Behörden, Registergerichte oder Körperschaften des öffentlichen Rechts durch die Konstruktion einer ewigen Beitragspflicht die Liquidation von Bergwerksgesellschaften, die Mitglieder von Wasserverbänden sind, zu verhindern suchen.

[...]

[Privatrechtliche Ansprüche der Emschergenossenschaft gegen Bergwerksgesellschaften]

Privatrechtliche Ansprüche der Emschergenossenschaft gegen Bergwerksgesellschaften des Emschergebiets sind während der Dauer des Beteiligtseins durch die öffentlich-rechtliche Beitragspflicht ausgeschlossen. Erst nach dem Erlöschen der Beitragspflicht, die nach der in diesem Gutachten entwickelten Rechtsauffassung mit der Stillegung eintritt, können privatrechtliche Ansprüche der Emschergenossenschaft gegen einen ehemaligen Beteiligten entstehen. [...]

[...]

Zusammenfassung der Ergebnisse [HiO]

I. Rechtsform der Emschergenossenschaft und Rechtsnatur der Genossenschaftsbeiträge [HiO]

1. Die Emschergenossenschaft ist eine Körperschaft des öffentlichen Rechts. [...]
2. Die von ihr erhobenen Beiträge sind öffentliche Abgaben. Die Beitragsveranlagung beruht nicht auf privatrechtlichen Verpflichtungen der Beteiligten gegenüber der Genossenschaft, sondern begründet öffentlich-rechtliche Leistungspflichten. [...]

II. Die Beteiligten der Emschergenossenschaft [HiO]

3. Das Beteiligtsein an der Emschergenossenschaft und damit die Beitragspflicht setzt, soweit sie den Bergbau betrifft, ein Rechtssubjekt voraus, das Eigentum an einem „Bergwerk", das heißt an einem auf der Grundlage des Bergwerkseigentums zum Abbau von Bodenschätzen errichteten und ausgeübten Bergbaubetrieb hat. [...]
4. Der rechtfertigende Grund für die Heranziehung als „Beteiligter" und die Erhebung von Beiträgen ist das Sonderinteresse, das – neben anderen Unternehmen – die Eigentümer von Bergwerken an der Erfüllung der der Emschergenossenschaft durch Gesetz übertragenen öffentlichen Aufgaben haben [...].

III. Das Ende des Beteiligtseins [HiO]

5. Die Eigenschaft, „Bergwerk" zu sein, erlischt mit der endgültigen Stillegung des Bergwerks. Daher tritt mit der endgültigen Stillegung auch das Ende des Beteiligtseins sowie der Beitragspflicht ein [...].
6. Eine gesetzliche Sonderregelung für stillgelegte Bergwerke, wie das Erftverbandsgesetz sie enthält, ist im Emschergesetz nicht enthalten [...].
7. Die Bestimmungen der als Teil des Emscherstatuts geltenden Veranlagungsgrundsätze über die Beitragspflicht stillgelegter Bergwerke halten sich nicht im Rahmen des Emschergesetzes und sind daher rechtsunwirksam [...].

8. Auch das Sonderinteresse des Eigentümers eines Bergwerks an der Genossenschaftstätigkeit fällt mit der endgültigen Stillegung eines Bergbaubetriebs weg. Das gilt sowohl für das Sonderinteresse an den Genossenschaftseinrichtungen, die der Wasserentnahme und der Wasserreinigung, als auch für das Sonderinteresse an den Genossenschaftseinrichtungen, die der Verhütung der Beseitigung von Bergschäden dienen [...].
9. Der Vorteil, der dem Eigentümer eines stillgelegten Bergwerks in konkreten Einzelfällen aus der Verhütung oder Beseitigung von Bergschäden durch die Emschergenossenschaft noch erwachsen kann, begründet kein Sonderinteresse an der Genossenschaftstätigkeit überhaupt und daher keine Beitragspflicht. Beiträge sind zulässige Mittel zur Erhebung des in solchen Fällen unter Umständen geschuldeten Aufwendungsersatzes [...].
10. Die Beteiligung der Neumühl AG an der Emschergenossenschaft und folglich die Beitragspflicht ist deshalb mit der endgültigen Stilllegung der Zeche Neumühl erloschen [...].

IV. Hilfserwägungen [HiO]

11. In jedem Fall tritt das Ende der Beteiligung und damit der Beitragspflicht durch die Aufhebung des Bergwerkseigentums ein. Denn durch den Untergang der Abbaurechte verliert die ehemalige bergbauliche Betriebsstätte das letzte rechtliche Moment, das sie als „Bergwerk" qualifizieren könnte [...].
12. Nach der Verzichtserklärung des Bergwerkseigentümers ist das Oberbergamt zur Aufhebung des Bergwerkseigentums verpflichtet, soweit nicht bergpolizeiliche Interessen entgegenstehen [...].
13. Die Beteiligung einer Bergwerksgesellschaft an der Emschergenossenschaft hindert die Aufhebung des Bergwerkseigentums nicht. Die Gesetze kennen keinen Zwang zur Aufrechterhaltung des Bergwerkseigentums aus wasserwirtschaftlichen Gründen. Die Verzögerung oder Verweigerung des Aufhebungsbeschlusses mit Rücksicht auf die Interessen der Emschergenossenschaft an der Fortdauer der Beitragspflicht ist daher unzulässig [...].
14. Ebensowenig kann die Aufhebung des Bergeigentums mit Rücksicht darauf versagt werden, daß es mit einer die Wiederaufnahme des Abbaus ausschließenden, beschränkten persönlichen Dienstbarkeit zugunsten der Bundesrepublik belastet ist. Denn die Aufhebung der Bergwerkseigentums trägt dem öffentlichen Interesse der Bundesrepublik an der Einschränkung des Kohlenbergbaus im stärkerem Maß als die zeitliche beschränkte Dienstbarkeit Rechnung [...].
15. Schließlich hindern auch die dem Schutz der sonstigen Realberechtigten dienenden gesetzlichen Bestimmungen die Aufhebung des Bergwerkseigentums nicht [...].
16. Bei rechtswidriger Verzögerung oder Versagung der Aufhebung des Bergwerkseigentums erlangt der Eigentümer des stillgelegten Bergwerks einen Anspruch auf Amtspflichtverletzung gegen das Land, ferner auch gegen die Emschergenossenschaft, wenn diese das amtspflichtige Verhalten der Landesbehörde bewirkt hat [...].

17. In jedem Fall endet die Beteiligung und die Beitragspflicht mit der Vollendung der Liquidation einer Bergwerksgesellschaft, die das Eigentum an dem endgültig stillgelegten Bergwerk besitzt. Die Beteiligung an der Emschergenossenschaft stellt kein rechtliches Hindernis für die Liquidation dar. Dagegen setzt die Liquidation die Aufhebung des Bergwerkseigentums voraus [...].
18. Beitragsforderungen der Emschergenossenschaft können im Liquidationsverfahren nur geltend gemacht werden, soweit sie für vergangene oder das laufende Haushaltsjahr veranlagt sind. Beitragsforderungen für die Zukunft können nicht veranlagt werden, sie sind daher rechtlich nicht entstanden. Bei der Liquidation sind solche künftigen Forderungen nicht zu berücksichtigen [...].
19. Die Konstruktion einer „ewigen" Beitragspflicht, die die Liquidation verhindern würde, wäre ein öffentlich-rechtlicher Verbandszwang zum „ewigen" Bestehen einer Gesellschaft des privaten Rechts. Ein solcher die Liquidation ausschließender Verbandszwang wäre ein Verstoß gegen die verfassungsrechtliche Garantie der Vereinigungsfreiheit (Art. 9 GG) und daher unzulässig [...].

V. Privatrechtliche Ansprüche der Emschergenossenschaft gegen Bergwerksgesellschaften [HiO]

20. Privatrechtliche Ansprüche der Emschergenossenschaft gegen eine an ihr beteiligte Bergwerksgesellschaft bestehen neben dem öffentlich-rechtlichen Beitragsanspruch nicht. Insbesondere sind Ansprüche der Emschergenossenschaft aus Bergschäden, die an den Genossenschaftsanlagen entstehen, durch die Genossenschaftsbeiträge der Bergwerksgesellschaft abgegolten [...].
21. Soweit die Emschergenossenschaft Bergschäden, die fremden Grundeigentümern drohen oder entstanden sind, durch die Genossenschaftstätigkeit verhütet oder beseitigt, sind die Bergschädenansprüche, die diesen Dritten gegen eine beteiligte Bergwerksgesellschaft hätten erwachsen können, nicht auf die Emschergenossenschaft übergegangen. Die öffentlich-rechtliche Beitragspflicht schließt auch in diesen Fällen jeden privatrechtlichen Anspruch der Emschergenossenschaft gegen die beteiligten Bergwerksgesellschaften aus [...].
22. Die Beitragserhebung beruht auf einer originären öffentlich-rechtlichen Leistungspflicht der Beteiligten gegenüber der Genossenschaft; sie stellt keine Geltendmachung eigener oder übergeleiteter fremder Bergschädenansprüche durch die Genossenschaft dar [...].
23. Auch privatrechtliche Ansprüche der Emschergenossenschaft auf Anwendungsersatz aus auftragsloser Geschäftsführung oder ungerechtfertigter Bereicherung wegen der Verhütung oder Beseitigung von Bergschäden Dritter sind gegenüber einer beteiligten Bergwerksgesellschaft ausgeschlossen. Nach den Grundsätzen des öffentlich-rechtlichen Körperschaftsrechts sind privatrechtliche Aufwendungsersatzansprüche gegen Mitglieder durch die Genossenschaftsbeiträge abgegolten [...].
24. Auch das Wasserverbandsrecht läßt neben den Beitragsansprüchen keine privatrechtlichen Aufwendungsersatzansprüche eines öffentlich-rechtlichen Wasserverbandes gegen ein Mitglied zu [...].

25. Gegen den Eigentümer eines stillgelegten und damit aus der Beitragspflicht ausgeschiedenen Bergwerks können privatrechtliche Ansprüche der Emschergenossenschaft aus eigenen Bergschäden oder aus auftragsloser Geschäftsführung und ungerechtfertigter Bereicherung nicht in Anlehnung an die für das Beitragsrecht geltenden Veranlagungsgrundsätze geltend gemacht werden. Vielmehr sind solche privatrechtlichen Ansprüche beschränkt

a) auf den Ersatz nach dem Ende der Beitragspflicht entstandener eigener Bergschäden der Genossenschaft [...],
b) auf den Ersatz von Aufwendungen aus einer nach dem Ende der Beitragspflicht stattgefundenen Genossenschaftstätigkeit, durch die der Eigentümer des stillgelegten Bergwerks von Bergschädenansprüchen fremder Grundeigentümer befreit worden ist [...].

Freiberg i.Br., 12 November 1965

Die Emschergenossenschaft an das Verwaltungsgericht Düsseldorf, 1965

(Emschergenossenschaft an das Verwaltungsgericht Düsseldorf in der Verwaltungsrechtssache Neumühl AG gegen Emschergenossenschaft, 1.12.1965 [Abschrift], montan.dok/BBA, 55/2039)

In der Verwaltungsrechtssache Neumühl AG gegen Emschergenossenschaft beantragt die Emschergenossenschaft, die Anordnung auf aufschiebende Wirkung des am 11.8.1965 eingelegten Widerspruchs gegen den Veranlagungsbescheid vom 9.7.1965 zu versagen.

Die Bergbau- und Industrie AG Neumühl, nachstehend kurz Neumühl AG genannt, ist von der Emschergenossenschaft (EG) für das Rechnungsjahr 1965 zu einem Genossenschaftsbeitrag in Höhe von 670 783 DM veranlagt worden, [...]:

Sie hat den in monatlichen Teilbeträgen zu entrichtenden Beitrag bis einschl. Juni 1965 mit insgesamt 335.388 DM gezahlt. Mit Schreiben vom 1.7.1965 teilte sie der EG mit, sie werde, nachdem die Veranlagung über die Zahlung eines einmaligen Ablösungsbetrages für künftige Verpflichtungen als gescheitert angesehen müßten, die Beitragszahlungen ab sofort einstellen, und gegen den Heranziehungsbescheid die vorgesehenen Rechtsmittel einlegen. Obwohl die EG mit Schreiben vom 17.7.1965 darauf hinwies, daß die Einlegung eines Rechtsmittels die Verpflichtung zur Zahlung nicht berühre, nahm die Neumühl AG die Zahlung nicht wieder auf. Die EG wiederholt auch nach Eingang der Widerspruchsschrift die Aufforderung zur Zahlung, und bat, nachdem der Vorstand in seiner Sitzung vom 1.10.1965 dem Widerspruch nicht abzuhelfen beschloß, sich aber mit einer Zwangsvollstreckung grundsätzlich einverstanden erklärte, nochmals zur Vermeidung von Weiterungen, die rückständigen Beiträge und den Beitrag für Oktober bis zum 15. 10. zu zahlen. Auch jetzt erfolgte eine Zahlung nicht [...].

Aufgrund eines Besprechung zwischen dem Vorstand der EG, Bergwerksdirektor Bergassessor a.D. Dr. Stephan, und einem Vorstandsmitglied der Neumühl AG fand sich die EG nochmals bereit, von einer zwangsweisen Einziehung abzusehen, bis die Berufungskommission entschieden hatte, da nach den bei dieser Besprechung gemachten Erklärungen mit einer Wiederaufnahme der Zahlungen gerechnet werden konnte.

Auf die beigefügte Verwaltungsakte wird Bezug genommen.

Die Berufungskommission der Emschergenossenschaft trat am 15.11.1965 [...] zusammen. Der Widerspruch wurde nach eingehender Verhandlung zurückgewiesen. Die schriftliche Begründung des Bescheides liegt bisher noch nicht vor.

Mit der Entscheidung der Berufungskommission ist der Beitragsstreit jedoch entschieden [...].

Damit entbehrt der jetzt vorliegende Antrag der tatsächlichen und rechtlichen Grundlage, denn über den Widerspruch ist bereits endgültig entschieden, so daß ihm eine Suspensivwirkung nicht mehr beilgelegt werden kann, die ergangene Entscheidung ist aber nicht revisibel.

Der Antrag kann aber abgesehen von diesen formalrechtlichen Gründen auch sonst keinen Erfolg haben.

Die Neumühl AG hat in ihrem Widerspruch den Veranlagungsbescheid dem Grunde nach, nämlich mit der Behauptung angegriffen, sie gehöre nicht mehr zu den Beteiligten der EG, in diesem Antrag wendet sie sich auch zusätzlich gegen die Höhe. Sie ist der Auffassung, es bestünden so ernstliche Zweifel gegen die Rechtmäßigkeit des Veranlagungsbescheides, daß das Verwaltungsgericht eine beabsichtigte Vollstreckung des Veranlagungsbescheides gemäß § 80 Abs. IV S. 3 VWGO durch eine entsprechende Anordnung unterbinden müsse.

Die Neumühl AG ist Eigentümer der Bergwerke Neumühl und Neu-Oberhausen II und bestreitet nicht, zu den Beteiligten der EG gehört zu haben. Sie bestreitet auch nicht, durch den Betrieb ihrer Bergwerke in erheblichem Umfange Gemeinschäden verursacht zu haben. Die zweimalige Verlegung der Emscher unterhalb Oberhausen, die Regulierung ihrer Nebenläufe, der Bau und Betrieb zahlreicher Pumpwerke ist unstreitig auf den Kohlenabbau ihrer beiden Bergwerke zurückzuführen, und die Genossenschaft ist zum Ausgleich der herbeigeführten Schädigungen gezwungen, ihre Anlagen, solange Menschen in dem Verbandsgebiet leben und arbeiten müssen, zu unterhalten, zu betreiben und zu erneuern.

[...]

Die Schäden, die der Kohlenabbau auch dieser Bergwerke verursacht hat, sind also Dauerschäden, die dauernd Aufwendungen der Genossenschaft bedingen, für die die Veranlasser nach § 6 des Emschergenossenschaftsgesetzes (EGG) zu veranlagen sind.

[...]

Die dadurch entstehende Beitragspflicht endet auch nicht, wie Neumühl behauptet, mit der Stillegung ihrer Bergwerke. In der Vergangenheit, in der es auch zur Einstellung von Bergwerksbetrieben gekommen ist, vor allem im Süden des Verbandsgebietes, wo die Grubenfelder ausgekohlt waren, ist das nicht in Zweifel gezogen worden. In der Vergangenheit gehörten allerdings derartige Bergwerke Gesellschaften, die an den verschiedensten Stellen Kohlen förderten und die Verpflichtung ihrer stillgelegten Bergwerke, mit denen sie an der Genossenschaft beteiligt waren, weiterhin erfüllten. Die Neumühl AG ist zwar eine zu einem Konzern gehörende Gesellschaft, – sie ist nach

„Wer gehört zu wem" [...] zu 100 % im Besitz der Rheinpreußen AG für Bergbau und Chemie, deren Aktien wiederum zu 93,4 % von der DEA Deutsche Erdöl Aktiengesellschaft Hamburg [...] gehalten werden, –

Sie ist aber unbestreitbar eine selbständige juristische Person.

Sie möchte aus der Stillegung ihrer beiden Bergwerke die Konsequenz ziehen, daß sie, da Voraussetzung ihrer Mitgliedschaft nicht mehr existiere, automatisch aus der Genossenschaft ausgeschieden ist. Für die von ihren Bergwerksbetrieben herbeigeführten Schädigungen hätten nach ihrer Ansicht nunmehr die verbleibenden Beteiligten aufzukommen, ggf. nach dem Genossenschaftsgedanken also auch bergbaufremde, die niemals zu den entsprechenden Anlagen der EG Veranlassung gegeben haben.

Der Standpunkt, nach dem sich jemand einfach durch eine Stillegung einer Betriebsanlage, die Grundlage der Zwangsmitgliedschaft war, seinen Beitragsverpflichtungen zu Lasten der Verbleibenden entziehen könne, ist unhaltbar und widerspricht dem geltenden Recht.

Zunächst mag darauf hingewiesen werden, daß die Aufgabe eines Bergwerksbetriebes dessen Eigentümer auch sonst nicht einfach von Verpflichtungen, die im bürgerlichen Recht oder im Bergrecht begründet sind, befreien würde. Nicht einmal die Aufhebung des Bergwerkseigentums, die die Bergbehörde aufgrund vom Berechtigten erklärten Verzicht verfügt, befreit von der Haftung für Bergschäden, die vor der Aufhebung des Bergwerkseigentums entstanden sind [...].

Wenn es sich auch im vorliegenden Fall um dem öffentlichen Recht zuzuordnende Ansprüche handelt, so ist diese Feststellung doch nicht ohne Bedeutung, da sich daraus ein dem Rechtsempfinden entsprechender allgemeiner Gedanke ergibt.

An dem ernsthaften Willen der Neumühl AG, *selbst* [HiO] nicht wieder in den Grubenfeldern Neumühl und Neu Oberhausen II Kohle zu fördern, ist nach der Beseitigung der Fördereinrichtungen und nach dem Verkauf der Grundstücke an die Stadt Duisburg, die dafür 38 oder 39 Mill. DM gezahlt haben, soll, nicht zu zweifeln. Die Gesellschaft hat auch von dem Rationalisierungsverband des Steinkohlenbergbaus die Prämie von 12,50 DM je Tonne der noch vorhandenen abbauwürdiger Kohle gefordert, wenn sie auch nicht auf ihre Quote verzichtet, sie vielmehr auf die Muttergesellschaft übertragen hat. Aber ein *automatisches* [HiO] Ausscheiden aus einer Zwangsgenossenschaft, weil die die Mitgliedschaft begründende Anlage stillgelegt oder untergegangen ist, ist dem Wasserverbandrecht fremd. Da das Emschergenossenschaftsgesetz über ein Ausscheiden von Beteiligten nichts sagt, muß das allgemeine Gesetz, d.i. die Wasserverbandsordnung, herangezogen werden. Diese gibt anerkanntermaßen keinen Anspruch auf Entlassung, sieht aber vor, daß ein Mitglied z.B. beim Ausbleiben eines Vorteils aus dem Verbandsunternehmen durch die Aufsichtsbehörde entlassen werden kann. [...]

[...]

Die Neumühl AG hat in der Vergangenheit auch ohne Bedenken die Vorteile dieser auf dem Gedanken einer Schicksalsgemeinschaft des gesamten im Verbandsgebiet umgebenden Bergbaus beruhenden Regelung gezogen. Sie hätte ohne diese Regelung, d.h. ohne daß die Allgemeinheit des Bergbaus 75 % der Kosten der durch den Kohlenabbau in dem Emschergebiet erforderlichen genossenschaftlichen Maßnahmen trägt, während der örtliche Schädiger nur 25 % zu tragen hat, mehrere Millionen DM an Genossenschaftsbeiträgen mehr aufzubringen gehabt, ein nicht zu unterschätzender Vorteil des jetzt beanstandeten Veranlagungssystems. Auch aus der verbandsrechtlichen Behandlung stillgelegter Bergwerke, deren Lasten selbstverständlich von ihren Gesellschaften übernommen wurden, hat die Neumühl AG ohne Bedenken ihren Vorteil gezogen. Sie hat zu keiner Zeit, insbesondere nicht, als der Genossenschaftsversammlung die jetzt kritisierten Grundsätze der Genehmigung vorlagen, Einwendungen erhoben oder ihre Bedenken dem Vorstand, in dem führende Männer des Bergbaus vertreten sind, vorgetragen. [...]

Anlagen [...].

Die ›Beharrliche‹: Der lange Weg zur zentral vorgenommenen biologischen Klärung (1945–1976)

> »Besonders schwierig und für den Bergbau fraglich wird das Abwägen der konkurrierenden Gesichtspunkte für das öffentliche Wohl sein: Die im Preußischen Wassergesetz [von 1913] getroffene Regelung läßt erkennen, daß dem Bergbau als dem Wahrer des nationalen Reichtums an Bodenschätzen grundsätzlich ein gewisser Vorrang unter dem Gesichtspunkt des Wohls der Allgemeinheit zugesprochen war. In der gegenwärtigen Zeit eines weitgehend kommerzialisierten Denkens wird jedoch der Bergbau Schwierigkeiten haben, das Argument des öffentlichen Wohles mit sicherem Erfolg für sich in Anspruch zu nehmen.«
> *(Bergassessor a. D. H. Premer, 1962)*[1]

Die Emschergenossenschaft überstand den Übergang von der Kriegs- auf die Nachkriegszeit besonders gut. Ihre infrastrukturelle Bedeutung für das Industriegebiet wurde nicht infrage gestellt, vielmehr wurde die Emschergenossenschaft bereits Ende Juli 1945 ermächtigt, ihren Aufgaben weiterhin nachzukommen: Die Militärregierung beauftragte sie, die Zerstörungen an Emscher sowie ihrer Nebenflüsse zu beheben, Pumpwerke, Kläranlagen und auch die Entphenolungsanlagen zu reparieren und Beschädigungen instand zu setzen. Dazu wurde den Wasserwirtschaftsgenossenschaften die freie Verfügung über ihre Verwaltung und auch ihre Geschäftsführung zügig zurückgegeben: Die Emschergenossenschaft war also im Vergleich ausgesprochen schnell wieder in der Lage, eigenmächtig Aufträge zu vergeben und zu erteilen.[2] Selbstverständlich gab es einiges zu tun; wunderbarerweise stellte sich aber heraus, dass die »Bauweise« der Emscher und ihrer Nebenflüssen, der Umstand, dass die Cloaca Maxima nicht geschlossen, sondern offen gelegt war, sich bei den Reparaturarbeiten als großer Vorteil herausstellte. Die bis Februar 1944 – da hatte die Genossenschaftsversammlung

1 Vortragsmanuskript Premer: Das Wassergesetz des Landes Nordrhein-Westfalen, in Kraft getreten am 1. Juni d. J. in seiner Bedeutung für den Steinkohlenbergbau; Anlage zur Sitzungsniederschrift des Ausschusses für Wasserwirtschaft, 16.7.1962, montan.dok/BBA, 16/1346.

2 Certificate, 25.7.1945, HAK, WA 42/5303.

zum letzten Mal getagt – bestehenden Abwasserkanäle mit einer Gesamtlänge von 260 km, waren schon bald wieder voll funktionstüchtig.[3]

Die Besatzung bedeutete bekanntermaßen die Entflechtung bzw. die Entflechtungsabsicht der als übermächtig und kriegsverbrecherisch verunglimpften Montanindustrie, und zwar besonders der ›an Rhein und Ruhr‹. Eine große Veränderung für die Veranlagung und damit die Beitragszahlungen an die Emschergenossenschaft bedeutete die damit einhergehende große Unordnung in den montanindustriellen und tief verflochtenen Konzernstrukturen aber nicht. Ob ein Werk nun verpachtet, unabhängig oder entflochten wurde oder nicht, weiterhin galt: »die Mitgliedschaft bei der Emschergenossenschaft [ist] davon nicht berührt«.[4] Trotz vielzähliger »Meinungsverschiedenheiten«, besonders zwischen der Emschergenossenschaft und den Beteiligten, die eilfertig den Versuch unternahmen, aus ihrer Beitragspflicht zu entkommen,[5] blieben die Unternehmen weiterhin beteiligt und waren daher, wie ehedem zur Zahlung ihrer Beiträge verpflichtet.[6]

Und auch die Probleme blieben dieselben. Das größte war – wie gehabt – die Beschaffung von Arbeitskräften für die Ausführung insbesondere der schmutzigen Bodenarbeiten. Zügig ging die Emschergenossenschaft die bereits während des Nationalsozialismus beschlossene und genehmigte, aber nur vorbereitend in die Wege geleitete erneute Verlegung der Emschermündung an.[7] Das alte Problem, dass sich für diese schweren und auch schmutzigen Arbeiten kaum Arbeitskräfte finden ließen,[8] wurde erneut durch den Einsatz von Strafgefangenen gelöst. Die Emschergenossenschaft übernahm dazu »mietzinsfrei« eine Reihe von vormaligen Zwangsarbeiterlagern, belegte sie mit Strafgefangenen, die für die Verlegungsarbeiten eingesetzt wurden, und übernahm es im Gegenzug, die »[e]twaige Massiveinzäunung der Baracken« zu entfernen.[9] Die Emschergenossenschaft wusste um die ›freien‹ Baracken, schließlich war sie in den Bau jedweder Arbeiter- und Zwangsarbeiterbaracken im Industrierevier involviert gewesen.[10] Der während der NS-Zeit vorgenommene Bau der »Trockenklosetts« in den

3 Niederschrift über die Genossenschaftsversammlung der Emschergenossenschaft am 2.4.1946; Bericht: Emschergenossenschaft in den Rechnungsjahren 1945, 1946 und 1947, montan.dok/BBA, 35/383.

4 Zit. Stöve (Justitiar Emschergenossenschaft) an Hüttenwerk Ruhrort-Meiderich, 14.7.1947, BArch, B 109/279.

5 VSt an Treuhandverwaltung im Auftrage der NGISC [North German Iron and Steel Control], betr. Emschergenossenschaftsbeiträge und Beiträge zum Ruhrverband und Ruhrtalsperrenverein, 20.4.1948, tkCA, TLi 2639; dazu auch Emschergenossenschaft (Oberste-Brink) an GHH, betr. Hüttenwerke Oberhausen AG, 26.10.1948, RWWA, 130–400118/12.

6 Kirberg (Treuhandverwaltung), betr. Emschergenossenschaft, 16.11.1948, BArch, B 109/279.

7 Alexander Ramshorn: Die Verlegung des Emscherlaufs, in: Die Wasserwirtschaft 12, 1948/49 (Sonderdruck), montan.dok/BBA, 20/3206.

8 Die Versuche, für die Baumaßnahmen über den »Weg der Selbsthilfe« Arbeitskräfte von den Zechen für die Arbeiten abzustellen, wie Kost über die DKBL anregte, waren dagegen nicht erfolgreich. DKBL an GBAG, betr. Baumaßnahmen der Emschergenossenschaft und des Lippe-Verbandes, 19.1.1948, tkCA, TLi 2674.

9 GBAG an Emschergenossenschaft, 24.11.1947 [bzgl. Barackenlager Hiesfelder Bruch, Dinslaken; das Gelände steht inzwischen unter Denkmalschutz], tkCA, TLi 5388.

10 Ausfl. Balz/Kirchberg: Fließende Grenzen, S. 50–56; grdlg. Hans-Christoph Seidel: Der Ruhrbergbau im Zweiten Weltkrieg. Zechen – Bergarbeiter – Zwangsarbeiter, Essen 2010. Zur Zwangsarbeit im dicht besiedelten »Ruhrgebiet« weiterhin einschlägig Ulrich Herbert: Apartheid nebenan. Er-

überbelegten Anlagen war selbstverständlich bei der Emschergenossenschaft gemeldet worden; sie hatte die Bauten als zentrale Abwasserinstanz genehmigen müssen.[11] Ohne Änderung blieb auch die offene Führung der Emscher. Obschon eine neue Debatte über eine Abdeckung im Mündungsgebiet entbrannte, nicht zuletzt als bekannt wurde, dass ein Kind im Mündungsgebiet ertrunken war, wurde von der Emschergenossenschaft vehement an der offenen Führung festgehalten.[12] Fortwährend betonte die Emschergenossenschaft ihre Bedeutung für die Infrastruktur – sie akzentuierte auf diese Weise ihre Systemrelevanz, wie man heute wohl sagen würde – und profitierte dabei von der Kontinuitätsneigung, die von den Industriellen, aber auch von den Besatzern und dann von der neuen politischen Führung kultiviert wurde. Die Infrastruktur rückte damit in den Vordergrund, die Organisationsweise und der institutionalisierte Umgang rückten dagegen in den Hintergrund. Und so kam es, dass weder die Rechtskonstruktion noch die Verfügungs- und Zwangsrechte oder die Organisationsstruktur der Emschergenossenschaft abgeändert oder durch die Militärregierung in irgendeiner Weise transformiert wurden. Das sonderrechtliche Format und damit die Selbstverwaltung der Emschergenossenschaft stand noch nicht einmal zur Diskussion.[13]

Auch in ihrer Verfassung blieb die Organisation der westdeutschen Wasserwirtschaft zunächst ein bunter Flickenteppich: Für die Abwasserentsorgung und Wasserversorgung waren in Baden-Württemberg, Bremen, Hamburg, Hessen, Rheinland-Pfalz und Schleswig-Holstein Anfang der 1950er Jahre die Landwirtschaftsministerien zuständig. Einzig in Nordrhein-Westfalen lagen die Abwasserentsorgung, die Wasserversorgung sowie die landwirtschaftliche Wasserversorgung beim Wirtschaftsminister. Das Gros der Länder hatte dagegen die Wasserversorgung dem Landwirtschaftsministerium zugeordnet. In Bayern waren alle Teilbereiche der Wasserwirtschaft dem Innen-, in Südbaden dem Finanzministerium zugeordnet; in Niedersachsen war das Landwirtschaftsministerium für alle Teilbereiche der Wasserwirtschaft zuständig.[14] Erste Gerüchte darüber, dass die Wasserwirtschaft der Bundesrepublik vereinheitlicht werden sollte, verbreiteten sich Anfang der 1950er Jahre, wobei – und das war ein weiteres Mal für die Wasserwirtschaftsinteressen des Industriebezirks ärgerlich – die Überlegungen dahin gingen, die Zuständigkeit für die Ressource Wasser auf die

innerungen an die Fremdarbeiter im Ruhrgebiet, in: Lutz Niethammer (Hg.): »Die Jahre weiß man nicht, wo man sie heute hinsetzen soll«. Faschismuserfahrungen im Ruhrgebiet. Lebensgeschichte und Sozialkultur im Ruhrgebiet 1930 bis 1960, 2. Aufl., Berlin/Bonn 1986, S. 233–266.

11 Zit. GBAG an Emschergenossenschaft, 28.8.1939; Emschergenossenschaft an GBAG, betr. Entwässerung der Wohnbaracken, 7.8.1939, tkCA, TLi 5404.

12 Emschergenossenschaft an Regierungspräsidenten Düsseldorf, 21.4.1950; Emschergenossenschaft an VSt, 29.5.1950; Hüttenwerk Ruhrort-Meiderich an Stadt Duisburg, 12.12.1950, tkCA, TLi 2674. Im Gutachterstreit zwischen der Stadt Duisburg und der Emschergenossenschaft über die Frage, ob die Emscher in ihrem verlegten Mündungsgebiet verdeckt werden sollte, wurde schließlich sogar ein »Nebelfachmann« beauftragt, der prüfen sollte, ob »Dünste« die Grenze der »Belästigung« überschritten. Zit. Aktenvermerk, 7.6.1951, tkCA, TLi 2674.

13 Es wurden kleine, aber keine wesentlichen Veränderungen vorgenommen. Geschäftsordnung, 1948, montan.dok/BBA, 10/606; Gesetz und Statut der Emschergenossenschaft, Jan. 1952, montan.dok/BBA, 20/3207.

14 Übersicht, Organisation der Wasserwirtschaft in den Ländern (1950), montan.dok/BBA, 15/1220

Landwirtschaftsministerien zu übertragen.[15] Ein *Interministerieller Ausschuss Wasser* war seit 1951 mit der Ausarbeitung eines Entwurfes für ein neu verfasstes »Wasserrecht«, das in allen Bundesländern Anwendung finden sollte, eingesetzt worden.[16]

Die Pläne zur Neuverfassung waren den Industriellen und zunächst auch der Emschergenossenschaft natürlich ein Dorn im Auge, stand doch zu befürchten, dass die rechtliche Sonderstellung der Emschergenossenschaft unter dem Druck der landwirtschaftlichen Interessen aufgehoben oder zumindest abgeändert werden könnte. Anfang 1952 lag eine Denkschrift vor, die als bereits »gut durchdacht« galt, wenn sie auch noch keine Gesetzesreife hatte. Die Grundlage für den Entwurf bildete wie ehedem das Preußische Wassergesetz von 1913, was den Interessen im Industriebezirk insofern entgegenkam, als es wenigstens keinen Wasserzins vorgesehen hatte. Diese vermeintliche Kontinuität des alten Preußischen Wassergesetzes, das als »stark privatrechtliche Regelung« galt, wurde allerdings in der Denkschrift und durchaus radikal zugunsten einer öffentlich-rechtlichen Regelung verlassen. Wasser sollte demnach zu einem »Allgemeingut unter staatlicher Verfügung« werden. Für Eigentümer – wie der Emschergenossenschaft – war nur noch ein beschränktes Verfügungsrecht vorgesehen. Auch die Vorschriften für die Reinigung und Klärung der Abwässer sollten laut der Denkschrift eine starke Erweiterung erfahren.[17] Ein weiteres Mal musste es für die Industriellen und die Emschergenossenschaft also darum gehen, die Abwehr zu organisieren und schnellstens mit der entsprechenden Fühlungnahme zu beginnen.

Zunächst fokussierte man sich darauf – wie schon während der NS-Zeit –,[18] die Zuständigkeit des Wirtschaftsministeriums zu erhalten und den etwaig drohenden Übergang der Wasserwirtschaft in die Zuständigkeit des Landwirtschaftsministeriums zu verhindern.[19] Die Bergbauindustriellen, die trotz der erzwungenen Liquidation des Kohlensyndikats hartnäckig an ihrem gemeinsamen Vorgehen festhielten, hielten ihre Interessen allerdings zunächst für wenig gefährdet; sie wähnten sich als erster Energielieferant, hielten sich für unersetzbar und waren entsprechend selbstsicher.[20] Die stolzen Zechendirektoren gingen fest davon aus, dass die volkswirtschaftliche Bedeutung des Steinkohlenbergbaus ›an Rhein und Ruhr‹ ausreichen würde, um die Verlagerung der ministeriellen Zuständigkeit in Nordrhein-Westfalen problemlos zu blockieren. Umso erstaunter war man im Industriebezirk, als das Kabinett *Karl Arnold* im Frühjahr 1953

---

15 O. V. an Kost, 20.8.1950; DKBL (Kost) an Ministerpräsidenten NRW [Arnold], NRW-Wirtschaftsminister [Sträger], NRW-Landwirtschaftsminister [Lübke], betr. Wasserwirtschaft und Wasserrecht, 7.4.1952, montan.dok/BBA, 12/404.

16 Div. Entwürfe, vom Bundeswirtschaftsministerium an die Wirtschaftsvereinigung Bergbau gesandt, montan.dok/BBA, 15/1220.

17 Rechtsanwalt Schiele (Rohstoffbetriebe der VSt GmbH), 7.2.1952 (Abschrift), montan.dok/BBA, 15/1220.

18 S. dazu das Kap. »Die ›Autonome‹«.

19 Stellungnahme des Westdeutschen Wasserwirtschaftsverband e.V., [Karl] Oberste-Brink, zu der Frage der Betreuung des Wassers in Nordrhein-Westfalen durch Wirtschafts- oder Landwirtschaftsministerium, 12.4.1952 (Abschrift), montan.dok/BBA, 15/1222.

20 S. Juliane Czierpka: Die Organisation des Ruhrkohlen-Absatzes zwischen Alliierter Hoher Kommission und Montanunion aus Sicht des Ruhrbergbaus, in: dies./Lars Bluma (Hg.): Der Steinkohlenbergbau in Boom und Krise nach 1945. Transformationsprozesse in der Schwerindustrie am Beispiel des Ruhrgebiets, Berlin/Boston 2021, S. 165–184.

beschloss, die Zuständigkeit für die Wasserwirtschaft dem Landwirtschaftsministerium zu unterstellen.[21] Der entscheidende Vorstoß aus der nordrhein-westfälischen CDU kam aus dem *hidden capital* des Industriebezirks, aus Essen, und von *Hans Toussaint*, seit 1949 Oberbürgermeister von Essen. Zwar herrschte keineswegs die »volle Einmütigkeit« in der Fraktion, Toussaint setzte sich aber durch. Die SPD unkte, die Entscheidung sei just gefallen, als sich der Wirtschaftsminister, Artur Sträter, auf einem Kuraufenthalt gefunden habe. Im Ämter- und Kompetenzgerangel sei Sträters Schwäche ausgenutzt worden. Und in der Tat wirkte Sträters Verteidigungsmanöver kraftlos. Ausgesprochen zurückhaltend äußerte er, er habe sich dafür ausgesprochen mit der Verlagerung noch zu warten, an der »tadellosen Zusammenarbeit« von Wirtschafts- und Landwirtschaftsministerium in der Zukunft habe er aber keinen Zweifel.[22] Sträter machte damit den Weg für die Verlagerung frei. Den Zechendirektoren blieb daher fürs Erste nur, das kleine Leck in den eigenen Reihen zu schließen, denn wie sich herausstellte, war es *Wilhelm Nebelung* von der Bergbau-AG Neue Hoffnung, der Toussaint bei seinem Vorstoß unterstützt hatte. »[A]ls einziger Bergmann« habe er die Verlagerung unterstützt, schimpfte kein anderer als der einflussreiche *Heinrich Kost*.[23] Damit habe er dem Bergbau nicht weniger als einen »schlechten Dienst« erwiesen.[24]

Die Bergbauindustriellen im Industriebezirk jedenfalls traf diese Verschiebung in der ministeriellen Zuständigkeit weitgehend unvorbereitet. Schon drei Jahren zuvor, so wurde schließlich in Erfahrung gebracht, war dieser Schritt beschlossen worden. Hoch problematisch sei nun, dass »weder eine rechtliche Möglichkeit, diese Entscheidung der Landesregierung anzufechten, noch dem Landtage irgendwelche verfassungsrechtliche Einwirkungsmöglichkeiten« zustünden.[25] Da blieben nur der Bund und die Hoffnung darauf, dass der Bundeswirtschaftsminister die Sonderinteressen des Bergbaus schützen würde. Denn mit der Verlagerung der Wasserwirtschaft in das Landwirtschaftsministerium war klar, dass eben dieses Ministerium, nicht aber das Wirtschaftsministerium, eine stärkere Position bei der Ausarbeitung der neuen und auf Bundesebene vereinheitlichten Wassergesetzgebung haben würde.[26] Die Bergbauindustriellen setzten auf Ludwig Erhard und hofften darauf, dass er die drohende Herrschaft der »gesamten Wasserwirtschaft« durch das Bundesernährungsministerium verhindern würde. Die Industriellen fanden: »In Selbstverwaltungskörperschaften

21 Aktenvermerk (Willing), betr. Wasserwirtschaft, Nordrhein-Westfalen, 9.4.1953, montan.dok/BBA, 15/1222.

22 Auszugweise Abschrift aus dem Sitzungsbericht über die 79. Sitzung des Landestages von Nordrhein-Westfalen am 24.3.1953, montan.dok/BBA, 15/1222.

23 Evelyn Kroker: Heinrich Kost. Rationalisierung und Sozialbeziehungen im Bergbau, in: Paul Erker/Toni Pierenkemper (Hg.): Deutsche Unternehmer zwischen Kriegswirtschaft und Wiederaufbau, München 1999, S. 291–316.

24 Zit. Kost an Nebelung, 12.3.1954; Nebelung an Kost, 24.3.1954, montan.dok/BBA, 12/404.

25 Bock an Keyser, betr. Zuständigkeit für Wasserrecht in NRW, 16.4.1953, montan.dok/BBA, 15/1222.

26 Vermerk Besprechung mit Hellwig (DII) und Gäßler (BDI), 3.3.1954, montan.dok/BBA, 15/1225; dazu auch Wirtschaftsvereinigung Eisen- und Stahlindustrie an Direktoren der Mitgliedswerke, betr. Wasserwirtschaft, HAK, 27.10.1954, WA 42/5303; Westrick an Kost, 21.4.1954, montan.dok/BBA, 12/404.

haben wir in den vergangenen Jahrzehnten bewiesen, dass wir unter Leitung des Bundeswirtschaftsministeriums nichts unterlassen haben, um wasserwirtschaftlich richtig zu handeln.«[27] Es war Kost, der sich an das Bundeswirtschaftsministerium wandte, während *Karl Oberste-Brink* zur Speerspitze der Verteidigung der Interessen der Bergbauindustriellen innerhalb des Industriebezirks wurde. Beharrlich verwies Oberste-Brink auf das Allgemeine Bergrecht, das dem Bergbau Vorrechte bei der Wassernutzung einräumte, und wiederholte wieder und wieder, dass das Recht zur Einleitung von Grubenwasser als Vorrecht des Bergbaus zu gelten habe.[28] Dahinter steckte natürlich das Interesse, nicht nur die »Sonderstellung« des Bergbaus zu verteidigen, sondern insbesondere das sonderrechtliche Format der Emschergenossenschaft zu bewahren. In einer Aussprache mit Arnold erreichte Oberste-Brink immerhin, dass für den Bergbau das Bergamt ausschlaggebend blieb, sodass die Verschiebung zum Landwirtschaftsministerium zumindest für die Ableitung der Grubenabwässer einstweilen keine Folge hatte.[29] Erhard indes hatte sich nicht einmal gerührt und auch Arnold sagte dem Bergbau keineswegs volle Rückendeckung zu. Daher verstärkten die Bergbauindustriellen ihre Aktivitäten. Ende 1953 wurde unter der Leitung von Oberste-Brink vom *Steinkohlenbergbauverein*, dem Nachfolger des Bergbauvereins, ein eigener Ausschuss, der *Ausschuss für Wasserwirtschaft*, eingerichtet.

Anfang 1954 fand die erste Sitzung statt. Eingeladen waren »sachverständige Herren«, aus dem Bergbau natürlich, aber auch der enge Austausch mit dem *Verein deutscher Eisenhüttenleute* (VDEh) war vorgesehen. Der Ausschuss war überregional besetzt, die klare Vorherrschaft hatten jedoch die Vertreter des ›Ruhrbergbaus‹. Und selbstredend gehörten auch Vertreter der Emschergenossenschaft zu den Mitgliedern.[30] Als Zweck und Gegenstand der Ausschussarbeit wurde recht unverfänglich der Umgang mit der Verknappung des Rohstoffes Wasser ausgegeben. Tatsächlich handelte es aber keineswegs um einen ausschließlich technischen Ausschuss, sondern um ein Bündnis gegen den wenig vorteilhaften Beschluss der nordrhein-westfälischen Landesregierung die Wasserwirtschaft dem Landwirtschaftsministerium zu unterstellen. Die Bewahrung der »Sonderstellung« war das eigentliche Ziel, denn schließlich hänge die »Wirtschaftlichkeit des Bergbaus [...] wesentlich davon ab, dass Wasser möglichst billig, in den notwendigen Mengen und in guter Beschaffenheit« zur Verfügung stehe. Zwar wurde auch die »Reinigung« als Aufgabe des Ausschusses definiert, das aber vor allem deshalb, weil die Emschergenossenschaft in der unmittelbaren Nachkriegszeit beständig drohte, künftig Zuschläge für allzu starke Verschmutzungen zu erheben. Die Emschergenossenschaft war noch mit der Frage befasst, wie diese zusätzlichen Beiträge zu rechtfertigen waren, gleichwohl die »Gefahr« einer saftigen Kostenerhöhung bestand. Entsprechend

---

27 Kost an Ludwig Erhard, 12.3.1954, montan.dok/BBA, 15/1225.

28 Das geschah nicht zuletzt über zahlreiche Veröffentlichungen, etwa Karl Oberste-Brink: Die Sonderstellung des Bergbaus in der Wasserwirtschaft, in: Die Wasserwirtschaft 44:3, 1953 (Sonderdruck), montan.dok/BBA, 12/404.

29 Vermerk, 24.4.1953, dazu auch Vermerk, 6.5.1953, montan.dok/BBA, 15/1222.

30 Als Vertreter der Emschergenossenschaft benannte Ramshorn Dr.-Ing. Löhr, der von Dipl.-Ing. Wack vertreten wurde. Ramshorn an Steinkohlenbergbauverein, 12.12.1953; Notiz über die Besprechung zur Gründung eines wasserwirtschaftlichen Ausschusses am 27.11.1953 (Abschrift), montan.dok/BBA, 16/1343.

war für Oberste-Brink klar, »daß die in dieser Hinsicht [der Reinigung] schlechtesten Zechen auch im wirtschaftlichen Interesse gut daran täten, ihre Abwässerwirtschaft in Ordnung zu bringen«. Der anwesende Vertreter der Emschergenossenschaft – Löhr – griff an diesem Punkt ein und äußerte, die Aufgaben des Ausschusses hätten sich auf die »innerbetrieblichen Maßnahmen« zu erstrecken. Über den Ausschuss vorgenommene Eingriffe in das Vorgehen der Emschergenossenschaft wollte er nicht zulassen. Vielmehr sei insgesamt mit einer »schärferen Einstellung gegen die Industrie« zu rechnen; dagegen sollte der Ausschuss Maßnahmen ergreifen.[31] Und tatsächlich wandte sich der Ausschuss neben seinem politischen Zweck auch übergeordneten Fragen der Wasserwirtschaft zu. In den kommenden Sitzungen lauschte man in großer Runde Vorträgen zur effizienteren Wasserversorgung, diskutierte sogar die Möglichkeiten einer Kreislaufwirtschaft bei einer etwaig selbst vorgenommenen Wassergewinnung.[32] Erstmals also wurde Wasser in den Augen der Bergbauindustriellen zu einer »Ressource«. Es war die neu aufgeworfene Frage – nämlich, wer zukünftig und nach erfolgter Neuordnung die Eigentums- und Verfügungsrechte über das Wasser ausüben sollte – die dazu motivierte, etablierte Perspektiven und Verfahrensweisen zu überdenken. Gleichwohl blieb der Ausschuss seinem politischen Auftrag treu: Der Ausschuss initiierte etwa einen vom *Unternehmensverband Ruhrbergbau* (UVR) gestellten Vorschlag auf steuerliche Begünstigung für die Errichtung von Abwasserreinigungsanlagen, dem auch zugestimmt wurde.[33]

Anfang Juli 1955 lag schließlich der Entwurf für das »Rahmengesetz« im Bund vor.[34] Er war maßgeblich vom Bundesernährungsministerium ausgearbeitet worden und war vom Interministeriellen Ausschuss angenommen worden. Für die Industriellen im Industriebezirk war der Entwurf nicht weniger als ein Frontalangriff, auf den sie aber nicht reagieren konnten – jedenfalls nicht offiziell. Selbstverständlich hatten die informierten Landesregierungen den Entwurf durchgereicht und an die Verbände weitergegeben. Da aber weder der Bundesverband der Deutschen Industrie e. V. (BDI) noch die Wirtschaftsvereinigung des Bergbaus den Entwurf »offiziell« erhalten hatte, konnten die jeweiligen Fachausschüsse den Entwurf zwar diskutieren, aber keine offiziellen Stellungnahmen abgeben.[35] Und selbstverständlich wurde der Entwurf im Ausschuss für Wasserwirtschaft in Gänze abgelehnt: An jeder einzelnen Bestimmung wurde grundlegende und fundamentale Kritik geübt. Die Aussprache ergab: Gegen »sämtliche[] Bestimmungen« bestanden Bedenken. Die vorgeschlagene Grundsatzbestimmung, dass alle »über

31 Niederschrift über die 1. Sitzung des wasserwirtschaftlichen Ausschusses am 19.1.1954, montan.dok/BBA, 16/1344.

32 Niederschrift über die 2. Sitzung des wasserwirtschaftlichen Ausschusses am 21.5.1954; Niederschrift über die 3. Sitzung des Ausschusses für Wasserwirtschaft am 16.2.1955 montan.dok/BBA, 16/1344.

33 UVR an Mitglieder, betr. Förderung der industriellen Abwässerreinigung, 13.12.1954, montan.dok/BBA, 35/386.

34 Entwurf eines Rahmengesetzes über den Wasserhaushalt, Fassung vom 2.7.1955, vertraulich! Nur für interne Beratung bestimmt (Abschrift), montan.dok/BBA, 16/2339.

35 O. V. an Sack, betr. Entwurf eines Gesetzes zur Änderung des Wasserhaushalts, 14.6.1955, montan.dok/BBA, 15/1226.

den Gemeinbrauch hinausgehenden Benutzungen« von Gewässern der Bewilligung bedürfen sollten, galt den Industriellen als Fanal. Die in dem Entwurf hergestellte Anlehnung an die Schadensersatzvorschriften des Bürgerlichen Gesetzbuches, die für »Wasser« bis dahin nicht galten, war ein Problem, ebenso die vorgesehene Festlegung von Entgelten für die Benutzung der Wasserläufe. Und am allerschlimmsten: Keine besondere Einlassung fand sich zu den öffentlich-rechtlichen Körperschaften, wie die Emschergenossenschaft eine war. Die Folgen des Entwurfs und die etwaig übergeordnete Bedeutung des Bergrechts wurden im kleinen Kreis heiß diskutiert. Als Schutzschild könnte, so die Überlegung, die Bergbehörde fungieren. Sie musste bei der Festsetzung von Schutzgebieten, bei der Ausgabe von Genehmigungen und für die Festlegung der Rahmenpläne beteiligt werden und würde sich schon aus dem Motiv heraus, die eigenen Zuständigkeiten und Kompetenzen zu bewahren, den Interessen des Bergbaus annehmen. Besonders die angedachten, aber noch nicht ausdifferenzierten Strafbestimmungen besorgten die Industriellen. Klar war, auch das war neu, dass Verstöße aufgewertet und fortan als Ordnungswidrigkeiten behandelt werden sollten.[36] Auf einen Satz gebracht, lautete die Forderung der Bergbauindustriellen daher: »Die bergrechtlichen Vorschriften des Bundes und der Länder, insbesondere die auf ihnen beruhenden Befugnisse der Bergbehörden und Rechte der Bergbautreibenden bleiben durch das Gesetz unberührt.«[37] Der Entwurf war auf Bundesebene erarbeitet worden und sollte nun in den einzelnen Ländern diskutiert werden. Der dafür zur Verfügung gestellte Zeitraum war gezielt knapp bemessen worden. Schon bis Anfang September sollte die Abstimmung in den Ländern erfolgen. Die Verbandsarbeit des BDI, aber natürlich auch des Steinkohlenbergbaus im Industriebezirk, geriet damit unter erheblichen Zeitdruck. Der vom BDI erarbeitete Gegenvorschlag, der mehr oder weniger einzig der Verteidigung der landesspezifischen Ausprägungen und damit dem Erhalt des Status quo diente und selbstredend die Forderung der Industriellen aufgenommen hatte, konnte aber weiterhin nicht offiziell eingereicht werden. Er war ja nicht erbeten worden.[38]

Im Ausschuss Wasserwirtschaft wurde parallel dazu weiter an den Möglichkeiten der Wassereinsparungen gearbeitet. Wichtiger aber wurde es, aufzuklären. Die Bergbauindustriellen hatte sich die Wasserwirtschaft bis dahin ausgesprochen erfolgreich vom Hals halten können. Ausgelagert in ihre *Bad Bank*, die Emschergenossenschaft, hatten sie sich um eine über ihre Schachtanlagen hinausgehende Effizienz nicht bemühen müssen. Die drohende Neuordnung erforderte nun eine ernsthafte Beschäftigung mit den Konsequenzen der laxen und tradierten ortsüblichen Wasserwirtschaft, von der man im Industrierevier so sehr profitiert hatte. Entsprechend galt es über die etwaigen Folgen der Neuordnung aufzuklären: Und so informierte man, dass eine »Erlaubnis« drohte zur Regel zu werden und dass diese an behördliche (und eben nicht an die selbstorganisierte) Zustimmung geknüpft werden würde. Man informierte, dass der im Industrie-

36 Niederschrift über die Sitzung des Sonderkreises »Wassergesetzgebung« am 25.7.1955, montan.dok/BBA, 16/2339.

37 Zit. o. V. an Sack, betr. Entwurf eines Gesetzes zur Änderung des Wasserhaushalts, 14.6.1955, montan.dok/BBA, 15/1226.

38 Vermerk [Vergleich des Rahmengesetzentwurfes des Interministeriellen Ausschusses und dem Entwurf des BDI], 22.8.1955, montan.dok/BBA, 15/1226.

revier bis dahin ausgeschlossene Wasserzins drohte, eingeführt zu werden. Man informierte, dass eine Reinhalteordnung, und zwar eine für den Bund geltende, Verankerung finden könnte.[39] Das musste den Industriellen erklärt werden, ebenso wie die einhergehende Normung und damit auch die genaue Bestimmung fachlicher Begriffe: Die Begriffe »Belastung eines Gewässers«, »Abwasserlast«, »Schmutzbeiwert«, »Abwasserzone«, »Opferstrecke«, »Sauerstoffdefizit«, »Chlorbedarf«, »Forellenregion«, »Brackwasserregion«, »Verarmungszone«, »Biotop«, »Frischschlamm« und »Faulschlamm«, auch die so gern angebrachte Formel der »Selbstreinigung« und viele mehr, die Grundlagenbegriffe der Wasserversorgung und -entsorgung also, waren nun nicht mehr nur wissenschaftliche Termini, sondern sie drohten bundeseinheitlich genormt zu werden.[40] Und damit hing die gesamte wasserwirtschaftliche Grundlage im Industrierevier, die Praxis der selbstverwalteten Ortsüblichkeit, an einem seidenen Faden.

Am 27. Juli 1957 passierte das »Gesetz zur Ordnung des Wasserhaushalts« (WHG) den Bundestag.[41] Die Begründung vermerkte ein Knappheitsproblem, daher bezwecke das Gesetz, »eine geordnete Bewirtschaftung« herbeizuführen, die ausschließlich über ein Rahmengesetz des Bundes hergestellt werden könne: »Durch Landesgesetze allein kann die Sicherung eines geordneten überregionalen Wasserhaushalts nicht gewährleistet werden.« Die geltenden Landesgesetze, so hieß es weiter, regelten auf der Grundlage der »früheren Länder«, in einigen Gebietsteilen der Bundesrepublik sei gar das Gemeine Recht noch in Kraft. Insofern die Grenzen der Bundesländer aber nicht mit den Grenzen der »früheren Länder« übereinstimmten, seien in einigen Bundesländern sogar mehrere »Wasserrechtsgebiete« vorhanden. Auch die Grundlage der bestehenden Wasserrechte sei unterschiedlich; einige basierten auf privatrechtlichen, andere auf öffentlich-rechtlichen Grundsätzen: »Es wird von Verleihung, Genehmigung, Ermächtigung oder Erlaubnis in ganz verschiedenem Sinne gesprochen.« Die starke Handschrift des Landwirtschaftsministeriums war deutlich erkennbar: Bereits seit 1880 sei von der Landwirtschaft – in Form des Deutschen Landwirtschaftsrates – die Forderung nach Schaffung eines »allgemeinen Wasserhaushalts« erhoben worden. Weitere Initiativen seien insbesondere von den landwirtschaftlichen Verbänden ausgegangen, aber über Resolutionen sei man nicht hinausgekommen. Auf einer verfassungsrechtlichen Grundlage wurde dann ausgebreitet, dass eine bundesstaatliche Rahmengesetzgebung einheitliche Grundlagen herstellen, die Ausführung dann aber eine je landesgesetzgeberische sein sollte, und zwar dergestalt, »daß der Landesgesetzgeber innerhalb der durch das Rahmengesetz gezogenen Grenzen befugt ist, das Wasserrecht des Landes nach seinem eigenen Ermessen zu gestalten, insbesondere auch auf dem Gebiet des Verfahrensrechts.« Die Grundlage des Rahmengesetzes war eine öffentlich-rechtliche, wobei die »privaten

39 Etwa Vortrag Dornheim: Wie stellt sich die AG der Wasserwirtschaftsverbände zu dem Entwurf des Wasserhaushaltsgesetzes?, 3.9.1956 (Auszug), montan.dok/BBA, 16/1492.

40 Fachnormenausschuss Wasserwesen im Deutschen Normenausschuß (DNA), Entwurf DIN 4049, 2.9.1956 (Auszug), tkCA, TLi 2671.

41 S. dazu kursorisch und mit Blick v. a. auf die Ruhr Franz-Josef Brüggemeier/Thomas Rommelspacher: Blauer Himmel über der Ruhr. Geschichte der Umwelt im Ruhrgebiet 1840–1990, Essen 1992, S. 109–111.

Belange« zu berücksichtigen seien: »Das Gesetz hat davon Abstand genommen, die Eigentumsverhältnisse an den Gewässern oder die Eigentumsgrenzen im Gewässerbett oder am Ufer zu regeln. Manche Landeswassergesetze folgen der privatrechtlichen [wie das in Nordrhein-Westfalen, das auf dem Preußischen Wassergesetz von 1913 aufsetzte], manche dagegen der öffentlich-rechtlichen Auffassung.« Das Rahmengesetz diene nicht dazu, in die bestehende Landesgesetzgebung »einzugreifen«.[42]

Der Anspruch dieser bundeseinheitlichen Rechtsgrundlage, bei aller Betonung der Akzeptanz der landesrechtlichen Ausgestaltung, war für die Bergbauinteressenten im Industriebezirk natürlich schlecht, denn sie betraf die über die Emschergenossenschaft ausgelagerte ›ortsübliche‹ Verschmutzung direkt. Die Emscher war als Cloaca Maxima für die Industriellen ja nichts anders als ein Abwasserventil, mit ausgesprochen begrenzten und gemessen an der Verunreinigung wenigen Reinigungsanlagen. Die Emschergenossenschaft, die ein weiteres Mal ihre ökonomische Logik entdeckte, fand bald eine Möglichkeit, die Reinigungskapazitäten zu erhöhen. Die Normierung der Belastungsgrenzen war zwar ein Problem, gleichzeitig bedeutete das aber auch, dass sich das Bundesfinanzministerium einschaltete. Aufgrund der genauen Definition dessen, was als »Abwasser« galt, wurden nun Möglichkeiten für steuerliche Begünstigungen entwickelt, indem nämlich die Anlagen für die Reinigung, überhaupt jede Anlage für die Verringerung von Abwasserschäden, bewertungsfrei wurden.[43] Als »Abwasser« galt nunmehr, das »aus dem Haushalt, aus gewerblichen oder industriellen Betrieben und von Niederschlägen aus Ansiedlungen und Betrieben abfliessende Wasser, das infolge seiner physikalischen, chemischen und biologischen Eigenschaften geeignet ist, Schädigungen im aufnehmenden Gewässer, im aufnehmenden Abwasserkanal oder in den sonstigen Abwasseranlagen zu verursachen«. Ausschlaggebend war damit die ›Veränderung‹ – die Anreicherung des Wassers mit »nachteiligen Eigenschaften« – durch den Gebrauch.[44] Der Emschergenossenschaft nutzte, dass der »aufnehmende Abwasserkanal« nunmehr einbezogen wurde, und auch, dass Anlagen, die der Verhinderung von Schädigungen dienten, zur Steuerbegünstigung zugelassen wurden. Die Veränderung der Rahmengesetzgebung gab der Emschergenossenschaft nicht weniger als die Möglichkeit, den Schritt von der ›Bad Bank‹ zur ›Good Bank‹ zu tun und ein weiteres Mal ihr Aufgabenfeld zu erweitern. Das WHG war dennoch alles andere als eine glatte Umkehr. Es schrieb lediglich Mindestanforderungen fest, weiterhin aber blieb die Rahmensetzung hinter den technischen Möglichkeiten zurück.[45]

Was die Emschergenossenschaft also nutzen konnte und eine im Grunde neue Aufgabe für sie war, wurde von den Industriellen natürlich rundweg abgelehnt. Das Bundeswasserrecht bedeutete für sie nichts anderes, als das »[a]lle für die Unternehmen

42 Zit. Begründung zum Entwurf eines Gesetzes zur Ordnung des Wasserhaushaltes, o. D. [1957], montan.dok/BBA, 55/2039.

43 Emschergenossenschaft (Ramshorn) an Bergbau AG Constantin der Große, 18.9.1957, montan.dok/BBA, 20/3207.

44 Hess (Wasserwirtschaftsamt I), betr. Steuerliche Bewertungsfreiheit für Anlagen zur Verhinderung, Beseitigung oder Verringerung von Schädigungen durch Abwasser gem. § 79 Abs. 2 Ziffer 1 und 2 der Einkommensteuer-Durchführungsverordnung (EStDV 1955), 28.8.1957 (Abschrift), montan.dok/BBA, 20/3207.

45 Brüggemeier/Rommelspacher: Blauer Himmel über der Ruhr, S. 109.

der gewerblichen Wirtschaft bedeutsamen Wassernutzungen [...] vom Zeitpunkt des Inkrafttretens des WHG grundsätzlich verboten« waren. Ausnahmen konnten nur durch die zu treffenden landesrechtlichen Bestimmungen gewährt werden.[46] Die Rahmengesetzgebung trat noch nicht mit Erlass 1957, sondern erst zum 1. März 1960 in Kraft. Entsprechend ging es für die Beteiligten im Industrierevier in den nächsten Jahren um die Einflussnahme auf die landesspezifische Ausgestaltung des vom Bund festgelegten Rahmengesetzes und ein weiteres Mal um die Bewahrung der ›Sonderstellung‹ des Bergbaus und der ›Sonderorganisation‹ der Emschergenossenschaft.[47] Die Unsicherheit über die Folgen für die einzelnen Unternehmen war groß.[48] Die Emschergenossenschaft indes bezog sich auf das EGG, besonders den Paragrafen 6, auf das Statut und das Reglement zur Benutzung der Anlagen der Emschergenossenschaft und stellte fest: Das Benutzungsrecht würde – wie gehabt – von der Genossenschaft vergeben, wenn nun auch andere Bedingungen gelten würden.[49]

Die Emschergenossenschaft setzte auf der Grundlage des neuen Rahmengesetzes durch, weitergehende Reinigungsmaßnahmen zu verankern.[50] Schon 1949 hatte die Emschergenossenschaft nach der Verlegung der Emschermündung das Mündungsgebiet bei Walsum aufgegeben. In dem Gebiet sollte die große biologische Kläranlage errichtet werden. Lange schon hatte man in der Emschergenossenschaft den Plan einer großen biologischen Kläranlage forciert und gegenüber den von den Industriellen bevorzugten vielen und unzähligen kleinen Kläranlagen vorgezogen, war damit aber fortwährend am Widerstand der Beteiligten gescheitert. Mit dem entscheidenden Schub durch die Veränderung der Rahmengesetzgebung konnten die Planungen so konkret werden, dass für das spätere *Klärwerk Emschermündung* (KLEM) die Frage nach dem richtigen Standort diskutiert werden konnte. Für die Anlage bedurfte es viel Platz, rund 750.000 m^2 waren geplant – über 105 Fußballfelder also.

Die Bergbau-AG Neue Hoffnung, Eigentümerin einiger der infrage kommender Flurstücke, wehrte sich 1957 heftig gegen die Wahl des Standorts in Oberhausen-Holten. Nicht nur sei eine »Großanlage« an der Emschermündung technisch wohl kaum in der

46 Zit. Beratungs-Institut für die gewerbliche Wasserwirtschaft und Emissionen e.V. betr. das neue Bundeswasserrecht und seine Auswirkungen auf die gesamte gewerbliche Wirtschaft, o. D. [1957], montan.dok/BBA, 55/2039.

47 Niederschrift über die Sitzung am 10.12.1957, betr. Maßnahmen zur Verminderung der Verschmutzung; Protokoll über die Sitzung am 24.4.1958, tkCA, TLi 2542. S. dazu auch die Sitzungen der Arbeitsgemeinschaft der Wasserwirtschaftsverbände e.V., an der Vertreter des Bayerischen Wasserwirtschaftsverbands, des Westdeutschen Wasserwirtschaftsverbands, des Württembergischen Wasserwirtschaftsverbands und des Südwestdeutschen Wasserwirtschaftsverbands teilnahmen. Der Westdeutsche Wasserwirtschaftsverband wurde vertreten durch Oberste-Brink und Ramshorn. Etwa Mitgliederversammlung der Arbeitsgemeinschaft der Wasserwirtschaftsverbände, 2.10.1957, montan.dok/BBA, 16/1492.

48 Etwa Korsch/Oberste-Brink an Rheinelbe, Dortmunder BAG, Bochumer BAG, Gelsenkirchener Benzin AG, betr. Wassernutzungsrechte, 25.11.1957, montan.dok/BBA, 55/2039.

49 Korsch/Oberste-Brink an Rheinelbe, Dortmunder BAG, Bochumer BAG, Gelsenkirchener Benzin AG, betr. Wassernutzungsrechte. Nutzung der Wasserläufe im Bereich der Wasserverbände nach Inkrafttreten des Wasserhaushaltsgesetzes, 14.8.1958, montan.dok/BBA, 55/2039.

50 Emschergenossenschaft, die weitergehende Abwasserreinigung, o. D. [Febr. 1958], montan.dok/BBA, 10/606.

Lage, die in der Cloaca Maxima zusammenfließenden »verschiedensten eingeleiteten Abwässer nach Art, Zeit, Menge und Zusammensetzung« einem einheitlichen biologischen Klärverfahren zu unterziehen. Vielmehr seien mehrere Kleinanlagen vorzuziehen. Auch sei das Gelände durch zwei Verwerfungszonen charakterisiert, Bergschäden an der geplanten Großanlage seien unausweichlich und in großem Ausmaß zu erwarten. Das Bergwerk lobte die eigenen Reinigungsaktivitäten, bei denen aus dem eigenen Kokereiwasser Phenol, Ammoniak und Schwefelwasserstoff gewonnen würde,[51] auch die Abwässer der Kohlenwäschen würden inzwischen gründlich geklärt. Die zurückgewonnenen Kohlenfeststoffe würden wirtschaftlich verwertet. Kein Wort fand sich über die stark in der Kritik stehenden salzbelasteten Grubenwässer. Die Argumentation des Bergwerks gipfelte in der Behauptung: »Die von uns getroffenen oder ähnliche Maßnahmen sind auch bei den anderen Abwasserproduzenten möglich und daher von ihnen durchzuführen. Wenn jeder sich von seinem Verantwortungsgefühl leiten läßt und dementsprechende Maßnahmen ergreift, ist es zu erreichen, den Emscherlauf wesentlich zu verbessern und ihn in die Lage zu versetzen, mit weiteren Verschmutzungen selbst fertig zu werden.«[52] Ein anderes auserkorenes Grundstück, bei Dinslaken, befand sich im Eigentum der Bergwerksgesellschaft Walsum.

Wie die Neue Hoffnung so weigerte sich auch diese Bergwerksgesellschaft, die Flurstücke an die Emschergenossenschaft zu verkaufen. Walsum ging in ihrer Argumentation aber noch ein Stück weiter: Durch die Errichtung des großen Klärwerks bestünde nicht weniger als »die Gefahr des Auftretens« von »Seuchen«. Ferner beklagte Walsum die erwartbar hohe Geruchsbelästigung – geplant war ja endlich die Realisierung einer großen *biologischen* Kläranlage. Die Stadt Dinslaken wachse, nicht zuletzt aufgrund der dort angesiedelten Industrie, der Hamborner Bergbau AG mit der eingegliederten Friedrich Thyssen Bergbau AG, der August Thyssen-Hütte, der Aschaffenburger Zellstoffwerke und der Bergwerksgesellschaft Walsum. Unzählige Wohnsiedlungen befänden sich im Bau: »Die Industrie ist sich mit allen Betroffenen darin einig, daß Dinslaken als gesundes Wohngebiet erhalten bleiben muß und daß der Bevölkerung unter keinen Umständen auch die jetzige Geruchsbelästigung durch die Emscher auf die Dauer zuzumuten ist.« Erstmals wurde die »Bevölkerung« überhaupt thematisiert. Bis dahin hatte sie in der Diskussion und in der Ausgestaltung der Emscher nie auch nur eine Rolle gespielt, obschon in diesem Fall, und sehr durchsichtig, die Schädigung »aller« und namentlich der dort lebenden »Bevölkerung« rein argumentativ angebracht wurde. Auch Walsum fand den Ausbau von Einzelanlagen »richtiger«, schließlich sei die »gute Reinigung des Emscherwassers nicht nur ein Problem der Rhein-Anlieger, sondern in mindestens ebenso starkem Maße ein Problem der Emscher-Anlieger«. Man war daher der Meinung, »daß die Bevölkerung im gesamten Emschergebiet ein Recht und einen Anspruch auf einen einwandfreien und gesunden Lebensraum hat«. Das klang sehr sozial, und sicherlich hatten insbesondere die Rheinanliegerstandorte ein Arbeitskräfteproblem, sodass der Hinweis auf die Wohnsiedlungen nicht gänzlich abwegig war. Stärker

51 S. dazu das Kap. »Die ›Unternehmerin‹«.

52 Zusammenfassende Stellungnahme der Bergbau-AG Neue Hoffnung zur Planung einer Emscher-Großanlage in Oberhausen-Holten, März 1957, montan.dok/BBA, 38/509.

ging es aber natürlich um das allerdings wohlweislich nachgelagert vorgebrachte Argument: Denn das von der Emschergenossenschaft auserkorene Grundstück wurde für den »Zechenplatz« genutzt und durchschnitt die Linie der Werksbahn. Das hätte sich wohl – mit entsprechenden Entschädigungszahlungen – noch lösen lassen; nicht zu lösen war aber aus Sicht des Bergwerks, dass Walsum eine neue Außenschachtanlage plante, für die die Zechenbahn und das entsprechende Gelände zentral waren. Ausweichmöglichkeiten für den Aufschluss sah das Bergwerk nicht: Auf die »neuen Bergbau-Kapazitäten« könnte nicht nur im Interesse des Unternehmens, sondern »auch aus volkswirtschaftlichen Gründen unter keinen Umständen verzichtet werden«. Und zu guter Letzt führte das Bergwerk aus, eine Kläranlage in unmittelbare Nähe zum Rheindeich sei zu riskant, aufgrund der Hochwassererfahrungen, aber auch der Schiefstellung im untertägigen Gebirge; das Bergwerk büße, bei Umsetzung des Planes der Emschergenossenschaft, nicht weniger als 70 Millionen Tonnen »Kohlensubstanz« ein.[53]

Zwischen den Beteiligten – und nicht nur den Rheinanliegern, sondern allen Bergwerken – und der Emschergenossenschaft entspann sich ein heftiger Konflikt. Im Ausschuss für Wasserwirtschaft wurde nun eine Teilung vorgenommen, der »kleinere Kreis«, bestehend ausschließlich aus Bergwerksvertretern unter der Leitung von Oberste-Brink, traf sich regelmäßig, während der »größere Kreis« des Ausschusses, in dem auch die Emschergenossenschaft vertreten war, immer seltener zusammentrat. Oberste-Brink, der zugleich auch der Vorstandsvorsitzende der Emschergenossenschaft war, bezog hier eine klare Position, und zwar aufseiten der Bergwerke. Im kleinen Ausschuss wurde einhellig die Überzeugung geteilt, dass die Frage der Verunreinigung eine »politische«, weniger aber eine »technisch-wirtschaftliche Frage« sei. Zentral sei, den »Regierungsstellen« nicht »zu viele Zahlen« an die Hand zu geben, um nicht »ungünstig zu beeinflussen«.[54]

Die »Zahlen« lagen aber dann trotzdem und bald vor. Die Emschergenossenschaft beschaffte sie. Die Normierung und auch die Debatte über die Wasserwirtschaft hatte die Wasser- und Schiffahrtsämter dazu veranlasst, ein größeres Rheingutachten in Auftrag zu geben, das die Rheinwasserqualität von Linz bis Lobith mittels genauer Messung zu untersuchen hatte. Mit der Durchführung wurde die Chemische Abteilung der Emschergenossenschaft betraut. Das Gutachten stellte dann eindeutig fest, dass im Rhein an einigen »kritischen« Stellen »kein Sauerstoff mehr vorhanden« sei und das Rheinwasser stark nach Schwefelwasserstoff rieche – und zwar besonders bei Leverkusen und dann unterhalb der Emschermündung. Ein ähnliches Bild lieferte die gemessene Phenolfracht, die sich bei Bayer in Leverkusen erhöhe und an der Emschereinmündung stark ansteige. Insgesamt weise der Rhein eine »erhebliche Verschmutzung« auf, der Sauerstoffgehalt sei insgesamt gesunken, die Temperatur gestiegen, der Ammoniakgehalt habe sich zwischen 1949 und 1959 verdreifacht, die Salzfracht habe stark zugenommen.[55]

53 Stellungnahme der Bergwerksgesellschaft Walsum mbH zu dem von der Emschergenossenschaft geplanten Klärwerk Emschermündung, 15.10.1958, montan.dok/BBA, 38/509.

54 Niederschrift über eine Besprechung im kleinen Kreis von Mitgliedern des Ausschusses für Wasserwirtschaft am 21.12.1959, montan.dok/BBA, 16/1345.

55 Biologische und chemische Untersuchung des Rheins auf der Strecke Linz-Lobith durch die Chemische Abteilung der Emschergenossenschaft und des Lippeverbandes, Sept./Okt. 1959, BArch,

Und das war nun nicht mehr nur »äußerlich« belegt, sondern auch »zahlenmäßig« und auf der Grundlage normierter Begrifflichkeiten eindeutig festgestellt. Die positive Entwicklung war dem Gutachten zufolge, dass die Belastung durch häusliche Abwässer abgenommen habe, dagegen sei sie durch die Industrieabwässer besorgniserregend angestiegen, unterhalb der Emscher sei sie aber immerhin nicht »völlig polysaprob«.[56] Das Gutachten machte in der Bewertung also durchaus den Versuch, die Reinigungsleistung der Emschergenossenschaft positiv zu färben und demgegenüber besonders die Bayer-Einleitungen bei Leverkusen schärfer zu beurteilen. Gleichwohl, und darauf kam es an, die Emschergenossenschaft hielt mir ihrer Expertise und ihrem Wissen nicht mehr zurück. Sie setzte die Beteiligten auf diese Weise unter Druck, ihre Zustimmung zu dem großen Klärwerk zu geben und damit die seit gut 50 Jahren verfolgte Politik der vielen kleinen biologischen Kläranlagen zu ergänzen – wie es bereits von Middeldorf geplant worden war. Unter dem neuen Bundesrahmengesetz und der öffentlichen Debatte über die Rheinverschmutzung konnte die Emschergenossenschaft 1959 in ihrem Jahresbericht feststellen, dass die »klare Entscheidung« für das Großklärwerk an der Emschermündung gefallen war.[57]

Über den Standort wurde weiterhin erbittert gestritten, per Erlass wurde dann im Januar 1961 der Standort, die Fläche zwischen Oberhausen und Dinslaken am Rhein, festgelegt. 1962 trat schließlich das *Wassergesetz Nordrhein-Westfalens* (LWG) in Kraft. In den nächsten Jahren wurde Testbohrungen durchgeführt, Grundstücke erworben und Umsiedlungen vorgenommen, um das riesige Gelände für den Bau vorzubereiten und die Großanlage zu errichten. Gut 20 Jahre nach Beginn der Planungen konnte KLEM am 1. Dezember 1976 mit der biologischen Reinigung beginnen;[58] gut 70 Jahre hatte die Emschergenossenschaft für diese Emanzipation aus dem Griff der Beteiligten benötigt. Denn geschaffen worden war sie ja nur mit der Reinigung als »Kann«-Aufgabe. Die Emschergenossenschaft zeigte sich hier von ihrer beharrlichen Seite. Das konnte sie auch, weil sie gesichert und auf Dauer errichtet worden war. Sie hatte Zeit, konnte eine oder mehrere Regierungsperioden abwarten, ja sogar ganze Systeme lang warten, ohne dass Wähler oder Kapitalgeber und/oder Anteilseigner Druck auf sie ausüben konnten. Die Emschergenossenschaft hatte ihre Planungen lange vorbereitet und in der Schublade. Als dann die wesentliche Veränderung der Gesetzgebung kam, setzte sie die große biologische Kläranlage, die bereits in der ersten Planung von Middeldorf vorgesehen war, um.

B 208/200. Ausfl. zur Belastungs- und Umweltgeschichte des Rheins Mark Cioc: The Rhine. An Eco-Biography, 1815–2000, Washington 2002, hier S. 77–144.

56 Biologische und chemische Untersuchung des Rheins auf der Strecke Linz-Lobith durch die Chemische Abteilung der Emschergenossenschaft und des Lippeverbandes, Sept./Okt. 1959, BArch, B 208/200.

57 Die Emschergenossenschaft im Rechnungsjahr 1959, EGLVA, o. Sig.

58 Jahresbericht der Emschergenossenschaft 1976, EGLVA, o. Sig.

Quellen

Fragebogen über einen Unfall an einem Duisburger Kanal, 1950

(Helmut Herbergs an die Betriebskrankenkasse der August Thyssen-Hütte AG, Fragebogen über den Unfall der Ingeborg Herbergs, geb. 15.7.1946, am 22.5.1950 [Abschrift vom 24.6.1950], tkCA, TLi 2674)

I. Tag, Monat, Jahr, Tageszeit, Stunde des Unfalls, der Erkrankung:
22.5.50, in einen Kanal der Emschergenossenschaft Dbg.-Beeck, gestürzt und ertrunken.

II. Genaue Bezeichnung der Unfallverletzung:
ertrunken.

III. Eingehende Beschreibung der Unfallstätte, Ort, Straße, Straßenseite, Besitzer des fragl. Grundstücksteil:
Dbg.-Beeck, Alsumerstr., freier Platz, Nähe Pumpstation, Emschergenossenschaft, Dbg.-Beeck.

IV. Ausführliche Darstellung über die Veranlassung Hergang:
Das Kind Ingeborg spielte auf dem freien Gelände der Emschergenossenschaft, in Duisburg-Beeck und ist, da die Platte des Kanals nicht ordnungsgemäß angebracht war und verkantet auflag, beim Begehen derselben, in den ca. 7 m tiefen Kanalschacht gestürzt. Nach Heruntersteigen in den Kanal und ca. 1 stündigem Suchen in dem Abwässerkanal, Wasserstand ca 1 m Tiefe, wurde das Kind Ingeborg tot geborgen
Besitzer des Grundstückes: Emschergenossenschaft Dbg.-Beeck.
B) infolge fahrlässigen oder schuldhaften Verhaltens Dritter und inwiefern?
Platte lag verkantet und nicht befestigt auf.

V. Augenzeugen des Unfalls: Personen, die zuerst von dem Unfall usw. Kenntnis erhielten.
keine.
Christian Kaes, Dbg.-Beeck,
Wasserstr. ?

VI. Anzeige des Vorfalles wurde erstattet. von wem?
v.d. Kriminalpolizei, Dbg.-Hamborn
sofort aufgenommen

VII./

VIII. Ist eine Schadenersatzforderung gegen den Haftpflichtigen durch den Schadensleider gestellt worden? Wann?
nein

Vorstehende Angaben entsprechen der Wahrheit, sie sind nach bestem Wissen und Gewissen gemacht, wobei nichts Wichtiges verschwiegen, aber auch nichts hinzugesetzt wurde. Dies bestätige ich durch meine eigenhändige Unterschrift.

Duisburg, den 31. Mai 1950

gez. Helmut Herbergs

[...], 24.6.1950.

Die Stellungnahme des Westdeutschen Wasserwirtschaftsverbands, 1952

(Stellungnahme des Westdeutschen Wasserwirtschaftsverbands e.V., 1952 durch [Karl] Oberste-Brink, zur der Frage der Betreuung des Wassers in Nordrhein-Westfalen durch Wirtschaftsministerium oder Landwirtschaftsministerium, 12.4.1952 [Abschrift], montan.dok/BBA, 15/1222)

Als Vorsitzender des Westdeutschen Wasserwirtschaftsverbandes, der sich über die Gebiete der Länder Nordrhein-Westfalen, Niedersachsen, Bremen, Hamburg und Schleswig-Holstein erstreckt, bin ich von einer Reihe von Mitgliedern aus Nordrhein-Westfalen gebeten worden, eine Äusserung dazu abzugeben, bei welchem Ministerium in Nordrhein-Westfalen am besten die Betreuung des Wassers liege, ob beim Wirtschafts- oder beim Landwirtschaftsministerium.

Ich soll nur kurz zu der Frage Stellung nehmen. Immerhin muss sie so umfangreich sein, dass die Stellungnahme begründet erscheint.

I.
Es ist zunächst die Frage zu beantworten, ob die Verwaltung von *einer* [HiO] Stelle aus zweckmässiger ist oder ob die geteilte Verwaltung des Wassers in zwei oder mehreren Ministerien vorzuziehen sei.

Die Organisation der Wasserwirtschaft ist in den verschiedenen Ländern des Bundesgebietes [...] verschieden.

In vier Ländern, nämlich in Nordrhein-Westfalen, Niedersachsen, Bayern und Südbaden, ist die Betreuung des Wassers unterteilt bei *einem* [HiO] Ministerium. In Nordrhein-Westfalen liegt sie beim Wirtschaftsministerium, in Niedersachsen beim Landwirtschaftsministerium, in Bayern beim Innenministerium und in Südbaden beim Finanzministerium.

In den übrigen Ländern ist die Wasserverwaltung geteilt. Hier liegen dann die Meliorationen usw. beim Landwirtschaftsministerium, der sog. Siedlungswasserbau, d.h. Wasserversorgung und Abwasserbeseitigung, und die Planung beim Wirtschaftsminister.

Das Wasser ist bei seinen vielseitigen Zusammenhängen zwischen Niederschlag, Abfluss, Frischwasser, Grundwasser, Wasserverbrauch, Abwasser usw. und bei seiner Notwendigkeit für alle Bevölkerungsteile schwer in sich abzutrennen. Moorregulierung z.B. beeinflusst den gleichmässigen Wasserablauf, die übermässige Entnahme aus einem Flussgebiet und das Überpumpen in andere Flussgebiete die Wasserzuführung, die Einleitung von Abwässern, sowohl städtischer als auch industrieller, die Wasserqualität usw.

Die Verwaltung des Wassers ist bei diesem mannigfaltigen Beziehungen schlecht auf mehrere Punkte zu verteilen, und es dürfte daher der federführenden Betreuung von *einer* [HiO] Stelle, d.h. von einem Ministerium aus, der Vorzug zu geben sein, wobei es allerdings selbstverständlich ist, dass von dieser Stelle eine enge Fühlungnahme mit den übrigen beteiligten Ministerien aufrechterhalten werden muss, so z.B. wenn das Wirtschaftsministerium die Führung hat, bei Fragen der Hygiene mit dem Innenministerium, bei Dingen, welche die Landwirtschaft betreffen, mit dem Landwirtschaftsministerium usw.

Dass die Führung der gesamten Wasserwirtschaft bei *einem* [HiO] Ministerium zweckmässiger ist, hatte man schon im Dritten Reich erkannt, als man die Stelle des Generalinspektors für Wasser und Energie schuf. Ich stehe nicht an anzukennen, dass dies keine schlechte Massnahme war, und wohl alle, die mit der Wasserwirtschaft zu tun haben, sind mit mir derselben Meinung.

Ich bin also der Ansicht, dass man das Wasser, auch schon aus Gründen der Verbilligung der Verwaltung, bei *einem* [HiO] Ministerium verwalten soll.

II.
Die zweite zu beantwortende Frage ist die, bei welchem Ministerium in Nordrhein-Westfalen am besten die Betreuung des Wassers liegt.

Deutschland ist aus einem Agrarland mehr und mehr ein Industrieland geworden, und wenige Länder, wie z.B. Niedersachsen und Schleswig-Holstein, haben im wesentlichen ihren landwirtschaftlichen Charakter bewahrt. Am stärksten ist die Industrialisierung in Nordrhein-Westfalen vorangeschritten. Dem vom Ministerpräsidenten des Landes Nordrhein-Westfalen 1951 herausgegebenen Atlas „Raumforschung, Raumordnung, Landesplanungsgesetzgebung in Nordrhein-Westfalen" entnehme ich für meine Stellungnahme die Anlage 2, welche die auf Grund des Gesetzes über die Aufschliessung von Wohnungssiedlungsgebieten vom 22.9.1933 ausgewiesenen Siedlungsflächen angibt. Landwirtschaftliche Gebiete liegen nur noch an den Rändern des Landes. Fast die Hälfte des Landes ist Wohnsiedlungsgebiet. Nur ein kleiner Teil der Bevölkerung ist noch in der Landwirtschaft beschäftigt. Der Atlas gibt ihn mit 15 % an. Das Statistische Jahrbuch des Landes Nordrhein-Westfalen für 1950/51 beziffert ihn sogar nur mit 4 %.

Eine solche Umwälzung ist natürlich mit einem ausserordentlichen Eingriff in den Wasserhaushalt der Natur verbunden. Mit der Industrialisierung steigt der Wasserbedarf sprunghaft. Gegenüber dem 150 l/Kopf und Tag im Durchschnitt des Bundes ist er z.B. im Ruhrgebiet auf fast das Vierfache gestiegen, im Handelskammerbezirk Essen, in dem gerade jüngst neue Erhebungen stattfanden, auf beinahe das Fünffache, wobei über 80 % der Lieferung der Wasserwerke an die Industrie gehen, die mit den von ihr selbst gewonnenen Wassermengen – abgesehen von Werken im Rheintal – bei weitem nicht auskommt und im wesentlichen auf die zentrale Wasserversorgung angewiesen ist, die ihrerseits wieder von der Gewinnung natürlichen Grundwassers, das nicht mehr ausreichend ist, zur künstlichen Grundwasseranreicherung übergehen musste.

Träger der Wasserversorgung im stark industrialisierten Ruhrbezirk und seiner Umgebung sind von alters her die Ruhr, z.T. der Rhein und seit einigen Jahrzehnten die Stever, ein Nebenfluss der Lippe, wobei das Wasserversorgungsgebiet der Ruhr sich längst von einem Vorflutgebiet gelöst hat, und [...] heute das Emschergebiet, einen grossen Teil des Lippegebietes, ja sogar schon einen kleinen Teil des Emsgebietes umfasst. Auch das Wuppergebiet wird [...] z.T. mit versorgt.

Das ist nur möglich gewesen, weil man in engstem Zusammenhang mit der Industrie die Wasserwirtschaft schon seit der Jahrhundertwende systematisch entwickelt hat, wobei es im wesentlichen darauf ankommt, die Winter- bzw. Frühjahrsniederschläge der Flüsse zu erfassen. Dies gelingt nur durch den Bau von Talsperren; alle anderen Maßnahmen wie Aufforstung, das von landwirtschaftlicher Seite vorgeschlagene Zurückhalten der Niederschläge in kleineren Teichen, die niemals die Wirkung der grossen Talsperren haben können, usw. sind bei dem gewaltigen und steigenden Bedarf der Industrie und der Bevölkerung ein Tropfen auf den heissen Stein.

Noch ist der Talsperrenraum nicht nur an der Ruhr, sondern auch an anderen Flüssen des Landes Nordrhein-Westfalen nicht ausreichend, wie die zahlreichen Verhandlungen über diesen Gegenstand zeigen. Es wird noch erhebliche Investitionen für den Talsperrenbau und grosse Bauarbeiten erforderlich machen, ehe im Land Nordrhein-Westfalen, insbesondere im wichtigen Ruhrgebiet, von einer gesicherten Wasserversorgung die Rede sein kann, die für die Industrie genau so lebenswichtig ist wie für die Landwirte.

Zu welchen Maßnahmen man zu diesem Zweck u.U. schreiten muss, zeigt z.B. das vorgesehene Rückpumpen des Wassers in der Ruhr vom Rhein her bis über Essen hinaus, für das alle Vorbereitungen getroffen sind.

Daneben läuft das Problem der Abwässerreinigung, das vielfach im Zusammenhang mit der Landwirtschaft gelöst werden kann, vielfach aber auch nur im Zusammenhang mit der Industrie, wenn man z.B. an die Entphenolung der Kokereiabwässer oder die Beseitigung der Beizereiabwässer denkt. Die nötigen Maßnahmen können in diesen Fällen nur an der Quelle, d.h. im Werk selbst, im engsten Zusammenhang mit der Industrie getroffen werden. Manchmal ist die Frage auch nur dadurch zu lösen, dass man Abwasser [...] aus einem Flussgebiet in ein anderes überpumpt. Das alles sind Aufgaben, die, weil es sich um Bauaufgaben handelt, in das Gebiet der landwirtschaftlichen Betreuung des Wassers schlecht hineinpassen.

Nur kurz streifen will ich Frage der Beseitigung der durch den Abbau des Bergbaus entstehenden Vorflutstörungen. Wenn man weiss, dass im Jahre 1960 schon 1/3 des Emschergebietes und ein Teil des Lippegebietes unter dem Wasserspiegel des Vorfluters liegt und nur durch Pumpwerke zu entwässern ist, weil es sonst unter Wasser stehen würde, so ergibt sich daraus, dass auch in diesem Punkte enge Zusammenhänge zwischen Wasserwirtschaft und Industrie bestehen, die mit landwirtschaftlichen Dingen nichts zu tun haben.

Der enge Zusammenhang zwischen Industrie und Wasserwirtschaft, besonders im Lande Nordrhein-Westfalen, wird wohl am besten dadurch dokumentiert, dass die Industrie sich gerade jetzt bereit erklärte, im Rahmen der Investitionshilfe, die ursprünglich bekanntlich nur für die Grundstoffindustrien Kohle, Eisen und Energiewirtschaft bestimmt sein sollte, 60 Mill. DM für die Wasserwirtschaft abzugliedern, von denen nicht weniger als rd. 40 Mill. DM für das Land Nordrhein-Westfalen bestimmt sind. Diese für den Talsperrenbau, die Wasserversorgung und Abwasserbeseitigung, den Hochseewasserschutz und die Vorflutregelung bestimmten Mitteln werden manche Verbesserung bringen; von denen ein wesentlicher Teil auch der Landwirtschaft zugute kommt.

Im Rahmen der gewünschten Äusserung lässt sich natürlich auf Einzelheiten des Problems nicht eingehen. Ich bin aber hinsichtlich der Beantwortung der zweiten Frage, ob die zentrale Bewirtschaftung des Wassers besser beim Wirtschaftsministerium oder beim Landwirtschaftsministerium liegt, der Ansicht, dass bei der weit vorgeschrittenen Industrialisierung Nordrhein-Westfalens gerade für dieses Land die Zeit vorbei ist, in der man die Ordnung der Wasserwirtschaft dem Landwirtschaftsministerium überlassen könnte. Die grossen auf dem Gebiet der Wasserwirtschaft vor uns liegenden Bauaufgaben erfordern das Verbleiben der Steuerung der Wasserwirtschaft beim Wirtschaftsministerium.

Essen, den 12. April 1952

Gez. Oberste-Brink (Prof. Dr. Dr. h.c.)

Die Besprechung bei K. Arnold, 1953

(Vermerk über eine Besprechung bei Herrn Ministerpräsident Karl Arnold am 6. Mai 1953, montan.dok/BBA, 15/1222)

Vermerk
über eine Besprechung bei Herrn Ministerpräsident Arnold am 6. Mai 1953, 15 Uhr, im Landtag Nordrhein-Westfalen, an der nachfolgende Herren teilgenommen haben:
Dr. Jost Henkel, i./Fa. Henkel & Cie. GmbH, Düsseldorf-Holthausen),
Edmund Holtz, Präsident der Industrie- und Handelskammer zu Krefeld [...],
Oberbergrat a.D. Theodor Keyser, Wirtschaftsvereinigung Bergbau e.V., Bad-Godesberg,
Prof. Dr.Dr. h.c. Oberste-Brink, Gelsenkirchener Bergwerks-AG, Essen,
Dr. Wolfgang Pohle, Mannesmann-Aktiengesellschaft, Düsseldorf [...],
Oberregierungsrat a.D. Direktor Hans. A. Wieacker, Unternehmen-Verband Ruhrkohlenbergbau, Essen-Bredeney [...],
Rechtsanwalt H.-D. Coböken, Landesvertretung Nordrhein-Westfalen des Bundesverbandes der Deutschen Industrie, Düsseldorf [...].
Nach einer kurzen Begrüssung der anwesenden Herren durch Herrn Ministerpräsident Arnold weisen die Herren ORR Wieacker und Prof. Dr.Dr. Oberste-Brink auf die ernste Besorgnis der Industrie Nordrhein-Westfalens hin, die durch den Kabinetts-Beschluss, der die Federführung auf dem Gebiet der Wasserwirtschaft dem Minister für Wirtschaft und Verkehr entzogen und auf den Minister für Ernährung, Landwirtschaft und Forsten übertragen habe, ausgelöst worden sei. Das Kabinett habe bei dieser Entscheidung wohl nicht in genügendem Masse berücksichtigt, dass in dem hoch-industrialisierten Land Nordrhein-Westfalen, in dem nur noch ein geringer Teil der Bevölkerung, nämlich etwa 15 %, in der Landwirtschaft beschäftigt sei, das Problem der Wasserwirtschaft hauptsächlich aus der Perspektive der gewerblichen Wirtschaft, insbesondere der Industrie, gesehen werden müsse. Der weitaus grösste Teil Nordrhein-Westfalens sei von einem Netz von Wasserverbänden überdeckt, zu deren Gründung die Industrie, nicht hingegen die Landwirtschaft, Veranlassung gegeben habe. Im Ruhrgebiet müsse der Talsperrenraum, der der Industrie den lebensnotwendigen Bedarf an Wasser sichere, gegen den Willen der Landwirtschaft ausgeweitet werden. Es sei eine Utopie, die Industrie durch die Anlegung künstlicher Teiche und ähnlicher Einrichtungen, wie sie die Landwirtschaft vorgeschlagen habe, mit Wasser versorgen zu wollen. Für die Landwirtschaft käme als einzige wirkliche Wasserquelle lediglich der Regen in Betracht, auf den man aber keinen Einfluss nehmen könne. Die Bedeutung des Waldes für eine Wasserwirtschaft im grossen Rahmen sei umstritten. Aus dem ergebe sich, dass in Nordrhein-Westfalen der Wasserwirtschaft nicht eine biologisch-landwirtschaftliche, sondern eine industrielle Bedeutung zukommen.

Herr Ministerpräsident Arnold erkennt das industrielle Schwergewicht in wasserwirtschaftlichen Fragen für Nordrhein-Westfalen an. Es sei aber nicht zu leugnen, dass in den vergangenen Jahren die Interessen der Landwirtschaft und der Forsten nicht genügend berücksichtigt worden seien. Deshalb habe sich als notwendig erwiesen, die Landwirtschaft nunmehr stärker in die Wasserbewirtschaftung mit einzubeziehen, was allerdings auch eine Aktivierung der landwirtschaftlichen Kräfte für die gemeinsamen Aufgaben einschliesse. Aus der Tatsache, dass die Federführung zum Minister für Ernährung, Landwirtschaft und Forsten übergangen sei, dürfe nicht die Folgerung gezogen werden, es sei nunmehr eine „bäuerliche“ Wasserwirtschaft geplant. Aus den rein ressortmäßigen Veränderungen würden sich für die Landwirtschaft keine Vorteile ergeben. Diese solle für ihre arteigenen Massnahmen selbst aufkommen. Besonders dürfe nicht übersehen werden, dass in dem Beschluss des Kabinetts niedergelegt sei, dass der Minister für Ernährung, Landwirtschaft und Forsten *nur* [HiO] im Einvernehmen mit dem Minister für Wirtschaft und Verkehr handeln dürfe. Der geplante Beirat, in dem alle Angelegenheiten von Bedeutung zur Erörterung kommen würden, insbesondere auch die Verteilung der Mittel, gebe auch eine Garantie dafür, dass die Industrie ihrer Bedeutung entsprechend mitzureden habe.

Herr Wieacker brachte demgegenüber die Befürchtung zum Ausdruck, dass der Minister für Ernährung, Landwirtschaft und Forsten aus naheliegenden Gründen nicht immer ganz objektiv sein werden und deshalb die Gefahr einer Benachteiligung der Industrie bestehe. Die Erfahrung habe gelehrt, dass ressortmässige Verlagerungen der Industrie bisher nur Nachteile gebracht hätten. Vom Standpunkt der Industrie sei es daher erwünscht, falls der Beschluss des Kabinetts nicht rückgängig gemacht werden könne, eine Wasserwirtschaftsstelle dem Ministerpräsidenten unmittelbar zu unterstellen, die nach Bonner Muster, nach Weisung eines interministeriellen Ausschusses handele.

Herr Ministerpräsident Arnold meint hierzu, dass der interministerielle Ausschuss in der Praxis schon annähernd dadurch verwirklicht werde, dass der Kabinettsbeschluss das gegenseitige Einvernehmen der beiden Ministerien bei allen einschlägigen Entscheidungen vorsehe. Falls es im Einzelfall zwischen den Ministerien nicht zu einer Verständigung käme, müsse die strittige Angelegenheit im Kabinett verhandelt werden.

Herr Dr. Jost Henkel betonte, dass die Wasserversorgung für die Industrie zu einem Rohstoffproblem geworden sei. Vor 30 Jahren habe man nur ein Abwasserproblem gekannt. Heute sei die Schwierigkeit der Wasserversorgung hinzugekommen. Im übrigen aber liege die Schuld an der Verschlechterung der Beschaffenheit des Wassers ebenso sehr bei der Industrie als bei den Gemeinden, die die Abwasser ohne jede Filtrierung ableiteten und hierdurch zu der Verschmutzung des Wassers beitrügen.

Herr Ministerpräsident Arnold weist nochmals darauf hin, dass die Uebetragung der Federführung auf dem Gebiet der Wasserwirtshaft auf den Minister für Ernährung, Landwirtschaft und Forsten der Industrie keine Nachteile bringen werde, sie werde nicht einmal zu einer personellen Veränderung führen, da die Sachbearbeiter die gleichen blieben, die zuvor die besonderen Interessen der gewerblichen Wirtschaft beim Minister für Wirtschaft und Verkehr wahrgenommen hätten. Das Kabinett trete jede Woche zusammen, so dass Unstimmigkeiten, die sich bei der Bearbeitung wasserwirtschaftlicher Probleme zwischen den beiden Ministerien herausstellten, im Kabinett sofort zur Sprache gebracht werden könnten. Hinsichtlich der Besetzung des Beirates bat der Ministerpräsident Arnold um Namhaftmachung geeigneter Persönlichkeiten, wobei besonders auf fachliche Gesichtspunkte Rücksicht zu nehmen sei. Er stehe den anwesenden Herren zu einer Besprechung noch einmal zur Verfügung, sobald sich im Kabinett feste Vorstellungen über die Beschaffenheit des Beirates herausgeschält hätten.

Abschliessend gibt Herr Ministerpräsident Arnold der Ueberzeugung Ausdruck, dass die von der Industrie für ihre eigenen Belange befürchteten Nachteile aus der ressortmässigen Verlagerung der Bearbeitung wasserwirtschaftlicher Aufgaben nicht eintreten würden. Sollten sich jedoch wider Erwarten durch die Verwirklichung des Kabinettbeschlusses Unzuträglichkeiten für die gewerbliche Wirtschaft herausstellen und die Ressort-Verlagerung der Industrie zu berechtigten Klagen Anlass geben, so werde er sich diesen nicht verschliessen und der hierdurch geschaffenen Situation Rechnung tragen. Auch dann werde er den anwesenden Herren zum Vortrag zur Verfügung stehen.

gez. Prof. Dr.Dr.h.c. Oberste-Brink

gez. Coböken

H. Kost an L. Erhard, 1954

([Heinrich Kost] an Herrn Bundeswirtschaftsminister Prof. Dr. Ludwig Erhard, 12.3.1954, montan.dok/BBA, 15/1225)

Sehr geehrter Herr Erhard!
Die Fragen der Wasserwirtschaft machen dem Bergbau grosse Sorgen. Die Übertragung der Aufsicht in Nordrhein-Westfalen vom Wirtschaftsministerium auf das Ernährungsministerium hat sich nicht bewährt. Wir hatten von vorherein stärksten Einspruch dagegen erhoben, aber ohne Erfolg.

Die Frage, ob die Wasserwirtschaft beim Bundeswirtschaftsministerium bleiben oder vom Ministerium für Ernährung, Landwirtschaft und Forsten übernommen werden soll, steht zur Diskussion. Herr Minister Lübke hat mir die Gründe für die Wasserbeschaffung durch Waldanbau usw. auseinandergesetzt. Sie waren aber in keiner Weise durchschlagend. Der Bergbau steht auf dem Standpunkt, dass das bewirtschaftbare Wasser, das für die Landwirtschaft von zweitrangiger Bedeutung ist im Vergleich zum Regenwasser, auch fernerhin vom Bundeswirtschaftsministerium beaufsichtigt werden muss. Sowohl der Bergbau wie die übrige Industrie sind abhängig von der Wasserversorgung und von einer richtigen Handhabung der Abwasserbeseitigung. In Selbstverwaltungskörperschaften haben wir in den vergangenen Jahrzehnten bewiesen, dass wir unter Leitung des Bundeswirtschaftsministeriums nichts unterlassen haben, um wasserwirtschaftlich richtig zu handeln. Die Landwirtschaft hat nachweislich durch die Bewirtschaftung des Wassers unter Aufsicht des Bundeswirtschaftsministeriums keinen Schaden erlitten. Der Nachteil für die Landwirtschaft durch Absinken des Grundwasserspiegels ist im wesentlichen darauf zurückzuführen, dass die Regulierung der Flüsse wohl zum Schutz von [sic] Überflutungen, aber nicht zum Segen der Landwirtschaft vorgenommen worden ist. Die Aufgabe der Landwirtschaft für die Erneuerung des Wassers liegt in richtiger Verteilung von Waldflächen und in der Auswahl von richtigen Pflanzen beim Waldanbau. Dieses ist in der Vergangenheit nicht immer beobachtet worden. Es wäre falsch, wenn der Bundeswirtschaftsminister, welcher bisher keinen Fehler bei der Wasserwirtschaft gemacht hat, seinen Anteil abgeben und dieser übertragen würde an den Minister für Landwirtschaft, Ernährung und Forsten, dessen Fehler in der Vergangenheit heute klar sind. Daher auch die grosse Sorge des Bergbaus und der gesamten Wirtschaft vor der Gefahr, dass der Minister für Landwirtschaft, Ernährung und Forsten die gesamte Wasserwirtschaft beherrschen soll. Wir befürchten, auf die Dauer in grosse Wassernöte zu kommen.

Mit freundlichen Grüßen und Glückauf!

Ihr ergebener [Kost]

Die weitergehende Abwasserreinigung im Emschergebiet, 1958

(Emschergenossenschaft, Die weitergehende Abwasserreinigung im Emschergebiet, o. D. [Febr. 1958], montan.dok/BBA, 10/606)

Allgemeines [HiO]
Die Emscher und ihre ausgebauten Nebenläufe bilden zusammen mit den Kanalisationsnetzen der Städte und Gemeinden ein einheitliches Entwässerungssystem, welches z.T. schon bei der Gründung der Emschergenossenschaft im Jahre 1904 bestand und im Verlauf der 50-jährigen Tätigkeit der Genossenschaft auf den heutigen Stand ausgebaut worden ist.

93 % des Emschergebietes sind heute an 24 Kläranlagen angeschlossen, in denen das Abwasser der Städte und Industriewerke mechanisch gereinigt wird [HiO]. (Eine weitere große Kläranlage wird in den nächsten Jahren im Zuge der Kleinen Emscher in Duisburg-Hamborn gebaut werden). Damit durchfließt praktisch das Abwasser des gesamten Industriekerns – d.h. des dichtest bebauten Gebietes im Bund – Kläranlagen!

Das bisherige System der Abwasserableitung und der mechanischen Klärung der Abwässer hat sich – wie sich aus der jahrzehntelangen Tätigkeit der Emschergenossenschaft einwandfrei ergibt – bestens bewährt. *Zu einer Änderung dieses Systems, wie auch zu einer weitergehenden Reinigung der Abwässer, etwas zur Sanierung des Emschergebietes* [HiO] selbst, *besteht* [HiO] deshalb insbesondere *aus hygienischen Gründen keinerlei Veranlassung* [HiO].

Sodann ist *hervorzuheben, daß im ganzen Emschergebiet Bergbau* [HiO] betrieben wird und daß infolgedessen überall mit mehr oder weniger großen Bodensenkungen zu rechnen ist.

Bei der Planung von Maßnahmen zur weitergehenden Abwasserreinigung im Emschergebiet sind diese Tatsachen, insbesondere bewährtes *einheitliches Entwässerungsnetz und allseitiges Auftreten von Bodensenkungen* [HiO], zu *berücksichtigen* [HiO]. Es sind deshalb solche Maßnahmen sinnvoll und technisch und wirtschaftlich zu vertreten, welchen diesen Gegebenheiten Rechnung tragen. Grundsätzlich müssen alle Maßnahmen ausscheiden, welche die gegebenen Verhältnisse unberücksichtigt lassen, vor allem solche, welche einen Umbau der vorhandenen Kanalisationsnetze der Gemeinden und anderweitige Ableitung der Abwässer erfordern.

Der Entwurf der Emschergenossenschaft zur weitergehenden Abwasserreinigung [HiO]

Der Emschergenossenschaft ist [HiO] vom Herrn Minister für Ernährung, Landwirtschaft und Forsten des Landes Nordrhein-Westfalen in ihrer Eigenschaft als Aufsichtsbehörde *aufgetragen* [HiO] worden, Vorschläge und *Pläne zu einer weitergehenden Reinigung des Emscherwassers zur Sanierung des Rheines vorzulegen.*

Die Emschergenossenschaft hat die Möglichkeit zur weitergehenden Reinigung des Emscherwassers im Verlaufe der vergangenen 5 Jahre eingehend untersucht und die Ergebnisse dieser Untersuchungen in dem nunmehr vorgelegten Entwurf eines *Klärwerks „Emschermündung“* [HiO] im einzelnen erläutert.

Sie kommt dabei zu dem *Ergebnis* [HiO], daß eine biologische Abwasserreinigung nach dem Schlammbelebungsverfahren am wirksamsten und daß eine *zentrale Klärung* [HiO] der Abwässer in einem Klärwerk nahe der Mündung der Emscher in den Rhein *technisch und wirtschaftlich besser* [HiO] ist, *als eine dezentrale Behandlung der Abwässer in Einzelkläranlagen.*

Die Gründe sind – kurz zusammengefaßt – folgende:

1.) *Viele der z.Z. insgesamt 216 Einleitungen* [HiO] in die Emscher und eine große Zahl der Einleitungen in Nebenläufe sind *durch Einzelkläranlagen nicht zu erfassen* [HiO]. Würden alle diejenigen Einzugsgebiete, welche nach dem jetzigen Stand der Vorflut- und Entwässerungssysteme der Städte und Gemeinden zusammengefaßt werden können, an Einzelkläranlagen angeschlossen, so könnten damit max. nur 78 % des Emschergebietes erfaßt werden.

Dagegen: Durch eine Mündungskläranlage wird das Abwasser der gesamten Emscher gereinigt. [HiO]

2.) *Nach wie vor* [HiO] wird die Emschergenossenschaft an geeigneten Stellen *die Abwässer* [HiO] des Emschergebietes *in Einzelkläranlagen mechanisch reinigen.*

Dagegen [HiO]: Die *Mündungskläranlage* [HiO] soll die *weitergehende biologische Reinigung* [HiO] des Emscherwassers übernehmen.

3.) Eine *großräumige Zusammenfassung der Abwässer* [HiO] durch Pumpwerke und Druckrohrleitungen zu Gruppenkläranlagen ist unter Hinweis auf die eingangs erwähnten örtlichen Verhältnisse *nur in beschränktem Umfang möglich* [HiO]. Die Anzahl der erforderlichen Kläranlagen würden zwar kleiner, an Kosten aber kaum gespart werden, da Pumpwerke und Druckrohrleitungen mit Rücksicht auf die erforderlichen Sicherheitsmaßnahmen gegen Bodensenkungen teuer werden.

4.) Für die Zuleitung der Abwässer zu den Einzelkläranlagen wie auch zu den Gruppenkläranlagen und zu den zugehörigen Pumpwerken müßten weiterhin die genossenschaftlichen Vorfluter dienen, also in dem jetzigen Zustand als offene Abwassersammler bestehen bleiben. Erreicht würde lediglich eine Verbesserung der Abwässer im Emscherverlauf selbst.

Für den gesamten Raum des Emschergebietes [HiO] aber und für seine Bewohner *würden durch Einzelkläranlagen* [HiO] wie durch Gruppenkläranlagen *keinerlei wesentliche Änderungen gegenüber den heutigen Verhältnissen eintreten* [HiO].

5.) *Eine weitergehende Reinigung des Emscherwassers* [HiO] als Beitrag zur Sanierung des Rheines, wie sie vom Herrn Minister für Ernährung, Landwirtschaft und Forsten verlangt wird, kann *am wirksamsten und sichersten nur in einem zentralen Klärwerk* [HiO] nahe der Emschermündung durchgeführt werden, weil sich

an der Mündung der Emscher das Emscherwasser nach Beschaffenheit und Menge nur geringfügig ändert. Diese Schwankungen sind ohne wesentlichen Einfluß auf das Reinigungsverfahren und den Reinigungseffekt, wie die Versuche einwandfrei ergeben.

Dagegen [HiO]: Biologische Einzelkläranlagen mit kleineren Einzugsgebieten hängen zu sehr von stoßartigen oder anhaltenden Änderungen der Abwassermenge und -zusammensetzung ab und können dadurch zeitweilig oder auf längere Zeit außer Betrieb kommen.

6.) *Zum Bau weiterer Einzelkläranlagen* [HiO], ja selbst zur Erweiterung der bestehenden mechanischen Kläranlagen zu biologischen Anlagen, steht *das erforderliche Gelände* [HiO] in den meisten Fällen *nicht zur Verfügung* [HiO].

Dagegen [HiO]: *Für das Klärwerk „Emschermündung“* [HiO] ist der *Platz vorhanden* [HiO] und könnte ohne wesentliche Beeinträchtigung anderer Belange in Anspruch genommen werden.

Einzelkläranlagen [HiO] erfordern insgesamt *219 ha* [HiO].

Dagegen [HiO]: Für das *Klärwerk „Emschermündung“* [HiO] werden nur *rd. 75 ha* [HiO] gebraucht.

7.) Die *Ergänzung* [HiO] des bisherigen Kläranlagensystems *auf 31 Einzelkläranlagen* [HiO] würde – wenn man sie ohne Schwierigkeiten, d.h. falls Platz vorhanden wäre, bauen könnte – *183 Mio. DM* [HiO] kosten und für Betrieb und Unterhaltung 33,8 Mio DM jährlich erfordern.

Dagegen [HiO]: Das *Klärwerk „Emschermündung“* [HiO] und die von der Emschergenossenschaft noch vorgesehenen mechanischen Kläranlagen kosten insgesamt nur *86 Mio. DM* [HiO]. Betrieb und Unterhaltung würden nur 18,9 Mio DM Jahreskosten verursachen (s. Anlage).

Bei Einzelkläranlagen kämen noch die Aufwendungen der nicht angeschlossenen Bergwerks- und Industrieunternehmen mit etwa 4,9 Mio DM jährlich für Betrieb und Unterhaltung werkseigener Kläranlagen hinzu.

Dagegen [HiO]: Eigene zusätzliche Aufwendungen des Bergbaus und der Industrie sind bei der zentralen Abwasserklärung nicht mehr erforderlich.

8.) Ein *Zeitpunkt* [HiO], wann etwa – wiederum vorausgesetzt es wäre möglich – die *Einzelkläranlagen fertiggestellt* [HiO] sein könnten, *ist nicht abzusehen* [HiO]. Auf alle Fälle würde es Jahrzehnte dauern und, da die Struktur des Gebietes sich stetig verändert, käme nie etwa Einheitliches und Abschließendes dabei heraus.

Dagegen: [HiO] Das *Klärwerk „Emschermündung“* [HiO] kann *innerhalb von 8–10 Jahren* [HiO] erstellt werden.

Essen, im Januar 1958

Anlage

Kosten der Abwasserreinigung im Emschergebiet [HiO]

		Baukosten in Mio DM	Jahreskosten in Mio DM
jetziger Zustand	24 mechanische Kläranlagen		4,1
Lösung 1:	Ausbau der z.Z. betriebenen mech. Kläranlagen (12 [HiO] mech.-biol. Kläranlagen)	57,3	13,9
Lösung 2:	Ausbau und Ergänzung der vorhandenen Anlagen (15 [HiO] mech.-biol. Kläranlagen)	93,0	20,1
Lösung 3:	Ausbau und Ergänzung der vorhandenen Anlagen (31 [HiO] mech.-biol. Kläranlagen)	183,0	33,7
Lösung 4:	Ausbau und Ergänzung der „Emscherflußkläranlage" und der unterhalb liegenden Bachkläranlagen (5 [HiO] mech.-biol. Kläranlagen)	91,3	20,1
Lösung 5:	Zentralklärwerk an der Emschermündung	86,0	18,9

(Zahlen nach dem Entwurf, Anlage 2)

Die Sitzung des Ausschusses für Wasserwirtschaft, 1962

(Niederschrift über die Sitzung des Ausschusses für Wasserwirtschaft am 16.7.1962, den Mitgliedern übermittelt am 27.7.1962, montan.dok/BBA, 16/1346)

[...]
Anwesend waren die Herren: Mogk (Vorsitzender), Flaschenträger, Husmann, Kämper, Kampschulte, Rick, Semmler, Spallek, Tanner, Wilde, Premer.

Tagesordnung:

1. Begrüßung der neunen Ausschußmitglieder durch den Vorsitzer.
2. Bericht des Vorsitzers über aktuelle Fragen der Wasserwirtschaft.
3. Das Wassergesetz des Landes Nordrhein-Westfalen, in Kraft getreten am 1. Juni d.J. Berichter: Dr. von Wick, UVR.
4. Zur Frage der Reinhalteordnung im Geltungsbereich des WHG und WStrRG. Berichter: Prof. Dr.-Ing. Husmann, Emschergenossenschaft. Direktor Dr.-Ing. Fläschenträger, Rheinpreussen.
5. Verschiedenes.

[...]
Zu *Punkt 3 der Tagesordnung* [HiO] gab dann Herr *Premer* [HiO] einen kurzen Bericht über die für den Bergbau wesentlichen Änderungen, welche durch die neue Wassergesetzgebung, insbesondere durch das am 1. Juni d.J. in Kraft getretene Landeswassergesetz für Nordrhein-Westfalen, geschaffen worden ist. Herr Dr. von Wick, der zu diesem Punkt das Referat übernehmen wollte, war leider durch einen dringenden Auftrag des UVR hieran gehindert. Die Ausführungen von Herrn Premer sind der Sitzungsniederschrift als *Anlage 1* [HiO] beigefügt. Im Endergebnis hatte Herr Premer festgestellt, daß der Bergbau keine besondere Berücksichtigung in der neuen Gesetzgebung gefunden habe. Es sei aber ganz allgemein festzustellen, daß der Bergbau mit einer wesentlichen Verschärfung der Bedingungen, insbesondere auf der Abwasserseite, rechnen müsse. Besonders erschwerend und neu in der Gesetzgebung sei die im § 33 des Wasserhaushaltsgesetzes (WHG) festgelegte zivilrechtliche Haftung für die Verunreinigung oder die Änderung der Beschaffenheit von Gewässern. Während § 24 des alten Preußischen Wassergesetzes lediglich eine Haftung aus Verschulden vorsah, hat § 22 WHG die Gefährdungshaftung eingeführt, die ohne Rücksicht auf ein Verschulden eingreift. Für die Auslegung und Anwendung des gesamten neuen Gesetzgebungswerkes werde die zu erwartende Spruchpraxis der Gerichte maßgebend sein, die abgewartet werden müsse.

Hieran anknüpfend regte Herr Dr. *Tanner* [HiO] an, die Auslegungsmöglichkeiten des § 22 mit dem zuständigen Referenten beim Oberbergamt Dortmund zu besprechen, um sicherzustellen, daß die bergbaulichen Belange in diesem Zusammenhang geprüft und entsprechend in der Verwaltungspraxis berücksichtigt würden.

Herr Professor *Husmann* [HiO] gab für die durch eine weitgehende Auslegung des § 22 WHG heraufgeführten Schwierigkeiten zwei Beispielfälle:

Die in § 22 festgestellte „Haftung für Änderungen der Beschaffenheit des Wassers“ besagt, daß diese durch Einwirkungen auf ein Gewässer begründet wird, wenn die „physikalische, chemische oder biologische Beschaffenheit des Wassers verändert wird“. Unter diesen Umständen läßt sich folgender Fall konstruieren:

Ein oberhalb einer Turbinenanlage liegender Industriebetrieb läßt ein ungereinigtes Abwasser in die Vorflut, welches in der Turbine zu Pilzbefall an den Schaufeln oder im Gehäuse führt und dementsprechend die Leistung der Turbine mindert. Auf die Abstellung dieser Schwierigkeiten angesprochen, unterzieht der Industriebetrieb nunmehr seine Abwässer einer biologischen Reinigung. Die biologische Reinigung wiederum begünstigt das Algenwachstum in dem eingeleiteten Abwasser. Die Turbine weist nunmehr zwar keinen Pilzbefall mehr auf, dagegen aber Algenansätze, die wiederum leistungsmindernd wirken. Was kann das Industriewerk nunmehr gegen eine Inanspruchnahme aus § 22 WHG unternehmen, wenn es nicht auf diese Weise verfährt und andere Möglichkeiten nicht gegeben sind?

Ein anderes Beispiel: Ein kleines Wasserwerk staut einen Bach auf, um durch die Versickerung des Wassers im Bett des aufgestauten Baches filtriertes Trinkwasser zu entnehmen. Durch die Abwassereinleitung eines Industriebetriebes wird die Trinkwasserqualität des Baches in Frage gestellt. Auf eine entsprechende Beschwerde des Wasserwerkes richtet der Industriebetrieb ebenfalls eine biologische Klärung ein, welche Algenwachstum in dem aufgestauten Bach verursacht. Die Folge ist, daß der Algenbewuchs die Durchlässigkeit des Bettes im aufgestauten Teil herabsetzt und beseitigt und damit die Ergiebigkeit der Wasserbeschaffung entsprechend mindert. Auch hier würde eine Haftung aus § 22 WHG eine weitere Schadenshaftung bzw. einen Schadensersatz begründen, dem sich der Industriebetrieb durch keine irgendwie geartete Maßnahme entziehen könnte.

Herr *Tanner* [HiO] erklärte, daß doch eine gewisse Parallele in der Handhabung der Luftreinhalte-Vorschriften gesehen werden könnte. Auch hier sei man sich bei allen Beteiligten darüber klar, daß z.B. das SO_2-Problem nicht ohne weiteres zu lösen sei. Es würden aber in entsprechenden Fachgremien jetzt die sachlichen Grundlagen geschaffen, die zu praktischen und tragbaren Lösungen führen würden. Man sollte annehmen, daß ähnliche Wege auch für die Reinhaltung der Wasserläufe in der Praxis gefunden würden.

Herr Tanner unterstrich dann nochmals die Bedeutung, welche einer Beratung des OBA-Referenten, nicht zuletzt auch im Interesse einer einheitlichen Behandlung der Bergbaus, zukomme.

Herr *Wilde* [HiO] bemerkte, daß das Oberbergamt anscheinend seit längerer Zeit gewisse Kompetenzschwierigkeiten habe in der Zusammenarbeit mit den allgemeinen Wasserbehörden, d.h. den Regierungspräsidenten. Auch er hält es daher für zweckmäßig, wenn man Herrn Oberbergamtsdirektor Bernhardt zu einer Besprechung mit dem Wasserwirtschaftsausschuß einladen würde.

Herr *Kampschulte* [HiO] führte als Beispiel für diese Schwierigkeiten Verhandlungen an, die beim Abteufen der Wulfenschächte entstanden waren. Hier war es nicht möglich, bei der Verhandlung mit Oberbergamt und Regierungspräsident eine Genehmigung für die Einleitung des im Karbon zu erwartenden Grubenwassers in den bereits fertiggestellten Graben mit Anschluß an die Lippe zu erhalten. Alle Hinweise darauf, daß der

Bergbau nicht in der Lage sei, Menge und Zusammensetzung der erschrotenen Grubenwasser vorher mit Sicherheit anzugeben, fruchteten nicht, die Wasseraufsichtsbehörde zu einer anderen Einstellung zu veranlassen.

Herr *Flaschenträger* [HiO] teilte auf Grund verschiedener Besuche der Landtagssitzungen in Düsseldorf bei Beratung des Landeswassergesetztes mit, daß in der Tat das Gesetz im wesentlichen den Interessen der Landwirtschaft Rechnung trage, allerdings auch den Planungsinteressen der Wasseraufsichtsbehörden. So sei es zu erklären, daß der Bergbau keine Sonderregelung im Gesetz erfahren habe. Man sollte doch darin nicht eine grundsätzlich gegnerische Einstellung zum Bergbau bei den Wasserwirtschaftsbehörden sehen. Diese hätten an sich durchaus Verständnis für die natürlichen Bedingungen des Bergbaues, denen das Grundwasser unterliege. Man sollte daher vielmehr das Bestreben der Wasseraufsichtsbehörden anerkennen, daß sie auf einer Erfassung des Bergbaus in ihrer Rahmenplanung bestehen. Die Ansicht der Wasseraufsichtsbehörden ginge dahin, daß selbstverständlich der Bergbau keine exakten Prognosen stellen könne, aber doch verpflichtet sein müßte, anzugeben, in welchen Mengen und in welcher Zusammensetzung das Grubenwasser anfiele, welches der Bergbau in die Vorflut einleitet. Es handelt sich hier also um eine grundsätzliche Frage, den gesamten Wasserhaushalt einschließlich dem des Bergbaus einigermaßen zuverlässig zu erfassen.

Herr *Premer* [HiO] bemerkte zu dem von Herrn Kampschulte vorgetragenen Fall der Wulfen-Schächte, daß der unbefriedigende Verlauf der Besprechung sicher darauf zurückzuführen gewesen sei, daß das LWG zu dieser Zeit noch nicht in Kraft getreten war. Daher war die zuständigen Behörden zweifellos in einer gewissen Unsicherheit und Verlegenheit. Nach Inkrafttreten des LWG hätte in diesem Fall die Anwendung des § 43 (3) in Verbindung mit § 19 LWG ohne Schwierigkeiten zu einer befriedigenden Lösung führen müssen. § 43 (3) besagt: „Die unbeabsichtigte Erschließung des Grundwassers ist ... in der bergbehördlichen Aufsicht unterstehendenden Betrieben dem Bergamt unverzüglich anzuzeigen." § 19 LWG gibt weiterhin die Möglichkeit der „Zulassung vorseitigen Beginns". Die Werksleitung der Wulfen-Schächte wäre danach ohne weiteres in der Lage, das Auftreten von Grubenwasser in Ruhe abzuwarten und dann im gegebenen Falle sich mit der Meldung an das Bergamt nach § 43 LWG zu entlasten. Ebenfalls wäre die Behörde in der Lage gewesen, nach § 19 LWG die Inbetriebnahme des Abflußgrabens zur Lippe schon zu gestatten, bevor die förmliche Erlaubnis oder Bewilligung erteilt war.

Herr *Mogk* [HiO] zog aus den Beiträgen die Schlußfolgerung und Bitte, alle Schwierigkeiten, die sich in der Behandlung wasserwirtschaftlicher Fragen mit den zuständigen Behörden ergäben, unmittelbar der zentralen Stelle beim Steinkohlenbergbauverein zu melden, um eine einheitliche Behandlung sicherzustellen.

[...]

Zu *Punkt 4 der Tagesordnung* [HiO] gab Herr Professor Dr. *Husmann* [HiO] – Emschergenossenschaft einen Bericht über den Stand der Verhandlungen beim Erlaß von Reinhalteordnungen. Reinhalteordnungen sind danach in allen Gesetzgebungswerken vorgesehen. Sie dienen der Aufrechterhaltung des Gütezustandes eines Gewässers. Das Bundesverkehrsministerium hat bereits am 26.4.1962 im Rahmen des Wasserstraßenreinhaltungsgesetzes Richtlinien für den Erlaß von Reinhalteordnungen ausgegeben. Danach sollen Grund- und Grenzzahlen für die Belastung der Wasserstraßen ausgearbeitet und danach die im Interesse der Reinhalteordnungen der Wasserstraßen anzustrebenden Grenzwerte angegeben werden.

Von Bedeutung ist, daß die Interessen der Ober- und Unterlieger gegeneinander abzuwägen sind. Dieser Grundsatz verhütet, daß alle Klagen der Unterlieger auf die Oberlieger zukommen, eine Regelung, die nur zu begrüßen ist. Die Werte sollen für einzelne Gewässerabschnitte gesondert aufgestellt werden, wobei die Selbstreinigungskraft der betreffenden Gewässerstrecke Berücksichtigung finden soll. In diesem Zusammenhang ist der Sauerstoffgehalt von besonderer Bedeutung. Er soll nicht weniger als 30 % des Sättigungswertes betragen. Die untere Grenze dürfte bei 3 bis 4 mg/l liegen.

Im Rahmen des Wasserhaushaltsgesetzes wurde beim Bund ein Ausschuß „Normalanforderungen an Abwasser" eingesetzt. In diesem Ausschuß sind neben dem Bund die Länder vertreten. Der Ausschuß hört zur Behandlung der verschiedenen Industrieabwässer jeweils einen sachverständigen Vertreter der betreffenden Industriegruppe, der vom Bundesverband der Deutschen Industrie benannt wird. Wesentlich ist, daß der Ausschuß grundsätzlich keine Globalwerte für die einzelnen Belastungsstoffe festsetzen will, wie dies nach dem Vorschlag des Regierungspräsidenten von Württemberg (Stuttgart) versucht worden ist. Vielmehr sollen, abgestellt auf den jeweiligen Fall, die Reinigungsverfahren für die betreffenden Betriebe vorgeschrieben werden, d.h. die

mechanische,
chemische,
halb- oder vollbiologische

Reinigung der Abwässer. Aus dem jeweils vorgeschriebenen Verfahren und dessen Wirkungsgrad ergeben sich dann die nach der betreffenden Reinhalteordnung einzuhaltenden Grenzwerte.

[...]

Ende

Innere Kolonisierung reloaded?

»›*Die Emscher*‹, geben drei Rocker in voller Ledermontur breitgrinsend Auskunft, ›*die gibt's hier nicht, die gibt's nur in Castrop*‹«.
(zit. n. Michael Holzach, 1980)[1]

Anfang der 1980er Jahre veröffentlichte *Michael Holzach* eine bemerkenswerte Sozialreportage. Holzach hinterfragte das wohlgefällige westdeutsche Wohlstandsnarrativ, fand weder das Konzept der Normalfamilie noch das der allgemeinen Sozialstruktur so recht passend. Denn das entsprach nicht dem, was er sah. Holzach interessierte sich für Menschen, für echte Lebensumstände und damit für Lebensgeschichten fernab der zeitgenössisch so angesagten hochaggregierten Sozialstatistiken und den Ergebnissen der Demoskopie. Holzach war Journalist und er hatte eine Idee. Er wollte Menschen treffen und sie befragen, ihren Wohlstand und ebenso ihr Wohlverhalten studieren – eine echte Feldforschung also. Und dann wanderte er einfach los. Von seinem Lebensmittelpunkt in Hamburg aus in Orte und Gegenden, die ihm vertraut waren. Geld nahm er nicht mit, einen Notgroschen zwar, aber keine Kreditkarte, kein Survival Pack; Handys und das World Wide Web, die gab es noch nicht. Ein verrückter Einfall. Er hatte keinen Plan. Keine im Vorfeld gebuchten Unterkünfte, keine festen Anlaufpunkte. Keine Sicherheit. Nichts davon. Nur einen Hund nahm er mit. Holzach kannte sich ein bisschen aus im Industriebezirk, er hatte in Bochum studiert. Und so wanderte er also auch zum und durch den Industriebezirk. Auf die Idee, zur Ruhr zu wandern, kam er nicht – obgleich der Ausblick ins Ruhrtal aus dem inzwischen abgerissenen Gebäude der Sozialwissenschaften der Ruhr-Universität Bochum einer der besten im ganzen »Ruhrgebiet« war.

Aber Holzach wollte etwas anderes. Ihn interessierte der hässliche Komplementär. Die Cloaca Maxima. Die Emscher. Und so wanderte er eben nicht an der Ruhr, sondern am »dreckigste[n] Fluß Deutschlands« entlang,[2] betrachtete dessen offene Führung, den Umstand, dass sich Farben und Geruch munter abwechselten, je nachdem welcher Einleiter das Abwasser gerade und an der betreffenden Stelle abließ, mehr mit Interesse als

1 Zit. Michael Holzach: Deutschland umsonst. Zu Fuß und ohne Geld durch ein Wohlstandsland, 5. Aufl., Hamburg 1982, S. 104.

2 Zit. ebd., S. 102.

mit Ekel. Ab und an musste Holzach ein bisschen Abstand halten, weil die Cloaca Maxima an einigen Stellen von Stacheldraht gesäumt war oder auch, weil ein Gefängnis den direkten Weg versperrte. An manchen Abschnitten fanden sich aber auch Schrebergärten. Die lagen aber inzwischen nicht mehr unmittelbar an dem weit verzweigten Abwasserkanalnetz, sondern in mindestens zehn Metern Entfernung. Die Emschergenossenschaft hatte dafür gesorgt.[3] Er traf viele ›Ruhries‹ dort. Ausgestoßene, Besondere, andere jedenfalls als den Normalbürger der Sozialstatistik. Manchmal verschwand die stinkende Emscher einfach, so schrieb Holzach. Dann musste er fragen. Die gut gelaunten Rocker zum Beispiel. Sogar sie fanden – in Dortmund-Aplerbeck, südöstlich der Stadt Dortmund –, die Emscher, die existiere doch nur in *Castrop*.

Lange Titularstadt – stadtähnlich also, aber eben in ortsüblicher Lesart nicht echt städtisch – hatte Castrop zunächst zum Landkreis Dortmund gehört. 1901 wurde sie Stadt, erst 1926 aber hatte sich die Stadt Castrop-Rauxel kreisfrei gekämpft. Besonders in den »neuen Landgemeinden« der Stadt wurde die Wasserversorgung noch über Brunnen gespeist. Auch das Abwassernetz war längst nicht vollständig. Noch 1934 waren lediglich 80 Prozent der Einwohner, aber immerhin 100 Prozent der Industrie an die Cloaca Maxima angeschlossen.[4] Die überfällige kommunale Gebietsreform der Nachkriegszeit dauerte in Nordrhein-Westfalen knapp zehn Jahre. Und erst ganz zum Schluss – 1974 – wurde die Neuordnung des »Ruhrgebiets« vorgenommen. Im Ergebnis stärkte sie die »Oberzentren«. Die Initiativen von Recklinghausen, Castrop-Rauxel, Herne und Wanne-Eickel einen eigenen Städteverbund zu schaffen, scheiterten indes am Widerstand der anderen, im Besonderen der Südstädte. Castrop-Rauxel wurde 1975 um Henrichenburg erweitert und dann dem Kreis Recklinghausen zugeordnet.[5] Die Gebietsreform nahm die »historische Strukturlast« keineswegs. Nicht im Süden und vor allem nicht im Norden. Als Folge der Reform wurde die Kompetenz des *Siedlungsverbands Ruhrkohlenbezirk* (SVR) beschnitten, 1979 wurde er zum *Kommunalverband Ruhr* (KVR). An der bereits lange wirksamen Finanzklemme änderte das nichts, und auch die Raumplanung blieb, was und wie sie war. Castrop-Rauxel ging es eigentlich nicht schlechter als Dortmund. Nur

3 Das war ein von der Emschergenossenschaft 1936 festgelegter Abstand. Die Emschergenossenschaft war oft mit den »Kleingärtnern« ins Gehege gekommen. Das hatte für »schwierige Verhandlungen« gesorgt und auch für Abfindungszahlungen, wenn ein Kleingarten neu zu bepflanzen war, weil an der Cloaca Maxima gearbeitet werden musste; 10 Meter, so die Bestimmung, durften fortan keine »Wohnlaufen, Wasserbehälter, Brunnen [!] oder sonstigen Daueranlagen errichtet und keine Obstbäume, Beeren- und andere wertvolle Sträucher angepflanzt werden«. Zit. Ramshorn an GHH, 12.11.1936, montan.dok/BBA, 30/480.

4 Der Eintrag im Stadtentwässerungsatlas von 1934 ist typisch: Der für Castrop-Rauxel umfasste lediglich gut zwei Spalten, 1934 immerhin von knapp 60.000 Menschen bewohnt; für die *hidden capital*, Essen, 1934 mit etwas über 650.000 Einwohnern, fanden sich ausführliche Beschreibungen über mehr als 20 Spalten inklusive einer ganzen Reihe von Abbildungen. S. Brix/Imhoff/Weldert (Hg.): Stadtentwässerung, Bd. 2, S. 194 f., 303–313.

5 Sabine Mecking: Bürgerwille und Gebietsreform. Demokratieentwicklung und Neuordnung von Staat und Gesellschaft in Nordrhein-Westfalen 1965–2000, München 2012, S. 102–110.

waren die raumspezifischen strukturellen Bedingungen für Castrop-Rauxel schon lange deutlich bescheidener als die, die für Dortmund galten.[6]

Die Teilung des Industriebezirks blieb damit auch nach der Kommunalreform ge- und erlebte Realität. Und so verwundert es nicht, dass die von Holzach Befragten ihn verinnerlicht hatten, den Nord-Süd-Unterschied, den Umstand, dass das »Ruhrgebiet« ein zweigeteilter Raum war. Sogar die Rocker, die man zu den freien, jedenfalls habituell wenig Bürgerlichen zählen darf, fanden: Sie selbst standen im hübschen Süden. Die Emscher, »die gibt's hier nicht, die gibt's nur in Castrop«. Im Norden. Dem dreckigen Norden. Bleiben wir noch einen Moment bei Holzach. Seine Geschichte endete ausgesprochen tragisch. Der Journalist verließ den »toten Fluß« nach seinem Zusammentreffen mit den Rockern.[7] Holzach wanderte weiter und beschaute sich noch hier und dort das westdeutsche »Wohlstandsland«. 1982 erstveröffentlicht, wurde das Buch zu einem Kassenschlager im alternativen Milieu. Deshalb sollte es verfilmt werden, Holzachs bemerkenswerte Wanderung durch die Bundesrepublik, die reich war an Charakterbildern von Menschen, die wenig hatten und solchen, die viel hatten. Holzach kehrte für die Dreharbeiten deshalb noch einmal an die Emscher bei Dortmund zurück. Hier rutschte sein treuer Begleiter ab, der Hund geriet in die Cloaca Maxima. Holzach sprang hinterher – und ertrank. Seine Bergung war schwierig. Und bevor man Holzachs Leiche fand, zog man einen anderen aus dem Abwasserfluss. Auch er hatte seinen Tod in der Emscher gefunden. Und jetzt wurde eben das verfilmt.[8]

Es ist falsch, wenn wir vom »Ruhrgebiet« sprechen. Sogar der sprichwörtliche und immer wieder bemühte »Sozialäquator«, der durch die Autobahn 40 markiert sein soll, ist falsch. Sie ist zu jung. Als die A 40 gebaut wurde, selbst wenn man die Vorplanungen der 1920er Jahren berücksichtigt, war die Zweiteilung des Industriebezirks längst Tatsache. Die wirkliche und bis in die jüngste Zeit wirksame sozialräumliche Demarkationslinie bildet die Cloaca Maxima, die missbrauchte Emscher. Der Begriff »Ruhrgebiet« bildet weder die geologische oder administrative Formation noch die Sozialstruktur angemessen ab. Korrekterweise war deshalb innerhalb Raumes in der ersten Hälfte des 20. Jahrhunderts vom »rheinisch-westfälischen Industriebezirk« die Rede, jedenfalls wenn es ans Eingemachte ging. Tatsächlich war der während der 1920er Jahre gegründete Siedlungsverband Ruhrkohlenbezirk, der geschaffen wurde, um raumplanerisch zur wirken, nicht eben besonders erfolgreich. Bei der Verlegung der Emschermündung, überhaupt bei der wasserwirtschaftlichen Ordnung im Industrierevier, spielte er zwar stets eine zugezogene, aber nie eine entscheidende Rolle.[9] Das war auch ganz klar: Hoheitliche Rechte, wie die, über die die Emschergenossenschaft verfügte, besaß er nicht. Von den

6 Dietmar Petzina: Wirtschaft und Arbeit 1945–1985, in: Wolfgang Köllmann/Hermann Korte/Dietmar Petzina/Wolfhard Weber (Hg.): Das Ruhrgebiet im Industriezeitalter. Geschichte und Entwicklung, Bd. 1, Düsseldorf 1990, S. 491–568, Zit. S. 553.

7 Zit. Holzach: Deutschland umsonst, S. 112.

8 »Tod in der Emscher«. Dokumentarfilm von Enno Hungerland, Westdeutscher Rundfunk (WDR) 1985.

9 S. dazu die Diskussionen und Protokolle zur Verlegung der Emschermündung, 1927 bis 1930, tkCA, TLi 2712; s. Diskussionen dazu 1925–1952, tkCA, TNO 3678. Und auch Luther stellte fest: »Der Siedlungsverband ist, wie schon des öfteren erwähnt, seinem Wesen nach anderes als die Emschergenossenschaft«. Zit. ders.: Zusammenbruch, S. 83.

Mächtigen wurde er daher kaum ernst genommen.[10] Auch die kommunale Gebietsreform der Nachkriegszeit veränderte daran nur wenig. Weiterhin aber formulierte der Verband und einigermaßen stoisch »Ruhrgebiet«. Damit machte der Verband eine Formel aus einem längst bestehenden Programm. Das war aber kein geologisch oder wirtschaftlich begründetes Programm, sondern in der zweiten Hälfte des 20. Jahrhunderts wurde aus dem etablierten Germanisierungsprojekt ein Kulturprogramm.[11]

Der eigentliche Begründer dieses Programms mit der Stoßwirkung einer inneren Kolonisierung war nicht der Siedlungsverband.[12] Sondern das waren die Gründer der Emschergenossenschaft am Ende des 19. Jahrhunderts. Und die Emschergenossenschaft – als Ausführende – schaffte mit der offenen Kanalisierung und dann dem unermüdlichen Ausbau der Cloaca Maxima zum Abwassernetz die sichtbaren und raumteilenden Fakten. Getragen wurde das von allen, durchgesetzt aber hatten sich insbesondere die Südstädte und die Großunternehmen. Sie bildeten seit 1899/1904 eine hybride Allianz, von der viele profitierten. Besonders wirtschaftlich, weniger aber in sozialräumlicher Hinsicht. Bezeichnenderweise hielt sich ausgerechnet die hybride Allianz bei der Frage, wie der Industriebezirk denn eigentlich zu benennen war, lange zurück. Die Versprachlichung und Engführung auf »Ruhrgebiet«, die eindeutige Festsetzung auf den schönen Süden, setzte sich erst sehr viel später und endgültig erst seit Ende der 1970er Jahren durch.[13]

Es war die rassistische Lesart von Raum und Menschen eines Selfmade-Sozialwissenschaftlers aus Westfalen, die hierbei prägend wurde: die von *Wilhelm Brepohl* (1893–1975). Geboren im Norden des Industriebezirks, in Gelsenkirchen, und als Kind aus der Arbeiteraristokratie – sein Vater war Techniker bei Krupp –, starb Brepohl bemerkenswerterweise in einer Stadt, in der es nach ortsüblicher Lesart deutsch, bürgerlich und schön war. In Dortmund. Brepohl hatte es also geschafft; er war aufgestiegen und hatte sich vom Arbeiterkind aus dem Norden zum Bildungsbürger im Süden gemausert. Fast eine Bilderbuchkarriere, dem American Dream gleich. Bevor Brepohl in der Nachkriegszeit aber als »Vater des *Ruhrgebiets*«[14] gewürdigt wurde, hatte er mit seinem Differenzdenken allerdings anderes bezeichnet: zuerst Menschen und dann Zonen. Für die Menschen konstruierte er die Vorstellung vom Schmelztiegel Ruhrgebiet

---

10 Spätestens mit dem Vierjahresplan war es mit der Raumgestaltung ohnehin vorbei; der SVR konnte nur noch ›bitten‹ über die »Absichten der Industrie unterrichtet zu werden«. Alle Klagen darüber, dass es »misslich« sei, in die Planungen erst eingeschaltet zu werden, nachdem die Planungen bereits feststanden, wurden natürlich nicht beachtet. S. dazu Fachgruppe, betr. Industrielle Neuanlagen im Rahmen des Vierjahresplans, 13.10.1936, montan.dok/BBA, 15/634.

11 S. dazu etwa Paul Wiel: Wirtschaftsgeschichte des Ruhrgebiets. Tatsachen und Zahlen, hg. v. Siedlungsverband Ruhrkohlenbezirk, Essen 1970, S. 15 f.

12 Vgl. Leendertz: Ordnung schaffen, S. 27–100.

13 Ruhrgebiet, 1800–2019, Google Ngram Viewer, https://books.google.com/ngrams/graph?content=Ruhrgebiet&year_start=1800&year_end=2019&corpus=de-2019&smoothing=2 [18.4.2024].

14 Stefan Goch: Art. Wilhelm Brepohl, in: Michael Fahlbusch/Ingo Haar/Alexander Pinkwinkler (Hg.): Handbuch der völkischen Wissenschaften. Akteure, Netzwerke, Forschungsprogramme, 2. Aufl., Berlin/Boston 2017, S. 82–87, Zit. S. 84.

und für den Industriebezirk entwarf er eine stufenreiche Raumgliederung, deren Zweck es war, die tatsächliche Zweiteilung zu verdecken.[15]

Als Bezeichnung für die Einwohner des Industriebezirks erfand Brepohl während des Nationalsozialismus zunächst die Bezeichnung »*Ruhrvolk*«. Keine Superrasse, immerhin aber so deutsch und kulturell überlegen, dass das störende Amalgam aus Zuwanderern, besonders das ›der Polen‹, die gewissermaßen die koloniale Unterseite des wachsenden Industriereviers darstellten, verkraftbar wurde, und zwar, ohne dass dafür mehr zu tun war, als sie möglichst im Norden zu lassen und auf ihre selbsttätige Eindeutschung zu warten. Trotz der vielen »geistigen Unzulänglichkeiten« der Slawen und Slawisch-Deutschen – der »Polacken« –, die sich aus seiner Sicht allenfalls zu Hilfstätigkeiten eigneten und als großes »Hemmnis« für die »Bildung des Volkstums an der Ruhr« wirkten, stellte Brepohl doch fest, dass sie unersetzlich waren: »Wir werden diese begrenzt bildungsfähigen Kräfte nicht entbehren können.« Die Industrie »brauchte auch die Handlanger, die Ungelernten«. Das war eine ausgesprochen bemerkenswerte Festlegung, weil Brepohl der nationalsozialistischen Rassenlehre damit entgegenschrieb, allerdings immer hübsch »rassehygienisch« und wissenschaftlich verbrämt. Die Nationalsozialisten trennten »Rassen«, verboten Teilhabe und Kontakte, grenzten aus, forcierten Auswanderung, verschleppten und organisierten dann den Mord. Innerhalb der »minderwertigen Rassen« wurde weiter unterteilt und bewertet und nach Einordnung in der nationalsozialistischen Rassenhierarchie gehandelt. Auch Brepohl übernahm diese Einteilungen. »Polen« waren nicht besonders hoch angesiedelt, sie waren als Slaven »minderwertig«, ohne Nationalität, ohne Volkstum – ja, sie waren »weder eine ›Rasse‹, noch eine ›Klasse‹«. Aber sie konnten arbeiten. Und Arbeiter, egal welche, die brauchte es ja im Industriebezirk. Und weiter noch: »Die Polen« aufgrund ihrer »Rasse« im Industriebezirk allzu sehr zu diskriminieren, das passte nicht zu den Interessen der mächtigen Montanindustrie, die die Arbeitskräfte gezielt angeworben, angelegt und schließlich auch zu niedrigsten Kosten untergebracht hatte. Brepohl konnte es keineswegs egal sein, was die Industrie als richtige Haltung in der »Polenfrage« ausgab. Denn Brepohl brauchte die Montanindustriellen, damit sie ihm seine »Volkstums«-Forschungen finanzierten. Die Kommunen waren zurückhaltend, die im Bergbauverein zusammengeschlossenen Montanunternehmen dagegen waren durchaus bereit, Brepohls Studien, wenn auch nicht üppig, zu finanzieren. Deshalb kam es, obschon Brepohl keinen Hehl aus seinem Rassismus machte, für ihn nicht in Frage, im nationalsozialistischen Sinn die Ausgrenzung oder sogar Aussiedlung der Polen zu fordern und das im kruden Mix aus pseudosozialwissenschaftlicher Zeitdiagnose und vermeintlich evidenzbasiertem historisiertem Differenzdenken zu legitimieren.[16]

15 Die These vom »Schmelztiegel« ist längst überholt. Lena Foerster: Hochofen, Maloche und »Gastarbeiter«. Ausländerbeschäftigung in Unternehmen der Eisen- und Stahlindustrie des Ruhrgebiets in den 1950er und 1960er Jahren, Stuttgart 2021, S. 59.

16 Zit. (Denkschrift) Wilhelm Brepohl: Der Typus »Polack« im Ruhrgebiet. Herkunft und Bedeutung der Minderwertigen, Winter 1938/39, Archiv der Sozialforschungsstelle (ASfs), Dortmund, Nachlass (NL) Wilhelm Brepohl/B 34. Die Denkschrift wurde uns von Jens Adamski zur Verfügung gestellt. Herzlichen Dank dafür!

1939 – nach der gewaltsamen Einnahme Polens – änderte sich der Ton. Jetzt schrieb Brepohl durchaus von der »Umvolkung des Slaventums«. Das wirkte semantisch auf den ersten Blick besonders nationalsozialistisch,[17] Brepohl meinte damit aber etwas anderes. Er blieb dabei, die »Besonderheiten des rheinisch-westfälischen Ruhrgebiets [!]« seien zu berücksichtigen und er leitete daraus den erreichten Zustand einer »Eindeutschung« ab. Das Ruhrgebiet war demnach durch »Polenbeimischungen« charakterisiert, fand er. Es gab zwar »Polenzechen« – Zechen auf denen mehrheitlich ›Polen‹ angelegt waren –, die lagen aber im Norden, wie Brepohl durch Beigabe von Tabellen nahelegte. Insgesamt diagnostizierte Brepohl einen völkischen »Mischzustand« im Industrierevier. Aufgrund der überlegenden Kultur der Westfalen sei den »Polen« die eigene Kultur ausgetrieben worden: »Die Anpassung aller aus dem Osten stammenden Menschen vollzog sich gleichzeitig, vielfach durch Widerstände gehemmt, auf allen Gebieten des Lebens.« Und so resümierte Brepohl schließlich, »dass nach drei Generationen alle Spannungen und Gegensätze, alle Feindschaften und Abneigungen, die meisten Sympathien und Antipathien in ein grosses Beieinander, in eine grosse Gemeinsamkeit hinüber gingen«. Das Bild vom Schmelztiegel war erfunden. Und weiter noch: Für Brepohl hatte sich die »Polenfrage« damit »praktisch erledigt«. Im Industriebezirk gab es 1939 aus seiner Sicht kein »Polenproblem«, das radikal und im nationalsozialistischen Sinn gelöst werden musste, sondern hier lebte ein durchmischtes, spezifisches »Ruhrvolk«: »Deutsche aller Landschaften (allerdings in verschieden starken Anteilen) haben sich mit slavische Menschen gemischt, die ihre Volkstumseigenschaften aufgegeben haben.«[18] In dem dieserart unterstellten Schmelztiegel hatten sich die »westdeutschen Rassemerkmale in voller Kraft behauptet«.[19] Wesentlich ist: Brepohls »Ruhrvolk« war eine Konstruktion, die mittels der »verschieden starken Anteile« die Zweiteilung des Raumes andeutete und die grundrassistisch war. Brepohl ging von dem Axiom aus, dass »Rassen« in der bekannten sozialdarwinistischen Hierarchie standen und dass die »deutsche Rasse« selbstverständlich an der Spitze stand. An seinem Rassismus kann keinerlei Zweifel bestehen, und doch war er nur rhetorisch nationalsozialistisch. Brepohl war Anhänger eines strukturellen Rassismus, verweigerte sich aber der nationalsozialistischen und radikalen Ausformulierung. Und das war wohl kalkuliert. Brepohl war eben nicht nur Denker und Schreiber, sondern auch Wissenschaftsorganisator. Aus dem 1928/29 gegründeten Provinzialinstitut für Westfälische Landes- und Volkskunde wurde 1935 die *Forschungsstelle für das Volkstum* gegründet. Brepohl stand der Forschungsstelle vor, gut und in einem modernen Sinne ausfinanziert war sie aber weiterhin nicht. Seine eigene Finanzklemme brachte Brepohl zu seiner rhetorisch nationalsozialistischen Einfassung. Er hoffte auf eine Grundfinanzierung durch NS-Organisationen, etwa der DAF, er wollte die Mittel, die er von den Kommunen, v. a. aber von den Montanindustriellen – insbesondere dem

17 Weiterhin einschlägig Victor Klemperer: LTI. Notizbuch eines Philologen, nach der Ausgabe letzter Hand hg. und kommentiert v. Elke Fröhlich, Stuttgart 2020; s. auch Cornelia Schmitz-Berning: Vokabular des Nationalsozialismus, Berlin 2000, insbes. den Beitrag »völkisch«, S. 645–648.

18 Zit. (Denkschrift) Wilhelm Brepohl: Die Eindeutschung der Polen an der Ruhr. Deutsche Arbeit verwandelt fremdes Volkstum, Okt. 1939, ASfs, NL Wilhelm Brepohl/B 35. Auch diese Denkschrift wurde uns von Jens Adamski zur Verfügung gestellt. Herzlichen Dank dafür!

19 Zit. ebd.

Bergbauverein – erhielt, aber nicht riskieren. Deshalb änderte sich sein Stil hin zu einer klar nationalsozialistischen Rhetorik, die strukturrassistische Ausrichtung seiner Studien änderte sich dadurch aber nicht.[20]

Nach dem Krieg war nicht daran zu denken, an die NS-Rassenideologie anzuknüpfen. Die nationalsozialistische Rhetorik musste raus. Volkskunde wurde zur Bevölkerungswissenschaft, die kruden Erhebungen wurden nun mittels sozialwissenschaftlicher und elaborierter Methodik versachlicht. Insgesamt erforderte die Brepohl'sche Konzeption daher mehr Substanz und weniger propagandistisches Glaubensbekenntnis. Auch das »Ruhrvolk« musste deshalb anders eingefasst, vor allem aber auch anders begründet werden. Brepohl entwickelte nun als Behelfskonstruktion seine »Zonen«. Als Mitarbeiter und dann auch als Abteilungsleiter in der neu geschaffenen *Sozialforschungsstelle Dortmund*,[21] kleidete er seine strukturrassistischen Sichtweisen nun nicht mehr in das legitimatorische Bindemittel »Blut«, sondern er projizierte sie auf den »Boden«.[22] Wie gehabt, begründete er auch seine nun entwickelte Zoneneinteilung industriegeschichtlich. Seine 1948 veröffentlichte zonale Stufung des Industriebezirks folgte der Wanderung des Kohlenbergbaus, vom Süden an der Ruhr hoch zur Emscher und darüber hinaus, jedenfalls solange man nicht allzu genau hinsah. Bereits 1948 veröffentlichte er das.

Als prägendste, ja als Ursprungszone entwarf Brepohl die *Ruhrzone*: Sie fußte auf der Aktivität des lange dominierenden Bergamtes im Ruhrtal. Die Beschäftigten waren überwiegend im Raum verwurzelte Arbeitskräfte: Sie waren Hauer und Kötter zugleich. Schon diese Zone war mit dem Zuzug auswärtiger Arbeitskräfte konfrontiert. Anzeichen für eine »frühe Proletarisierung« ließen sich aber nicht feststellen, so Brepohl. Vielmehr seien die Zuwanderer mit dem Bergbau weiter und Richtung Norden gezogen. Brepohl beschrieb auch den räumlich schönen Ankerpunkt, die Ruhr, die nun, in der unmittelbaren Nachkriegszeit, zum Ziel von Sonntagsausflügen geworden war: »Der kürzeste Weg in die Natur zurück führt den Ruhrgebietler ins Ruhrtal«, so Brepohl.[23] Die Ruhrzone war in der Brepohl'schen Lesart also idyllisch und echt westfälisch geblieben. An die Ruhrzone schloss sich die *Hellwegzone* an. Ihr Wachstum begründete sich Brepohl zufolge mit der Durchstoßung der Mergeldecke; der Bergbau wurde ab dieser Zone im Tiefbau vorgenommen. Innerhalb der Hellwegzone lagen nun die »großen Städte«, die auf alte Tradition zurückblicken konnten: Dortmund, Essen, Bochum und Mülheim. Sie prosperierten, wirtschaftlich und kulturell – und zwar aufgrund

20 Brepohl betrieb seine Volkstumsforschungsstelle zunächst in seinen Privaträumen, sie war nur unzureichend von den lokalen Hybridmächtigen finanziert. Seit 1938 arbeitete er daran, die Stelle an die Deutsche Arbeitsfront (DAF) anzugliedern und damit die Finanzierung zu sichern. Damit war er nur wenig erfolgreich. 1939 versuchte er seine Forschungen mit der Volkstumsforschung in Breslau, besonders mit Hermann Aubin, zu verbinden. Entsprechend nahmen seine Ausdrücke zunehmend einen schärferen nationalsozialistischen Ton an. Es blieb aber bei der »Assimilation« der Polen. S. Jens Adamski: Ärzte des sozialen Lebens. Die Sozialforschungsstelle Dortmund 1946–1969, Essen 2009, S. 82–93, Zit. S. 93.

21 Ebd., S. 95 f.

22 Wilhelm Brepohl: Der Aufbau des Ruhrvolkes im Zuge der Ost-West-Wanderung. Beiträge zur deutschen Sozialgeschichte des 19. und 20. Jahrhunderts, Recklinghausen 1948, Karte S. 9.

23 Ebd., S. 38–50, Zit. S. 47, 50.

des aktiven und im Raum verwurzelten Unternehmertums. Denn die Unternehmer, die den Aufschluss der Tiefbauanlagen vornahmen, kamen aus dem alteingesessenen »Bürgertum« der Städte, die einen – die »Händlerunternehmer« – entstammten eher dem Rheinland, die anderen – die »Produzentenunternehmer« – seien vorwiegend westfälischer Herkunft gewesen, so Brepohl. Die Unternehmer benötigten »tüchtige Männer« für ihre Werke und rekrutierten sie aus den armen Agrarlandschaften des Umlandes und auch ein bisschen aus Hessen. Diese Melange aus industriepotenten und eingesessenen Bürgern und einer deutschen agrarischen Bevölkerung war Brepohls Lesart nach die kulturdominante Ursuppe für das »werdende Ruhrvolk«:[24] wachsend, blühend, v. a. aber westfälisch und bürgerlich. An die zwar nicht schöne, aber immer noch hübsch dynamische Hellwegzone schloss sich gen Norden die problematische Zone, die *Emscherzone* an. Die war schlimm, denn für die Betreiber der noch größeren Schachtanlagen herrschte der Sachzwang, »junge Leute aus anderen Provinzen« heranzuschaffen. »Ostpreußen«, »schwerfällige, gesunde, zuverlässige Arbeiter, die in der Industriearbeit keinen Ehrgeiz hatten, sich vielmehr damit begnügten, eine kleine, saubere Wohnung zu haben«, waren das Beste, was zu kriegen war. Noch schlimmer waren die aus dem »Osten«, die also, die noch nicht einmal deutsch waren. Der starke »Widerwille[]« gegen die Stadtgründungen von Gelsenkirchen und Herne war, so deutete Brepohl an, Ausdruck einer gegen die ›Eindeutschung‹ dieser finsteren und unwestfälischen Gesellen gerichteten Bewegung aller. War die Ruhrzone durch die schöne Ruhr geprägt, so war die Problemzone bestens durch den hässlichen Komplementär, die Emscher, charakterisiert: Ein »Fluß«, der »nichts anders mehr ist, als eine trübe Abwässerrinne«, so Brepohl. Ohnehin war diese Zone nicht mehr vom ansässigen Bürgertum entwickelt worden, sondern von »Ausländern«: dem Iren William Thomas Mulvany zum Beispiel, der eine ganze Reihe von Zechen aufgebaut hatte. Und auch diese Unternehmer brauchten natürlich Arbeitskräfte. Der Anteil der »Ostdeutschen niederer Art und der Polen« nahm dort deshalb explosionsartig zu, auch gegen den »Protest« der alteingesessenen westfälischen Bergleute auf manchen Zechen gegen die Fremden, so Brepohl. »Heere« von Polen wurden in der hässlichen Zone ansässig. Die Emscherzone war die polnische Herausforderung, die durch den kulturdominanten Einfluss der westfälischen Eingesessenen zum »Ruhrvolk« assimiliert werden mussten.[25] Nördlich der Alten Emscher schloss sich die *Vestische Zone* an. Dort war es nicht grundsätzlich, aber doch ein wenig besser, fand Brepohl, denn hier gab und blieb das »westfälische Volkstum« herrschend. Osterfeld, Bottrop und Herten wuchsen zwar rasant, aber so »säuberlich in das Land verteilt«, dass die Fremden von der eingesessenen bäuerlichen Bevölkerung eingehegt werden konnten.[26] Als letzte Zone schloss sich die *Lippezone* an. Dort, wo Dorsten, Marl und Waltrop lagen, hatte sich Brepohl zufolge »das Volkstum unter dem Einfluß der Industrie« noch kaum verändert.[27]

Die Konstruktion dieser fünf Zonen verdeckte den schlichten Umstand der Zweiteilung des Gebietes. Und mit ihnen konnte das Anknüpfen an einen allzu durchsichtigen

24 Ebd., S. 50–80, Zit. S. 55, 60, 70.

25 Ebd., S. 80–117, Zit. S. 80, 80 f., 93 f., 97.

26 Ebd., S. 117–130, Zit. S. 118, 120.

27 Ebd., S. 131–137.

Strukturrassismus auf die vermeintlich feststehende Bezugsgröße, den Boden, verlagert werden. Das fand seine Essenz im »Ruhrvolkstum«, das als verwestdeutschte »Rasse« begriffen wurde. Die »Vermischung« hatte das deutsche Volkstum demnach zwar herausgefordert, am Ende hatte sich aber doch die kulturelle Überlegenheit der Westfalen bewiesen, befand Brepohl.[28] Der zeitgenössisch lebende Ruhrtyp, so Brepohl, pflege einen »sachlichen Ernst« (westfälisch und auch ein bisschen hessisch), zeige ein »Gefühl für Rhythmus« (slavisch und euphemistisch für die stoisch auszuführenden Hilfstätigkeiten), agiere »unpreußisch« (als Folge des rheinländischen Einflusses) usf.[29] Aus heutiger Sicht ist das Buch derart rassistisch und stereotyp, dass man es kaum lesen mag.

Das knapp zehn Jahre später, 1957 von der Sozialforschungsstelle herausgegebene und von Brepohl verfasste »Industrievolk« war sprachlich ein großer Schritt vorwärts. Es war moderner und unverfänglicher formuliert. Die Ausrichtung und auch die Grundlage für die Ausführungen hatten sich aber kein bisschen geändert. Aber es war salonfähig. Brepohl wiederholte seine Gliederung in Zonen, tauschte allzu eindeutige und 1948 noch veröffentlichte rassistische Stereotype gegen »Schwierigkeiten« und einen »Stil des Westfälischen« aus, eine Vielzahl abgedruckter Tabellen sorgte für Evidenz. Das war nicht neu, das waren auch die Daten nicht, aber es wirkte so.[30]

Aus heutiger Sicht kann es kaum erstaunen, dass rassistische Konzeptionen über das Jahr 1945 hinaus veröffentlicht und verbreitet werden konnten. Das gab es überall und in allen Bereichen, es ist also keine Besonderheit des Industriegebiets, die aus geschichtswissenschaftlicher Sicht bemerkenswert ist. Es lässt sich auch gut erklären: Denn Brepohl argumentierte strukturrassistisch, aber eben nicht nationalsozialistisch – und das stieß in der Nachkriegszeit kaum auf Widerstand. Die Abfassung nationalsozialistischer Texte war für die Autoren, im universitären genauso wie im institutionellen Forschungsfeld, ein Problem. Brepohl hatte sich aber immer an einer einigermaßen salonfähigen Rassenhygiene und völkischer Rhetorik orientiert und »Polen« zu seinem Hauptthema gemacht. Das war – gerade in der bald zwischen Ost und West geteilten Welt – keine Belastung und nach der Vertreibung der Deutschen aus den Ostgebieten kaum rufschädigend. Wer wollte, konnte Brepohl in der Nachkriegszeit sogar so verstehen, dass er die ganz lange Linie zog, die am Ende, anders als das meiste was Deutsche in der ersten Hälfte des 20. Jahrhunderts politisch begonnen hatten, von Erfolg gekrönt war. Die Polen im Ruhrgebiet waren zu Deutschen geworden. Mission accomplished. Das machte ihn in der Sozialwissenschaft ungefähr so sympathisch wie die Fußballweltmeister von 1954 in ganz Deutschland. Nach all den Niederlagen endlich ein Erfolg.

Bemerkenswert ist also nicht der tatsächliche Inhalt und die wirtschafts- wie sozialhistorisch unzulängliche Methodik, sondern die Wirkmächtigkeit des dieserart präsentierten Strukturrassismus. Denn sowohl Brepohls Zonen als auch Brepohls »Ruhrgebiet« verbreiteten sich und fanden rege Übernahme – nicht zuletzt in der Wissenschaft. Die zonale Fünfteilung des Industriebezirks wurde zur Grundlage für das sich akademisierende Denken über den Industriebezirk und die Bezeichnung »Ruhrgebiet« zur Stan-

28 Zit. ebd., S. 153.

29 Ebd., Zit. S. 205, 207, 208.

30 Brepohl: Industrievolk, Zit. S. 19 f.

dardformel. Die wissenschaftliche Nachwelt verschaffte Brepohls strukturrassistischer Lesart eine wissenschaftliche Legitimierung. Eine Historisierung von Brepohls Analysen wurde dabei nicht vorgenommen und auch die vermeintliche Evidenz der Daten wurde nicht hinterfragt.[31] Das Kulturprogramm Ruhrgebiet kam so nicht etwa zum Ende. Ganz im Gegenteil. Jetzt wurde es wirklich zum Common Sense, und zwar indem das »Ruhrgebiet« zur »Kulturmetropole« transformiert werden sollte.[32]

Das regionale Strukturprogramm der *IBA Emscher Park* (1989–1999) wurde durch Leitideen zusammengehalten. Diese wurden einer großen Zahl von einzeln durchgeführten Projekte zugrunde gelegt und von einem Lenkungsausschuss beschlossen und beaufsichtigt. Neben Land, Kommunen und KVR war die Emschergenossenschaft selbstverständlich in dem Lenkungsausschuss vertreten. Eigentlich – das Programm bezeichnete ja auch den »*Emscher* Park« – sollte die in Übernahme der Brepohl'schen Zonengliederung problematische »Emscherregion« besondere Aufmerksamkeit, Mittel und Förderung erfahren und »räumlich« neu geordnet werden.[33] Das bedeutete am Ende konkret, dass für den Norden ein großer Landschaftspark ins Auge gefasst wurde. Als große »ökologische Erneuerung« sollte der Norden hübsch gemacht werden. Zudem, da die Umsetzung deutlich über die Zeit der IBA hinausreichte wie auch die Schaffung des Landschaftsparks, wurde die abstoßende Cloaca Maxima als »offenkundiges Stadt- und Landschaftsdefizit« (Karl Ganser) rückgebaut.[34] Ob dies tatsächlich einem großen Umdenken in der Landespolitik geschuldet war, sei einmal dahingestellt. Denn ein anderes Projektfeld der IBA setzte sich bald von den anderen Projekten ab: Als wesentliche »Kulturträger«, die Vergangenheit und Gegenwart verbinden und zudem in die Zukunft weisen sollten, wurden die Hinterlassenschaften der Industrie zu Industriekathedralen stilisiert – Fördertürme, Fabrikhallen, Halden usw. Sie sollten nicht länger als Schandflecken eines zurückgelassenen Industriebezirks, sondern als ästhetisch, raumkennzeichnend und identitätsstiftend verstanden werden. Zwar ging man hier zunächst von »Industriedenkmälern des Emscher-Raums« aus,[35] der Anspruch an die materiellen Großrelikte änderte sich aber zügig: Die in der Materialität gewissermaßen zementierte Geschichte sollte durch ihre Musealisierung in die Zukunft weisen. Die im Zuge dessen entwickelte Geschichtskultur war ausgesprochen erfolgreich. Sie findet bis heute unzählige regionale Nachahmer im In- und Ausland. Zentral ist hier: Die geschichtskulturelle Nutzung der alten Hinterlassenschaften, insbesondere der Mon-

---

31 S. bereits Abe/Echterhoff (Bearb.): Das Vest; vgl. insbes. das zweibändige Ruhrgebietshandbuch, das bis heute einschlägig ist: Wolfgang Köllmann/Hermann Korte/Dietmar Petzina/Wolfhard Weber (Hg.): Das Ruhrgebiet im Industriezeitalter. Geschichte und Entwicklung, 2 Bde., Düsseldorf 1990, in Bd. 1 besonders die Beiträge von Köllmann (beide Aufsätze), Bronny/Dege und Eyll; in Bd. 2 besonders die Beiträge von Pankoke, Reulecke, Henle, Grosse, Menge und Parent.

32 Pia Eiringhaus/Jan Kellershohn: Und wer zahlt die Zeche?. Der Strukturwandel im Ruhrgebiet hat eine Industriekulturindustrie entstehen lassen, in: Frankfurter Allgemeine Zeitung, 18.8.2018.

33 Zit. Helen Wagner: Vergangenheit als Zukunft? Geschichtskultur als Feld von Zukunftshandeln zum Management strukturellen Wandels im Ruhrgebiet, Köln 2022, S. 92.

34 Ebd., S. 107 f.

35 Ebd., S. 118–122.

tanindustrie, entwickelte eine starke Südneigung und -verortung.[36] Das intellektuelle, das kreative, ja das kulturproduktive Gewicht konzentrierte sich schon bald dort.[37] Als »industrielle Kulturlandschaft« zergliederte sich der industrieentleerte Bezirk damit weiterhin und wie gehabt in zwei Teile: in eine sich nach der Schaffung selbst überlassene »Industrie*landschaft*« im Norden und eine mitunter aufwendig erhaltene und didaktisch und museal hochgerüstete »Industrie*kultur*« im Süden. Das fand seine Fortführung im Übrigen auch in der »Ruhr 2010«, als der ehemalige rheinisch-westfälische Industriebezirk zur Kulturhauptstadt Europas ernannt wurde.

So gesehen war die mit der IBA Emscher Park in eine Projektplanung gegossene Aufwertung der schmutzigen Vergangenheit sicherlich erfolgreich. Eine weitergehende bzw. eine auf die Forschungslücken aufsetzende Erforschung der Geschichte fand dabei allerdings nur am Rande statt. Sie hatte jedenfalls keineswegs Priorität. Histotainment bestimmte stattdessen das Vorgehen: »Ruhrie«, »Schmelztiegel«, »Kumpel« und Industriekathedralen wurden geschichtskulturell überformt und damit vor allem zu Instrumenten des regionalen Marketings.[38] Dagegen kann man kaum was haben, wenn auch die Vorstellung von der Arbeit als Bergmann oder als Stahlkocher ganz ohne Zweifel und bis heute eine stark romantisierende Schlagseite aufweist und man zudem mitunter den Eindruck bekommen kann, dass das »Ruhrgebiet« regelrecht frauenlos war. Die historische Grundlagenforschung blieb weit dahinter zurück. Anders gesagt: Die historische Grundlagenforschung zur ›Geschichte des Industriebezirks‹ galt als abgeschlossen, als die geschichtskulturelle Überformung einsetzte. Die überregionale Bekanntheit des »Ruhrgebiets« hat sich durch die geschichtskulturelle Aufladung sicherlich erhöht, die großen Blindstellen und offenen Flanken in der historischen Erforschung kann das allerdings kaum verdecken. Denn inhaltlich setzten die musealen Konzeptionen eben auf dem Forschungsstand auf, der vorhanden war.

Die geschichtskulturelle Aufladung hat an der Zweiteilung des Gebietes deshalb kaum etwas geändert. Weiterhin ist es ein geteilter Raum, in dem im Süden »Kultur« und im Norden »Natur« zu finden ist. Das ist begrifflich sicherlich neu und vielleicht auch geschichtskulturell findig, trotzdem bedeutet dies eher die kontinuierliche Fortführung einer alten Zweiteilung: »Wild« und »gewachsen« im Norden, »kulturell« und »kreativ« im Süden. Deshalb ist die vielfach betonte und als räumliche Einheit gesetzte »Identität« des »Ruhrgebiets« aus unserer Sicht mehr eine Konstruktion, die sich aus einer vitalen Eingrenzung, aber eben auch einer handfesten Ausgrenzung speist, die ihre wesentliche, wenn auch nicht reflektierte Grundlage aber dennoch bereits im Kaiserreich erhalten hat. Um es im Jargon der theoretisch arbeitenden Geschichtskultur auszudrücken: Die »Chronotopoi« – die mit den Zeitlichkeiten verbundenen Ordnungsvorstellungen – genauso wie die »temporalen Narrative« – die angelegten

36 Wie ein Blick auf die »Route der Industriekultur« verdeutlichen kann. S. Abb./Karte: Route der Industriekultur (Informationsschild an einem der Standorte), 2009, https://commons.wikimedia.org/wiki/File:M%C3%BClheim_Aquarius_RIKInfoschilder02.jpg [14.4.2024], zur Entstehung der Route s. Wagner: Vergangenheit als Zukunft?, S. 271–278.

37 Ausfl. Wagner: Vergangenheit als Zukunft?, S. 138–160.

38 Grdlg. zur Geschichtskultur im Strukturwandel Wagner: Vergangenheit als Zukunft?

Deutungsmuster – sind bemerkenswert stabil, sie haben sich wenig gewandelt, sie persistieren. Und sie konzentrieren sich, und zwar weiterhin, mehr ›an der Ruhr‹ als ›an der Emscher‹. Die vermeintliche Identität des als räumliche Einheit gesetzten »Ruhrgebiets« basiert, wie gezeigt, auf einer alten und rassistisch entworfenen Raumkonstellation.[39] Die wurde mit der geschichtskulturellen Arbeit nicht etwa aufgelöst, sondern sie wurde und wird auch weiterhin fortgeschrieben. Es ist eben nicht die ganze Region, die musealisiert wurde. Die prägende Konstellation vom Norden und vom Süden, die ausgesprochen konkret mit der Schaffung der Cloaca Maxima durch die 1904 gegründete Emschergenossenschaft Fakt wurde, bestimmt die Region weiterhin. Der Nord-Süd-»Gegensatz«, kurz die räumliche Untergliederung, wurde damit zum infrastrukturell legitimierten Faktum. Und es wäre naiv, davon auszugehen, dass dieses Faktum der sozial segregierten Konstellation durch die Inszenierung einer Industriekultur und einer Industrienatur einfach aufgehoben würde. Kulturell gewachsene Zuschreibungen, die auf Differenzierung beruhen und die die Bedeutung und auch den Zweck haben, Unterschiede von einer vermeintlich feststehenden Grundlage auf eine kulturelle Ebene zu heben, sind ausgesprochen stabile Angelegenheiten. Und deshalb handelt es sich beim postindustriellen *»Ruhrgebiet«* keineswegs um eine neue Konzeption, sondern eigentlich um die Fortführung einer alten sozialräumlichen Setzung, die sich begrifflich ein postmodernes Mäntelchen umgelegt hat. Ob mit dieser aufrechterhaltenen Differenzierung auf Dauer ein Bedeutungswandel einhergeht, steht noch in Sternen.

Bekanntermaßen blieben »die Polen« – die ja in der Mehrheit deutsche Staatsangehörige gewesen waren – längst nicht die letzten Zuwanderer, die in den Industriebezirk kamen. Tatsächlich hatten von den im Kaiserreich in das Industriegebiet eingewanderten »Polen« viele, wenn nicht den Industriebezirk, dann aber doch v. a. den Bergbau wieder verlassen. Besonders in der Endphase des Zweiten Weltkrieges aber waren rund 30 Prozent der Belegschaften Zwangsarbeiter, aus der Sowjetunion, aber auch sehr viele »Ruhrpolen« wurden als Zwangsarbeiter (wieder) in den Industriebezirk geholt. Die waren natürlich, wenn sie denn überlebten, nach dem Krieg zügig wieder weg. Insgesamt verlor der Bergbau in der Zeit zunehmend an Attraktivität, gerade unter dem Eindruck der ›Wirtschaftswunderjahre‹. Zunächst waren es Flüchtlinge und Vertriebene, die neu angelegt wurden. Wie auch die Zwangsarbeiter, so wurden auch sie gar nicht oder nur beiläufig in die sozialromantische Erzählung vom Schmelztiegel eingefügt. Ohnehin reichte ihre Anzahl nicht aus. Während des Booms nach dem Zweiten Weltkrieg trat erneut das Problem auf, dass nicht genügend Arbeitskräfte vorhanden waren. Die bis in die frühen 1970er Jahre eingeladenen ›Gastarbeiter‹, aus Italien, Jugoslawien, Griechenland, Spanien und später aus der Türkei, füllten die Lücken. Bis zum Anwerbestopp 1973 waren 29.000 angeworbene Zuwanderer im Bergbau beschäftigt, der überwiegende Teil war aus der Türkei gekommen. Es ist bezeichnend, dass sie häufig – wenn auch nicht offiziell – mit dem NS-Euphemismus für Zwangsarbeiter belegt wurden: Sie wurden oft als »Fremdarbeiter« bezeichnet.[40] Natürlich wurden auch sie lange aus der Schmelztiegelromantik herausgehalten. Sie waren im bürgerlichen Süden zunächst ja kaum sicht-

39 Grdlg. Robert Miles: Rassismus. Einführung in die Geschichte und Theorie eines Begriffs, Hamburg 2014 (1991), v. a. S. 93–129.

40 Foerster: Hochofen, S. 59–66, bes. S. 65 f.

bar. Und es war vorausgesetzt, dass sie wieder gingen. Wie ehedem wurden sie v. a. im Norden und in zechennahen Wohnheimen untergebracht. Die Frage einer »Eindeutschung« und »Vermischung« – wie Brepohl es formuliert hätte – war problembehaftet. Gleichwohl: Solange daran geglaubt wurde, dass sie wieder gehen würden, solange gehofft wurde, dass der »Griechischen Wein, [sic] so wie das Blut der Erde« wieder heimwärts ziehen würde,[41] wurde abgesehen von der Unterbringung der Arbeitskräfte wenig getan. Ein weiteres Mal taten sich auch die Gewerkschaften im ›Schmelztiegel‹ ausgesprochen schwer mit der Einbindung der Zuwanderer besonders aus der Türkei. Die Zuwanderungswellen, begonnen mit denen aus »Polen«, zählen samt und sonders zu den unbewältigten Konfliktthemen des Industriebezirks. Denn sie stehen im starken Widerspruch zur vermeintlichen Solidarität der Arbeiter und der romantischen, im Kern aber strukturrassistischen These vom Schmelztiegel.[42] Das Rezept für den Umgang blieb lange das, was bereits um die Jahrhundertwende kultiviert worden war: Unterbringung im Norden und Ignoranz und Ablehnung im Süden.

Die *Emschergenossenschaft* wurde als hybrider Zusammenschluss für die infrastrukturelle Lösung dieser beinharten »Kalamität« gegründet. Sie wurde als gesellschaftliche Trägerin und als technische Gestalterin der zum Abwasserkanal missbrauchten Emscher errichtet. Die »Kalamität« war für die Gründer allerdings längst nicht nur der gebotene Sachzwang, gemeinsam in ein Abwassersystem zu investieren, um der Wirtschaft ein Ventil für ihre Abwässer und der Bevölkerung ein Leben in hygienische Verhältnisse zu ermöglichen. Die Emschergenossenschaft wurde zugleich zum sozialräumlichen Gestalter, und zwar indem sie den Industriebezirk in zwei Hälften zerlegte. Die deformierte und zum offenen Abwasserkanal umfunktionierte Emscher bildete fortan den eigentlichen Mittelpunkt des »Ruhrgebiets«. Allerdings war das gar nicht gewünscht. Vielmehr machte die umfunktionierte Emscher aus dem Weg von Nord nach Süd und umgekehrt einen echten Grenzgang. Es war aufwendig von Hattingen nach Bottrop zu gelangen, genauso wie man für den Weg von Marl nach Kettwig viel Zeit einplanen musste. Die Mobilitätslinien im Industriebezirk sind bis heute v. a. West-Ost-Verbindungen. Von Westen

41 1974 gelang Udo Jürgens mit »Griechischer Wein« ein großer Schlager; komponiert von Jürgens, stammte der Liedtext von Michael Kunze. Als Vertriebener war Kunze über jeden Zweifel erhaben. Der Song stilisierte die Sehnsucht ›nach der Heimat‹, die die Gastarbeiter ohne Zweifel hatten, ja haben mussten. Der singende Erzähler ist begeistert – er wird eingeladen von den ›Fremden‹ – und hört dann den Geschichten der ›Fremden‹ zu, zentral ist aber das »Irgendwann geht es zurück«, das dieses Othering begleitet. Im Ruhrgebiet wurde 1977 »Bottroper Bier« von Jürgen von Manger-Koenig, das auf »Griechischer Wein« von Jürgens aufsetzt, sehr bekannt. Dort ging es nicht mehr um die »Fremden«, sondern in Brepohls Diktion um einen aus dem »Ruhrvolk«, der, »abgeschlafft« nach der Arbeit in der Schachtanlage in die Kneipe – statt nach Hause zu Frau und Kind – ging, um der ›Maloche‹ mit »Bottroper Bier« zu entkommen. »Bottroper Bier« gab es selbstverständlich nicht, gezecht wurde Union-Bier, aus Dortmund. ›Schwarzes Haar‹ war nicht zu sehen, in der Kneipe verkehrte das etwas in die Jahre gekommene ›Ruhrvolk‹, und zwar ohne die Zuwanderer. Jürgen von Manger – Bottroper Bier (Griechischer Wein), 1977, https://www.youtube.com/watch?v=hcVgx85iWNo [30.3.2024]; zur Bedeutung von Manger s. auch Wagner: Vergangenheit als Zukunft?, S. 114 f.

42 Foerster: Hochofen, S. 279 f.

nach Osten geht es zügig. Vom Süden nach Norden oder umgekehrt braucht es deutlich mehr Langmut.

Obschon die Wirkung von Infrastruktureinrichtungen gern integrativ verstanden wird, ging es bei der Umfunktionierung der Emscher genau darum nicht. Ganz anders ging es um eine sozialräumliche Segregation, um eine Zweiteilung. Die war rassistisch motiviert und daran änderte sich auch nach dem Zweiten Weltkrieg wenig. Auch in der Gegenwart ist das »Ruhrgebiet« weniger ein Fünf-Zonen-Gebiet als durch eine glatte Zweiteilung geprägt. Den Norden formt weiterhin das alte Abwassersystem, die Cloaca Maxima, auch wenn es kaum mehr zu sehen ist. Das war keine zufällige, gewissermaßen strukturgegebene Entwicklung, sondern sie wurde vorgenommen und in ihrer Wirkung dann in Kauf genommen. Das hatte langfristige Konsequenzen, die nicht bloß mit dem sprichwörtlichen Strukturwandel zu erklären sind, sondern dessen Wurzeln weit tiefer reichen. Der hohe Anteil nicht deutscher Bewohner, eine hohe Arbeitslosigkeit und eine erschreckende Kinderarmut, und damit einhergehend höhere Gesundheitsrisiken, die den Norden weiterhin und immer noch charakterisieren,[43] den gab es auch schon vor dem sogenannten »Strukturwandel«, der eigentlich ein wirtschaftlicher »Strukturbruch« war.[44]

Folgt man der langen Linie einer grundsätzlichen Zweiteilung des Industriebezirks und einem lange verfolgten und schließlich auch zum Kulturprogramm gemachten Zuschnitt des »Ruhrgebiets«, dann stellt sich die Frage, wie sich der *Emscherumbau* in die Entwicklung einfügt. Seit den 1980er Jahre wurde die Emscher zu einer »Projektionsfläche für ökologische Utopien«. Der 1992 begonnene Umbau der Emscher, ihre Renaturierung, sollte kennzeichnend stehen für den politischen Wandel und ein politisches Umdenken. Tatsächlich aber bedeuteten der Strukturbruch und die damit einhergehende drastisch zurückgehende Kohlenförderung zunächst eine krasse Abnahme der Feinkohle im Abwasserkanal. Der mit der Kohlenförderung eingepreiste ›Aktivkohlefilter‹ verringerte sich, die städtischen Abwässer nahmen an Umfang und auch Verschmutzungsgrad zu. Und damit reduzierte sich der Gestank infolge des Strukturbruchs nicht etwa. Er erhöhte sich. Die Emschergenossenschaft versuchte es mit Sauerstoffbeigaben, der Erfolg aber blieb aus. Gleichzeitig veränderte sich das für die Emschergenossenschaft zentrale Machtgefüge grundlegend: Mit dem Strukturbruch – und der Möglichkeit der Verlagerung der Ewigkeitskosten in die *Ruhrkohle AG* (RAG) – ging es mit der Beteiligung der Industrie bergab, die Beteiligung der Kommunen, und zwar auch die finanzielle, stieg entsprechend an.[45]

Wie die Erschaffung des Abwassersystems – das ja längst nicht nur die Emscher, sondern auch die Nebenbäche betraf – so war auch der Rückbau zu einer renaturierten Emscher und der gleichzeitigen Verlegung eines unterirdischen Abwassersystems ein Projekt, das Jahrzehnte in Anspruch nahm. Anfangs war es eingebettet in das Programm

43 Andreas Farwick u. a.: Sozialraumanalyse Emscherregion, Bremen 2012, S. 14, 127.

44 Karl-Peter Ellerbrock: Industriekultur im Ruhrgebiet. Bilanz und Perspektiven, in: Markus A. Denzel/Susanne Schötz/Veronique Töpel (Hg.): Von der Industriemetropole zur resilienten Stadt. Leipzig im regionalen und überregionalen Vergleich, Wiesbaden 2022, S. 197–220, hier S. 200.

45 Uekötter: Strukturwandel des Ökologischen, Zit. S. 125.

der IBA Emscher Park. Der Anspruch war groß. Um im Bild der hybriden Raumbeherrschung zu bleiben: Nach dem Strukturbruch bedeutete die IBA Emscher Park eine große Aufgabe für das Land und die Städte, weil der raummächtige Gegenpart – die Montanindustrie – derart an Substanz verloren hatte, dass der Versuch einer Steuerung so geboten wie aussichtsreich erschien.[46] Zum Geschäftsführer der IBA Emscher Park wurde Karl Ganser. Er formulierte, die IBA ziele auf die Aktivierung »endogener Innovationspotentiale« ab. Wieder einmal sollte selbst verwaltet Neues entstehen. Aus dem Inneren heraus sollte ein Facelift des »Ruhrgebiets« vorgenommen und im Zuge dessen auch das Abwassersystem grundlegend umgebaut werden.[47] Mit der ›ökologischen Utopie‹ verknüpft wurde dabei durchaus eine räumliche Einigungspolitik. Aus dem geteilten Raum sollte endlich die eine »Ruhrstadt« werden.[48] Rechtlich wurde das von einer Neufassung des Emschergenossenschaftsgesetzes (EmscherGG) begleitet, das im Februar 1990 in Kraft trat. Die Emschergenossenschaft ist seither und ausgesprochen eine »Körperschaft öffentlichen Rechts« und nicht gebietsbeschränkt. Auch ihre Verfügungsbefugnis ist erweitert. Aus den »Kann«-Aufgaben sind feste Aufgaben geworden, zudem ist sie für die »Rückführung ausgebauter oberirdischer Gewässer in einen naturnahen Zustand« zuständig. Die Unterscheidung von Genossen und Beteiligten ist aufgelöst; »Genossen« sind Kommunen wie privatwirtschaftliche Unternehmen. Ihre Ansprüche an die Bergwerke – auch die aufgehobenen und erlöschten – besitzt die Emschergenossenschaft weiterhin. Auch Enteignungen kann sie immer noch vornehmen. Ihre Selbstverwaltung wurde gestärkt; und auch die Satzung ist nach wie vor zentral für die operative Selbstverwaltung.[49]

Damit ist die Emschergenossenschaft weiterhin eine »Anomalie« – sie besitzt die Rechte, die ihr zur Gründung verliehen worden sind, wenn sie auch modern und neu verfasst sind. Was sich substanziell verändert hat, sind die Aufgaben der Emschergenossenschaft. Von den 1904 ausgewiesenen Aufgaben, wovon insbesondere die Reinigung mittels der Satzung zur »Kann«-Aufgabe herabgesetzt wurde, ist das rechtlich der Emschergenossenschaft zugewiesene Aufgabenspektrum das, was sie sich in ihrer Geschichte angeeignet und erarbeitet hat. Ausgestattet mit einer besonderen Rechtskompetenz und einer sicheren Finanzierung ist sie fähig, langfristig zu wirken. Konstruiert als *Bad Bank* von Kommunen und verursachenden Unternehmen, ist es falsch, sie allein als technische Infrastrukturgesellschaft zu begreifen. Sie verfügt über eine Handlungsautonomie, die sie nach ihrer Konstituierung mehr als einmal verteidigt hat – und die ihr bis in die Gegenwart zusteht. Sie hat eine unternehmerische Seite. Entdeckt hat sie diese Seite, als sie damit begann, die Phenolabfälle zu bewirtschaften. Auf eine eigentümliche Art aber ist die Emschergenossenschaft schüchtern. Nicht in Hinblick auf die

---

46 Ausfl. Wagner: Vergangenheit als Zukunft?.

47 Karl Ganser (mit Thomas Sieverts): Vom Aufbaustab Speer bis zur Internationalen Bauausstellung Emscher Park und darüber hinaus. Planungskulturen in der Bundesrepublik Deutschland (1993), in: Anna Kloke/Heiner Monheim/Uli Paetzel (Hg.): Karl Ganser. Integratives Handeln und Planen, Dortmund 2023, S. 55–65, Zit. S. 62.

48 Burger: Köttelbecke, S. 147.

49 Gesetz über die Emschergenossenschaft (Emschergenossenschaftsgesetz – EmscherGG) vom 7.2.1990 mit Stand vom 3.5.2024, https://recht.nrw.de/lmi/owa/br_text_anzeigen?v_id=1000000000000000283 [30.3.2024].

Darstellung ihrer technischen Leistungen, die präsentierte sie in Vergangenheit wie in der Gegenwart bereitwillig, nein ihre Scheu bezieht sich auf ihre Raumgestaltungskompetenz. Obschon sie eine tragende Rolle bei der IBA und auch ein wesentliches Großprojekt übernahm, versteckt sie sich gern. In der Vergangenheit hinter ihrer technischen Aufgabe, in der Gegenwart hinter ihrer grünen Seite, die sie mit der Renaturierung der Emscher zu ihrem Markenkern gemacht hat. Mit ihrem sozialräumlichen Wissen und auch mit ihrer sozialräumlichen Kompetenz hält sie aber hinter dem Berg. Immerhin, das lehrt die Geschichte: Sie kann beharrlich sein. Aber sie braucht ein Ziel und eine Vision. Die Emschergenossenschaft war ein wesentlicher Akteur – der ausführende – bei der inneren Kolonisierung des Industriebezirks. Das wirkte strukturschaffend und sozial segregierend. Die große und noch weitgehend offene Frage ist jedoch: Wird sie auch zum Akteur der längst überfälligen sozialräumlichen De-Kolonisierung?

Literaturverzeichnis

Abe, Edwin C./Alfons Echterhoff (Bearb.): Das Vest. Ein dynamischer Wirtschaftsraum, hg. v. Hans-Jürgen Seraphim, Recklinghausen 1955.

Abelshauser, Werner: Ruhrkohle und Politik. Ernst Brandi 1875–1937. Eine Biographie, Essen 2009.

Abelshauser, Werner: Der Ruhrkohlenbergbau seit 1945. Wiederaufbau, Krise, Anpassung, München 1984.

Adamski, Jens: Zwischen Wissenschaft und Praxis – Die Dortmunder Sozialforschungsstelle und ihre regionalen Forschungsbezüge in den 1950er und 1960er Jahren, in: Westfälische Forschungen 60, 2010, S. 259–208.

Adamski, Jens: Ärzte des sozialen Lebens. Die Sozialforschungsstelle Dortmund 1946–1969, Essen 2009.

Adelmann, Gerhard (Hg.): Der gewerblich-industrielle Zustand der Rheinprovinz im Jahre 1836. Amtliche Übersichten, Bonn 1967.

Albrecht, Gerhard: Die soziale Funktion des Genossenschaftswesens. Abhandlungen und Vorträge, Berlin 1965.

Alldeutscher Verband (Hg.): Die deutsche Ostmark. Aktenstücke und Beiträge zur Polenfrage, Berlin 1894.

Andersen, Arne: Historische Technologiefolgenabschätzung. Das Beispiel des Metallhüttenwesens und der Chemieindustrie, in: Werner Abelshauser (Hg.): Umweltgeschichte. Umweltverträgliches Wirtschaften in historischer Perspektive (Geschichte und Gesellschaft, Sonderheft 15), Göttingen 1994, S. 76–105.

Annen, Gunther: Erich Zweigert und die Gründung der Emschergenossenschaft, in: Essener Beiträge. Beiträge zur Geschichte von Stadt und Stift Essen 110, 1998, S. 69–134.

Bajohr, Frank: Zwischen Krupp und Kommune. Sozialdemokratie, Arbeiterschaft und Stadtverwaltung in Essen vor dem 1. Weltkrieg, Essen 1988.

Balz, Eva/Christopher Kirchberg: Fließende Grenzen. Abwasserpolitik zwischen Demokratie und Diktatur. Emschergenossenschaft und Lippeverband 1930–1960, Essen 2020.

Banken, Ralf: Hitlers Steuerstaat. Die Steuerpolitik im Dritten Reich, Berlin/Boston 2018.

Bayerl, Günther: Historische Wasserversorgung. Bemerkungen zum Verhältnis von Technik, Mensch und Gesellschaft, in: Ulrich Troitzsch/Gabriele Wohlauf (Hg.): Technikgeschichte, Frankfurt a. M. 1980, S. 181–211.

Behm, Erika/Jürgen Kuczynski: Arthur Dix, Propagandist der wirtschaftlichen Vorbereitung des Ersten Weltkrieges, in: Jahrbuch für Wirtschaftsgeschichte 10:2, 1970, S. 69–100.

Bergengrün, Alexander: David Hansemann, Berlin 1901.

Berger, Sylvia: Bakterien in Krieg und Frieden. Eine Geschichte der medizinischen Bakteriologie in Deutschland, 1890–1933, Göttingen 2009.

Berghoff, Hartmut: »Dem Ziele der Menschheit entgegen«. Die Verheißungen der Technik an der Wende zum 20. Jahrhundert, in: Ute Frevert (Hg.): Das neue Jahrhundert. Europäische Zeitdiagnosen und Zukunftsentwürfe um 1900, Göttingen 2000, S. 47–78.

Biskup, Heike: Von der Landgemeinde zur Industriestadt. Bottrops langer Weg bis zur Verleihung der Stadtrechte, unveröffentlichter Vortrag beim »Tag der Westfälischen Geschichte«, 11.5.2019.

Blackbourn, David: Die Eroberung der Natur. Eine Geschichte der deutschen Landschaft, aus dem Engl. übers. v. Udo Rennert, München 2007.

Bleidick, Dietmar: Aral. 125 Jahre Kraftstoffwirtschaft in Deutschland, Münster 2024.

Bleidick, Dietmar: Die Energieregion Ruhrgebiet. Eine historisch-statistische Studie, Baden-Baden 2023.

Bleidick, Dietmar: Die Hibernia-Affäre. Der Streit um den preußischen Staatsbergbau im Ruhrgebiet zu Beginn des 20. Jahrhunderts, Bochum 1999.

Bluma, Lars: Die Hygienisierung des Ruhrgebiets: Das Gelsenkirchener Hygiene-Institut im Kaiserreich, in: Carl Christian Wahrmann/Martin Buchsteiner/Antje Strahl (Hg.): Seuche und Mensch. Herausforderungen in den Jahrhunderten, Berlin 2012, S. 347–367.

Böckh, Richard: Die Verschiebung der Sprachenverhältnisse in Posen und Westpreußen, in: Preußische Jahrbücher 77, 1894, S. 424–437.

Böse, Christian: Kartellpolitik im Kaiserreich. Das Kohlensyndikat und die Absatzorganisation im Ruhrbergbau 1893–1919, Berlin/Boston 2018.

Brandi, Paul: Der Aufstieg Essens zur Industriemetropole. Eine Erinnerung an Oberbürgermeister Erich Zweigert, in: Essener Beiträge. Beiträge zur Geschichte von Stadt und Stift Essen 60, 1940, S. 239–294.

Brandt, Hans Jürgen (Hg.): Die Polen und die Kirche im Ruhrgebiet, 1871–1919. Ausgewählte Dokumente zur pastoral und kirchlichen Integration sprachlicher Minderheiten im deutschen Kaiserreich, Münster 1987.

Brepohl, Wilhelm: Industrievolk im Wandel von der agrarischen zur industriellen Daseinsfrom dargestellt am Ruhrgebiet, Tübingen 1957.

Brepohl, Wilhelm: Der Aufbau des Ruhrvolkes im Zuge der Ost-West-Wanderung. Beiträge zur deutschen Sozialgeschichte des 19. und 20. Jahrhunderts, Recklinghausen 1948.

Brix, E. H./Karl Imhoff/R. Weldert (Hg.): Die Stadtentwässerung in Deutschland, 2 Bde., Jena 1934.

Bronny, Horst M./Wilfried Dege: Raumpotential und Raumstruktur an der Schwelle zur Industrialisierung, in: Wolfgang Köllmann/Hermann Korte/Dietmar Petzina/Wolfhard Weber (Hg.): Das Ruhrgebiet im Industriezeitalter. Geschichte und Entwicklung, Bd. 1, Düsseldorf 1990, S. 81–110.

Brüggemeier, Franz-Josef: Grubengold. Das Zeitalter der Kohle von 1750 bis heute, München 2018.

Brüggemeier, Franz-Josef: Eine Kränkung des Rechtsgefühls?. Soziale Frage, Umweltprobleme und Verursacherprinzip im 19. Jahrhundert, in: Werner Abelshauser (Hg.): Umweltgeschichte. Umweltverträgliches Wirtschaften in historischer Perspektive, Göttingen 1994, S. 106–142.

Brüggemeier, Franz-Josef/Mark Cioc/Thomas Zeller (Hg.): How Green were the Nazis? Nature, Environment, and National in the Third Reich, Athen 2005.

Brüggemeier, Franz-Josef/Mark Cioc/Thomas Zeller: Introduction, in: dies. (Hg.): How Green were the Nazis? Nature, Environment, and National in the Third Reich, Athen 2005, S. 1–17.

Brüggemeier, Franz-Josef/Thomas Rommelspacher: Blauer Himmel über der Ruhr. Geschichte der Umwelt im Ruhrgebiet 1840–1990, Essen 1992.

Bruns, Hayo: Die Bekämpfung der Wurmkrankheit (Ankylostomiasis) im rheinisch-westfälischen Ruhrkohlenbezirk, in: Münchener Medizinische Wochenschrift 51, 1904, S. 657–662.

Budrass, Lutz: Der Abstimmungskampf im Rheinland und in Westfalen: Das Beispiel Bottrop, in: David Skrabania/Sebastian Rosenbaum (Hg.): Die Volksabstimmung in Oberschlesien 1921. Nationale Selbstbestimmung oder geopolitisches Machtspiel? Paderborn u. a. 2023, S. 232–262.

Budrass, Lutz: Von Biertultau (Biertułtowy) nach Batenbrock. Oberschlesier in Bottrop, in: ders./Barbara Kalinowska-Wójcik/Andrzej Michalczyk (Hg.): Industrialisierung und Nationalisierung. Fallstudien zur Geschichte des oberschlesischen Industriereviers im 19. und 20. Jahrhundert, Essen 2013, S. 111–146.

Buggeln, Marc: Das Versprechen der Gleichheit. Steuern und soziale Ungleichheit in Deutschland von 1871 bis heute, Berlin 2022.

Burger, Reiner: Von der Köttelbecke zur neunen Flusslandschaft. Erinnerungsort Emscher, in: Stefan Berger/Ulrich Borsdorf/Ludger Claßen/Heinrich Theodor Grütter/Dieter Nellen (Hg.): Zeit-Räume Ruhr. Erinnerungsorte des Ruhrgebiets, Essen 2019, S. 129–147.

Burhop, Carsten: Die Kreditbanken in der Gründerzeit, Stuttgart 2004.

Buschak, Willy: Gewerkschaftliche Organisierung, in: Wolfgang Köllmann/Hermann Korte/Dietmar Petzina/Wolfhard Weber (Hg.): Das Ruhrgebiet im Industriezeitalter. Geschichte und Entwicklung, Bd. 1, Düsseldorf 1990, S. 729–806.

Büschenfeld, Jürgen: Flüsse und Kloaken. Umweltfragen im Zeitalter der Industrialisierung (1870–1918), Stuttgart 1997.

Cioc, Mark: The Rhine. An Eco-Biography, 1815–2000, Washington 2002.

Collin, Peter: Durch Zwang zur Freiheit? Wirtschaftliche Selbstverwaltung im deutschen Kaiserreich zwischen Regulierung und Selbstregulierung, in: Rechtsgeschichte 18, 2011, S. 96–118.

Croon, Helmuth: Städtewandlung und Städtebildung im Ruhrgebiet im 19. Jahrhundert, in: Aus Geschichte und Landeskunde. Forschungen und Darstellungen. Franz Steinbach zum 65. Geburtstag gewidmet von seinen Freunden und Schülern, Bonn 1960, S. 484–501.

Czierpka, Juliane: Von Drachen und Zebras. Desiderate der Wirtschaftsgeschichte des Ruhrbergbaus nach 1945, in: Ingo Köhler/Eva-Maria Roelevink (Hg.): Transformative Moderne: Struktur, Prozess und Handeln in der deutschen Wirtschaft, Münster 2021, S. 177–196.

Czierpka, Juliane: Die Organisation des Ruhrkohlen-Absatzes zwischen Alliierter Hoher Kommission und Montanunion aus Sicht des Ruhrbergbaus, in: dies./Lars Bluma (Hg.): Der Steinkohlenbergbau in Boom und Krise nach 1945. Transformationsprozesse in der Schwerindustrie am Beispiel des Ruhrgebiets, Berlin/Boston 2021, S. 165–184.

Delbrück, Hans: Der neue Polenfonds, in: Preußische Jahrbücher 90, 1897, S. 570–578.

Delbrück, Hans: Die Polenfrage, Berlin 1894.

Disco, Cornelis: Accepting Father Rhine? Technological Fixes, Vigilance, and Transnational Lobbies as ›European‹ Strategies of Dutch Municipal Water Supplies 1900–1975, in: Environment and History 13:4, 2007, S. 381–411.

Dix, Arthur: Das Slaventum in Preußen, seine Bedeutung für die Bevölkerungsbewegung und Volkswirtschaft in den letzten Jahrzehnten, in: Jahrbücher für Nationalökonomie und Statistik 70, 1898, S. 561–602.

Dix, Arthur: Die Völkerwanderung von 1900, Leipzig 1898.

Döring, Peter: Bewegte Jahre: Die VEW von 1925 bis 1948, in: VEW AG (Hg.): Mehr als Energie. Die Unternehmensgeschichte der VEW 1925–2000, Essen 2000, S. 80–197.

Doering-Manteuffel, Anselm: Konturen von ›Ordnung‹ in den Zeitschichten des 20. Jahrhunderts, in: ders.: Konturen von Ordnung. Ideengeschichtliche Zugänge zum 20. Jahrhundert, Berlin/Boston 2019, S. 3–32.

Eiringhaus, Pia/Jan Kellershohn: Und wer zahlt die Zeche?. Der Strukturwandel im Ruhrgebiet hat eine Industriekulturindustrie entstehen lassen, in: Frankfurter Allgemeine Zeitung, 18.8.2018.

Ellerbrock, Karl-Peter: Industriekultur im Ruhrgebiet. Bilanz und Perspektiven, in: Markus A. Denzel/Susanne Schötz/Veronique Töpel (Hg.): Von der Industriemetropole zur resilienten Stadt. Leipzig im regionalen und überregionalen Vergleich, Wiesbaden 2022, S. 197–220.

Emmerich, Rudolf: Die Ursachen der Gelsenkirchener Typhusepidemie des Jahres 1901, in: ders./Friedrich Wolter: Die Entstehungsursachen der Gelsenkirchener Typhus-Epidemie 1901. Auf Grund der für die Verhandlungen des Gelsenkirchener Prozesses erstatteten Sachverständigen-Gutachten dargestellt, München 1906, S. 125–265.

Emmerich, Rudolf/Friedrich Wolter: Die Entstehungsursachen der Gelsenkirchener Typhus-Epidemie 1901. Auf Grund der für die Verhandlungen des Gelsenkirchener Prozesses erstatteten Sachverständigen-Gutachten dargestellt (Jubiläumsschrift zum fünfzigjährigen Gedenken der Begründung der lokalistischen Lehre Max von Pettenkofers 1), München 1906.

Emschergenossenschaft (hg. im Auftrage des Vorstandes v. Baudirektor Helbing): 25 Jahre Emschergenossenschaft. 1900–1925, Essen 1925 (Selbstverlag).

Engels, Jens Ivo: Machtfragen. Aktuelle Entwicklungen und Perspektiven der Infrastrukturgeschichte, in: Neue Politische Literatur 55:1, 2010, S. 51–70.

Evans, Richard: Tod in Hamburg. Stadt, Gesellschaft und Politik in den Cholera-Jahren 1830–1910, aus dem Englischen übers. von Karl A. Klewer, Reinbek 1990.

Eyll, Klara von: Kammern der gewerblichen Wirtschaft, in: Wolfgang Köllmann/Hermann Korte/Dietmar Petzina/Wolfhard Weber (Hg.): Das Ruhrgebiet im Industriezeitalter. Geschichte und Entwicklung, Bd. 1, Düsseldorf 1990, S. 601–653.

Farrenkopf, Michael: Wiederaufstieg und Niedergang des Bergbaus in der Bundesrepublik, in: Dieter Ziegler (Hg.): Geschichte des deutschen Bergbaus, Bd. 4: Rohstoffgewinnung im Strukturwandel. Der deutsche Bergbau im 20. Jahrhundert, Münster 2013, S. 183–302.

Farwick, Andreas u. a.: Sozialraumanalyse Emscherregion (ZEFIR-Forschungsbericht, Bd. 1), Bremen 2012.

Faust, Helmut: Geschichte der Genossenschaftsbewegung. Ursprung und Aufbruch der Genossenschaftsbewegung in England, Frankreich und Deutschland sowie ihre weitere Entwicklung im deutschen Sprachraum, 3. Aufl., Frankfurt a. M. 1977.

Fehrenbach, Elisabeth: Rheinischer Liberalismus und gesellschaftliche Verfassung, in: Wolfgang Schieder (Hg.): Liberalismus in der Geschichte des deutschen Vormärz (Geschichte und Gesellschaft, Sonderheft 9), Göttingen 1983, S. 272–294.

Foerster, Lena: Hochofen, Maloche und »Gastarbeiter«. Ausländerbeschäftigung in Unternehmen der Eisen- und Stahlindustrie des Ruhrgebiets in den 1950er und 1960er Jahren, Stuttgart 2021.

Frech, Stefan: Wegbereiter Hitlers? Theodor Reismann-Grone. Ein völkischer Nationalist (1863–1949), Paderborn 2009.

Frevert, Ute: Jahrhundertwenden und ihre Versuchungen, in: dies. (Hg.): Das neue Jahrhundert. Europäische Zeitdiagnosen und Zukunftsentwürfe um 1900, Göttingen 2000, S. 7–14.

Ganser, Karl (mit Thomas Sieverts): Vom Aufbaustab Speer bis zur Internationalen Bauausstellung Emscher Park und darüber hinaus. Planungskulturen in der Bundesrepublik Deutschland (1993), in: Anna Kloke/Heiner Monheim/Uli Paetzel (Hg.): Karl Ganser. Integratives Handeln und Planen, Dortmund 2023, S. 55–65.

Gebhardt, Gerhard: Ruhrbergbau. Geschichte, Aufbau und Verflechtung seiner Gesellschaften und Organisationen, unter Mitwirkung der Gesellschaften des Ruhrbergbaus zusammengestellt, Essen 1957.

Goch, Stefan: Art. Wilhelm Brepohl, in: Michael Fahlbusch/Ingo Haar/Alexander Pinkwinkler (Hg.): Handbuch der völkischen Wissenschaften. Akteure, Netzwerke, Forschungsprogramme, 2. Aufl., Berlin/Boston 2017, S. 82–87.

Gorlas, Martina: Wo ist Dr. Hermann Bach? – Das Schicksal des Oberchemikers der Emschergenossenschaft in der NS-Zeit, in: Essener Beiträge. Beiträge zur Geschichte von Stadt und Stift Essen 134, 2021, S. 146–223.

Goschler, Constantin: Rudolf Virchow. Mediziner, Anthropologe, Politiker, Wien, Köln, Weimar, 3. Aufl., Wien u. a. 2021.

Gradmann, Christoph: Robert Koch. Bakteriologe, Hygieniker und Mediziner, in: ders. (Hg.): Robert Koch. Zentrale Texte, Berlin 2018, S. 1–15.

Grahn, Ernst: Die Gerichtsverhandlungen über die Gelsenkirchener Typhusepidemie im Jahr 1901, in: Journal für Gasbeleuchtung und Wasserversorgung 48, 1905, S. 447–457, 475–502, 516–546.

Greve, Julius: Die Canalisirung der Ruhr: Antwort auf die Entgegnung »Ruhr-Canalisirung oder Emscher-Canal« des königlichen Wasser-Bauinspektors Paul Rohns zu Ruhrort. Im Auftrage des Vereins zur Canalisirung der Ruhr, Mülheim a. d. Ruhr 1888.

Groh, Kathrin: Art. Akademie für Deutsches Recht, in: Michael Fahlbusch/Ingo Haar/Alexander Pinwinkler: Handbuch der völkischen Wissenschaften. Akteure, Netzwerke, Forschungsprogramme, 2. Aufl., Berlin/Boston 2017, S. 1319–1325.

Grothe, Ewald: Eine »lautlose« Angelegenheit? Die Rückkehr des Verfassungshistorikers Ernst Rudolf Huber in die universitäre Wissenschaft nach 1945, in: Zeitschrift für Geschichtswissenschaft 47:11, 1999, S. 980–1001.

Hachtmann, Rüdiger/Winfried Süß: Editorial: Kommissare im NS-Herrschaftssystem. Probleme und Perspektiven der Forschung, in: dies. (Hg.): Hitlers Kommissare. Sondergewalten in der nationalsozialistischen Diktatur, Göttingen 2006, S. 9–27.

Hannig, Nicolai: Kalkulierte Gefahren. Naturkatastrophen und Vorsorge seit 1800, Göttingen 2019.

Hansemann, David: Bericht über die Vorarbeiten und Verhandlungen wegen Weiterführung der Rheinischen Eisenbahn von Köln bis zur Landesgrenze bei Minden, Aachen 1842.

Hardy, Anne I.: Ärzte, Ingenieure und städtische Gesundheit. Medizinische Theorien in der Hygienebewegung des 19. Jahrhunderts, Frankfurt a. M./New York 2005.

Hartmann, Christoph: Ewigkeitskosten nach dem Ausstieg aus der Steinkohlenförderung in Deutschland, in: Olaf Kühne/Florian Weber (Hg.): Bausteine der Energiewende, Wiesbaden 2018, S. 315–330.

Heidenreich, Elisabeth: Fließräume. Die Vernetzung von Natur, Raum und Gesellschaft seit dem 19. Jahrhundert, Frankfurt a. M. 2004.

Heinrichsbauer, A.[ugust]: Kohlenkontor Weyhenmeyer & Co. und die Süddeutsche Kohlenwirtschaft, unveröffentl. Ms., o. O., o. J. [1939].

Heinrichsbauer, August: Die Wasserwirtschaft im Rheinisch-Westfälischen Industriegebiet, Essen 1936.

Helbing, Heinrich: Die Emschergenossenschaft, in: Emschergenossenschaft (hg. im Auftrage des Vorstandes v. Baudirektor Helbing): 25 Jahre Emschergenossenschaft. 1900–1925, Essen 1925 (Selbstverlag), S. 1–17.

Helbing, [Heinrich]/[Hermann] Bach: Das Abwasser der Kokereinebenproduktanlagen im Emschergebiete, in: Emschergenossenschaft (hg. im Auftrage des Vorstandes v. Baudirektor Helbing): 25 Jahre Emschergenossenschaft. 1900–1925, Essen 1925 (Selbstverlag), S. 262–276.

Helbing, Heinrich/Walter Selbach (Erl.): Das Gesetz betreffend die Bildung einer Genossenschaft zur Regelung der Vorflut und zur Abwässerreinigung im Emschergebiet vom 19. Juli 1904, Essen 1907.

Herbert, Ulrich: Apartheid nebenan. Erinnerungen an die Fremdarbeiter im Ruhrgebiet, in: Lutz Niethammer (Hg.): »Die Jahre weiß man nicht, wo man sie heute hinsetzen soll«. Faschismuserfahrungen im Ruhrgebiet. Lebensgeschichte und Sozialkultur im Ruhrgebiet 1930 bis 1960, 2. Aufl., Berlin/Bonn 1986, S. 233–266.

Hoebink, Hein: Mehr Raum – mehr Macht. Preußische Kommunalpolitik und Raumplanung im rheinisch-westfälischen Industriegebiet 1900–1933, Essen 1989.

Höltje, Karl: Wo soll das hinaus? Weitere Zeitbilder aus dem Rheinisch-Westfälischen Industriebezirke, Braunschweig 1905.

Hoffacker, Heinz Wilhelm: Entstehung der Raumplanung. Konservative Gesellschaftsreform und das Ruhrgebiet 1918–1933, Essen 1989.

Holtfrerich, Carl-Ludwig: Quantitative Geschichte des Ruhrkohlenbergbaus im 19. Jahrhundert, Dortmund 1973.

Holzach, Michael: Deutschland umsonst. Zu Fuß und ohne Geld durch ein Wohlstandsland, 5. Aufl., Hamburg 1982.

Hombach, Bodo (Hg.): Heimat Ruhr. Fluss, Tal, Siedlung seit Anfang des 19. Jahrhunderts (Die Ruhr und ihr Gebiet – Leben am und mit dem Fluss, Bd. 1), Essen 2020.

Hombach, Bodo (Hg.): Die Ruhr und das Ruhrgebiet. Fluss, Industrieregion, Strukturwandel seit Anfang des 19. Jahrhunderts (Die Ruhr und ihr Gebiet – Leben am und mit dem Fluss, Bd. 2), Essen 2020.

Howard-Jones, N.: Gelsenkirchen Typhoid Epidemic of 1901, Robert Koch, and the Dead Hand of Max von Pettenkofer, in: British Medical Journal 1, 1973, S. 103–105.

Hué, Otto: Die Krawalle von Herne, in: Die neue Zeit 17:2, 1898–99, S. 534–540.

Hueppe, Ferdinand: Allgemeine Betrachtungen über die Entstehung der Infektionskrankheiten, in: Archiv für Rassen- und Gesellschafts-Biologie 1, 1904, S. 210–218.

Hughes, Thomas P.: The Evolution of Large Technological Systems, in: Wiebe E. Bijker/Thomas P. Hughes/Trevor Pinch (Hg.): The Social Construction of Technological Systems. New Directions in the Sociology and History of Technology, Cambridge, MA u. a. 1989, S. 45–76.

Imhoff, Karl: Taschenbuch der Stadtentwässerung, 18. Aufl., München 1960.

Imhoff, [Karl]: Die Entwicklung der Abwasserreinigung im Emschergebiet, in: Emschergenossenschaft (hg. im Auftrage des Vorstandes v. Baudirektor Helbing): 25 Jahre Emschergenossenschaft. 1900–1925, Essen 1925 (Selbstverlag), S. 200–212.

Jahrbuch für den Oberbergamtsbezirk Dortmund, 1913–1921, Essen 1923.

Jessen, Ralph: Polizei im Industrierevier. Modernisierung und Herrschaftspraxis im westfälischen Ruhrgebiet 1848–1914, Göttingen 1991.

Jüngst, Ernst: Festschrift zur Feier des fünfzigjährigen Bestehens des Vereins für die Bergbaulichen Interessen im Oberbergamtsbezirk Dortmund in Essen, Essen 1908.

Jurisch, Konrad: Die Verunreinigung der Gewässer. Eine Denkschrift im Auftrage der Flusscommission des Vereins zur Wahrung der Interessen der chemischen Industrie Deutschlands, Berlin 1890.

Klemann, Hein A. M.: The Central Commission for Navigation on the Rhine, 1815–1914. Nineteenth Century European Integration, in: Ralf Banken/Ben Wubs (Hg.): The Rhine: A transnational Economic History, Baden-Baden 2017, S. 33–68.

Klemperer, Victor: LTI. Notizbuch eines Philologen, nach der Ausgabe letzter Hand hg. und kommentiert v. Elke Fröhlich, Stuttgart 2020.

Kleßmann, Christoph: Polnische Bergarbeiter im Ruhrgebiet, 1870–1945, Göttingen 1978.

Kluge, Thomas/Engelberg Schramm: Wassernöte. Zur Geschichte des Trinkwassers, 2. Aufl., Aachen 1988.

Koch, Robert: [*an den Minister der geistlichen, Unterrichts- und Medizinalangelegenheiten, Konrad Studt, Bericht betr. Typhus Epidemie in Gelsenkirchen, 21.10.1901*], in: J. Schwalbe (Hg.): Gesammelte Werke von Robert Koch, Bd. 2, 2. Tbd., Leipzig 1912, S. 910–914.

Koch, Robert: Ärztliche Beobachtungen in den Tropen. Vortrag, gehalten in der Abteilung Berlin-Charlottenburg der Deutschen Kolonial-Gesellschaft, Berlin 1898.

Köllmann, Wolfgang/Hermann Korte/Dietmar Petzina/Wolfhard Weber (Hg.): Das Ruhrgebiet im Industriezeitalter. Geschichte und Entwicklung, 2 Bde., Düsseldorf 1990.

Köln-Mindener Eisenbahn-Gesellschaft: Auszug aus den Verhandlungen der am 26. Juli 1844 zu Köln gehaltenen Sitzung des Administrations-Rates, Köln 1844.

Königlich Preußisches Statistisches Bureau: Die Gemeinden und Gutsbezirke des Preußischen Staates und ihre Bevölkerung nach den Urmaterialien der allgemeinen Volkszählung vom 1. December 1871, Bd. 10: Provinz Westfalen und Bd. 12: Rheinprovinz, Berlin 1874.

Korte, Hermann: Die Entfaltung der Industriestruktur, in: Wolfgang Köllmann/Hermann Korte/Dietmar Petzina/Wolfhard Weber (Hg.): Das Ruhrgebiet im Industriezeitalter. Geschichte und Entwicklung, Bd. 1, Düsseldorf 1990, S. 569–600.

Krabbe, Wolfgang R.: Die deutsche Stadt im 19. und 20. Jahrhundert. Eine Einführung, Göttingen 1989.

Krabbe, Wolfgang R.: Die Verleihung der Städteordnung an die Vestische Gemeinde Buer. Sozial- und verfassungspolitische Probleme der Entwicklung des Ruhrgebietes vor dem Ersten Weltkrieg, in: Die Alte Stadt 14, 1987, S. 341–351.

Krabbe, Wolfgang R.: Eingemeindungsprobleme vor dem Ersten Weltkrieg: Motive, Widerstände und Verfahrensweise, in: Die alte Stadt 7, 1980, S. 368–387.

Kröger, Philipp: Die Grenzen des Vergleichs. Die statistische Vermessung der östlichen Grenzregionen des Kaiserreichs und die Unterschiede deutscher Herrschaft in Übersee und Europa, in: Geschichte und Gesellschaft 47:4, 2021, S. 623–647.

Kroker, Evelyn: Heinrich Kost. Rationalisierung und Sozialbeziehungen im Bergbau, in: Paul Erker/Toni Pierenkemper (Hg.): Deutsche Unternehmer zwischen Kriegswirtschaft und Wiederaufbau, München 1999, S. 291–316.

Kühne, Gunther: Das deutsche Bergrecht von 1865 bis zur Gegenwart, in: Klaus Tenfelde (†)/Stefan Berger/Hans-Christoph Seidel (Hg.): Geschichte des deutschen Bergbaus, Bd. 3: Motor der Industrialisierung. Deutsche Bergbaugeschichte im 19. und frühen 20. Jahrhundert, Münster 2016, S. 495–531.

Küster, Thomas: Das Ruhrgebiet in staatlicher Perspektive (1870–1930), in: Karl Ditt/Klaus Tenfelde (Hg.): Das Ruhrgebiet in Rheinland und Westfalen. Koexistenz und Konkurrenz des Raumbewusstseins im 19. und 20. Jahrhundert, Paderborn u. a. 2007, S. 127–162.

Kulczycki, John: The Foreign Worker and the German Labor Movement. Xenophobia and Solidarity in the Coal Fields of the Ruhr, 1871–1914, Oxford, Providence, 1994.

Kunz, Andreas: Gütertransport und Güterumschlag auf dem Rhein, Bonn 2006.

Laak, Dirk van: Infra-Strukturgeschichte, in: Geschichte und Gesellschaft 27:3, 2001, S. 367–393.

Leendertz, Ariane: Ordnung schaffen. Deutsche Raumplanung im 20. Jahrhundert, Göttingen 2008.

Lekan, Thomas: Saving the Rhine. Water, Ecology, and Heimat in Post-War II Germany, in: Christof Mauch/Thomas Zeller (Hg.): Rivers in History. Perspectives on Waterways in Europe and Northern America, Pittsburgh 2008, S. 110–136.

Lerp, Dörte: Imperiale Grenzräume. Bevölkerungspolitiken in Deutsch-Südwestafrika und den östlichen Provinzen Preußens, 1884–1914, Frankfurt a. M./New York 2016.

Löbker, Ferdinand/Hayo Bruns: Über das Wesen und die Verbreitung der Wurmkrankheit (Ankylostomiasis) mit besonderer Berücksichtigung ihres Auftretens in deutschen Bergwerken, in: Arbeiten aus dem Kaiserlichen Gesundheitsamte 23, 1906, S. 421–524.

Lücker, Heinrich: Gemeindefinanzen. Zweiter Band, dritter Teil: Die Entwicklung und die Probleme des Gemeindeabgabewesens in den Städten und großen Landgemeinden der preußischen Industriebezirke. Im Auftrag des Vereins für Socialpolitik herausgegeben, Leipzig 1910.

Luntowski, Gustav: Das Jahrhundert der Industrialisierung, in: Geschichte der Stadt Dortmund, hg. v. Stadtarchiv Dortmund, Dortmund 1994, S. 214–353.

Luther, Hans: Zusammenbruch und Jahre nach dem ersten Krieg in Essen. Erinnerungen des Oberbürgermeisters Dr. jur. Dr. med. h.c. Hans Luther, Essen 1958 (Sonderdruck).

Luther, Hans: Vorwort. Die Emschergenossenschaft als besondere Verwaltungsform des Ruhrgebiets, in: Emschergenossenschaft (hg. im Auftrage des Vorstandes v. Baudirektor Helbing): 25 Jahre Emschergenossenschaft. 1900–1925, Essen 1925 (Selbstverlag), S. V–XII.

Matzerath, Horst: Regionale Unterschiede im Verstädterungsprozeß: Der Osten und der Westen Preußens im 19. Jahrhundert, in: ders. (Hg.): Städtewachstum und innerstädtische Strukturveränderungen. Probleme des Urbanisierungsprozesses im 19. und 20. Jahrhundert, Stuttgart 1984, S. 65–96.

Matzerath, Horst: Städtewachstum und Eingemeindungen im 19. Jahrhundert, in: Jürgen Reulecke (Hg.): Die deutsche Stadt im Industriezeitalter. Beiträge zur modernen deutschen Stadtgeschichte, Wuppertal 1980, S. 67–89.

Mecking, Sabine: Bürgerwille und Gebietsreform. Demokratieentwicklung und Neuordnung von Staat und Gesellschaft in Nordrhein-Westfalen 1965–2000, München 2012.

Metz, Johann Hinrich: Gelsenkirchen. Entstehung und Entwicklung der Stadt, Gelsenkirchen 1917.

Michaelis, Karl: Regulirung der Vorfluthverhältnisse im Emscherthale von Herne bis Oberhausen. Vorbericht, Kosten-Anschlag und Festpunkts-Verzeichniss [...], Münster 1883.

Michalczyk, Andrzej/David Skrabania (Hg.): Migrationsgeschichte Oberschlesiens von 1800 bis zur Gegenwart, Paderborn 2024.

Middeldorf, Wilhelm: Entwurf zur Regelung der Vorflut und Abwasser-Reinigung im Emschergebiet, Essen 1904.

Miles, Robert: Rassismus. Einführung in die Geschichte und Theorie eines Begriffs, Hamburg 2014 (1991).

Mohajeri, Shahrooz: 100 Jahre Berliner Wasserversorgung und Abwasserentsorgung 1840–1940, Stuttgart 2005.

Most, Otto: Die Finanzlage der Ruhrgebietsstädte. I. Tatsachen und ursächliche Zusammenhänge, Jena 1932.

Münch, Peter: Stadthygiene im 19. und 20. Jahrhundert. Die Wasserversorgung, Abwasser- und Abfallbeseitigung unter besonderer Berücksichtigung Münchens, Göttingen 1993.

Murzynowska, Krystyna: Die polnischen Erwerbsauswanderer im Ruhrgebiet während der Jahre 1880–1941, Dortmund 1979.

Niethammer, Lutz: Umständliche Erläuterung der seelischen Störung eines Communalbaumeisters in Preußens größtem Industriedorf oder Die Unfähigkeit zur Stadtentwicklung, Frankfurt a. M. 1979.

Nonn, Christoph: Die Ruhrbergbaukrise. Entindustrialisierung und Politik 1958–1969, Köln 2001.

O. V.: Denkschrift über die Melioration des Oelbaches und seiner Nebenflüsse nebst eine Uebersichts-Karte, Bochum 1901 [Vorbemerkung des Landraths Gerstein].

O. V.: Unsere Forderungen in der Polenfrage, in: Alldeutscher Verband (Hg.): Die deutsche Ostmark. Aktenstücke und Beiträge zur Polenfrage, Berlin 1894, S. 42–47.

O. V.: Meyers Konversationslexikon, 4. Aufl., Leipzig/Wien 1885–1892.

O. V.: Die Syndikatsverträge des Rheinisch-Westfälischen Kohlensyndikats, Essen 1933.

O. V.: Das Verhalten der Besitzer der westfälischen Steinkohlenbergwerke bei der Bekämpfung der bösartigen Wurmkrankheit (Ankylostomiasis), in: Glückauf 39, 1903, S. 241–245.

O. V.: Verhandlungen, betreffend Maßregeln zur Bekämpfung der im Oberbergamtsbezirke Dortmund herrschenden Wurmkrankheit, Berlin 1903.

Olenik, Alexander: Die liberalen Oberbürgermeister in der Rheinprovinz, in: Jahrbuch zur Liberalismus-Forschung 30, 2018, S. 159–175.

Olmer, Beate: Wasser. Historisch. Zu Bedeutung und Belastung des Umweltmediums im Ruhrgebiet 1870–1930, Frankfurt a. M. u. a. 1998.

Paetzel, Uli/Alexander Knickmeier: Zusammen ist man weniger allein, in: Frankfurter Allgemeine Zeitung, 11.4.2023.

Petermann, Hans: Die Eingemeindungen der kreisfreien Städte des rheinisch-westfälischen Industriebezirks, Dortmund 1912.

Petzina, Dietmar: Wirtschaft und Arbeit 1945–1985, in: Wolfgang Köllmann/Hermann Korte/Dietmar Petzina/Wolfhard Weber (Hg.): Das Ruhrgebiet im Industriezeitalter. Geschichte und Entwicklung, Bd. 1, Düsseldorf 1990, S. 491–568.

Petzina, Dietmar: Autarkiepolitik im Dritten Reich. Der nationalsozialistische Vierjahresplan, Stuttgart 1968.

Pieler, Franz Ignaz: Das Ruhrthal. Reise auf der Ruhrthal-Eisenbahn mit Ausflügen in die Umgegend, 2. Aufl., Werl 1881.

Die Polen im rheinisch-westfälischen Steinkohlen-Bezirke. Mit einem statistischen Anhange, einer Sammlung polnischer Lieder und zwei Karten, hg. v. Gau »Ruhr und Lippe« des Alldeutschen Verbands, München 1901.

Politt, Holger: Die polnische Frage bei Rosa Luxemburg, in: Utopie kreativ 129/130, 2001, S. 604–613.

Raasch, Markus: Der Hybrid. Das 19. Jahrhundert und die Idee der Genossenschaft, Stuttgart 2022.

Reckendrees, Alfred: Das »Stahltrust«-Projekt. Die Gründung der Vereinigten Stahlwerke A.G. und ihre Unternehmensentwicklung 1926–1933/34, München 2000.

Reif, Heinz: Städte und Städteagglomerationen der Montanindustrie in Deutschland, 1840–1914, in: Informationen zur Modernen Stadtgeschichte 1, 2012, S. 15–28.

Reif, Heinz: Landwirtschaft im industriellen Ballungsraum, in: Wolfgang Köllmann/Hermann Korte/Dietmar Petzina/Wolfhard Weber (Hg.): Das Ruhrgebiet im Industriezeitalter. Geschichte und Entwicklung, Bd. 1, Düsseldorf 1990, S. 337–393.

Reif, Heinz: Städtebildung im Ruhrgebiet. Die Emscherstadt Oberhausen 1850–1914, in: Vierteljahrschrift für Sozial- und Wirtschaftsgeschichte 69, 1982, S. 457–487.

Reismann-Grone, Theodor: Die Slawische Gefahr in der Ostmark. Vortrag, gehalten auf dem Alldeutschen Verbandstage zu Hamburg, München 1899.

Reulecke, Jürgen: Das Ruhrgebiet als städtischer Lebensraum, in: Wolfgang Köllmann/Hermann Korte/Dietmar Petzina/Wolfhard Weber (Hg.): Das Ruhrgebiet im Industriezeitalter. Geschichte und Entwicklung, Bd. 2, Düsseldorf 1990, S. 67–120.

Roelevink, Eva-Maria: Geschichtspolitik als Unternehmenskommunikation. Krupp im 20. Jahrhundert, Berlin/Boston 2023.

Roelevink, Eva-Maria: Kartellrecht und Kartellpraxis unter umgekehrten Vorzeichen: Die Absatzorganisation von Ruhrkohle und niederländischem Kohlengroßhandel 1924/25 und 1953/54 im Vergleich, in: Zeitschrift für Neuere Rechtsgeschichte 41:3/4, 2019, S. 234–258.

Roelevink, Eva-Maria: Des Unternehmers »volkstümliche« Biographie, oder: wie die Ruhrkohlenindustrie Geschichte machte, in: Zeitschrift für Unternehmensgeschichte 1, 2018, S. 33–68.

Roelevink, Eva-Maria: Organisierte Intransparenz. Das Kohlensyndikat und der niederländische Markt, 1915–1932, München 2015.

Roelevink, Eva-Maria/Dieter Ziegler: »Bankenmacht« im Ruhrbergbau – Die Disconto-Gesellschaft und die Gelsenkirchener Bergwerks-AG 1873–1904, in: Westfälische Forschungen 67, 2017, S. 117–142.

Rohns, Paul: Ruhr-Canalisirung oder Emscher-Canal. Entgegnung auf die Denkschrift über die Bedeutung der Ruhr-Canalisirung und über den gegenwärtigen Stand der Vorarbeiten, Hannover 1888.

Rommelspacher, Thomas: Kehricht, Abfall, Abwasser und Fäkalien: Die Regulierung der Stadthygiene in Essen 1850 bis 1920. Die Ausdifferenzierung von Abwasser- und Fäkalienbeseitigung, Straßenreinigung und Müllabfuhr, in: Klaus Wisotzky/Michael Zimmermann (Hg.): Selbstverständlichkeiten. Strom, Wasser, Gas und andere Versorgungseinrichtungen: Die Vernetzung der Stadt um die Jahrhundertwende, Essen 1997, S. 151–176.

Rommelspacher, Thomas: Das natürliche Recht auf Wasserverschmutzung. Geschichte des Wassers im 19. und 20. Jahrhundert, in: Franz-Josef Brüggemeier/Thomas Rommelspacher (Hg.): Besiegte Natur. Geschichte der Umwelt im 19. und 20. Jahrhundert, München 1987, S. 42–61.

Roowaan, Ries: Im Schatten der großen Politik. Deutsch-niederländische Beziehungen zur Zeit der Weimarer Republik 1918–1933, Münster 2006.

Ropohl, Günter: Allgemeine Technologie. Eine Systemtheorie der Technik, 3. Aufl., Karlsruhe 2009.

Rubner, Max: Die Pestgefahr, in: Preußische Jahrbücher 88, 1897, S. 21–32.

Runzer, Franziska: Die Bad Bank. Eine Lösung für Deutschlands Banken?, Bremen 2011.

Schmidt-Rutsch, Olaf: Der Rhein-Herne-Kanal. Zur Geschichte der »Pulsader des Ruhrgebiets«, in: Geschichte im Westen 36, 2021, S. 49–70.

Schmitz-Berning, Cornelia: Vokabular des Nationalsozialismus, Berlin 2000.

Schnitzler, Thomas: Fußball und Rassenhygiene. Der DFB-Gründungspräsident Ferdinand Hueppe, in: Beatrix Bouvier (Hg.): Zur Sozial- und Kulturgeschichte des Fußballs, Trier 2006, S. 78–119.

Scholz, Ernst: Das heutige Gemeindebesteuerungssystem in Preußen. Unter besonderer Berücksichtigung des Westens der Monarchie, in: Gemeindefinanzen. Erster Band: System der Gemeindebesteuerung in Hessen, Württemberg, Baden, Elsaß-Lothringen, Bayern, Sachsen, Preußen. Im Auftrag des Vereins für Socialpolitik herausgegeben, Leipzig 1908, S. 281–318.

Schräpler, Jörg-Peter/David Lehmkuhl/Andreas Farwick/Sören Petermann/Jasmin Schmitt: Leben an der »Neuen Emscher«. Analyse des sozialen Wandels der Bezirke entlang der Emscher (ZEFIR-Materialien, Bd. 10), Bochum 2020.

Schubert, Werner/Claudia Rönnau (Hg.): Ausschuß für Wasserrecht (1934–1941), Frankfurt a. M. 2004.

Schubert, Werner/Claudia Rönnau: Einleitung, in: dies. (Hg.): Ausschuß für Wasserrecht (1934–1941), Frankfurt a. M. 2004, S. IX–LIV.

Seidel, Hans-Christoph: Der Ruhrbergbau im Zweiten Weltkrieg. Zechen – Bergarbeiter – Zwangsarbeiter, Essen 2010.

Sering, Max: Die innere Kolonisation im östlichen Deutschland, Leipzig 1893.

Siebrecht, Fritz: Altenessen. Ein Rückblick über 1000 Jahre, in: Essener Beiträge. Beiträge zur Geschichte von Stadt und Stift Essen 35, 1913, S. 225–301.

Silbergleit, Heinrich: Preußens Städte. Denkschrift zum 100jährigen Jubiläum der Städteordnung vom 19. November 1808, Berlin 1908.

Skrabania, David: Keine Polen? Bewußtseinsprozesse und Partizipationsstrategien unter Ruhrpolen zwischen der Reichsgründung und den Anfängen der Weimarer Republik, Herne 2019.

Spät, Robert: Die »polnische Frage« in der öffentlichen Diskussion im Deutschen Reich, 1894–1918, Marburg 2014.

Spethmann, Hans: Die Grosswirtschaft an der Ruhr. Eine Darstellung ihrer Grundlagen, Breslau 1925.

Springfeld, Arthur Otto: Die Typhusepidemien im Regierungsbezirk Arnsberg und ihre Beziehungen zu Stromverseuchungen und Wasserversorgungsanlagen, in: Klinisches Jahrbuch 10, 1903, S. 323–460.

Steinberg, Heinz Günter: Das Ruhrgebiet im 19. und 20. Jahrhundert. Ein Verdichtungsraum im Wandel, Münster 1985.

Stokes, Ray: Der Siegeszug von Erdöl und Erdgas im 20. Jahrhundert, in: Dieter Ziegler (Hg.): Geschichte des deutschen Bergbaus, Bd. 4: Rohstoffgewinnung im Strukturwandel. Der deutsche Bergbau im 20. Jahrhundert, Münster 2013, S. 515–538.

Straub, Nadja: Die Entwicklung des Wasserrechts in Preußen im 19. Jahrhundert. Zugleich ein Beitrag zur Frage der Fortgeltung alter Rechte nach § 20 WHG, Berlin 2019.

Sympher, Leo: Emscherthallinie und Kanalisierung der Lippe, Berlin 1901.

Taeglichsbeck, Otto (Hg.): Die Belegschaft der Bergwerke und Salinen im Oberbergamtsbezirk Dortmund nach der Zählung vom 16. Dezember 1893, Teil 2, Essen, Dortmund 1896.

Tenfelde, Klaus: Die »Krawalle von Herne« im Jahre 1899, in: Internationale wissenschaftliche Korrespondenz zur Geschichte der deutschen Arbeiterbewegung 15 (1979), S. 71–104.

Tenholt, August: Ueber die Wurmkrankheit der Bergleute (Ancylostomiasis), in: Berliner Klinik 213, 1906, S. 1–22.

Todd, Edmund N.: Coordinating the Local: Water Regimes in the Ruhr and Louisiana, in: ICON 18, 2012, S. 1–34.

Uekötter, Frank: Im Strudel. Eine Umweltgeschichte der modernen Welt, Frankfurt a. M. 2020.

Uekötter, Frank: Strukturwandel des Ökologischen, in: Axel Goodbody/Berbeli Wanning (Hg.): Wasser – Kultur – Ökologie. Beiträge zum Wandel im Umgang mit dem Wasser und zu seiner literarischen Imagination, Göttingen 2008, S. 125–146.

Virchow, Rudolf: Zur Erinnerung. Blätter des Dankes für meine Freunde, in: Virchows Archiv 167, 1902, S. 1–15.

Virchow, Rudolf: Die Epidemien von 1848, in: ders.: Gesammelte Abhandlungen aus dem Gebiete der öffentlichen Medicin und der Seuchenlehre, Bd. 1, Berlin 1879, S. 117–123.

Virchow, Rudolf: Mittheilungen über die in Oberschlesien herrschende Typhus-Epidemie, Berlin 1848.

Vierhaus, Rudolf: Liberalismus, Beamtenstand und konstitutionelles System, in: Wolfgang Schieder (Hg.): Liberalismus in der Geschichte des deutschen Vormärz (Geschichte und Gesellschaft, Sonderheft 9), Göttingen 1983, S. 39–54.

Volkmann, Hans-Erich: Die Polenpolitik des Kaiserreichs. Prolog zum Zeitalter der Weltkriege, Paderborn 2016.

Vonde, Detlev: »Den Mangel verwalten«. Die Finanzierung von Infrastruktur in der Stadt und im Landkreis Essen um die Jahrhundertwende, in: Klaus Wisotzky/Michael Zimmermann (Hg.): Selbstverständlichkeiten. Strom, Wasser, Gas und andere Versorgungseinrichtungen: Die Vernetzung der Stadt um die Jahrhundertwende, Essen 1997, S. 216–230.

Vonde, Detlev: Revier der großen Dörfer. Industrialisierung und Stadtentwicklung im Ruhrgebiet, Essen 1989.

Wagner, Georg: Der Polenkoller. Skizze vom »Kriegsschauplatz« in den Ostmarken, Leipzig 1899.

Wagner, Helen: Vergangenheit als Zukunft? Geschichtskultur als Feld von Zukunftshandeln zum Management strukturellen Wandels im Ruhrgebiet, Köln 2022.

Wagner, Patrick: Bauern, Junker und Beamte. Lokale Herrschaft und Partizipation im Ostelbien des 19. Jahrhunderts, Göttingen 2005.

Weber, Wolfhard: Entfaltung der Industriewirtschaft, in: Wolfgang Köllmann/Hermann Korte/Dietmar Petzina/Wolfhard Weber (Hg.): Das Ruhrgebiet im Industriezeitalter. Geschichte und Entwicklung, Bd. 1, Düsseldorf 1990, S. 199–319.

Wegmann, Dietrich: Die leitenden staatlichen Verwaltungsbeamten der Provinz Westfalen 1815–1918, Münster 1969.

Weindling, Paul: Epidemics and Genocide in Eastern Europe, 1890–1945, New York 2000.

Wehler, Hans-Ulrich: Deutsche Gesellschaftsgeschichte, Bd. 3: 1849–1914, München 2008 (Studienauflage).

Wehling, Hans-Werner: Städte und Gemeinden in Westfalen: Gelsenkirchen. Stadtentwicklung, Strukturwandel und Zukunftsperspektiven, Münster 2014.

Weyer-von Schoultz, Martin: Die Gelsenkirchener Typhusepidemie und ihr gerichtliches Nachspiel, in: Jörg Vögele/Wolfgang Woelk (Hg.): Stadt, Krankheit und Tod. Geschichte der städtischen Gesundheitsverhältnisse während der Epidemiologischen Transition (vom 18. bis und frühe 20. Jahrhundert), Berlin 2001, S. 317–335.

Weyer-von Schoultz, Martin: Stadt und Gesundheit im Ruhrgebiet 1850–1929. Verstädterung und kommunale Gesundheitspolitik dargestellt am Beispiel der jungen Industriestadt Gelsenkirchen, Essen 1994.

Wiel, Paul: Wirtschaftsgeschichte des Ruhrgebiets. Tatsachen und Zahlen, hg. v. Siedlungsverband Ruhrkohlenbezirk, Essen 1970.

Witschke, Tobias: Gefahr für den Wettbewerb? Die Fusionskontrolle der Europäischen Gemeinschaft für Kohle und Stahl und die »Rekonzentration« der Ruhrstahlindustrie 1950–1963, Berlin 2009.

Wisotzky, Klaus: Wie Essen größer wurde. Die Eingemeindungspolitik der Stadt Essen im Kaiserreich, in: Essener Beiträge. Beiträge zur Geschichte von Stadt und Stift Essen 127, 2014, S. 181–318.

Wixforth, Harald: Der Kampf um die Bergbaufreiheit. Zur Geschichte der preußischen Bergrechtsreform von 1826 bis 1846, in: Hartmut Berghoff/Dieter Ziegler (Hg.): Pionier oder Nachzügler? Vergleichende Studien zur Geschichte Großbritanniens und Deutschlands im Zeitalter der Industrialisierung, Bochum 1995, S. 59–74.

Wollenweber, Nathanael: Mängel im Wohnungswesen im westfälischen Industriebezirk und ihre Bedeutung für die Ausbreitung von Infektionskrankheiten. Vortrag auf der Medizinal-Beamten-Versammlung in Hagen am 18. Mai 1912, Berlin 1913.

Wolter, Friedrich: Der Gang des Prozesses wegen der Gelsenkirchener Typhusepidemie von 1901, in: Rudolf Emmerich/Friedrich Wolter: Die Entstehungsursachen der Gelsenkirchener Typhus-Epidemie 1901. Auf Grund der für die Verhandlungen des Gelsenkirchener Prozesses erstatteten Sachverständigen-Gutachten dargestellt, München 1906, S. 11–14.

Zimmermann, Rüdiger: Biographisches Lexikon der ÖTV und ihrer Vorläuferorganisationen, Bonn 1998, https://library.fes.de/fulltext/bibliothek/tit00205/00205toc.htm [9.5.2024].

Verzeichnis der Archivbestände

Archiv der Emschergenossenschaft und des Lippeverbands (EGLVA), Essen

Archiv der Sozialforschungsstelle (ASfs), Dortmund
Nachlass Wilhelm Brepohl

Bayer AG, Bayer Archives Leverkusen (BAL)
058: Umweltschutz

Bundesarchiv (BArch)
B109: Stahltreuhändervereinigung
B208: Bundesgesundheitsamt
N1505: Nachlass Ernst Rudolf Huber

Historisches Archiv Krupp (HAK), Essen
WA 4: Werksarchiv
WA 42: Zentralbüro
WA 94: Sekretariat Janssen
WA 113 Bergwerke Krupp, Sammelbestand

Kreisarchiv Recklinghausen (KA Recklinghausen)
unverzeichneter Bestand

Landesarchiv Nordrhein-Westfalen, Abteilung Westfalen (LAV NRW W), Münster
K001: Oberpräsident Westfalen
R001: Personalakten

Montanhistorisches Dokumentationszentrum (montan.dok) beim Deutschen Bergbau-Museum Bochum/Bergbau-Archiv (BBA)
4: Ewald Kohle AG, Herten
10: Schachtanlage Friedrich der Große, Herne
11: Gewerkschaft Neumühl, Duisburg
12: Deutsche Kohlenbergbau-Leitung, Essen
15: Fachgruppe/Wirtschaftsgruppe Bergbau, Berlin
16: Verein für die bergbaulichen Interessen, Essen
20: Friedrich Krupp Bergwerke AG, Essen
23: Nachlass Georg Schotte
30: Bergbau-AG Neue Hoffnung, Oberhausen
32: Hibernia AG, Herne
35: Schachtanlage Emscher-Lippe, Datteln
38: Bergwerksgesellschaft Walsum AG
55: Gelsenkirchener Bergwerks-AG, Essen
72: Schachtanlage Waltrop, Waltrop
129: Schachtanlage Nordstern, Gelsenkirchen-Horst
229: Steinkohlenbergbauverein, Abteilung C

Stadtarchiv Essen
652: Nachlass Theodor Reismann-Grone

Stadtarchiv Herne
V: Stadtverwaltung Herne

Stiftung Rheinisch-Westfälisches Wirtschaftsarchiv zu Köln (RWWA)
130: Gutehoffnungshütte, Aktienverein für Bergbau und Hüttenbetrieb (GHH), Oberhausen

thyssenkrupp Corporate Archives (tkCA), Duisburg
DHHU: Phoenix AG für Bergbau und Hüttenbetrieb
RSW: Rheinische Stahlwerke
TLi: Thyssen Liegenschaften GmbH
TNO: Hüttenwerk Oberhausen AG, Rechtsabteilung

Abbildungsnachweise

Vorsatz vorne und hinten: Darstellung der Abwassermengen im Wasser-Sammelgebiet der Emscher, Maßstab 1:50.000. Die »Farbenbänder« bezeichnen: Gelb, Gewerbliche- und Zechenabwässer; Grün, Aufgepumpte Grubenwässer; Rot, Hausabwässer. Quelle: Middeldorf, Königlicher Wasser-Bau-Inspektor, Essen Ruhr, 1. Juli 1903 [Ausschnitte]
Seite 71: Karikatur von Hans Gabriel Jentzsch, in: Der Wahre Jacob, 16.11.1912, https://doi.org/10.11588/diglit.8272#0375 [11.5.2024]

Abkürzungsverzeichnis

ADR	Akademie für das Deutsche Recht
AGB	Allgemeines Berggesetz für die preußischen Staaten
Alter Verband	Verband zur Wahrung und Förderung bergmännischer Interessen in Rheinland und Westfalen
ASfs	Archiv der Sozialforschungsstelle
ATH	August Thyssen-Hütte, Duisburg
BAG	Bergwerks-Aktiengesellschaft
BAL	Bayer AG, Bayer Archives Leverkusen
BArch	Bundesarchiv
BDI	Bundesverband der deutschen Industrie e. V.
Bergbauverein	Verein für die bergbaulichen Interessen im Oberbergamtsbezirk Dortmund
DAF	Deutsche Arbeitsfront
Dbg.	Duisburg
DEA	Deutsche Erdöl Aktiengesellschaft
DII	Deutsches Industrie Institut
DKBL	Deutsche Kohlenbergbauleitung
EG	Emschergenossenschaft
EGG	Gesetz betreffend die Bildung einer Genossenschaft zur Regelung der Vorflut und zur Abwässerreinigung im Emschergebiete (Emschergenossenschaftsgesetz)
EGKS	Europäische Gemeinschaft für Kohle und Stahl
EGLV	Emschergenossenschaft und Lippeverband
EGLVA	Archiv der Emschergenossenschaft und des Lippeverbands
EmscherGG	Emschergenossenschaftsgesetz
Fachgruppe	hier Fachgruppe Bergbau, Fachgruppe Ruhr im Reichsverband der Deutschen Industrie

Gew.	Gewerkschaft
Gewerkverein	Gewerkverein christlicher Bergarbeiter für den Oberbergamtsbezirk Dortmund
GBAG	Gelsenkirchener Bergwerks-AG
GG	Grundgesetz
GHH	Gutehoffnungshütte, Oberhausen
HAK	Historisches Archiv Krupp
HiO	Hervorhebung im Original
IBA	Internationale Bauausstellung
IG	Industriegewerkschaft
IHK	Industrie- und Handelskammer
KA	Kreisarchiv
KAG	Kommunalabgabengesetz
KLEM	Klärwerk Emschermündung
KVR	Kommunalverband Ruhr
LA	Landratsamt
LAV NRW W	Landesarchiv Nordrhein-Westfalen, Abteilung Westfalen
LWG	Landeswassergesetz (Nordrhein-Westfalen)
montan.dok/BBA	Montanhistorisches Dokumentationszentrum beim Deutschen Bergbau-Museum Bochum/Bergbau-Archiv
NL	Nachlass
OBA	Oberbergamt
ORR	Oberregierungsrat
o. Sig.	ohne Signatur
Pg.	Parteigenosse
RAG	Ruhrkohle AG
RDI	Reichsverband Deutscher Industrie
RMBliV	Reichsministerialblatt der inneren Verwaltung (kurz für: Ministerial-Blatt des Reichs- und Preußischen Ministeriums des Innern)
RMEL	Reichsministerium für Ernährung und Landwirtschaft
RTV	Ruhrtalsperrenverein
RV	Ruhrverband
RWKS	Rheinisch-Westfälisches Kohlen-Syndikat
RWZ	Rheinisch-Westfälische Zeitung
RWWA	Stiftung Rheinisch-Westfälisches Wirtschaftsarchiv zu Köln
s. E.	seines Erachtens
SVR	Siedlungsverband Ruhrkohlenbezirk
Texaco	Deutsche Texaco AG
tkCA	thyssenkrupp Corporate Archives

UVR	Unternehmensverband Ruhrbergbau
VDEh	Verein Deutscher Eisenhüttenleute
VEW	Vereinigte Elektrizitätswerke in Westfalen
Vg.	Volksgenosse
VO	Verordnung
Vorwärts	Central-Organ der Sozialdemokratie
VSt	Vereinigte Stahlwerke AG
VWGO	eigentlich: VwGO, Verwaltungsgerichtsordnung
WaBoLu	Königliche Landesanstalt für Wasserhygiene, seit 1923: Preußische Landesanstalt für Wasser-, Boden- und Lufthygiene
WHG	Wasserhaushaltsgesetz
WStrRG	Gesetz zur Reinhaltung der Bundeswasserstraßen

Register

C

O

P

R

W

Z

Recklinghausen
Recklinghausen Stadt
Recklinghausen Land
General Blumenthal
König Ludwig
Waltrop
Ickern
Victor
Rauxel
Mengede
Dortmund-Herne-Kanal
Deininghauser Mühlbach
Landwehrbach
Castrop
Erin
Graf Schwerin
Bodelschwingh
Westhausen
Friedrich d. Gr.
Baukau
Julia
Herne
Shamrock
Eickel
Constantin d. Gr.
Hofstede
Mont Cenis
Harpen
Dorneburg
Dorneburger Mühlenbach
Riemke
Gemmer Mühlenbach
Hamme
Caroline Glück
Bochum
Engelsburg
Friederika
Bochum Süd
Weitmar
Prinz Regent
Frohlinde
Kirchlinde
Lütgendortmund
Zollern
Marten
Germania
Borussia
Stockum
Langendreer
Annen-Wullen
Witten